방송학

| 강종근 지음 |

INTRODUCTION TO
BROADCAST
MEDIA

한울
아카데미

이 도서의 국립중앙도서관 출판시도서목록(CIP)은 서지정보유통지원시스템 홈페이지
(http://seoji.nl.go.kr)와 국가자료공동목록시스템(http://www.nl.go.kr/kolisnet)에서 이
용하실 수 있습니다. (CIP제어번호 : CIP2015022235)

표 차례

그림 차례

• 머리말

금세기에 시작된 방송과 통신의 경쟁과 융합은 전통 방송 미디어(Legacy Broadcasting Media)의 근간을 변화시켜 작금은 방송학의 학문적인 재정립이 필요한 시기이다. 실용학문으로서의 방송학은 전통 학문에 비해 실무 변화에 가장 큰 영향을 받고 있다. 필자는 학문적인 이론을 실무 변화에 접목시켜 새로운 학문적 체계를 도출해야 하는 『방송학』의 집필 요청을 받고서, 과연 재미 교수가 한국의 방송학문과 방송산업을 체계적으로 논하는 작업이 가능한지를 두고 고심을 많이 했다.

다행스럽게도, 필자가 일리노이 주립대학교에서 오랜 기간 동안 한국의 방송사, 방송통신 행정기관, 방송관련협회, 교육단체의 현업인 연수교육을 매년 담당해오면서 방송 동향과 실무 정보를 교환해온 것이 『방송학』 집필을 결심하는 데 중요한 역할을 했다. 집필을 착수한 후, 방송 관련 단체에서 보내주신 연구논문, 관련 자료, 보고서를 습득하면서, 틈틈이 온라인 방송을 시청·청취하여 프로그램 정보를 습득했다. 필자는 거리감을 체감하지 않고 집필하는 과정에서 방송산업의 기술적 발전(호환, 이동, 융합, 저장, 전산, 전환)을 실감하였고, 미래의 다매체·다채널·다플랫폼 산업 구조하의 방송을 짚어보는 계기가 되었다.

필자는 방송학자로서의 강의 및 연구 경험과 NAB, NCTA(INTX), NATPE, IRTS 등의 방송 관련 단체의 산학협동 세미나에서 현업인들과의 교류를 통한 전문정보를 제공하는 데 주력하였다. 『방송학』은 학술서로서 역사, 이론, 영역, 윤리, 경제를 다루었고, 실무서로는 편성, 기술, 경영, 규제기관, 법률을 포함한다. 이와 같이 학술론과 실무론을 폭넓게 취급했다는 장점도 있으나, 전문서적으로서 해당 분야의 심도 있는 내용을 충실하게 전달하지 못한 단점도 있다. 부족한 전문성은 분야별로 관련 서적을 집필하여 방송 교육과 방송 산업 발전에 일조할 계획이다.

『방송학』은 243개의 그림과 표를 마련하여 독자의 시각적인 이해를 돕고자 노력하였고, 717개의 전문서적, 연구논문, 보고서, 법령, 언론 기사를 인용하여 방대한 자료를 바탕으로 정보 전달의 전문성과 사실성에 중점을 두었다. 만에 하나, 시시각각으로 급변하는 방송산업의 최신 정보를 정확히 제공하지 못했거나 적절한 인용이 누락되었다면 지적해주시기를 부탁드리고자 한다.

집필을 지원해주신 일리노이 주립대학교, 자료 제공에 협조해주신 관련 종사자 여러 분들, 도서출판 한울 담당자분들께 서문을 통해서나마 깊은 감사의 마음을 전하고 싶다. 끝으로 주말과 방학 동안에는 연구실에서 생활해온 가장을 이해해준 가족과 집필에 전념할 수 있도록 물심양면으로 도와주신 부모님과 형님께 이 책을 바치고자 한다.

2015년 일리노이 주립대학교 Fell Hall에서

강 종 근

제 1 장

방송 미디어

　방송(Broadcasting)의 어원은 농부들이 농작물을 수확하기 위해 농토에 씨 앗을 넓게(Broad) 뿌린다(Casting)는 합성어에서 유래되었다.[1] 방송사업자들 이 준비한 내용물(Contents)을 대중 수용자에게 전파하는 행위와 흡사함으로 광의(廣義)의 방송이란 방송사업자가 지상파를 이용하여 대중 수용자에게 프 로그램을 전달하는 전파 과정으로 해석한다.

　방송 미디어 사업은 7개의 주체로 구성되어 있다. 〈그림 1-1〉에서와 같 이, 방송사업자(Sender)는 프로그램 준비과정(Encoding)을 거쳐서 제작된 프 로그램(Message)을 방송사업자의 전달 방식(Channel)에 따라서 대중 수용자 (Receiver)에게 전달한다. 대중수용자는 청취 및 시청 행위(Decoding)를 통하 여 프로그램을 수용한 후, 프로그램에 대한 반응(Feedback)을 보이게 된다. 방송사업자는 대중 수용자에게 준비된 프로그램을 전달하는 방식(Channel)에 따라서 지상파(Over-the-air · Terrestrial Signal), 케이블(Cable), 위성(Satellite),

인터넷(IPTV), 디지털 멀티미디어(DMB), 와이브로(WiBro) 방송 등으로 분류
된다.

〈그림 1-1〉 방송 미디어의 프로그램 전달 과정

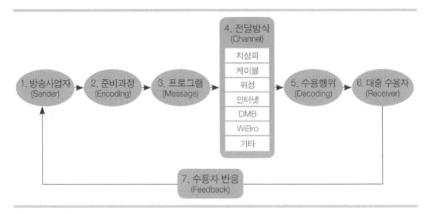

　　방송사업자는 프로그램을 자체 제작(In-house Production), 외주 제작, 공동
제작, 국내외 배급사(Syndicator) 구입, 제휴방송사 공급 등의 방식으로 대중
수용자에게 제공한다. 방송사업자가 직·간접적으로 프로그램을 제작하는 경
우, 수용자들이 선호(Audience-friendly)하는 양질의 프로그램을 제작하기 위
해서 일련의 준비과정을 거친다. 준비과정이란 프로그램 아이디어 및 제작회
의, 대본 검토, 출연자 확보, 제작 장소, 촬영, 편집(Post Production), 품평회,
방송 시도(Pitch)를 거치는 제반 경로를 일컫는다. 완성된 프로그램을 지상파
를 통해서 공급하면 지상파 방송, 유선망을 이용하면 케이블 방송, 위성을 이
용하면 위성방송, 인터넷망을 이용하면 IPTV 방송이 된다.

1. 방송사업자(Sender)

방송사업자는 지상파, 케이블, 위성, 인터넷 등의 전달 통로(Channel)를 이용하여 프로그램을 수용자에게 제공하는 사업자로서, 「방송법」 제9조의 규정에 의하여 방송통신위원회 또는 미래창조과학부 장관의 허가·승인 또는 등록이 필요하며, 「방송법」을 준수하고 규제기관의 통제를 받는다. 「방송법」 제2조(용어의 정의)는 방송사업자를 지상파 방송사업자, 종합유선방송사업자, 위성방송사업자, 채널사용방송사업자, 공동체라디오 방송사업자로 구분하고 있다.[2]

- **지상파 방송사업자**: 방송을 목적으로 지상의 무선국을 관리·운영하며 이를 이용하여 텔레비전, 라디오, 지상파 이동 멀티미디어 방송(DMB) 사업을 하기 위하여 방송통신위원회의 허가를 받은 사업자(예: KBS, MBC, SBS, EBS, CBS, 교통방송 등).
- **종합유선방송사업자**: 종합유선방송국(다채널 방송을 행하기 위한 유선방송국설비와 그 종사자의 총체)을 관리·운영하며 전송·선로설비를 이용한 방송사업을 목적으로 미래창조과학부 장관의 허가를 받은 사업자(예: CJ헬로비전, 티브로드, 씨앤앰, CMB, 현대HCN 등).
- **위성방송사업자**: 인공위성의 무선설비를 소유 또는 임차하여 무선국을 관리·운영하며 이를 이용한 위성방송 및 위성이동멀티미디어방송(DMB) 사업을 목적으로 미래창조과학부 장관의 허가를 받은 사업자(예: KT 스카이라이프).
- **방송채널사용사업자**: 지상파 방송사업자·종합유선방송사업자·위성방송사업자 또는 IPTV 사업자와 특정채널의 전부 또는 일부 시간에 대한 전용사용계약을 체결하고, 방송사업을 목적으로 미래창조과학부 장관에게 등록·승인 또는 방송통신위원회의 승인을 얻은 방송채널사용사업자(예: 대교어린이TV, tvN, 코미디TV 등의 일반 방송채널사용사업자는 미래창조과학부 장관에게 등록; 상품소개와 판매에 관한 홈쇼핑 채널은 미래과학부 장관의 승인; JTBC, TV조선, 채널A, MBN, YTN 등의 종합편성 및 보도 전문채널은 방송통신위원회의 승인).
- **공동체라디오 방송사업자**: 공익을 목적으로 특정 소규모 지역의 방송권역에서 공중선 전력 10와트 이하의 라디오 방송을 하기 위하여 방송통신위원회의 허가를 받은 소출력 FM 라디오 방송사업자(예: 관악FM, 마포FM, 성서FM, 금강FM, 광주시민방송 등).

1) 지상파 방송(Over-the-air · Terrestrial Broadcasting)

　지상파로 송출된 프로그램을 대중매체 수용자들이 수신하여 시청·청취하는 방송이다. 〈그림 1-2〉에서와 같이, 가시청권·가청취권 내의 거주자(In-range Household)들이 전송된 지상파를 개별적으로 설치한 옥외 안테나, 또는 수신기에 장착된 안테나를 통해서 수신하여 시청·청취 하는 방송을 말한다. 지상파 방송사업자는 사업권 허가 및 소유, 프로그램 제휴, 송수신 방식의 구분에 따라 (1) 네트워크 방송사, (2) 네트워크 소유 지역방송사, (3) 네트워크 제휴 민영방송사, (4) 독립 민영방송사, (5) 라디오 방송사, (6) 지상파 이동멀티미디어 방송사, (7) 공동체 라디오 방송사로 구분한다.

〈그림 1-2〉 지상파 방송 수신 방식[3]

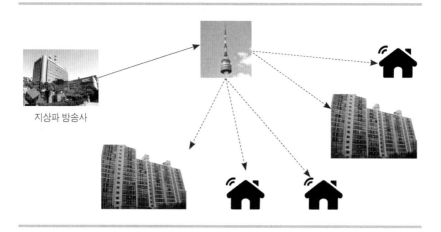

지상파 방송사

〈표 1-1〉 지상파 방송사업자 구분

구분	내용	방송사업자(예)
① 네트워크 방송사 (Broadcast Network)	전국망 또는 자사 소유의 계열사 또는 제휴 협정을 맺은 지역방송사를 통해서 전국을 망라(網羅)하는 방송 네트워크망을 구축하고 텔레비전·라디오 프로그램을 제공하는 방송사	KBS⊙ mBC ⊙SBS EBS ⊙⦁
② 네트워크 소유 지역방송사 (Network Owned & Operated Station)	네트워크 방송사업자가 지역 자회사를 운영하거나 또는 계열사의 지분을 확보하여 지배권을 행사하는 네트워크 소유의 지역방송사(O & O).	KBS 18개 방송총국 및 지방방송국(부산·창원· 대구·광주· 전주·대전·청주·춘천·제주· 울산·진주·안동·포항·목포· 순천·충주·강릉·원주). MBC 18개 지역 계열사(부산· 대구·광주·대전·전주·경남· 춘천·청주·제주·울산·강릉· 목포·여수·안동·원주·충주· 삼척·포항).
③ 네트워크 제휴 민영방송사(Network Affiliated Station)	네트워크방송사와 프로그램 제휴 협정을 맺고 네트워크방송사의 프로그램 편성과 자체 지역 프로그램을 제작하여 해당 지역에서 방송사업을 수행하는 지역민방(네트워크방송사업자와 법인 간 소유관계는 없으며 프로그램의 제휴관계만 유지).	SBS와 제휴를 맺은 9개 지역민방(부산, 대구, 광주, 대전, 전주, 울산, 청주, 강원, 제주 민방). KNN TBC ❉KBC TJB JTV❤ ubc CJB G1⁴ ⊃JIBS
④ 독립 민영방송사 (Independent Station)	네트워크방송사와 프로그램 제휴협정을 맺지 않고 독립적으로 프로그램을 자체 제작 또는 외주 제작사·배급사로부터 공급받아 특정 지역에서 방송사업을 독립적으로 수행하는 지역민방.	OBS 경인TV
⑤ 라디오 방송사 (Over-the-air Radio)	전국 또는 특정 지역에서 종합, 음악, 교통, 보도, 종교, 국악, 영어 등의 방송을 실시하는 중파·초단파(AM·FM) 라디오 방송사.	tbs 교통방송 ⦿YTN ᴺᴱᵂˢ FM ▌CBS▌ Ⓖ 국악방송 한국전통문화의중심 ♫♫경기방송 경기북부95.5
⑥ 지상파 이동 멀티 미디어방송사 (Terrestrial DMB)	이동 중 수신을 주목적으로 지상 송신소에서 전송된 방송 전파를 DMB 단말기를 이용하여 수신하는 디지털멀티미디어 이동방송 사업자.	ⓊKBS★ MY MBC ◯SBS ⓤ
⑦ 공동체라디오 방송사(Public Low-power Radio)	공익을 목적으로 특정 소규모 지역의 방송 권역에서 공중선전력 10와트 이하로 방송하는 소출력 FM 방송사.	gfm관악FM 100.7 mapoFM 🎵 Kum Kang 금강FM방송 ▪scn 성서공동체FM Sungseo Community FM

2) 3대 지상파 네트워크 방송사

(1) 한국방송(Korean Broadcasting System)

KBS의 전신인 경성방송국은 일제강점기의 1927년 2월 16일, 호출부호 JODK(출력 1kW, 주파수 870kHz)로 정규 라디오 방송을 시작하였다(제9장 1. 라디오 방송의 역사와 미래 참조). 1935년 경성방송국은 호출 명칭을 경성중앙 방송국으로 변경하였으며, 1945년 광복을 맞아 미 군정은 경성방송국(JODK)을 접수하고 서울중앙방송국(현 KBS-1라디오)으로 개칭함으로써 일제강점기의 방송은 막을 내리게 되었다.[4] 1947년 국제무선통신회의로부터 HL의 호출부호를 할당받으면서 서울중앙방송국은 호출부호 'HLKA'를 사용하였으며, 1948년 "정부는 조선방송협회를 대한방송협회(KBS)로 변경하고, 이를 공보처 산하로 편입시킴으로써 서울중앙방송국은 국영방송"으로 출범하였다.[5]

1961년 체신부는 HLKZ-TV(DBC-TV)에 허가했던 채널 9를 회수하여 국영 서울텔레비전방송국(KBS-TV)에 배정함으로써, KBS-TV는 출력 2kW의 RCA 텔레비전 송신기로 서울 남산에서 전파를 발사하여 텔레비전 방송을 시작하였다(제9장 2.-2) 한국 텔레비전 방송사 참조).[6] 1962년 정부는 KBS-TV의 방송 재원을 마련하기 위하여 「국영텔레비전방송사업에 관한 임시조치법」과 「국영텔레비전방송사업 특별회계법」을 제정하여 이듬해인 1963년부터 광고방송을 실시하고 시청료를 징수하게 되었다.[7] 1973년 정부는 한국방송공사를 창립하여 KBS를 공영방송국으로 전환하였으며, 이를 계기로 1994년에는 수신료 징수제도를 한전 위탁징수로 전환하고 공영성 강화를 위해서 KBS-1TV의 광고를 폐지하였다. 2000년에는 지상파 디지털 텔레비전 시험방송을 개시하고, 이듬해에 디지털 텔레비전 본방송을 시작하였으며, 2006년에는 MMS(멀티모드 서비스) 시험방송과 2007년에는 지상파 DMB의 전국방송을 실시하였다. 2011년에는 KBS 프로그램의 국내외 유통 사업을 수행하는 KBS 미디어

(1991년 설립)와 KBS인터넷과의 합병을 통해 콘텐츠 유통 네트워크를 뉴미디어 플랫폼(PC, IPTV, 스마트TV, 모바일 등)으로 확장하여 글로벌 경쟁력과 온·오프라인 콘텐츠 공급과 수요의 시너지 효과를 창출하는 통합 KBS미디어를 출범하였다.[8] 2013년 1월 1일부터는 공식적인 디지털 방식 종일방송을 시작한 KBS는 우리나라를 대표하는 공영방송사로서 국민들로부터 징수하는 시청료와 광고료(KBS-2TV)의 재원을 바탕으로 시설 및 기술 면에서 영국의 BBC-TV, 일본의 NHK-TV와 더불어 명실 공히 세계 3대 공영방송국으로 성장해왔다.

〈그림 1-3〉 KBS 한국방송 여의도 본사

사진 제공: KBS 홍보실(2015년).

KBS는 지상파 텔레비전(KBS-1TV, KBS-2TV)을 비롯하여 국제위성텔레비전방송(KBS World), 라디오(KBS-1FM, KBS-2FM, KBS-1R, KBS-2R, KBS-3R, KBS한민족, KBS World Radio), 지상파 DMB(ⓤKBS스타, ⓤKBS하트, ⓤKBS뮤직, ⓤKBS클로버), 케이블·위성·IPTV 채널(드라마, 조이, 스포츠, W, 키즈, 프라임), SNS, 앱(App), 데이터 및 온라인 방송 등의 뉴미디어 서비스를 실시하는 종합멀티미디어 공영방송사이다. 국내방송은 전국 9개 주요도시에 방송총국, 9개 지역에 지방방송국을 운영하고 있으며, 국외에는 "미국, 유럽, 중국, 일본 등 13

개 지역에 해외지국을 개설해 기자와 PD 특파원을 상주"시키고 있다.[9] KBS 본사 조직은 6본부·4센터·27국·8실로 구성되어 3,172명, 18개 지역방송사에 1,520명이 소속되어 있으며, 계열사를 포함하여 총 4,812명이 근무하고 있다(제4장 3. 지상파 방송사의 조직 참조).[10]

계열사로는 KBS 비즈니스, KBS 미디어, KBS 아트비전, KBS 시큐리티, KBS N, KBS America, KBS Japan, KBS 미디어텍을 두고 있다. KBS가 운용 중인 방송 채널의 현황은 다음 〈표 1-2〉와 같다.

〈표 1-2〉 KBS의 방송 채널 현황

방송채널		방송사 특징
KBS-1TV	TV	보편적 시청권보호를 위한 보도·시사·정보·스포츠·교양 중심의 무광고 지상파 텔레비전 네트워크
KBS-2TV	TV	다양한 뉴스, 공공, 오락 프로그램으로 시청자의 선택폭을 넓혀주는 지상파 텔레비전 네트워크
KBS WORLD	위성TV	실시간 뉴스와 우수 KBS 프로그램을 편성한 한민족 네트워크 방송의 국제위성채널
ClassicFM 1	FM-R	고전음악과 국악·가곡·재즈·실내악 등의 폭넓은 음악을 제공하는 음악 전문 FM 방송
CoolFM 2	FM-R	음악 애청자 대상으로 대중가요 및 팝 음악 프로그램을 시간대별로 제공하는 음악중심 FM 방송
1Radio	AM-R	뉴스·시사·교양·음악 및 국가기간방송으로 지정되어 재해재난 방송을 실시하는 AM 방송
2Radio	AM-R	중장년층 대상의 다양한 대중음악과 뉴스 프로그램을 제공하는 AM 라디오 방송
3Radio	AM-R	장애인 및 소외계층을 위한 사회복지방송으로 뉴스·정보·교양·음악 중심의 AM 라디오 방송
한민족방송	Radio	국외 거주 한민족 대상의 뉴스·정보·시사·문화·음악 및 홍보 프로그램의 한국어 국제 라디오 방송
KBS WORLD Radio	Radio	국제친선과 한국문화의 세계화를 위한 한국 유일의 다국어 대외 홍보 국제 라디오 방송
KBS★	DMB	KBS-1TV를 기반으로 한 시사교양 프로그램 중심의 지상파 DMB 방송 서비스
KBS♥	DMB	KBS-2TV를 기반으로 한 대중문화 및 오락 프로그램 중심의 지상파 DMB 방송 서비스
KBS♫	DMB	KBS-제2FM 음악 프로그램 재송신과 자체 프로그램을 방송하는 음악전문 지상파 DMB 채널
KBS❖	DMB	내비게이션 TPEG, 교통정보, 웹서비스 등의 데이터 서비스를 제공하는 지상파 DMB 채널
KBS drama	PP	KBS 드라마와 연예·오락 및 자체제작 오락 프로그램을 편성하는 드라마 채널
KBS joy	PP	KBS 예체능, 코미디 및 자체제작 오락프로그램을 편성하는 엔터테인먼트 채널
KBS SPORTS	PP	국내외 스포츠 경기중계와 자체제작 스포츠 관련 프로그램을 제공하는 스포츠 채널
KBS W	PP	여성 시청자 대상의 드라마, 예능, 정보 등의 프로그램을 편성하는 여성 채널
KBS kids	PP	어린이 대상의 카툰, 교육, 오락 등의 프로그램을 편성하는 에듀테인먼트 채널
KBS prime	PP	교양, 생활정보, 건강, 다큐멘터리 등의 고품격 프로그램을 편성하는 교양 채널
Kong	Web	PC와 모바일로 KBS 라디오를 듣고, 보고, 참여할 수 있는 스마트 라디오 온라인 플레이어
KBS	SNS & App	트위터(Twittter), 페이스북(Facebook), 유튜브(Youtube), 모바일 앱(App)으로 텔레비전과 라디오의 뉴스와 오락 프로그램 제공

(2) 문화방송(Munwha Broadcasting System)

1959년 4월 15일 한국 최초의 민간 상업방송인 부산MBC 라디오(HLKC, 출력 1kW)를 개국하였으며, 1961년에는 서울문화방송(MBC)을 설립하여 수도 서울에서 라디오 방송을 시작하였다. 문화방송은 서울 MBC 라디오 개국 이후, 1965년까지 부산·대구·대전·광주·전주를 망라하는 전국 라디오 방송 네트워크를 구축하였다. 텔레비전 방송은 1년간의 시험방송을 거쳐 1969년 MBC-TV(호출부호 HLAC-TV, 채널 11, 출력2kW)를 개국하여 KBS-TV, TBC-TV(1980년 KBS-TV로 강제 합병)와 더불어 3대 텔레비전 네트워크의 경쟁 체제를 마련하였다. 1971년에는 MBC-FM 개국과 마이크로웨이브 구축이 완료되면서 타지역의 민방 제휴국과 동시방송을 실시하여 전국 방송망을 갖춘 민영 텔레비전 네트워크로 도약하였다. MBC-TV는 출력을 10kW(1971년)로 증강하고, 호출부호를 HLKV-TV(1972년)로 변경하였으며, 1974년에는 경향신문을 인수합병하며 미디어 그룹으로 성장하였다. 1980년에는 컬러 방송을 개시하고, 보다 선명한 컬러텔레비전 방송을 위해서 출력을 50kW(1982년)로 증강하였다.

1980년 정권을 장악한 신군부는 언론통폐합을 목적으로 KBS가 민영 문화방송과 문화방송의 19개 제휴민영방송사의 주식 70%를 강제 인수함으로써 문화방송은 법적인 공영방송사로 전환되었다.[11] 신군부는 관영 KBS와 KBS가 주식의 70%를 소유한 준관영 MBC로 이원화함으로써 우리나라의 텔레비전 방송을 공영방송 체제로 전환시켰다. 1986년 MBC는 정동 시대를 마감하고 여의도 사옥으로 이전하여 여의도 방송 시대를 맞게 된다. 1988년 정부는「방송문화진흥회법」을 제정하여 비영리 공익법인의 방송문화진흥회를 설립하고 한국방송공사(KBS)가 소유하던 주식 70%를 인수함으로써 방송문화진흥회는 MBC의 대주주로서 MBC 임원 임명권, 해임권 등을 행사하게 되었다.

2000년에는 디지털 HDTV 시험방송을 개시하고, 이듬해에는 디지털 텔레비전 방송과 케이블 텔레비전 채널(MBC 플러스, MBC-ESPN, 드라마넷, 게임)을 개국하였다. 2000년 MBC 미디어 그룹의 인터넷 자회사인 iMBC를 설립하여 인터넷, 모바일, 앱(App) 등 멀티미디어 포털 서비스를 개시하였고, 2005년에는 위성·지상파 DMB 방송, 2006년에는 인터넷라디오 미니(Mini) 서비스를 확장하여 4대 방송산업(지상파, 케이블, 위성, 인터넷)을 수행하는 종합 미디어그룹으로 발전하였다. 2013년 1월 1일부터는 공식적인 디지털 방식 종일방송을 시작했으며, 2014년에는 28년간의 여의도 시대를 마감하고 상암동 DMC(Digital Media City) 단지의 도심형 복합 엔터테인먼트(Urban Entertainment Center) 시설을 갖춘 통합 신사옥으로 이전하여 상암동 디지털시대를 개막하였다.

〈그림 1-4〉 MBC 문화방송 상암동 본사

사진 제공: MBC 홍보실(2015년).

MBC는 "전국 18개 지역 계열사를 통해 전국 네트워크를 구성하고, 9개의 자회사를 통해 한국 방송산업 발전에 기여"해왔으며, 지상파 텔레비전(MBC TV)을 비롯하여 라디오(FM4U, 표준FM), 케이블·위성·IPTV 채널(드라마넷, 스포츠플러스, 에브리원, 뮤직, 퀸), 지상파 DMB(My MBC, 스포츠플러스, Channel M, My MBC Data), 인터넷(iMBC, Mini), SNS 등을 운영하는 종합 멀티미디어그룹으로 성장하였다.[12] MBC 조직은 7본부, 29국(실/단/지사), 8센터, 99부(총국/소)로 구성되어 본사에 1,729명, 18개 지방 계열사에 1,506명, 자회사 860명이 소속되어 있으며, 본사와 계열사(지배 또는 종속) 및 자회사를 포함하여 직원 총 4,095명을 두고 있다(제4장 3. 지상파 방송사의 조직 참조).[13] MBC는 9개의 자회사(MBC 아카데미, MBC C&I, MBC 아트, iMBC, MBC 플러스미디어, MBC AMERICA, MBC PlayBe, MBC 나눔, MBC 경인)를 두고 있다.

〈표 1-3〉 MBC의 방송 채널 현황

방송채널		방송사 특징
mBC	TV	전국 방송권역에 뉴스, 공공, 오락 프로그램을 제공하는 지상파 텔레비전 네트워크
FM4U	FM-R	FM 스테레오 음악전문방송으로 음악 애청자를 위한 다양한 장르 음악을 시간대별로 제공
표준FM	SFM-R	고음질 스테레오 방송으로 대중 청취자를 위한 음악과 뉴스 중심의 종합오락·정보 라디오 방송
mBC Drama	PP	MBC 드라마를 중심으로 일부 예능 및 다큐 프로그램을 편성하는 드라마 채널
mBC SPORTS⁺	PP	국내외 스포츠 경기 중계, 스포츠 뉴스, 다큐멘터리 등을 제공하는 스포츠 채널
mbc every①	PP	온 가족이 시청할 수 있는 다양한 오락 프로그램을 제공하는 종합 오락 채널
mBC MUSIC	PP	차별화된 버라이어티 음악 프로그램을 편성하는 젊은 층 대상의 음악 채널
mBC QueeN	PP	뷰티·패션·생활정보·연예·드라마 등을 편성하는 여성층 대상의 라이프 스타일 채널
MY mBC	DMB	MBC-TV 프로그램의 재전송, 재방송, 특화 프로그램으로 '내 손안의 MBC' 지상파 DMB 채널
mBC SPORTS⁺	DMB	**mBC SPORTS⁺** 채널을 재송신하는 스포츠 전문 지상파 DMB 채널
Channel M	DMB	가요, 팝송, K-Pop, 전통 음악 등을 24시간 제공하는 지상파 DMB 라디오 음악 채널
my MBC DATA	DMB	내비게이션 TPEG, 교통정보, 웹서비스 등의 부가 데이터 서비스를 제공하는 지상파 DMB 채널
imBC	Web	인터넷, 모바일, App 등 다양한 멀티미디어를 통해서 프로그램을 제공하는 포털·플랫폼 서비스.
mini	Web	PC와 모바일로 MBC 라디오를 듣고, 보고, 참여할 수 있는 스마트 라디오 온라인 플레이어
MBC	SNS & App	트위터(Twitter), 페이스북(Facebook), 모바일 앱(App으로 텔레비전과 라디오의 뉴스와 오락 프로그램 제공

(3) SBS(Seoul Broadcasting System)

제6공화국 정부는 1990년 8월 민영 상업방송의 허용을 골자로 하는 「방송법」을 국회에서 통과시켜 (주)태영건설을 지배 주주로 하는 31개사를 민영방송사업자로 선정하여 (주)서울방송이 설립되었다. (주)서울방송은 여의도에 본사와 운현동과 양평동에 스튜디오를 마련하고 1991년에 텔레비전 방송국 (채널 6, 호출부호 HLSQ)과 AM 라디오 방송국(792kHz)을 개국하였다. SBS 개국은 1980년 언론통폐합으로 폐사되었던 동양텔레비전(TBC-TV)이 제2의 민영방송으로 부활한 것으로, 이에 따라 한국 텔레비전 방송시장이 3대 네트워크(KBS, MBC, SBS) 경쟁 구도로 회귀하게 되었다. SBS의 출범은 KBS와 MBC로 구성된 공영방송 독과점 체제에서 공·민영 이원방송 체제로 전환하는 계기가 되었다. (주)서울방송은 개국 이듬해인 1992년에는 자체 프로그램 공급을 목적으로 일산스튜디오를 준공하고 SBS 프로덕션사를 설립하였다. 개국 초기 SBS-TV의 가시청권은 서울과 수도권(경기도) 지역의 약 1,900만 명 정도였으나, 1995년에 부산·대구·광주·대전, 1997년에는 전주·청주·울산 지역 민영방송사들과의 재송신 제휴협정을 체결하여 SBS-TV는 지상파 네트워크 방송사로 전환하였다. 같은 해 경기도 고양시에 탄현제작센터를 준공함으로써 SBS는 콘텐츠 제작에 전력(Contents Power)하는 민영방송사로 성장하게 되었다.

1996년에 FM 방송인 '파워FM'(107.7MHz)과 1998년에는 표준FM 방송인 '러브FM'(103.5MHz)을 개국하고 디지털 텔레비전 시험방송을 시작하였다. 1999년에는 창사 10주년을 맞이하여 사명을 (주)SBS로 변경하고, 케이블 텔레비전 스포츠채널 설립과 자회사인 (주)SBS콘텐츠허브를 출범시켜 케이블 텔레비전과 콘텐츠 기획·배급·유통 사업에 진출하였다. 2000년 지상파 디지털 텔레비전 시험방송을 개시한 후, 이듬해에는 디지털 텔레비전 방송을 시작하였다(호출부호 HLSQ-DTV). 2001년에는 강원 민방, 2002년에는 제주 민방

〈그림 1-5〉 SBS 목동 본사

사진 제공: SBS 홍보실(2015년).

(만영방송사)과의 재송신 제휴로 SBS는 전국 네트워크망을 구축하게 되었다. 2003년 일산 탄현동에 제작센터를 준공하고, 2004년 여의도에서 목동 사옥으로 이전하여 SBS의 목동 시대를 개막하였다. 2005년 지상파 DMB 방송사인 SBS ⑪를 개국하여 SBS는 지상파 텔레비전, 라디오, 케이블·위성·IPTV 채널, DMB, 온라인 방송을 운영하는 민영 멀티미디어 그룹으로 발전하게 되었다.

SBS는 3대 네트워크(KBS, MBC, SBS) 간의 경쟁 심화 속에 2010~2016년 동계·하계 올림픽과 2010, 2014년 월드컵의 독점 중계권을 확보하여 KBS, MBC와 중계권 협상을 둘러싸고 마찰을 일으킨 바 있다. 2011년 SBS는 지분 40%를 보유한 민영 미디어렙인 미디어 크리에이트(Media Create)를 출범시켜, SBS를 비롯하여 SBS와 네트워크협정을 맺고 있는 9개 지역민방, SBS 계열 7개 케이블 텔레비전 채널 등의 광고를 대행하고 있다. 2012년에는 MBC와 합작으로 (주)콘텐츠연합플랫폼을 설립하여 지상파 텔레비전 프로그램을 PC·스마트폰·태블릿·스마트 텔레비전으로 시청할 수 있는 N-스크린 '푹(pooq)' 서비스를 개시하였다. 2013년 1월 1일부터는 공식적인 디지털 방식 종일방송을 시작하고, 동년 11월에는 지상파 텔레비전 방송사로는 세계 최초로 정규 프로그램과 광고를 3D 방송으로 실시한 바 있다.

SBS는 전국 9개 지역민방 제휴사를 통해 전국 네트워크를 구성하고, 지상파 텔레비전(SBS-TV)을 비롯하여 라디오(러브FM과 파워FM), 케이블·위성·IPTV 채널(SBS Plus, SBS FunE, SBS 스포츠, SBS 골프, SBS CNBC, SBS MTV, nickelodeon Korea), 지상파 DMB(SBSⓤ, V-Radio, DATA), 데이터 및 온라인 방송, 텔레비전 포털 등을 운영하는 종합멀티미디어 그룹으로 성장하였다. SBS의 본사 조직은 6본부, 1센터, 9국, 4EP, 60팀(CP, 부, 단)으로 구성되어 있으며 총 1,059명의 직원이 근무하고 있다(제4장 3. 지상파 방송사의 조직 참조).[14] SBS는 8개의 계열사·재단(SBS 미디어홀딩스, SBS 콘텐츠허브, SBS 인터내셔널, SBS A&T, SBS 미디어넷, SBS 아카데미, SBS문화재단, 서암학술장학재단)을 운영하고 있다.

〈표 1-4〉 SBS의 방송 채널 현황

방송채널		방송사 특징
○SBS	TV	전국 방송권역에 뉴스, 공공, 오락 프로그램을 제공하는 지상파 텔레비전 네트워크
파워FM	FM-R	FM 스테레오 음악전문방송으로 음악 애청자를 위한 다양한 장르 음악을 시간대별로 제공
러브FM	SFM-R	고음질 표준FM 방송으로 오락·뉴스· 시사·교양 프로그램을 편성하는 종합 오락·정보 라디오
SBSPlus	PP	SBS 드라마와 예능 등의 오락 프로그램을 중심으로 편성하는 드라마 전문채널
SBSfunE	PP	20~30세 대상으로 SBS연예·오락 프로그램 중심의 종합 엔터테인먼트 채널
SBSSports	PP	국내외 스포츠 경기중계, 스포츠 뉴스, 다큐멘터리 프로그램을 편성하는 스포츠 채널
SBS Golf	PP	국내외 골프 대회 생중계, 레슨, 소식 등 골프 관련 프로그램의 골프 채널
SBS CNBC	PP	미국 경제채널 CNBC와 제휴한 국내외 경제·뉴스·정보를 제공하는 경제 채널
SBS MTV	PP	미국 MTV와 제휴한 K-pop, 국내외 인기가요 중심의 글로벌 음악 채널
nick	PP	미국 Nickelodeon과 제휴한 유·아동 프로그램 중심의 에듀테인먼트 채널
SBSⓤ	DMB	SBS TV프로그램의 재전송과 일부 자체 프로그램을 편성하는 지상파 DMB 텔레비전
V-Radio	DMB	SBS 파워FM, 러브FM 및 일부 자체 프로그램을 편성하는 지상파 DMB 라디오
DATA	DMB	내비게이션 TPEG, 교통정보, 웹서비스 등의 데이터 서비스를 제공하는 DMB 채널
고릴라	Web	PC와 모바일로 SBS 라디오를 듣고, 보고, 참여할 수 있는 스마트 라디오 온라인 플레이어

3) 케이블 텔레비전 방송(Cablecasting)

케이블 텔레비전 방송은 지상파 방송의 난시청 지역을 해소하기 위한 목적으로 1948년 미국 펜실베이니아, 아칸소, 오리건 주(州)의 지역사회에서 구축한 공동안테나 시스템(CATV: Community Antenna Television)으로 시작되었다. 유선방송의 기술발전으로 지역단위 CATV를 광역화한 케이블망에 다양한 프로그램을 제공하는 채널사업자(Program Provider)의 성공적인 채널 전문화와 케이블 사업자(SO: System Operator)의 부가서비스 제공으로 케이블 텔레비전 방송이 경쟁력 있는 매체로 부상되었다. 케이블 텔레비전 방송은 특정 지역에서 사업권을 확보한 종합유선방송사업자(SO)가 사업 지역을 케이블망으로 구축(Cabling)하여 방송채널사용 사업자로부터 위탁받은 프로그램을 가입자에게 공급하고 월정이용료를 지불받는 유료방송 서비스를 말한다. 케이블 텔레비전 방송의 주체는 (1) 종합유선방송사업자(Cable System Operator), (2) 방송

〈그림 1-6〉 케이블 텔레비전 방송(Cablecasting) 공급 방식

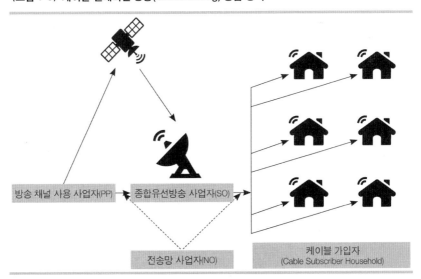

채널사용사업자(Program Provider 또는 Cable Television Network), (3) 가입자 (Cable Subscriber), (4) 전송망사업자(Network Operator)로 구분한다.

(1) 종합유선방송사업자(SO: Cable System Operator)

특정 지역에서 유선방송 사업권을 확보한 사업자로서 사업지역을 케이블 망(Coaxial · Fiber Optic Cable)으로 구축한 후, 다수의 방송채널사용사업자(PP) 에게 고유 채널을 할당하고 가입자에게 다양한 부가서비스를 유선망으로 제 공하는 다채널 프로그램 공급자(MVPDs: Multichannel Video Programming Distributors)이다. 종합유선방송사업자(SO)는 가입자로부터 거둬들인 월정 가 입료의 일부를 방송채널사용사업자에게 프로그램 사용료(Carriage Fee)의 명 목으로 지불한다.

케이블 텔레비전 방송사업은 방송기술 발전에 따른 광섬유 케이블, 초고속 인터넷망 구축, 송수신 시설, 장비 유지 및 보수, 디지털케이블 개선(Upgrade), 가입자 관리 등의 고투자 비용이 소요되는 사업이다. 종합유선방송사업자는 고투자 비용에 따른 수익 창출을 위해서 텔레비전 방송, 인터넷 전화(VOIP: Voice Over Internet Phone), 초고속 인터넷망 서비스를 통합한 복합서비스 (Triple Service)를 제공하여 위성방송사, IPTV 사업자와의 경쟁력 강화에 역점 을 두고 있다(부록 3. MSO별 번들상품 가입자 현황 참조).

케이블 사업자는 1개 지역에서만 사업권을 확보한 개별 종합유선방송사업 자(SSO: Single System Operator), 2개 이상의 지역에서 사업권을 확보한 복수 종합유선방송사업자(MSO: Multiple System Operator), 1개 사업자가 다수의 종 합유선방송사업자와 방송채널사용사업자를 소유한 복수케이블 · 채널사업자 (MSP: Multiple System Operator & Program Provider), 소규모 지역 단위의 중계 유선방송사업자(Relay Operator)로 구분할 수 있다.

복수 종합유선방송사업자(MSO)는 지역별 SO를 합리적으로 겸영(兼營)하여 경쟁력 강화와 규모의 경제를 성취할 수 있는 장점으로 그 규모가 날로 증대하는 추세에 있다. MSO 겸영의 장점으로는 ① 가입자 확대에 따른 규모의 경제로 매출과 이익 증가, ② 설비 공동사용과 투자비 절감, ③ 통합마케팅 및 가입자 관리의 효율성 증대, ④ 타 매체에 대한 경쟁력 확보, ⑤ 수신료 배분의 협상력 강화, ⑥ 지역적 한계극복으로 광역지역 성장 확보 등을 들 수 있다.[15] 〈표 1-5〉에서와 같이 우리나라 전체 91개 종합유선방송사업자 중에서, 5대 MSO(CJ헬로비전, 티브로드, 씨앤앰, CMB, 현대HCN)가 89%(81개사)를 소유하고 있다. 케이블가입자의 점유율을 살펴보면, 전체 1,457만 5,804명의 가입자 중에서 5대 MSO가 86.9%(1,266만 6,689명)를 점유한 반면, 10개 개별 종합유선방송사업자(SSO)의 가입자는 13.1%(190만 9,124명)에 지나지 않는다.

〈표 1-5〉 MSO 및 SSO 소유 및 가입자 현황(2015년 4월 30일 기준)

구분		SO 수	가입자(가구 수)		
			소계	디지털 방송	아날로그 방송
CJ헬로비전	CJ헬로비전(MSO)	23개사	4,166,106	2,504,749	1,661,357
t-broad	티브로드(MSO)	23개사	3,285,748	1,617,232	1,668,516
CM	씨앤앰(MSO)	17개사	2,376,511	1,603,508	773,003
CMB	CMB(MSO)	10개사	1,488,309	177,990	1,310,319
현대 HCN	현대 HCN(MSO)	8개사	1,350,006	716,088	633,918
	개별 종합유선방송사업자(SSO)	10개사	1,909,124	684,197	1,224,927
	합 계	91개사	14,575,804	7,303,764	7,272,040

자료: 한국케이블TV방송협회(2015년).[16]

2014년 1월에 개정된 「방송법 시행령」은 종합유선방송사업자(SO)의 방송구역 겸영 제한을 폐지하고 가입가구의 점유율 규제 기준도 IPTV와 같이 '전체 유료방송(케이블+위성+IPTV) 가입 가구 수의 1/3 초과금지'로 개정되었다. 따라서 특정 종합유선방송사업자의 시장점유율의 상한선이 전체 유료방송 가입자(중복가입자를 포함한 약 2,800만 가입자) 수의 1/3 초과금지로 확대됨에 따라 모든 권역에서 영업할 수 최대 840만 가입자(2,800만÷0.333)를 보유한 초대형 MSO의 출현이 가능하다.[17]

중계유선방송사업자(Relay Operator)는 지상파 방송 또는 한국방송공사와 특별법에 의하여 설립된 방송사업자가 행하는 위성방송이나 대통령령이 정하는 방송을 수신하여 중계송신(방송편성을 변경하지 아니하는 녹음·녹화를 포함)하는 사업자로서 서민 대상의 영세 케이블 사업자로 알려져 있다. 중계유선방송사업자가 운용하는 전체 채널은 31개를 초과할 수 없으며, 녹음·녹화채널은 전체 운용채널의 1/5를 초과할 수 없다.[18] 중계유선방송사업자는 미래창조과학부령으로 규정한 방송프로그램 안내와 공지사항 등을 제작·편성 및 송신하는 공지채널을 운용할 수 있으나, 보도·논평 또는 광고에 관한 사항은 송출할 수 없다.[19]

전체 69개(2015년 기준)의 중계유선방송사업사는 지상파 텔레비전 방송 재송신, 제한된 가용채널, 녹화방송, 초고속 인터넷망 서비스 등의 유료 서비스를 10만여 명의 가입자에게 제공하고 있다.[20] 중계유선방송사업자가 종합유선방송사업자로 변경할 경우에는 미래창조과학부 장관의 승인을 얻어야 한다.[21] 종합유선방송사업자로 전환한 중계유선방송사업자는 기존 종합유선방송사업자와의 월정 이용료 경쟁, 시설 투자 등을 감당하지 못하고 대자본의 복수 종합유선방송사업자에 흡수되고 있다. 또한 디지털케이블, 위성방송, IPTV의 가입자 증가로 인한 중계유선방송사업자의 사업성이 점차 악화되어 중계유선방송(RO) 가입자 수가 매년 지속적으로 감소되는 추세이다(〈그림 1-7〉 참조).

<그림 1-7> 유료방송 가입자 추이(2011~2013년)

(단위: 만 단자)

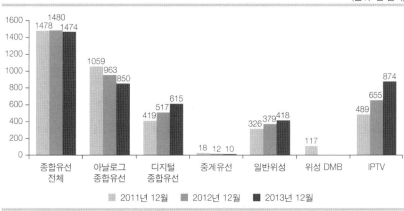

■ 2011년 12월 ■ 2012년 12월 ■ 2013년 12월

자료: 「2014년 방송산업실태조사보고서」.22

(2) 방송채널사용사업자(Program Provider)

종합유선방송사업자(SO)로부터 고유채널을 배정받고 케이블가입자에게 지상파 텔레비전 방송과 차별화된 전문 프로그램을 제공하는 케이블 텔레비전 네트워크(Cable Television Network)를 말한다. 지상파 방송이 대중시청자(Mass Audience)를 목표로 다양한 장르의 프로그램을 제공하는 반면, 케이블 텔레비전 네트워크(PP)는 특정 시청자군을 겨냥한 전문화된 프로그램을 특정 시청자군에 협송(Narrowcasting)하는 특징이 있다. 케이블 텔레비전 네트워크는 특정 주제의 전문화된 프로그램(뉴스·정보, 경제, 공공, 교양·문화·건강, 교육, 오락, 라이프, 종교, 홈쇼핑, 종합편성, 외국·외국어)을 제공하는 주제채널(Theme Network)과 특정 시청자군(어린이, 청소년, 여성, 노년층 등)을 대상으로 틈새시장을 공략하는 특화채널(Niche Channel)로 구성되며 있다. 세분화된 케이블 텔레비전 네트워크의 분류(〈표 1-6〉)와, 대표적인 주제 채널과 특화 채널은 다음과 같다.

〈표 1-6〉 케이블 텔레비전 네트워크(PP)의 주제별 분류

1) **가족(Family)·자녀양육(Parenting):** 가족 구성원이 함께 시청할 수 있는 친가정 지향적 프로그램(Family-oriented Program)과 자녀 양육에 필요한 유익한 정보 및 오락 프로그램을 제공.

2) **건강(Health·Fitness·Self-help):** 건강한 삶을 영위하기 위해서 현대인이 필요로 하는 의학 및 건강에 관련된 정보와 상식을 제공하는 의학·건강 정보 채널.

3) **게임·노름(Games·Gaming):** 게임과 노름(Gambling)에 관련된 프로그램을 제공하는 오락 게임 전문 채널.

4) **공공·시민·정부 채널(Public & Civic Affairs·Government):** 국민에게 알 권리를 충족시켜주는 공익채널로서 폭넓은 공공 정보 및 지방자치 정부의 정보 또는 공익에 관련된 프로그램을 제공.

5) **교육·학습(Education·Learning):** 정서 함양과 학습에 필요한 교육적인 프로그램을 제공하는 교육 채널.

6) **과학·기술(Science·Technology):** 자연 과학 및 첨단 기술 산업에 관련된 주요 정보와 프로그램을 제공.

7) **남성(Men):** 성인 남성을 겨냥한 남성 위주의 순수 오락 프로그램을 제공하는 채널.

8) **뉴스·정보·비즈니스·시사토크(News·Information·Business·Talk):** 시시각각 발생하는 정치, 경제, 사회, 과학, 문화 등의 뉴스와 기상, 교통 정보, 주요 이슈에 관한 정보 및 비즈니스 관련 시사·토크쇼 등을 제공.

9) **다큐멘터리(Documentary):** 논픽션 교양 다큐멘터리(Non-fiction Documentary) 프로그램을 제공하는 채널. 채널 성격에 따라 다큐테인먼트(Docutainment)와 오락 지향적 픽션다큐(Fictional Documentary)도 제공.

10) **드라마·코미디·연예오락(Drama·Comedy·Entertainment):** 드라마, 코미디, 버라이어티쇼, 시트콤, 연예 정보 등의 다양한 오락 프로그램을 제공.

11) **성인 대상(Adult·Mature Content):** 미성년자는 시청이 불가한 성인용(Adult) 프로그램을 제공.

12) **실버(Silver):** 노년층과 은퇴자를 대상으로 다양한 정보와 오락 프로그램을 제공.

13) **어린이(Children):** 어린이를 위한 만화, 정보학습, 교육, 놀이 등의 프로그램을 제공.

14) **동물·애완동물(Animal·Pet):** 동물과 반려동물에 관련된 정보 및 교육과 오락 프로그램을 제공.

15) **예술·문화·역사(Arts·Culture·History):** 세계 각국의 예술, 문화, 역사를 소개하는 프로그램을 제공하는 교양 채널.

16) **여성·라이프스타일·패션(Women·Life Style·Fashion):** 여성에게 필요한 유익한 생활 정보와 라이프스타일에 관련된 다양한 프로그램(패션, 뷰티, 트렌드, 가정생활, 토크쇼 등)을 제공하여 여성의 행복을 추구하는 채널.

17) **영화·애니메이션(Film·Animation):** 국내외 극영화 및 애니메이션 영화를 24시간 방영하는 채널.

18) **음악·뮤직 비디오(Music·Music Video):** 음악에 관련된 오락 프로그램과 뮤직 비디오 프로그램을 제공.

19) **외국어·다문화(Foreign Language·Multiculture):** 세계를 대상으로 한국을 알리는 외국어 방송, 외국 방송사가 국내에서 방송하는 외국어 채널, 또는 국내에서 다문화 프로그램을 제공하는 채널.

20) **스포츠·자연·야외활동(Sports·Nature·Outdoor):** 국내외 스포츠, 레저, 야외 활동에 관련된 정보, 뉴스, 중계 프로그램을 제공.

21) **쇼핑·광고(Shopping·Infomercial):** 24시간 상품을 판매하는 홈쇼핑 채널과 인포머셜 및 상업 광고만을 방송하는 채널.

22) **종교(Religion):** 효과적인 복음 전파를 목적으로 종교단체에서 운영하는 채널로서 선교, 교육, 종교 생활 정보에 관련된 복음 및 포교 프로그램을 제공.

23) **종합편성(General Programming):** 뉴스, 공공, 오락 프로그램을 제공하는 종합 편성 채널로서 지상파 텔레비전 방송사와 프로그램 편성이 흡사한 케이블 종합 채널.

24) **취미·여행(Hobbies·How-to·Travel):** 취미생활과 여행·레저에 관련된 프로그램을 제공하는 오락 및 정보 채널.

25) **기타(Others):** 위 분류에 해당되지 않은 전문 채널로서 구분이 명확하지 않은 채널(예: 부동산 채널).

- **뉴스·정보** : YTN, 연합뉴스TV, YTN웨더
- **경제**: 서울경제TV(SEN), 한국경제TV(WOW), 뉴스토마토, 이데일리TV, SS증권방송
- **공공**: 국회방송(NATV), 국방TV, 시민방송(RTV), 국민방송(KTV), 사회안전방송(Safe TV)
- **교양·문화·건강**: KBS Prime, 디스커버리 채널, 내셔널 지오그래픽 채널, 아르떼(arte TV), 생활건강TV
- **교육**: 방송대학TV(OUN) , JEI English TV, YTN 사이언스, 육아방송(UgaTV)
- **오락(스포츠·코미디·영화·드라마·게임·음악·만화·성인)**: J Golf, 코미디TV, OCN, 더드라마, 온게임넷, M.net, tvN
- **라이프(취미·레저·여행·라이프스타일)**: 낚시채널, ONT, 폴라리스TV, 라이프앤, Travel & Life Channel, O'live
- **종교**: 기독교방송TV(CBS TV), CTS TV, 평화방송(PBC TV), 불교방송(BBSTV)
- **홈쇼핑**: CJ오쇼핑, GS홈쇼핑, NS홈쇼핑, 롯데홈쇼핑, 현대홈쇼핑
- **종합편성**: JTBC, TV조선, 채널A, MBN
- **외국·외국어**: Arirang TV, 중화TV, CNN, BBC월드, NHK World
- **특정 대상**: 대교어린이TV, 한국청년방송(YBS), Gtv, 실버아이(Silveri TV), 복지TV (WBC)

다매체·다채널·다플랫폼 경쟁시대에서 합리적인 겸영(兼營)으로 채널 경쟁력을 강화시키기 위하여 두 개 이상의 케이블 텔레비전 네트워크(PP)를 소유한 복수 방송채널사용사업자(MPP: Multiple Program Provider)가 증가하고 있다. 특히 2001년 「통합방송법」 시행으로 일반 방송채널사용사업이 승인제에서 등록제로 전환됨으로써 방송채널사용사업자(PP·케이블 텔레비전 네트워크) 간의 수평적 결합을 통한 복수 방송채널사용사업자(MPP)와 1개 종합유선방송사업자(SO)가 다수의 종합유선방송사업자와 MPP를 수직적으로 결합하는 복수케이블·채널사업자(MSP: Multiple System Operator & Program Provider)가 증가하는 추세이다. 〈표 1-7〉에서와 같이, 5대 MSP(CJ헬로비전, 티브로드, 씨앤앰, CMB, 현대 HCN)는 48개의 방송채널사용사업자와 81개의 종합유선방송사업자를 소유하고 있으며, 3대 지상파 방송사는 18개의 방송채널사용사업자를 운영하고 있다.

〈표 1-7〉 MSP 및 MPP 현황(2015년 2월 1일 기준)

사업자	구분	PP 수	SO 수	소유 채널(PP, Cable Television Network)
CJ헬로비전	MSP	23	23개사	tvN, Mnet, 투니버스, XTM, CatchOn, O'live, OCN 등
t-broad 티브로드	MSP	10	23개사	스크린, 패션앤, 채널뷰, 드라마큐브, e채널, 폭스 등
C&M 씨앤앰	MSP	6	17개사	코미디TV, 드라맥스, Y-Star, 더드라마, 라이프N 등
CMB	MSP	4	10개사	디스커버리, TLC, 에듀키즈TV, TVB 코리아
HYUNDAI 현대HCN 현대 HCN	MSP	5	8개사	채널칭, 트렌디, Drama H, ONT, 헬스매디 TV
SBS	MPP	7	해당 없음	SBS Plus, SBS FunE, SBS 스포츠, SBS 골프, SBS CNBC, SBS MTV, nick
KBS	MPP	6	해당 없음	드라마, 조이, 스포츠, W, 키즈, 프라임
mbc	MPP	5	해당 없음	드라마넷, 스포츠 플러스, 에브리원, 뮤직, 퀸

(3) 케이블가입자(Cable Subscriber)

종합유선방송사업자(SO)로부터 텔레비전 채널 서비스와 부가 서비스(인터넷 전화, 초고속 인터넷망 등)를 제공받고 월정액의 이용료를 지불하는 유료 가입자를 말한다. 케이블가입자는 선호 텔레비전 채널에 대한 선택권이 없으므로 케이블 사업자가 제공하는 채널묶음(Tiring)과 부가 서비스를 선택하여 매월 이용료를 지불한다. 케이블 사업자가 제공하는 채널묶음 판매제도(Tiering System)는 사업자에 따라 차이는 있으나, HD급(High Definition)과 SD급(Standard Definition) 방송으로 구분하여 인터넷전화(VoIP)와 초고속인터넷 서비스를 결합(Bundling)한 상품을 제공한다.

케이블 사업자의 채널 묶음은 사업자 환경과 가입자 여건에 따라, ① 방송법에서 규정한 의무재송신 채널 등으로 구성된 최소단위의 채널을 제공하는 의무형(Duty Tier), ② 의무형 채널에 가입자의 선호채널을 고려하여 다양한 전문채널을 포함시킨 기본형(Basic Tier), ③ 유료채널을 제외한 모든 채널을 제공하는 기본 플러스형(Basic+Tier), ④ 영화 및 초고선명 채널(4K UHD) 등의 유료 서비스 채널을 선택할 수 있는 프리미엄 선택형(Premium Tier) 등으로 차등을 두어 월정 이용료를 책정하고 있다.

케이블 가입자들은 개인적인 기호에 따라 일부 선호 채널만을 지속적으로 시청하는 습관으로 종합유선방송사업자가 영업 이익을 목적으로 마련한 채널 묶음(Tiering)을 전부 시청할 수 없다. 따라서 가입자가 선호하는 채널만을 선택하여 해당 채널에 대한 이용료만을 지불하는 케이블 메뉴제도(La Carte System)가 등장하고 있다. 케이블 메뉴제도의 타당성은 식당 메뉴제도에서 기인한다. 소비자단체들은 소비자들이 외식(外食) 시에 식당 메뉴판에서 선호 음식을 선택하고 식사 후에 선택한 음식 값만을 지불하는 것은 정당한 상거래이지만, 케이블 가입자들은 케이블채널 묶음 메뉴에 명시된 모든 채널을 시청하지 않는 상태에서 전체 채널에 대한 이용료를 지불하는 것은 불공정한 상거래인 점을 지적하고 있다.

케이블 메뉴제도가 활성화될 경우, 비선호 채널(PP)의 퇴출로 인한 전체 케이블 방송 산업은 크게 위축된다. 따라서 채널묶음제도와 메뉴제도의 장점만을 활용한 새로운 형태의 가족선호채널(Family-friendly Channel) 제도가 부각되고 있다. 가족선호채널은 가족 구성원 전체가 모두 시청할 수 있는 채널들을 구성하여 저렴한 이용료를 부과하는 묶음제도로서, 케이블 가입자와 종합유선방송사업자의 요구를 충족시켜줄 수 있는 대안으로 부상하고 있다.

(4) 전송망사업자(Network Operator)

종합유선방송 사업구역에서 종합유선방송사업자(SO)의 채널 프로그램을 케이블가입자에게 전송하기 위해서 유무선 전송선로 시설을 구축하고 운영하는 전송망 서비스 사업자이다. 전송망사업자는 「방송법」 제9조(허가·승인·등록 등) 제10항에 의하여 요건(자본금, 기술인력, 사업구역, 사업계획서, 시설설치계획서)을 갖추고 미래창조과학부 장관에게 등록해야 한다.[23] 대표적인 전송망 사업자로는 KT, LG 유플러스, SK 브로드밴드 등이 있다.

4) 위성방송(Satellite Broadcasting)

　케이블 방송은 지상파 방송의 난시청 문제를 해소하고 양질의 화질 및 음질을 개선하기 위한 방안으로 시작되었으나 광범위한 지역을 케이블망으로 구축해야 하는 고비용 문제가 대두되었다. 종합유선방송사업자(SO)는 사업 지역을 유선화하여 장애물로 인한 전파 장애를 해결할 수 있지만, 산간벽지나 도서 지역 등의 오지(奧地)에 케이블을 설치 또는 매설(埋設)하거나, 국가 영토의 전 지역을 케이블망으로 구축하려면 천문학적인 비용이 필요하다. 따라서 종합유선방송사업자(SO)들은 수익성이 높은 도심의 인구밀집 지역에서 케이블 사업을 선호하는 크림 스키밍(Cream Skimming: 우유에서 맛있는 크림만을 분리 채집하는 행위) 현상이 나타나고 있다.

　지상파 및 케이블 방송의 난시청 지역과 전파 장애의 문제점을 해소시키는 대안으로 등장한 위성방송은 적도 상공 약 3만 6,000km 궤도상의 방송 위성을 탑재한 인공위성이 지상 지구국에서 보내온 전파를 증폭시켜 가입자에게 재송신하는 방송 기술이다[제5장 3.- 8) 디지털 위성방송 참조]. 위성방송은 전파 장애물 극복, 양질의 화상과 음질, 전 지역 동시 방송 등의 장점을 최대로 활용하여 지상파·케이블·IPTV 방송과 더불어 4대 방송산업으로 정착하고 있다. 위성방송은 지상파·케이블·IPTV 방송에 비하여 다양한 방송 서비스(① DBS, ② 위성 DMB, ③ SMATV, ④ MMDS, ⑤ STV, ⑥ Super Station 등)를 제공하는 특징이 있다.

(1) DBS(Direct Broadcast by Satellite)

　DBS 위성방송사업자는 방송채널사용사업자(PP)로부터 수신한 프로그램을 인공위성에 송신(Uplink)하고 인공위성은 수신 전파를 증폭하여 가입자에게 재송신(Downlink)하는 방식이다. DBS 방송은 200여 개의 다채널, 고화질 및 고음질 방송, 양방향 서비스(인터넷, 홈뱅킹, 전자상거래), 수신 지역의 광역화,

난시청 문제 해소, 전국 동시방송, 자연재해의 무영향 등의 장점이 있다. DBS 가입자는 18인치 정도의 소형 접시안테나(Dish Antenna)를 지붕이나 외벽면에 설치하여 위성(Broadcasting Satellite)으로부터 직접 전파를 수신(DTH: Direct-to-home)하고 월정액의 이용료를 위성방송사업자에게 지불한다.

DBS 위성방송사업자인 KT 스카이라이프(KT SkyLife)는 종합유선방송사업자와 유사한 방식으로 방송채널사용사업자(PP)로부터 공급된 200여 개의 국내외 텔레비전 및 오디오채널을 보급형, 경제형, 기본형으로 구분하여 묶음서비스(Tiering)를 제공하며, 인터넷서비스와 VOD를 포함한 결합 상품도 판매하고 있다(부록 4. 일반위성 상품 가입자 및 운용 채널 현황 참조). KT 스카이라이프에서 제공하는 고화질서비스(SkyLife HD)의 구분(Tier)은 다음과 같다.[24]

- On+HD(총 165채널): 비디오 153채널(HD 119, SD 34), 오디오 12채널
- Green HD(총 172개 채널): 비디오 160채널(HD 125, SD 35), 오디오 12채널
- Blue HD(총 196개 채널): 비디오 165채널(HD 129, SD 36), 오디오 31채널
- Master HD(총 199개 채널): 비디오 168채널(HD 132, SD 36), 오디오 31채널＋Movie Choice 2편/월
- PlatinumPlus HD(총 201개 채널): 비디오 170채널(HD 134, SD 36), 오디오 31채널＋Movie Choice 3편/월

〈그림 1-8〉 위성방송(DBS) 수신(DTH) 방식

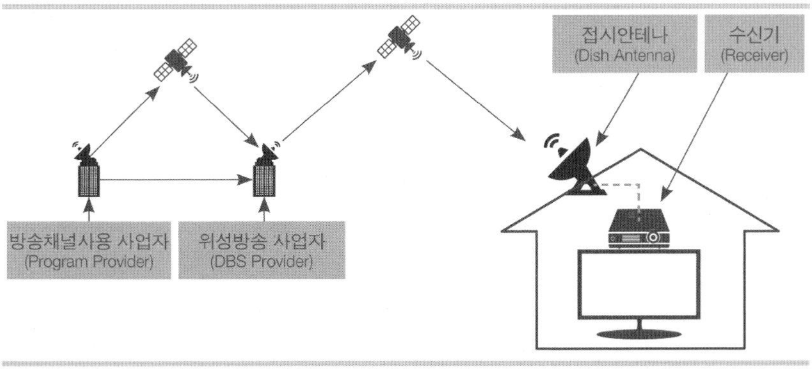

(2) 위성 DMB(Digital Multimedia Broadcasting)

위성을 이용하여 송출되는 방송전파를 휴대형 단말기로 수신하여 이동 중에도 방송프로그램, 동영상, 음악, 영화 등을 시청·청취할 수 있는 이동성 위성 디지털멀티미디어방송이다. 위성 DMB 방송은 지상 기지국에서 발사된 전파를 위성에서 수신하여 지상의 다른 기지국(수신국)으로 직진성 전파를 재송신하므로 장소와 공간의 제약이 없는 장점이 있다[제5장 3.- 7) 디지털 멀티미디어 방송 참조]. DMB 단말기가 탑재된 휴대 전화기 또는 차량용 단말기로 프로그램을 시청·청취하는 전형적인 모바일 방송으로서 수신자는 위성 DMB 사업자에게 매월 사용료를 지불한다.

위성 DMB 방송사업자인 SK텔레콤은 자회사 TU미디어를 설립하여 위성 DMB 서비스를 2005년 6월부터 일부 지상파 텔레비전 방송과 유료 채널을 통한 비디오 서비스를 200만 명의 가입자에게 제공한 바 있다.[25] 그러나 스마트폰의 애플리케이션으로 모바일 방송이 일반화되면서 유료 서비스 가입자가 200만 명에서 3만 9,000명으로 급감하여 TU미디어는 누적 적자를 감당하지 못하고 2012년 8월에 서비스를 종료한 바 있다.

〈그림 1-9〉 위성 DMB(Digital Multimedia Broadcasting) 방식

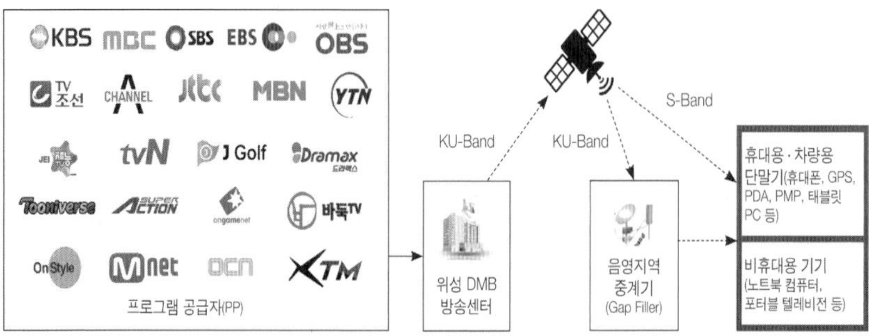

위성 DMB는 가입자들이 위성으로 직접 또는 중계기(Gap Filler)를 이용하여 수신할 수 있으며, 휴대폰, 휴대전용 및 비휴대용의 단말기를 통한 양방형 '스마트 DMB 서비스'도 제공한다. '스마트 DMB 서비스'는 스마트폰 화면을 2분할해서 화면 상단에는 실시간 DMB 방송을 내보내고, 하단에는 다양한 스포츠, 연예, 날씨, 운세, 영화정보, 음원차트 정보와 SNS 소셜 시청, VOD, 게임, 쇼핑, 모바일 커머스 등의 콘텐츠 서비스를 기존 DMB보다 4배 선명한 화질로 제공한다.[26]

(3) SMATV(Satellite Master Antenna Television)

공동 거주주택 및 상업용 빌딩에서 직접 위성방송을 수신하는 시스템이다. 아파트, 다세대 주택, 콘도 단지, 호텔 등의 옥상·옥외에 설치된 공동수신 안테나(Master Antenna Television System)로 방송 전파를 직접 수신한 후, 개별 아파트, 가구, 호텔방에 유선으로 분배하는 위성방송 서비스이다. SMATV는 공동 거주주택 및 상업용 빌딩에 위성방송 수신안테나 및 셋톱박스(Set-top Box)와 증폭기, 변조기, 분배기 등 유선 방송 전송선로설비(기존 MATV포함)를 이용하는 방식이다. 위성으로 송수신하고 케이블로 분배하는 방식으로 '개인 케이블 시스템(Private Cable System)'으로 불린다.[27]

〈그림 1-10〉 SMATV(Satellite Master Antenna Television) 방식

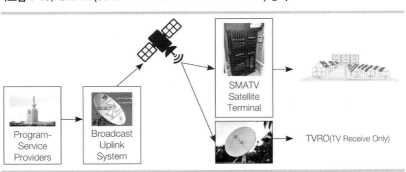

(4) MMDS(Multipoint Multichannel Distribution Service)

고주파대역(Ultra-high Frequency) 채널을 이용하여 다채널 방송, 초고속 인터넷, 데이터 전송, VOD, 양방형 서비스 등을 제공하는 무선고속 영상 및 데이터 서비스를 말한다. MMDS는 종합유선방송사업자(SO)가 사업성을 이유로 회피하는 지역의 케이블 사업을 대체하기 위한 전송 방식으로 시작하였으나, 디지털 송수신장비의 기술적 발달로 최대 300개 이상의 채널을 최대 6~12Mbps 속도로 서비스할 수 있는 광대역 서비스로 부상하고 있다. MMDS는 인프라구축이 용이하므로 VOD, 원격검침, 홈쇼핑, 양방형 텔레비전 등으로 서비스 영역이 점차 확장되고 있다. MMDS는 방송과 통신의 융합 서비스를 제공할 수 있는 '무선케이블(Wireless Cable)' 서비스로 불린다.

〈그림 1-11〉 MMDS(Multipoint Multichannel Distribution Service) 방식

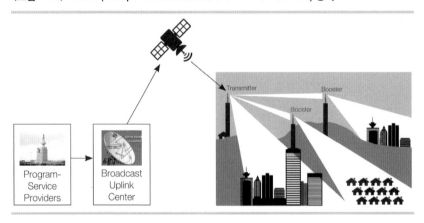

(5) STV(Subscription Television)

사업자가 지상파 및 케이블 방송프로그램을 유료 가입자만 시청할 수 있도록 변조된 주파수로 재전송하는 방식이다. 가입자는 주파수를 해독할 수 있는 수신기(Descramble Set-top Box)를 사업자로부터 대여받고 매월 사용료를 지

불한다. 유료 가입자를 대상으로 방송 서비스를 제공하므로 '유료 텔레비전 (Toll Television)'으로 불린다.

(6) 슈퍼스테이션(Super Station)

위성을 통해서 해당 방송사업자의 방송권역 이외의 타 지역으로 방송프로 그램을 실시간 전송하는 텔레비전 방송사를 말한다. 방송프로그램의 경쟁력 을 구비한 독립방송사(Independent Station) 또는 지역 민영방송사가 방송위성 을 통해 전국에 동시 방송하는 텔레비전 방송으로서, 다매체·다채널·다플랫 폼 시대의 독립 텔레비전네트워크로 부상하고 있다.

5) IPTV(Internet Protocol Television)

IPTV는 디지털 기술의 발전과 인터넷망의 고도화에 따라 기존 통신과 방송 의 네트워크, 서비스, 콘텐츠 사업 영역이 디지털로 융합(Digital Convergence) 되는 서비스이다.[28] 광대역 초고속 인터넷망을 기반으로 가입자에게 유료 서 비스를 제공하는 IPTV는 다채널 방송 서비스와 다양한 융합형 부가 서비스가 가능하다. 실시간 텔레비전 방송 이외에 초고선명(UHD) 콘텐츠, 주문형 비디 오(VOD), PVR(Personal Video Recorder), 클라우드(Cloud) 서비스, 스마트 비 디오·오디오 서비스, 전자상거래(e-commerce), 전자 서적(e-Book), 전자 텔레 비전 프로그램 가이드 및 통제(Electronic Program Guide·Parental Control), 게 임, 모바일 단말기 연동 등 복합적 멀티미디어 서비스를 가입자에게 제공한 다. IPTV는 디지털 IP(Digital Internet Protocol) 기반으로 방송과 통신이 결합 된 대표적인 대체 미디어로서, 그 주요 특징은 다음과 같다.[29]

〈그림 1-12〉 IPTV 시스템 구성도

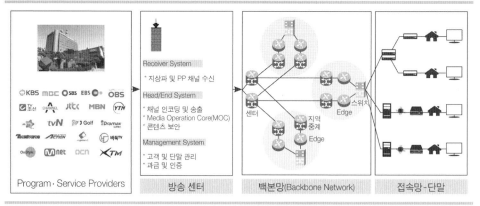

자료: 신효정(2009), Backbone Network for IPTV[30](재구성).

① IP 네트워크를 이용한 양방향성, 이용자 참여와 선택, 콘텐츠 구성의 다양성·무한성, 창의적 응용서비스.

② 인터넷 기반으로 PC보다 편리한 접근성, 대화면·고화질 디스플레이 이용환경 우수.

③ 초고선명(UHD) 영상콘텐츠, 무한의 VOD 콘텐츠, 타 기기와 연동, 홈네트워크 및 클라우드 서비스.

④ 초고속 인터넷망을 이용한 Live 양방형 특성으로 안전한 온라인 서비스.

⑤ 텔레비전 방송 시간대에 얽매이지 않고 이용자가 원하는 시간에 프로그램 다시 보기 서비스(Time Shift Television).

⑥ 과거 수동적인 수용자 입장에서 UCC(User Created Contents), PCC(Professional Created Contents), 개인 미디어 등장 등 이용자 개개인이 콘텐츠 제작·유통 참여.

브로드밴드(Broadband) 기술발전에 따라 시작된 IPTV 서비스는 「인터넷멀티미디어 방송사업법」(「IPTV법」)으로 규제하며, 부가통신 사업자로서 「전기통신사업법」의 적용을 받는다. IPTV는 3대 유료방송사업자(케이블·위성·IPTV)로서 케이블과 위성방송 사업자와의 시장점유 경쟁이 치열하다. 3대 유료방송사업자 간의 지배구조는 콘텐츠 다양성, 부가서비스 차별화, 멀티미디어 기기의 융합서비스, 결합상품 판매, 할인제도, 정부 규제(요금제, 점유율, 독과점) 등의 여부에 따라 결정될 것으로 예상된다.

〈표 1-8〉에서와 같이, IPTV 사업자(Olleh TV, B TV, U+ tv G)는 158~232개의 가용채널(A/V)과 타 매체와 차별화된 부가서비스를 제공함으로써 매년 가입자가 점증(漸增)하고 있다(〈그림 1-7〉참조). 대표적인 IPTV 사업자인 '올레(Olleh) TV'는 초고선명(UHD) 셋톱형 서비스, 지상파 텔레비전 무제한 다시보기, 클라우드 DVD(콘텐츠 영구 소장), Shift-TV(모바일과 '올레 TV'를 연결하여 스마트폰, PC, '올레 TV에서 이어보기), ABC Solution(Always Best Connected: LTE·3G·Wi-Fi 중 최적의 네트워크를 자동 선택), '유클라우드(ucloud)' 서비스, 모바일 지상파 텔레비전 등의 다양한 기기의 융합 서비스를 결합한 차별화된 복합 서비스로 유료 방송·통신시장을 공략하고 있다.[31]

〈표 1-8〉 IPTV 사업자 채널 현황(2014)

사업체명	구분	채널 수	방송운영채널*						
			지상파 채널	종편 채널	PP (Video) 채널	해외 위성	PPV 채널	가이드 채널	음악 (Audio) 채널
(주)케이티 (올레 TV)	전체채널	232	6	4	171	20	0	1	30
	HD 방송	136	6	4	125	0	0	1	0
에스케이 브로드 밴드(주)(B TV)	전체채널	169	6	4	136	16	5	2	0
	HD 방송	125	6	4	105	6	4	0	0
(주) LG 유플러스 (my LGTV)	전체채널	158	6	4	128	13	5	2	0
	HD 방송	114	6	4	90	8	4	2	0

* 지상파 채널: 지역지상파 포함/ PP채널: 국내 PP/ 해외위성채널: 해외 재전송 PP.
자료: 「2014년 방송산업실태조사보고서」[32]

6) 지상파 DMB 방송(Terrestrial Digital Multimedia Broadcasting)

DMB 방송(Digital Multimedia Broadcasting)은 음성·영상 등 다양한 멀티미디어 신호를 디지털 방식으로 변조해 휴대용 또는 비휴대용 단말기에 제공하

는 방송기술로 시공간의 제한 없이 이동하면서 고음질·고화질의 방송을 시
청할 수 있다. 방송과 통신이 결합된 이동멀티미디어 서비스인 DMB 방송은
전송 방식과 네트워크 구성에 따라 지상파 DMB(Terrestrial DMB)와 위성
DMB(Satellite DMB)로 구분되지만, 지상 송출탑과 위성에서 각각 전파를 수신
하여 해당 주파수 대역의 신호로 동일한 방송 서비스를 제공한다는 점에서는
차이가 없다.

지상파 DMB는 지상 송신소에서 전송된 방송 전파를 DMB 단말기를 이용
하여 건물이나 지하에서도 수신이 가능한 디지털멀티미디어 이동방송 서비스
로서 고속 이동 시에도 끊김 없는 방송 서비스, 고품질 A/V 서비스, 데이터 서
비스(내비게이션 TPEG, 교통정보, 웹서비스 등의 부가 데이터 서비스)를 제공한다.
비디오 서비스는 고정 또는 휴대용 단말기의 2~15인치의 스크린을 통해서 시
청이 가능하며, 이용자들은 휴대폰, 노트북, 차량 및 DMB 전용 수신기 등의
다양한 형태의 단말기를 통해 시청한다.[33] 지상파 DMB의 지상파 방송은 무
료 이용을 원칙으로 하고 있으나, 휴대 전화기를 통한 시청, 지상파 DMB 방
송사업자들이 제공하는 부가 서비스 또는 양방형 서비스 등을 이용하는 경우
에는 별도 사용료를 지불해야 한다.[34] 지상파 DMB는 휴대전화에 DMB 수신
기능을 탑재한 '손 안의 TV' 방송 서비스로 알려져 있다.[35]

〈그림 1-13〉 지상파 DMB 방송 서비스

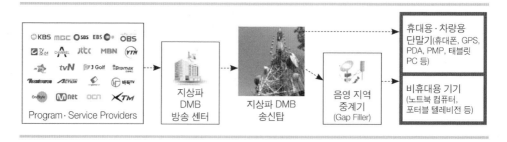

7) 와이브로(WiBro) 방송

모바일 와이맥스(Mobile WiMax: 고속데이터 통신기술)로 알려진 와이브로
(WiBro: Wireless Broadband Internet)는 무선 광대역 인터넷을 이용한 휴대 무
선초고속인터넷 접속 서비스를 말한다. 와이브로는 2006년 우리나라에서 상
용화가 시작되었으며, 2007년에는 우리나라가 세계 최초로 개발한 와이브로
기술이 국제전기통신연합 전파총회에서 'IMT-2000'으로 통칭되는 3세대 이
동통신(3G)의 여섯 번째 국제표준으로 채택된 바 있다.[36]

차세대 통신 서비스로 주목받고 있는 와이브로의 기술적 특징은 이동통신
의 다중 접속(CDMA: Code Division Multiple Access) 기술을 응용하여 서비스
셀을 구성하고 이동하면서 인터넷에 접속할 수 있는 다무선 인터넷 접속의 이
동성이다.[37] 와이브로 서비스 사업자는 가입자들에게 노트북, PMP, PDA 등
의 단말기를 통해 이동 중인 자동차나 지하철 안에서도 자유롭게 빠른 속도로
초고속 인터넷 서비스, 텔레비전 방송, 영화, 영상회의, 음악감상, 동영상 업로
드(Upload), PC컨트롤 등 다양한 서비스를 제공하고 있다. 서비스 지역이 제
한적이라는 점과 "휴대전화를 통한 인터넷 접속이 활성화되어 있고, 산이 많
은 국내 지형에 비춰 볼 때 와이브로 서비스의 추가 수요 창출은 어렵다"는 견
해도 있으나, 와이브로 서비스는 실시간 텔레비전 방송 재중계는 물론 가입자
가 제작한 동영상, UCC 등으로 실시간 개인 방송이 가능하여 차세대 개인 방
송 미디어(Personalized Broadcasting Media)로서 가능성을 보이고 있다.[38]

2. 방송프로그램 제작 과정(Encoding Process)

프로그램 제작은 방송 제작의 4대 주체(수용자, 방송사, 광고주, 규제기관) 간

의 내·외적 요소와 프로그램 수급 원칙에 따라서 결정된다. 내적 요소란 방송사가 프로그램 제작 과정에서 수반되는 제반 요인 중에서 방송사가 자력으로 제어할 수 있는 요소를 말한다. 내적 요소의 예로는 계절 편성, 영업 이익 제고, 프로그램 개발, 양질의 프로그램 제작 및 편성, 공공성 이행 의무, 고용 인력 증감, 제작장비 활용, 제작 예산, 경쟁력 제고 등이 있다. 외적 요소는 프로그램 제작 과정에서 방송사가 제어할 수 없는 불가항력적인 요인들로서 시청률, 규제기관의 제도적 규제, 수용자 요구, 사회적·시대적 변화, 생활환경 및 패턴, 방송기술 환경, 국내외 경제 상황, 광고주 예산, 사회적 요소 등을 들 수 있다. 방송사의 프로그램 제작 과정(Encoding Process)은 내·외적 요소들로부터 영향을 받는 제1단계(프로그램 아이디어와 제작 방식), 제2단계(제작 준비 회의), 제3단계(프로그램 제작과 편집), 제4단계(방송 시도)로 구분할 수 있다.

1) 제1단계(프로그램 아이디어와 제작 방식)

제1단계는 프로그램 장르와 대상 수용자군(Target Audience)을 결정한 후, 예산, 수익성, 수용자 요구, 규제, 광고주 등의 내·외적 요소를 감안하여 프로그램 아이디어와 제작 방식(독창적, 모방, 아이디어권 구매)을 진척시키는 과정이다. 새로운 프로그램을 제작하는 방송사 또는 외주 제작사들은 시청률·청취율 저조에 따른 프로그램 조기 중단의 위험성을 감안하여 독창적인 프로그램을 개발하는 것보다는 국내외의 인기 프로그램을 모방하여 안정된 시청률·청취율을 확보하는 방식을 선호한다. 텔레비전 방송의 경우 드라마, 버라이어티쇼, 토크쇼, 게임쇼, 현실 배경 프로그램 등의 오락 프로그램은 경쟁사 및 외국 방송사의 인기 프로그램 포맷을 모방하거나 프로그램 아이디어권 (Program Idea Right)을 구입하여 유사 프로그램을 제작하는 경향이 점차 증가하고 있다.

〈그림 1-14〉 프로그램 제작 과정의 내·외적 요소

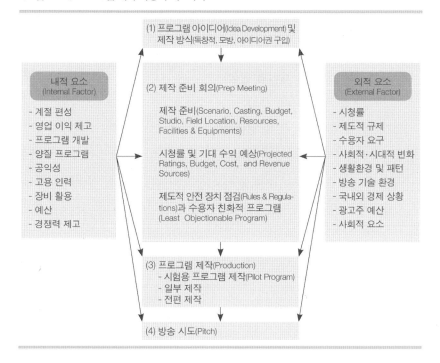

(1) 프로그램 아이디어(Idea Development) 및
제작 방식(독창적, 모방, 아이디어권 구입)

내적 요소
(Internal Factor)

- 계절 편성
- 영업 이익 제고
- 프로그램 개발
- 양질 프로그램
- 공익성
- 고용 인력
- 장비 활용
- 예산
- 경쟁력 제고

(2) 제작 준비 회의(Prep Meeting)

제작 준비(Scenario, Casting, Budget,
Studio, Field Location, Resources,
Facilities & Equipments)

시청률 및 기대 수익 예상(Projected
Ratings, Budget, Cost, and Revenue
Sources)

제도적 안전 장치 점검(Rules & Regula-
tions)과 수용자 친화적 프로그램
(Least Objectionable Program)

외적 요소
(External Factor)

- 시청률
- 제도적 규제
- 수용자 요구
- 사회적·시대적 변화
- 생활환경 및 패턴
- 방송 기술 환경
- 국내외 경제 상황
- 광고주 예산
- 사회적 요소

(3) 프로그램 제작(Production)
   - 시험용 프로그램 제작(Pilot Program)
   - 일부 제작
   - 전편 제작

(4) 방송 시도(Pitch)

2) 제2단계(제작 준비 회의)

제작 준비회의는 제1단계의 프로그램 아이디어를 구체화시키는 과정으로
제작 사전 준비, 시청률·청취율 및 수익 예상, 제도적 안전장치를 점검한다.
대본, 배역 및 출연진 선정(Casting), 촬영 세트 및 제작 장소(Location), 제작
스케줄, 제작 인력 및 장비 확보, 예산 및 제작비 확보(Funding), 제작 위험요
인(Risk Factor) 등의 세부적인 내용을 검토한 후, 시청률·청취율, 광고 수익,
협찬 및 간접광고 등을 예측하여 전반적인 수익성을 판단한다. 또한 새로운
프로그램에 대한 수용자의 거부감을 최소화시키기 위한 방안으로 혐오 요인
을 배제한 수용자 친화적 프로그램(LOP: Least Objectionable Program) 제작에

만전을 기하고 전반적인 규제법(저작권, 초상권, 명예훼손, 부가 판권 등)을 심도 있게 검토하여 위법성 또는 법적 사항을 사전에 점검한다.

3) 제3단계(프로그램 제작과 편집)

프로그램 제작과 편집은 촬영단계(In-stage Production)와 디지털 후편집 (Digital Post-Production) 단계를 거친다(라디오 방송의 경우, 녹음 단계와 녹음 후 디지털편집). 드라마 프로그램의 경우, 전자는 촬영에 필요한 상세한 각본(장면, 화면 구성, 대사, 의상, 액션, 소품 등을 기록)인 콘티(Continuity)와 주요 장면을 그림이나 이미지로 정리한 스토리보드(Storyboard)에 따라서 촬영세트, 스튜디오 또는 촬영장소(Location)에서 영상, 대사, 배경음이 디지털 파일에 녹화·녹음되는 단계(In-stage Production)이다. 후자는 촬영 후에 저장된 영상과 음향을 편집하여 줄거리를 구성하고 시청각 특수 효과 등을 작업(Mixing)하는 과정이다.

프로그램 제작 편수는 (1) 시험 프로그램(Pilot Program) 제작, (2) 일부 프로그램 제작, (3) 전편 제작 여부를 결정하여 실행한다. 시험 프로그램 제작은 시청률 모험을 최소화시키기 위한 방안으로 소수편을 제작하여 시험적으로 방영한 후, 시청자의 반응과 시청률에 따라 후속 프로그램의 제작 여부(제작 편수, 방영기간 등)를 결정하는 방식이다. 일부 제작은 안정된 시청률이 예상되는 드라마의 경우, 방영 전에 일정량의 프로그램을 일부 제작한 후, 방영기간 중에 잔여 프로그램을 지속적으로 제작해나가는 방식이다. 시험 프로그램과 일부 제작 방식은 인재 사고, 천재재앙, 예산 부족, 스폰서 중단, 파업 등으로 프로그램 공급에 차질을 빚는 모험이 따르지만, 시청자 반응과 취향에 맞춰가면서 프로그램을 제작하여 시청률을 극대화시킬 수 있는 장점이 있다. 전편 제작은 시청률이 보장된 대하드라마, 미니시리즈, 초고가 제작물(Blockbuster)

의 전편을 사전 제작 완료한 후, 예정된 시간대에 방영하여 시청률을 선점하기 위한 전략 프로그램으로 활용된다.

4) 제4단계(방송 시도)

제4단계에서는 목표 시청자군(Target Audience)을 대상으로 방송 계절(Season), 방송 요일(Day), 방송 시간대(Dayparts)를 결정하고 완성된 프로그램을 방송 시도(Pitch)한다. 새로운 프로그램이 예측된 시청률·청취율을 달성하지 못하는 경우, 광고 감소로 인한 방송사의 재정적인 손실과 방송사의 경쟁력이 저하된다. 방송 선진국의 경우, 예측된 시청률에 미치지 못하는 텔레비전 프로그램은 광고주의 압력에 의해 통상적으로 2~3주 내에 방송을 취소시킨다.

3. 프로그램

프로그램(Message)은 방송사업자가 수용자에게 전달하는 내용물로서 방송사 또는 외주제작사가 제작하거나 배급사·제휴사로부터 유·무료로 공급받는다. 프로그램은 유형에 따라 에피소드(Episode), 쇼(Show), 콘텐츠(Contents), 시리즈(Series) 등으로 불리며, 장르에 따라서 뉴스, 공공(시사·교양·교육), 오락 프로그램으로 분류한다. 프로그램은 방송사의 사업 목적과 전달방식에 따라 1) 지상파 텔레비전, 2) 케이블·위성·IPTV 텔레비전, 3) 라디오 프로그램으로 구분한다.

1) 지상파 텔레비전 프로그램

지상파 텔레비전은 전파의 공개념(公槪念)에 따라서 공익(Public Interest) 매체로서 책무를 다하고 양질의 프로그램을 제공할 의무가 있다. 지상파 텔레비전 프로그램은 고취향(High-taste)의 뉴스 프로그램, 저취향(Low-taste)의 오락 프로그램, 공익성의 공공(시사·교양·교육) 프로그램이 합리적인 균형을 이루어 시청자에게 제공되어야 한다. 〈그림 1-15〉에서와 같이, 텔레비전 방송의 프로그램 비율은 사업자의 공익성, 상업성, 전달 매체의 특징 등에 따라 삼각형, 원통형, 항아리형, 장구형, 역삼각형의 형태를 이룬다. 지상파 텔레비전은 방송산업의 특성인 시청자 기호, 고비용 산업, 광고 수입, 시청률 경쟁 등의 요인으로 인해 저취향 중심(삼각형)의 프로그램 비율이 주류를 이루고 있다.

〈그림 1-15〉 텔레비전 프로그램의 구분

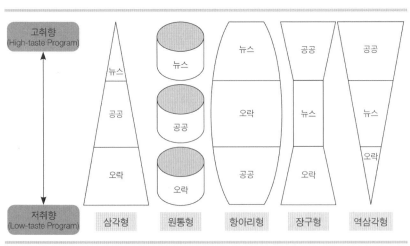

〈표 1-9〉에서 나타난 바와 같이, 광고방송을 시행하는 지상파 텔레비전 3사(KBS-2TV, MBC-TV, SBS-TV)의 프로그램 비율은 저취향 중심(삼각형)의 오

락 프로그램으로 편중되어 있다. KBS-2TV(48.2%)는 MBC-TV(43.1%)와 SBS-TV(45.3%)에 비해 오락 프로그램 편성이 높은 반면, 뉴스 프로그램(8.9%)은 MBC-TV(19.5%)와 SBS-TV(17.3%)에 비해 현저하게 낮으므로 공영방송사가 시청률 경쟁을 주도한다는 비판을 감수해야 한다. 교양 프로그램의 편성비율을 살펴보면, KBS-2TV(42.9%)는 MBC-TV(37.3%)와 SBS-TV(37.4%)에 비해 15% 이상 비율이 높아 공영방송사로서의 면모를 보이고 있다.

〈표 1-9〉 지상파 방송사의 연간 프로그램 유형별 편성 현황

구분	연간 방송 시간과 편성 비율							
	보도		교양		오락		전체 방송시간	
	시간	비율(%)	시간	비율(%)	시간	비율(%)	시간	비율(%)
KBS-1TV	150,795	28.9%	298,475	57.3%	71,920	13.8%	521,190	100%
KBS-2TV	38,825	8.9%	188,110	42.9%	211,095	48.2%	438,030	100%
MBC-TV	101,590	19.5%	193,930	37.3%	224,280	43.1%	519,800	100%
SBS-TV	86,652	17.3%	186,873	37.4%	226,550	45.3%	500,075	100%

자료: 「2014년 방송산업실태조사보고서」.[39]

무광고 공익채널인 KBS-1TV는 전체 방송시간의 86.2%를 뉴스와 교양 프로그램으로 편성하고, 오락 프로그램은 13.8%에 지나지 않는 고취향 중심(역삼각형)의 프로그램 비율을 보인다. 그러나 KBS-1TV는 2014년 동계 프로그램 개편에서 "45년 전통의 〈명화극장〉, 17년간 방영된 〈사랑의 리퀘스트〉를 폐지"하고 "교양·예능·드라마 등 장르 상관없이 먹힐 만한 콘텐츠면 무조건 편성하는 '돌연변이 존(zone)'을 신설"함으로써 "전통이 있는 방송은 다 없애고 재미 위주의 자극적 편성만 고려하는 건 공영방송의 자세가 아니다"라는 비난을 받아왔다.[40] 지상파 텔레비전의 프로그램을 장르별(① 뉴스, ② 공공, ③ 오락)로 구분하여 살펴보기로 한다.

(1) 뉴스(News)

국내외에서 발생되는 과거, 현재, 미래의 사건, 현상 및 정보를 육하원칙 (When, Where, Who, What, Why, How)에 의해 취재하여 시청자에게 전달하는 순수 보도(Straight News) 프로그램이다. 고정 시간대에 편성된 정규 뉴스 (Regular News Hour), 비고정 시간대의 긴급 뉴스(News Break)와 헤드라인 뉴스(Headline News)가 있다. 뉴스 장르는 정치·경제·사회·문화·정보·과학·스포츠·일기예보·교통 및 생활 정보 등으로 분류되며, 뉴스 발생 장소에 따라 지방(Local)·지역(Regional)·전국(National)·국제(World) 뉴스로 구분된다. 보도 형식은 생방송(Live), 녹화(Taped), 현지 생중계 보도(Actuality), 뉴스분석(Analysis) 및 논평(Editorial)으로 구별한다. 오락성이 가미된 연예 뉴스와 독립된 스포츠 뉴스는 뉴스 프로그램에 해당되지 않는다.

(2) 공공(Public Affairs) 프로그램

시청자의 알 권리를 충족시키기 위한 정치, 경제, 문화, 사회, 정보, 과학 분야 등의 주요 정책 및 주제(Issue)를 기획하는 시사 프로그램과 시청자의 정서 함양을 위한 정보·교양·교육 프로그램을 말한다. 공공(시사·교양·교육) 프로그램은 뉴스 프로그램과 더불어 방송 매체의 사회적 책무에 기여하는 프로그램이다. 대표적인 시사·교양·교육 프로그램은 심층 기획 취재, 시사 토론, 시사 토크쇼, 뉴스 매거진, 선거 방송, 특집 시사 방송, 논픽션 다큐멘터리 (Non-fiction Documentary), 정보·교육, 예술·문화 프로그램 등이다. 오락성과 다큐멘터리 성격이 혼합된 다큐테인먼트(Docutainment) 프로그램과 오락 지향적 픽션다큐(Fictional Document) 또는 다큐라마(다큐멘터리+드라마)는 공공 (시사·교양·교육) 프로그램에 해당되지 않는다. 공공(시사·교양·교육) 프로그램은 심층 기획 취재 프로그램과 같이 고정된 시간대의 정규 프로그램, 선거 방송과 같이 필요시에 방송하는 비정규 프로그램, 국가행사·공연 중계 및 특정 주제(Issue)를 편성하는 특집 프로그램으로 구분된다.

(3) 오락(Entertainment) 프로그램

시청자의 생활 흥미와 명랑화를 목적으로 제작하는 여흥성(餘興性) 프로그램으로서 수용자의 기호(Preference), 대상(Target), 형식(Format)에 따라 다음과 같이 18가지의 오락 프로그램으로 세분할 수 있다.

① 드라마(Drama): 드라마 작가들이 극적(Dramatic)으로 꾸며낸 허구성 드라마(Fictional Drama)와 실화(實話)를 근거로 줄거리를 전개시키는 비허구성 드라마(Non-fictional Drama)로 양분된다. 드라마는 시대 흐름에 따른 시대물(역사극과 현대극), 작품 성격에 의한 트랜디물(멜로, 풍류극, 실화극), 작품의 지속성에 의한 연속물(일일, 주중 및 주말 연속극), 드라마 구성 및 작법 구분에 따른 구성물(일반형 드라마, 예능형 드라마), 제작 규모에 의한 기획물(단편극, 미니시리즈, 특집 드라마)로 분류할 수 있다.

안방극장 또는 'TV 소설'로 알려진 허구성 드라마는 작가들이 극적(劇的)으로 이야기(Story)를 전개시키는 과정의 미묘함으로 시청자 관심을 자극하는 기법을 극대화하는 오락 프로그램이다. 허구성 드라마는 지상파 텔레비전 방송사의 광고 재원(財源)으로 중요한 역할을 하나, 방송사 간의 극심한 시청률 경쟁으로 사회적 통념을 초월한 무분별한 드라마가 출현하여 심각한 부작용을 유발하기도 한다. 시청자의 관심을 끌기 위한 기법으로 상식을 초월한 애정 관계, 출생 비밀, 배신과 복수, 비인륜 등의 이야기 설정은 사회윤리적 통념을 넘어선 극단적인 '막장 드라마'를 출현시켜 심각한 사회적 문제를 야기하고 있다(탄광 갱도의 막다른 끝부분을 의미하는 '막장'은 통속적인 텔레비전 드라마를 지칭). 또한 드라마 전개 과정에서 표출되는 과다한 우연성, 지나친 예고성, 진부함, 비상적인 줄거리 등이 시청자들이 드라마를 외면하는 결과를 초래하고 있다. 허구성 드라마는 남녀 간의 애정과 불륜, 가족 구성원 간의 갈등, 사회 계층 간의 위화감, 사랑의 배신과 복수, 현실 도피, 특수 사회 계층 우상화 등의 자극적인 소재가 주류를 이룬다.

시청자들은 행복결말(Happy Ending)로 귀결되는 드라마의 줄거리가 극적(劇的)으로 과장되어 있음에도, 드라마 시청을 통해서 심리적인 자기 위안과 카타르시스(Catharsis)를 만끽한다. 이러한 과정에서 시청자들은 자연스럽게 드라마 속 극중 인물과 교감을 나누면서 유사 인적관계(Para-social Relation-ship)를 형성하는 단계에 이른다. 시청자들은 드라마 내용에 심취되어 비현실적인 전개 과정을 인지하면서도 극중 인물을 비난하며 지속적으로 드라마를 시청하는 중독 현상을 일으키기도 한다. 텔레비전 방송사는 양질의 드라마를 수용자에게 제공하기 위해서 드라마의 선정성, 폭력성, 물질 만능주의, 비현실성, 사회계층 간의 위화감 등의 요소들을 드라마 기획 단계부터 방송윤리의 잣대로 철저히 점검해야 한다. 또한 심의기관에서는 시청자 보호 차원에서 드라마 속의 비윤리성, 선정성·폭력성, 통속성, 성별 불평등, 계층 간 위화감, 과도한 음주행위, 저속한 언어, 상업성에 대한 규제가 필요하다.

드라마 출연배우의 겹치기 동시 출연은 시청권의 편익을 저해시킨다. 예를 들면 A 방송사 드라마에서 강력계 형사로 출연하는 배우가 B 방송사의 드라마에서는 순진무구한 촌부로 등장하거나, 또는 역사 드라마에서 백성들로부터 존경받는 성왕이 다른 시대극 드라마에서 협객으로 등장하는 식의 동시 겹치기 출연은 시청자의 드라마 몰입을 방해하고 줄거리의 신뢰도를 저하시키며, 드라마 이해력의 혼선을 유발한다. 방송사는 시청권을 존중하기 위해서 드라마 배우의 동시 겹치기 출연을 제한하는 자율적 제작 지침을 강구해야 한다.

드라마의 사회적 부작용을 최소화시키고 예능 프로그램에 익숙한 젊은 시청자군을 끌어들이는 예능형 드라마 포맷이 등장하고 있다. 드라마 속에 콩트, 코믹 슬랩스틱(Slapstick), 시트콤, 애니메이션, 각종 자막과 효과음 같은 예능 요소를 첨가한 예능형 드라마는 일반 드라마와는 달리 작가와 연출자가 공동 창작하는 드라마 작법을 사용한다.[41] 예능형 드라마의 특징은 드라마의 감정선은 살리면서 등장인물의 성격 묘사에 집중하고 각종 유머 코드를 세밀하게 배치하는 기존 시트콤의 요소를 살린 것이다.[42] 시트콤 - 드라마 포맷의 예능형 드라마는 시트콤의 장점을 유지하면서 시트콤보다 편수가 적으므로 제작비를 낮출 수 있는 이점(利點)이 있으나, 특정 시청자군만을 겨냥하는 단점도 있다.[43]

② 시트콤: 상황(Situation)과 코미디(Comedy)의 합성어인 시트콤(Sitcom)은 일정한 상황을 설정해놓고 줄거리를 전개하는 과정에서 웃음을 유발하는 코미디 포맷이다. 시트콤은 다양한 시청자군에게 편안한 웃음을 전달하는 장점으로 주시청자 시간대의 프로그램으로 등장하고 있다. 시트콤은 출연배우들이 코믹한 대사, 우스꽝스러운 행동으로 웃음을 유발하는 데 중점을 두는 액트콤(Actcom: Action Sitcom), 다양한 배경의 가족 구성원들이 일상생활에서 충돌하는 에피소드를 희극적으로 전개시키는 팸콤(Famcom: Family Sitcom), 드라마와 흡사한 줄거리 내용이 전개되면서 웃음을 유발시키는 드라마와 코미디 프로그램이 혼재된 드라마콤(Dramacom: Drama Sitcom) 형식으로 구분한다.

텔레비전 프로그램은 최정점과 최저점을 통과하게 되면 새로운 포맷이 출현하는 소위 청룡열차 현상(Roller-coast Phenomenon)이 나타난다. 시트콤의 경우, 시대적 흐름(Trendy Rhythm)에 편승되는 현상이 두드러지게 나타나고 있다. 1970년대 세계 각국에서 최고점에 이르렀던 액트콤 포맷은 이미 자취를 감췄고, 1990년대부터는 팸콤이 시청자의 호응을 받고 있다. 시트콤이 시청자의 호응을 받기 위해서는 시트콤의 문제점으로 지적되는 소재 빈곤, 스튜디오 제작 탈피, 진부한 포맷, 무분별한 녹화 웃음 사용(Use of Artificial Laugh Track)을 탈피하고 전문 시트콤 작가 양성, 공개 녹화 및 로케이션 실시, 시청자 반응을 반영한 양방형 프로그램 등을 과감히 추진해야 한다. 양방형 시트콤이란 시청자 참여를 유도하는 형식으로 프로그램 말미에 극중 인물이 처한 상황에 대해서 시청자에게 의견을 요청하고 후속 프로그램에서 시청자의 의견을 반영하여 제작하는 새로운 제작 형태를 말한다.

③ 액션·모험(Action·Adventure): 액션·모험 프로그램은 범죄와의 전쟁, 국가 또는 사회 계층 간의 충돌, 자연 재해, 인간의 도전 등에서 발생하는 갈등을 극적으로 꾸며낸 줄거리가 주류를 이룬다. 액션·모험 프로그램의 주요 장르로서 범죄수사, 사설탐정, 전쟁, 계층 간 대립, 공상과학 픽션(Science-fiction), 탐험 등이 시리즈물로 제작되고 있다. 액션·모험 프로그램은 극적인 볼 거리를 강조하기 위해 시각적인 격투, 추격, 전쟁, 재앙 장면을 묘사하는 과다한 폭력성이 문제시되고 있다. 또한 권선징악에 치우친 줄거리의 단순함, 폭력성과 선정성, 생명의 존엄성을 왜곡하는 살인 행위 정당화, 강자 생존법칙 강조, 비현실적인 줄거리, 범죄모방 심리유발, 성차별 등의 문제점으로 어린이·청소년 보호에 역행하는 대표적인 프로그램이다. 특히 시청자의 관심을 유발하기 위한 과도한 폭력성과 선정성이 혼재될 경우 심각한 악영향이 우려되므로 세계 각국에서는 어린이·청소년의 보호책으로 프로그램 등급제와 경고제도, 어린이·청소년 보호 시간대 및 시청금지 제도, 심야방송 의무화 등의 법적 규제를 시행하고 있다(제6장 5. 방송프로그램 규제 참조).

④ 게임쇼(Game Show): 진행자가 참가자에게 퀴즈 문제를 질문하는 방식 또는 참가자 간의 경쟁을 통해서 승자에게 경품이나 상금을 제공하는 게임 프로그램을 말한다. 게임쇼의 원리는 시청자의 간접 참가를 유도하는 심리학적 전략을 활용한다. 게임쇼는 진행자가 참가자(출연자)에게 질문하는 형식이지만, 실제로는 진행자가 시청자에게 질문하고 게임쇼 동참을 유도하는 방식이다.

시청자가 게임쇼의 간접 출연자로서 방송프로그램과 교류하는 일종의 간접적 양방형 프로그램으로 볼 수 있다. 게임쇼는 시청자의 카타르시스 효과(Catharsis Effects)를 극대화시키기 위해서 극적인 진행기법을 과도하게 사용하는 점이 문제점으로 지적되고 있다.

게임쇼 형태는 일반상식이나 전문지식을 참가자에 질문하는 퀴즈쇼, 레크리에이션 또는 스포츠 게임으로 경쟁하는 오락 게임쇼, 단체팀 간에 경쟁하는 그룹퀴즈쇼, 최종 우승자에 막대한 상금을 지불하는 피라미드 퀴즈쇼, 게임·장기자랑·오락·퀴즈를 혼합시킨 버라이어티 게임쇼로 분류할 수 있다. 게임쇼는 최소의 제작비용으로 최대의 광고 수입을 거둘 수 있는 경제성 프로그램으로서 주시청 시간대 직전(Prime-time Access)에 게임쇼를 편성해서 시청자를 주시청 시간대로 유도하는 유인 프로그램(Lead-in Program)으로 활용되고 있다(제3장 2. 텔레비전 방송의 편성 전략 참조).

⑤ 코미디(Comedy): 코미디는 인간과 사회의 문제점을 경쾌하고 흥미 있게 다루는 연극의 일종인 희극(喜劇)이다.[44] 텔레비전 코미디는 시청자에게 웃음을 전달하려는 목적으로 제작하는 프로그램이다. 텔레비전 코미디의 주요 장르로 정착한 '개그' 프로그램은 대사, 몸짓, 재담 등으로 시청자를 웃게 하는 일종의 버라이어티 코미디로서 웃음 소재, 대상 시청자, 웃음 전달 방식에 중점을 둔다. 텔레비전 코미디 장르는 제한된 시간에 다수의 단막 희극을 엮은 콩트 버라이어티 코미디(Conte Variety Comedy), 다수의 코미디언들이 공개 방송 무대에 출연해서 모노로그 형식으로 재담 또는 만담으로 시청자를 웃게 하는 스탠드업 코미디(Stand-up Comedy), 희극 대본의 드라마에 코미디언들이 출연해서 드라마 상황을 이끌어가는 연속물 형식의 코미디 드라마(Comedy Drama)가 있다. 텔레비전 코미디 프로그램에서 시청자들의 웃음을 유발하는 기법으로 사용되는 주요 유형은 다음과 같다.

- **액션 코미디**(Action Comedy): 재담보다는 기이하고 과장된 행동이나 코믹한 행동 (Action)으로 웃음을 유발시키는 코미디 기법이다. 대표적인 액션 코미디는 슬랩스틱 (Slapstick)으로서 엉뚱한 동작 또는 행위로 상대 출연자(코미디언)에게 육체적 고통이 나 어려운 상황이 연출되는 시각적 과정을 웃음으로 전환시키는 기법이다. 슬랩스틱 은 무성 영화 시대의 희극 영화에서 유래되었으나, 일반적으로 육체적인 행동(몸동작) 으로 웃음을 유발시키는 액션 코미디를 의미한다. 슬랩스틱의 어원은 방청객이 박수 를 칠 수 있도록 제작된 나뭇조각을 말한다.
- **난센스 코미디**(Non-sense Comedy): 황당무계한 상황에서 기이한 언행과 실수를 유 발하는 과정을 웃음으로 전환시키는 기법이다. 난센스 코미디는 소극(笑劇, Farce)에 서 유래되었으며, 어처구니없는 일, 바보 흉내 내기, 엉터리 탐정이나 도둑 등이 주요 소재로 활용된다.
- **로맨틱 코미디**(Romantic Comedy): 남녀 간의 교제 및 일생 생활에서 발생되는 실수, 애정 행각, 특정 이성을 차지하기 위한 경쟁 과정에서 발생되는 상황을 기이한 방법으 로 과장하여 웃음을 유발하는 기법이다.
- **블랙 코미디**(Black Comedy): 명랑한 웃음을 제공하는 전통 코미디와는 달리 어둡고 우울한 설정(죽음, 비극, 고통, 영혼, 잔혹 등)을 익살스럽게 풍자하여 웃음을 유발하는 기법이다.

⑥ **토크쇼**(Talk Show): 진행자(Host)와 출연자(Guest)들이 다양한 주제로 방담 또는 담화(談話)하는 형식의 프로그램으로, 지명도가 높은 진행자와 인기 명 사나 연예인들이 참여하는 방식이 가장 보편적이다. 토크쇼는 진행자와 출연 자 간의 1 : 1로 대화를 나누는 심층 인터뷰 토크쇼(Interview Talk Show), 다수 의 참가자들이 특정 주제를 담화·토론하는 그룹 토크쇼(Group Talk Show), 다수의 진행자들이 초대 게스트를 대상으로 방담(放談)하는 그룹 인터뷰쇼 (Group Interview Show), 패널그룹 간의 흑백논리 논쟁을 벌이는 패널 토크쇼 (Panel Talk Show), 시청자들이 우편, 전화, 온라인으로 토크쇼에 참여하는 시 청자 참여 토크쇼(Mail or Live Call-in Talk Show)로 분류할 수 있다. 토크쇼의 주제는 출연자의 신변잡담, 경험담 등의 가벼운 오락성 내용으로부터 민감한 사회적 관습 및 쟁점(Issue)에 관련된 내용까지 다양하다. 일반적으로 진행자

와 출연자가 일상생활에서의 특정 주제로 방담 또는 담화(談話)하는 부분이 전체 프로그램 분량의 50%를 초과하면 토크쇼로 분류된다.

토크쇼는 게임쇼와 마찬가지로 최소의 제작비용으로 최대의 광고 수입을 거둘 수 있는 경제성 프로그램으로, 주부 대상의 아침 토크쇼, 성인 수용자를 겨냥한 심야 토크쇼가 대표적인 프로그램으로 정착하고 있다. 그러나 토크쇼에서 거론되는 민감한 주제로 인한 명예훼손, 사생활 침해, 인신공격의 법적 문제, 일부 참가자들이 토크쇼를 특정 제작물과 개인 홍보로 남용하는 문제, 타인의 특정 행동을 희화화하는 문제, 사회적 윤리와 규범에 어긋나는 출연자들의 언행, 출연자들이 사전에 준비된 대본에 따르는 입 맞추기의 어색함, 다수 공동진행자(MC)들의 산만한 진행 등이 토크쇼의 질을 저하시키는 요인으로 지적된다.

⑦현실 배경 프로그램(Reality-based Program): 텔레비전 프로그램은 픽션(Fiction)과 논픽션(Non-fiction) 프로그램으로 대별된다. 전자는 작가들의 상상이나 추리력에 의해 작성된 대본에 따라 제작되는 드라마, 시트콤, 수사극 등을 말하고, 후자는 사회의 실상을 그대로 보여주는 실제 인물 또는 시청자들이 프로그램에 등장하는 법정쇼, 게임쇼, 고발 르포(Reportage), 실화극 등이 논픽션 프로그램에 해당한다. 현실 배경 프로그램은 대본에 따라서 배우나 특정인만 출연하는 픽션 프로그램에 식상한 시청자들을 만족시키기 위한 방안으로 평범한 사람의 일상생활을 가감 없이 보여주자는 의도에서 2000년대 초반 북미·유럽 국가에서 시작되었다. 근래에는 다양한 오락성 현실 배경 프로그램이 제작되고 있으며, 주요 장르로는 출연자들이 극한 상황을 탈출하는 과정을 연출하는 극복시리즈(Exotic Situation), 남녀 간의 이성 교제를 주제로 삼는 데이트 또는 가상 결혼 시리즈(Dating & Marriage Situation), 황당한 상황을 체험하는 돌발 시리즈(Unexpected Situation), 현실 사회의 난관을 헤쳐나가

는 현실 시리즈(Real World Situation), 꾸밈없는 가정생활을 보여주는 일상생활 시리즈(Everyday Life Situation), 여행 포맷에 게임 형식을 첨가한 복합 시리즈(Game & Travel Situation) 등을 들 수 있다. 현실 배경 프로그램은 오락성이 가미된 경쟁, 체험, 현장답사, 데이트, 게임, 여행 등의 주제로 평범한 사람의 삶이나 체험을 대본 없이 실제 상황을 그대로 보여주는 데 목적이 있다. 오지 탐험 극복, 범죄와의 전쟁, '몰래 카메라' 상황, 구직 성공기, 데이트 및 맞선 경험, 사회적 약자 도움 활동, 가족생활 이야기 등이 현실 배경 프로그램의 인기 주제로 부상하고 있다.

현실 배경 프로그램은 대본에 따라 제작되는 일반 프로그램에 비해 저렴한 제작비로 높은 시청률을 확보하여 주시청자 시간대의 프로그램으로 각광을 받고 있다. 현실 배경 프로그램은 대본 없는 프로그램으로 알려져 있지만, 제작진의 지나친 간섭 또는 사전 대본에 의해 진행되는 연출, 출연자들이 평범한 국민에서 인기 연예인으로 전환되어 현실 배경 프로그램의 본질이 점차 퇴색되고 있다. 시청률 돌풍을 일으킨 현실 배경 프로그램은 다양한 아이디어로 이미 포화상태를 이루고 있으며 방송사 간의 치열한 시청률 각축장이 되고 있다. 대표적인 현실 배경 프로그램의 종류는 다음과 같다.

- **모험·충격 생존게임**: 인간이 생존하기 어려운 상황을 연출하여 출연자들이 극복해나가는 과정을 상세히 보여주는 생존체험 프로그램과 인간이 공포상황에서 나타나는 한계와 대담성을 가감 없이 보여주어 시청자들의 관심을 유발시키는 충격 프로그램.
- **법정쇼**: 일상생활에서 발생하는 경미한 민사소송, 남녀 애정 및 이혼 소송, 애완동물로 인하여 발생되는 소송 등의 흥미로운 송사(訟事)들을 가상 텔레비전 법정에서 해결하는 프로그램.
- **사생활·관찰**: 출연자 거주지 또는 생활전선에 다수의 카메라를 설치하여 그들의 생활 과정 및 동선을 여과없이 보여주는 호기심 프로그램.
- **데이트 게임**: 미혼 청춘남녀들의 데이트를 주선하여 데이트 과정에서 발생하는 갈등, 육체 접촉, 노출 등을 조명해서 젊은 시청자군의 관심을 유발하는 프로그램.

- **결혼 게임**: 예비 신랑 1명에 다수의 여성(또는 예비 신부 1명에 다수의 남성)을 출연시켜 예비 신랑이 여자 후보들과 1:1 데이트 심사를 통해 최종 1명을 낙점하는 형식으로 감성적 대화, 신체 접촉(스킨십) 및 노출이 과다한 프로그램.
- **자원봉사**: 경제적 또는 신체적으로 어려움을 겪는 사회적 소외층을 돕기 위한 자원봉사자들이 솔선수범하는 과정을 보여주는 감동적인 사회봉사 프로그램.
- **스포츠 이면 장면**(Behind Sports Scene): 스포츠 경기의 긴박한 상황, 갈등, 기쁨 등의 이면(裏面) 장면(Behind Scene)과 인터뷰 프로그램을 혼합한 프로그램.
- **범죄자 탐문 수사**: 전·현직 경찰관 또는 사설탐정이 범죄자를 추적하여 체포·수감하는 과정을 보여주는 범죄 수사 프로그램.
- **호기심 탐문**: 시청자 관심 대상의 실제 인물, 기인(奇人), 지역, 향토 음식, 특산물, 애완동물 등을 찾아 나서는 호기심 탐문 프로그램.

시청률 제고를 위한 오락적 현실 배경 프로그램의 무분별한 경쟁은 방송윤리의 심각한 문제점을 야기하고 있다. 카메라에 여과 없이 노출되는 평범한 세상 사람의 사생활, 출연자의 의도와는 다른 왜곡 편집으로 인한 인격 침해, 비모범적인 출연자의 돌발 행위 등의 비윤리적인 문제점들이 제기된다. 방송사는 이와 같은 심각한 문제점에도 불구하고 새로운 현실 배경 프로그램 개발에 전념하는 이유는 저렴한 제작비로 인한 영업 수익을 중시하기 때문이다. 현실 배경 프로그램의 제작비용은 드라마 제작비의 20~30% 정도에 지나지 않지만 시청률은 드라마 프로그램과 버금가는 경제적 요인으로 인하여 방송사 간의 현실 배경 프로그램의 경쟁은 심화되고 있다.

⑧ 예능 프로그램(Artistic Talents Program): 다수의 고정 인기 연예인, 코미디언 및 명사(名士)들이 특정 지역을 순회(여행·방문·캠핑) 또는 특정 인물을 방문·초청하여 부여된 임무 또는 직무를 수행하는 과정에 체험, 경쟁 게임, 콩트, 노래, 연기, 장기자랑, 스포츠 경기, 공연, 행사, 패널 토크 등의 오락 요소를 가미하여 웃음과 감동을 유발하는 현실 배경 형식(Reality-based Program Format)의 프로그램이다. 예능 프로그램은 웃음 효과와 기발한 아이디어·구

성·연출로 '일요일 오후 예능 시간대'(4시 50분부터 7시 55분까지)와 '금요일 심야 예능 시간대'(11시)가 편성되는 인기 장르로 부상하고 있다. 그러나 일부 출연자들의 무개념적 언행, 과도한 인공 웃음과 자막 사용, 비현실적 상황 설정, 지나친 재미 추구, 화면 조작과 편집, 인위적 돌발 상황, 인기프로그램의 무분별한 베끼기 경쟁 등이 예능 프로그램의 주요 문제점으로 지적된다. 예능 프로그램과 현실 배경 프로그램의 차이점은, 전자는 출연진이 인기 연예인, 코미디언 및 명사들로 구성된 대본 프로그램(Scripted Program)이며, 후자는 평범한 사람의 일상생활을 가감 없이 보여주는 비대본 프로그램(Non-scripted Program)인 점이다. 예능 프로그램의 분류는 다음과 같다.

- **모험·여행 예능**: 출연자들이 특정 목적지나 여행지를 방문하여 단체 캠핑 생활, 임무 수행, 가상현실, 모험 등을 체험·게임·경쟁 형식으로 진행하는 프로그램.
- **행사(이벤트) 예능**: 출연자들이 특정 행사에 참여하여 부여된 임무를 수행하기 위한 준비 과정과 임무를 완수하는 과정을 보여주는 프로그램.
- **스포츠 예능(예체능)**: 출연자와 인기 게스트들이 특정 스포츠 경기 또는 레크리에이션 게임을 경합하는 대표적인 예체능 프로그램.
- **체험·관찰 예능**: 가족, 친구, 이성, 동종·이종 직종(職種) 구성원 간의 일상생활 체험을 조명하는 프로그램으로서 대상 구성원의 거주지와 생활체험 동선을 다수의 카메라로 담아내는 호기심 프로그램.
- **사회봉사 예능**: 출연자들이 자연 보호 및 사회봉사 임무를 수행하는 과정과 임무 완수 후의 성취물 또는 결과물을 지역 사회 또는 사회 소외층에 기부하는 프로그램.
- **인물·지역 탐문 예능**: 출연자들이 시청자 관심 대상의 주제를 중심으로 관련 인물, 친지, 친구, 기인(奇人), 지역, 향토 음식, 특산물, 애완동물 등을 찾아 나서는 호기심 탐문 프로그램.
- **음식·요리 예능**: 전문 요리사, 명사, 연예인들이 특정 식재료로 경쟁을 펼치는 콘테스트 형식과 특정 지역을 방문해서 제한된 식재료로 요리 또는 특정 음식의 조리(調理) 과정을 여과 없이 보여주는 프로그램.
- **인터넷 예능**: 1인 미디어(인터넷) 방송을 지상파 텔레비전 방송에 접목한 새로운 형식(Format)의 예능 프로그램. 방송인, 전문인, 또는 연예인 진행자가 오락, 헬스, 요리, 문화, 라이프스타일 등의 전문 주제(Theme)로 시청자와 실시간 소통하는 각기 다른 쌍방형 인터넷 경쟁 프로그램을 1개로 조합(組合)한 텔레비전 프로그램.

⑨ 버라이어티쇼(Variety Show): 음악, 코미디, 댄스, 연주, 장기(長技) 등의 다양한 볼 거리를 복합적으로 제공하는 프로그램으로서 스튜디오, 야외 로케이션, 극장 무대, 공연장에서 사회자(MC)가 진행한다. 버라이어티쇼는 다양한 장르의 음악, 춤(Modern Dance), 연주 등을 실황 또는 녹화로 방송하는 대형 프로그램으로 시작되었으나, 수용자의 취향 변화, 청소년 및 젊은 시청자군 증가, 제작 환경 변화, 케이블 음악전문 채널의 출현으로 버라이어티쇼는 출연자 중심의 노래, 코미디, 장기자랑 등을 제공하는 형식(Format)으로 변화하고 있다.

버라이어티쇼는 복합적인 볼 거리를 효과적으로 진행하기 위하여 1인 또는 다수의 사회자(MC)를 활용한다. 일반적으로 출연자들의 복합적인 볼 거리(노래, 춤, 코미디, 연주 등)가 전체 프로그램 분량의 50%를 초과할 경우 버라이어티쇼로 간주한다. 버라이어티쇼는 일반 버라이어티쇼와 공개 버라이어티쇼로 구분하며, 전자는 현업·전문 연예인이 볼 거리를 제공하며 후자는 일반 시청자가 출연하는 공개 오디션 프로그램이다. 공개 버라이어티쇼는 노래 및 장기자랑이 혼합된 프로그램으로서 전국을 순회하면서 장래가 유망한 가수나 배우를 등용하는 치열한 경쟁의 오디션 프로그램이다. 통상적으로 지역 예선을 거쳐 선발한 후, 심사위원 또는 시청자들이 전화와 온라인으로 투표하여 우승자를 선발하는 방식을 사용한다.

⑩ 스포츠(Sports): 프로·아마추어 스포츠 경기 생중계 및 녹화중계, 경기 전의 스포츠쇼(Pre-game Show), 경기 후의 경기 평가(Post-game Show), 주요 경기 장면(Highlight), 스포츠 전문 뉴스, 스포츠 매거진, 스포츠 토크쇼 등이 스포츠 프로그램에 해당된다. 인기 스포츠 중계방송은 방송사의 시청률 제고와 광고주 확보에 획기적인 역할을 함으로써 방송사들은 막대한 중계료를 지불하면서 중요 경기의 중계권 획득하고 있다. 국가 간의 경쟁 스포츠인 올림픽, 월드컵, WBC, 아시안 게임 등과 지역 연고 프로구단의 중계권 확보를 위해서

텔레비전 방송사 간의 극심한 중계권 경쟁이 이를 잘 증명해준다. 스포츠 전문 뉴스는 지상파 텔레비전 방송사의 정규 뉴스 시간에 포함되지 않은 독립된 오락 프로그램이며, 정규 뉴스 프로그램의 말미에 포함된 스포츠 소식은 뉴스 프로그램의 일부에 해당된다.

⑪ **음악 프로그램**(Music Show & Music Video): 청소년, 성인, 노인층을 대상으로 시대별 또는 장르별 음악 프로그램을 콘서트, 뮤직쇼, 가요쇼, 뮤직 비디오 등의 형식(Format)으로 제공한다. 음악 프로그램은 개방성(공개 또는 비공개), 인기순위 여부(차트 순위, 음반·음원 순위 또는 시청자 투표 순위), 장소(사외 공개 홀 또는 스튜디오), 녹화(생방송 또는 녹화), 연주(생음악 또는 녹음 음악), 장르(가요, 가곡, 국악, 팝송, 클래식), 출연자(출연 인원 및 대상)에 따라 제작 규모가 결정된다. 인기 연예인에 대한 소구력과 제품 구매력이 높은 청소년층 대상의 뮤직쇼는 광고주가 선호하는 프로그램으로 알려져 있다. 음악 프로그램(Music Show & Music Video)과 버라이어티쇼(Variety Show)의 차이점은 전자는 음악 또는 뮤직비디오 중심의 순수 음악 프로그램이며, 후자는 음악, 코미디, 댄스, 연주, 장기(長技) 등의 다양한 볼 거리를 복합적으로 제공하는 프로그램이다.

⑫ **어린이 프로그램**(Children's Program): 어린이 대상의 오락성 프로그램과 교육성 프로그램으로 구분된다. 전자는 카툰(Cartoon), 노래 및 장기 자랑, 인형극, 희극, 연극, 게임 등이며, 후자는 취학 전후 어린이들의 언어, 예능, 과학, 생활 인지 능력을 함양시키기 위한 교육 프로그램으로 구분된다. 텔레비전을 통한 어린이 교육 프로그램은 어린이의 성격 발달, 인격 형성, 사회생활 적응에 중요한 역할을 함으로써 세계 각국에서는 어린이 시청자를 보호하기 위한 어린이 프로그램 의무 제작, 어린이 프로그램의 광고 시간 제한 및 광고 제품(식품, 장난감, 게임 등) 규제, 프로그램 등급·경고제도, 어린이 시청시간 규제

등을 시행하고 있다. 어린이 프로그램은 시청자군이 어린이로 제한되어 있는 한계에도 불구하고, 높은 광고 제품 구매력, 단골 시청 행위, 미래의 시청자 확보 등의 요인으로 특정 광고주들이 선호하는 프로그램이다. 어린이 프로그램은 시청대상자를 미취학, 취학 어린이로 구분하여 아침과 오후 시간대에 각각 따로 편성하고 있다.

⑬ 다큐테인먼트(Docutainment): 다큐멘터리 포맷에 인간 관심(Human Interest) 요소를 가미시킨 프로그램으로서, 의도적 연출 또는 설정을 지양하고 인간 감동 또는 시청자 관심에 초점을 둔다. 평범한 사람의 진솔(眞率)한 일상생활 또는 관심 대상 인물의 삶을 사실적 다큐멘터리 형식으로 전개하여 시청자의 공감을 유발하는 '휴먼다큐'가 대표적인 다큐테인먼트 프로그램이다. 다큐멘터리(Documentary)와 다큐테인먼트(Docutainment)의 차이점은 전자는 역사, 인물, 지역, 과학·의학, 정치·경제, 사회·인문, 스포츠 분야의 과거·현재·미래에 관한 사실을 조명하는 비오락성 기록물인 반면, 후자는 관심 인물에 대한 내용을 사실적·직접적으로 보여주는 다큐멘터리 형식에 재미 요소를 첨가하여 이야기를 전개시키는 오락 지향적 프로그램이라는 점이다.

⑭ 연예뉴스(Entertainment News): 외형상 텔레비전 뉴스와 흡사한 형식(Format)으로 연예 정보와 관련 소식을 제공한다. 연예뉴스는 텔레비전, 영화, 연극, 뮤지컬, 영상 및 음반 산업에 연관된 종사자들의 신상에 관련된 소식과 새로운 영화, 음반, 텔레비전 프로그램, 공연 등을 소개하는 형식이 주류를 이루고 있다. 연예 뉴스의 소재가 연예계 종사자의 사생활에 큰 비중을 두어 '타블로이드 텔레비전 매거진(Tabloid Television Magazine)'으로 불리기도 한다. 연예뉴스는 어린이·청소년 시청자에 미치는 비교육적인 영향을 고려하여 심야 시간대에 편성하는 것을 원칙으로 한다.

⑮ 영화(Movies): 국내외 영화사로부터 방송권(Broadcast Right)을 확보하여 방영하는 영화 프로그램이다. TV 극장, 명화 극장, 주말 극장 등의 명칭으로 고정적으로 방영하는 정규 프로그램과 명절, 연휴, 국경일 등의 특정 기간에 방영하는 비정규 프로그램으로 구분된다. 영화 프로그램은 평균 2시간 정도 지속되는 방영시간(Running Time)으로 인하여 주시청자 시간대 편성을 제한하고 주말 및 특정 기간의 비주시청 시간대에 편성한다. 일부 방송사에서는 시청률 제고를 위한 전략으로 초특급 인기 영화(Blockbuster Movie)를 방영하거나, 특정 기간에 인기 영화를 중복 방영하는 전략(Double-run Strategy 또는 Theme Stacking)을 활용한다(제3장 2. 텔레비전 방송의 편성 전략 참조).

⑯ 여행 정보 및 여가 활동(Travelogue & Recreation Activities): 국내외의 명승지를 탐방하여 소개함으로써 시청자의 여가 활동과 삶의 질을 향상시키는 대표적인 프로그램이다. 여행 정보 및 여가 활동 프로그램은 시청자의 여행 기호, 지역, 국가, 계절, 방법 등에 따라서 제작된다. 근래에는 국내외 여행 정보와 음식, 여가 활동, 문화 예술이 연계된 프로그램이 제작되어 향토 문화 육성과 지역 발전에 크게 기여하고 있다.

⑰ 특집 프로그램(Special Program): 정규 방송 시간에 편성되지 않는 오락 프로그램으로서 시청률 제고를 위해 의도적으로 제작하는 전략적 프로그램이다. 특집 프로그램은 방송사의 사익(私益)을 중시하는 프로그램으로서 시청자 관심, 행사 규모, 프로그램 성격에 따라 제작 여부가 결정된다. 시청률 제고 (Ratings Boosting)의 대표적인 특집 프로그램으로는 기념 공연, 미인대회, 대형 영화제 및 가요제, 연말 연예·연기 대상 특집 등이 있다. 각 방송사마다 연말 특집으로 제작하는 연예·연기 대상 프로그램은 방송사의 영업이익을 목적으로 장시간 편성함으로서 시청자의 고유 시청권이 박탈되는 대표적인 프

로그램이다. 방송사는 자체적으로 남발하는 다상(多賞) 제도보다는 모든 방송 사들이 참여하는 경쟁적인 시상 제도를 마련하여 전반적인 방송프로그램의 질 향상에 노력을 기울여야 한다.

⑱ 기타: 위에서 말한 오락 프로그램 분류(①~⑰)에 해당되지 않는 지상파 텔 레비전의 정규 프로그램이다. 기타 프로그램은 방송 시간이 60분 이내의 프 로그램으로서 새로운 오락 프로그램의 장르로 분류하기는 비율이 낮은 프로 그램을 말한다. 지상파 방송의 대표적인 기타 프로그램은 취미·수집·경매에 관련된 프로그램으로서 점차적으로 케이블 전문채널로 흡수되고 있다.

2) 케이블·위성·IPTV 텔레비전(채널) 프로그램

케이블·위성·IPTV 텔레비전(채널) 프로그램은 방송채널사용사업자(PP) 가 특화된 시청자군을 대상으로 전문 프로그램을 협송(Narrowcasting)하여 방 송시장을 세분화(Market Segmentation)시키는 특징이 있다. 방송채널사용사업 자(PP)는 지상파 텔레비전 방송사와 차별화된 전략(Positioning)으로 케이블· 위성·IPTV 가입자의 틈새시장(Niche Market)을 공략한다. 뉴스·정보, 경제, 공공, 교양·문화·건강, 교육, 오락, 라이프, 종교, 홈쇼핑, 종합편성, 외국·외 국어 등의 전문채널은 특정 시청자군을 대상으로 특화된 프로그램을 제공한 다. 케이블·위성·IPTV 텔레비전 프로그램의 주요 특징은 (1) 협송, (2) 주제 채널(Theme Channel), (3) 전문 채널(Specialized Channel), (4) 동질 프로그램 (Cluster Programming)으로 설명할 수 있다.

(1) 협송(Narrowcasting)
시청자의 '프로그램 선호의 심리적 취향 정보(Psychographic Information of

Audience Program Preferences)'에 따른 프로그램을 특정 시청자군에게 제공한다. 예를 들면, 드라마를 선호하는 여성 시청자들은 더 많은 드라마 프로그램을 필요로 하며, 카툰 프로그램을 선호하는 어린이 시청자들은 더 많은 카툰 프로그램 시청을 원하는 수용행위의 특성을 활용하여 특정 시청자군을 대상으로 프로그램을 협송한다. 협송 채널의 대표적인 예로는 여성 채널, 카툰 채널, 실버 채널 등이 있다.

(2) 주제 채널(Theme Channel)

특정 시청자군을 대상으로 특정 주제(Theme)의 프로그램을 제공한다. 지상파 텔레비전은 뉴스, 공공, 오락 프로그램을 대중 시청자에게 제공하는 반면, 케이블·위성·IPTV 텔레비전은 특정 주제를 설정한 채널들이 특정 시청자군에게 단일화된 주제와 관련된 프로그램을 공급한다. 스포츠를 주제로 설정한 스포츠 주제 채널은 24시간 스포츠 프로그램을 편성하며, 과학 주제 채널은 24시간 과학과 관련된 프로그램을 제공한다.

(3) 전문 채널(Specialized Channel)

프로그램의 전문성에 중점을 두는 채널로서, 특정 주제를 설정한 주제 채널(Theme Channel)과는 차별화된다. 예들 들면, 스포츠를 주제로 한 스포츠 채널은 다양한 스포츠 프로그램을 제공하는 스포츠 주제 채널이지만, 전문 채널은 특정 스포츠를 선택하여 해당 스포츠 프로그램만을 방송하는 스포츠 전문 채널이다. 골프 채널, 축구 채널, 테니스 채널, 게임 채널, 뮤직비디오 채널 등이 전문 채널에 해당된다.

(4) 동질 프로그램(Cluster Programming)

지상파 텔레비전은 시간대별(Dayparts)로 다양한 형태의 프로그램을 대중

시청자군에게 제공하지만, 케이블·위성·IPTV 텔레비전(채널)은 시간대 구분 없이 동질의 프로그램만을 특정 시청자군에게 제공한다. 예를 들면 다큐멘터리 채널은 동질의 프로그램만을 묶어서 24시간 편성하고, 뉴스 채널은 24시간 국내외 뉴스 프로그램만을 뉴스 시청자에게 제공한다.

케이블·위성·IPTV 텔레비전은 프로그램 장르, 시청자 기호 및 특성, 채널 전문성, 채널 특징에 따라서 25개의 채널로 세분할 수 있다 [〈표 1-6〉 케이블 텔레비전 네트워크(PP)의 주제별 분류 참조]. 또한 케이블·위성·IPTV 사업자(SO)가 가입자에게 제공하는 유료 서비스 및 전송 방식에 따라서 3D, UHD, 프리미엄(Premium), 이벤트 주문자 요구(Pay-per-view), 프로그램 주문자 요구(Video on Demand), 양방형(Interactive), 부가 서비스 채널로 분류한다.

〈표 1-10〉 케이블·위성·IPTV 사업자(SO)의 유료 서비스 및 전송 방식에 따른 구분

① 3D: 3D로 제작된 텔레비전, 영화, 게임, 스포츠 프로그램 등을 제공하는 유료 서비스.

② UHD: 초고선명 프로그램만을 제공하는 채널로서 다큐멘터리, 드라마, 콘서트 등의 프로그램을 제공하는 유료 서비스.

③ 프리미엄(Premium) : 영화 전문 채널로서 가입자가 별도 가입료를 부담하고 시청하는 유료 서비스.

④ 이벤트 주문자 요구(Pay-per-view) : 지상파 텔레비전 방송사에서 중계하지 않는 대형 스포츠 프로그램(프로 복싱, 격투기, 프로레스링 등), 공연 등의 이벤트 시청을 주문하고 별도의 이용료를 지불하는 프로그램 주문 서비스.

⑤ 프로그램 주문자 요구(Video on Demand): 특정 텔레비전 프로그램 또는 영화 목록에서 프로그램 또는 영화를 선택하여 시청하고 비용을 지불하는 주문자 요구 서비스.

⑥ 양방형(Interactive) 서비스: 양방형이 가능한 온라인 게임 프로그램을 제공하는 유료 서비스.

⑦ 부가 서비스: 클라우드(Cloud) 서비스, PVR(Personal Video Recorder), 비디오·오디오 서비스(예: 노래방 서비스) 등의 유료 부가 서비스.

3) 라디오 프로그램

라디오 방송은 사용 전파에 따라 단파 방송, 중파 방송, 초단파 방송, 극초단파 방송으로 나뉘며, 변조 방식에 따라 AM, 표준FM, FM 방송으로 구분되어 매체 특성에 적합한 음성·음향 등으로 이루어진 방송프로그램을 청취자에게 송신한다. 라디오 방송은 수용자가 수신 장소와 시간에 구애받지 않는 매체의 접근성, 이동성, 수신기의 경제성, 개인 미디어 등의 장점을 최대로 활용하여 다매체·다채널·다플랫폼 시대의 수용성이 편리한 대중매체로 선호되고 있다. 반면, 라디오 방송은 음성 메시지만을 전달하는 청각 매체, 제한적인 수용자군, 광고주 비선호 매체, 낮은 청취율 등으로 시청각 매체와 경쟁할 수 없다는 단점이 있다(〈그림 1-16〉 참조).

지상파 텔레비전은 대중 시청자에게 다양한 횡적 프로그램(Horizontal Programming)을 공급하는 반면, 라디오는 제한된 청취자층을 대상으로 종적 프로그램(Vertical Programming)을 제공한다. 또한 지상파 텔레비전의 주시청자 시

〈그림 1-16〉 라디오 매체의 장점과 단점

장점	단점
- 전파 수신의 편리성	- 청각 매체
- 매체 이동성 및 접근성	- 청취율(낮음)
- 수신기 경제성과 보급률	- 시청각 매체와 경쟁(불가)
- 프로그램 전문성	- 수용자 매체 선호도(낮음)
- 광고 단가 및 광고 비용 효율성	- 광고주 매체 선호도(낮음)
- 제작 및 매체 비용 경제성	- 광고 효율성(낮음)
- 매체의 신속성	- 매체 공신력(낮음)
- 뉴미디어와 결합 용이성	- 청취자 매체 집중력(낮음)
- 개인 미디어	- 메시지 전달(제한적)
- 청취와 운전·업무·가사 병행성	- 메시지 효과(제한적)
- 매체 친밀성과 청취자 참여성	- 청취자군(제한적)
- 세분화된 메시지 전달	- 청취율 측정(제한적)

간대(Prime-time)는 가족을 대상으로 오락, 공공, 뉴스의 다양한 프로그램을 편성하는 반면, 라디오의 주청취자 시간대는 조석으로 출퇴근하는 운전자를 대상으로 제한적인 오락·정보 프로그램을 제공한다.

라디오 방송은 뉴스와 오락 프로그램 중심의 중파방송(AM: Amplitude Modulation)으로 시작되었으며, 1980년대에는 AM 중파방송(300~3000kHz)을 초단파(30~300MHz) 대역으로 재송신하는 표준FM(Standard Frequency Modulation) 방송이 시작되어 종합정보·오락 방송의 고음질화에 기여하였다. 한국 최초의 FM 방송(Frequency Modulation)인 서울FM 방송의 개국(1965년)과 스테레오 방송 시작(1970년)으로 FM 방송은 다양한 장르의 고음질 음악을 제공하는 전문음악방송으로 통칭(通稱)되고 있다. 다매체·다채널·다플랫폼 방송 환경하에서 라디오 방송은 인터넷 라디오, DMB, 팟캐스트(Podcasting), 트위터 등을 활용하는 매체로서 청취자 확보에 새로운 변화를 보이고 있다. 라디오 방송의 프로그램은 방송 목적과 특성(청취자군, 청취자 수요, 전문성, 예산, 기술, 시설 및 여건)에 따라서 (1) 종합, (2) 음악, (3) 뉴스·정보, (4) 비영리·전문 라디오로 구분하여 관련 프로그램을 제공한다.

〈그림 1-17〉 라디오 방송의 제작 과정

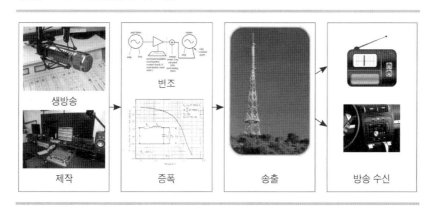

(1) 종합 라디오

오락과 뉴스·정보 프로그램을 청취자에게 제공하는 라디오 방송으로서 대중 청취자의 선호도가 높은 AM과 표준FM 방송이 종합 라디오에 해당된다. 오락 프로그램 진행자는 인기 방송인·연예인으로 구성되며, 진행자의 지명도와 프로그램 제목을 결부시켜 청취자에게 프로그램 인지도를 각인시키고 있다. 오락 프로그램은 시간대 구분에 따라 시대별 음악을 선별하며, 진행자는 시사 뉴스, 신변 잡담, 연예뉴스, 생활정보, 콩트(Conte)와 화제인물을 게스트(Guest)로 출연시켜 청취 재미와 관심을 배가시키는 특징이 있다. 뉴스·정보 프로그램은 고정된 시간대에 종합 뉴스, 시사 좌담, 명사·전문가 대담, 일기 예보, 생활정보, 출퇴근 운전자들을 위한 교통 등의 다양한 소식을 제공한다.

(2) 음악 라디오

대중가요, 팝, 재즈, 클래식, 영화 음악, 가곡, 국악, 민요 등의 다양한 장르의 음악 프로그램을 시간대별로 편성하여 청취자에게 제공하는 FM 라디오 방송이다. 연령과 성별에 따른 편성 전략과 관련 음악에 전문성 있는 음악인(또는 전문 방송인)이 진행한다. 주청취 시간대에는 대중음악(가요, 팝)이 주류를 이루지만, 비주청취 시간대에는 전문음악 장르(클래식, 재즈, 영화 음악, 가곡, 국악, 민요 등)와 콘서트 음악 중심으로 편성되고 있다[제3장 3). 라디오 프로그램의 편성 참조].

(3) 뉴스·정보 라디오

뉴스, 시사 좌담, 토크쇼를 방송하는 뉴스·정보 라디오는 ① 24시간 뉴스를 제공하는 종일 뉴스 라디오, ② 뉴스와 시사 좌담·토크쇼를 혼합한 뉴스·토크 라디오, ③ 뉴스 청취자에게 시사 뉴스와 더불어 흘러간 대중음악을 제공하는 뉴스플러스(News+) 라디오로 구분된다. 뉴스·정보 라디오는 국내외 뉴스 이외에 비즈니스 정보(증권, 금융, 부동산 등), 청취자를 위한 각종 생활 정보, 문화 예술 정보(영화, 전시회, 출판, 건강, 교육, 종교, 음식 등)에 관한 프로그램을 뉴스 프로그램(News Block) 사이에 편성하여 청취자에게 다양한 정보를 제공한다. 뉴스·토크 라디오는 뉴스 상황에 따라서 뉴스와 토크 프로그램의 비중이 수시로 변동되는 가변(可變) 편성의 특징이 있다. 뉴스플러스 라디오는 55세 이상의 뉴스 주청취자군을 대상으로 뉴스와 흘러간 음악(1950~1980년대)을 제공하는 혼합(Hybrid) 형식(포맷)이다.

(4) 비영리·전문 라디오

상업 라디오 방송과 차별화된 전문 라디오 방송으로서 정부에서 주도하는 대국민, 대외 및 해외동포를 위한 홍보방송, 종교단체의 복음·포교 방송, 정부 및 교육기관에서 주관하는 교육 방송 등이 있다. 비영리·전문 라디오는 방송 목적에 따라 해당 분야의 전문 프로그램을 제공한다.

4. 전달 방식(Channel)

방송사에서 준비한 프로그램을 수용자에게 전달하는 방식(Channel)으로서 방송사업의 형태를 결정한다. 〈그림 1-18〉에서와 같이, 지상파로 프로그램을 공급하면 지상파 방송사업자, 유선망을 사용하면 케이블 사업자, 위성을 사용하면 위성방송업자, 인터넷망을 사용하면 IPTV 사업자에 의해 방송프로그램을 수용자에게 전달한다. 방송 미디어 수용자는 방송사업자의 전달방식(지상파, 케이블, 위성, IPTV, DMB, 와이브로 등)에 의해서 프로그램을 유·무료로 공급받는다. 다매체·다채널·다플랫폼 환경에서는 시공간에 구애받지 않고 휴대가 가능한 단말기와 스마트 기기를 이용하여 프로그램을 공급하는 전달 방식이 점차 증가하고 있다.

〈그림 1-18〉 방송 미디어 프로그램 전달 방식(Channel)

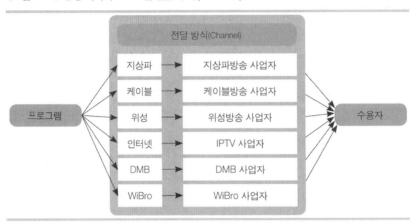

5. 수용 행위(Decoding)

방송 미디어 수용자는 방송사업자가 제공하는 메시지(프로그램)를 수용(Decode)하기 위한 행위(시청·청취)가 필요하며, 매체에 따라서 수용행위가 차별된다. 시청력(Sight·Sound)을 이용하는 텔레비전 수용자는 메시지를 수용하기 위한 시청 행위, 청각매체인 라디오는 청취행위가 필요하다. 수용자 개인의 특성에 따라서 프로그램을 인식하는 수용행위의 차이는 존재한다. 수용행위는 수용자의 인구학적 특성, 감정 기복 상태, 감성, 기호 등에 따라서 차이를 보일 수 있으며, 숙련된 매체 수용자는 다매체를 동시에 수용할 수 있다. 예를 들면 감정적으로 불안한 상태에서는 텔레비전 시청을 집중할 수 없거나, 스마트 기기(Device)와 N-스크린 환경에서 성장한 수용자('Net Generation'

또는 'Digital Native'로 불림)는 텔레비전 시청과 인터넷 사용, 또는 텔레비전 시청과 스마트 기기 사용을 동시에 수용할 수 있는 능력이 타 연령층보다 우수한 점 등이다.

6. 방송 미디어 수용자(Receiver)

방송사업자(Sender)는 준비과정(Encoding)을 거쳐서 완성된 프로그램(Message)을 방송사업자의 전달방식(Channel)을 통해 수용자(Receiver)에게 전달한다. 방송 미디어 수용자는 매체 구분에 따라 대중 수용자(Mass Audience)와 비대중 수용자(Non-mass Audience)로 구분된다. 모든 성별 및 연령층을 대상으로 프로그램을 제공하는 지상파 텔레비전의 시청자는 대중 수용자군(Mass Audience)이며, 특정 주제의 프로그램으로 성별 또는 연령층을 공략하는 케이블·위성·IPTV 텔레비전(PP)의 시청자는 특정 수용자군(Non-mass Audience)에 해당한다.

방송 미디어 수용자는 인구학적 특성과 개인적인 차이에 따라서 특정 매체와 특정 프로그램을 선별·선호하는 특징이 있다. 드라마를 선호하는 여성 시청자는 스포츠 프로그램에 무관심하거나, 청소년 시청자는 타 매체에 비해 모바일 및 인터넷을 선호하거나, 같은 성별 및 연령층일지라도 어떤 시청자는 시트콤 프로그램을 선호하는 반면 다른 시청자는 게임쇼를 선호하는 등의 차이점이 있다. 방송사업자는 수용자의 개인적인 차이를 고려하여 수용행위를 제고시키기 위한 다양한 전략을 활용하므로 제3장(방송편성)에서는 방송 미디어의 편성 요인과 매체별 편성 전략을 살펴보기로 한다.

7. 수용자 반응(Feedback)

프로그램을 시청·청취한 방송 미디어 수용자는 잠재적(Latent) 또는 유예적(Delayed)인 반응을 보이는 보편적 특성이 있으나, 다매체·다채널·다플랫폼 환경의 수용자는 개인적인 차이에 따라서 수동적 또는 능동적인 반응을 보인다. 수동적인 수용자는 프로그램을 수용한 후, 무반응, 잠재적, 또는 유예적인 반응을 보이는 반면, 능동적인 수용자는 다양한 매체(인터넷, SNS, 스마트폰 등)를 활용하여 프로그램에 대한 2차적인 반응을 적극적으로 표출한다. 전자는 무효과 이론(No Effects Theory), 후자는 효과 이론(Effects Theory)에 기인하며 다음 장(제2장 방송학 이론)에서 방송 미디어가 수용자에게 미치는 영향과 반응을 살펴보기로 한다.

방송학 이론

방송학 이론은 방송사업자(Sender)가 준비한 프로그램(Message)이 수용자 (Receiver)에게 전달되는(Channel) 과정을 이론적으로 설명해주는 송수신 기 본이론(Sender-Receiver Theory)에서 기인한다. 방송사업자가 일련의 준비과 정(Encoding)을 거쳐 준비한 프로그램은 방송사업자가 선택한 전달방식을 통 하여 대중 수용자에게 전달하고, 대중 수용자는 수용행위(Decoding)를 통하 여 프로그램을 수용한 후, 프로그램에 대한 반응(Feedback)을 보인다. 방송학 자들은 이와 같이 메시지가 수용자에게 전달되는 과정에서 발생하는 영향, 반 응 및 효과를 사회과학적인 조사방법으로 측정하여 방송학 이론을 정립해왔 다. 방송학은 실용학문으로서 방송 실무와 밀접하게 연관되어 있으므로 방송 학 이론을 방송 실무(일반, 편성, 사회적 책임, 보도, 경제)로 구분하여 학문적 배 경과 연구 결과를 살펴보기로 한다.

<표 2-1> 방송 실무로 구분한 방송학 이론

방송 실무	방송학 이론 및 모델(학자)
1. 일반	황금 연못 이론(Golden Pond Theory)[Jong Geun Kang]
2. 편성	선택과정 이론(Selective Process Theory)[Joseph Klapper]
	수용자 선택·충족 이론(Uses & Gratifications Model)[Elihu Katz]
3. 사회적 책임	계발효과 이론(Cultivation Analysis)[George Gerbner et al.]
	사회적 학습 이론(Social Learning Theory)[Albert Bandura]
	사회적 책임 이론(Social Responsibility Theory)[Siebert, Peterson & Schramm]
	공격적 신호 수단 이론(Aggressive Cues Approach)[Leonard Berkowitz]
	카타르시스 가설(Catharsis Hypothesis·Sublimation)[Seymour Feshbach]
	관찰학습 이론(Observational Learning Theory)[Albert Bandura]
	제한적 영향 이론(Phenomenistic Theory)[Joseph Klapper]
	강화 이론(Reinforcement Theory)
	미디어 종속 이론(Media Dependency Theory)[DeFleur & Ball-Rokeach]
4. 보도	의제 설정 이론(Agenda Setting Theory)[McComb & Shaw]
	2단계 흐름 이론(Two-step Flow Theory)[Lazarsfeld et al.]
	다단계 흐름 이론(Multi-step Flow Theory)/ 개혁 확산 이론[Diffusion of Innovations](Everett Rogers]
	침묵의 소용돌이 이론(Spiral of Silence Theory)[Elisabeth Noelle-Noumann]
	인식 불일치 이론(Cognitive Dissonance Theory)[Leon Festinger]
5. 경제	문화적 종속 이론(Cultural Imperialism)[Kang & Morgan]

1. 방송학 일반 이론

1) 황금 연못 이론(Golden Pond Theory)

강종근(Jong Geun Kang)의 황금 연못 이론은 메시지(프로그램) 전달과정에서 내·외적 요소에 영향을 받는 흐름과 다매체·다채널·다플랫폼 시대의 수용자 반응(Feedback)을 방송시장(황금 연못)에 비유하여 설명해주는 방송이론이다. <그림 2-1>에서 예시하듯, 방송사업자는 수십조 원 규모의 방송시장(황금 연못)으로부터 경제적 이득을 선취하기 위해서 지속적으로 새로운 프로그램을 수용자에게 제공한다.[1] 백화점들이 영업 수익을 목적으로 계절마다 신상품을 출시하는 것과 마찬가지로 방송사는 계절 편성으로 새로운 프로그램을 수용자에게 지속적으로 제공한다.

프로그램이 수용자에게 도달하게 되면 외부 감시자(Watchdog)의 통제를 받게 되므로, 방송사는 자율 점검(Filtering)을 통해서 수용자에게 안전하고 우호적인 프로그램을 선별하여 방송시장(황금 연못)에 투하함과 동시에 수용자, 정부 규제기관, 시민단체, 이익단체로부터 프로그램의 유해성 여부를 판단받는다. 방송사의 허술한 자율 점검제도로 인하여 폭력적, 선정성, 상업성, 불공정성이 과도한 저품격 프로그램을 수용자에게 제공하였을 경우, 수용자와 관련단체로부터의 비난과 규제기관의 처벌을 받게 되어 궁극적으로는 막대한 불이익을 감수해야 한다.

프로그램은 지상파, 케이블, 위성, 인터넷, 모바일 등의 다매체·다채널·다플랫폼 전달사업자(MMVPDs: Multichannel·Multiplatform Video Programming Distributors)를 통해서 수용자에게 전달되며 수용자는 수용행위(시청·청취)를 통해서 메시지를 인지하게 된다. 방송시장(황금 연못)에 투하된 프로그램은 파장을 일으키며 수용자 반응(Feedback)을 보이게 되는데 이를 미디어 영향(Media Effects) 또는 파장(Ripple Effects)이라고 일컫는다. 파장의 크기는 프로그램의 인기도, 시청률, 사회적 반향(反響)과 밀접한 함수관계를 보인다. 대인 커뮤니케이션(Interpersonal Communication)과는 달리 방송 미디어 수용자는 프로그램을 수용한 후 직접적인 반응을 보이지 않으므로 기존 매스컴 이론에서는 수용자 반응을 잠재적(Latent)이고 유예적(Delayed)인 현상으로 설명하고 있다. 그러나 황금 연못 이론은 다매체·다채널·다플랫폼(MMVPDs) 환경의 수용자 반응은 직접적이고 역동적인 점을 강조한다.

1970~1980년대의 텔레비전 시청자들이 프로그램에 대한 반응을 방송사에 직접 전달하는 것은 수동적이고 제한적이었지만, 다매체·다채널·다플랫폼 환경의 수용자들은 능동적이고 적극적으로 여론 형성에 참여한다. 예를 들면

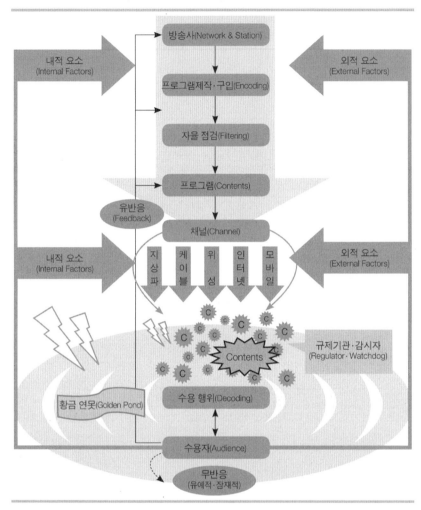

프로그램을 수용(시청·청취)한 수용자들은 방송사의 인터넷 게시판을 비롯한
포털 사이트, 블로그, 카페 등을 통해서 프로그램에 대한 반응을 직접 전달하
고, 소셜 네트워킹(SNS)으로 다수의 수용자들과 프로그램 반응을 공유하고 2
차적 반응에 동참하도록 유도한다. 인기 텔레비전 프로그램의 경우, 프로그램

이 방영되면 수천 또는 수만 건의 시청 소감과 시청평이 방송사 게시판과 포털 사이트, 블로그, 카페 등에 전달된다. 시청자들의 시청소감은 온라인과 SNS의 2차적 논쟁으로 연결되어 결국 인쇄매체(신문)로 파급되는 연쇄적 효과를 나타낸다. 이와 같이 역동적인 수용자 참여는 궁극적으로 방송사의 프로그램 제작에 반영되므로 다매체·다채널·다플랫폼(MMVPDs) 시대의 수용자 반응은 능동적이고 역동적인 것으로 해석할 수 있다.

황금 연못 이론은 프로그램 전달 과정의 내·외적인 요소에 의해서 방송사가 프로그램의 양과 질, 수급, 경쟁 등을 조절하는 과정을 설명해주고 있다. 내적인 요소란 프로그램을 전달하는 과정에서 방송사가 통제할 수 있는 요인으로서 프로그램의 양과 질, 우수 인력 수급, 예산, 제작 환경, 방송 장비 및 기술 등이 해당된다. 외적인 요소는 방송사에서 통제할 수 없는 요인으로서 타 방송사·타 매체와의 경쟁, 정부 규제, 시청률, 광고주, 경제 상황, 미디어 환경, 계절 변화 등이 해당된다. 이와 같이 황금 연못 이론은 프로그램 전달 과정의 내·외적 요소들이 방송프로그램의 수급과정에 미치는 영향을 설명하고, 역동적인 수용자 반응과 역할을 강조함으로써 기존 방송학 이론을 재조정하고 있다.

2. 방송편성에 관련된 방송이론

1) 선택과정 이론(Selective Process Theory)

선택과정 이론은 대중매체 수용자들이 개인의 취향과 필요성에 따라서 매체와 메시지를 능동적으로 선택해서 수용(Selective Exposure)하고, 수용자들이 수용한 메시지는 개인적인 특성에 따라 인식하는 정도가 각기 상이(Selective

Perception)하며, 수용자들이 인식한 메시지는 개인적 관심 여부에 따라 메시지의 기억 여부(Selective Retention)를 결정한다는 3단계 이론이다.[2] 예를 들면, 텔레비전 시청자들의 개별적 특성(성별, 나이, 직업 등)에 따라서 프로그램을 선호하는 취향이 각기 상이하므로 남성 시청자들은 스포츠, 여성 시청자들은 드라마, 어린이들은 카툰, 청소년들은 뮤직쇼 등을 선호하는 경향이 있다(1단계). 그러나 프로그램 취향이 같은 시청자가 동일한 프로그램을 시청했을 경우에도, 개인별 특성에 따라서 프로그램에 대한 인식, 만족, 평가 등은 상이할 수가 있다(2단계). 마지막 단계로서 프로그램의 취향이 유사한 시청자들이 동일한 프로그램을 시청하고 동일한 인식·만족·평가를 보이는 경우에도, 개인적인 필요성과 차이에 따라 메시지를 기억하는 성향은 상이할 수 있다는 이론이다(3단계).

미디어 선택과정 이론(Selective Process Theory)은 방송편성의 기본적인 이론이다. 방송 미디어는 천차만별의 특성과 취향을 소유한 대중 수용자를 만족시키기 위해서 다양한 프로그램을 제공한다. 방송사는 수용자들의 각기 다른 프로그램 기호(嗜好)와 평가를 염두에 두고, 보편적인 주제로 대중 수용자들이 선호하는 프로그램(Audience-friendly Program)을 개발하여, 수용자들이 오랫동안 기억을 향유할 수 있는 양질의 프로그램 제작에 만전을 기하여야 한다.

〈그림 2-2〉 선택과정 이론(Selective Process Theory)

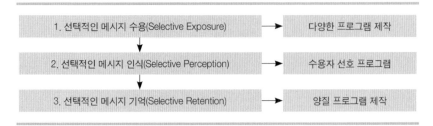

2) 수용자 선택·충족 이론(Uses & Gratifications Model)

수용자 선택·충족 이론은 엘리후 카츠(Elihu Katz, 1953)의 학설로서, 목적 지향적인 미디어 수용자는 개인의 필요성에 따라서 대중매체를 능동적으로 선택하고 수용함으로써 수용자 내재의 욕구를 충족시키는 수용자 중심의 접근방식이다.[3] 대표적인 연구로서 칼 로젠그렌(Karl E. Rosengren, 1974)은 대중 미디어 수용자는 인간 내재의 기본 욕구와 필요성에 의해서 미디어를 능동적으로 선별하며, 미디어 메시지의 충족 과정을 인간 내재의 기본 요구 및 필요(Human Need), 필요성 인식(Need Statement), 동기부여(Motivation), 미디어 수용행위(Uses), 수용행위 충족(Gratifications)의 5단계로 구분하고 있다(〈그림 2-3〉 참조).[4] 로젠그렌(Rosengren, 1974)은 미디어 수용자는 개인적인 특성과 사회적 역학 관계에 의해서 능동적으로 다양한 미디어를 선택하고 각기 다른 수준의 충족을 얻게 됨을 설명한다.

〈그림 2-3〉 **수용자 선택·충족 이론(Uses & Gratifications Model)**

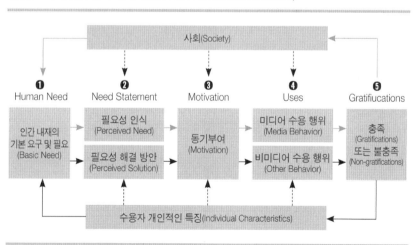

브래들리 그린버그(Bradly S. Greenberg, 1974)와 앨런 루빈(Alan M. Rubin, 1981)은 텔레비전 수용자들이 정보(Information), 오락(Entertainment), 휴식(Relaxation), 사교 및 대화 주제(Social Interaction), 무료함 극복(Togetherness), 자극(Excitement), 현실도피(Withdrawal) 등의 다양한 이유로 미디어를 능동적으로 선택 - 수용 - 충족하는 과정을 보여주고 있다(〈그림 2-4〉 참조).[5] 그린버그(Greenberg, 1974)와 루빈(Rubin, 1981)의 연구는 사회 및 수용자 행위 변화에 대응하기 위해서 방송 미디어의 지속적인 프로그램 개발의 필요성을 제시해준다. 방송사는 다매체·다채널·다플랫폼 환경하에서 수용자를 선점하기

〈그림 2-4〉 매체별 수용자의 선택-수용-충족(Uses & Gratifications)

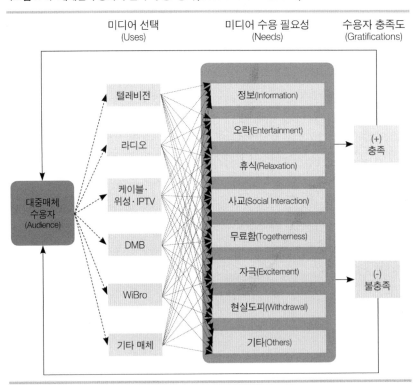

위해서는 능동적인 수용자들의 필요성(Uses)을 인지하고 목적 지향적인 수용자들의 욕구를 충족(Gratifications)시킬 수 있는 프로그램을 제공해야 한다. 백화점 식 편성의 지상파 텔레비전 방송은 프로그램 취향이 각기 다른 수용자의 선택 - 수용 - 충족을 추구하는 도구로서 다양한 장르의 프로그램 개발이 필요하다는 것을 보여주며, 특정 시청자군 대상의 유료 텔레비전 방송(위성·케이블·IPTV) 채널은 수용자의 만족도를 효과적으로 충족시킬 수 있는 전문 프로그램의 필요성을 설명해주고 있다.

3. 방송의 사회적 책임에 관련된 방송이론

1) 계발효과 이론(Cultivation Analysis)

텔레비전의 사회적 책임을 입증해주는 대표적인 방송이론이다. 1960년대 미국 사회는 존 F. 케네디(John F. Kennedy) 대통령, 마틴 루터 킹(Martin Luther King) 목사, 바비 케네디(Bobby Kennedy) 상원의원의 잇따른 암살 사건으로 심각한 사회적 불안이 조성된 바 있다. 1969년 미 의회는 텔레비전에서 만연하던 폭력적인 프로그램과 사회적 불안과의 연관성을 조사하기 위해 12인의 방송 및 사회학자로 구성된 '텔레비전 조사 특별위원회(Surgeon General's Scientific Advisory Committee on Television and Social Behavior)'를 발족하게 되었다.[6]

특별위원회는 당시 미국 시청자들의 최고 인기 장르였던 액션·모험(Action-adventure Program) 프로그램의 폭력성을 조사한 결과, 텔레비전 프로그램의 심각한 폭력성을 입증하게 되었다. 따라서 조지 거버너 연구팀(George Gerbner's Cultural Indicators Research Project)은 텔레비전 시청 시간과 시청자들의 인식(또는 지각력)의 함수관계를 밝혀 계발효과 이론을 정립하게 되었다.[7] 계발효과 이론에 의하면, 텔레비전 시청자들은 실제 사회(Real World)와 텔레비전 프로그램 속의 사회(Television World)의 이원(二元) 사회에서 생활하는데, 텔레비전 시청시간 여부에 따라서 이원 사회에 대한 인식이 각기 상이하다는 것이다.

거버너 연구팀은 주시청 시간대의 텔레비전 프로그램을 분석(Message System Analysis)한 결과, 주시청 시간대의 텔레비전 프로그램은 범죄와 폭력이 난무하는 위험한 사회로 지나치게 과장되어 있음을 증명하였다. 이러한 과장된 텔레비전 프로그램을 1일 4시간 이상 시청하는 중시청자(Heavy Television Viewer)들은 실제 사회보다는 텔레비전 사회를 더욱 신뢰하는 반면, 1일 2시간 이하의 경시청자(Light Television Viewer)들은 실제 사회를 더욱 믿고 있다는 점을 입증하였다(〈그림 2-5〉 참조).

〈그림 2-5〉 시청 시간과 텔레비전 사회에 대한 인식력 함수관계

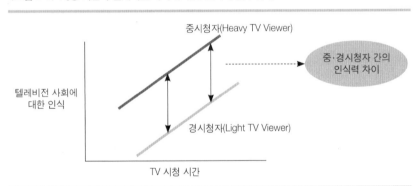

텔레비전 속의 사회는 폭력, 범죄, 사회 위험성, 비인간적인 행위 등이 과장되어 있으므로 텔레비전을 1일 4시간 이상 시청하는 중시청자들에게는 심각한 영향을 미친다는 점이 강조된다. 예를 들면, 수사 드라마의 과장된 액션과

폭력적인 프로그램을 지속적으로 시청하는 중시청자들은 텔레비전 사회와 실제 사회를 혼동하는 단계(Blurring Process)를 거치고 난 후, 결국 현실 사회가 범죄가 난무하는 위험한 사회라는 점을 인식하게 된다. 가장 강력한 문화적 도구인 텔레비전은 수용자의 인식과 관념을 계발(Cultivation)시켜 수용자들은 텔레비전이 제공하는 상징세계의 문화에 익숙해지는 문화적 계발효과를 형성한다는 것이다.

거버너 연구팀은 계발효과 이론을 설명해주는 연구결과(문화지표: Cultural Indicators)를 보완하기 위해서 주류화 현상(Mainstreaming)과 공명(Resonance)의 개념을 도입하여 보충 설명하였다. 주류화 현상은 중시청자가 지속적으로 텔레비전을 시청할 경우 텔레비전이 전달하는 획일적인 현상을 경시청자보다 더욱 수용하는 현상이다. 예를 들어 비(非)우범 지역의 거주자들이 텔레비전을 과다하게 시청하면, 실제 사회의 범죄를 우범 지역의 거주자들보다 더욱 우려하게 된다. 반면 공명은 중시청자가 실제로 거주하는 지역과 텔레비전 환경이 일치할 경우 계발효과가 배가 상승(Double-dose Increase)하는 현상으로 설명된다.

계발효과 이론은 텔레비전 프로그램이 시청자에게 미치는 영향에 대한 방송의 사회적 책임을 강조하는 이론이다. 방송사 간의 시청률 경쟁으로 인한 지나친 선정성과 폭력성이 만연한 저품격 프로그램이 어린이·청소년 시청자들에게 미치는 영향은 이미 심각한 사회문제로 지적되고 있다. 텔레비전 드라마에서 강조되는 무분별한 외모 지상주의, 비윤리적 행위(패륜, 불륜), 반사회적 위화감 조성(재벌 우상화, 권력 남용, 빈부 차별), 허구성 등은 새로운 사회적 통념을 보편화시키는 악습을 조장할 수 있으므로 방송사는 사회윤리적 측면의 계발효과(Cultivation Effects)를 간과해서는 안 된다.

2) 사회적 학습 이론(Social Learning Theory)

인간은 타인의 행동이나 태도 등을 관찰하면서 행동을 모방하거나, 또는 새로운 행동의 기준으로 삼고 있다는 이론이다. 사회적 학습 이론은 타인의 행동이나 태도 등을 관찰한 후, (1) 모델링(Modeling), (2) 모방(Imitating), (3) 적용(Adopting)의 3단계를 수용하는 과정을 설명해준다. 앨버트 밴두라(Albert Bandura, 1961 & 1963)는 사회적 학습 이론을 미디어에 접목시켜서 어린이 수용자들의 미디어 모방 행위를 입증한 바 있다.[8]

〈그림 2-6〉 사회적 학습 이론(Social Learning Theory) 과정

밴두라(Bandura, 1963)는 풍선인형 실험(Bobo Doll Experiment)을 통해서 어린이들이 미디어로부터 행동을 모방한다는 사회적 학습 이론을 정립하였다.[9] 밴두라는 3~6세의 어린이 72명을 실험대상으로 24명씩 3개 그룹으로 분류하여, 첫 번째 그룹에게는 〈그림 2-7〉의 상단에서와 같이 중년 여성이 손·발 또는 도구를 사용하여 풍선 인형을 들어 올리거나 풍선 인형 위에 앉아서 가격하는 실험용 영화를 보여주고, 두 번째 그룹에게는 폭력성이 전무한 실험용 영화를 보여주었으며, 세 번째 그룹에게는 실험용 영화를 전혀 보여주지 않았다. 두 가지 형태의 실험 영화를 감상한 그룹과 감상하지 않은 그룹의 어린이들을 풍선 인형이 비치된 실험실에서 놀 수 있도록 한 결과, 3개 그룹 간에 현저한 차이점이 발견되었다. 첫 번째 그룹 어린이들은 〈그림 2-7〉에서 보여준 중년 여성의 폭력적인 행동을 그대로 모방했고, 다른 그룹에 비해 높은 모방률을 보였으며, 남자 어린이들은 여자 어린이에 비해 폭력적 행위를 2배 이상

더 모방하는 공격적인 성향을 보였다. 이와 같은 연구 결과를 바탕으로 어린이들은 매체로부터 정보를 습득하고 행동을 모방한다는 밴두라의 사회적 학습 이론(Bandura's Social Learning Theory)이 정립되었다. 밴두라의 사회적 학습 이론은 어린이·청소년을 보호하기 위한 방송사의 사회적 책임을 경각시키는 이론이라는 점에서 중요한 의미를 찾아볼 수 있다.

〈그림 2-7〉 밴두라의 풍선인형 실험(Bandura's Bobo Doll Experiment, 1963년)[10]

사진 제공: ⓒ Courtesy of Dr. Albert Bandura, Professor Emeritus and David Starr Jordan Professor of Social Science in Psychology, Stanford University(2015).

3) 사회적 책임 이론(Social Responsibility Theory)

미국 '언론의 자유에 관한 허친스 위원회(The Hutchins Commission on Freedom of Press)'에서 발표한 언론의 자유 제한과 도덕적·윤리적 의무 규정(Code)에서 기인한 이론이다. 1943년 '허친스 위원회'는 당시 미국 사회에서 정치적·경제적으로 거대해진 대중매체가 사익을 위해 정경유착을 하고 상업화가 심화되어 국민의 불신이 만연하자, 민주사회에서 대중매체의 역할과 기능을 규명하기 위해 구성되었다. 허친스 위원회는 4년간의 심의를 거쳐 대중매체는 공익을 위한 사회적 책임을 다해야 하며, 정부는 공익을 보호하기 위해서 대중매체를 규제할 수 있음을 강조하는 사회적 책임 이론(Social Responsibility Theory)에 근거한 「허친스 보고서」(1947)를 발표하였다.[11]

사회적 책임 이론은 언론의 4대 이론(Authoritarian Theory, Libertarian Theory, Soviet Communist Theory, Social Responsibility Theory)의 하나로서, 민주사회에서 대중매체는 국민의 알 권리를 충족시키기 위한 충분한 정보를 제공하고 국민이 스스로 결정을 내리는 자유공개시장(Free Market Place of Ideas)의 원칙을 수용한다는 이론이다.[12] 대중매체가 사회적 책무와 역할을 온전히 수행하지 않으면 국민은 정부의 개입(통제)을 요구하므로 대중매체는 보도권, 편성권, 자율권을 보장받는 공익의무 단체로서 공정성, 정확성, 신뢰성, 객관성 있는 매체로서의 역할을 수행해야 한다는 것이다. 사회적 책임 이론은 대중매체가 사회적 책임과 의무(Accountability)를 이행하기 위한 도덕적·윤리적 규정(Code)을 제시한다. 사내 직업윤리규정(Codes of Ethics and Professional Conduct)을 제정하여 자율 규제(Self-regulation) 제도를 확립하고 정부 규제를 준수하여 대중매체가 공신력을 갖추고 사회적 책무를 수행할 것을 주장하는 이론이다.

4) 공격적 신호 수단 이론(Aggressive Cues Approach)

인간의 폭력적인 행동은 주변 환경 요소나 사회적 매개체에 의해서 합리적으로 전달된다는 이론으로서, 사람 마음속에 내재한 공격적인 아드레날린(Adrenaline) 감성을 자극하면 사람은 언제든지 폭력적인 성향으로 변할 수 있다는 이론이다. 레너드 베르코위츠(Leonard Berkowitz, 1965)의 연구 결과에 의하면, 공격적인 성격의 시청자가 폭력적인 텔레비전 프로그램을 시청할 경우 텔레비전의 폭력성이 시청자의 잠재적인 공격적 감성을 자극시켜 폭력 유발 가능성을 증가시킨다는 것이다.[13] 또한 이 이론은 텔레비전 폭력의 정당성 여부에 따라서 시청자들은 폭력을 미화 또는 정당화시켜 폭력행사 가능성이 증가된다고 주장한다. 예를 들어 드라마 속의 악인(惡人)이 선량한 주인공에게 온갖 행패를 부리다가 결국 폭력적으로 응징당하면, 시청자들은 폭력을 합리적인 보복 수단으로 수용하여 폭력 행사를 정당화시킬 수 있다는 것이다.

5) 카타르시스 가설(Catharsis Hypothesis·Sublimation)

공격적 신호 수단(Aggressive Cues Approach)과 상반되는 가설로서, 수용자들은 미디어 폭력을 통해 대리 만족을 체험하는 카타르시스 효과(Catharsis Effects)가 있음을 주장한다. 시모어 페슈바흐와 로버트 싱어(Seymour Feshbach & Robert D. Singer, 1971)는 미디어에서 묘사되는 공격적인 폭력 장면은 수용자 내재의 환상적인 공격성(Fantasy Aggression)을 자극하여 수용자의 분노와 적대감을 배출시키고 공격적 성향을 감소시키는 역할을 해준다는 가설을 주장하였다.[14] 또한 미디어 수용자들이 일상생활에서 누적되는 긴장과 욕구불만을 적절히 해소시켜주지 못할 경우, 오히려 폭력으로 분출될 가능성이 있다고 주장한다. 예들 들어 언쟁으로 인하여 감정이 불안정한 사람은 사소한 시비에서도 곧바로 폭력적인 행동으로 직결될 수 있는데, 이러한 사람들이 폭력적인 프로그램을 시청하면 분노를 배출시키는 대리 만족을 체험하여 결국 폭력 행사의 가능성을 경감시켜준다는 것이다.

6) 관찰학습 이론(Observational Learning Theory)

이 이론은 시청자들이 미디어에서 묘사되는 폭력, 범죄 등을 관찰하고 학습하는 점에서 밴드라의 사회적 학습 이론(Social Learning Theory)과 맥락을 같이한다. 관찰학습 이론에 의하면, 폭력적인 프로그램은 시청자의 폭력 감성을 자극함과 동시에 시청자에게 폭력에 관한 정보를 제공하여 학습효과를 수반한다.[15] 시청자들은 미디어에서 묘사된 폭력적인 행동이나 범죄 행위들을 관찰하면서 폭력에 관한 정보를 습득하는 이중 학습효과를 얻는다. 예를 들어 드라마에서 폭력 상황에 처한 주인공이 폭력으로 맞대응하면서 위기를 탈출하는 장면을 본 시청자는 폭력성 자극과 폭력에 대비한 대응책까지 학습하게 된다. 범죄자들이 범죄·수사 프로그램에서 소개되는 범죄 행위를 관찰하고 범죄 정보를 쉽게 습득할 수 있으며, 더 나아가서는 완전 범죄를 모방하는 범죄도 가능하다. 관찰학습 이론을 사회 윤리적 측면에서 접근하면 그 영향은 더욱 심각할 수 있다. 시청자들은 통속적인 드라마에서 묘사되는 패륜(悖倫)과 비윤리적 행위 등을 사회적인 통념으로 학습하고 수용할 수 있기 때문이다.

7) 제한적 영향 이론(Phenomenistic Theory)

대중매체의 강력한 영향력을 부인하는 제한적 이론(Limited Effects Theory)으로서, 조지프 클래퍼(Joseph Klapper, 1960)에 의해 주장된 미디어 학설이다.[16] 대중매체의 강력한 영향력(Powerful Effects)은 과장되어 있으며 대중매체의 실제 영향력은 수용자의 복합적인 사회적·심리적 요인(Social and Psychological Factors)에 크게 영향을 받는다는 이론이다. 클래퍼(Klapper, 1960)는 수용자들의 사회적 신분, 교육 수준, 편견, 직업 등의 복합적인 사회적·심리적 요인으로 인해 대중매체의 영향력은 그들에게 제한적 또는 간접적이라고 주장한다. 대중매체의 영향력은 수용자의 복합적인 사회적·심리적 요인으로 인해 그 영향력이 무력해지므로 대중매체가 수용자들에게 직접적으로 강력한 영향을 미친다는 기존 매스컴 학설(Powerful Effects Theory)은 맞지 않는다는 것이다.

8) 강화 이론(Reinforcement Theory)

이 이론은 제한적 영향 이론(Limited Effects Theory)을 기반으로 대중매체의 영향력을 부정하는바,[17] 폭력적 프로그램이 시청자의 폭력성을 증가 또는 감소시킨다는 상대적 모순을 보강하기 위해 등장한 이론이다. 강화 이론에 의하면, 인간의 폭력성은 텔레비전 시청 행위와는 무관하며 개인의 성격, 경험, 행동, 특성, 신념, 규범, 인식력 등의 각기 다른 배경 여부에 따라서 폭력성이 증감된다. 예를 들어 폭력 행사가 합법적인 응징 수단이 아님을 확신하는 시청자들에게는 폭력적인 프로그램은 자극제가 될 수 없는 반면, 폭력 행사를 인정하는 시청자들에게는 폭력적인 프로그램이 폭력성을 유발시키는 기폭제 역할을 할 수 있다는 것이다.

9) 미디어 종속 이론(Media Dependency Theory)

이 이론은 수용자가 선택하는 미디어와 미디어 의존도의 관계를 설명해준다. 수용자가 본인에게 필요한 목적을 충족시키기 위해서 미디어를 선택한 후, 점차 미디어의 의존도가 높아지면 수용자는 궁극적으로 선택한 미디어의 영향을 받는다는 것이다. 멜빈 드플로와 샌드라 볼로키치(Melvin DeFleur & Sandra Ball-Rokeach, 1976)는, 수용자들이 미디어를 선택하는 이유는 (1) 사회 및 인적 관계의 이해(Social and Self Understanding), (2) 대화 및 소비 행위 (Interaction and Action Orientation), (3) 개인적인 긴장 완화(Social and Solitary Play)를 충족시키기 위한 것이며, 수용자의 미디어 선택 이유가 복합적일수록 미디어의 의존도가 높아지는 함수관계가 있다고 주장한다.[18] 예를 들어 사회 전반적인 뉴스를 파악하기 위해서 매일 인터넷 신문을 검색하던 수용자가 인터넷 불통으로 인터넷을 접속할 수 없을 경우, 수용자는 신문, 텔레비전, 라디오 등 다른 대중 매체를 통해서 뉴스 정보를 얻을 수 있는데도 초조해지는데, 이런 현상은 곧 인터넷 미디어에 종속된 현상을 입증해준다는 것이다.

드플로와 볼로키치(DeFleur & Ball-Rokeach, 1976)는 (1) 사회적 시스템 (Social System), (2) 수용자와 미디어와의 관계(Audience Relationships to the Media), (3) 미디어 역할(Media's Role)의 상호 작용 여부에 따라서 수용자의 미디어 의존도가 결정된다고 주장한다.[19] 다매체·다채널·다플랫폼 시대의 수용자는 미디어 의존도가 점차 높아지고 있으며, 수용자가 선택한 미디어의 의존도는 수용자의 만족도와 비례한다는 것이다. 미디어 종속 이론은 수용자들이 복잡다단해지는 사회와 급변하는 미디어의 복잡한 기술 환경하에서 수용자의 미디어 의존도가 심화되는 현상을 설명해주는 이론이다.

4. 방송 보도에 관련된 방송이론

1) 의제 설정 이론(Agenda Setting Theory)

의제 설정 이론은 대중매체에서 선별된 뉴스가 수용자에게 미치는 영향을 중시함으로써 뉴스보도의 사회적 책임을 강조한 이론이다. 일상생활에서 발생하는 수많은 뉴스는 정치·경제·사회·문화 등의 다양한 뉴스 안건 (Agenda)으로 구성되어 있으며, 대중매체는 다양한 뉴스 안건을 중요도에 따라 선별한 후 뉴스 보도 순서, 뉴스시간 또는 뉴스지면 할애 등의 차등을 두고 수용자에게 전달한다. 맥스웰 매콤과 도널드 쇼(Maxwell McCombs & Donald

Shaw, 1968)는 대중매체에서 보도한 뉴스의 중요도가 수용자에게 동일하게 수용되는 영향을 입증하여 이 이론을 정립하였다.[20]

대중매체는 뉴스의 중요도에 따라서 차등을 두고 보도하므로, 중요한 뉴스로 판단되면 다른 뉴스보다 우선 보도하고 또한 뉴스시간도 더 많이 할애한다. 대중매체에서 특정 뉴스를 비중 있게 보도하면 수용자들은 대중매체에서 강조된 뉴스가 사회적 주요 이슈로 인식하게 된다. 매콤과 쇼(McComb & Shaw, 1968)는 이러한 대중매체의 영향력을 입증하기 위해서 1968년 미국 대통령 선거를 보도한 대중매체(텔레비전, 신문, 시사주간지)의 선거 주요 이슈를 면밀히 분석하여, 연구조사 대상자인 채플힐(Chapel Hill, NC) 시의 선거 유권자들에게 선거의 주요 이슈를 중요도에 따라서 요약하고 순위를 책정하도록 요청하였다. 연구 결과는 대중매체의 보도 의제 중요도(뉴스 할애 시간, 지면 위치, 지면 크기 등)에 따라서 분석한 순위와 연구조사 대상자들이 응답한 중요도 순위가 밀접한 상관관계를 보이는 점을 발견하게 되었다.[21] 따라서 매콤과 쇼는 대중매체의 의제(Agenda)는 수용자들의 뉴스 안건에 관한 여론에 영향을 줄 수 있다는 의제 설정 이론을 주장하게 되었다. 이 이론은 대중매체의 정치적 중립성과 공정성을 강조하는 이론이다.

2) 2단계 흐름 이론(Two-step Flow Theory)

이는 대중매체의 정보가 수용자들에게 전달되는 과정에서 중간 매개자인 의견 지도자(Opinion Leader)의 역할을 설명해주는 귀납적(歸納的) 이론이다. 라자스펠드 연구팀(Paul Lazarsfeld et al., 1944)은 대중매체 메시지는 수용자에게 직접적인 영향을 미친다는 기존의 탄환 이론(Bullet Theory · Hypodermic Needle Model)을 부정하고, 인간 매개체(Human Agency)의 중요한 역할을 강조한 2단계 흐름 이론을 정립하였다.[22] 2단계 흐름 이론은 대중매체로부터 초

〈그림 2-8〉 탄환 이론(Bullet Theory)과 2단계 흐름 이론(Two-step Flow Theory)

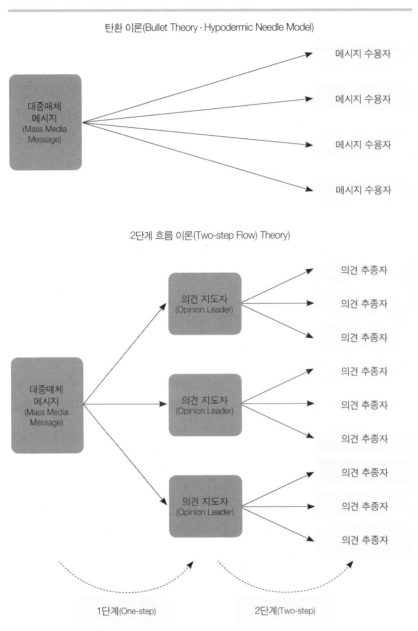

탄환 이론(Bullet Theory · Hypodermic Needle Model)

2단계 흐름 이론(Two-step Flow) Theory)

기 정보를 받아들인 1단계 수용자가 초기 정보를 개인적인 믿음과 가치를 근거로 해석한 후, 제3자에게 수정된 정보를 전달하는 2단계 과정을 설명한다.

2단계 흐름 이론의 주체는 (1) 미디어, (2) 의견 지도자(Opinion Leader), (3) 의견 추종자(Opinion Follower)로 3분되어 있으며, 미디어에서 의견 지도자에게 정보가 전달되는 과정을 1단계(One-step), 의견 지도자가 의견 추종자에게 수정된 정보를 제공하는 과정을 2단계(Two-step)로 구분하고 있다. 라자스펠드 연구팀은 '유권자의 선택(The People's Choice)'으로 잘 알려진 「미국 대통령 선거 캠페인과 유권자의 투표 의사 결정에 관한 연구」에서, 유권자들은 대중매체가 아닌 의견 지도자들로부터 투표 의사 결정에 중요한 영향을 받는다는 연구 결과를 밝힘으로써 2단계 흐름 이론을 입증하였다. 의견 지도자들은 의견 추종자들에 비해 (1) 대중 매체를 수용하는 시간이 많으며, (2) 포괄적인 사고방식과 폭넓은 상식을 보유하고, (3) 주변 상황 변화에 민감하며, (4) 활발하게 사회 활동에 참여하고, (5) 사회 경제적 지위가 우월하며, (6) 혁신적인 사고방식을 보유했다는 특징이 있다.[23]

3) 다단계 흐름 이론(Multi-step Flow Theory)과 개혁 확산 이론(Diffusion of Innovations)

다단계 흐름 이론은 메시지 전달과정에서 나타나는 다단계 수용 현상을 설명한다. 2단계 흐름 이론이 의견 지도자로부터 의견 추종자에게 메시지가 전달되는 2단계 과정에 중점을 두는 반면, 다단계 흐름 이론은 대중매체나 대인 채널을 통해서 확산되는 새로운 정보에 대한 수용자의 채택 여부를 결정하는 다단계 과정에 중점을 둔다. 대표적인 다단계 흐름 이론인 개혁 확산 이론은 복잡다단해지는 정보 과잉 사회에서는 항상 새로운 정보와 기술에 대한 지속적인 혁신이 요구되며, 이러한 혁신과정에서 대중매체와 여론 지도자들의 역할이 중요하다고 주장한다.

에버렛 로저스(Everett Rogers, 1962)는 개혁(Innovation)이 대다수의 사회 구성원에게 채택되기 위해서는 (1) 개혁 지식(Knowledge) 숙지, (2) 개혁에 관한 설득력 형성(Persuasion), (3) 개혁에 관한 결정(Decision), (4) 개혁 실행(Implementation), (5) 개혁 확인(Confirmation)을 하는 5단계를 거치게 된다고 설명한다.[24]

개혁 수용자들의 성향은 (1) 다른 사람보다 앞서서 모험적으로 개혁을 수용하는 개혁자군(Innovators), (2) 초기에 서둘러 개혁을 수용하는 초기 수용자군(Early Adopters), (3) 초기의 다수 수용자군(Early Majority), (4) 후기의 다수 수용자군(Late Majority), (5) 가장 늦게 수용하는 느림보군(Laggards)으로 구분한다.[25]

〈그림 2-9〉 개혁 확산 이론(Diffusion of Innovations Theory)[26]

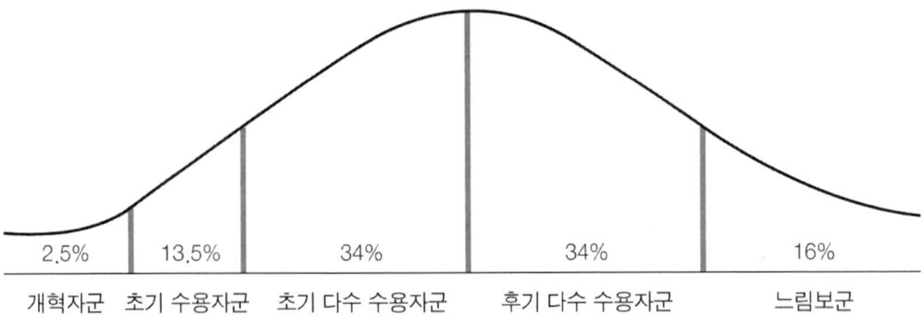

2.5%	13.5%	34%	34%	16%
개혁자군	초기 수용자군	초기 다수 수용자군	후기 다수 수용자군	느림보군

4) 침묵의 소용돌이 이론(Spiral of Silence Theory)

대중매체로부터 여론이 형성되는 과정을 사회심리학적 메커니즘으로 설명한 엘리자베스 노이만(Elisabeth Noelle-Noumann, 1974)의 이론이다.[27] 노이만(Noelle-Noumann, 1974)은 (1) 인간은 타인들로부터 고립되지 않기 위해 지속적으로 외적 환경을 관찰하고 사회의 지배적인 여론을 감지하는 타고난 의사 (擬似) 통계적 감각기관(Quasi-statistical Sense Organ)이 존재하므로, (2) 자신의 의견이 다수의 지배적인 의견과 불일치할 경우에는 사회적 고립을 예상하고, (3) 고의적으로 침묵하게 된다고 주장한다.[28] 인간은 자신의 의견이 다수의 의견과 불일치하면 고립의 두려움을 느끼고 곧바로 자신의 의견을 고의적으로 숨긴 채 침묵으로 일관하는 행동을 보이는 반면, 다수의 지배적인 의견과 일치하면 자신의 의견을 적극적으로 표출하는 심리적인 반비례의 나선(소용돌이) 현상이 발생한다는 것이다(〈그림 2-10〉 참조).

　침묵의 소용돌이 이론은 수용자들이 대중매체를 통해 전달되는 의견을 다수의 여론으로 수용할 수 있으며, 자신의 의견이 대중매체의 의견과 불일치할 경우에는 침묵을 더욱 가속화시킨다는 점을 강조한다.[29] 대중매체에서 전달하는 여론이 사회 전체 구성원의 의견이 반영된 여론임을 확인할 수 없는 상태에서, 대중매체에서 전달되는 의견이 미디어 수용자들에게는 대중의 여론으로 수용될 수 있다. 이와 같이 대중매체의 여론이 사회의 지배적인 여론으

〈그림 2-10〉 침묵의 소용돌이 이론(Spiral of Silence Theory)[30]

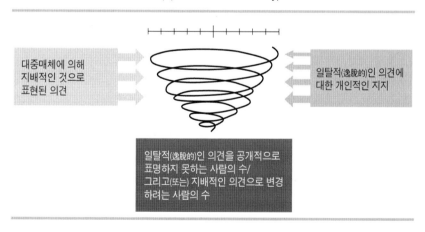

로 기정사실화하는 과정에서 소수 의견을 가진 자는 더욱 침묵에 빠져들게 된다. 이 이론은 대중매체가 지배적인 여론을 형성하고 전파시키는 데 중요한 역할을 하는 역동적인 과정(Ddynamic Process)을 설명하고 있다.

5) 인식 불일치 이론(Cognitive Dissonance Theory)

인간은 일상생활에서 항상 새로운 정보를 접하지만 본인이 견지하는 기존 정보에 대한 태도나 믿음이 새로운 정보와 일치하지 않을 경우에는 심리학적 불일치를 유발시킨다는 이론이다. 리언 페스팅어(Leon Festinger, 1975)는 인간은 기존 정보에 대한 사고방식, 감정, 행동이 새로운 정보와 일치하지 않을 경우 정신적 또는 감정적으로 불편한 상태를 유발시킨다는 점을 주장한다.[31] 따라서 인간은 의식적 또는 비의식적인 다양한 방법을 동원해서 심리적인 불일치를 완화시키기 위해 노력한다는 것이다. 인식 불일치 이론에 의하면, 인간은 기존 정보와 새로운 정보와의 불일치를 화합시키기 위한 수단으로 타인과의 대화, 미디어 등의 커뮤니케이션 도구를 적극적으로 활용한다. 예를 들어 정부에서 발표한 새로운 정책에 찬성하는 사람은 이를 반대하는 주변 사람들의 주장을 접할 경우 새로운 정부 정책에 대한 심리적인 혼동(불일치) 상태에 이르게 되어 뉴스 보도, 여론, 타인과의 대화 및 토론 등의 수단을 통해서 본인의 입장을 더욱 견고하게 유지시키거나 또는 반대 입장을 수용하는 행위로 심리적인 혼동(불일치)을 완화한다는 것이다.

5. 경제와 관련된 방송 이론

1) 문화적 종속 이론(Cultural Imperialism)

    자본주의 메커니즘에 따른 방송, 영상, 정보통신 산업의 세계화 물결은 국가 간의 불균형을 심화시켜 미디어 콘텐츠를 통한 선진국의 총체적인 지배가 강화되고 있다. 문화적 종속 이론은 미디어 선진국의 콘텐츠가 제3세계 또는 저개발국가로 유통되는 과정에서 문화적으로 종속되는 지배 현상을 말한다. 미디어 콘텐츠와 같은 문화적 상품의 일방적인 수출은 수입국가의 고유문화의 정체성과 이데올로기 변화에 심각한 영향을 미치고 있다. 강종근과 마이클 모건(Jong Geun Kang & Michael Morgan, 1990)에 의하면 미국은 미디어 콘텐츠를 전 세계 국가에 수출함으로써 연간 수십조 원의 막대한 경제적 이익을 창출하고 있으나, 수입국의 전통 문화를 해치는 문화적 침략(Cultural Invasion)의 심각한 부작용을 유발하고 있다.[32] 자본주의는 다국가 간의 상호교역을 밑바탕으로 발전되었으나, 미디어 콘텐츠 산업의 교류는 선진국 중심으로 편향되어 전 세계가 선진국의 가치와 구조에 동화되고 또는 이를 증진시키는 방향으로 형성되도록 유인하고 강요하는 문제점을 보인다.[33]

    미디어 콘텐츠 수출로 유발된 문화적 지배 현상은 곧 경제적·정치적 종속으로 연결되어 총체적인 지배권을 형성하게 되며, 궁극적으로는 국가 간의 힘의 불균형을 심화시키고 있다(〈그림 2-11〉 참조). 예를 들면 세계 각국에서 선호하는 미국 드라마 속의 자유분방한 윤리, 이념 등은 수입국 시청자들의 전통 가치관에 심각한 혼돈을 주며, 미국 드라마에서 보여주는 상품, 제도 등은 소비주의(Consumerism)를 촉진시켜 미국 상품의 세계경제 주도권을 더욱 증강시킨다. 또한 CNN과 같은 뉴스 미디어는 미국 여론이나 정책을 전 세계에 전파하여 결국 국가 간의 정치적인 지배력을 강화하는 데 기여하고 있다.

〈그림 2-11〉 문화적 종속 이론(Cultural Imperialism)의 체계(Paradigm)

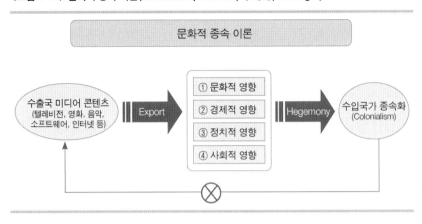

문화적 종속 이론의 주요 문제점은 미디어 콘텐츠의 교류가 양방형이 아닌 일방적으로 형성되어 각국 간의 균형 있는 발전을 저해한다는 점이다. 미국 영상산업은 콘텐츠를 세계 각국에 수출하면서도, 미국 지상파 텔레비전 방송사의 경우 타 문화권 국가의 프로그램을 방영한 전례가 없을 정도로 불균형이 심각하다. 또한 극소수의 콘텐츠 제작사가 전 세계의 문화적 패권(Cultural Hegemony)을 주도한다. 소프트 파워(Soft Power)로 알려진 미디어 및 IT 관련 대기업(Time-Warner, Disney, Paramount, CNN, Microsoft, Yahoo, Google 등)들이 전 세계의 영상 및 IT 산업을 주도하고 여론을 독점함으로써, 수입 국가들이 문화적·정치적·경제적으로 디지털 식민지화(Digital Colonialism)하는 현상이 나타나는 것이다. 또한 소프트 파워 국가의 문화상품은 세계 각국의 구매력이 왕성한 젊은 연령층에게 편중된 상업주의를 유발시키며, 정보상품은 차세대의 리더인 젊은이들에게 정치적 포교(Propaganda)를 집중함으로써 미래의 지배력을 더욱 강화시키고 있다.

제 3 장

방송편성

1. 방송프로그램의 편성

1) 종적 편성(Vertical Programming)과 횡적 편성(Horizontal Program-ming)

방송편성은 수용자의 욕구와 필요성을 파악하고, 방송사의 내·외적 요소를 심사숙고하여 수용자들이 선호하는 프로그램을 가장 효과적인 시간대에 수용할 수 있도록 프로그램을 선정·배열하고 방송 일정을 기획하는 전략적 행위이다. 방송사의 편성 목적은 수용자의 미디어 욕구를 충족시키기 위하여 다양한 전략으로 시청률·청취율을 선점하는 것이다. 방송편성은 종적 편성과 횡적 편성으로 구별할 수 있다. 종적 편성은 케이블·라디오 방송과 같이 특정 수용자군을 대상으로 단일적인 프로그램을 편성하며, 횡적 편성은 대중 수용자를 대상으로 다양한 프로그램을 공급하는 백화점 식 편성을 말한다. 대표적인 횡적 편성은 지상파 텔레비전으로서 모든 성별과 연령층을 대상으로 다양한 프로그램을 편성한다.

〈그림 3-1〉 종적 편성(Vertical Programming)과 횡적 편성(Horizontal Programming)

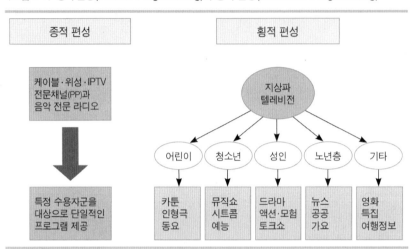

방송편성은 방송산업의 내·외적 요소에 지대한 영향을 받는다. 내적 요소는 프로그램의 질, 프로그램 구매, 경영, 인력 확보, 편성 전략, 방송 장비, 프로그램 홍보, 프로그램 제작, 공익 의무, 예산 등과 같이 방송사의 경쟁력 제고와 영업 이익을 극대화시키는 요소이다. 외적 요소는 수용자에게 프로그램을 제공하는 과정에서 발생하는 불가항력적인 요소로서 시청률·청취율, 정부 규제, 수용행위, 미디어 환경, 타 매체와의 경쟁, 방송 시즌, 경제 상황, 광고주, 사회환경, 생활환경(Life Style) 변화 등이다. 외적 요소는 방송사에서 제어할 수 없는 요소이지만 내적인 요소들을 효과적으로 활용하는 경우, 외적 요소를 간접적으로 제어할 수 있다. 예를 들면 시청률·청취율은 조사회사에서 표본을 추출하여 사회과학적인 방법으로 측정한 결과로서 방송사에서 시

청률·청취율을 통제하는 것은 불가능하지만, 양질의 프로그램 개발을 위한 투자, 수용자 로열티(Loyalty) 제고, 우수 인력 및 장비 확보 등의 지속적인 노력으로 시청률·청취율을 제고시킬 수 있다.

방송편성의 기본 요소는 (1) 프로그램 공급원(Program Source), (2) 방송 시간대(Dayparts), (3) 방송 시즌(Season), (4) 광고주(Advertiser·Sponsor), (5) 규제기관(Regulator), (6) 수용자 흐름과 로열티(Audience Flow & Audience Loyalty), (7) 경쟁 방송사의 장단점(Strength or Weakness of Competing Stations), (8) 예산(Budget)으로 구분한다.

〈그림 3-2〉 방송편성의 기본 요소

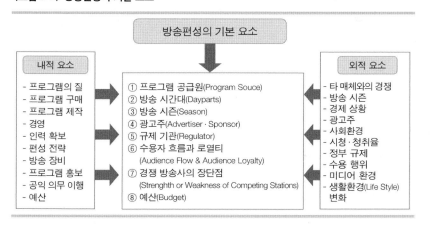

(1) 프로그램 공급원(Program Source)

방송사의 프로그램 공급원은 자체 제작(In-house Production)과 외부 지원(Outsourcing)으로 구분된다. 자체 제작 프로그램은 방송의 공기능을 수행하기 위해서 방송사가 제작하는 공익성 프로그램과 전략적으로 제작하는 오락 프로그램으로 구성된다. 외부지원 프로그램은 외주 제작사 프로그램, 배급사 프로그램(Syndication), 제휴방송사 공급 프로그램으로 분류할 수 있다. 고비용 오락 프로그램의 경우, 방송사 간의 경쟁으로 인한 재정적 부담과 시청률 모험을 최소화하기 위한 방안으로 자체 제작을 자제하고 특수관계 외주 제작 사에 제작 의뢰, 비특수관계 외부 제작사의 프로그램 구입, 공동 제작, 지분 참여, 저예산 프로그램 개발 등이 일반화되고 있다.

(2) 방송 시간대(Dayparts)

방송프로그램을 수용자에게 효과적으로 전달할 수 있도록 방송시간을 전 략적 단위로 세분화시킨 편성 시간대(단위)를 말한다. 라디오 방송의 시간대 (Dayparts)는 주청취 시간대(출근 시간대: 오전 6~8시, 퇴근 시간대: 오후 5~7시) 와 비주청취 시간대(오전 8~12시, 낮 12~5시, 초저녁 7~12시, 심야 0~6시)로 구 분한다. 텔레비전 방송은 온가족이 함께 시청할 수 있는 주시청 시간대 (Prime-time)와 시청률이 낮은 비주시청 시간대(아침, 오전, 오후, 초저녁, 심야, 새벽)로 분류된다. 지상파 텔레비전 방송의 시간대 구분과 주요 프로그램 편 성은 〈표 3-1〉과 같다.

〈표 3-1〉 지상파 텔레비전 방송의 시간대(Dayparts) 및 주요 프로그램

편성 시간대(Dayparts)	편성시간	주요 프로그램
① 아침(Early Morning)	05:00~08:00	네트워크 뉴스, 뉴스쇼, 시사·교양, 생활 정보
② 오전(Morning)	08:00~12:00	뉴스쇼, 시사·교양, 생활 경제·정보, 오락(토크쇼, 일일 드라마 등)
③ 오후(Afternoon)	12:00~17:00	정오 뉴스, 시사·교양, 문화·다큐, 어린이 프로그램, 재방송
④ 초저녁(Early Evening · Prime-time Access)	17:00~19:00(주중) 17:00~18:00(주말)	저녁 뉴스 및 네트워크 뉴스, 시사·교양, 생활정보, 문화·여행·다큐
⑤ 주시청(Prime-time)	19:00~23:00(주중) 18:00~23:00(주말)	프라임 뉴스, 오락(드라마, 시트콤, 게임쇼, 버라이어티쇼, 코미디, 예능, 현실 배경 등), 시사·교양
⑥ 심야(Late Night)	23:00~01:00	마감 뉴스, 시사·교양, 오락(토크쇼, 버라이어티, 코미디 등)
⑦ 새벽(Overnight)	01:00~05:00	재방송 또는 방송 종료

(3) 방송 시즌(Season)

방송 시즌은 백화점에서 계절마다 신상품으로 소비자를 유혹하는 판매 전략과 흡사하다. 방송사는 춘계 편성(Spring Season), 하계 편성(Summer Season), 추계 편성(Fall Premier), 동계 편성(Winter Season)으로 구분하여 시즌마다 새로운 프로그램을 시청자에게 선보인다. 방송사는 추계편성 프로그램이 안정적인 시청률을 확보하면, 연말연시 특집을 강화하고 동계편성을 생략하는 지속 계절편성(Continuous Season)을 활용하기도 한다. 방송사는 시청 행위가 낮은 하계 편성에는 고비용 프로그램의 투입을 자제하고, 시험 프로그램(Pilot Program) 테스트 및 저비용 프로그램 위주의 편성에 주력하는 반면, 시청 행위가 높은 춘계, 추계 및 동계 편성에는 새로운 오락 프로그램 공급에 주력한다.

(4) 광고주(Advertiser·Sponsor)

방송프로그램에 삽입되는 광고 시간대를 구입하는 광고주는 방송사의 핵심적인 스폰서 역할을 한다. 시청료, 정부 보조금, 기부금 등에 의존하는 공영방송사와는 달리 상업방송사의 영업 수입은 광고주가 지불하는 광고료에 전적으로 의존하고 있다. 광고주는 상업 광고를 이용하여 자사 상품 또는 서비스의 판매 촉진을 위한 광고행위를 하고 방송사에 광고료를 지불한다. 광고료 책정은 광고주가 요구하는 특정 프로그램의 광고 시간대를 선택하고 방송사의 지정 요금을 지불하는 고정 광고료(Fixed Rate), 광고주가 특정 프로그램의 광고 시간을 선택하는 예약 광고이지만 다른 광고주가 해당 광고시간에 고가의 고정 광고료를 지불할 경우 방송사가 임의로 광고주를 선택할 수 있는 선매(先賣) 광고료(Preempted Basis Rate), 광고주가 방송사에 광고를 위탁하고 방송사는 임의로 광고 프로그램과 시간대를 결정하고 광고료를 부과하는 저가의 위탁 광고료(Run-of-schedule·Best-time-available Rate)로 구분한다. 방송 광고의 수입원은 상업 광고, 시간대 유료 방송과 인포머셜, 프로그램 후원으로 구분하며, 「방송법」에서 규정한 방송광고의 분류와 허용 범위·시간·횟수 및 규제 등은 다음 장(제4장 9. 방송광고)에서 살펴보기로 한다.

〈표 3-2〉 방송광고의 수입원

구분	수입원
상업 광고(Spot Sales)	제품 소개, 서비스, 기업 홍보의 광고로서 광고료를 초단위로 구분하여 책정.
시간대 유료 광고와 인포머셜 (Program Time Sales & Paid Program-length Time)	종교 방송, 선거 기간 중의 정당 및 선거 후보가 구입하는 시간대 유료 방송과 30분·60분 단위로 구분하여 제품 및 서비스를 판매하는 인포머셜(Infomercial).
프로그램 후원(Sponsorship)	광고주가 프로그램 제작비를 후원하고 이에 상응하는 혜택을 받음.

(5) 규제기관(Regulator)

방송사의 공익성·공정성 준수, 방송프로그램의 해악성, 방송기반 및 전파 관리 등의 업무 위법성을 판단하고, 「방송법」 및 관련 법령을 위반한 방송사에 대해 행정적인 결정 및 조치를 취하는 규제기관으로서 방송통신위원회, 방송통신심의위원회, 미래창조과학부, 중앙전파관리소가 있다(제7장 방송·통신 규제기관 참조). 위 기관처럼 규제권은 없지만 방송의 감시자 역할을 하는 시민단체, 미디어 단체, 종교단체, 학술단체들은 수용자의 권익을 보호하고 대변하는 이익단체로서 기능을 행사하고 있다.

- **방송통신위원회**: 방송과 통신에 관한 정책과 규제를 담당하고, 방송의 자유와 공공성 및 공익성을 보장하며, 수용자 권익 향상을 위한 기능을 행사하는 대통령 직속의 행정 규제기관.[1]
- **방송통신심의위원회**: 방송 내용의 공공성 및 공정성을 보장하고, 정보통신의 건전한 문화 창달과 올바른 이용환경을 조성하기 위하여 「방송법」에 규정된 사항을 심의하는 민간 독립기관.[2]
- **미래창조과학부**: 차세대 방송기술선도, 첨단방송서비스 확보, 신규 융합서비스 육성, 기술융합 서비스 관련 규제 개선, 차세대 이통통신 기반 조성 등의 미래 창조경제 업무

를 담당하는 정부 행정부처.[3]

- **중앙전파관리소**: 건전한 전파문화를 확립하고 원활한 전파의 흐름을 위한 전파통제, 전파관리, 전파감시, 방송수신 환경, 불법 감청 등을 담당하는 규제기관.[4]

(6) 수용자 흐름과 로열티(Audience Flow & Audience Loyalty)

수용자는 방송사에서 제공하는 프로그램을 지속적으로 시청·청취하는 미디어 소비자로서 방송사와 광고주의 공략대상(Target Audience)이 된다. 방송사는 수용자의 욕구를 충족시킬 수 있는 프로그램을 제공하기 위해서 부단한 노력을 기울이고 있으며, 시청률·청취율을 선점하기 위해서 3단계의 수용자 전략을 수립하고 있다. 첫 단계는 수용자의 욕구와 취향을 파악해서 수용자들이 선호하는 프로그램을 시청·청취하도록 유도하는 전략을 쓰고, 두 번째 단계는 프로그램을 수용한 시청자·청취자들이 채널을 변경하지 않고 자사 프로그램을 지속적으로 수용할 수 있도록 채널을 고정시켜 수용자 흐름(Audience Flow)을 유지시키는 전략을 쓴다. 1·2 단계 전략이 성공적으로 실행되면, 3단계에서는 수용자들이 습관적으로 자사 프로그램만을 수용하여 고객이 되도록 유도하는 수용자 로열티(Audience Loyalty) 제고 전략을 실행한다.

(7) 경쟁 방송사의 장단점(Strength or Weakness of Competing Stations)

시청률·청취율은 방송프로그램의 인기를 가늠하는 척도로서, 방송사는 시청률·청취율 제고를 위해 수용자의 프로그램 욕구와 경쟁 방송사의 장단점을 파악하여 편성 전략을 수립한다. 수용자의 욕구를 충족시키는 프로그램일지라도 동 시간대에 경쟁 방송사의 인기 또는 같은 장르의 프로그램과 경쟁하는 것은 결국 수용자 분리현상을 유발시켜 양 사 모두 피해를 입게 된다. 따라서 경쟁 방송사의 편성 전략, 인기 및 취약 프로그램, 프로그램 편중도, 계절 편성 추이, 수용자 로열티, 시청률·청취율, 광고주 현황 등의 장단점을 심도 있게 분석하여 대응 전략을 수립하는 것이 시청률·청취율 제고의 첩경이 될 수 있다.

(8) 예산(Budget)

방송사가 수용자에게 양질의 프로그램을 제공하기 위해서는 충분한 예산을 확보해야 한다. 방송사에서 필요한 예산은 프로그램 제작 및 구입, 방송 시설 및 장비, 인건비 및 후생 복지비용, 판매 촉진 비용, 제반 운영비용 등에 사용한다. 방송사 예산중에서 중요한 비중을 차지하는 프로그램 제작 및 구입비는 수용자의 미디어 욕구를 충족시켜주는 필수 비용이므로 방송사는 효율적인 예산 활용으로 최대의 효과를 얻을 수 있는 편성 전략을 수립한다.

2) 프로그램 매력 요인(Audience Appeal)

오락 프로그램 제작의 기본전략은 프로그램 매력 요인(Audience Appeal)을 적절하게 배합하여 수용자의 시청 행위를 증대시키는 것이다. 매력 요인이란 수용자들이 선호하는 흥미와 관심을 가미시켜 시청·청취 행위를 극대화시키는 요소이다. 오락 프로그램의 제작 과정은 중화요리점에서 고객을 확보하기 위해서 일류 요리사가 신선한 산해진미에 다양한 향신료를 가미해서 일품요리를 조리하는 과정에 비유할 수 있다. 방송사의 우수한 제작진(일류 요리사)이 우수한 출연진(산해진미의 식재료)에 매력 요인(향신료)을 적절하게 배합하여 수용자들이 선호하는 프로그램(일품요리)을 제작하는 것이다.

매력 요인을 적절하게 배합하면 수용자의 선호도가 배가되는 효과가 있으나, 특정 매력 요인만을 과도하게 사용하면 시청자로부터 외면과 규제 기관의 제재 조치가 따른다. 방송사는 공익성에 저촉되지 않는 범위 내에서 매력 요인들을 적절하게 배합하여 수용자 선호 프로그램(Audience-friendly Program)을 제작하기 위한 노력이 필요하다. 오락 프로그램 제작에 가미되는 매력 요인은 (1) 웃음(Comedy), (2) 갈등(Conflict), (3) 수용자 교감(Communion), (4) 호기심(Human Interest), (5) 성적 매력(Sex Appeal), (6) 액션(Action), (7) 감성 자극(Emotional Stimulation), (8) 정보(Information)로서 구체적인 내용은 다음과 같다.[5]

〈그림 3-3〉 시청 행위 증대 매력 요인(Audience Appeals)

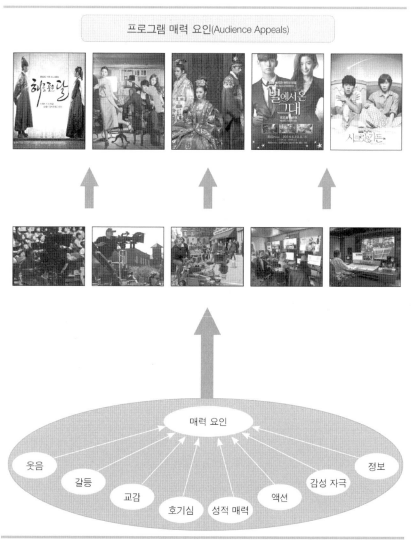

사진 제공: MBC 홍보실(2015), SBS 홍보실(2015).[6]

(1) 웃음(Comedy)

인간은 일상생활에서 누적되는 심리적 긴장 상태를 해소시키려는 목적으로 웃음을 효과적으로 활용해왔다. 웃음은 인류가 개발한 가장 유익한 심리학적 전환 방법으로 건강한 삶을 추구하는 핵심 요인이다. 따라서 대부분의 인기 프로그램은 수용자에게 웃음을 유발시키는 요인을 가미해왔다. 텔레비전 드라마의 경우 줄거리 전개 과정에서 웃음을 유발시키는 요인이 부재하면 시청률이 급감할 정도로, 웃음은 강력한 힘을 가진다. 웃음 요인은 드라마, 버라이어티쇼, 시트콤, 토크쇼, 현실 배경, 예능, 액션·모험, 게임쇼, 스포츠를 비롯한 모든 프로그램에 가미되어 시청률을 제고시키는 중추적인 역할을 한다.

(2) 갈등(Conflict)

텔레비전 드라마에서 흔히 볼 수 있는 고부 갈등, 사회적 경쟁, 남녀 문제, 경제적 위화감, 가정불화, 금전 문제, 폭력 등의 소재는 갈등 요인에서 기인한다. 시청자는 드라마 속에서 갈등이 극복되는 과정에서 카타르시스를 만끽하면서 드라마에 더욱 탐닉하게 된다. 드라마, 시트콤, 액션·모험, 게임쇼, 버라이어티쇼, 토크쇼, 현실 배경, 예능, 스포츠 프로그램에서 갈등 요인이 배제된다는 것은 상상할 수 없을 정도로 갈등 요인은 시청자 유인의 필수 요소이다. 갈등 요인을 가장 효과적으로 활용하는 프로그램으로는 게임쇼와 드라마를 들 수 있다. 게임쇼의 경우, 진행자가 출연자에게 질문하면 정답을 고심하는 출연자의 얼굴이 텔레비전 화면을 채우는 장면에서 갈등 요인을 확인할 수 있다. 게임쇼 진행방식은 질문을 통한 사회자와 출연자 간의 외적 갈등으로 보이지만, 사실은 방송사와 시청자 간의 대리 심리전을 유발시켜 시청률을 제고시키려는 시청자의 내적 갈등 전략을 활용하는 것이다.

(3) 수용자 교감(Communion)

시청자의 지속적인 시청 행위로 인하여 극중 인물과 교감(交感)을 나누면서 프로그램에 무의식적으로 몰입되는 현상을 말한다. 예를 들면 드라마는 허구성 각본에 갈등, 웃음 등의 매력 요인(Audience Appeal)을 가미하여 극적 상황을 전개시킨다. 시청자들은 드라마 속의 세계가 허구임을 인지하면서도 극적인 줄거리(Story Line)에 점차적으로 몰입되면서 자신의 현실 극복 수단으로 이용한다. 이 과정에서 시청자들은 드라마를 통해서 인간관계의 교훈을 습득하고, 아울러 자신을 극중 상황에 투영하면서 극중 인물과 교감을 나누는 의사(擬似) 인간관계(Para-social Relationship)를 형성하게 된다. 수용자와의 교감으로 시청 행위의 몰입을 유도하는 전략은 드라마, 액션·모험, 게임쇼, 시트콤, 토크쇼, 예능 등의 연속성 프로그램에서 활용되고 있다.

(4) 호기심(Human Interest)

"호기심이 고양이를 죽였다(Curiosity killed the cat)"는 서양 속담은 인간의 호기심을 잘 표현해주고 있다. 인간은 무엇이든 알고 싶어 하는 욕망을 봄[視]으로써 해결하려는 특성을 본성적으로 가지고 있다. 일상생활에서 봄[視]의 근본 틀이 호기심이라는 점은 수용자를 유인할 수 있는 요인이 된다. 인간 생활에서 표출되는 모든 세상사는 호기심의 대상이 된다. 드라마 속의 갈등, 토크쇼 출연자의 사생활, 뉴스 매거진 속의 화제 인물, 현실 배경 프로그램(Reality-based Program)에 출연한 평범한 직업인의 생활 등을 통해서 수용자의 호기심은 충족된다. 호기심을 활용하는 대표적인 프로그램으로는 드라마, 시트콤, 토크쇼, 현실 배경, 액션·모험 프로그램을 들 수 있다.

(5) 성적 매력(Sex Appeal)

성적 매력은 남녀관계를 다루는 소재에 자극적인 언어와 의상, 신체 노출과 접촉, 감미로운 음악 등의 감성요소를 첨가시켜 수용자의 관심을 유도하는 요인이다. 심리학적으로 성적 매력 요인은 감성이 예민한 청소년들에게 강력한 영향을 미치므로 사회윤리적인 파급을 고려해야 한다. 방송사 간의 시청률 경쟁으로 인하여 '최소 비용으로 최대 효과를 얻을 수 있다'는 그릇된 판단으로 성적 매력 요소가 과도한 오락 프로그램이 양산되고 있다. 성적 매력을 유발하는 프로그램은 드라마, 토크쇼, 시트콤, 버라이어티쇼, 액션·모험, 스포츠, 현실 배경, 예능 등이다.

(6) 액션(Action)

액션 요인은 어린이 시청자를 유인하는 전략에서 유래되었으나, 대부분의 오락 프로그램에서 모든 시청자군을 대상으로 사용된다. 어린이 시청자는 주의력 집중시간(Attention Span)이 낮기 때문에 다수의 동적 행위(Action)가 포함된 프로그램을 선호하며, 동적인 장면이 충분치 않으면 채널을 변경하는 경향을 보인다. 카툰 프로그램의 캐릭터(Character) 간 의사소통이 대부분 간단한 대화와 액션(밀치고, 당기고, 던지고, 부수고, 때리는 장면 등)으로 구성된 것은 어린이 수용자들의 주의력 집중시간이 짧기 때문이다. 성인 시청자의 경우, 남성 시청자는 여성 시청자에 비해 동적인 요소를 선호하므로 격투 장면, 총격전, 차량 추격전, 폭파 장면 등의 액션 드라마와 슬랩스틱 코미디 프로그램을 선호한다. 액션 요인의 대표적인 프로그램으로는 액션·모험, 드라마, 스포츠 등이 있다.

(7) 감성 자극(Emotional Stimulation)

시청자의 예민한 감성을 자극하는 것은 희로애락을 유발하는 요인이다. 특히 프로그램의 종결 부분에서 시청자의 감성을 자극하면 공감대를 극대화할 수 있는 효과가 있다. 범죄자가 체포되는 수사극의 결말에서 시청자가 사필귀

정의 카타르시스를 해소하고, 가정불화가 극적으로 해결되는 드라마의 종말에서 안도감의 대리만족을 공유하며, 이산가족이 극적으로 상봉하는 토크쇼에서 인지상정의 눈물을 보이는 것은 모두 감성 자극 요인에서 기인된다. 감성 자극은 중요한 시청자 유인 요소로서 모든 프로그램에서 활용되고 있다.

(8) 정보(Information)

방송 미디어는 시시각각 변하는 사회 흐름의 정보를 제공해준다. 뉴스와 시사 프로그램은 사회·경제·정치·문화 분야 등의 과거·현재·미래의 소식과 정보를 전달하고, 오락 프로그램은 사회를 반영하는 다양한 정보를 시청자에게 직·간접적으로 제공한다. 시청자들은 정보의 홍수 속에서도 지속적으로 정보를 요구하므로 방송 미디어는 정보 요인을 적극적으로 활용하고 있다. 드라마 속의 병약한 주인공이 최첨단 의학 기술로 치료되는 과정에서 시청자는 의학상식을 접하고, 게임쇼의 한국 근대사 인물에 관한 질문에서 역사 지식을 습득하며, 시사매거진에서 다루는 경제 진단에서 경제 정보를 익히고, 스포츠 중계방송의 해설자로부터 경기 규칙을 터득함으로써 방송 미디어는 정보매체로서의 역할을 수행한다. 정보요인을 활용하는 대표적인 오락 프로그램으로는 드라마, 게임쇼, 액션·모험, 스포츠, 토크쇼 등이 있다.

3) 프로그램 매력 요인의 배합

텔레비전 오락 프로그램은 매력 요인(Audience Appeal)을 적절하게 배합하여 시청 행위를 극대화시킨다. 매력 요인은 유익과 해악을 동반하는 양면성 요인이므로 방송사는 건전하고 합리적인 배합에 신중해야 한다. 중화요리에 비유하여 매력 요인을 부연 설명하자면, 조리 과정에서 소비자가 선호하는 유익한 향신료를 적절하게 배합할 경우 소비자의 구미를 자극하는 일품요리가 탄생하지만, 인공 조미료나 동물성 지방을 과도하게 가미해서 미각을 자극한다면 소비자의 건강을 해치는 해악 요리가 될 수 있다. 방송사는 매력 요인(향신료)을 합리적으로 배합(조리)할 경우 인기 프로그램(일품요리)이 탄생하지만, 지나친 선정성(인공 조미료)과 무분별한 폭력성(동물성 지방)으로 시청자(고객)를 유인하면 시청자에게 악영향을 끼치는 해악 프로그램이 될 수 있다. 인공 조미료와 동물성 기름을 과다하게 사용한 식당은 결국 소비자가 외면하고 보건당국의 처벌이 뒤따르듯이, 지나친 선정성과 폭력성으로 제작된 저품격 프로그램은 궁극적으로 수용자가 외면하고 규제기관의 제재를 받게 된다.

〈표 3-3〉 오락 프로그램의 장르별 매력 요인(Audience Appeal) 사용

매력요인(Audience Appeals)	드라마	액션 모험	버라이어티쇼	시트콤	스포츠	토크쇼	게임쇼	예능	현실 배경
웃음(Comedy)	✔	✔	✔	✔	✔	✔	✔	✔	✔
갈등(Conflict)	✔	✔	✔	✔	✔	✔	✔	✔	✔
수용자 교감(Communion)	✔	✔		✔		✔	✔	✔	
호기심(Human Interest)	✔	✔		✔		✔		✔	✔
성적 매력(Sex Appeal)	✔	✔	✔	✔	✔			✔	✔
액션(Action)	✔	✔			✔				
감성 자극(Emotional Stimulation)	✔	✔	✔	✔	✔	✔	✔	✔	✔
정보(Information)	✔	✔			✔	✔	✔		

2. 텔레비전 방송의 편성 전략

1) 텔레비전 방송의 편성

텔레비전 편성 전략은 시청자의 욕구와 필요성을 파악하고, 방송사의 내·외적 요소를 고려하여 시청자들이 선호하는 프로그램을 가장 효과적인 시간

대에 수용할 수 있도록 프로그램의 선정·배열 및 방송 일정을 기획함으로써 시청률을 선점하려는 전략적 계획을 수립하는 것이다. 텔레비전 방송사는 편성 전략의 4대 핵심요소인 시청자의 (1) 인구 통계학적 특성(Demographic Information), (2) 시청 행위(Audience Behavior), (3) 프로그램 기호도(Program Preference), (4) 방송사 간의 경쟁 및 위험 요소(Competition & Risk Factor)를 활용하여 효율적인 편성 전략을 수립한다. 인구 통계학적 특성은 시청자의 성별, 연령, 가족 구성, 거주 지역 등의 특징을 전략 대상으로 활용하며, 시청 행위는 시청자의 시청시간, 시청 습성, 방송 시간대를 전략 요인으로 활용한다.

〈표 3-4〉 텔레비전 방송의 편성 전략

핵심 요소	편성 전략
인구 통계학적 특성 (Demographic Information)	① 다특성(Multi-modality) ② 연령 흐름(Age Flow)
시청 행위 (Audience Behaver)	③ 벨트(Strip) ④ 유인(Lead-in) ⑤ 해먹(Hammock) ⑥ 텐트(Tentpoling) ⑦ 직결(No-break Transition · Seamless · Hotswitching) ⑧ 주춧돌(Cornerstone · Anchor) ⑨ 간판 프로그램(Signboard Program)
프로그램 기호도 (Program Preference)	⑩ 체커판(Checkerboard) ⑪ 블록(Block) ⑫ 군집(Cluster) ⑬ 주제 포개기(Theme Stacking)
경쟁 및 위험 요소 (Competition & Risk Factor)	⑭ 복제·파생(Series Clones · Spin-off) ⑮ 맞대결(Head-to-head) ⑯ 직대응(Blunting) ⑰ 역대응(Counter) ⑱ 초대작(Blockbuster) ⑲ 가교(Bridging) ⑳ 중복 방송(Double-run) ㉑ 재방송(Re-run) ㉒ 돌발(Stunting · Spoiling Tactics) ㉓ 임시 프로그램(Temporary Programming · Supersizing) ㉔ 대체편성(Alternative Programming)

프로그램 선호도는 시청자가 선호하는 프로그램을 전략적으로 이용하여 지속적인 시청 흐름(Audience Flow)을 유지하려는 전략을 세운다. 방송사 간의 경쟁 및 위험 요소는 경쟁 방송사의 편성 전략을 심도 있게 분석하고 대응전략을 수립하여 안정적인 시청률을 확보하는 데 중점을 두고 있다. 4대 핵심요소로 구분한 24가지의 텔레비전 편성 전략은 다음과 같다.

(1) 다특성(Multi-modality)

폭넓은 시청자군을 수용할 수 있는 프로그램을 편성하여 시청률을 극대화시키는 편성 전략이다. 방송사의 주시청 시간대는 다특성 지향적 프로그램을 편성하여 시청률 제고를 목표로 하는 반면, 비주시청 시간대에는 단일(Single-modality) 또는 양 특성(Bi-modality) 시청자군을 대상으로 프로그램을 편성한다. 예를 들면 주시청 시간대의 홈드라마는 모든 성별 및 연령층(어린이, 청소년, 성인, 노년층)을 수용하는 다특성(Multi-modality) 프로그램이며, 비주시청 시간대의 어린이 프로그램은 특정 연령층(어린이)만을 공략하는 단일 특성(Single-modality) 프로그램이다.

〈그림 3-4〉 다특성(Multi-modality), 양 특성(Bi-modality), 단일 특성(Single-modality) 전략(예)

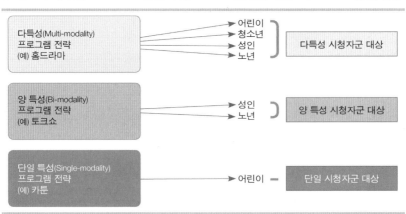

(2) 연령 흐름(Age Flow)

연령 흐름에 따라 프로그램을 맞춰나가는 점증식(漸增式) 편성 전략으로, '텔레비전 시청자 비율(PUT: People Using Television)'을 극대화시키는 목적으로 사용된다(PUT: 제4장 5. 텔레비전 시청률 조사방법 참조). 〈그림 3-5〉의 예와 같이, 오후 3~4시에는 미취학 아동, 4~5시에는 방과 후의 초등학생, 5~6시에는 어린이+청소년, 6~7시에는 어린이+청소년+성인 대상으로 프로그램을 편성한 후, 모든 연령층을 주시청 시간대로 물 흐르듯이 이동시키는 시청자 흐름(Audience Flow)에 중점을 두는 편성 전략이다. 연령 흐름(Age Flow) 전략은 연령 계층 간의 원활한 흐름 전환을 목적으로 ① 어린이 대상(Kid Appeal Program, 3~5시), ② 어린이+청소년 대상(Kiddult Appeal Program, 5~6시), ③ 모든 연령층 대상(All Ages Program, 6~7시)의 프로그램을 점증식으로 편성하여 '텔레비전 시청자 비율'을 효과적으로 증대시키는 전략이다.

〈그림 3-5〉 연령 흐름(Age Flow) 전략(예)

시간	프로그램	연령 대상층(Target Audience)
3:00~4:00 p.m.	미취학 아동 프로그램(Kid Appeal Program)	4~6세 미취학 아동
4:00~5:00 p.m.	어린이 프로그램(Kid Appeal Program)	7~12세 초등학생
5:00~6:00 p.m.	어린이·청소년 프로그램(Kiddult Appeal Program)	7~18세 초등학생·청소년
6:00~7:00 p.m.	어린이+청소년+성인 프로그램(All Ages Program)	모든 연령층
7:00 p.m.~	주 시청 시간대 프로그램	모든 연령층

(3) 벨트(Strip)

주중(월~금) 동일한 시간대에 동일한 프로그램을 편성하는 허리띠 모양의 편성 전략이다.7 월요일부터 금요일까지 매일 아침 동일한 시간대에 방영하는 일일 연속극과 매일 오후 같은 시간대에 제공하는 어린이 프로그램을 예로

들 수 있다. 벨트 편성의 특징은 동 시간대에 같은 프로그램을 매일(월~금) 제공해줌으로써 시청자의 습관적 시청을 유발시키는 효과를 얻을 수 있는 점이다. 벨트 편성은 드라마, 시트콤, 게임쇼, 토크쇼, 어린이 프로그램을 활용하며, 일부 방송사에서는 특정 시간대에 인기 프로그램의 재방송 또는 재배급 프로그램(Syndicated Reruns)을 벨트 편성에 사용하고 있다.

⟨표 3-5⟩ 벨트(Strip) 전략(예)

시간대	월요일	화요일	수요일	목요일	금요일
7:00~8:00 a.m.	뉴스쇼	뉴스쇼	뉴스쇼	뉴스쇼	뉴스쇼
8:00~8:30 a.m.	일일 연속극	일일 연속극	일일 연속극	일일 연속극	일일 연속극
8:30~9:30 a.m.	토크쇼	토크쇼	토크쇼	토크쇼	토크쇼
7:30~8:00 p.m.	일일 드라마	일일 드라마	일일 드라마	일일 드라마	일일 드라마

(4) 유인(Lead-in)

주시청 시간대가 시작되기 직전의 시간대(주중: 오후 6~7시, 주말: 오후 5~6시)에 시청자를 유인할 수 있는 프로그램을 편성하여 시청자 흐름을 주시청 시간대로 지속시키는 전략을 사용할 수 있다.[8] 유인 시간대(Prime-time Access)의 편성 실패로 인해 시청률이 저조할 경우 주시청 시간대의 광고 수입 하락으로 이어지므로 유인 전략은 주시청 시간대의 전략적 편성의 일부로 중요시된다.

⟨표 3-6⟩ 유인(Lead-in) 전략(예)

시간대	5:00~6:00 p.m.	6:00~7:00	7:00~8:00	8:00~9:00	9:00~10:00
방송사 A (월~금)	정규 프로그램	유인 프로그램	주시청 시간대 프로그램	주시청 시간대 프로그램	주시청 시간대 프로그램
방송사 B (월~금)	정규 프로그램	유인 프로그램	주시청 시간대 프로그램	주시청 시간대 프로그램	주시청 시간대 프로그램
방송사 C (월~금)	정규 프로그램	유인 프로그램	주시청 시간대 프로그램	주시청 시간대 프로그램	주시청 시간대 프로그램

(5) 해먹(Hammock)

시청자의 지속적인 시청을 유도하기 위해서 인기 프로그램 사이에 신설 또는 비인기 프로그램을 편성하는 끼워 넣기 전략이다.[9] 〈그림 3-6〉에서와 같이, 시청자는 두 편의 인기 프로그램(A와 C)을 시청하기 위해 채널 변경을 자제함으로써 지속적인 시청 행위를 유지하게 된다. 해먹(Hammock)은 시청자들이 동 시간대의 경쟁 방송사 프로그램을 탐색하는 채널 서핑(Channel Surfing) 행위를 최소화시켜주는 효과적인 편성 전략으로서 주시청 시간대의 시청률 제고에 핵심적인 역할을 한다.

〈그림 3-6〉 해먹(Hammock) 전략(예)

(6) 텐트(Tentpoling)

해먹과 상반되는 전략으로, 인기 프로그램 전후에 신설 또는 비인기 프로그램을 편성하는 전략이다. 텐트(Tentpoling) 편성은 해먹 편성과 마찬가지로 프로그램을 지속적으로 시청할 수 있도록 시청자 흐름을 유지시켜주는 효과가 있다. 인기 프로그램의 전후에 비인기 또는 신설 프로그램을 편성함으로써 시청률이 동반 상승하는 효과를 기대할 수 있는 것이다. 방송사는 주시청자 시간대에 텐트 편성과 해먹 편성을 연계시켜 시청자들의 채널 이탈행위를 최소화하는 복합 편성 전략으로 사용하고 있다.

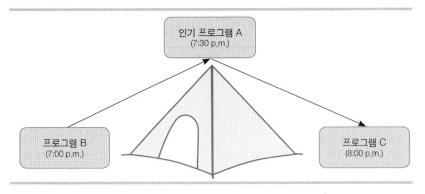

(7) 직결(No-break Transition · Seamless · Hotswitching)

프로그램이 종료된 후, 시청자에게 채널 변경의 기회(시간)를 주지 않기 위해서 광고(프로그램 광고와 토막 광고)와 방송사 안내 시간(Station Break) 없이 후속 프로그램으로 직결시키는 편성 전략이다.[10] 시청자들은 프로그램이 종료되면 광고시간 틈새를 이용하여 타 방송사 프로그램을 탐색하고 시청 프로그램을 선택하는 경향이 있다. 이때 시청자에게 채널변경의 틈새를 주지 않음으로써 채널 이탈을 방지하고 자사 프로그램의 지속적인 시청을 유지하려는 공격적인 전략이 바로 직결 편성(No-break Transition · Seamless · Hotswitching)이다.

(8) 주춧돌(Cornerstone · Anchor)

방송사의 핵심 프로그램을 주시청 시간대의 초입에 편성하여 시청률을 선점하려는 전략이다.[11] 초입 시청률 확보에 실패하면 당일 주시청 시간대의 시청률 저조로 이어지므로 방송사는 대표적인 주춧돌 프로그램을 주시청 시간대 초입에 편성하여 시청자를 유인한다. 주춧돌 편성(Cornerstone · Anchor)은 유인(Lead-in) 편성과 연계시켜 주시청취 시간대의 시청자 흐름을 확보하는 전략으로 활용한다.

〈표 3-7〉 주춧돌(Cornerstone · Anchor) 전략(예)

주중 시간대	방송사 A(월~금)	방송사 B(월~금)	방송사 C(월~금)
7:00~8:00 p.m.(월~금)	주춧돌 프로그램	주춧돌 프로그램	주춧돌 프로그램
8:00~8:30 p.m.(월~금)	게임쇼	드라마	액션 · 모험
8:30~9:30 p.m.(월~금)	액션 · 모험	게임쇼	드라마

(9) 간판 프로그램(Signboard Program)

주시청 시간대에 방송사의 대표적인 간판 프로그램을 요일별로 포진시켜 균등한 주간 시청률을 확보하기 위한 전략을 쓸 수 있다. 예를 들면 시청자들이 월요일 저녁에는 〈세종대왕〉, 수요일에는 〈수사반장〉, 금요일에는 〈금요무대〉 시청을 A 방송사에 기대하는 경우, 〈세종대왕〉, 〈수사반장〉, 〈금요무대〉는 A 방송사의 인지도와 직결된 간판 프로그램이 된다. 방송사들은 시청률 제고를 위한 방안으로 간판 프로그램과 텐트(Tentpoling) 편성을 연계시키는 전략을 활용한다.

(10) 체커판(Checkerboard)

벨트(Strip) 전략에 상반되는 편성으로서, 주중(월~금)에 각기 다른 프로그램을 같은 시간대에 매일, 2일, 3일마다 대체(代替) 편성하는 전략이다. 체커판(Checkerboard)은 시청자에게 선택의 폭을 넓혀주고 프로그램의 낮은 회전률로 장기간 방송할 수 있는 장점이 있는 반면, 방송사는 다수의 프로그램 확보에 필요한 비용이 부담된다는 단점이 있다. 〈표 3-8〉에서 보여주듯, 매일 다른 프로그램으로 체커판 편성(월~금)을 활용하는 경우, 5개 시리즈 프로그램(A, B, C, D, E)이 필요하며, 벨트 편성에 비해 5배 기간 동안 프로그램이 지속된다. 격일제 체커판 편성은 최소한 2개의 시리즈 프로그램(A, B)이 필요하며, 벨트 편성에 비해 프로그램 방송 기간을 2배로 지속시킬 수 있다.

<표 3-8> 체커판(Checkerboard) 전략(예)

시간대	월요일	화요일	수요일	목요일	금요일
8:00~8:30(2개 프로그램)	A	B	A	B	A
8:00~8:30(3개 프로그램)	A	B	C	A	B
8:00~8:30(5개 프로그램)	A	B	C	D	E

(11) 블록(Block)

특정 시간대를 봉쇄(Time Block)하여 다양한 장르의 묶음 프로그램을 제공하는 편성 전략이다.[12] 어린이 시청자를 위한 시간대를 마련하여 어린이 대상의 다양한 묶음 프로그램을 제공하거나, 주부 대상의 아침 시간대에 주부 시청자만을 위한 아침 드라마, 토크쇼 등을 묶음으로 제공하는 것이다. 다수의 시청자들이 시청하는 주시청대에 인기 프로그램(드라마, 시트콤, 게임쇼, 액션·모험 등)만을 묶어서 제공하는 주시청 시간대도 블록 편성에 해당한다.

<그림 3-8> 블록(Block) 전략(예)[13]

사진 자료: http://www.podcastingnews.com/content/2008/03/prime-time-rewind-tv/.

(12) 군집(Cluster)

시청자의 프로그램 취향 및 선호도를 중시하는 편성 전략이다. 특정 장르의 프로그램을 선호하는 시청자군을 대상으로 같은 장르의 프로그램을 묶어서 특정 시간대에 제공한다. 드라마를 선호하는 시청자들은 더 많은 드라마를 원하고 토크쇼를 선호하는 시청자들은 더 많은 토크쇼를 원하는 시청자의 '프로그램 선호의 심리적 취향 정보(Psychographic Information of Audience Program Preferences)'에 따른 편성 전략이다. 〈표 3-9〉에서와 같이 특정 시간대에 같은 장르의 프로그램을 군집으로 제공함으로써 같은 취향의 시청자군을 대상으로 안정적인 시청률을 확보하기 전략으로 사용된다. 군집 편성의 대표적인 예로는 시트콤 나이트(Sitcom Night), 액션·모험 나이트(Action Adventure Night), 드라마 나이트(Drama Night) 등의 요일별 군집 프로그램과, 예능 프로그램을 연속적으로 방영하는 '일요일 오후 예능 시간대'(4시 50분부터 7시 55분까지)가 해당된다. 군집(Cluster)과 블록(Block) 프로그램의 차이점은, 전자는 특정 시간대에 같은 장르의 프로그램을 묶어서 제공하는 반면 후자는 특정 시간대에 다양한 장르의 프로그램으로 블록을 채우는 점이다.

〈표 3-9〉 군집(Cluster) 전략(예)

시간대	7:00~7:30 p.m.	7:30~8:00	8:00~8:30	8:30~9:00
방송사 A (Sitcom Night)	시트콤 A	시트콤 B	시트콤 C	시트콤 D
방송사 B (Drama Night)	드라마 A	⟶	드라마 B	⟶
방송사 C (Action·Adventure Night)	액션·모험 A	⟶	액션·모험 B	⟶

(13) 주제 포개기(Theme Stacking)

특정 주제(Theme)의 영화 또는 연속물 프로그램을 연달아서 제공하는 '몰아보기 식' 편성 전략이다. 국경일, 명절, 휴가철 등의 기간 동안 특정 주제와

관련된 영화를 2~3편, 또는 지난 인기 드라마를 포개기 식(Stacking)으로 4~5
편을 편성하여 시청자에게 지난 에피소드에 대한 향수를 자극하여 시청을 유
인한다. 이는 비경쟁·비정규 편성 전략이며, 지상파 텔레비전의 정규 편성에
는 상용(常用)하지 않는다.

〈그림 3-9〉 주제 포개기(Theme Stacking) 전략(예)

12:00 p.m. 인기 연속극 〈첫사랑〉 20부작(1회)

1:00 p.m. 인기 연속극 〈첫사랑〉 20부작(5회)

2:00 p.m. 인기 연속극 〈첫사랑〉 20부작(10회)

3:00 p.m. 인기 연속극 〈첫사랑〉 20부작(15회)

4:00 p.m. 인기 연속극 〈첫사랑〉 20부작(20회)

11:00 a.m-1:00 p.m
'광복절 주제' 영화 A

1:00-3:00 p.m.
'광복절 주제' 영화 B

3:00-5:00 p.m.
'광복절 주제' 영화 C

(14) 복제·파생(Series Clones·Spin-off)

고비용 프로그램 제작은 방송사의 재정적 부담과 시청률 모험(Ratings Risk)
을 가중시킨다. 방송사는 제작 프로그램의 위험도를 감소시키는 목적으로 인
기 프로그램을 복제·파생(Series Clones·Spin-off)함으로써 안정된 시청률을
확보하려는 전략을 쓴다. 복제(Clones) 프로그램은 타 방송사 인기 프로그램
의 아이디어, 형식(Format), 구성(Plot) 등을 유료로 복제 또는 무료로 모방한
'베끼기' 프로그램이며, 파생(Spin-off) 프로그램은 인기 프로그램에서 파생적
(2차적)으로 제작되는 파생품(프로그램)을 말한다.

성공한 인기 프로그램을 복제·파생하는 아류(亞流) 프로그램의 양산은 전
세계적으로 만연하는 추세다. 일례로, 오디션 프로그램의 효시인 영국 BBC
방송사의 〈브리티시 갓 탤런트(British Got Talent)〉는 한국(〈코리아 갓 탤런트〉)
을 비롯한 전 세계 63개 국가에 프로그램권을 판매하여 성공적인 복제 프로그

램을 양산했고, 미국 폭스(Fox) 방송사의 〈아메리칸 아이돌(American Idol)〉
도 전 세계 47개 국가에서 경쟁적으로 복제되고 있다.[14] 복제·파생(Series
Clones·Spin-off)된 프로그램은 방송사 간의 과도한 '베끼기' 전략으로 유사 프
로그램이 범람함으로써 고정 프로그램으로 장기간 정착하지 못하고 단명하는
특징이 있다. 방송사들이 선호하는 대표적인 복제·파생 프로그램은 버라이
어티쇼, 실제 상황, 게임쇼, 예능, 시트콤, 드라마 등이다.

〈표 3-10〉 복제(Series Clones)·파생(Spin-off) 전략(예)

구분	프로그램 명(방송사)	복제·파생(Series Clones·Spin-off) 프로그램
복제(Series Clones)	〈British Got Talent〉(BBC) 전 세계 63개국에서 복제	〈코리아 갓 탤런트〉(한국)
		〈Talento Argentino〉(아르헨티나)
		〈Balgariya tarsi talent〉(불가리아)
		〈中国达人秀〉(중국)
		〈Ελλάδα Εχεις Ταλέντο〉(그리스)
		〈אבה לודגה רבדה〉(이스라엘)
		〈Wanns de eppes kanns!〉(룩셈부르크)
		〈Pilipinas Got Talent〉(필리핀)
		〈Portugal Tem Talento〉(포르투갈)
		〈Minuta slavy〉(러시아)
		〈SA's Got Talent〉(남아프리카공화국)
		〈Yetenek Sizsiniz Türkiye!〉(터키)
	〈무한퀴즈〉(방송사 A) (게임쇼)	〈도전퀴즈〉(방송사 B)
		〈5천만퀴즈〉(방송사 C)
		〈퀴즈모험〉(방송사 D)
파생(Spin-off)	〈생활도전〉(방송사 A) (예능)	〈생활도전 — 전원생활 편〉(방송사 A)
		〈생활도전 — 어촌생활 편〉(방송사 A)
		〈생활도전 — 산악생활 편〉(방송사 A)
		〈생활도전 — 섬생활 편〉(방송사 A)
	〈감격시대〉(방송사 B) (드라마)	〈감격시대 2 — 야인시대〉(방송사 B)
		〈감격시대 3 — 협객시대〉(방송사 B)
		〈감격시대 4 — 무풍시대〉(방송사 B)

(15) 맞대결(Head-to-head)

특정 시간대의 시청률을 선점하려는 의도로 경쟁 방송사의 최고 인기 프로그램과 자사의 최고 인기 프로그램을 같은 시간에 편성하여 서로 맞대결하는 경우도 있다. 주시청자 시간대의 인기 프로그램 간의 맞대결은 공격적인 전략으로서, 시청자 양분화를 초래하여 해당 방송사들은 시청률 손실을 감수해야 한다. 방송사들은 맞대결로 인한 이미지 실추와 경제적 손실(광고수입)을 방지하기 위하여 특별한 경우를 제외하고는 맞대결을 피하는 것이 통례이다.

〈표 3-11〉 맞대결(Head-to-head) 전략(예)

시간대	방송사 A	방송사 B	방송사 C
7:00~8:00 p.m.	'인기 드라마' ⟷	'인기 게임쇼'	시트콤
8:00~8:30 p.m.	게임쇼	'인기 시트콤' ⟷	'인기 드라마'
8:30~9:30 p.m.	'인기 현실 배경' ⟷	'인기 드라마'	시트콤

(16) 직대응(Blunting)

경쟁 방송사와 같은 장르의 프로그램을 동 시간대에 편성하여 직대응하는 공격적인 전략도 있다.[15] 경쟁 방송사가 모두 시청률 손실을 감수하는 맞대결과는 달리, 직대응은 프로그램 간의 승패가 쉽게 가늠되는 특징이 있다. 같은 장르의 프로그램을 동 시간대에 방영할 경우, 시청자들은 프로그램을 비교하여 우수한 프로그램을 쉽게 판별할 수 있으므로 양질 프로그램만이 생존한다. 맞대결과 직대응의 차이점은, 전자는 장르 구분 없이 경쟁 방송사와 최고 인기 프로그램으로 대결하고 후자는 경쟁 방송사의 프로그램에 같은 장르의 프로그램으로 대응한다는 점이다.

〈표 3-12〉 직대응(Blunting) 전략(예)

시간대	방송사 A	방송사 B	방송사 C
7:00~8:00 p.m.	'드라마 A' ⟺	'드라마 B'	시트콤
8:00~8:30 p.m.	게임쇼	'시트콤 B' ⟺	'시트콤 C'
8:30~9:30 p.m.	'코미디 A' ⟺	'코미디 B'	시트콤

(17) 역대응(Counter)

직대응에 상반되는 편성 전략으로, 방송사들이 동 시간대에 동일한 장르의 프로그램 간의 직대결을 회피하여 안정된 시청률을 확보하려는 공생(共生) 전략이다.[16] 예를 들어 A 방송사에서 여성 시청자군을 겨냥한 드라마를 편성하면, B 방송사에서는 여성 시청자군의 양분화를 방지하기 위한 방안으로 남성 시청자 대상의 액션·모험 프로그램을 편성하고, C 방송사에서는 청소년층을 겨냥한 시트콤을 편성하여 다자(多者) 공생을 목표로 한다. 역대응 편성 전략은 프로그램 개발 및 투자 위험성을 감소시켜주는 중요한 역할을 하며, 방송사는 시청자의 성별, 연령, 프로그램 선호도에 따라 역대응 전략을 마련한다.

〈표 3-13〉 역대응(Counter) 전략(예)

시간대	방송사 A	방송사 B	방송사 C
7:00~8:00 p.m.	드라마	액션·모험	시트콤
8:00~8:30 p.m.	게임쇼	드라마	액션·모험
8:30~9:30 p.m.	시트콤	게임쇼	드라마

(18) 초대작(Blockbuster)

방송사의 시청률 저조를 만회하기 위한 획기적인 전환 조치로서, 막대한 비용을 투자한 초대작 프로그램이나 초대형 스포츠 독점중계권을 확보하여 시청률, 광고 수입, 방송시장 지배력을 극대화시키려는 일석삼조(一石三鳥)의 편성 전략이다.[17] 초대작 편성은 고비용으로 투자 위험이 높은 전략이지만, 경

〈그림 3-10〉 스포츠 초대작(Blockbuster) 프로그램(예)

자료: 국가기록원(월드컵 한국 - 독일전).
사진 제공: 대한체육회(런던올림픽 입장과 개회식).

쟁 방송사의 편성 전략을 무력화시키는 효과가 있다. 초대형 드라마 제작, 올림픽 또는 월드컵 중계 등의 인기 스포츠 독점 중계권 등이 초대작 편성 전략에 해당된다. 일부 방송사에서는 자사의 지속적인 이미지 제고를 위한 방안으로 의도적으로 초대작 편성 전략을 활용하기도 한다.

(19) 가교(Bridging)

경쟁 방송사의 편성에 혼선을 야기하여 시청자 흐름(Audience Flow)을 단절시키려는 목적으로 경쟁사의 예정 방송시간보다 5분, 10분, 20분 전에 선제 방송하거나 늦게 종료한다. 이는 자사 시청자가 타 방송사로 이탈하는 것을 방지하려는 공격적인 편성 전략이다.[18] 예를 들면 경쟁 방송사의 저녁 8시 드라마에 대응하기 위해서 자사의 인기 프로그램을 7시 55분에 선제 방송하여 시청자를 선점하거나, 5분 늦은 11시 5분에 자사 프로그램을 종료하여 시청자들이 타 방송사로 채널을 변경하는 것을 고의적으로 차단하는 것이다. CNN 창시자인 테드 터너(Ted Turner)가 시작한 편성 전략으로 '터너 시간(Turner Hour)'으로 불리기도 한다.[19]

<표 3-14> 가교(Bridging) 전략(예)

방송사 A	7:00~7:30 p.m. 뉴스	7:30~8:00 시트콤	8:00~9:00 드라마	9:00~10:00 게임쇼		10:00~11:00 뉴스
방송사 B (가교전략)	6:55~7:55 p.m 게임쇼		7:55~8:55 뉴스	8:55~9:25 시트콤	9:25~10:25 드라마	10:25~11:05 뉴스
방송사 C	7:00~7:30 p.m. 시사·공공	7:30~8:00 게임쇼	8:00~9:00 뉴스	9:00~10:00 드라마		10:00~11:00 토크쇼

(20) 중복 방송(Double-run)

고비용으로 구입한 프로그램 또는 방영권을 구입한 영화를 중복 방영하여 광고 수익을 배가시키는 전략이다. 방송사는 중복 방송으로 광고 수익이 배가되고, 시청자들에게 재시청 기회를 부여하는 일거양득 전략이다. 예를 들어 배급사로부터 다큐멘터리 방영권(Broadcast Right)을 구입한 방송사가 1회 방영에 2%의 저조한 시청률을 보였을 경우, 98%의 미시청자들에게 다른 요일에 재시청 기회를 마련해줌과 동시에 중복 방영으로 인한 광고수입이 배가되는 효과를 얻을 수 있다.

<표 3-15> 중복방영(Double-run) 전략(예)

시간대	월요일	화요일	수요일	목요일	금요일
10:00~11:00 p.m.	다큐멘터리 A				다큐멘터리 A

(21) 재방송(Re-run)

방송된 자사 프로그램을 주말(토~일) 또는 주중(월~금) 비주시청 시간대에 재방송함으로써 시청자들에게 재시청 기회를 부여한다. 주로 인기 오락 프로그램, 주요 스포츠 경기, 중요한 공익 프로그램 등을 재방송하는데, 장점으로는 주단위 시청률 제고, 주말 및 주중 비주시청 시간대 활용, 프로그램 비용 절약 등이 있으나, 과도한 재방송은 시청자에게 재탕 방송사라는 점을 인식시켜 시청자 로열티(Audience Loyalty)를 저하시키는 주요 요인이 될 수 있다. 중복 방송(Double-run)과 재방송(Re-run)은 시청자에게 재시청 기회를 부여하는 점에서는 동일하지만, 전자는 방송사에서 고비용으로 구입한 프로그램을 1회 이상 중복해서 방송하는 것이며 후자는 방송사의 자사 프로그램을 주말 또는 비주시청 시간대에 다시 방송하는 것이라는 차이가 있다.

(22) 돌발(Stunting·Spoiling Tactics)

경쟁 방송사의 균형적인 편성에 대한 방해 목적으로 정상적인 편성 틀에서 벗어나는 돌발적인 편성 전략을 쓰는 경우도 있다.[20] 이는 경쟁 방송사들이 사전에 대비하지 못하도록 의도적으로 돌연히 방송시간 변경, 비상식적 프로그램 편성, 방송프로그램 시간 연장 등을 실행하는 공격적인 전략이다. 경쟁 방송사의 특정 드라마 방송 예정일보다 앞서 자사의 유사 드라마를 선제 방송하거나, 계절 개편 편성 시에 타 방송사보다 몇 주 앞서 계절 개편 방송을 개시하여 시청자를 선점하는 편성행위로서 방해 전략(Spoiling Tactics)으로 불린다. 직결(No-break Transition·Seamless·Hotswitching), 맞대결(Head-to-head), 직대응(Blunting), 가교(Bridging)와 더불어 '5대 공격적 편성 전략'으로 간주된다.

(23) 임시 프로그램(Temporary Programming·Supersizing)

새로운 프로그램이 예상 시청률을 확보하지 못하여 중도에 하차시킬 경우, 후속 프로그램 확보가 여의치 않으면 임시 기간 동안 특집 프로그램을 편성하여 시청자 이탈을 방지하려는 방어 편성 전략을 쓰는 경우가 있다.[21] 임시 편성으로 활용하는 프로그램은 인기 프로그램의 주요 장면을 간추린 특집, 계절 및 사회적 관심사와 관련된 특집(납량 특집, 경제 불황, 건강 등)과 파일럿(Pilot) 오락 프로그램이 이 주류를 이룬다. 지역 단위의 시청률을 정기적으로 측정하는 조사기간(Sweeps Rating Periods)에 시청자 관심을 유발시키려는 목적으로 임시 프로그램을 편성하기도 한다. 이러한 경우 임시 프로그램을 과대 홍보하는 경향이 많으므로 과대포장(Supersizing) 프로그램이라 불리기도 한다. 임시 프로그램은 명절·연휴·연말연시 및 특정 기간에 파일럿 오락 프로그램을 편성하여 시청자들의 반응을 시험하는 '맛보기 편성'으로 활용하기도 한다.

(24) 대체편성(Alternative Programming)

특정 시간대의 고정 프로그램이 3~6개월을 방송할 수 있는 충분한 프로그램을 확보하지 못한 경우, 부족분을 대체하기 위해서 다른 시리즈물과 번갈아 편성하는 전략도 있다. 방송사는 부족 에피소드 분량에 따라서 대체 시리즈물의 수량을 결정한다. 통상적으로 1~2개의 대체 시리즈물을 활용하여 방송 기간을 연장할 수 있지만, 시청권을 방해하는 단점이 있어 특별한 경우를 제외하고는 이러한 전략을 상용하지 않는다.

2) 편성 전략의 시간대 활용

편성 전략은 방송사에 따라 다소 차이는 있으나, 주시청 시간대(Prime-time)의 편성 전략은 연령 흐름(Age Flow), 유인(Lead-in), 직결(No-break Transition), 주제 포개기(Theme Stacking), 중복 방송(Double-run), 돌발(Stunting), 재방송(Re-run)을 제외한 모든 전략을 활용한다. 아침(5~8시)과 오전(8~12시) 시간대에는 제한된 시청자군을 대상으로 공격적 편성 전략(직대응)과 비공격적 편성 전략(간판, 블록, 군집, 모방·복제)을 병용한다. 오후(12~5시) 시간대는 연령흐름, 벨트, 직결, 체커판, 재방송 편성 전략이 상용되며, 초저녁 시간대(5~7시)에는 직대응(저녁 뉴스)과 오락 프로그램의 다특성, 유인, 체커판, 역대응을 전략을 사용한다. 심야(11~1시) 시간대에는 성인 시청군을 대상으로 하는 간판 프로그램, 체커판, 모방·복제, 역대응 전략이 사용하며, 시청률이 가장 낮은 새벽(1~5시) 시간대는 중복 및 재방송 전략을 사용한다. 〈표 3-16〉에서와 나타난 바와 같이, 편성 전략의 활용 빈도는 시청률 및 광고수입과 연관되어 있다. 시청률과 광고 수입이 높은 시간대일수록 다양한 편성 전략을 활용하는 반면, 시청률과 광고수입이 낮은 시간대일수록 소수의 단순 전략을 사용하는 경향을 보인다.

〈표 3-16〉 시청 시간대별 편성 전략

편성 전략	아침 5~8	오전 8~12	오후 12~5	초저녁 5~7	주시청 7~11	심야 11~1	새벽 1~5
① 다특성(Multi-modality)				✔	✔		
② 연령 흐름(Age Flow)			✔				
③ 벨트(Strip)			✔		✔		
④ 유인(Lead-in)				✔			
⑤ 해먹(Hammock)					✔		
⑥ 텐트(TentPoling)					✔		
⑦ 직결(No-break Transition · Seamless · Hotswitching)			✔				
⑧ 주춧돌(Cornerstone)					✔		
⑨ 간판 프로그램(Signboard Program)	✔	✔			✔	✔	
⑩ 체커판(Checkerboard)			✔	✔	✔	✔	
⑪ 블록(Block)	✔	✔			✔		
⑫ 군집(Cluster)	✔	✔			✔		
⑬ 주제 포개기(Theme Stacking)			✔				
⑭ 복제 · 파생(Series Clones · Spin-off)	✔	✔			✔	✔	
⑮ 맞대결(Head-to-head)					✔		
⑯ 직대응(Blunting)	✔	✔		✔	✔		
⑰ 역대응(Counter)				✔	✔	✔	
⑱ 초대작(Blockbuster)					✔		
⑲ 가교(Bridging Spoiling Tactics)					✔		
⑳ 중복 방송(Double-run)							✔
㉑ 재방송(Re-run)			✔				✔
㉒ 돌발(Stunting)							
㉓ 임시 프로그램(Temporary Programming · Supersizing)					✔		
㉔ 대체편성(Alternative Programming)					✔		

3. 라디오 방송의 편성

1) 선취향 후포맷 편성(Format Programming)

라디오 방송은 전파의 공개념에 따라서 방송의 공적 책임과 건전한 방송문화 창달을 위한 매체로서 양질의 뉴스·정보·오락 프로그램을 제공할 의무가있다. 라디오 방송은 음악 프로그램의 과비중으로 타 매체에 비해 오락프로그램의 편성비율이 높지만, 정보 매체로서도 중요한 역할을 한다. 라디오 방송은목표 청취자군(Target Audience)의 취향을 선정하고 프로그램 포맷(Format)을결정하는 '선취향 후포맷' 방식(Format Programming)으로 편성한다. 라디오 포맷은 (1) 오락·정보, (2) 음악, (3) 뉴스·정보로 분류할 수 있다.

(1) 오락·정보

오락·정보 포맷의 주요 장르는 음악으로서 대중가요, 팝(Pop) 등의 대중음악을 선곡한다. 대중가요는 모든 청취 시간대에 고르게 편성되며, 청취자들의취향에 따라 선곡한 대중음악과 뉴스, 시사 토론, 일기예보, 교통 정보, 경제및 생활 정보, 상담 등의 정보 프로그램을 제공한다. 또한 청취자 관심 대상의게스트(Guest)가 출연하는 흥미 위주의 토크쇼, 역사·정치 실록이나 비화를드라마화한 다큐드라마, 스포츠 중계 등을 제공한다. 오락·정보 포맷은 고정청취자를 확보하기 위한 전략으로 우편, 전화, 온라인을 통한 청취자 참여 중심으로 프로그램을 진행하는 특징이 있다.

(2) 음악

대중가요, 팝, 재즈, 클래식, 가곡, 뉴에이지(new-age), 국악 등의 음악 장르에 따라 해당 분야의 전문 진행자(Disc Jockey) 또는 방송인·연예인이 프로그램을 진행하는 FM 방송의 주요 포맷이다. 음악 포맷은 순수 음악 프로그램과 다양한 장르를 혼합한 종합 음악 프로그램으로 구분된다. 순수 음악 프로그램의 선곡은 주야로 구분되는데, 주간 시간대에는 지속시간(Running-time)이 짧고 속도가 빠른 템포 음악을 선곡하며, 야간 시간대에는 진행자와 청취자 중심의 음악 선곡이 주류를 이룬다. 종합 음악 프로그램은 재치 있는 진행자(DJ)가 음악과 더불어 일상생활 정보를 제공하며, 음악 선곡은 시간대별로 감성을 자극하는 인기 가요, 팝, 콘서트, 재즈, 영화 음악 등을 제공한다.

(3) 뉴스 · 정보

뉴스 · 정보 포맷은 일상생활에서 발생하는 일련의 사건, 현상 및 정보를 청취자에게 알려주는 30분, 60분 단위의 뉴스 프로그램을 제공하며, 뉴스 프로그램 사이에 스포츠, 일기예보, 교통 정보 및 생활 정보, 인터뷰 방송 등을 제공한다. 또한 뉴스 이외의 시사 토론, 시사 토크쇼, 시사 대담, 뉴스 매거진, 특집 보도 등의 공공 프로그램 등을 편성한다.

라디오 프로그램은 고취향(High-taste)의 뉴스 프로그램, 저취향(Low-taste)의 오락 프로그램, 공익성의 공공(Public Affairs) 프로그램이 합리적인 균형을 이루어 청취자에게 제공되어야 한다. 그러나 영상매체를 선호하는 광고주의 편향성, 수용자의 제한성, 뉴미디어(케이블, 위성, IPTV, 인터넷, 팟캐스트 등)의 경쟁력 등을 감안하면, 라디오 프로그램의 편성은 오락 · 정보 중심 구조에서 탈피하기는 어려울 것으로 판단된다. 라디오 방송사들은 매체의 경쟁력 제고를 위해서, 고품질 음향 DAB(Digital Audio Broadcasting), DMB(Digital Multimedia Broadcasting), 주문형 팟캐스트(Podcast), 양방향 라디오, 보는 라디오 등의 다양한 변화를 보이고 있다(제9장 1. 라디오 방송의 역사와 미래 참조).

2) 라디오 편성의 기본 요소

라디오 편성은 전파매체의 기본 요소(프로그램 공급원, 방송 시간대, 방송 시즌, 광고주, 규제기관, 수용자 흐름과 로열티, 경쟁 방송사, 예산)를 중심축으로 내·외적인 요소에 영향을 받는다. 내적 요소(Internal Factor)는 프로그램 포맷, 프로그램 제작, 음악 선곡 및 리스트, 프로그램 진행자, 음질 및 수신 상태, 경영 및 노사관계, 방송 장비, 프로그램 홍보, 공익의무 이행, 예산 등 라디오 방송사가 제어할 수 있는 요소이다. 반면 외적 요소(External Factor)는 타 매체와의 경쟁, 방송 시즌, 경제 상황, 광고주, 사회환경, 청취율, 정부 규제, 수용행위, 미디어 환경, 생활환경(Life Style) 변화 등의 불가항력적인 요소에 해당한다.

〈그림 3-11〉 라디오 편성의 기본 요소

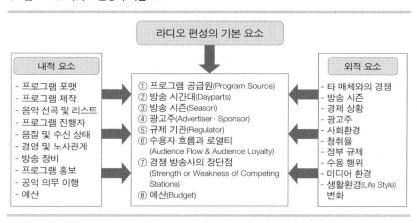

3) 라디오 프로그램의 편성

라디오 방송은 주파수 변조 방식(AM, 표준FM, FM)에 따라 프로그램 편성이 상이하다. AM 및 표준FM 방송(기존 AM 중파방송의 음질 손실을 보완하기 위한 목적으로 스테레오 고음질급의 방송기술을 구현한 라디오 방송)은 뉴스, 시사·정보, 오락의 종합 프로그램을 24시간 제공하며, FM 방송은 방송 시간대 (Dayparts)별로 구분하여 다양한 장르의 고음질 음악프로그램을 편성한다. 라디오 방송의 방송 시간대는 (1) 출퇴근 시간의 주청취 시간대(출근 시간대: 오전 6~8시/퇴근 시간대: 오후 5~7시)와 (2) 비주청취 시간대(오전 8~12시, 오후 12~5시, 저녁 7~12시, 심야 0~6시)로 구분되며, 방송 시간대의 매체별 편성은 다음과 같다.

(1) AM 및 표준FM 방송 편성

방송국에 따라 다소 차이는 있으나, 주청취 시간대(오전 6~8시와 오후 5~7시)는 출퇴근 운전자를 대상으로 뉴스, 시사, 정보(교통·일기·생활)와 대중음

〈그림 3-12〉 AM 및 표준FM 방송의 시간대별 편성(예)

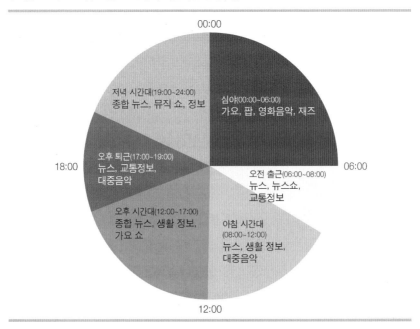

악 프로그램으로 편성한다. 오전 시간대(8~12시)는 운전자·성인층·노인층을 대상의 뉴스, 생활정보, 대중음악 프로그램, 오후 시간대(12~5시)는 정오 종합뉴스를 시발로 가요쇼, 시사, 일기예보, 생활 및 경제정보 등으로 운전자와 현업인 대상의 프로그램을 제공한다. 저녁 시간대(7~12시)는 종합뉴스, 뮤직쇼, 정보 프로그램이 대부분이며, 심야(0~6시) 프로그램은 제한된 청취자를 대상으로 성인 대상의 트렌디 음악(대중가요, 팝, 영화음악, 재즈) 프로그램을 제공한다.

(2) FM 방송 편성

애청자 중심의 전문 음악방송으로 청취자 취향에 부합하는 편성 전략을 활용한다. 전문 음악성을 갖춘 진행자(DJ: Disk Jockey)의 역량을 최대로 발휘할

〈그림 3-13〉 FM 음악 방송의 시간대별 편성(예)

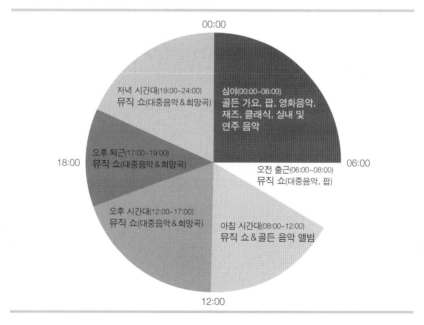

수 있도록 음악 프로그램명과 진행자 이름을 결부시켜 애청자 확보에 매진하며, 음악 선곡은 시간대별로 프로그램 이미지와 부합되는 음악을 선호한다. 오전 출근 시간대(6~8시)와 아침 시간대(8~12시)는 생동감이 넘치는 진행자들이 하루를 개시하는 활기차고 빠른 템포의 음악을 제공한다. 오후 시간대(12~5시)는 명랑하고 위트 넘치는 진행자와 경쾌한 음악을 제공하는 반면, 오후 퇴근 시간대(5~7시)는 하루의 피로를 해소시켜줄 수 있는 다정다감한 진행과 선율적인 음악(Melodic Music)을 선곡한다. 저녁 시간대(7~12시)는 감성적 이미지의 진행자와 감미로운 음악 중심이며, 심야(0~5시) 프로그램은 차분한 이미지의 진행자가 제한된 청취자를 대상으로 골든팝, 영화 음악, 재즈, 가요 등의 트렌디 음악을 제공한다. 진행자들은 음악 상식, 프로그램 성격과 어울리는 주제, 교통 정보, 일기예보, 생활 정보 등을 제공하며, 청취자와 친밀감을 유지하기 위한 신변잡담(Gossip)도 이야기 주제로 활용한다.

4) 라디오 음악 프로그램의 분류

라디오 음악프로그램은 청취자의 인구학적 특성과 음악 복합성으로 분류한다.[22] 인구학적 특성은 청취자 연령(노소)에 따른 구분이며, 음악 복합성은 장르의 난이도(고저)에 따른 구분이다. 예를 들면 〈그림 3-14〉에서 분류된 프로그램 A는 노년층이 부담 없이 청취할 수 있는 흘러간 대중가요, 프로그램 B는 젊은 층이 선호하고 음악 성향이 복잡한 재즈 음악, 프로그램 C는 음악적 이해도가 난해하고 청년·중년·장년층이 선호하는 고전음악(Classic Music), 프로그램 D는 단순한 음악적 특성으로 청소년들이 선호하는 랩(Rap) 음악으로 분류할 수 있다. 이와 같이 라디오 음악 프로그램은 청취자의 인구학적 특성과 음악 장르의 복합성으로 구분하여, 청취자 선별, 프로그램 진행자, 구성, 시간대, 선곡에 필요한 전략을 수립하는 데 중요한 역할을 한다. 라디오 음악 프로그램은 성별(남녀)과 교육 수준(고학력·저학력)을 포함한 다차원적(Multi-dimension) 분류로 청취자를 위한 음악 선곡 및 주제 선별에 활용한다.

〈그림 3-14〉 인구학적 특성과 음악 장르의 복합성 분류

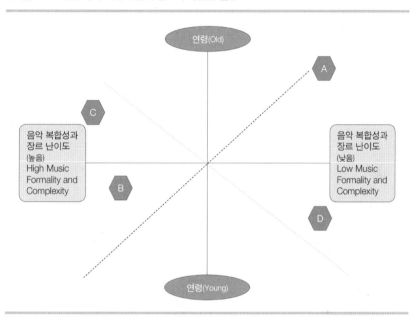

5) 라디오 오락 프로그램의 편성 전략

시공간의 제한을 받지 않는 라디오의 편리함은 뉴미디어의 등장으로 그 장점과 경쟁력이 점차 저하되어 라디오 방송사는 고정 청취자를 확보하기 위한 전략 수립에 부심하고 있다. 라디오 방송은 제한된 시간대에 한정된 청취자를 대상으로 방송하는 청각 미디어로서 시청각 매체인 텔레비전 방송과의 경쟁은 불가능하다. 그러나 디지털 방송 시대의 라디오 방송은 개인 미디어로서 청취자의 일상생활에 접근할 수 있는 기회를 마련해줌으로써 라디오 매체는 올드미디어(Old Media)에서 뉴미디어(New Media)로 전환할 수 있는 계기를 맞이하고 있다. 라디오의 오락프로그램은 제한된 여건하에서 청취자를 공략하는 방안으로 진행자 중심, 청취자 참여, 음악 선곡, 주제 선별 등을 활용하여 다음과 같은 다각적인 편성 전략을 활용하고 있다.

(1) 진행자 브랜드화(DJ Branding) 전략

프로그램 진행자의 인지도에 의존하는 전략으로서 인기 방송인 또는 연예인을 진행자로 내세워 고정 청취자를 확보하는 전략이다. 진행자를 프로그램 브랜드로 합일(合一)시키는 전략이며 필요에 따라 공동 또는 보조 진행자를 활용하기도 한다.

(2) 청취자 참여전략(Call-in·Online·Mail Participation)

전화, 온라인, SMS 문자, SNS, 우편 등으로 청취자를 직·간접적으로 프로그램에 참여시키는 전략으로서 고정 청취자 확보에 중요한 역할을 한다. 청취자 참여 방법으로는 희망곡 및 사연, 경험담, 카운셀링, 성공사례, 전문인 상담(의학, 법률, 경제) 등을 들 수 있다.

(3) 게스트(Guest) 전략

화제 인물 또는 청취자 관심 대상을 게스트로 초대하여 청취자의 호기심을 충족시켜주는 양방형 전략이다. 진행자 - 게스트 간의 대담과 게스트 - 청취자 간의 직·간접 질의응답 형식(Format)을 사용하여 청취자의 관심을 제고시키는 효과가 있다.

(4) 게임·퀴즈(Game·Quiz) 전략

청취자를 대상으로 상품(경품)을 내걸고 청취자의 참여를 유인하는 전략이다. 장기 자랑, 노래 자랑, 게임·퀴즈에 참여한 청취자에게 상품이나 경제적 이득을 제공함으로써 청취자의 참여를 유도하여 청취율을 제고시키려는 오락 프로그램의 대표적인 전략이다.

(5) 정보(Information) 전략

청취자의 편익 증진을 목적으로 일상생활에 필요한 실용 정보를 제공하는 전략이다. 출퇴근 시간대의 교통정보, 취업 정보, 증권 및 부동산 정보, 법률 및 건강 정보, 기상정보, 민원 정보 등의 필요한 정보를 실시간으로 제공하여 고정 청취자를 확보하는 전략이다.

(6) 자극 멘트(Tease) 전략

프로그램 진행 중에 후속 프로그램에 대한 자극적인 안내 멘트(Announce-ment의 줄임말)를 반복하여 지속적인 청취를 유도하는 전략이다. 후속 프로그램에 인기 게스트가 출연한다는 안내 멘트를 중복적으로 방송하거나, 수용자의 관심을 유발시키는 관심사를 자극적인 멘트(Tease)로 안내 방송하여 청취자를 후속 프로그램으로 유인하는 전략이다. 자극적인 멘트 전략은 선정적인 대중잡지의 기사 제목과 유사하다는 의미로 '타블로이드 헤드라인(Tabloid Headline)'으로 불린다.

(7) 프로그램 주제·로고송(Jingle) 전략

프로그램을 상징하는 주제·로고송(Jingle)을 반복함으로써 프로그램의 인지도와 청취자와의 친밀감을 제고시키는 전략이다. 짧은(5~10초) 프로그램 CM송으로 알려진 주제·로고송은 주로 대중오락 프로그램에서 시간당 5~10회 정도 사용한다. 전문음악 프로그램에서는 청취자의 청취행위(몰입)를 저해하는 주제·로고송 사용을 자제하고 있다.

(8) 음악 접속곡(Music Medley) 전략

음악 애청자를 확보하기 위한 전략적 방안으로 3~5곡을 광고 중단 없이 접속곡으로 제공하는 전략이다. 프로그램 진행자의 간섭을 최소화하고 더욱 많은 음악을 제공하는 'More Music, Less Talk' 전략으로 음악 프로그램의 고정 청취자 확보를 위한 필수 전략이다.

(9) 주제 음악(Theme Music) 전략

특정 주제를 설정하여 관련 음악을 특정일에 집중적으로 제공하는 전략이다. 인간관계의 주제(사랑, 이별, 만남, 연민, 우정, 가족관계 등), 계절현상(비, 눈, 안개, 낙엽, 사계절 등), 기념일(발렌타인데이, 화이트데이, 생일, 성탄절, 명절, 국경일, 행사 등), 장소(고향, 도시, 해변, 산, 여행지, 공원 등)의 주제와 관련된 음악을 선곡하여 게스트 대담과 관련 정보를 곁들여 제공한다.

(10) 음악 혼합(Music Mix Rotation) 전략

음악 장르와 시대를 구분하지 않고 다양한 음악을 선곡하여 광범위한 청취자군을 확보하기 위한 편성 전략이다. 특정 장르 또는 시대별 음악 중심의 전문 음악을 선곡하는 프로그램과 상반되는 전략이다. 노년층의 향수를 자극하는 음악(Nostalgic Oldies), 중장년층을 위한 지난 10년간의 히트곡(Power Gold Music), 젊은 층을 위한 최신 히트곡(Current Hit Music)을 혼합하여 다양한 장르의 시대별 음악으로 폭넓은 연령층을 수용하려는 전략이다.

(11) 음악 교체(Music Alternation) 전략

선곡의 다양성을 중시한 전략으로 가수, 장르, 시대별로 구분하여 3곡을 동시에 선곡·교체(Simultaneous Music Alternation)하는 방식이다. 특정 음악이나 인기 음악 순위에 편중된 선곡을 지양하고 다양한 음악으로 청취 묘미를 배가시키는 전략으로서, 예를 들어 음악 선곡을 가수(남·여·그룹), 장르(가요·팝·포크), 시대별(최신 곡·기존 곡·과거 히트 곡)로 구분하여 〈그림 3-15〉와 같이 동시에 선곡·교체하는 방식이다.

〈그림 3-15〉 음악 교체(Simultaneous Music Alternation) 전략(예)

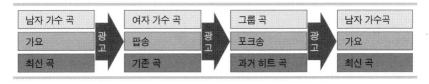

(12) 로열티(Loyalty) 홍보물 전략

방송사의 기념품으로 청취자에게는 프로그램을 홍보하고 광고주에게는 광고 판촉 효과를 제고시키는 전략이다. 프로그램에 참여한 희망곡 신청자를 추첨하여 증정하는 문화상품과 고정 애청자를 대상으로 제공하는 홍보상품이 있다. 문화상품은 도서 및 영화·공연 입장권 등의 사은품이며, 홍보상품은 차량 스티커, 티셔츠, 스포츠·레저용품 등으로 프로그램에 대한 홍보와 로열티 제고에 주력한다. 광고주에게는 근무지에서 항상 눈에 뜨이는 컵, 볼펜, 메모지, 달력, 탁상시계, 업무 수첩 등의 사무용품을 제공하여 방송사와의 유대감을 지속시키는 것을 목표로 한다.

제 4 장

방송 미디어 경제

1. 방송 사업 제도 구분

　방송 사업 제도는 방송사업의 소유와 목적, 통제권과 편성권, 운영재원과 사업목표의 여부에 따라 1) 국영방송(Government-run Broadcasting), 2) 공영방송(Public Broadcasting), 3) 국민·시민방송(Public-run Broadcasting), 4) 민영방송(Commercial Broadcasting)으로 구분할 수 있다. 방송사업의 소유 주체는 국가·기관·단체·기업·개인에 해당되며, 방송사업은 국익·공익·사익을 목적으로 국가·공적·공익적인 통제와 편성권의 제한을 받는다. 방송사업은 국가예산·수신료·보조금·후원금·광고수입을 운영재원으로 사용하여 영리 또는 비영리를 사업 목표로 한다.

<표 4-1> 방송사 구분

구분	소유 주체	방송 목적	통제	편성권	운영 재원	사업 목표
국영방송 (Government-run)	국가	국익우선 국가홍보	국가 통제	없음	국가예산	비영리
공영방송 (Public)	독립기관 공공단체	공익 방송	공적 통제	있음	수신료, 정부보조 및 광고 수입	비영리
국민·시민방송 (Public-run)	국민 및 시민단체	공익 방송	공익 통제	있음	개인 및 단체 기부금과 후원금	비영리
민영방송 (Commercial)	개인 및 민간기업	공익 및 사익	공익 통제	있음	광고 수입	영리

1) 국영방송(Government-run Broadcasting)

국가에서 방송을 관제(管制)하는 국가 직영의 관영방송으로서 국가에서 소유하고 편성 독립권은 허용하지 않으며, 방송사를 국정 선전 도구(Propaganda)로 이용한다. 공산주의·사회주의 국가의 방송제도(Authoritarian System)로서 언론 통제의 전략적 수단으로 이용되고 있다. 국영방송은 국가 재원(국가예산)으로 운영하는 것을 원칙으로 하지만, 필요시에는 광고방송으로 재원을 충당한다. 전파 자원이 부족한 국가에서 전파관리 목적 또는 저개발 국가에서 방송국 운영 환경 미비 등의 이유로 국영방송을 운영하기도 한다. 대표

<그림 4-1> 대표적 국영방송사

적인 국영방송사는 북한의 조선중앙텔레비전(Korean Central Television)과 중국의 중국중앙텔레비전(China Central Television)이 있다.

2) 공영방송(Public Broadcasting)

전파의 공개념에 따른 방송의 사회적 책무를 이행하기 위하여 정부로부터 독립된 방송사가 국민을 위한 공익 방송을 실시한다. 공영방송은 국민으로부터 수신료를 징수(KBS, BBC, NHK) 또는 정부의 보조금(ABC)으로 운영하며 방송의 독립성과 자율성을 보장받는다. 주요 특징으로는 비영리 목적의 공익 방송, 편성권 독립, 공공 단체 및 공영기관에서 운영, 보편적 방송서비스, 시청률 지양적인 프로그램 제공 등을 들 수 있다. 대표적인 공영방송사는 한국의 KBS(Korean Broadcasting System), 영국의 BBC(British Broadcasting Corporation), 일본의 NHK(Nippon Hoso Kyokai), 호주의 ABC(Australian Broadcasting Corporation) 등이다.

〈그림 4-2〉 대표적 공영방송사

3) 국민·시민방송(Public-run Broadcasting)

공익을 목적으로 국민·시민·교육·공공 단체에서 운영하는 비영리 방송으로서 국민·시민의 자발적인 기부금과 기업·단체·정부의 후원금으로 운영한다. 국민·시민방송은 상업주의에 만연된 방송프로그램의 폐해로부터 시청자를 보호하기 위하여 건전한 문화·예술·교육의 창달을 목표로 한다. 주요 특징으로는 시청자 참여방송, 비상업적 프로그램, 제작 독립성, 무광고 방송, 문화·예술·교육 지향적 프로그램, 지역사회 중심 방송이다. 대표적인 국민·시민방송사로는 미국 전역에 소재한 354개의 PBS(Public Broadcasting Service)가 있다.

〈그림 4-3〉 대표적 국민·시민방송사

4) 민영방송(Commercial Broadcasting)

민간 자본으로 운영되는 상업 방송사로서 방송의 공익 의무와 기업 이익을 동시에 추구한다. 민영방송은 보도의 자율성, 편성 독립권, 공정경쟁이 보장되어 있으나, 광고에 의존하는 재원 구조와 시청률 지상주의에 편승한 오락 프로그램 양산으로 방송의 공익성이 저해되는 문제점이 있다. 주요 특징으로는 상업 및 공익방송, 규제 대상, 민간소유, 광고 재원, 오락 편중 등을 꼽을수 있다. 대표적인 민영방송사로는 한국의 SBS(Seoul Broadcasting System), 미국의 NBC(National Broadcasting System), 일본의 후지 TV(Fuji Television Network), 프랑스의 TF1 (Télévision Française 1) 등이 있다.

〈그림 4-4〉 대표적 민영방송사

2. 조직 이론

　방송사의 궁극적인 경영목표는 사업주체(국영·공영·단체·민영)의 구분 없이 해당 방송권역에서 제1의 방송사가 되는 것이다. 공영방송사는 공익 우선주의 목표를 달성하기 위해서 충분한 재원으로 양질의 프로그램을 수용자에게 제공하여 궁극적으로 제1의 방송사를 목표로 하며, 민영방송사는 공익·사익과 제1의 방송사 목표를 동시에 추구한다. 반면, 국영방송은 관제방송의 독점적 지위를 이용하여 국민의 방송사임을 표방함으로써 국가를 대표하는 방송사가 되려고 노력한다. 이와 같이 방송사들은 목표를 성취하기 위해서 우수한 인적자원을 효과적으로 관리하고 조직을 효율적으로 운영하는 데 전력을 다한다.

　방송사의 구조적 특징은 수용자에게 프로그램을 전달하는 1) 메시지 전달 시스템(Message-process System), 2) 인적자원으로 구성된 조직 시스템(People System), 3) 목표 지향적 시스템(Goal-oriented System), 4) 조직원의 문화적 가치를 존중하는 시스템(Cultural Value System), 5) 수용자의 변화에 대응하는 시스템(Changing System)으로서 일반 기업의 구조적 특징과 흡사하다.[1] 방송사는 사업 목표를 성취하기 위해서 프로그램 제작 및 송출, 마케팅, 프로그램 유통 및 수급, 편성 및 판매전략, 기술 및 장비 관리 등을 효율적으로 운용하는 구성원의 조직 관리를 최우선으로 중시하고 있다.

　방송사의 효과적인 인적관리는 조직 이론에서 그 근원을 찾아볼 수 있으며, 대표적인 조직 이론으로는 1) 고전 조직 이론, 2) 인간관계 조직 이론, 3) 시스템 조직 이론, 4) 정보관리 이론, 5) 조직 문화 이론이 있다.[2]

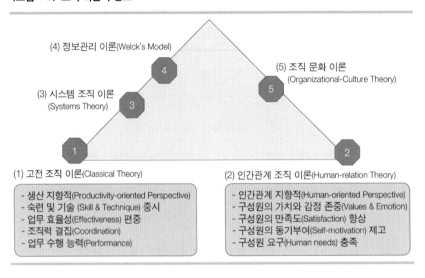

(4) 정보관리 이론(Welck's Model)

(5) 조직 문화 이론
(Organizational-Culture Theory)

(3) 시스템 조직 이론
(Systems Theory)

(1) 고전 조직 이론(Classical Theory)

- 생산 지향적(Productivity-oriented Perspective)
- 숙련 및 기술 (Skill & Technique) 중시
- 업무 효율성(Effectiveness) 편중
- 조직력 결집(Coordination)
- 업무 수행 능력(Performance)

(2) 인간관계 조직 이론(Human-relation Theory)

- 인간관계 지향적(Human-oriented Perspective)
- 구성원의 가치와 감정 존중(Values & Emotion)
- 구성원의 만족도(Satisfaction) 향상
- 구성원의 동기부여(Self-motivation) 제고
- 구성원 요구(Human needs) 충족

1) 고전 조직 이론(Classical Theory)

조직을 거대한 생산라인의 설비·장비로 간주하고 조직 구성원은 설비·장
비의 부품에 지나지 않는다는 기계론적(Mechanistic Model) 이론이다.[4] 이 이
론에 따르면, 조직 구성원은 목표를 달성하기 위해서 조직(시설·장비)의 틀에
맞도록 주물(鑄物)된 부품일 뿐이므로 생산성 향상을 위해서는 구성원(부품)
의 효율적인 교체가 필요하다. 조직 구성원에게는 업무량 달성을 위한 기계
적인 능률이 요구되고, 조직원의 업무 결과물은 생산량으로 평가받는다. 따
라서 인간의 가치와 감정은 소외되고 상명하달의 조직적인 체계를 준수해야
한다.

고전 조직 이론의 주요 특징으로는 생산 지향적, 숙련 및 기술 중시, 업무 효
율성 편중, 조직력 결집, 업무 수행능력을 들 수 있다.[5] 고전 조직 이론은 (1)
관료 체제 모델(Bureaucracy Model), (2) 행정관리 모델(Administrative Model),

(3) 과학적 경영 모델(Scientific Management Model)로 구분하여 설명할 수 있다.[6]

(1) 관료 체제 모델(Bureaucracy Model)

막스 베버(Max Weber)의 학설로서, 조직의 목표를 달성하기 위해 이상적인 조직 체제(Ideal Structured Human Organization)의 필요성을 강조한다.[7] 베버는 이상적인 조직 체제를 유지하기 위해 ① 조직 내의 엄격한 규율, ② 조직의 계층적 서열, ③ 조직 구성원의 업무 전문화, ④ 조직원의 상세한 업무 인지, ⑤ 엄격한 업무 통제라인, ⑥ 조직 업무 우선주의, ⑦ 개인의 독창력 불필요를 강조한다. 관료 체제 모델의 장점으로는 업무의 정확성·지속성·명확성·신중성 등이 있는 반면, 개인의 역량과 창의력이 무시된 조직 우선주의, 엄격한 통제하의 업무 부담, 서열적인 체제의 위화감, 틀에 박힌 일상 업무로 인한 비능률 등의 단점이 있다.[8]

(2) 행정관리 모델(Administrative Model)

조직의 목표를 달성하기 위해 이상적인 경영(Ideal Management)의 필요성을 강조하는 헨리 페이욜(Henri Fayol)의 학설이다.[9] 페이욜은 이상적인 경영을 위해서 다음과 같은 14가지의 '경영 원칙(The Principles of Management)'을 제시한다.[10]

① 조직 구성원의 노동력 전문화(Specialization of Labor)
② 경영층의 업무 명령권 및 조직 통제권(Authority)
③ 조직 구성원의 엄격한 규율(Discipline)
④ 업무 통제의 일원화(Unity of Command)
⑤ 업무의 획일화(Unity of Direction)
⑥ 조직 업무 최우선(Subordination of Individual Interests)
⑦ 합당한 급여·보수(Remuneration)

⑧ 조직 경영층의 업무 결정권 단일화(Centralization)
⑨ 조직 업무의 수직적 상명하달 체계(Chain of Superiors)와 구성원 간의 수평적 소통 체계 활용(Scalar Chain of Communication)
⑩ 조직 구성원의 직무 명령(Order)
⑪ 조직 구성원에 대한 공평성 유지(Equity)
⑫ 조직 구성원의 이직률 최소화(Personnel Tenure)
⑬ 조직 구성원의 진취성 배려(Initiative)
⑭ 조직 구성원의 애사심 제고(Esprit de Corps)

(3) 과학적 경영 모델(Scientific Management Model)

프레더릭 테일러(Frederick W. Taylor)의 학설로서 조직 운영의 효율성을 극대화시키기 위한 이상적인 기술(Ideal Technique)의 필요성을 강조한다.[11] '테일러의 과학적 모델(Taylor's Scientific Management)'은 산업적 측면의 업무 효율성을 강조하는 학설로서, 다음과 같은 8가지 기술적인 방안을 제시하고 있다.[12]

① 조직 운영 효율성의 과학적인 측정(Science)
② 조직 내의 불협화음 최소화(Harmony)
③ 조직 구성원 간의 업무협력(Cooperation)
④ 최대 목표 설정(Maximum Output)
⑤ 최대 목표 달성을 위한 조직 구성원의 노력과 회사의 지원(Maximum Productivity)
⑥ 경영층과 조직 구성간의 업무 분담(Division of Work)
⑦ 작업 방해요소 차단(Care)
⑧ 약정 급여(월급)가 아닌 생산량 결과에 따른 능률·성과급 임금제도(Piece Rate)

2) 인간관계 조직 이론(Human-relation Theory)

인간의 가치와 감정이 무시되고 기계적인 능률만을 요구하는 고전 조직 이론(Classical Theory)과 상반되는 이론으로서, 인간의 감성을 중시하는 사회행동 과학자들(George E. Mayo, Chester I. Barnard, Mary P. Follett, and W. J. Dickson)이 주장한 이론이다.[13] 인간은 기계적 소모품이 아닌 조직을 운영하는 가장 중요한 핵심 요소로서, 조직 구성원의 만족을 충족시켜주면 동기부여(Self-motivation)가 되어 조직의 목표를 성취한다는 이론이다. 또한 효율적인 조직 운영을 위해서는 조직 구성원의 독창력을 존중하고 능력, 지식, 숙련도 함양을 위한 자아실현(Self-actualization)이 필요하다고 강조한다.

인간관계 조직 이론(Human-elation Theory)의 주요 특징으로는 (1) 인간관계 지향적(Human-oriented Perspective), (2) 구성원의 가치와 감정 존중(Values & Emotion), (3) 구성원의 만족도(Satisfaction) 향상, (4) 구성원의 동기부여(Self-motivation) 제고, (5) 구성원의 필요 요구(Human Needs) 충족을 들 수 있다.[14]

3) 시스템 조직 이론(Systems Theory)

일반시스템 이론(General-systems Theory)을 기반으로 하는 사회과학자들(James March, Herbert Simon, Daniel Katz, and Robert Kahn)의 이론으로서 조직 시스템의 효율성을 중시한다.[15] 조직 내의 시스템(부서)의 상호 의존도와 상호 관계를 측정하고 또한 조직과 외부 환경과의 의존도를 평가하여 조직 운영의 시너지 효율을 증진시키는 이론이다.

시스템 조직 이론의 주요 특징으로는 (1) 조직 내 각 부서 간의 밀접한 상호 의존 및 상호 관계(Degree of Interdependence and Interrelationship)의 효율성, (2) 외부 환경 변화에 보조를 맞추는 혁신적인 조직의 개방성(Organizational Adaptation and Innovation), (3) 조직 시스템의 미시적 분석(Microscopic Analysis)과 거시적 분석(Macroscopic Analysis)의 효율적인 양면성을 들 수 있다.[16]

〈그림 4-6〉 시스템 조직 이론(Systems Theory)

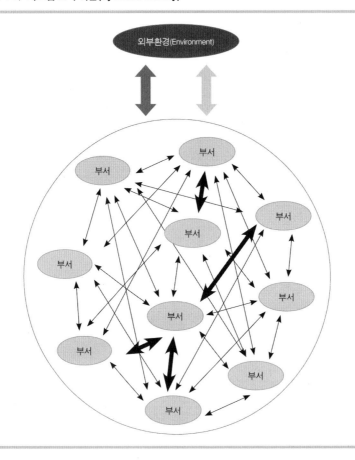

4) 정보관리 이론(Weick's Model)

조직 내의 정보 흐름과 상호작용을 원활하게 해주는 효율적인 정보관리 (Information Processing)로 조직의 생산성을 제고시키는 이론이다.[17] 정보관리 이론은 일반시스템 이론(General-systems Theory)을 활용하여 조직 내의 정보 흐름 관리의 중요성을 강조한 이론으로서, 조직의 목표를 달성하는 데 가장 중요한 핵심요소가 정보관리라는 점을 설명해준다. 효과적인 정보관리로 조직 구성원 간의 원활한 소통(Communication)을 증진시켜 각종 불명확한 문제(Equivocality)들을 해소시킴으로써 생산성이 제고된다는 이론이다. 이 이론은 복잡다단해지는 현대 사회의 기업 구조에서 구성원 간의 효과적인 소통 흐름을 관리하는 데 필요하다.

5) 조직 문화 이론(Organizational-Culture Theory)

조직 내의 특징적인 문화적 요소들을 인지하여 조직의 효율성을 높이는 이론으로서, 조직 구성원의 가치와 감성을 중시하는 측면에서 인간관계 조직 이론(Human-relation Theory)과 맥락을 같이한다.[18] 조직 내의 개개인으로 구성된 각 부서들에는 각기 다른 부서별 특징적인 가치와 문화(Cultural Value Systems)가 존재한다. 이러한 각 부서별로 특징적인 가치와 문화들이 어우러져 조직을 대표하는 기업 조직 문화(Organizational-Culture)를 형성한다. 즉 이는 조직 문화가 뚜렷한 기업일수록 구성원의 만족도와 자기 동기부여가 높으므로 조직의 효율성과 생산성이 증가된다는 이론이다. 경영층에서 각 부서별 또는 조직 전체의 문화를 존중하고 장려해줌으로써 구성원들이 회사에 대한 애사심이 증가하게 되어 그만큼 조직의 생성력이 높아진다는 것이다.

조직 문화 이론의 주요 특징으로는 (1) 조직 구성원 가치와 감성존중(Importance of Organization Members), (2) 조직 생활의 감정적 분위기 제고(Emotional Tone of Organizational Life), (3) 조직의 일반적인 규범 형성(Development of Group Norms), (4) 조직 구성원 간의 격식 없는 소통의 중요성(Importance of Informal Communication Patterns) 등을 들 수 있다.[19]

3. 방송 미디어 시장구조

방송 미디어 시장은 프로그램 제공자(방송사, 제작사, 배급사), 프로그램 수용자(시청·청취자), 프로그램 후원자(광고주), 프로그램 감시자(규제기관, 수용자 단체)로 구성되어 있다. 방송사업자는 프로그램의 경제적 수급(需給) 과정을 효과적으로 운영하여 사업 목적을 성취하려고 매진하며, 규제기관은 방송산업의 균형적인 발전으로 공정한 경쟁시장을 조성하고 수용자를 보호하는 다각적인 공익 정책을 수립하고 시행한다. 광고주는 방송사가 제공해주는 수용자를 대상으로 광고행위를 하고 광고료를 방송사에 지불함으로써 방송사에 재원(財源)을 조달하는 후원자(Sponsor) 역할을 한다. 이와 같이 방송 미디어 시장은 4대 주체(제공자, 수용자, 후원자, 감시자) 간의 방송 환경, 프로그램 유통, 광고 상행위(商行爲), 규제와 감시 등의 복합적 관계에 의해 그 규모가 결정된다.

디지털 기술의 발전과 방송·통신의 융합 가속화로 방송시장은 수평적으로 세분화되어 그 규모와 범위가 확대되고 있다. 이러한 융합과정에서 방송과 통신의 경계 영역이 불분명해짐으로써 매체 간의 영역이 상호 침범되는 현상이 발생한다. 디지털 방송 시대에서 지상파 텔레비전 방송사는 채널을 다채널로 분할하여 다채널 방송(Multi-mode Service)을 개시함으로써 방송시장의 프로그램 수급 및 유통 시장에 구조적 변화를 초래한다. 반면, 위성·케이블·IPTV 사업자는 다중 플랫폼에서의 다채널 서비스, 초고화질 UHD 서비스, 부가 서비스(VOIP, 초고속 인터넷, VOD, PPV, PVR, 클라우드, 홈네트워킹 등)를 확장하여 지상파 텔레비전 방송과의 차별화에 대비한다.

디지털 방송시장의 주도권 경쟁이 예상되는 지상파 텔레비전 방송과 유료 텔레비전 방송(위성·케이블·IPTV)의 시장 규모를 살펴보면 〈그림 4-7〉과 같다. 이와 같이, 국내 방송 서비스 시장의 규모는 연간 15조 원(2015년)에 달한다. 지상파 텔레비전 방송은 연간 3.9조 원의 안정적인 추세를 보이고 있으나,

광고총량제 시행에 따라 소폭 성장이 예상된다. 유료 텔레비전 방송사업자(위성·케이블·IPTV)의 경우, 케이블가입자의 이탈현상(Cord Cutting)과 저가형 수익구조로 인해 케이블 방송(SO) 시장은 정체되고 있으나, IPTV의 지속적인 성장으로 연간 5조 원 정도의 방송시장을 형성할 것으로 전망된다.[20] 방송통신위원회·미래창조과학부에 승인·등록된 188개의 방송채널사용사업자(PP)의 사업규모는 축소되고 있으나, 홈쇼핑 판매수수료가 증가되어, 방송채널사용사업자는 연간 6~7조 원 규모의 방송시장을 유지할 것으로 보인다(부록 2. 방송매체별 종사자 수, 방송매출액, 방송매출액 점유율의 연도별 추이 참조).

〈그림 4-7〉 지상파 텔레비전, 유료 텔레비전 방송사업자, 채널사용 방송사업자의 시장규모 및 추이

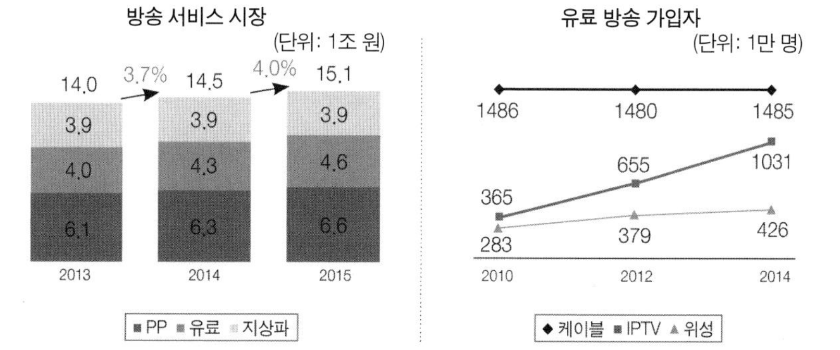

자료: 방송통신위원회(2015).[21]

1) 지상파 텔레비전 방송의 시장구조

지상파 텔레비전의 방송시장은 프로그램 공급 과정에 직·간접적으로 관여하여 영향력을 행사하는 (1) 시청자, (2) 네트워크방송사, (3) 지역방송사, (4) 광고주, (5) 배급사(Syndicator), (6) 외주제작사, (7) 규제기관으로 구성된다. 〈그림 4-8〉에서와 같이, 시청자는 프로그램 수용행위의 주체이며 광고주들이

〈그림 4-8〉 지상파 텔레비전 방송시장의 구조

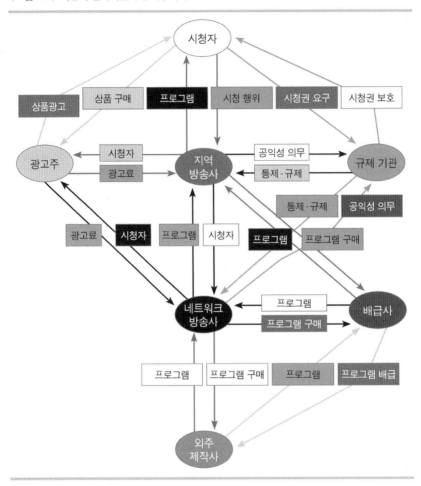

목표로 하는 소비자로서 규제기관으로부터 시청권을 보호받는다. 규제기관
은 방송사의 편성권을 보장하면서, 방송산업의 건전하고 균형적인 발전을 위
해서 방송사의 공익의무 준수와 프로그램 유통 과정을 감시하고 통제한다.

　프로그램 공급자인 네트워크방송사는 광고(또는 시청료) 수입으로 자사제
작(In-house Production) 및 외주 제작한 프로그램을 지역방송사를 통해서 전

국 방송권역의 시청자에게 제공하며, 지역방송사는 네트워크방송사의 공급 프로그램과 지역 시청자를 위한 프로그램을 자사제작 또는 구입하여 방송 사업자로서의 공익 의무를 수행한다. 배급사는 외주제작사의 프로그램을 방송사에 공급하는 배급자(Distributor) 또는 프로그램 판매를 알선하는 거간 (Broker) 역할을 한다.

2) 케이블·위성·IPTV 방송시장의 시장구조

3대 유료방송(케이블·위성방송·IPTV)의 시장구조는 지상파 텔레비전 방송 사의 프로그램 수급과정과 흡사하지만, 방송시장의 중심축이 (1) 케이블·위 성·IPTV 사업자(Cable·Satellite·IPTV System Operator), (2) 방송채널사용사업 자(PP), (3) 가입자(Subscriber)로 구분되어 있다는 차이점이 있다. 케이블·위 성·IPTV 사업자는 사업지역을 유선·무선망으로 구축하여 가입자에게 방송 프로그램 서비스와 각종 부가 서비스를 제공하고 월정 이용료를 거둔다. 방송 채널사용사업자(PP)는 케이블·위성사업자·IPTV 사업자로부터 고유 채널을 부여받고 전문 프로그램을 제공하는 프로그램 공급자(Program Provider)로서 프로그램 사용료(Carriage Fee)를 지불받는다.

케이블·위성·IPTV 사업자(SO)는 매월 가입자들로부터 거둬들이는 월정 이용료의 일부를 방송채널사용사업자의 인기순, 가입자 수, 채널 중요성 및 필요성을 감안하여 방송채널사용사업자에게 프로그램 사용료 명목으로 차등 지불한다. 일부 유료방송사업자는 방송채널사용사업자에게 프로그램 사용료 를 삭감 지급, 신규 채널사업자에게 채널 개통비(Channel Launching Fee) 요구, 비인기 채널에 낮은 프로그램 사용료(Carriage Fee)를 지불 또는 지불하지 않 는 관행이 존재한다. 또한 채널 편성권을 행사하는 케이블·위성·IPTV 사업 자와 갑을(甲乙) 관계의 약자인 방송채널사용사업자(PP) 간의 적지 않은 분쟁

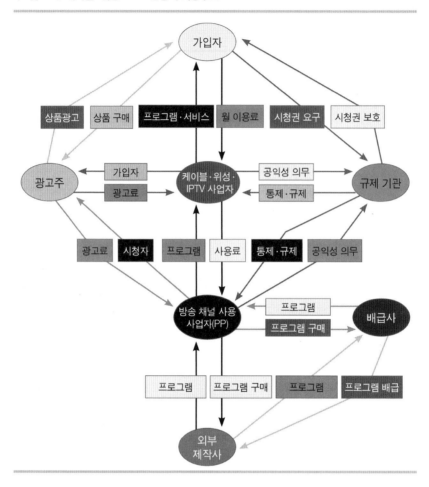

〈그림 4-9〉 케이블·위성·IPTV 방송의 시장구조

이 발생해왔다. 2012년 방송통신위원회는 양 사업자 간의 불공정한 계약을 방지하기 위한 목적으로 '공정한 채널계약 절차를 위한 가이드라인'을 마련한 바 있다. 홈쇼핑 채널과 같이 가입자에게 물품을 판매하는 채널은 프로그램 공급자가 아니므로 사용료를 지불받지 않고 역으로 케이블·위성사업자· IPTV 사업자에게 상품 판매액의 일정 비율(%)을 수수료로 지불한다. 케이블·위성·IPTV 시장의 중심축에 인접한 광고주, 배급사(Syndicator), 제작사, 규제기관과의 관계는 지상파 텔레비전 방송사의 시장구조와 동일하다.

케이블·위성·IPTV 사업자의 주 수입원은 가입자들로부터 매월 거둬들이는 월정 이용료로서 가입자 수의 증감비율(%), 가입자당 수익, 가입자당 비용이 유료방송 사업의 핵심적인 경영 및 관리 요소가 된다. 가입자와 관련된 경영 및 관리 지수로는 가입자 이탈률(Churn Rate), 가입자당 재송신료(Cost Per Subscriber), 가입자당 수익(Average Revenue Per User)이 있다.

(1) 가입자 이탈률(Churn Rates)

매월 이탈 가입자를 신규 가입자로 제산(除算)하여 안전한 가입률을 유지하려는 경영 지표로 사용한다. 가입자 이탈률(Churn Rates)은 이탈 가입자 가구 수를 신규 가입자 가구 수로 나눈 비율로서, 케이블·위성·IPTV 사업자는 매월 20% 이내의 가입자 이탈률을 경영 수익의 안전한 경계선으로 간주한다.

$$가입자\ 이탈률(Churn\ Rate\ \%) = \frac{이탈\ 가구\ 수(Disconnects)}{신규\ 가구\ 수(New\ connects)} \times 100$$

가입자 이탈률이 20%를 초과할 시에는 경영 수익의 적신호를 예고하는 지수로서 사업자들은 이탈률을 20% 내로 유지하기 위하여 신규 가입자를 위한 판촉기간(Promotion Period)을 적극적으로 활용한다. 판촉기간 동안 신규가입자의 설치비(Installation Fee) 면제, 결합상품 할인, 유료(Premium) 채널 할인 및 일정기간 무료 등의 공격적인 전략으로 안전한 가입자 이탈률을 확보한다. 기존 가입자의 이탈률을 최소화하기 위한 비공격적인 전략으로서는 사업자가 가입자에 제공하는 공공 서비스를 홍보하여 사업자의 이미지를 제고시키는 방법을 사용한다.

(2) 가입자당(Cost Per Subscriber) 재송신료

유료방송사업자(케이블·위성방송·IPTV)가 지상파 방송사의 프로그램을 재송신(Retransmission)하는 경우, 지상파 방송사에 가입자당 지불하는 재송신료(CPS)이다. 유료방송사업자(SO)가 매월 1개 지상파 텔레비전 방송사에 지불하는 재송신요금(CPS)은 가입자 가구당 280원이며, 지상파 3사(KBS-2, MBC, SBS)에 매월 지불하는 재송신료는 가입자 가구당 840원(280원×3사)이다. 공영 지상파 텔레비전 방송사(KBS-1TV와 EBS)의 프로그램은 「방송법」 제78조(재송신) 규정에 의해 의무적으로 재송신해야 하므로 재송신료를 지불하지 않는다(제6장 6. 재송신과 의무전송권 참조).

(3) 가입자당 평균 매출액(Average Revenue Per Subscriber)

특정 기간 동안의 전체 매출액을 가입자 수로 나누어 계산한다. 통상적으로 가입자당 평균 매출액(ARPS)은 월별로 산출하여 가입자에게 제공되는 서비스에 대한 월평균 운용 수익을 나타내며 사업을 평가하는 척도로 사용한다. 이동통신, 전자상거래에서는 '사용자당 평균 매출액(Average Revenue Per User)'으로 표현한다.

$$가입자당\ 평균\ 매출액(ARPS) = \frac{매출액}{가입자\ 수}$$

3) 지상파 방송사의 조직

지상파 방송사의 조직은 사업주체(공영·민영)에 따라 다소 차이가 있으나, 일반적으로 편성, 보도, 제작, 기술, 사업, 기획, 심의, 감사의 8가지 업무를 기반으로 구성되어 있다. 〈표 4-2〉에서와 같이, KBS 본사(6본부·4센터·27국·8

〈표 4-2〉 지상파 방송 3사의 조직 구성[22]

KBS (6본부 · 4센터 · 27국 · 8실)		MBC (7본부 · 29(국/실/단/지사) · 8센터 · 99부)		SBS (6본부 · 1센터 · 9국 · 4EP · 60팀)	
편성본부	편성주간(1TV · 2TV)	편성제작본부	편성국	편성본부	편성국(편성기획팀, 편성팀)
	협력제작국 영상제작국		시사제작국		홍보국(PR팀, 문화사업팀)
	아나운서실 편성운영부		콘텐츠제작국		아나운서팀
	아카이브관리부		아나운서국		콘텐츠파트너팀
			라디오국		스포츠방송기획팀
콘텐츠창의센터	편성정책부		뉴미디어포맷개발센터		
				제작본부	교양국(1CP, 2CP,3CP)
보도본부	보도국 디지털뉴스국	보도본부	보도국		예능국(1CP, 2CP,3CP)
	시사제작국 스포츠국		스포츠국		제작운영팀
	보도영상국 보도그래픽부		뉴미디어뉴스국		
	보도운영부 해설위원실		논설위원실	드라마본부	드라마운영팀
			보도NPS준비센터		드라마기획팀
TV본부	교양문화국 기획제작국				드라마1EP
	예능국 드라마국	드라마본부	드라마국		드라마2EP
	TV운영부		드라마 R&D 센터		드라마3EP
					드라마4EP
기술본부	기술관리국 기술연구소	예능본부	예능1국		
	방송시설국 네트워크관리국		예능2국	보도본부	보도국
	건설인프라주간				보도운영팀
		방송인프라본부	디지털기술국		논설위원실
시청자본부	시청자국 총무국		제작기술국		미래부
	재무국 재원관리국		영상미술국		특임부
	광고국 안전관리실				선거방송기획팀
		미디어사업본부	광고국		
정책기획본부	정책기획 정보화기획국		콘텐츠사업국	경영지원본부	노사협력팀
	방송문화연구소 법무실		자산개발국		HR팀
	예산주간 노사협력주간		경인지사		재무팀
	남북교류협력단				자산개발팀
		미래전략본부	기획국		경영지원국(경영지원팀,
라디오센터	라디오1국 라디오2국		관계회사국		시설팀, ERP팀, 아카이브팀)
	라디오편성기획부 라디오운영부		홍보국		기술부본부장(기술국:
			경영지원국		기술기획팀, 송출기술팀,
제작기술센터	TV기술국 보도기술국		매체전략국		편집기술팀, 라디오기술팀,
	라디오기술국 중계기술국				인프라관리팀, 뉴미디어개
	TV송출부 제작기술운영부	심의국			발팀)
		사회공헌실			
글로벌센터	콘텐츠사업주간 지적재산권부	감사국		기획본부	경영기획국(기획팀, 광고
	국제협력실	특임사업국			팀, 제작리소스팀)
감사실		비서실			미디어사업국(스마트미디
심의실					어사업팀, 콘텐츠사업팀)
홍보실					정책팀
대외정책실					
인력관리실				라디오센터	라디오운영팀
인재개발원					라디오편성기획팀
이사회 사무국					라디오1CP
비서실					라디오2CP
				윤리경영팀	
				심의팀	
				남북교류협력단	
				비서실	

실)는 이 8가지 업무 이외에 공영방송의 공적 의무를 수행하기 위하여 '시청자 본부'와 '글로벌센터'를 독립 부서로 운영한다. 광고수익에 의존하는 주식회사 형태의 공영방송사인 MBC[7본부·29국(실/단/지사)·8센터·99부(총국/소)]는 KBS 조직과 흡사한 면이 있으나, '예능본부'와 '드라마본부'를 독립적으로 구성하고 보도본부 산하에 3국·1실·1센터와 예능·드라마 본부 산하에 3국·1센터를 두어 보도와 오락프로그램을 중시하는 조직 형태를 유지하고 있다. 민영방송사인 SBS[(6본부·1센터·9국·4EP·60팀(CP, 부, 단)]는 보도(보도본부)와 제작(제작본부와 드라마본부)을 중심으로 이원화하고 편성본부 산하에 PR팀과 문화사업팀을 두어, 시청자·청취자와 다양한 경로를 통한 양방형 교류를 활성화하고 프로그램 홍보 업무에 주력하고 있다.

지상파 방송사의 조직은 부처 간의 유기적인 업무관계를 중시한다. 방송 프로그램과 광고 판매, 프로그램 제작과 편성 전략, 뉴스 프로그램과 중계 기술지원 등은 제작, 편성, 사업, 보도, 기술 부처 간의 유기적인 관계를 보여준다. 지상파 방송사의 주요부서는 편성국, 보도본부, 제작본부, 기술본부, 사업국, 기획정책실, 심의실, 감사실로 구성되어 있으며 주요 업무는 다음과 같다.

(1) 편성국(Programming Department)

방송프로그램의 일일 편성과 운행, 계절 편성, 특별편성(공휴일, 연말연시, 재난 및 중대 사건), 중장기 편성, 프로그램 기획 및 개발, 프로그램 홍보를 주업무로 한다. 타 방송사와의 경쟁에 대비한 편성 전략을 수립하고 시청자의 시청 행위를 면밀히 분석하여 시청률을 제고하는 업무를 담당한다. 특집 프로그램의 선정·운영·개발·제작 등 편성 제작물 업무를 수행하며, 방송프로그램의 경쟁력 강화를 위하여 각 부처와 긴밀한 협조 및 업무 조정을 담당한다.

방송국에 따라 차이는 있으나, 제작에 필요한 자원, 장비 및 시설 배정(스튜디오, 편집실, 중계차 등), 방송프로그램 관련 신규 수익사업 개발, 아카이브 업무를 관리하며 프로그램 기준 설정과 심사에 관한 업무도 관여한다. 지상파 텔레비전 방송사 편성국의 주요 부서는 편성팀, 편성기획팀, 편성운영팀, 프로그램개발팀, 아나운서실 등으로 구성되어 있다.

〈표 4-3〉 편성국

KBS-TV(편성본부)	MBC-TV(편성제작본부)	SBS-TV(편성본부)
편성주간	편성국	편성국
- 1TV 편성부	- 편성기획부	- 편성기획팀
- 2TV 편성부	- TV편성부	- 편성팀
협력제작국	- 편성콘텐츠부	홍보국
영상제작국	시사제작국	- PR팀
편성운영부	콘텐츠제작국	- 문화사업팀
아카이브관리부	아나운서국	아나운서팀
아나운서실	라디오국	콘텐츠파트너팀
콘텐츠창의센터	뉴미디어포맷개발센터	스포츠방송기획팀

(2) 보도본부(News Bureau)

국민의 알 권리를 충족시키기 위하여 국내외 뉴스를 기획·취재·편집·제작·보도한다. 뉴스 보도는 취재 영역에 따라 정치·경제·문화·사회·과학·전국·국제·스포츠 등으로 분류하여 해당 부서에서 전담한다. 주요 업무로는 뉴스 취재·제작·편집·진행, 시사보도 프로그램 기획·제작, 선거방송 기획·제작, 온라인·모바일 및 SNS 뉴스 운영 등이다. 방송국에 따라 차이는 있으나 보도본부의 조직은 보도국, 스포츠국, 시사제작국, 논설위원실 등으로 구성된다.

<표 4-4> 보도본부

KBS-TV(보도본부)	MBC-TV(보도본부)	SBS-TV(보도본부)
보도국	보도국	보도국
편집주간(뉴스제작1·2·3	영상편집부	편집1부
부, 라디오뉴스제작부)	취재센터(정치부, 경제부,	편집2부
취재주간(정치외교부, 북한	사회 1, 2부, 전국부, 문	정치부
부, 경제부, 사회1·2부,	화레저부, 정보과학부,	경제부
문화부, 과학·재난부, 네	국제부, 기획취재부)	정책사회부
트워크부)	편집1센터(뉴스테스크 편	시민사회부
국제주간(국제부, 미주지국,	집부, 주말 뉴스부, 컴퓨터	문화과학부
유럽지국, 중국지국, 일본	그래픽부)	스포츠부
지국, 중동지국)	편집2센터(뉴스투데이 편집	국제부
경인방송센터	부, 주간 뉴스부)	뉴미디어부
디지털뉴스국	스포츠국	기획취재부
디지털뉴스부	스포츠 취재부	보도운영팀
시사제작국	스포츠 제작부	논설위원실
탐사제작부	스포츠 기획사업부	미래부
시사제작 1·2부	뉴미디어뉴스국	특임부
스포츠국	온라인뉴스부	선거방송기획팀
스포츠취재부	뉴스사업부	
스포츠중계부	논설위원실	
스포츠제작부	보도NPS준비센터*	
스포츠사업부	보도전략부	
보도영상국	보도운영부	
영상취재부	통일방송연구소	
영상편집부		
영상특집부		
보도그래픽부		
보도운영부		
해설위원실		

* NPS: Network Production System.

(3) 제작본부(Production Bureau)

방송편성의 70~90%를 차지하는 공공 및 오락 프로그램의 기획·개발·제작을 전담한다. 공공 프로그램(심층 기획 취재, 시사 토론, 뉴스 매거진, 논픽션 교양 다큐멘터리 등)은 시사제작국·교양국 또는 보도본부 산하 부서에서 분담

〈표 4-5〉 제작본부

KBS-TV(TV본부)	MBC-TV(편성제작본부 · 예능본부 · 드라마본부)	SBS-TV(제작본부 · 드라마본부)
교양문화국 (CP1,* CP2, CP3, CP4)	시사제작국(시사제작1부, 시사제작2부, 시사제작3부, 시사제작4부)	교양국(교양1CP, 교양2CP, 교양3CP)
기획제작국 (CP1, CP2, CP3)	콘텐츠제작국(콘텐츠제작1부, 콘텐츠제작2부, 다큐멘터리부)	예능국(예능1CP, 예능2CP, 예능3CP)
예능국 (CP1, CP2, CP3, CP4)	예능1국(제작부, 제작2부, 제작3부, 제작4부)	제작운영팀
	예능2국(기획제작부, 해외제작부)	드라마본부(드라마운영팀, 드라마기획팀, 드라마1EP,** 드라마2EP, 드라마3EP, 드라마4EP)
드라마국 (CP1, CP2, CP3, CP4)	드라마국(드라마1부, 드라마2부, 드라마3부, 드라마4부)	
	라디오국(편성사업부, 제작1국, 제작2국, 제작3국, 제작4국)	
	드라마 R&D 센터	
TV운영부	드라마운영부	
	드라마마케팅부	
	예능운영부	
	예능마케팅부	

* CP: Chief Producer(책임PD).
** EP: Executive Producer(총괄PD).

제작하며, 오락 프로그램은 스튜디오 제작이 가능한 게임쇼, 버라이어티쇼, 토크쇼, 코미디, 연예 뉴스 등을 예능국 산하의 3~5개 부서에서 분담 제작 또는 외주(外注)한다. 드라마, 액션·모험 등의 고비용 프로그램은 자체 제작을 자제하고 방송통신위원회가 고시하는 비율 이내에서 구매, 지분 참여, 공동제작, 지원·투자 방식으로 프로그램을 확보한다(제6장 4. 방송편성권 참조). 방송사의 제작본부는 교양국, 드라마국, 시사제작국, 예능국, 기획제작국 등으로 구성되어 있으며, 주요 업무로는 공공·오락 프로그램의 기획·제작·외주관리, 영화·애니메이션 관련 업무, 각종 행사 및 특집 프로그램의 기획 제작, 프로그램 제작 관련 조사연구 및 개발 등이 있다.

(4) 기술본부(Engineering Bureau)

제작, 송출, 장비, 중계, 시스템 운용을 위한 기술을 지원하여 방송품질을 기술적으로 관리하는 부서이다. 기술본부는 콘텐츠 제작을 위한 기술 운영,

〈표 4-6〉 기술본부

KBS-TV(기술본부·제작기술센터)	MBC-TV(방송인프라본부)	SBS-TV(기술부본부장)
기술본부	디지털기술국 (기술관리부, TV 송출부, 송신부, 기술연구소)	기술국
기술관리국(기술기획부, 장비관리부, 기술운영부)		기술기획팀
기술연구소	제작기술국 (제작기술부, 영상기술부, 종합편집부, 중계부, 보도기술부, 라디오기술부)	송출기술팀
방송시설국(제작시설부, 송신시설부, 디지털품질관리부)		편집기술팀
네트워크관리국		라디오기술팀
건설인프라주간		인프라관리팀
제작기술센터	영상미술국 (영상 1부, 영상 2부, 미술부)	뉴미디어개발팀
TV기술국		
보도기술국		SBS기술인협회(방송 관련 직능 단체)
라디오기술국		
중계기술국		
TV 송출부		
제작기술운영부		

방송 시스템 운용, 장비 및 시설 관리 서비스 지원 등을 담당하고 네트워크 기반의 송출시스템으로 시청자(청취자)에게 고품질 프로그램을 전달하는 중추적인 역할을 한다. 또한 연구소(KBS 기술연구소, MBC 기술연구소, SBS 기술인 협회)를 설립하여 방송신호 전달 인프라 및 플랫폼 구축, 양방형 방송, 초고화질 실감형 방송에 대비한다. 지상파 방송사의 기술본부 조직은 〈표 4-6〉과 같이 구성되어 있다.

(5) 사업국(Business Department)

광고 판매, 콘텐츠 유통, 기획 사업에 관련된 영업과 방송경영의 인사, 재무, 총무 업무를 담당한다. 광고 판매의 경우, 기획, 영업, 마케팅, 관리를 전담하며, 콘텐츠 유통은 국내외 프로그램 판매와 지적재산권 업무를 담당한다. 또한 수익 또는 비수익 목적의 기획 사업을 추진한다. 수익 사업으로는 방송

〈표 4-7〉 사업국

KBS-TV(시청자본부)	MBC-TV(미디어사업본부)	SBS-TV(경영지원본부·미디어사업국)
시청자국 (시청자서비스부, 시청자사업부, KBS홀 운영부)	**광고국** (광고기획부, 광고영업부)	**경영지원국**(경영지원팀, 시설팀, ERP팀,* 아카이브팀)
총무국 (총무부, 후생안전부, 수원센터 운영부)	**콘텐츠사업국**(해외유통사업부, 국내유통사업부, 기획사업부, 아카이브사업부)	**노사협력팀**
재무국 (재무부, 자산관리부)	**자산개발국**(자산기획부, 지산관리부)	**HR팀**
재원관리국(재원기획부, 난시청자서비스부, 재원운영부, 6개 사업지사)	**경인지사**(제작사업부, 수원총국, 인천총국, 성남용인총국, 고양의정부총국)	**재무팀**
광고국 (광고기획부, 광고마케팅부)	**신사업개발센터**	**미디어사업국**(스마트미디어사업팀, 콘텐츠사업팀)
안전관리실		* Enterprise Resource Planning. (광고관리팀은 경영기획국 소속).

콘텐츠 관련 사업과 기업(단체) 후원사업이며, 비수익 사업은 방송사의 공익성과 이미지 제고와 연관된 공익사업과 문화사업이다. 사업국의 주요 업무는 광고 판매, 총무, 재무, 콘텐츠 유통, 기획사업, 인사 및 교육, 노사협력, 경영지원, 회사전산시스템 구축 및 관리, 아카이브 운영 관리 등이다.

(6) 기획정책실(Planning & Policy Department)

조직의 두뇌 역할을 수행하는 부서로서 매체 전략, 사업목표, 예산 관리, 성장 전략, 기획 및 정책 업무를 담당한다. 기획실은 방송사의 전반적인 업무 활동이 전략적 방향과 일치하도록 기획하고 지원한다. 주요 업무로는 중장기 정책 및 전략 수립, 경영평가 및 관리, 인적자원 관리, 예산 편성, 대외 교류, 신규사업 관련 정책 수립과 추진, 핵심사업 계획수립 및 조정, 방송법·제도 관련 정책 수립 및 추진, 법무 업무, 자회사 관리 등이다.

<표 4-8> 기획정책실

KBS-TV(정책기획본부)	MBC-TV(미래전략본부)	SBS-TV(기획본부)
정책기획국	기획국	정책팀
정보화기획국	관계회사국	경영기획국
예산주간	홍보국	미디어사업국
노사협력주간	경영지원국	
방송문화연구소	매체전략국	
남북교류협력단		
법무실		

(7) 심의실(Program Audit Office)

「방송법」제86조(자체심의)에 의거해서 방송사업자는 자체적으로 프로그램을 심의할 수 있는 전담부서를 두고 방송되기 전에 프로그램을 심의해야 한다. 지상파 방송사는 「방송심의규정」을 마련하고 규정 준수 및 위반 여부를 판단하기 위한 심의 기구를 두고 있다. 경영층 직속의 심의실 또는 독립부서인 심의국에서 방송프로그램과 관련된 심의 업무(대본, 제작물, 등급, 표절, 출연자, 음원과 뮤직비디오 등)를 담당한다.

(8) 감사실(Internal Audit Office)

지상파 방송사는 공정한 업무수행을 목적으로 독립된 법정기관 역할을 수행하는 감사실(Internal Audit Office)을 두고 있다. 감사실의 주요 업무는 조직 구성원의 비위사실(금품 및 향응수수, 부정, 비리)과 사회적 지탄행위를 관리·감독한다.[23] 또한 투명하고 효율적인 경영과 방송인의 사명과 자발적인 윤리 준수를 표명하기 위하여 시청자가 참여하는 사이버 고발센터('KBS 사이버감사실', 'MBC 클린센터', 'SBS 윤리경영 사이버신고')를 활용하여 방송, 경영, 기술업무에 관련된 전반적인 감사를 실시하고 있다.

〈그림 4-10〉 지상파 텔레비전 방송사의 조직도: KBS(2015년)

〈그림 4-11〉 지상파 텔레비전 방송사의 조직도: MBC(2015년)

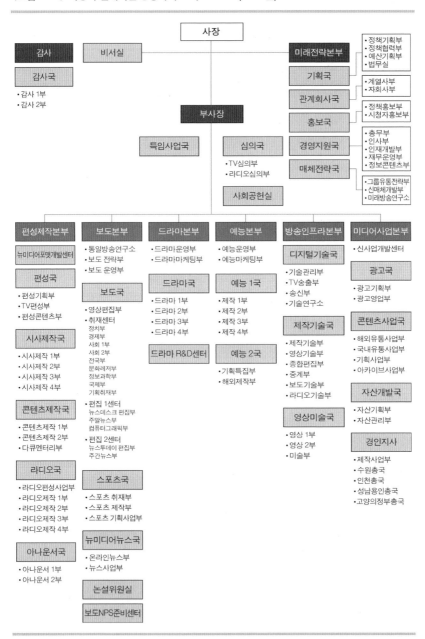

〈그림 4-12〉 지상파 텔레비전 방송사의 조직도: SBS(2015년)

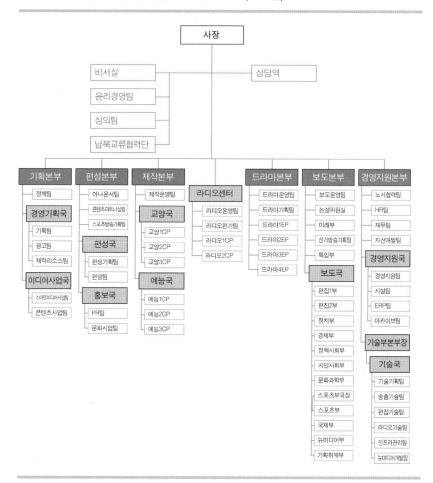

4) 지상파 텔레비전 방송사의 인력구성

지상파 텔레비전 방송사의 인력은 8개 분야(편성, 보도, 제작, 기술, 사업, 기획, 심의, 감사)의 업무를 수행하는 조직을 기반으로 구성되어 있다. 최고 경영자(CEO)는 수직적 구조 체제의 각 본부(국)의 책임자 업무를 관리·감독하고

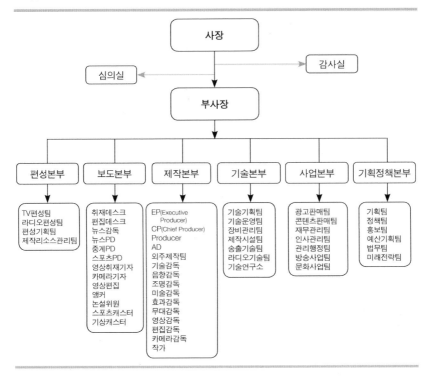

각 본부(국) 간의 유기적인 협력을 조율한다. 방송사업의 특성상 본부장(국장)
은 수평적 책임제도를 활용하여 세부조직(팀장, 부장, 실장, 센터장, 주간, 데스
크, 책임 PD, 총괄 PD 등)의 리더십과 결속력을 강조한다. 반면, 고투자 비용이
수반되는 제작, 기술, 사업 업무는 실무자의 책임이 중시되는 실무책임제를
활용한다. 방송의 사회적 책무가 요구되는 보도와 편성업무 실무자는 타 부서
에 비해 높은 윤리성이 요구되므로 방송사는 「취재윤리강령」, 「공정성 가이
드라인」, 「방송편성규약」 등을 제정하여 실무자의 사회적 책임을 강조하고
있다. 지상파 텔레비전 방송사의 인력을 전문성(제작·보도·기술) 중심으로 분
류하여 주요 인력의 직무를 살펴보면 〈그림 4-13〉과 같다.

(1) 제작 인력

연출직과 제작직으로 대별할 수 있다. 연출직은 프로그램 제작의 전과정을 지휘·감독하는 총괄 PD(Executive Producer)와 책임 PD(Chief Producer), 프로그램을 기획·연출하는 PD(Producer), 연출자를 보조하는 AD(Assistant Director) 등이며, 제작직으로는 기술, 음향, 조명, 효과, 무대, 영상, 카메라, 편집, 타이틀, 녹화, 더빙, 미술, 분장·의상·소품 분야의 전문 인력이 포함된다. 제작 인력의 주요 직무와 담당 업무는 다음과 같다.

- **총괄 PD**(Executive Producer): 드라마제작국의 역량 강화를 목적으로 방송 드라마를 요일과 장르로 구분하여 담당자의 '역할과 책임(R&R)'을 설정함으로써 드라마제작에 집중하는 본부장제도. 드라마 EP는 기획, 인력, 예산, 홍보 등의 전반적인 의사결정과 제작과정을 총괄 관리·감독함. 책임 PD(Chief Producer)들을 지휘하는 국장·부장급 PD 제도로도 활용됨.
- **책임 PD**(Chief Producer): 2~4개 정도의 제작 프로그램을 관리하며, 제작 프로그램의 기획서를 검토하고 계획과 편성 방향을 설정함. 담당PD 프로그램의 기획 단계부터 인사, 예산, 편집, 홍보 업무 등을 관리함. 프로그램의 최종 결정권은 있으나, 연출 업무는 관여하지 않음.
- **연출**(Producer): 방송프로그램의 기획, 구성, 제작, 연출을 담당하는 프로듀서·디렉터·연출가. 제작·기획·연출자로서 프로그램 제작과 관련된 인력(제작진과 출연진) 및 예산을 총괄 관리하며, 제작된 프로그램에 대한 전반적인 책임이 있음.
- **조연출**(Assistant Director): 프로듀서(PD)의 조력자로서 제작 업무(일정 점검, 촬영 및 편집 일정, 예산 조정, 인력 및 장비 점검, 대본, 촬영장소 물색, 출연진 섭외 등)와 사무 및 행정 업무를 보조함. 제작 보조(Production Secretary)로 불림.
- **무대감독**(Floor Director): 무대 연출 및 진행 보조. 스튜디오 진행(부조정실 운행, 스튜디오 관객) 보조, 촬영·녹화 현장 진행, 일정 관리, 출연자 확인, 영상 파일 관리, 외부 용역 업무 등을 담당함.
- **기술감독**(Technical Director): 프로그램 제작 시에 연출자(PD)와 전반적인 기술업무(카메라, 영상, 음향)를 협의하고 제작과 관련된 방송 기술 및 스튜디오 업무를 총괄함.
- **음향감독**(Audio Director): 프로그램 제작 시에 연출자(PD)와 음향 계획을 협의하고 음향 업무(사운드, 음악, 효과, 믹싱, 등)와 음향 장비의 조작과 감독 업무를 담당함.
- **조명감독**(Lighting Director): 프로그램 제작 시에 연출자(PD)와 조명계획을 협의하고

조명 세팅과 연출, 조명 장비의 조작과 감독 업무를 담당함.

- **미술감독**(Art Designer): 프로그램 제작 시에 연출자(PD)와 무대, 세트 디자인, 소품, 의상을 비롯한 전반적인 미술 분야를 협의하고 실행함.
- **영상감독**(Video Control Engineer): 방송프로그램 제작 시 연출자(PD)와 영상 계획 (색조, 콘트라스트)을 협의하고 최적의 영상을 위해서 카메라 및 영상 기기 조정 업무를 담당함.
- **편집감독**(Video Operator): 방송프로그램 제작에 필요한 가편집 상태의 제작 파일들을 조합하여 최종 프로그램으로 종합 편집함.
- **타이틀**(Title Designer): 방송프로그램 제작 시 연출자(PD)와 타이틀(글씨체의 크기와 모양) 계획을 협의하고 문자발생기(CG: Character Generator)로 제작함.

(2) 보도 인력

뉴스 취재(기자, 영상취재기자, 취재데스크), 뉴스 제작(편집데스크, 뉴스PD, 중계 PD, 영상편집요원, 작가), 뉴스 보도(기자, 앵커, 보도 아나운서, 논설위원, 스포츠캐스터, 기상캐스터, 교통캐스터)로 구성된다. 보도국은 취재기자가 육하원칙 (5W 1H)의 의해서 취재한 순수 뉴스(Straight News) 프로그램의 제작·보도를 전담하며, 시사프로그램(심층 기획 취재, 시사 토론, 뉴스 매거진 등)은 시사제작국·교양국 또는 보도본부 산하 부서에서 제작한다. 보도 인력의 주요 직무와 담당 업무는 다음과 같다.

- **취재기자**: 사건·사고 현장 또는 담당 출입처에서 취재한 뉴스를 사실성과 객관성에 입각하여 기사를 작성하고 보도. 취재 영역에 따라 정치, 경제, 문화, 사회, 과학, 전국, 국제, 의학, 환경, 스포츠 등의 분야를 전문으로 취재함.
- **영상취재기자**: 사건·사고현장 또는 담당 출입처에서 취재한 뉴스를 사실성과 객관성에 입각하여 ENG(Electronic News Gathering) 카메라로 영상 취재하고 편집함. 카메라기자 또는 촬영기자로 불림.
- **취재데스크**: 취재 영역으로 분류된 해당 부서의 책임자로 취재 기사를 총괄 관리하며 뉴스 항목을 기획·선정하고 취재 기자에 협의·지시·배정함. 뉴스 취재의 총괄 업무를 담당하는 부장·차장급 기자.
- **편집데스크**: 취재기사 기획 및 편집 방향을 설정하고 취재부서로부터 전달된 뉴스(리

포트, 스트레이트, 단신, 기획 기사 등)를 검토·선택·편집·배열하며 뉴스 방송 진행을 지휘(Directing)하고 제작 인력(뉴스 PD, 앵커, AD, 카메라 감독, 엔지니어, FD, TD, CG 및 자막 요원, 작가 등)을 관리함.

- **뉴스 PD**: 뉴스 항목 선정과 배열, 뉴스 진행의 실무, 뉴스 제작 인력을 관리하며, 뉴스 프로그램 제작 시에는 뉴스 진행자, 제작진, 부조정실, 중계요원을 지휘하므로 방송 기술(A/V, 카메라, 조명, 미술 세트, CG 등)의 전문성이 필요함.
- **중계 PD**: 사건·사고 현장과 각종 행사의 중계방송을 준비(기술 인력, 중계차, 중계 송출 장비, 중계차량 공조 시스템)하고 중계방송을 실행함. 중계차 투입이 불가한 지역은 SNG(Satellite News Gathering) 장비 투입.

(3) 기술 인력

방송시스템(기술기획, 송출, 송신, 중계, 신기술 연구개발 등), 주·부조정실 및 방송 시설·장비를 관리하는 기술엔지니어와 프로그램 제작(영상, 음향, 조명, 영상, 편집 등)에 참여하는 제작엔지니어로 구성되어 있다. 기술 인력의 주요 직무와 담당 업무는 다음과 같다.

- **기술기획 엔지니어**: 방송시스템 및 방송망 관리, 차세대 방송기술 추진, 전산망 보안 점검, 정부 기술정책 연구 등 방송기술 발전에 관련된 전반적인 업무를 기획 및 추진함.
- **송출·송신기술 엔지니어**: 송출 운행, 송출 시스템 및 장비 관리, 송출 사고 예방, 고품질 송출을 위한 주조정실 업무 및 중계부서와 협업 업무, 방송망 최적화, 송신 시설의 효율적 운영, 송신 시스템 및 장비 관리를 통한 송신 품질 향상 업무를 담당함.
- **중계기술 엔지니어**: 고품질 중계방송을 위한 중계기술 개발 및 시스템 구축, 중계 장비 및 시설(중계차량, 헬기, 발전기, 중계차량 공조 시스템) 관리, 중계 장비 보수, 중계 장비 운용, 중계방송 사전 준비 및 시설 구축 업무를 담당함.
- **장비관리 엔지니어**: 영상, 음향, 조명, 송수신, 네트워킹 등의 방송장비 관리 업무. 방송 설비·시설의 사전 심사, 발주, 구매, 배정, 수급 관리, 장비 운용, 보수, 운용실태 점검 등의 업무를 담당함.
- **연구개발 엔지니어**: 차세대 방송(실감 TV, 양방향 하이브리드방송, Mobile DTV, Multicasting, Non-real Time Services, Interactive 증감현실 시스템, 입체방송 등)에 대비한 기술 확보와 방송 기술 선도를 위한 표준화 업무를 연구함.
- **주조감독(Master Director)**: 주조정실(Master Control Room)에 근무하는 방송 운행

지휘의 책임자로서 송출 프로그램을 최종 확인하고, 일일 편성 운행표(Daily Log)의 트래픽(Traffic) 관리, 운행표 변경 및 긴급 상황에 대한 조치 권한과 책임을 가짐.
- **송출기술감독**(Master Technical Director): 주조정실(Master Control Room)에 근무하는 방송 송출의 운행기술 책임자로서 송출 시스템과 장비의 운행 및 상태를 관리함.

4. 방송사의 재무제표

재정적인 측면에서 방송경영의 최대 목적은 시청률·청취율을 선점하여 최대의 영업 수익으로 우수한 재정상태를 유지하는 것이다. 방송사의 재정상태를 나타내는 재무제표로는 대차대조표(Balance Sheet)와 손익계산서(Income Statement)가 있다. 대차대조표는 방송사의 자산(Assets), 부채(Liabilities), 자본(Ownership Equity)을 표시하는 재무실태표(Statement of Financial Condition)이며, 손익계산서는 일정기간의 수익과 비용을 비교하여 순수익 및 순손실을 표시하는 경영 성적표에 해당한다. 방송사는 재무제표를 바탕으로 재정상태를 정기적으로 점검하여 경영 목표를 수립하고 수익 증대 방안을 강구한다. 방송사의 재무제표의 세부 내용과 실례(實例)를 살펴보기로 한다.

1) 대차대조표(Balance Sheet)

방송사의 재산인 자산(資産)에서 채무(債務)를 차감하여 방송사의 총자산을 나타내는 재산상태 일람표이다. 대차대조표는 차변(借邊)과 대변(貸邊)으로 구분되어 있는데, 방송사가 결산 시점에 소유하고 있는 자산은 대차대조표의 차변(왼쪽)에 기재하고, 방송사가 차용한 부채 및 자본은 대변(오른쪽)에 기재함으로써 양변(兩邊)을 대조하는 차감식 재무상태표(Financial Statement)이다. 대차대조표의 자산, 부채, 자본과의 관계는 〈그림 4-14〉와 같다.

〈그림 4-14〉 SBS 결산 대차대조표(재무상태표)

제25기 결 산 공 고
연 결 재 무 상 태 표

(2014년 12월 31일 현재)　　　　　　　　　　　　　(단위: 원)

계 정 과 목	금 액	계 정 과 목	금 액
자　　산		**부　　채**	
Ⅰ. 유 동 자 산	393,797,189,825	Ⅰ. 유 동 부 채	252,545,669,681
(1) 현금및현금성자산	42,481,262,803	(1) 매입채무및기타채무	33,924,049,021
1. 현 금 및 현 금 성 자 산	42,481,262,803	1. 매 입 채 무	30,920,232,217
(2) 유 동 금 융 자 산	128,084,127,852	2. 미 지 급 금	3,003,816,804
1. 단 기 금 융 상 품	108,859,812,431	(2) 유 동 차 입 금	104,186,737,770
2. 단 기 매 매 증 권	18,640,762,000	1. 단 기 차 입 금	54,207,104,000
3. 미 수 수 익	581,983,421	2. 유 동 성 사 채	50,000,000,000
4. 만 기 보 유 증 권	1,570,000	유동성사채할인발행차금	△20,366,230
(3) 매 출 채 권 및 기 타 채 권	178,301,227,070	(3) 유 동 금 융 부 채	69,131,295,057
1. 외 상 매 출 금 및 받 을 어 음	179,531,164,866	1. 미 지 급 비 용	69,131,295,057
대 손 충 당 금	△2,322,624,208	(4) 기 타 유 동 부 채	45,303,587,833
2. 미 수 금	1,092,686,412	1. 선 수 금	7,225,343,265
대 손 충 당 금		2. 예 수 금	35,078,244,568
(4) 방 송 콘 텐 츠 자 산	10,987,103,153	3. 기 타 충 당 부 채	3,000,000,000
1. 중 계 비	6,086,259,228	Ⅱ. 비 유 동 부 채	5,739,795,110
2. 제 작 품	4,900,843,925	(1) 비 유 동 금 융 부 채	2,543,225,000
(5) 재 고 자 산	1,947,917,936	1. 수 입 임 대 보 증 금	2,543,225,000
1. 부 재 료	256,211,065	(2) 퇴 직 급 여 부 채	2,050,876,987
2. 저 장 품	1,691,706,871	1. 퇴 직 급 여 충 당 금	131,298,083,365
(6) 당 기 법 인 세 자 산	652,389,910	2. 국 민 연 금 전 환 금	△526,340,450
1. 선 급 법 인 세	652,389,910	3. 퇴 직 연 금 DB 예 치 금	△128,720,865,928
(7) 기 타 유 동 자 산	31,343,161,101	(3) 이 연 법 인 세 부 채	1,145,693,123
1. 선 급 금	33,177,709,810	1. 이 연 법 인 세 부 채	1,145,693,123
대 손 충 당 금	△2,561,700,000	부 채 총 계	258,285,464,791
2. 선 급 비 용	727,151,291		
Ⅱ. 비 유 동 자 산	404,766,210,355		
(1) 유 형 자 산	324,558,027,506		
1. 토 지	73,166,854,944		
2. 건 물	238,362,597,748		
감 가 상 각 누 계 액	△70,328,325,128		
3. 구 축 물	4,814,145,178		
감 가 상 각 누 계 액	△1,185,976,745		
4. 방 송 기 계 기 구	282,369,432,525		
감 가 상 각 누 계 액	△215,561,244,737		
국고보조금(방송기계기구)	△4,799,870	**자　　본**	
5. 방 송 시 설	6,637,121,330	Ⅰ. 자 본 금	91,262,910,000
감 가 상 각 누 계 액	△4,130,126,321	1. 보 통 주 자 본 금	91,262,910,000
6. 차 량 운 반 구	5,854,872,827	Ⅱ. 자 본 잉 여 금	67,209,976,405
감 가 상 각 누 계 액	△4,643,580,289	1. 주 식 발 행 초 과 금	49,023,633,624
7. 건 설 중 인 자 산	698,615,036	2. 기 타 자 본 잉 여 금	18,186,342,781
8. 미 착 자 재	584,645,796	Ⅲ. 자 본 조 정	△4,643,324,900
9. 기 타 의 유 형 자 산	26,219,123,197	1. 자 기 주 식	△4,643,324,900
감 가 상 각 누 계 액	△18,295,327,985	Ⅳ. 기 타 포 괄 손 익 누 계 액	304,482,974
(2) 투 자 부 동 산	12,421,978,607	1. 지 분 법 자 본 변 동	283,940,803
1. 토 지	12,361,480,110	2. 매 도 가 능 금 융 자 산 평 가 손 익	20,542,171
2. 건 물	132,961,820	Ⅴ. 이 익 잉 여 금	386,070,639,740
감 가 상 각 누 계 액	△72,463,323	1. 법 정 적 립 금	25,210,884,611
(3) 무 형 자 산	8,502,833,779	2. 임 의 적 립 금	377,459,174,290
1. 산 업 재 산 권	67,229,615	3. 미 처 분 이 익 잉 여 금	△16,599,419,161
2. 회 원 권	5,618,937,530	4. 지 분 법 이 익 잉 여 금	△175,457,232
3. 기 타 무 형 자 산	2,816,666,434	[연결당기순이익(손실) :	
(4) 방 송 콘 텐 츠 자 산	30,774,882,841	△6,774,047,953원]	
1. 중 계 권	30,774,882,841	지 배 기 업 소 유 주 지 분	540,204,684,219
(5) 비 유 동 금 융 자 산	7,950,483,688	비 지 배 지 분	73,251,170
1. 장 기 금 융 상 품	7,500,000	자 본 총 계	540,277,935,389
2. 보 증 금	6,261,744,506		
3. 투 자 유 가 증 권	1,629,919,182		
4. 만 기 보 유 증 권	51,320,000		
(6) 기 타 비 유 동 자 산	5,254,878,922		
1. 장 기 선 급 비 용	94,906,647		
2. 사 외 적 립 자 산	5,159,972,275		
(7) 관 계 기 업 투 자	11,170,883,148		
1. 지 분 법 적 용 투 자 주 식	11,170,883,148		
(8) 이 연 법 인 세 자 산	4,132,241,864		
자 산 총 계	798,563,400,180	부 채 및 자 본 총 계	798,563,400,180

위와 같이 공고함.

2015년 3월 20일

주식회사 에스비에스
대표이사 이 웅 모

감사의견 : 위 재무상태표를 포함한 제25기 재무제표는 한국채택국제회계기준에 따라 중요성의 관점에서 적정하게 표시하고 있습니다.

한영회계법인 대표이사 권 승 화

자료: http://w3.sbs.co.kr/cs/endPage.do?pgm_id=&pgm_mnu_id=&pgm_build_id=&pageIdx=
1&bbsCd= com_cs0001&searchCondition=title&searchKeyword=&contNo=90000025

(1) 자산(Assets)

방송사가 실제로 소유하고 경제적 가치가 있는 유·무형의 재산으로서 유형자산(Tangible Assets)과 무형자산(Intangible Assets)으로 대별된다. 유형자산은 물리적인 형태와 경제적 가치가 있는 자산으로서 ① 현금을 포함하여 1년 이내에 현금 전환이 가능한 유가증권, 예금, 외상매출금, 방송콘텐츠 등의 유동자산(Quick Assets), ② 방송사가 소유한 건물, 토지, 방송장비, 스튜디오 설비 및 시설, 중계차량 등의 고정자산(Fixed Assets), ③ 방송사의 운영자금으로 당장 활용할 수 없는 장기투자금, 보험장기투자금, 투자유가증권, 사채, 출자금, 장기대부금 등의 기타 자산(Other Assets)으로 구분된다. 무형자산은 물리적 형태(실체)가 없는 자원으로서 통제가 가능하고 경제적 가치를 산정할 수 있는 자산으로서 방송사업자권, 프로그램 저작권, 방송기술 특허권, 상표권, 영업권 등이 해당된다.

〈표 4-9〉 대차대조표의 자산, 부채, 자본

자산(Assets)
① 유형자산(Tangible Assets)
㉠ 유동자산(Quick Assets): 현금, 예금, 유가증권, 외상매출금, 방송콘텐츠, 단기투자금, 결산자산 등
㉡ 고정자산(Fixed Assets): 건물, 토지, 방송장비, 스튜디오 설비 및 시설, 중계차량 등
㉢ 기타 자산(Other Assets): 장기투자금, 보험장기투자금, 투자유가증권, 사채, 출자금, 장기대부금 등
② 무형자산(Intangible Assets): 방송사업자권, 프로그램 저작권, 방송기술 특허권, 상표권(Brand), 영업권(Goodwill) 등

부채(Liabilities)
① 단기부채(Short-term Liabilities): 외상매입금(Notes Payable), 단기차입금(Account Payable), 미불임금(Payroll Payable), 미불퇴직금(Retirement Payable), 미불세금(Tax Payable), 연금전환금(Pension Payable), 임대보증금(Rent Deposit) 등
② 장기부채(Long-term Liabilities): 장기은행차입금, 무담보사채, 담보사채 등

자본(Ownership Equity)
자본(Capital), 순자산, 자기자본, 소유주 지분

(2) 부채(Liabilities)

방송사 경영에 필요한 영업자금을 금융기관으로부터 차입하거나, 프로그램 또는 물품을 외상으로 매입하여 공급자에게 상환해야 되는 채무(빚)로서 1년 이내에 상환하는 단기부채와 1년 이후에 상환하는 장기부채로 구분된다. 단기부채는 외상매입금, 단기차입금, 미불임금, 미불세금, 미불퇴직금, 연금전환금, 임대보증금 등의 유동부채(Current Liabilities)이며, 장기부채는 장기은행차입금, 무담보사채, 담보사채 등의 고정부채(Fixed Liabilities)를 말한다.

(3) 자본(Ownership Equity)

방송사가 소유한 고유 재산으로서 방송사의 자산총액에서 부채총액을 차감한 순수 소유지분을 뜻하며, 자본(Capital), 순자산, 자기자본, 소유주 지분 등으로 불린다. 대차대조표는 자산(Assets), 부채(Liabilities), 자본(Ownership Equity)의 균형적인 회계등식(Basic Accounting Equation)이 성립되며 다음과 같이 표시된다.

> 방송사 자본(Ownership Equity) = 자산(Assets) − 부채(Liabilities)
> 방송사 자산(Assets) = 자본(Ownership Equity) + 부채(Liabilities)

2) 손익계산서(Income Statement 또는 Profit & Loss Statement)

회계기간의 경영성과를 표시하는 재무제표로서 수익과 비용을 계산하여 그 결과로서 발생한 순이익 또는 순손실을 나타낸다. 손익계산서는 방송사의 총매출액에서 매출원가를 차감하여 매출총이익을 계산한 후, 매출 총이익에서 판매비와 관리비를 제하면 방송사의 영업실적에 따라 영업이익 또는 영업손실이 좌우된다. 영업외 수익이 발생하면 비용(영업외 비용과 법인세 비용)을 제한 후, 방송사의 영업이익(또는 영업 손실)과 합산하면 해당 회계기간의 당기순이익(또는 당기 순손실)이 결정된다. 손익계산서는 방송사의 경영상태, 현금흐름, 수익창출, 영업성과를 가늠하는 회계보고서로서 계산방법과 계정은 다음과 같다.

> ① 매출액－② 매출원가
> ＝③ 매출총이익－④ 판매비와 관리비
> ＝⑤ 영업손익＋⑥ 영업외수익－⑦ 영업외비용
> ＝⑧ 법인세비용차감전손익－⑨ 법인세 비용
> ＝⑩ 당기순이익

① **매출액**: 방송사의 광고 · 프로그램 · 서비스 판매, 기획사업 등의 상거래에서 발생하는 총매출액.

② **매출원가**: 방송사의 광고 · 프로그램 · 서비스 판매, 기획사업 등을 매출하기 위하여 발생되는 실제 비용(제작비, 인건비, 시설 및 기타 경비 등).

③ **매출총이익**: 매출액에서 매출원가를 차감한 금액(매출액이 매출원가에 미달하는 경우 매출총손실로 표시).

④ **판매비와 관리비**: 방송사의 광고 · 프로그램 · 서비스 판매, 기획사업 등을 매출하기 위한 판매 및 홍보 비용과 방송사의 관리유지를 위한 인건비 및 기타 관리비용.

⑤ **영업손익**: 매출총이익에서 판매비와 관리비를 차감한 금액(판매비와 관리비가 매출총이익을 초과하는 경우 영업손실로 표시).

⑥ **영업외 수익**: 일반적 상거래 이외에 발생한 수익 중 특별이익에 속하지 않는 것으로 수입이자와 할인료, 유가증권이자, 수입배당금, 주식배당액, 임대료수입, 신주인수권처분이익, 원가차익(差益), 외환차익, 잡수입 등.[24]

⑦ **영업외 비용**: 일반적 상거래 이외에서 발생한 비용 중 특별손실에 속하지 않는 것으로 지급이자와 할인료, 기부금, 사채(社債)이자, 유 · 무형자산손실처분, 지분법손실, 유가증권처분손실, 원가차손(差損), 대손충당금환입, 투자이익, 외환차손, 연구개발비상각, 기타 대손(貸損)상각 등.[25]

⑧ **법인세 비용 차감 전 손익**: 법인세를 차감하기 전에 영업외 수익에서 영업외 비용을 차감한 금액.

⑨ **법인세 비용**: 방송사의 소득에 부과되는 세금.

⑩ **당기순이익**: 법인세를 납부한 후의 세후이익(법인세 비용이 법인세 비용 차감 전 손익을 초과하는 경우 당기순손실로 표시).

〈표 4-10〉 문화방송과 종속기업 연결 손익계산서:
제52(당)기 2013년 1월 1일부터 2013년 12월 31일까지[26]

(단위: 원)

과목		제 52(당)기
I. 매출액		1,472,887,627,082
II. 매출원가		1,057,878,087,907
III. 매출총이익		415,009,539,175
IV. 판매비와관리비		378,761,274,908
V. 영업이익		36,248,264,267
VI. 영업외수익		41,955,771,692
이자수익	29,683,460,131	
배당금수익	1,130,653,969	
임대료수익	657,439,259	
식당수익	1,292,764,547	
단기매매증권처분이익	737,514,223	
단기매매증권평가이익	3,197,472,397	
매도가능증권처분이익	857,781,246	
매도가능증권손상차손환입	-	
지분법이익	2,568,581,142	
유형자산처분이익	753,979,555	
무형자산처분이익	108,744,296	
대손충당금환입	3,276,811	
매니지먼트수익		
외환차익	31,176,659	
외화환산이익	4,913,416	
영화투자수익	41,739,820	
기타영업외수익	886,274,221	
VII. 영업외비용		19,824,438,485
기부금	4,960,761,541	
이자비용	444,978,915	
단기매매증권평가손실	927,751,740	
단기매매증권처분손실	17,945,040	
매도가능증권손상차손	2,765,456,289	
매도가능증권처분손실	314,515,680	
지분법손실	211,307,921	
기타비유동자산손상차손	1,760,879,681	
기타의대손상각비	2,029,583,384	
식당비용	1,484,614,150	
유형자산처분손실	448,912,578	
무형자산처분손실		
외환차손	119,180,973	
외화환산손실	144,670,435	
기타영업외비용	4,193,880,158	
VIII. 법인세비용차감전순이익		58,379,597,474
IX. 법인세비용		15,771,325,060
X. 당기순이익		42,608,272,414
지배기업지분순이익	35,348,122,119	
비지배주주지분순이익	7,260,150,295	

* 연결손익계산서는 (주) 문화방송(지배기업)과 11개의 종속회사(부산문화방송주식회사, MBC아카데미, MBC C&I, MBC PlayBe, iMBC, MBC＋Media, MBC Sports, MBC America Holdings, Inc., MBC 미술센터, MBC KTSPC, MBC IPTVSPC)의 모든 회계상 항목(매출액, 매출원가, 매출총이익, 영업이익 등)의 계정이 합산되어 있음.

자료: 금융감독원 전자공시 http://dart.fss.or.kr/dsaf001/main.do?rcpNo=20140331000287 .

3) 연결재무제표

　연결재무제표는 두 개 이상의 복수회사가 모회사 - 자회사의 유기적 관계 (지배·종속관계)를 형성하는 경우, 이들 복수회사를 하나의 경제적 실체(단일 회사)로 취급하여 지배회사가 작성하는 재무제표로서 연결대차대조표와 연결 손익계산서로 구성된다. 연결대차대조표는 지배회사(모회사)와 연결대상 회 사(자회사)의 회계상 모든 항목(자산, 부채, 자본)을 합산한 후, 지배기업 소유 지분과 비지배지분의 자본을 구분하여 표시한다. 앞의 〈그림 4-14〉에 명시된 (주)SBS의 연결재무제표는 지배회사인 (주)SBS와 연결재무제표의 작성대상 인 해당연도의 5개의 종속회사(SBS 아트텍, SBS 뉴스텍, SKB-SBS SPC, SBS-KT SPC, SBS-IPTV SPC)의 회계 계정이 합산되어 있다.[27]

　연결손익계산서는 지배회사와 지배회사와 연결되어 있는 종속회사의 총체 적인 회계상 항목을 합산한다. 〈표 4-10〉의 연결손익계산서는 (주)문화방송 (지배기업)과 해당연도의 11개 종속회사(부산문화방송주식회사, MBC아카데미, MBC C&I, MBC PlayBe, iMBC, MBC＋Media, MBC Sports, MBC America Holdings, Inc., MBC 미술센터, MBC KTSPC, MBC IPTVSPC)의 모든 회계상 항목(매출액, 매 출원가, 매출총이익, 영업이익 등)의 계정이 합산되어 있다.[28]

5. 텔레비전 시청률(Ratings) 조사방법

　시청률(Ratings)이란 과연 몇 가구(TV Household)의 시청자들이 특정 시간 대의 텔레비전 프로그램을 시청했는지를 가늠해주는 연구조사의 결과를 백분 율로 표시하는 수치를 말한다. 시청률 조사는 MIT 미디어랩(MIT Media Lab) 에서 개발한 안면화상 인식방법으로부터 닐슨사(A. C. Nielsen)의 피플미터

〈표 4-11〉 시청률 조사 방법

조사 구분	조사방법	장점	단점
전화 조사 (Phone Interview)	무작위로 선발된 전화 응답자에게 프로그램 시청 여부, 시청 프로그램, 선호도 및 응답자의 인적 사항 조사	- 현존하는 실시간 조사 방법 중 가장 정확한 방법 - 신속한 시청률 자료	- 일시적 조사 - 제한적인 표본 - 응답자의 설문조사 기피
텔레비전 일기장 조사 (TV Diary)	지역 단위의 시청률을 정기적으로 측정하는 기간(Sweeps Rating Periods) 중에 무작위로 추출한 표본 대상자에게 TV Diary를 발송하여 특정 기간 내(1주일 정도)의 시청 행위를 매일 기록	- 저비용 - 다수의 표본집단 활용 - 피플미터 보완 조사 - 전국적 정기패널 운용 - 정기적 시청조사기간 활용	- 낮은 회신율 - 일시적 조사 - 자료수집 장시간 소요 - 자기 기입 식 자료의 신뢰성 (응답자의 기억력에 의존하여 기록되는 자료) - 옥외 시청조사 불가
가구 방문조사 (Face-to-face Interview)	조사원의 가정 방문을 통한 시청 행위 조사	- 상세 시청 행위 조사 가능 - 양적·질적 시청 행위 측정	- 가구 방문의 거부감 - 고비용 - 제한적인 표본
안면화상 인식 조사 (MIT Media Lab 조사) 방법	조사 대상자의 안면 화상을 측정기에 입력시켜 조사 대상자가 TV 시청 시에 시청자의 화상을 인식(Scan)하여 시청 행위 측정	- 정확한 시청 행위 측정 - 실시간·장기적 방법	- 사생활 침해 - 인식장치의 거부감 - 화상 인식의 오류성 - 고비용 - 옥외 시청조사 불가
피플미터 (People Meter)	선정된 패널 가정의 TV 수상기에 피플미터 계측기를 연결하여 시청자료를 초단위로 수집하는 기계식 측정방법	- 패널 가족 구성원이 TV 시청 시에 핸드셋 입력(버튼 작동)으로 개별적 시청 행위 조사 - 다매체 환경의 시청률 조사 가능	- 제한적인 표본 - 추출 표본의 대표성 - 대도시 편중 표본 - 표본 추출 과정의 불확실성 - 핸드셋 버튼 입력 오류 - 제한적 옥외시청 조사
포터블 피플미터(Portable People Meter: 미국 Arbitron사가 개발한 휴대용 피플미터)	셀폰 크기의 PPM 휴대 기기가 지상파 텔레비전, 케이블, 위성, 라디오의 무성 신호(Inaudible Signal)를 감지·식별하여 수용행위를 측정	- 개별 시청 행위 조사 가능 - 옥외시청 조사 가능 - 다매체 환경의 시청률 조사 가능	- 제한적인 표본 - 추출 표본의 대표성 - 표본 추출 과정의 불확실성 - 제한적인 통합 시청 자료 - PPM기기의 휴대성과 배터리 충전의 불편함
통합시청률 조사(Total Screening Rate)	가정(고정형) TV, 스마트폰, PC 사용자의 실시간 시청, 프로그램 다시 보기(VOD) 등의 통합적 시청률 데이터를 합산 조사	- 개별 시청 행위 조사 가능 - 옥외시청 조사 가능 - 다매체 환경의 시청률 조사 가능 - 통합 미디어 조사 가능	- 제한적인 표본 - 추출 표본의 대표성 - 표본 추출 과정의 불확실성 - 제한적인 통합 시청 자료 - 기술적 코드·측정기준표준화

(People Meter)에 이르기까지 다양한 방법을 사용하여 표본 추출된 가구를 대상으로 실시해왔다. 그러나 현존하는 어느 방법도 정확한 시청률을 조사할 수는 없다. 수천만 명의 시청자 중에서 누가, 언제, 어디서, 어떤 프로그램을 시청했는지를 파악하는 조사는 인간의 한계를 벗어난 영역에 해당된다. 따라서 시청률 조사회사에서는 시청률을 추산하기 위하여 무작위로 표본을 추출하여 다음과 같은 방법으로 시청 행위를 조사하고 있다.

1) 피플미터(People Meter)

피플미터는 1935년 2명의 MIT 교수(Robert Welder & Louis F. Woodruff)가 라디오 주파수를 감지해서 청취율을 조사하는 계측기인 오디미터(Audimeter: Audience Meter)의 발명에 기인한다.[29] A. C. 닐슨(Nielsen)사는 1936년에 오디미터 계측기의 특허권을 구입하여 라디오 수신기의 온·오프(On·Off) 여부, 라디오 채널 변환, 청취시간을 측정하는 청취율 자료(Radio Index)를 조사하기 시작하였다. 초기의 청취율 조사는 선정된 패널가구가 라디오 오디미터에 장착된 종이 필름 카트리지(Cartridge)에 기록되는 청취자료를 매주 A. C. 닐슨사에 우편으로 발송하는 방식으로 측정하였다(〈그림 4-15〉 참조).[30] A. C. 닐슨사는 1950년부터 오디미터를 이용하여 텔레비전 시청률을 조사하기 시작하였고, 1971년에는 계측기에 저장된 일일 시청률 자료를 전화선으로 전송하는 텔레비전 오디미터(Television Audimeter: Storage Instantaneous Audimeter)를 개발하여 전국적인 시청률 자료(Television Index)를 제공하기 시작하였다.[31] 텔레비전 오디미터는 패널 가구의 채널 전환만을 탐지하고 개인별 시청 행위는 측정하지 못하였으나, 지속적인 기술 발전으로 1987년에는 패널 구성원의 개인별 텔레비전 시청률을 측정하는 피플미터기를 개발하였다.[32]

피플미터는 우리나라 TNmS와 AGB 닐슨미디어리서치를 비롯한 전 세계

 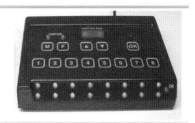

사진 자료: Audiometer(1936): http://tenwatts.blogspot.com/2008/01/radio-ratings-part-3-nielsen.html.
People Meter(2015): http://miamiherald.typepad.com/changing_channels/2009/04/wsvn-sues-
nielsen-over-people-meters.html.

(TNmS 37개국, AGB 닐슨미디어리서치 46개국)에서 사용하는 시청률 측정 방식
이다.[34] TNmS사는 영국 테일러 넬슨 소프레스(Taylor Nelson Sofres: 전 AGB)
가 개발한 화면일치방식(Picture Matching System)과 음성일치방식(Audio
Matching System)의 피플미터기로 디지털 텔레비전의 시청 데이터를 수집·분
석하며, 리턴 패스 데이터(Return Path Data) 조사 방식으로 지상파, 케이블, 위
성, IPTV, 지상파·위성 DMB, 위성 HD 가입자의 시청률까지 조사한다.[35]
AGB 닐슨미디어리서치는 지상파, 케이블, 위성, 디지털, IPTV, PVR 환경에서
측정이 가능한 TVM5 피플미터기로 시청 데이터를 수집·분석한다.[36] TVM5
피플미터기는 적외선 센서가 작동하여 시청자의 활동지수를 파악하고 핸드셋
(시청자 정보 버튼) 작동을 요구하는 음성메시지를 이용하여 측정한다.[37]

시청률 조사 회사는 전국에 분포한 2만 6,000가구 정도를 대상으로 기초조
사를 실시하여 유선전화를 소유한 가구 중에서 3,000~4,000가구 정도를 패널
로 선정한다. 기초조사는 대상가구의 가족구성원 정보(성별, 연령, 월 소득, 주
거형태), 지역, TV 보유대수, 수신환경(유료방송 가입여부), 시청 행위 등을 조
사한 후, 시청률 조사 회사의 표본 규모, 표본 지역, 표본 방법 등의 필요성에
따라 선정(표집)한다. 선정된 패널가구의 텔레비전 수상기에 피플미터 계측기

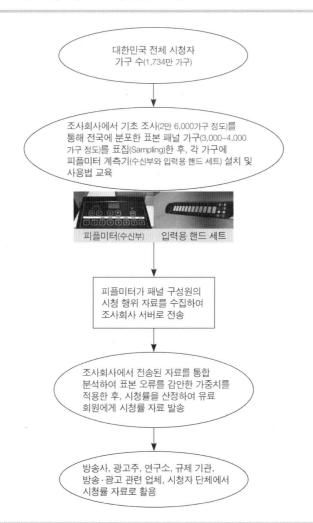

〈그림 4-16〉 피플미터(People Meter) 시청률 조사방법[38]

를 연결하여 패널가구의 텔레비전 작동방식이나 채널변환 등이 초 단위로 자동 기록되어 조사회사의 중앙서버(Main Server)로 전송되는 방식을 사용한다. 피플미터는 수신부와 입력용 핸드셋(시청자 정보 버튼)으로 구성되어 있고 총

15명의 시청자 기록이 가능하며 8명에게 고정번호를 부여할 수 있다.[39]

가족 구성원의 시청률 조사는 개별적인 버튼 입력을 통해서 성별, 연령별, 직업별, 소득별 집계가 가능하다. 예를 들면 가족 구성원의 아버지는 1번, 어머니는 2번, 아들은 3번, 딸은 4번, 방문자는 5번 등으로 배정한 후, 텔레비전 시청 시에 해당번호를 입력용 핸드셋(시청자 정보 버튼)에 입력하면, 피플미터 계측기에 가족 구성원 중에 누가, 언제, 어디서, 어떤 프로그램을 시청하는지 자료를 수집하여 실시간 또는 정해진 시간(새벽 2시)에 일괄적으로 전화선(또는 네트워크망)을 통해 조사 회사의 중앙 서버로 자동 전송된다.[40] 조사회사는 전송된 자료를 통합 분석하여 오류를 감안한 주요 변수(성별, 연령, 가족 수, 소득, 지역 가구 수, TV 대수, 유료방송 가입 여부 등)와 인구비율의 가중치로 데이터를 보정한 후 실시간, 일일, 주별, 월별 시청률을 산정하여 방송사, 광고주, 연구소, 정부 기관, 방송·광고 관련 업체, 시청자 단체 등의 유료회원에게 제공한다.[41]

텔레비전 시청률 자료를 가장 필요로 하는 곳은 방송사, 광고주, 규제기관이다. 텔레비전 방송사는 시청률에 따라 광고단가 설정, 프로그램 평가, 경쟁사 프로그램 추이 분석, 편성 전략을 수립하는 중요한 자료로 활용한다. 매일 발표되는 시청률 일보(일일 시청률 자료)는 방송사의 경영진과 제작진에게는 시청률 1~2% 차이에 희비가 교차되는 상황이 연일 계속된다. 광고주들은 시청률 자료를 수익 극대화에 필요한 영업적인 전략 자료로 활용된다. 자사 제품과 서비스에 관한 상품광고를 소비대상 시청자들에게 정확하게 전달하여 판매를 극대화시킬 수 있는 (1) 마케팅·광고 전략수립, (2) 광고매체 선정, (3) 광고 프로그램 선정, (4) 광고 효과평가, (5) 광고 예산 활용의 중요한 자료로 사용한다. 규제기관은 「방송법」 제8조(소유제한 등)에 규정된 시장점유율 제한 규제의 상한선을 설정하는 공적 자료로 시청률을 활용한다. 방송통신위원회는 방송사 간의 경쟁 상황을 파악하고 시장 독점을 방지하기 위하여 방송사업자의 시장점유율을 규제하는 자료로 시청률을 사용한다.

2) 통합시청률(Total Screening Rate)과 합산시청률(Total Ratings) 조사

방송환경 변화에 따른 시청자의 시청 형태를 측정하기 위하여 시공간을 초월한 모든 미디어 기기에서 방송프로그램의 시청률을 집계하는 통합시청률(TSR) 조사방법이 등장하였다. 인터넷과 모바일 등을 이용한 텔레비전 시청 행위 증가로 가정에서 실시간 텔레비전 본방송 시청 자료만을 측정하는 기존 시청률 조사방법으로는 통합적인 시청률 측정은 불가능하다. 특히 스마트폰과 PC를 이용한 시청 행위, 드라마의 2차 가공 및 판매 증가로 인한 DVD 시청, 프로그램별 다시 보기(VOD) 시청 등의 지속적인 증가는 새로운 시청률 조사방법의 필요성을 요구하게 되었다. 미국의 닐슨(Nielsen)사는 SNS 사업자 트위터, 페이스북과 공동으로 닐슨 모바일 TV 시청률(Nielsen Mobile TV Ratings) 조사를 시작하였고, 영국·프랑스·독일·노르웨이·덴마크·스위스·캐나다 등의 유럽 및 북미 국가들은 미디어 환경 변화에 따른 통합시청률 조사를 실시하고 있으며, 프로그램별 다시 보기를 시청률 조사에 포함시키는 나라는 21개국에 이른다.[42]

우리나라는 세계 최초로 스마트폰 시청률을 포함시킨 N스크린(스마트폰·PC·태블릿) 측정 방식으로 통합시청률(TSR)을 조사한다. 통합시청률은 가정의 고정형 텔레비전 시청률에 N스크린 시청률을 합산하여 통합시청률을 측정하는 방식이다. 조사방법은 고정형 텔레비전, 스마트폰, PC, 태블릿을 모두 사용하는 수용자를 패널로 선정하여 텔레비전, 스마트폰, PC, 태블릿을 통한 실시간 시청 자료와 프로그램별 다시 보기의 통합적인 시청률 자료를 합산한다. 선정된 패널가구의 텔레비전 시청률은 전통적 집계기구인 피플미터로 조사하고, 스마트폰·PC·태블릿 시청률은 실시간으로 시청 프로그램을 인지할 수 있는 버추얼미터(Virtual Meter) 앱(애플리케이션)을 탑재하여 통합시청률을 집계한다.

피플미터 방식은 패널 시청자가 리모트 컨트롤을 이용하여 시청시마다 매
번 시청자료를 입력하는 버튼 피로 증후군(Button Fatigue Syndrome)으로 인한
신뢰성 문제가 제기되고 있지만, 버추얼미터(Virtual Meter)는 기기에 내장된
앱 방식으로서 측정 조사자료의 신뢰도가 높은 특징이 있다. 그러나 통합시청
률 조사(TSR)의 신뢰성을 제고시키기 위해서는 현실과 일치하는 패널 구성 및
패널 수 증가, 기술적 코드 및 측정기준, IPTV 셋톱박스의 표준화, VOD 단위
측정(이용량) 산출, 각기 다른 기기의 시청률 수치의 일원화 등이 시급하며,
VOD 판매 실적, 인터넷 검색어와 프로그램 인지도를 측정하는 객관적인 인
기척도 등의 다양한 측정 자료를 시청률로 환산하여 최종 통합시청률 수치에
반영해야 한다.

통합시청률 조사의 사전 조사방법으로 합산시청률을 활용한다. 합산시청

〈그림 4-17〉 통합시청률(Total Screening Rate)과 합산시청률(Total Ratings) 조사 방법[43]

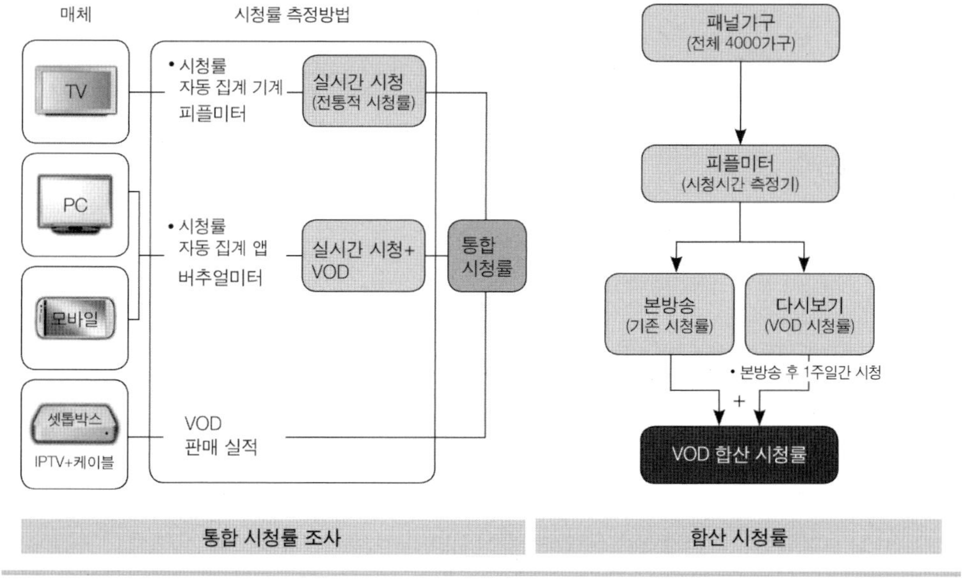

자료: 방송통신위원회, 중앙일보.

률(Total Ratings)은 VOD 시청이 가능한 패널가구의 텔레비전 수상기에 피플 미터 계측기를 연결하여 측정한 시청률과 특정 기간 동안(방송 후 1주일 정도) 의 VOD 시청률을 합산하는 조사방법이다. 예를 들어 프로그램의 피플미터 시청률이 7%이고 VOD 시청률이 1%일 경우, 합산시청률은 8%가 된다. 합산 시청률은 실시간(Real Time) 방송프로그램만을 측정하는 방식을 보완하기 위 하여 VOD를 이용한 비실시간(Non-real Time) 시청률을 합산하는 피플미터의 측정 방식이다.

3) 시청률 조사 자료

시청률 조사는 (1) 시청률(Ratings), (2) 점유율(Share), (3) 텔레비전 시청가 구 비율(Household Using Television), (4) 텔레비전 시청자 비율(People Using Television), (5) 1,000가구당 광고비용(Cost Per Mille), (6) 시청률 포인트당 광 고비용(Cost Per Point), (7) 도달률(Reach), 빈도(Frequency), 총도달빈도(Gross Rating Point)를 계산하여 사용 목적에 따라 다음과 같이 활용한다.

(1) 시청률(Ratings)

시청률 조사회사에서 선정한 전체 패널가구 중에서 특정 시간대에 특정 프 로그램을 시청한 가구 수를 백분율로 표시한다. 시청률은 특정 프로그램이 방 송된 시간 동안의 1분 단위 시청률을 평균한 값으로 계산한다. 예를 들면, A 조사회사에서 선정된 전체 패널 가구 수(4,000가구) 중에서 800가구가 월요일 저녁 8시에 방영된〈세종대왕〉이라는 사극을 시청했다면〈세종대왕〉의 시청 률은 20%(800÷4,000)가 된다. A 조사회사에서 선정한 전체 패널(4,000가구)가 운데 20%(800가구)가 세종대왕을 시청한 것이지만, 시청률은 대한민국 전체 시청자 중에서 20%가 세종대왕을 시청한 것으로 해석한다. 이와 같은 포괄적인 시청률 해석은 A 조사회사의 전체 가구 수(4,000가구)가 통계학적인 표본 추출 과정을 거쳐 선정된 가구로서 대한민국 전체 가구를 대표하는 표본임을 전제로 한다.

$$시청률(\text{Ratings}) = \frac{\text{특정 프로그램 시청 가구 수}}{\text{전체 텔레비전 패널 가구 수}} \times 100$$

시청률은 선정 패널규모(Sample Size), 조사방법(Research Method), 조사의 유효성과 신뢰성(Validity & Reliability), 자료분석(Data Analysis) 등의 오류 여부에 따라 타당성이 결정된다. 시청률 조사회사의 표본추출 방식(Sampling)으로 선정된 3,000~4,000가구가 대한민국 전체 1,734만 가구를 대표한다는 사실은 표본 오류의 가능성이 존재한다. 통계학적으로 표본 규모가 증가하면 오류는 감소되지만, 조사회사는 표본 증가에 따른 비용 상승으로 영업적인 측면의 적절한 손익분기점을 고려하여 표본 규모(Sample Size)를 결정한다.

사회과학적 조사방법을 활용한 연구조사의 결과(Total X)는 사실(True X)과 오류(False X)가 포함되어 있다. 다시 말하면 100% 완벽한 사회과학적 조사는 불가능하며, 사회과학자들은 사실에 근접한 연구조사를 위해서 패널 규모, 조사방법, 조사의 유효성과 신뢰성, 자료분석 등으로 인한 오류 감소에 만전을 기울인다. 시청률 조사회사에서 발표한 시청률은 소규모 패널 규모로 인한 표본의 대표성 결여, 불확실한 표본 추출과정, 조사방법의

〈그림 4-18〉 사회과학적 연구의 조사 결과

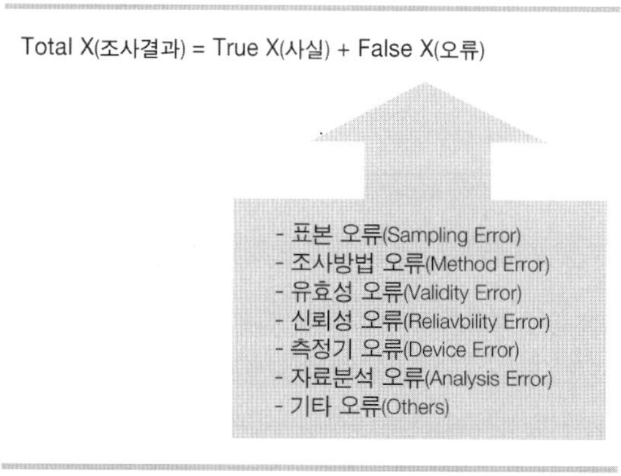

Total X(조사결과) = True X(사실) + False X(오류)

- 표본 오류(Sampling Error)
- 조사방법 오류(Method Error)
- 유효성 오류(Validity Error)
- 신뢰성 오류(Reliavbility Error)
- 측정기 오류(Device Error)
- 자료분석 오류(Analysis Error)
- 기타 오류(Others)

유효성과 신뢰성 문제 등의 오류(False X)를 내포하는데, 이러한 오류를 표본 오차(Standard Error)로 계산하여 최소한의 시청률 오류를 설명할 수 있다.

앞서 예를 든 〈세종대왕〉의 경우 시청률이 20%라면 〈세종대왕〉 시청률의 표본오차는 ±0.63으로서 표본오차를 가감한 최소 시청률 19.37(20−0.63)과 최대 시청률 20.63(20+0.63) 이내에서 유효 시청률 범위를 설명할 수 있다. 표본오차(±0.63)의 계산방법은 다음과 같다.

$$\text{표본오차(Standard Error)} = \sqrt{\frac{r(100-r)}{n}}$$

(r = 시청률, n = 표본 규모)

$$= \sqrt{\frac{20(100-20)}{4,000}}$$

$$= 0.63$$

유효 시청률 범위(Safe Range): 19.37(20−0.63) < r < 20.63(20+0.63)

(2) 점유율(Share)

특정 시간대에 텔레비전을 사용(시청)하고 있는 패널 가구 중에서 특정 프로그램을 시청한 가구 수를 백분율로 표시한다. 〈세종대왕〉의 예를 다시 들면, A 조사회사에서 선정된 전체 패널 가구 수(4,000 가구) 중에서 2,000가구만이 텔레비전을 사용(시청)하고 나머지 2,000가구는 외출, 독서, 가사 등으로 텔레비전을 시청하지 않았다면, 〈세종대왕〉은 텔레비전 사용(시청) 가구 수 2,000가구(4,000~2,000가구) 중에서 800가구가 시청하여 점유율은 40%(800÷2,000)가 된다.

$$\text{점유율(Share)} = \frac{\text{특정 프로그램 시청 가구 수}}{\text{텔레비전 사용(시청) 가구 수}} \times 100$$

(3) 텔레비전 시청가구 비율(Household Using Television)

선정된 전체 패널 가구 중에서 텔레비전을 시청한 가구 수의 비율(%)을 말한다. 텔레비전 시청가구 비율(HUT)은 특정 시간대에 텔레비전 수상기가 켜져 있는 가구 수, 즉 텔레비전을 시청한 가구 수의 비율(%)을 나타낸다. 예를 들면 A 조사회사의 전체 패널 4,000가구 중에서 2,000가구만이 텔레비전을 시청하고 나머지 2,000가구는 외출, 독서 등의 이유로 텔레비전을 시청하지 않았다면 텔레비전 시청가구 비율(HUT)은 50%(2,000÷4,000)로서, 전체 패널 가구 수의 50%가 해당 시간대에 텔레비전을 시청한 것이다.

$$\text{텔레비전 시청가구 비율(HUT)} = \frac{\text{텔레비전 시청 가구 수}}{\text{전체 텔레비전 패널 가구 수}} \times 100$$

(4) 텔레비전 시청자 비율(People Using Television)

전체 인구 중에서 특정 시간대에 텔레비전을 시청한 시청자 수를 백분율로 표시하며, 전체 시청자 수(Total Audience Available)를 통합한 시청 비율을 나타낸다. 예를 들어 특정 5,000만 인구 중에서 1,000만 명이 특정 시간대에 텔레비전을 시청했다면 전체 시청자 비율(PUT)은 20%(1,000만 명÷5,000만 명)가 된다. 전체 시청자 비율(PUT)은 광고주들이 특정 시간대(Dayparts)의 시청자 수를 파악하여 광고 전략을 수립하며, 시청률 조사기관에 따라 PUT(People Using Television) 또는 PVT(Persons Viewing Television)라는 용어를 병용한다.

$$\text{전체 시청자 비율(PUT)} = \frac{\text{텔레비전 시청자 수}}{\text{전체 인구}} \times 100$$

(5) 1,000가구당 광고비용(Cost Per Mille)

광고주들이 텔레비전 방송사에 지불하는 광고료를 1,000세대 단위의 시청 가구 수로 나눈 비용으로 광고 메시지가 1,000가구에 전달되는 데 소요되는 광고비용을 산정한 금액이다. 예를 들어 〈세종대왕〉의 시청률이 20%이고 광고료가 1,000만 원인 경우, 광고주가 1,000가구에 광고 메시지를 전달하는 데 소요되는 비용(CPM)은 2,884원으로서 계산방법은 다음과 같다.

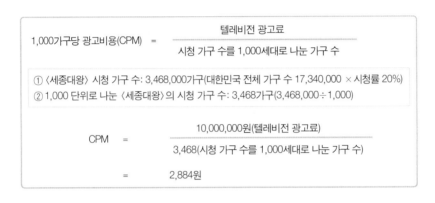

광고료(1,000만 원)를 1,000 단위로 표시된 〈세종대왕〉 시청 가구 수 3,468로 나누면 CPM은 2,884원(1,000만 원÷3,468)이 된다. 따라서 광고주가 부담하는 1,000가구의 광고비용(CPM)은 2,884원으로서, 광고주들이 마케팅 전략에 필요한 다매체 간의 광고비를 비교함으로써 광고 기획과 예산을 산정하는 자료로 사용한다. CPM은 방송사에서 새로운 프로그램을 제작하기 전에 시청률을 예상하여 전체 광고 수입을 추산하는 자료로 활용하기도 한다. 1,000가구당 광고비용(CPM)의 'M'은 라틴어 Mille의 약자로서 1,000단위를 의미한다.

(6) 시청률 포인트당 광고비용(Cost Per Point)

특정 시간대의 광고료를 시청률로 나눠서 시청률 1포인트(%)당의 광고비용을 계산한다. 예를 들어 〈세종대왕〉의 광고료(1,000만 원)와 시청률(20%)의 시청률 1포인트(%)당 소요되는 광고비용은 50만 원(1,000만 원÷20포인트)이 된다. 이는 광고주들이 시청자 1%에게 광고메시지를 전달하는 데 소요되는 비용으로 해석된다. 광고주들은 1,000가구당 광고비용(CPM)을 계산하여 매체 간의 광고비를 비교하여 광고 매체를 선정한 후, 시청률 포인트당 광고비용(CPP)을 산정하여 광고예산의 효율성을 측정한다.

$$\text{시청률 포인트당 광고비용(Cost Per Point)} = \frac{\text{텔레비전 광고료}}{\text{시청률}}$$

(7) 도달률(Reach), 빈도(Frequency), 총도달빈도(Gross Rating Point)

도달률(Reach)은 특정 기간 동안 특정 광고메시지에 1번 이상 노출된 사람 수(또는 가구 수)의 백분율(시청률을 말함)이며, 빈도(Frequency)는 특정 기간 동안 광고 메시지의 노출 빈도(광고 횟수)를 말한다. 도달률과 빈도(Frequency)의 값을 곱한 것을 총도달빈도(Gross Rating Point)로 표시하며 광고 캠페인의 효율성을 판단하는 기준으로 사용한다. 예를 들어 시청률이 18%인 프로그램에 4회의 광고를 노출시켰다면 총도달빈도는 72GRP(18%×4)로서, 해당 텔레비전 광고의 합산시청률이 72%임을 의미한다. 총도달빈도(GRP)는 중복 시청자를 감안하지 않은 단순 연시청률이므로, 이는 72%의 시청자가 해당 프로그램을 시청한 것이 아니라 4회에 걸친 합산시청률이 72%임을 말한다. 총도달빈도는 시청자가 소비자임을 전제로 텔레비전 광고가 소비자에게 도달하는 척도로 사용되며, 도달률과 빈도와의 등식은 다음과 같다.

$$\text{총도달빈도(Gross Rating Point)} = \text{도달률(Reach)} \times \text{빈도(Frequency)}$$
$$\text{도달률(Reach)} = \text{총도달빈도(Gross Rating Point)} \div \text{빈도(Frequency)}$$
$$\text{빈도(Frequency)} = \text{총도달빈도(Gross Rating Point)} \div \text{도달률(Reach)}$$

6. 라디오 청취율(Radio Ratings) 조사

라디오는 오락과 정보를 제공하는 대중 청각매체로서 영상매체와 뉴미디어에 대응하기 위하여 기술적인 발전을 거듭해왔다. 디지털 기술의 발전으로 라디오 방송은 멀티미디어 방송매체로 전환되면서 인터넷, 위성, DMB, 팟캐스트 등을 활용하는 매체로 변하고 있다. 이러한 과정에서 라디오의 청취 행위는 자동차 주행 시부터 도보 시까지 다양하므로 계측기를 사용하는 기술적 측정조사는 제한적이다. 2007년 아비트론(Arbitron)사[2013년 닐슨사가 인수하여 닐슨 오디오(Nielsen Audio)로 개명]에서 개발한 포터블 피플미터(Portable People Meter: 셀폰 크기의 휴대기기)는 라디오를 비롯한 지상파 텔레비전, 케이블, 위성의 무성 신호(Inaudible Signal)를 감지 · 식별하여 수용행위를 측정할 수 있다. 그러나 라디오 청취율 조사는 표본의 제한성과 낮은 청취율로 인하여 설문으로 수용자의 청취 행위와 선호도를 측정하는 방법으로 조사하고 있다.

1) 라디오 청취율 조사방법

라디오 청취율은 표집된 대상 중에서 일일 평균 5분 이상 청취하는 12세 이상의 수용자를 대상으로 프로그램 청취 행위, 프로그램 선호도, 자료분석에 필요한 인구사회학적 특성에 관한 설문을 정기적으로 조사한다. 주요 설문으로는 청취 프로그램, 청취 시간, 청취 장소, 인터넷 · 케이블 · 위성 라디오 이용여부, 성별, 연령, 직업, 거주지역, 교통수단, 학력, 직업, 소득, 종교 등이다. 조사 방법으로는 (1) 전화 동시조사, (2) 전화 기억조사, (3) 일기장 발송, (4) 온라인 설문, (5) 우편 메일 등이 사용된다.

(1) 전화 동시조사(Coincidental Telephone Survey)

컴퓨터를 이용한 전화 인터뷰 방식으로, 전화번호부(또는 명단)에서 무작위로 표본을 추출하여 응답자가 전화를 받는 순간의 청취행위를 설문한다. 신속하고 정확한 자료를 제공한다는 장점이 있지만, AQH(Average Quarter Hour)의 추정치만을 측정하고 CUME(Cumulative Audience)은 파악할 수 없다는 단점이 있어 광고주와 청취율 조사회사에서 선호하지 않는 방법이다[아래 2)-(1) CUME와 AQH 참조].

(2) 전화 기억조사(Recall Survey)

컴퓨터를 이용한 전화 인터뷰 방식으로, 전화번호부에서 무작위로 추출한 표본 응답자를 대상으로 전반적인 청취행위와 경험을 설문한다. 순간 청취행위를 설문하는 전화 동시조사의 단점을 보완한 이 방식은 응답자의 기억력(Recall Ability)에 의존하는 단점이 있는 반면, 청취자의 전반적인 청취행위와 15분 단위의 평균 청취자(AQH)와 누적 청취자(CUME)의 자료를 모두 측정할 수 있다.

(3) 일기장(Diary Mail)

표집(標集)된 조사대상 청취자들에게 특정기간(1주일 정도)의 청취행위를 기록하는 라디오 일기장을 발송하여 청취율을 조사하는 방식이다. 조사 대상자들이 일기장에 기록한 청취행위 자료와 인구사회학적 특징(성별, 나이, 거주지역, 소득 등) 자료를 활용하여 청취율 자료를 수집한다. 일기장(Diary)은 장기간의 수집기간, 저조한 회신율, 조사 대상자의 무성의(기억에 의존한 일률적 기록)로 인해 신뢰성이 낮다는 문제가 있으나, 전화 청취율 조사를 보완하는 자료와 지역 청취율을 정기적으로 조사하는 방법(Sweeps Rating Periods)으로 활용되고 있다.

(4) 온라인 설문(On-line Survey)

온라인 참여자 또는 무작위로 추출된 온라인 조사 대상자에게 프로그램의 선호도와 청취행위를 설문하는 방법이다. 단기간에 조사 대상자를 극대화할 수 있고 회신이 신속하다는 장점이 있는 반면, 특정 연령층과 인터넷 사용자로 한정된 표본 제한성, 방송사의 청취율 제고를 위한 의도적인 사전 온라인 캠페인(Hypoing)으로 조사 결과의 신뢰성 문제가 있다. 일부 라디오 방송사에서는 자체 조사 목적으로 온라인 청취율 자료를 수집하여 편성 전략과 프로그램 개선에 필요한 자료로 활용하고 있다.

(5) 우편 메일(Mail Survey)

청취율 조사에 필요한 설문을 조사 대상자에게 우편으로 발송하는 전형적인 사회과학적 조사방법이다. 표본 추출을 통한 전국적인 대상자에게 저비용으로 청취율을 조사할 수 있다는 점이 장점이나, 회신율이 매우 낮아 참여자 대표성 문제나 조사기간이 오래 소요된다는 문제가 있다. 우편 메일은 전화조사의 보편성과 온라인조사의 신속함으로 인하여 청취율 조사 기능이 점차 퇴색하고 있다.

2) 청취율 조사 자료

청취율 조사는 (1) CUME(Cumulative Audience)과 AQH(Average Quarter Hour), (2) 누적 청취율(CUME Ratings)과 독점 누적 청취율(Exclusive CUME Ratings), (3) AQH 청취율(AQH Ratings)과 AQH 점유율(AQH Share), (4) 평균 청취시간(Time Spent Listening)과 청취자 이탈률 지수(Turnover)를 계산하여 사용 목적에 따라 다음과 같이 활용한다.

(1) CUME(Cumulative Audience)와 AQH(Average Quarter Hour)

CUME는 특정 기간(또는 시간대)의 중복되지 않은 총누적 청취자 수이며, AQH는 특정 방송사의 15분 단위에서 5분 이상 청취한 평균 청취자 수를 말한다. 〈그림 4-19〉의 예를 들면, 총 12명의 청취자가 ABC-FM 방송사를 1시간 동안 들락날락하며 청취를 지속·중단하는 수용행위를 보이는 경우, 중복되지 않은 총누적 청취자 수(CUME)는 5명(A, B, C, D & E)이다. 15분 단위의 평균 청취자 수(AQH)는 총청취자 12명이 5분 이상 청취하였을 경우, 1시간 동안의 총청취자(12명)를 4쿼터(15분 단위)로 나눈 3명(12÷4 = 3)이 된다. ABC-FM 방송사의 지난 1주일 동안 아침 6시부터 자정까지의 AQH가 1만 5,000명이고 CUME가 60만 명이면, 지난 1주일 동안 ABC-FM사의 아침 6시

〈그림 4-19〉 ABC-FM 방송사(1시간)의 CUME과 AQH

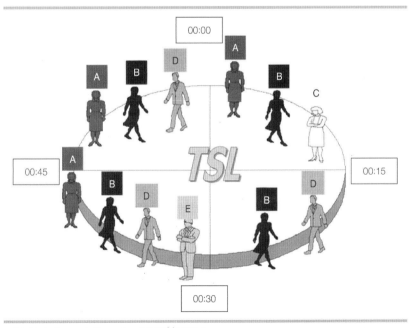

자료: Radio Research Consortium(2015)[44](재구성).

부터 자정까지 15분 단위 평균 청취자는 1만 5,000명이며, 중복되지 않은 1주일간의 총누적 청취자는 60만 명임을 나타낸다.

(2) 누적 청취율(CUME Ratings)과 독점 누적 청취율(Exclusive CUME Ratings)

누적 청취율(CUME Ratings)은 특정 시간대에 적어도 한 번 이상 특정 방송사를 청취한 청취자 중에서 중복되지 않는 총누적 청취자를 해당 지역의 전체 인구로 나눈 백분율을 말한다. 예를 들어 지난 1주일 동안 ABC-FM의 아침 6시부터 자정까지 중복되지 않는 총누적 청취자(CUME)가 60만 명이고 해당 지역의 인구가 300만 명일 경우, ABC-FM의 지난 1주일 동안(6:00 a.m.~12:00 p.m.)의 누적 청취율은 20%(600,000명÷3,000,000명)가 된다. 누적 청취율은 특정 방송 시장에서 전체 인구 대비 특정방송사 청취자의 누적 청취율을 의미한다.

독점 누적 청취율(Exclusive CUME Ratings)은 누적 청취자 중에서 다른 방송을 청취하지 않고 특정 방송사만을 지속적으로 수용한 청취자를 전체 인구에 대비한 비율을 말한다. 예를 들어 지난 1주일 동안(6 a.m.~12 p.m.) ABC-FM의 누적 청취자 60만 명 중에서 20만 명이 다른 방송을 청취하지 않았다면, ABC-FM의 독점 누적 청취율은 6.67%(200,000명÷3,000,000명)로서 ABC-FM 방송사의 고정 청취자 비율을 나타낸다.

$$\text{누적 청취율(CUME)} = \frac{\text{CUME(누적 청취자 수)}}{\text{전체 인구}} \times 100$$

$$\text{독점 누적청취율(Exclusive CUME)} = \frac{\text{고정 CUME 청취자}}{\text{전체 인구}} \times 100$$

(3) AQH 청취율(AQH Ratings)과 AQH 점유율(AQH Share)

AQH 청취율은 AQH 청취자 수를 특정 지역의 전체 인구의 비율로 표시하고, AQH 점유율은 특정 지역에서 라디오 방송을 청취한 청취자(PUR: Persons

Using Radio)로 나눈 비율을 말한다. 예를 들어 ABC-FM사의 지난 1주일 동안(6:00 a.m.~12:00 p.m.)의 AQH 청취자가 1만 5,000명이고 해당 지역의 인구가 300만 명일 경우, ABC-FM의 15분 단위 평균 청취율은 0.5%(15,000명÷3,000,000명)가 된다. 또한 전체 300만 인구 중에서 50만 명이 라디오를 사용(청취)하고 있었다면, ABC-FM의 15분 단위 평균 점유율(AQH Share)은 3%(15,000명÷500,000명)가 된다. 위 예와 같이 AQH 청취율은 특정 지역에서 전체 인구 대비 특정방송사의 AQH 청취비율을 의미하며, AQH 점유율은 라디오 청취자 대비 해당 방송사의 AQH 청취율을 나타낸다.

$$\text{AQH 청취율} = \frac{\text{AQH 청취자 수}}{\text{전체 인구}} \times 100$$

$$\text{AQH 점유율} = \frac{\text{AQH 청취자 수}}{\text{전체 라디오 청취자(PUR)}} \times 100$$

(4) 평균 청취시간(Time Spent Listening)과 청취자 이탈률 지수(Turnover)

라디오 방송사는 청취자 수의 최대화를 목적으로 15분 단위(Quarter Hour) 방송시간에 더 많은 청취자들을 확보하기 위하여 다양한 전략(인기 진행자, 게스트 출연, 경품, 퀴즈쇼, 이벤트 등)을 활용한다(제3장 3. 라디오 방송의 편성 참조). 평균 청취시간(Time Spent Listening)과 청취자 이탈률 지수(Turnover)는 라디오 방송사 간의 프로그램 경쟁력과 청취율을 비교하는 표준 수치로 사용한다.

평균 청취시간은 청취자가 특정 시간대에 특정 라디오 방송을 청취한 평균 시간을 나타낸다. 예를 들면, ABC-FM 방송의 아침 시간대(오전 8시부터 정오까지)의 AQH(15분 단위 평균 청취자)가 7,500명, CUME(중복되지 않은 총누적 청취자)이 4만 5,000명이면, ABC-FM 아침 시간대의 청취자 평균 청취시간 계산 방법은 다음과 같다.

$$평균\ 청취\ 시간(TSL) = \frac{AQH\ 인원 \times 특정\ 시간대의\ 15분\ 단위\ 수(Quarterly\ Hours)}{CUME\ 인원}$$

AQH 인원:　　　　　7,500명
　특정 시간대의 15분 단위 수: 16 Quarter Hours(QHs)
　　　　　　　　　아침 시간대(오전 8시부터 정오)는 총 4시간이며, 4시간(240분)
　　　　　　　　　을 15분 단위로 나누면 총 16QHs가 된다(240분÷15 = 16QHs).
CUME 인원 :　　　　45,000명

$$평균\ 청취\ 시간(TSL) = \frac{AQH\ 인원(7,500명) \times 특정기간(시간)의\ QHs\ 수(16\ QHs)}{CUME\ 인원(45,000)}$$

$$= \frac{7,500 \times 16\ QHs}{45,000}$$

$$= 2.67\ QHs(Quarter\ Hours)$$

$$= 2.67 \times 15분(QHs)$$

$$= 40분$$

ABC-FM 청취자의 아침 시간대(오전 8시부터 정오)의 평균 청취시간은 40분이다.

　청취자 이탈률 지수는 청취자의 이탈비율을 나타내는 지수로서 CUME 인원을 AQH 인원으로 나눈 값이다. 위 ABC-FM의 예를 이용해서 ABC-FM의 아침 시간대의 청취자 이탈지수를 계산하면 4만 5,000명(CUME 인원)을 7,500명(AQH 인원)으로 나눈 '6'이 된다. 이탈지수가 낮음은 고정 청취자 비율이 높음을 의미하며, 반면 이탈지수가 높음은 고정 청취자 비율이 낮음을 나타낸다. 라디오 방송사는 이탈지수를 최소화하기 위한 방안으로 청취자의 관심을 최대로 유도하는 전략을 활용하여 프로그램을 편성한다(제3장 3. 라디오 방송의 편성 참조).

$$평균\ 청취자\ 이탈지수(Turnover) = \frac{CUME\ 인원}{AQH\ 인원}$$

$$= \frac{45,000명}{7,500명}$$

$$= 6$$

7. 시청률·청취율 조사의 검증

1) 조사방법의 객관성과 신뢰성

시청률·청취율 조사회사는 계측기와 설문으로 표본 패널의 수용행위를 조사하고 있으나, 인구 구조 변화에 따른 패널 선정, 다플랫폼, N스크린(스마트폰·PC·태블릿) 이용, 대체 뉴미디어(OTT, 팟캐스트) 등장, 융합매체 다중화, 수용행위 복잡성 등으로 인하여 시청률·청취율 조사의 정확도를 제고시키는 방법은 한계에 이르고 있다. 특히 시청률 조사의 가장 큰 난점으로 알려진 유선전화 가구만을 대상으로 선정하는 표본의 노령화, 통계청 인구비율을 감안한 패널의 대표성, 패널 규모, 조사 방법에 관한 논란은 지속되고 있다.

과연 3,000~4,000명의 패널 가구가 대한민국 전체 1,734만 가구를 대표할 수 있을까? 사회과학자들은 건강 검진을 위해서 한 방울의 혈액검사만으로 인간의 건강상태 파악이 가능함에도 구태여 8.5mL의 채혈은 불필요하다고 주장한다. 반면 통계학자들은 대한민국 전체 1,734만 가구에서 3,000~4,000가구를 선정하는 것은 해변에서 모래알 줍기와 같다는 주장으로 선정 패널의 대표성 문제를 지적한다.

피플미터의 계측기 조사방법과 N스크린(스마트폰·PC·태블릿) 측정방식의 통합시청률(Total Screening Rate) 조사방법은 과연 타당하고 신뢰할 만한 조사방법인가? 수천만 명의 시청자·청취자들이 언제, 어디서, 어떤 프로그램을 시청·청취했는지를 파악하는 시청률·청취율 조사는 인간의 한계를 벗어난 영역에 해당된다. 따라서 시청률·청취율 조사회사에서는 통계청의 장래가구추계를 적용한 인구 구성 비율에 따른 지속적인 패널 가구 수 증가와 선진화된 과학적 검증기법을 개발하여 통계학적인 오류와 조사 방법상의 문제점을 최소화시키는 부단한 노력이 필요하다. 독립적인 검증기관에서는 조사방법 과정과 절차의 타당성을 정기적으로 점검하여 결과물의 신뢰성을 검토 및 승인하는 제도가 필요할 것이다.

2) 시청률 검증

시청률은 방송사의 광고 단가를 산정하는 기준으로서 연간 수십조 원의 방송광고 시장을 형성하며, 방송광고는 소비자의 구매행위로 직결되어 시청률이 국내 경제에 미치는 파급력은 막대하다.[45] 부정확한 시청률 자료는 불공정한 소비경제를 초래하여 국가 경제에 해악이 되므로 세계 각국에서는 정확한 시청률 조사를 위해서 검증위원회제도를 운영하고 있다. 검증 주체와 방식으로는 (1) 방송사와 광고주로 구성된 95개사가 자율적으로 비영리 독립기구(Media Rating Council)를 설립하여 검증을 주도하는 업체자율 주도형(미국), (2) 비영리 독립기구인 시청률·청취율 조사기관이 조사와 검증을 담당하는 독립기관 주도형(독일), (3) 방송사, 광고주, 광고대행사가 공동 출자하여 설립한 단체에서 점검하는 연합위탁관리형(영국, 프랑스)으로 구성되어 있다.[46]

우리나라는 2000년부터 한국방송광고진흥공사(KOBACO)에서 '시청률조사검증협의회'를 구성하여 검증 작업을 진행해왔으나 2007년에 해체되었다. 2008년부터는 방송통신위원회에서 민간 전문가로 구성된 '시청률조사 개선연구반'을 운영하여 매년 「시청률조사 검증보고서」를 발표하고 있으나, 아직

제도적인 전문 검증기관은 존재하지 않는다.[47] 검증기관의 주요 업무로는 (1) 시청률을 산출하는 패널 가구의 표본 추출 과정과 대표성 평가, (2) 계측기의 공학적 검증, (3) 전화 조사로 패널 가구의 시청 여부를 확인하고 피플미터와의 측정 결과 비교, (4) 전화로 일반 가구의 시청률을 조사한 후 패널 시청률과 비교 등을 들 수 있다.

8. 질적(Qualitative) 조사

1) 질적 수용행위 조사

시청률·청취율은 시청자·청취자가 언제, 어디서, 어떤 프로그램을 시청·청취했는지에 대한 수량적인 자료(Quantitative Data)를 제공해주지만 프로그램에 대한 선호도, 호감도 등의 질적인 자료(Qualitative Data)는 측정하지 못한다. 질적 수용행위 조사는 시청자·청취자의 프로그램에 대한 반응(선호도, 만족도, 호응도, 영향력, 의견 등)을 측정하는 비과학적 조사방법이다. 질적 수용행위 조사는 평가 방법의 객관성 부재로 조사 결과를 일반화시킬 수 없는 보완 자료에 해당된다. 대표적인 질적 조사 방법으로는 (1) 포커스 그룹(Focus Group), (2) TvQs(TV Quotient), (3) TQR(Television Qualitative Ratings), (4) VoxBox 측정, (5) 시청자 평가지수(Appreciation Index), (6) 공영성 지수(Public Service Index), (7) EI(Enjoyment Index), (8) 프로그램 몰입도 조사(Program Engagement Index), (9) 콘텐츠 파워 지수(Content Power Index), (10) 뮤직 리서치(Music Research), (11) 기타 등을 활용하고 있다.

2) 질적 조사방법

(1) 포커스 그룹(Focus Group)

소규모 집단(10~20명)의 조사 대상자로부터 프로그램에 대한 선호도, 만족감, 아이디어, 소감, 의견 등에 관련된 자료를 수집하는 조사방법이다. 포커스 그룹 조사방법의 대표적인 예로, 미국 CBS-TV 방송사가 관광 도시인 라스베이거스의 MGM 그랜드 호텔 내에 설립한 CBS 텔레비전 시티 리서치 센터(CBS Television City Research Center)가 있다. CBS-TV는 미 전역에서 라스베이거스로 모여드는 관광객을 10~20명 단위로 모집하여 CBS 텔레비전 시티 리서치센터 내의 미디어 랩(Media Lab)에서 자사의 방송 예정 시험 프로그램(Pilot Program)을 보여준 후, 프로그램의 반응(프로그램의 전반적인 선호도, 출연 배우의 호감도, 줄거리에 대한 의견 등)을 컴퓨터로 입력하도록 하여 조사 자료를 CBS-TV 본사로 실시간 전송한다. CBS-TV는 전송된 자료를 분석한 후, 방송 예정 시험 프로그램(Pilot Program)의 방영 여부, 방영 요일 및 시간대(Dayparts), 출연진 교체 여부, 줄거리 변경 등을 결정하는 자료로 활용한다.

〈그림 4-20〉 CBS Television City Research Center(Las Vegas)

사진 제공: ⓒ CBS Television City Research Center(2015).[48]

(2) TvQs(TV Quotient)

텔레비전 프로그램의 질적인 선호도를 우편 설문으로 측정하는 대표적인 방법으로서, TvQs는 전국에서 선정된 패널 시청자에게 프로그램의 친숙도(Familiarity)와 호감도(Favoritism)를 5점 척도로 구분하여 응답하는 방식이다. 미국 공영방송사(PBS)에서는 TvQ 방식으로 공익 프로그램과 상업 프로그램을 비교하는 PTvQ 방식을 활용한다.[49] 민영 텔레비전 방송사에서는 TvQ를 응용한 다양한 Q 지수로 프로그램과 출연배우들의 인기도(Popularity)와 친숙도(Familiarity)를 측정하여 시청자 선호 프로그램(Least Objectionable Programming)을 제작하는 데 필요한 자료로 활용한다. 대표적인 Q 지수로는 퍼포머 Q(Performer Q: 인기배우 지수), 카툰 Q(Cartoon Q: 인기 카툰 지수), 케이블 Q(Cable Q: 인기 케이블 텔레비전 지수), 스포츠 Q(Sports Q: 인기 스포츠 프로그램 지수) 등이 있다.[50]

(3) TQR(Television Qualitative Ratings)

표본추출된 다수의 대상자에게 프로그램의 인지도와 만족도를 14개 척도로 구분하여 프로그램의 질을 측정하는 방법이다. 미국 공영방송사(PBS)에서 개발한 방법으로서, 텔레비전 프로그램이 시청자에게 미치는 지식 습득(Knowledge & Enrichment), 기분전환(Diversion & Escape), 재미와 흥미(Fun & Amusement), 긴장과 흥분(Tension & Excitement), 긍정적인 평가(Positive Evaluation), 부정적인 평가(Negative Evaluation), 어린이·가족 대상(Kid·Family Viewing Program), 성인 대상 오락(Adult Entertainment Viewing Program), 친숙하고 사실적(Familiar & Realistic Program), 친숙하지 않고 비현실적(Unfamiliar & Unrealistic Program), 감정적으로 몰입(Emotional Involvement), 관심 있게 주목(Interested Observer), 아름다움과 매력적인 내용(Beauty & Glamour), 위트와 재치 있는 내용(Wit and Clever Lines)의 척도로 측정한다.[51]

(4) VoxBox 측정

텔레비전에 연결된 VoxBox 계측기로 프로그램의 질을 평가하는 전자반응식 측정 방법으로, 1979년 미국의 R. D. 퍼시 & 컴퍼니(R. D. Percy & Company)에서 개발하였다. 선정된 소규모 패널 가정의 시청자들이 텔레비전 프로그램을 시청한 후, 8개 척도(Excellent, Informative, Credible, Funny, Boring, Unbelievable, Dumb, Zap)로 구분하여 프로그램을 평가하는 방식이다.[52] VoxBox 계측기는 패널 규모가 제한적인 단순한 측정 도구이나, 1988년 R. D. 퍼시 & 컴퍼니에서 개발한 퍼시 피플미터(Percy's People Meter)는 광고 효과와 시청장소를 센서로 감지하여 텔레비전 광고 방송 중에 시청자들의 채널 변경 또는 시청 여부를 측정한다.[53]

(5) 시청자 평가 지수(Appreciation Index)

시청자들의 방송프로그램 만족도를 평가지수(AI)로 환산하여 측정하는 질적 조사방법이다. 추출된 집단표본을 대상으로 우편 또는 온라인으로 프로그램의 유익함, 오락성, 방송사의 전반적인 서비스 만족도를 평가하고 측정결과는 종합 평가 지수(0~100)로 환산한다. AI 지수는 90점 이상(Exceptional), 85점 이상(Excellent), 60점 이하(Poor), 55점 이하(Very Poor)로 구분하여 양질(High Quality)의 프로그램 및 서비스를 판단하는 지표로 사용한다. 영국의 BBC와 ITVA가 시청자 조사를 위해 합작 설립한 BARB(Broadcasters' Audience Research Board)에서 개발하였다.[54]

(6) 공영성 지수(Public Service Index)

1995년 KBS-TV와 한국 언론학회가 공동으로 개발한 텔레비전 프로그램의 공영성을 측정하는 지수로서, 시청자에게 프로그램의 ① 제작완성도(잘 만들어졌는가?), ② 감성지향도(시간 가는 줄 몰랐는가?), ③ 정보지향도(얼마나 유익했는가?)로 구분하여 측정한다.[55] 조사방법은 선정된 응답자 패널에게 시청 프로그램에 대한 평가점수(항목별 0~10점 척도)를 자기 기입 식으로 기록하도록한 후, 면접원이 전화를 통해 설문한 응답결과를 자동화된 시스템으로 처리하는 컴퓨터 전화면접조사(CATI: Computer Aided Telephone Interview) 방식을 사용한다.[56] 공영성 지수(PSI) 조사는 KBS가 공영방송으로서 날로 심화되는 시청률 지상주의의 폐해와 다매체·다채널·다플랫폼 환경의 방송산업 상업화(선정성, 물질주의, 비도덕성)를 지양하고 방송프로그램의 공익성과 품질을 높여 시청자의 정보 복지를 보장하기 위해 프로그램을 평가하는 품질평가지수이다.[57]

(7) EI(Enjoyment Index)

캐나다의 CBC 방송사(Canadian Broadcasting Corporation)에서 개발한 방법으로 텔레비전 일기장(TV Diary)과 포커스 그룹을 혼합하여 프로그램의 인지도와 질을 측정하는 2단계 조사방법이다.[58] 첫 단계는 전국적인 패널 대상자에게 주간 텔레비전 일기장(Television Diary)을 작성토록 한 후, 프로그램 친숙도(Familiarity Index)의 6점 척도(0점 전혀 재미없다~5점 매우 재미있다)를 계산하여 만족 지수(EI)를 산정한다. 두 번째 단계는 포커스 그룹을 특정 텔레비전 프로그램의 시청자군과 비시청자군으로 분류하여 EI(Enjoyment Index) 지수가 낮은 프로그램에 대해서는 그룹 토론을 실시한다. EI는 시청자의 인지도와 반응을 토대로 CBC 방송사의 프로그램 질을 개선하는 목적으로 사용되고 있다.

(8) 프로그램 몰입도 조사(Program Engagement Index)

방송광고 판매를 목적으로 시청자의 프로그램 몰입도를 8점 척도로 측정하여 질적 지표를 산출하는 조사방법이다. PEI(Program Engagement Index)는 0

~200점으로 분포된 8점 척도(프로그램을 시청하는 동안 ① 눈을 뗄 수 없었다, ② 다른 일을 하지 않았다, ③ 다른 채널로 돌리지 않았다, ④ 자리를 뜨지 않았다, ⑤ 방해받기 싫었다, ⑥ TV 앞으로 다가갔다, ⑦ 시간 가는 줄 몰랐다, ⑧ 볼륨을 높였다)를 합산하여 8분하는 지수이다.[59] PEI가 100점 이상이면 보통 이상의 몰입도이며 100점 이하이면 보통 이하를 나타내주는 몰입도 측정의 질적 지표이다.

(9) 콘텐츠 파워 지수(Content Power Index)

지상파 텔레비전 3사(KBS, MBC, SBS)와 CJ E&M 채널(tvN, Mnet, OnStyle, STORYON, O'live, XTM, OCN)의 드라마, 오락, 정보, 음악 프로그램 영향력을 평가하기 위하여 온라인 뉴스 구독자 수, 온라인 검색자 수, SNS 공유 건수를 조사하여 프로그램의 파워와 가치를 측정하는 지수이다. CPI의 조사방법은 특정 텔레비전 프로그램과 관련된 온라인 뉴스(기사)의 구독자 수, 특정 프로그램 관련 키워드를 직접 포털 사이트에서 검색한 사람 수, 특정 프로그램 관련 메시지가 SNS에서 공유된 건수(버즈 트래픽량)의 3개 항목(화제성, 관심도, 주목도)의 개별 표준 점수(200점 기준)를 합산하여 평균을 산출한다. CJ E&M 사가 시청률 조사회사인 닐슨코리아와 공동으로 개발한 주간 단위의 평가 방법으로 젊은 연령대 시청자의 시청률을 보완하는 지표로 사용된다. 유사한 보완지표로는 텔레비전 프로그램에 대한 "검색 키워드 및 검색 수, 검색 결과를 통한 방송사(공식 홈페이지, 다시 보기, 미리 보기 등) 접속 수 등"의 인터넷 활동량을 분석·집계한 'TV 인터넷 관심도'가 있다.[60]

(10) 뮤직 리서치(Music Research)

음악 전문 라디오 방송사에서 실시하는 질적 조사방법으로 청취자의 선호음악(곡)과 장르를 전화로 조사한다. 뮤직 리서치는 인기 음악 차트 순위에 의존하지 않고 청취자의 반응을 직접 선곡에 반영하기 위한 조사 방법으로서 인기 음악(곡)과 장르의 일일·주별 선곡 및 중복 회수를 결정하는 자료로 활용한다.

(11) 기타 질적 조사 방법

세계 각국의 방송사와 기관에서는 시청률·청취율이 양적 척도에 지나치게 의존하는 점을 보완하기 위하여 프로그램 품질을 평가하는 질적 조사를 병행해오고 있다. 프랑스(CEO), 네덜란드(NOS-KLO), 일본, 노르웨이를 비롯하여 한국의 방송통신위원회(KCC Index), MBC-TV(Quality Index), SBS-TV(Audi-ence Satisfaction Index), EBS(Program Evaluation Index)에서도 다각적인 방법으로 프로그램의 질적 향상을 위한 조사를 실시하고 있다.

세계 각국에서 사용하는 질적 조사는 각국의 방송산업 특징에 따라 다양한 방법으로 실시되므로 프로그램의 질(Quality)에 대한 개념 정의, 패널구성(대상 규모) 및 표본추출, 방송사(민영 및 공영) 구분, 측정 방법, 조사 장르 및 프로그램 형태, 조사 절차 및 단계, 평가 및 분석 방법, 지수 산정법이 각양각색이다. 따라서 프로그램의 질을 측정하는 객관적인 조사방법을 도출하기는 어려우며, 각국의 미디어 환경과 시청자의 특징적인 수용행위에 적합한 측정 방식으로 자료의 신뢰성을 제고시킬 수 있는 조사방법의 개발이 필요하다. 방송사는 질적 조사 결과를 대외 홍보수단으로 사용하는 형식적인 자료가 아니라 수용자를 위한 양질의 프로그램 개발에 적극적으로 반영하는 공익을 위한 자료로 활용되어야 한다.

9. 방송 광고

1) 방송광고의 구분

방송광고는 생동감과 설득력이 있는 표현으로 짧은 시간에 기업 및 단체의 제품, 서비스, 이미지, 공공복지와 관련된 시청각 메시지를 방송매체를 통하여 대중(Mass Audience)에게 동시에 전달할 수 있는 특징이 있다. 방송광고는 상업 또는 비상업적인 메시지를 소비자에게 전달하는 (1) 상업 광고(Commercial), (2) 공익 상업 광고(Public Service Commercial), (3) 공익 광고(Public Service Announcement)로 구분할 수 있다.

(1) 상업 광고(CM)

광고주가 방송사에서 책정한 광고비를 지불하고 방송 시간대에 편성 또는 노출하는 광고로서, 기업이나 단체가 영업 이익을 추구하려는 목적으로 자사의 제품, 서비스, 이미지를 전달하는 상업적인 메시지(Commercial Message)가 주류를 이룬다.

(2) 공익 상업 광고(PSC)

정부, 자치단체, 기업, 비영리 단체에서 사회, 교육, 환경, 의료, 문화, 과학, 정치, 경제 분야의 공공복지 증진을 위한 메시지를 국민에게 전달하여 정부·단체·기업의 이미지를 제고시키려는 목적의 유료 공익 상업 광고이다. 공익 상업 광고(PSC)의 예로는 자동차회사의 환경 캠페인, 제약 회사의 자연보호 캠페인, 경제단체의 유류절약 캠페인 광고 등이 있다.

(3) 공익 광고(PSA)

공공기관 또는 비영리 단체에서 방송매체에 광고료를 지불하지 않고 비상업적인 공지사항 또는 복지 등의 공공 광고를 의뢰하여 방송사에서 공익 차원으로 자발적 편성을 한다. 방송사업자는 "공공의 이익을 증진시킬 목적으로 제작된 비상업적 '공익 광고'를「방송법」이 정하는 비율 이상 편성해야 하는 의무"가 있다.[61] '공익 광고(PSA)'의 예로서는 정부의 재난 대책 안내, 적십자사의 헌혈 캠페인, 자선단체의 불우이웃 돕기 캠페인 등을 들 수 있다.

2) 방송광고의 종류

방송광고는 광고를 목적으로 하는 방송내용물로서, 방송사업자는 방송광고와 방송프로그램이 혼동되지 않도록 명확하게 구분해야 한다.[62] 「방송법」 제73조(방송광고 등)는 방송광고의 종류·허용범위·시간·횟수 또는 방법 등을 규정하고, 「방송법 시행령」 제59조(방송광고)에서는 구체적인 기준을 명시하고 있으며, 「소비자보호법」에서는 국가가 소비자를 보호하기 위하여 광고의 기준을 정할 수 있도록 규정하고 있다.[63] 「방송법」 제73조에서 규정한 방송광고의 종류는 ① 방송프로그램 광고, ② 중간광고, ③ 토막광고, ④ 자막광고, ⑤ 시보광고, ⑥ 가상광고, ⑦ 간접광고로 구별하고 있다.[64] 케이블 홈쇼핑

〈그림 4-21〉 방송광고의 종류(예)

채널과 같이 상품소개 및 판매에 관한 전문편성을 행하는 방송의 상품소개 및 판매에 관한 방송내용물은 방송광고로 간주하지 않는다.[65]

① **방송프로그램 광고**: 방송프로그램의 전후(방송프로그램 시작타이틀 고지 후부터 본방송프로그램 시작 전까지 및 본방송프로그램 종료 후부터 방송프로그램 종료 타이틀 고지 전까지를 말한다)에 편성되는 광고.
② **중간광고**: 1개의 동일한 방송프로그램이 시작한 후부터 종료되기 전까지 사이에 그 방송프로그램을 중단하고 편성되는 광고.
③ **토막광고**: 방송프로그램과 방송프로그램 사이에 편성되는 광고.
④ **자막광고**: 방송프로그램과 관계없이 문자 또는 그림으로 나타내는 광고.
⑤ **시보광고**: 현재시간 고지 시 함께 방송되는 광고.
⑥ **가상광고**: 방송프로그램에 컴퓨터 그래픽을 이용하여 만든 가상의 이미지를 삽입하는 형태의 광고.
⑦ **간접광고**: 방송프로그램 안에서 상품을 소품으로 활용하여 그 상품을 노출시키는 형태의 광고.

3) 방송광고의 허용 범위·시간·횟수 규제

방송광고의 허용범위·시간·횟수 또는 방법 등은 「방송법」(제73조)과 「방송법 시행령」(제59조)에서 규정하는 범위 이내에서 할 수 있다.[66] 지상파 텔레비전의 광고는 종류별로 시간·횟수·방법을 규율해왔으나, 2015년 4월 24일 방송통신위원회는 광고 종류별 규제 방식이 도입된 지 42년 만에 규제를 완화하는 「방송법 시행령」 개정안을 의결하여 광고 종류에 관계없이 프로그램 편성시간당 총량만을 정해주는 광고총량제를 도입하였다. 광고총량제는 「방송법」에서 규정한 전체 방송광고 시간 이내에서 방송사가 자율적으로 광고종류·시간대·횟수·시간(길이) 등을 탄력적으로 운용할 수 있다.

지상파 텔레비전의 경우, 방송프로그램 시간당 평균 15~18%(9분~10분 48초) 한도 내에서 자율적으로 광고를 편성할 수 있다. 단, 방송프로그램 광고는

〈표 4-12〉 방송 광고의 허용 범위, 시간 및 횟수[68]

광고구분	지상파 텔레비전	라디오	유료 방송(케이블·위성·IPTV)
	광고총량제: 프로그램·토막·자막·시보 광고의 유형별 규제를 폐지하고 프로그램 편성시간당 평균 15%(9분), 최대 18%(10분 48초) 이내에서 자율 편성	광고총량제: 프로그램·토막·자막·시보 광고의 유형별 규제를 폐지하고 프로그램 편성시간당 평균 15%(9분), 최대18%(10분 48초) 이내에서 자율 편성	광고총량제: 프로그램·토막·자막·시보 광고의 유형별 규제를 폐지하고 프로그램 편성시간당 평균 17%(10분 12초), 최대 20%(12분) 이내에서 자율 편성.
프로그램 광고	편성시간당 15%(9분) 이내.	편성시간당 15%(9분) 이내.	편성 시간당 17%(10분 12초) 이내.
중간광고	금지(운동경기, 문화·예술행사 등 중간에 휴식 또는 준비시간이 있는 방송프로그램은 허용).	금지(운동경기, 문화·예술행사 등 중간에 휴식 또는 준비시간이 있는 방송프로그램은 예외).	광고총량제 적용(중간광고 시작 직전에 자막, 음성 등으로 고지).
토막광고	광고총량제 적용.	광고총량제 적용.	광고총량제 적용.
자막광고	광고총량제 적용.	해당 없음.	광고총량제 적용.
시보	광고총량제 적용.	광고총량제 적용.	해당 없음.
간접광고	해당 프로그램 시간의 5%, 화면 1/4 이내(프로그램 전에 간접광고 포함 여부를 자막 표기 및 시청권 보호 의무 규정).	해당 없음.	해당 프로그램 시간의 7%, 화면 1/4 이내(프로그램 전에 간접광고 포함 여부를 자막 표기 및 시청권 보호 의무 규정).
가상광고	운동경기 중계, 오락, 스포츠보도 방송프로그램의 경우에 한정(시청권 보호 의무 규정). 해당 방송프로그램 시간의 5%, 가상광고의 노출크기는 화면의 1/4분 이내.	해당 없음.	운동경기 중계, 오락, 스포츠보도 방송프로그램의 경우에 한정(시청권 보호 의무 규정). 해당 방송프로그램 시간의 7%, 가상광고의 노출크기는 화면의 1/4분 이내.

편성시간당 15%(시간당 9분)로 제한되어 있다. 예를 들면 60분짜리 드라마의 경우, 지상파 텔레비전 방송사는 15초짜리 방송프로그램 광고를 36개(9분)까지 자율적으로 편성하고, 기타 광고(토막·자막·시보 광고 등)로 1분 48초를 추가하여 시간당 최대 10분 48초까지 편성할 수 있다. 유료방송(케이블·위성·IPTV)은 방송프로그램 편성시간당 17~20%(10분 12초~12분)의 광고 총량을 허용한다. 지상파 텔레비전방송은 중간광고를 불허하지만 가상광고와 간접광고는 허용하고 있다. 방송매체별로 분류한 광고 허용범위·시간·횟수는 〈표 4-12〉와 같다.

4) 방송광고 시간

텔레비전 광고시간(단위)은 광고 유형에 따라 5·10·15·20·30·45·60초
로 구분되며, 광고주와 방송사 간의 협의에 의해서 90·120·150초 단위도 가
능하다. 가장 보편적인 텔레비전 광고는 15초, 30초 단위(자막광고와 시보는 10
초 이내)이며, 라디오 광고는 20초가 기본이다. 방송광고료는 매체별(텔레비
전, AM, FM, 케이블, 위성·IPTV·DMB 등), 시급(텔레비전 SA, A, B, C급; 케이블
SSA, SA, A, B, C급; 라디오 A, B, C급), 광고종류(프로그램 광고, 중간, 토막, 자막,
시보), 시청률·청취율(高低), 초수(秒數), 방송권역(전국권, 수도권, 지방), 방송
사 인기도(高低) 등의 구분에 따라 차등을 둔다. 지상파 텔레비전 방송의 경우
시청률, 시급(Class of Time), 광고유형 등에 따라서 광고료가 책정되지만, 일
부 방송채널사용사업자(PP)는 프로그램 선호도에 의해 광고요금이 결정된다.
예를 들면 골프채널의 경우 광고시급(SSA, SA, A, B, C급)에 관계없이 PGA 골
프경기 중계는 다른 프로그램보다 가장 고액의 광고료를 책정한다.

30분, 60분 단위의 광고로는 인포머셜(Infomercial)이 있다. 정보(Informa-

〈그림 4-22〉 지상파 텔레비전 방송사와 라디오 방송사의 광고시급표(예)*

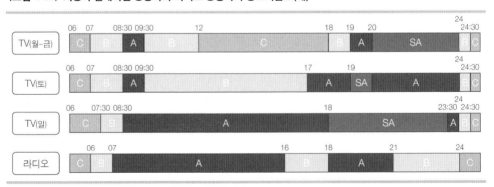

* 시급(Class of Time): 방송시간에 따라 광고요금 책정에 차등을 두는 등급.[67] 방송채널사용사업자(PP)의 시급은 채널 특성에
  따라 상이한 차별을 두고 있다.

tion)와 광고(Commercial)의 합성어인 인포머셜은 상품이나 서비스의 상세한 설명과 실연(Demonstration)으로 소비자의 이해를 돕기 위해 제작되는 상품판매 광고방송이다. 1950년대 말 미국에서 시작된 인포머셜은 최저 시청률 시간대인 심야(1~5시) 또는 주부 대상의 아침과 오후 시간대에 주방 및 생활용품, 패션 관련 제품, 건강 보충제 등의 상품 및 관련 서비스를 판매하고 있다.[68]

5) 방송광고의 규제

방송광고의 규제는 자·타율적인 규제방식과 직·간접 거래방식의 구분에 따라 (1) 방송사가 자율적으로 광고를 편성하는 자율규제(광고총량제), (2) 대행기관에서 일괄적으로 방송사에 광고를 배정하는 타율규제(미디어랩), (3) 방송사와 광고주 간의 직·간접거래로 구분한다.

(1) 자율규제(광고총량제)

방송사가 자율적으로 광고를 편성하는 제도로서 광고총량제가 있다. 광고총량제는 규제기관에서 광고 전체 허용량만 규정하고, 방송사는 허용 범위 내에서 광고유형, 시간대, 횟수, 시간(길이)을 탄력적으로 운용하는 방식이다. 광고총량제는 방송사의 광고 수급량 조절, 광고시장의 효율성과 탄력적 시장 기능, 광고 수입 증대로 인한 프로그램 제작 활성화, 다매체·다채널·다플랫폼 시대의 경쟁력 강화 등의 장점이 있다. 반면 영업이익 극대화에 치우친 광고 편성(광고 단가가 높은 주시청 시간대의 광고 쏠림 현상), 한정된 광고시장의 지상파 텔레비전 편향성, 광고시간 완화로 시청권 편익 훼손, 방송광고의 독과점, 시청률 경쟁 심화, 매체 간의 광고규제 불공정성, 광고주 위주의 제작과 편성으로 오락 프로그램 범람 등의 문제점을 내포하고 있다.

(2) 타율규제(미디어렙)

타율규제는 대행기관에서 일괄적으로 방송사에 광고를 배정하는 간접 판매제도로 미디어렙(MediaRep) 방식이 있다. 미디어(Media)와 대행사(Representative)의 합성어인 미디어렙은 방송사를 대신하여 방송광고를 전문적으로 위탁판매하고 판매대행 수수료를 받는 방송광고 판매대행사이다. 미디어렙은 광고판매 대행업무뿐만 아니라 광고주에게 광고분석, 광고기법 등의 매체 자료를 제공해주는 역할을 한다.[69] 우리나라는 방송사와 광고주 간의 불합리한 압력과 결탁을 차단하고, 방송의 편성·제작을 광고영업과 분리시켜 방송영업의 전문화·효율화·합리화를 목적으로 1980년 「방송광고 판매대행 등에 관한 법률」을 제정하여 한국방송광고공사(KOBACO)가 독점적으로 방송광고 위탁판매 업무를 수행해왔다.[70]

광고판매 대행체제인 미디어렙 제도는 ① 방송사가 광고 수주를 위해서 광고주에게 부당한 압력 방지, ② 방송사의 일방적인 광고요금 인상 금지, ③ 광고주가 광고를 빌미로 방송사와 비리 및 결탁 방지, ④ 매체 간의 무분별한 광고 유치 경쟁 배제, ⑤ 광고요금의 인상 조정으로 물가 안정, ⑥ 방송광고 시장의 취약 매체 보호, ⑦ 방송의 공익성을 제고시키는 장점이 있다.[71] 반면 ① 시장 기능에 위반되는 광고 연계·결합 판매(지상파 3사 광고 판매 시 중소방송사의 광고를 연계 판매하거나, 지역·종교 방송사들의 프로그램을 결합판매), ② 강제 위탁 성격으로 기업 선택권 침해, ③ 불합리한 요금책정, ④ 비경쟁적 판매 관행, ⑤ 비경쟁 체제로 인한 광고시장 비활성화 등의 단점이 있다.[72]

2006년 3월 방송광고 판매대행 제도(미디어렙 제도)가 직업선택의 자유와 평등권을 침해한다는 헌법소원심판이 제기되었고, 2008년 11월 헌법재판소는 "한국방송광고공사(KOBACO)와 이로부터 출자를 받은 회사에 대해서만 지상파 방송광고의 판매대행을 허용하는 것은 과잉금지 원칙을 위반한 것이며, 민영 방송광고 판매대행사를 사적 이익만을 위해 설립된 회사라고 단정하는 것은 차별목적과 수단 사이에 비례성을 상실한 것으로 「헌법」에 위반"된다는 판결을 내렸다.[73] 헌법재판소의 헌법불일치 판결 이후 「방송광고 판매 대행 등에 관한 법률」(일명 「미디어렙법」, 2012)이 제정되었으며, 주요 내용은 다음과 같다.[74]

- 1공영 다민영 2원 체제 허용(KBS·MBC·EBS는 공영, SBS·종합편성채널 등은 1사 1대행사 설립 가능).
- 공영방송(KBS·MBC·EBS)의 공영 렙 지정.
- 종합편성채널의 렙 위탁 3년 유예(승인 시점에서 3년 유예. 2014년부터 적용).
- 민영 렙 최대지분 40% 이하 및 지주회사 출자 금지(광고판매대행사의 방송사 지분은 최대 40% 이하로 제한).
- 광고판매 대행사업 유효기간 제한(광고판매 대행사업 허가 유효기간을 5년으로 제한. 최초 허가의 경우 3년).
- 광고판매대행사 지분 제한(신문, 통신사는 광고판매대행사 지분 10% 초과 금지).
- 방송광고 교차판매 허용(지상파와 케이블 광고 교차판매 허용. 신문과 방송광고는 교차판매 금지).
- 광고판매대행자 부당 간섭 및 차별 금지(광고판매대행자가 정당한 사유 없이 방송사업자의 프로그램에 영향을 미치는 행위·거래조건 차별 등의 금지. 방송사업자가 광고판매대행자의 경영 등에 부당하게 간섭하는 행위·위탁 거부 및 중단 등 거래조건 차별 등을 할 수 없음).
- 중소방송의 광고판매 지원의 제도화(신설될 미디어렙은 최근 5년간 지상파 방송광고 매출액 중 중소, 지역방송에 결합 판매된 평균비율 이상으로 광고를 결합 판매해야 함).

「미디어렙법」(2012년)에 의해 설립된 미디어렙은 설립자본과 운영주체에 따라 ① 공영매체기업의 자회사 형태로 운영되는 공영 미디어렙과 ② 민영 방송사 또는 매체기업과는 관계없이 운영되는 민영 미디어렙의 '1공영 다민영' 체제를 형성하게 되었다. '1공영 다민영' 체제는 광고판매 경쟁에서 공영방송은 독립성을 유지하고, 민영 방송은 두 개 이상의 다민영 미디어렙이 경쟁하는 형태이다. 주요 장점으로는 공영 미디어렙을 통한 취약매체의 지원이 가능하고 지상파 방송광고 시장이 활성화된다. 반면, 광고 수주를 위한 시청률 경쟁으로 특정 오락 프로그램 양산, 자본에 의한 광고시장 장악, 미디어렙의 난

립으로 광고시장 질서 교란, 과도한 경쟁으로 미디어렙의 수익성 악화, 지상
파 방송사의 광고 편중 등의 단점이 있다.[75]

① 공영 미디어렙(KOBACO): 공영 미디어렙은 공영방송사(KBS-2TV, MBC, EBS
등)와 방송통신위원회가 지정하는 방송사의 광고판매를 대행한다. 한국방송
광고공사(KOBACO)는 지역 MBC 18개사, 경인방송, 경기방송, CBS, 불교방
송, 평화방송, 극동방송, 원음방송, YTN 라디오, 영어방송(3개), 광주·부산·
서울시교통방송본부, KBS-America 등 총 36개 매체(전국 139개 방송국)와 15
개 지상파 DMB 방송의 방송광고 판매를 대행하고 있다.[76] 한국방송광고공사
(KOBACO)는 방송의 공공성과 다양성을 유지하면서 국민의 전파 향유권을 보
장하는 것을 목표로 하며, 이를 위하여 방송광고 판매 사업으로 방송사의 재
원을 조달하고, 공익산업과 광고산업의 진흥 업무도 병행하고 있다.[77]

② 민영 미디어렙: 민영방송, 지역민방, 국가기관이 지정하는 방송사의 광고판
매를 대행하는 민영광고 대행사이다. 「미디어렙법」(2012년)에 의해서 방송사
는 자사가 설립한 미디어렙의 지분을 40%까지 소유하여 실질적인 최대 주주
가 되므로, 방송사는 미디어렙의 운영권을 장악하여 그 기능과 역할이 방송사
의 광고영업부와 같은 구실을 할 수 있다. 대표적인 민영미디어렙은 SBS가 지
분 40%를 보유한 미디어 크리에이트(Media Create)로서 SBS를 비롯하여 SBS
와 네트워크협정을 맺고 있는 9개 지역민방, SBS 계열 7개 케이블 방송사,
OBS 등의 광고를 대행한다. 미디어 크리에이트는 2008년 헌법 불합치 판결
이후, 광고판매대행을 목적으로 주식회사 형태로 설립되었다.[78]

미디어렙은 광고주의 대리인 역할을 하는 광고대행사로부터 광고 구매신
청을 수탁(受託)하고, 방송사로부터 위탁받은 방송광고물의 판매업무를 대행
한다. 방송광고요금(광고료)은 방송사가 제시하고 미디어렙과 협의하여 방송

〈그림 4-23〉 1공영 다민영 미디어렙 체제

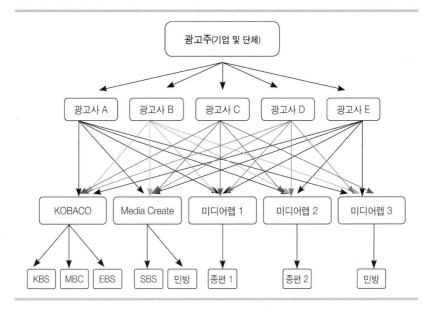

광고요금표(Rate Card)를 결정하며, 미디어렙은 방송광고 판매방식에 따라 광고요금표의 광고료를 할인 및 할증, 무상의 방송광고시간 추가 등을 할 수 있다.[79] 방송사는 광고료의 13~16%의 범위 내에서 미디어렙과 협의하여 판매대행에 다른 수탁수수료(Commission)를 미디어렙에 지불한다(지상파 DMB 사업자는 13~18%).[80] 방송광고의 판매경로는 광고주 → 광고대행사 → 미디어렙 → 방송사를 거치며, 판매방식은 ㉠ 계약기간에 따른 판매, ㉡ 변동 요금 판매, ㉢ 기타 판매가 통용되고 있다. 협찬광고 판매는 협찬 캠페인과 제작 협찬으로 구분된다. 협찬 캠페인은 미디어렙이 광고판매를 전담하며, 제작 협찬은 방송사의 제작 담당부서(드라마운영팀, 제작운영팀, 외주제작국 등)에서 직접 판매한다.[81] 미디어렙의 광고 판매방식과 종류는 〈표 4-13〉과 같다.

〈표 4-13〉 미디어렙의 광고 판매 방식과 종류[82]

판매방식	종류	내용
계약기간에 따른 판매 방식	Upfront(선불 판매)	장기간(6개월 이상 단위)의 광고시간을 미리 구매하는 방식으로, 최우선 적으로 프로그램 선택 등의 혜택이 제공됨.
	정기물	1~3개월 단위의 광고물을 사전 판매.
	임시물	1개월 이하 단위의 미청약 시간대 광고물을 월중 수시 판매.
변동 요금 판매 방식	기본 요금	프로그램 단위의 기본 요금으로 판매.
	변동 요금	프로그램의 시청률과 시장 수요 등을 감안하여 할증 또는 할인하여 판매.
기타 판매 방식	보너스 제공	특정 프로그램 구매 또는 특정 계약 형태에 대하여 보너스 시간대를 무료 로 제공.
	CM순서 지정	위와 같은 판매 방식으로 기청약된 프로그램 광고의 방송순서 지정에 대 하여 경매제 방식으로 판매.
	프리엠션 (Preemption)	미디어렙이 사전 지정한 방송광고를 보다 높은 광고료를 제시하는 방송광 고 청약자에게 판매하는 방식.
	지정판매방식	방송광고 청약자가 방송프로그램 순서 지정 대가를 부담하기로 하고 사전 에 순서를 지정하여 청약할 경우에는 높은 지정금액 순으로 미디어렙이 방송프로그램 광고의 순서를 정할 수 있도록 하는 방송프로그램 지정판매 방식.

자료: 미디어 크리에이트. "광고 판매방식". 2015.3.31. http://www.mediacreate.co.kr/.

(3) 방송광고 직·간접거래

방송사와 광고주들이 규제기관으로부터 광고 판매·구매에 관한 제약 없이 자율적으로 광고를 직거래하는 방식과 광고대행사를 통하여 간접 거래하는 방식이다. 직·간접 거래는 광고주와 방송사들이 다음과 같은 5가지 방식을 사용한다.

① **광고 직거래**: 광고주가 방송사로부터 초단위의 프로그램 광고, 중간광고, 토막광고, 자막광고, 시보 광고, 가상광고 등을 직접 구입하고 방송사에 광고료를 지불.
② **광고주 광고대행사(Advertising Agency)**: 광고주가 광고대행사에 광고 구입을 위탁하고 광고대행사에 소정의 수수료(Commission)를 지불.
③ **방송사 광고대행사(Station's Representative)**: 방송사의 광고 대행사가 광고주에게 광고를 알선 판매하고 수수료를 수수(授受).
④ **프로그램 판매 대행사 및 제작사(Syndicator·Production Option)**: 광고주가 프로그

232 방송학

램 판매 대행사(Syndicator) 또는 프로그램 제작자로부터 프로그램에 삽입되는 광고 또는 프로그램에 노출되는 상품 및 서비스의 간접광고를 직접 구입.

⑤ **광고 교환(Barter)**: 광고주가 방송사의 광고를 구입하고 광고료를 지불하는 대신 광고료에 상응하는 자사 제품 또는 서비스를 방송사에 제공.

6) 간접광고(Product Placement)

간접광고(Product Placement)는 프로그램 중에 특정 상품, 상표 및 서비스 등이 노출되어 간접적으로 광고 효과를 얻는 것을 말한다. 프로그램에 등장하는 상품, 상표 및 서비스 등은 직접광고(텔레비전 광고)에 비해 광고효과가 크게 떨어지는 것으로 알려져 왔으나, iTVX(Interactive Product Placement Network)사의 조사에 의하면 인기 프로그램에 등장한 제품의 간접광고 효과는 직접광고에 못지않은 광고효과가 있음을 입증한 바 있다.[83]

직접광고의 경우 시청자들이 채널 건너뛰기(Channel Surfing · Hopping · Zapping), 광고 회피(Skipping), DVR 광고삭제(광고를 제외한 프로그램만을 녹화해서 시청) 등으로 광고를 피할 수 있지만, 간접광고는 시청자들이 프로그램 시청 중에는 피할 수 없다는 점에서 간접광고는 그 효과가 큰 것으로 알려져 있다. 또한 직접광고를 시청하는 시청자 수에 비해 간접광고를 시청하는 시청자가 2배 이상이라는 점이 간접광고의 효과를 설명해주고 있다.[84]

iTVX사는 텔레비전 프로그램에 등장한 간접광고 상품을 10등급으로 구분하여 수치를 부여한 후, 종합광고효과(Total Product Placement Valuation)로 수량화하였다. iTVX사의 조사에 의하면, 간접광고 상품은 노출 시간, 카메라 각도, 노출 효과에 따라서 간접광고 효과가 증감되며, 인기 프로그램에서 하기 10등급에 해당하는 간접광고는 직접 상품광고에 비해 5배 이상의 광고효과가 있는 것으로 밝혀졌다.[85] iTVX사에서 설정한 간접상품의 노출등급(A Scale of Product Exposure)은 다음과 같다.[86]

우리나라는 2010년 1월 「방송법」과 「방송법 시행령」을 개정하여 오락·교양 프로그램에 간접광고를 허용함으로써 제작비를 충당하는 수단으로 시작된 간접광고가 법적으로 분류되는 방송광고의 유형이 되었다.[87] 제작사의 간접광고 수입은 제작비의 10~20%에 이르며, 프로그램 편당 간접광고료는 평균 수천만 원에서 수억 원에 형성되어 주요 광고 수입원으로 정착하고 있다.[88]

지상파 텔레비전 방송사의 간접광고 단가는 방송 시간대(Dayparts), 프로그램 장르(드라마, 시트콤 등) 및 구분(특집 드라마, 주말 드라마, 일일 드라마 등), 프로그램 인기도, 노출 수준, 노출 횟수 등에 따라 3단계 또는 5단계로 구분하여 책정된다. 3단계의 경우, 간접광고(상품, 상표, 서비스)가 화면에 노출되면 1단계, 출연자의 식음(食飮), 상품 시연(試演), 상품 응시, 상품 착용 등이 노출되면 2단계, 상품(또는 서비스)에 관한 내용이 극중 대화로 연결되면 3단계에 해당된다. 예를 들면 프로그램 중에 특정 음료수가 확연히 노출되면 1단계, 출연자가 음료수를 마시는 장면이 노출되면 2단계, 음료수를 마신 후에 음료수에 관련된 대화나 음료수를 지칭하면 3단계에 해당한다. 5단계 구분은 노출 수준, 노출 상품·서비스, 출연 배우(주연·조연), 전략

〈표 4-14〉 지상파 텔레비전 주요 간접광고
상품 1회당 평균가격[89]

상품 구분	1회당 평균 간접광고료
스마트폰	1,000~5,000만 원
디지털 카메라	1,300~4,000만 원
가전제품	500~4,000만 원
자 동 차	500~3,000만 원
라면·과자	1,000~4,000만 원
음 식 점	1,000~4,000만 원
커피전문점	1,200~2,200만 원
아웃도어	1,300~2,500만 원
의 상	300~6,000만 원

자료: KOBACO(2013).

적 간접광고의 관여도(Storytelling)에 따라서 단계를 결정하고 간접광고료를 책정한다.[90]

간접광고가 프로그램 속으로 침투되면 프로그램의 자연성과 완성도가 저해된다. 간접광고는 화면속의 신상품 판촉시장을 형성시켜, 과소비를 조장하고 어린이·청소년에 불건전한 상업주의 영향을 미치며, 불공정한 광고시장을 초래한다. 과도한 전략적 간접광고(Product Integration)는 시청 흐름을 방해하고, 물질주의가 팽배된 방송문화를 조장하여 사회 계층 간의 위화감을 심화시킨다. 따라서 시청자의 권익보호와 방송프로그램의 신뢰성과 고품질 유지를 위한 간접광고 규제제도가 필요하며 제6장(8. 허위·과장 광고와 간접광고)에서 구체적인 규제 방안을 살펴보기로 한다.

7) 협찬고지

협찬고지는 "방송프로그램 제작자가 방송제작에 관여하지 않는 자로부터 방송프로그램의 제작에 직·간접적으로 필요한 경비·물품·용역·인력 또는 장소 등을 제공받고 그 협찬주의 명칭 또는 상호 등"을 프로그램 내에 고지하는 것을 말한다.[91] 협찬고지와 간접광고의 경계선이 불명확한 부분도 존재하지만, 가장 큰 차이점은 협찬고지는 제공받은 협찬 내역을 프로그램 종료 시에 '고지'하는 의무사항인 점이다. 간접광고는 프로그램 중에 특정 상품·서비스 등을 노출시켜 간접적으로 광고상품의 특성을 소구(訴求)하는 광고의 일종이며, 협찬고지는 제품·서비스가 직접 등장하지 않고 협찬주로부터 제공받은 후원(Sponsorship) 내역을 프로그램 종료 시에 종료자막(Ending Credit Scroll)을 통해 밝히는 의무규정이다.

협찬고지는 제작과정에서 음성적으로 행해지던 협찬 관행을 양성화하여 방송 콘텐츠를 육성하고 재정이 열악한 외주제작사의 경쟁력을 강화하기 위한 목적으로 「통합방송법」(2000)에서 「협찬고지에 관한 규칙」(방송위원회 규칙 제24조)을 마련하였다. 협찬고지는 「방송법」 제74조(협찬고지) 및 「방송법 시행령」 제60조(협찬고지)에서 세부기준 및 방법 등에 관한 사항을 〈표 4-15〉에서와 같이 규정하고 있다.

2012년 방송통신위원회는 협찬고지에 관한 규칙을 개정하여 외주 제작사에만 허용되었던 협찬을 지상파 텔레비전 중앙방송사업자(KBS, MBC, SBS, EBS), 지상파 텔레비전 지역사업자, 지상파 라디오 사업자, 유료방송 사업자에게도 허용하였다. 지상파 텔레비전(KBS, MBC, SBS)의 경우, 종합편성 채널과의 비대칭 규제를 해소하고 지상파 프로그램의 질적 향상을 목적으로 드라마, 예능, 교양 프로그램에 한하여 제작 협찬을 허용하였다. 「협찬고지에 관한 규칙」(제8조 제3항)에 따라서 협찬제작이 허용된 지상파 텔레비전의 프로그램은 다음과 같다.

- 1회당 제작비(내부 직원 인건비·내부 시설 및 장비 사용비용·일반관리비를 제외한 금액)가 2억 원 이상이거나 편성횟수가 110회 이상인 드라마.
- 4부작 이하의 단막극.
- 1회당 제작비가 7,000만 원 이상인 예능 프로그램.
- 1회당 제작비가 5,000만 원 이상인 교양 프로그램.

협찬고지는 방송프로그램 및 방송광고와 내용상 명백히 구분되어야 한다. 방송사업자는 협찬주에게 광고효과를 줄 수 있도록 프로그램을 제작·구성할 수 없고, 협찬주 또는 관련 있는 제3자의 상품과 용역의 구매를 권유하는 표현을 사용할 수 없으며, 협찬주명을 프로그램 제목으로 사용할 수 없다.[92] 또한 방송의 공정성 및 공공성을 저해할 우려가 있는 프로그램과 시사·보도, 논평 또는 시사토론 프로그램의 협찬고지를 금지하고 있다.[93] 협찬고지 규칙은 (1) 공익성 캠페인 협찬, (2) 문화·스포츠 공익행사 협찬, (3) 프로그램제작 협찬, (4) 프로그램 내 시상품 또는 경품 협찬, (5) 프로그램 내 장소·의상·소

〈표 4-15〉 협찬고지에 관한 규칙(방송통신위원회 규칙 제24조)

방송사업자	협찬 구분	세부 규칙
지상파 텔레비전 중앙방송 사업자	공익성 캠페인	캠페인 종료 시 자막과 음성으로 협찬주명 또는 상품명을 고지할 수 있음. 자막 크기는 화면 하단 1/4, 고지시간은 협찬주 1건당 5초, 1회 고지시간은 20초 이내.
	문화·스포츠 공익행사	행사프로그램 종료 시 종료자막으로 협찬주명을 밝힐 수 있음. 행사 협찬고지 예고 시 준수 사항(예고 종료 시 자막과 음성으로 협찬주명 또는 상품명을 고지할 수 있으며, 자막의 크기는 화면 하단 1/4, 고지시간은 협찬주 1 건당 5초, 1회 고지시간은 20초, 횟수는 매 시간당 1회 이내.
	프로그램 제작	프로그램 종료 시 종료자막으로 협찬주명을 밝힐 수 있음. 프로그램 협찬고지 예고 시 준수 사항(문화·스포츠 공익행사 협찬과 동일).
	프로그램 내 시상품·경품	프로그램 종료 시 사진 또는 상품 현물과 함께 자막과 음성으로 협찬주명·시상품명을 고지할 수 있음. 해당 고지 자막 크기는 화면 하단 1/4분, 고지시간은 협찬주 1건당 5초, 1회 고지시간은 20초 이내.
	장소·의상·소품·정보	프로그램 종료 시 종료자막으로 협찬주명을 밝힐 수 있음(방송통신위원회가 정하는 장소 등의 경우 프로그램 해당부분에 협찬주명을 밝힐 수 있음).
지상파 텔레비전 지역방송 사업자	공익성 캠페인	캠페인 종료 시 광고효과를 주는 상업적 표현이 아닌 기업표어, 위치 중 택일하여 협찬주명 또는 상품명과 함께 자막과 음성으로 고지할 수 있음. 고지시간은 협찬주 1건당 5초, 1회 고지시간은 20초, 자막 크기는 화면 하단 1/4분 이내.
	문화·스포츠 공익행사	프로그램 종료 시 종료자막으로 협찬주명을 밝힐 수 있음. 행사 협찬고지 예고 시 준수 사항(예고 종료 시 광고효과를 주는 상업적 표현이 아닌 기업표어, 위치 중 택일하여 협찬주명 또는 상품명과 함께 자막과 음성으로 고지할 수 있음). 고지시간은 협찬주 1건당 5초, 1회 고지시간은 20초, 횟수는 매 시간당 2회, 자막의 크기는 화면 하단 1/4분 이내.
	프로그램 제작	프로그램 종료 시 종료자막으로 협찬주명을 밝힐 수 있음. 프로그램 협찬고지 예고 시 준수 사항(문화·스포츠 공익행사 협찬과 동일).
	프로그램 내 시상품·경품	프로그램 종료 시 사진 또는 상품현물과 함께 자막과 음성으로 협찬주명 및 시상품명을 고지할 수 있음. 자막 크기는 화면 하단 1/4분, 고지시간은 협찬주 1건당 5초, 1회 고지시간 20초 이내. 협찬주명 고지 시에 광고효과를 주는 상업적 표현이 아닌 기업표어, 위치 중 택일하여 시상품명과 함께 자막과 음성으로 고지할 수 있음.
	장소·의상·소품·정보	프로그램 종료 시 종료자막으로 협찬주명을 밝힐 수 있음(위원회가 정하는 장소 등의 협찬의 경우 프로그램 해당부분에 협찬주명을 밝힐 수 있음).
지상파 라디오 방송사업자	공익성 캠페인	시작과 종료 시 광고효과를 주는 상업적 표현이 아닌 기업표어, 위치 중 택일하여 협찬주명 또는 상품명과 함께 밝힐 수 있음.
	문화·스포츠 공익행사	프로그램 시작과 종료 시 광고효과를 주는 상업적 표현이 아닌 기업표어, 위치 중 택일하여 협찬주명 또는 상품명과 함께 밝힐 수 있음. 행사 협찬고지 예고 시 준수 사항(시작과 종료 시에 광고효과를 주는 상업적 표현이 아닌 기업표어, 위치 중 택일하여 협찬주명 또는 상품명과 함께 밝힐 수 있음. 협찬고지 횟수는 매 시간당 2회 이내.
	프로그램 제작	프로그램 시작과 종료 시 광고효과를 주는 상업적 표현이 아닌 기업표어, 위치 중 택일하여 협찬주명 또는 상품명을 밝힐 수 있음. 프로그램 협찬고지 예고 시 준수 사항(공익행사 협찬과 동일).
	프로그램 내 시상품·경품	제공되는 시상품명 및 광고효과를 주는 상업적 표현이 아닌 기업표어, 위치 중 택일하여 협찬주명과 함께 1회에 한해 고지할 수 있음.
	장소·의상·소품·정보	프로그램 해당부분 소개 시 광고효과를 주는 상업적 표현이 아닌 기업표어, 위치 중 택일하여 협찬주명과 함께 2회 이내에서 고지할 수 있음.
종합유선 방송사업자(SO)·위성방송 사업자·방송채널 사용사업자(PP)	공익성 캠페인	캠페인 종료 시 광고효과를 주는 상업적 표현이 아닌 기업표어, 위치 중 택일하여 협찬주명 또는 상품명과 함께 자막과 음성으로 고지할 수 있음. 고지시간은 협찬주 1건당 5초, 1회 고지시간은 30초. 자막의 크기는 화면 하단 1/4분 이내.
	문화·스포츠 공익행사	행사 프로그램 종료 시 종료자막으로 협찬주명을 밝힐 수 있음. 행사 협찬고지 예고 시 준수 사항(예고 종료 시 광고효과를 주는 상업적 표현이 아닌 기업표어, 위치 중 택일하여 협찬주명 또는 상품명과 함께 자막과 음성으로 고지할 수 있음. 고지시간은 협찬주 1건당 5초, 1회 고지시간은 30초, 횟수는 매 시간당 2회, 자막 크기는 화면 하단 1/4분 이내).
	프로그램 제작	프로그램 종료 시 종료자막으로 협찬주명을 밝힐 수 있음. 프로그램 예고 시에 준수 사항(문화·스포츠 공익행사 협찬과 동일).
	프로그램 내 시상품·경품	종료 시 사진 또는 상품현물과 함께 자막과 음성으로 협찬주명 및 시상품명을 고지할 수 있음. 해당 자막 크기는 화면 하단 1/4, 고지시간은 협찬주 1건당 5초, 1회 고지시간은 30초 이내. 협찬주명 고지 시에 광고효과를 주는 상업적 표현이 아닌 기업표어, 위치 중 택일하여 시상품명과 함께 자막과 음성으로 고지할 수 있음.
	장소·의상·소품·정보	프로그램 종료 시 종료자막으로 협찬주명을 밝힐 수 있음(위원회가 정하는 장소 등의 협찬의 경우 해당부분에 협찬주명을 밝힐 수 있음).

품·정보 협찬으로 분류하여 각 방송사업자에게 차별화된 조항을 적용하여 〈표 4-15〉와 같이 규제하고 있다.

8) 가상광고(Virtual Advertising)

가상광고는 "방송프로그램에 컴퓨터 그래픽을 이용해 만든 가상의 이미지를 삽입하는 형태의 광고"이다.[94] 2010년 1월 디지털시대의 방송광고 활성화를 목적으로 「방송법」과 「방송법 시행령」(제59조 2)을 개정하여 운동경기를 중계하는 방송프로그램에 한정하여 가상광고를 허용한 바 있다. 운동경기의 가상광고는 디지털 컴퓨터를 통하여 중계 시에 경기장에 실제로 존재하지 않는 가상공간에 실시간으로 3차원적인 광고(로고, 상표, 제품 등)를 자연스럽게 노출하는 방송광고로서, 경기 장소의 선수나 심판, 관중 위에 노출시키지 않는 범위 내에서 가능하며, 방송광고가 금지되거나 방송광고의 허용시간을 제한받는 상품 등은 가상광고를 할 수 없다.[95] 가상광고를 하려는 경우, 방송사업자는 해당 경기 주관 단체 또는 중계방송권을 보유한 자 등의 이해관계자와 사전에 협의해야 하며, 방송프로그램에 가상광고가 포함되는 경우 해당 프로그램 방송 전에 가상광고가 포함되어 있음을 자막으로 표기하여 시청자가 명확히 알 수 있도록 해야 한다.[96]

가상광고의 대부분은 경기장의 광고판(펜스, 운동장 등)을 가상 이미지로 덮어씌우는 방식을 사용하므로 경기단체와 공식 스폰서들은 가상광고를 반대하고 있다. 방송사업자가 새로운 광고 수익을 창출하려는 목적으로 가상광고를 의도적으로 사용할 경우, 스포츠 경기장이 광고 세트장으로 변질되어 시청자들은 가상광고를 실제 광고로 수용하게 된다. 또한 가상광고는 스포츠 경기 중의 광고 비중을 가중시켜 시청자들은 방송사의 광고(프로그램 광고, 중간광고, 토막광고, 자막광고)와 가상광고를 모두 시청함으로써 집중력과 긴장감이 요구되는 스포츠 중계의 시청 몰입을 방해할 수 있다. 가상광고의 광고료는 스포츠 종목, 경기 규모, 인기도, 노출 위치, 노출 시점 등의 주요 요소에 의해 책정된다.

2015년에는 광고총량제 시행에 따른 규제 완화로 운동경기 중계에만 허용되던 가상광고를 오락, 스포츠보도 프로그램으로 확대하였다. 지상파 텔레비전의 가상광고는 방송 시간의 5% 이내(유료 텔레비전 방송은 7%)이며, 전체 화면 크기의 1/4를 초과할 수 없다.

9) 신유형 방송광고와 불법 방송광고행위

「방송법」 제73조(방송광고 등)에서 규정된 광고 이외의 신유형의 광고 및 불법 방송 광고행위로는 (1) 매복광고(Ambush Advertising), (2) 생방송 멘트광고(Live Read), (3) 페이올라(Payola: 음반·음악 판촉행위), (4) 플러골라(Plugola: 뇌물수수 광고행위)가 있다. 매복광고(Ambush Advertising)는 생방송 텔레비전 프로그램 중에 제품이나 서비스에 관련된 광고 내용물(제품 실물 및 사진, 그림, 현수막, 피켓, 광고풍선, 손팻말, 의상 등)을 돌발적으로 출현시키는 광고이다. 매복광고(Ambush Advertising)는 광고주가 방송사의 생방송 프로그램에서 상품 돌출 및 선전·판매를 촉진시키는 의도적인 행위로서 게릴라 광고(Guerilla Advertising)로 불린다.

생방송 멘트광고(Live Read)는 라디오 방송 진행자가 프로그램의 광고 시간대에 특정 상품의 광고 문안을 읽거나, 상품 및 서비스에 대한 특정 또는 개인적 경험을 언급하는 광고로서, 미국·영국·호주·싱가포르 등의 라디오 방송사에서 합법적인 광고로 활용하고 있다.[97] 생방송 멘트광고는 광고료를 지불하는 합법적인 유료 광고행위인 반면, 음반사로부터 금품을 수수하고 라디오 방송에서 음반을 틀어주는 행위 또는 텔레비전 방송사에서 뮤직비디오를 방송하는 페이올라(Payola)와 방송진행자가 광고주로부터 금품 또는 향응을 받고 방송 중에 특정 상품이나 서비스를 은연중에 광고·판촉하는 플러골라(Plugola)는 불법 광고행위에 해당한다.

제 5 장

방송 미디어 기술

1. 전파(Radio Wave)

1) 전파의 특성

전파는 인공적인 유도(誘導) 없이 공간에 퍼져나가는 전자파로서, 국제전기
통신연합(International Telecommunication Union)의 전파규칙에서 규정한
3kHz에서 3,000GHz까지의 주파수를 가지는 전자기파를 말한다.[1] 일정한 파
장을 가지는 전파는 진폭 전류에 의해서 에너지가 공간으로 빛의 속도와 같은
초당 30만 km의 빠른 속도로 퍼져나간다.[2] 이와 같은 전기력선(電氣力線)의
전파를 이용하여 신호화한 정보를 수신자에게 전달하는 것이 무선통신 방송
의 원리이다. 전파는 주파수를 가지고 있는데 전파가 공간을 이동할 때 1초에
진폭하는 횟수를 주파수로 나타낸다. 주파수의 단위는 전파의 존재(반사, 굴

절, 간섭)를 입증한 독일의 물리학자 하인리히 헤르츠(Heinrich R. Hertz, 1857~
1894)의 이름에서 유래한 Hz(헤르츠)라는 단위를 사용한다.[3] 예를 들어 전파가
공간을 이동할 때 1초 동안 5,000개의 진폭이 지나간다면 주파수는 5,000Hz
또는 5kHz가 된다. 「전파법」에서 규정한 전파(3,000GHz 이하의 주파수)는 1초
동안의 진폭수가 3조(兆) 회(3,000Hz×10억) 이하의 전자파를 말한다.

〈그림 5-1〉 전자파의 진폭, 파장 및 주파수

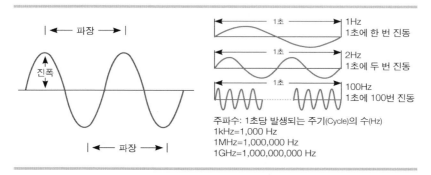

파장은 두 진폭 사이의 거리이며, 주파수와 반비례한다. 즉 주파수가 높으
면 파장이 짧고, 주파수가 낮으면 파장은 길다. 다시 말해 파장이 길다(장파)
는 것은 주파수가 낮다는 것을 의미하고 파장이 짧다(단파)는 것은 주파수가
높은 것으로, 다음과 같은 등식이 성립한다. 파장을 (λ), 전파의 광속도를 (c),
주파수를 f(Hz)라 하면 파장(λ)은 전파가 자유 공간에 전파되는 광속도(c)를
주파수(f)로 나눈 값으로 계산한다.[4] 예를 들면 3MHz의 전파의 파장은 0.1밀
리미터(300,000km÷3,000,000Hz = 0.1)이며, 5MHz의 전파의 파장은 0.06밀리
미터(300,000km÷5,000,000Hz = 0.06)가 되어 주파수와 파장의 반비례 관계를
나타내 준다.

파장(λ) = 광속(c)/주파수(f)(광속 = 30만 km/Second)

〈그림 5-2〉 파장의 모양(크기)

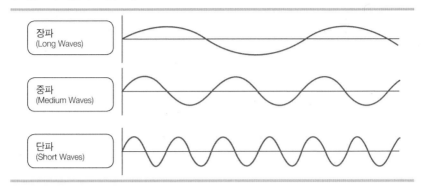

〈그림 5-3〉 주파수 고저(高低)의 특성

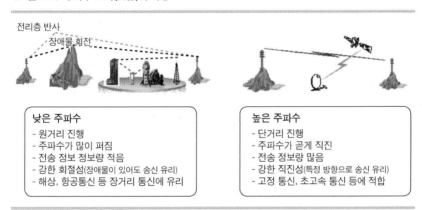

자료: 이주환·정남호·엄진우(2005). 「전파스펙트럼과 레이다 특성」[5](재구성).

주파수(파장)의 고저(高低)는 전송 거리, 정보량과 밀접한 관계가 있다. 주파수가 높을수록(파장이 짧을수록) 전파의 직진성과 반사성이 강하고 대기 흡수율이 높으므로 다량의 정보를 전송할 수 있는 장점이 있지만, 기상의 영향을 크게 받으므로 우천 시에는 멀리 전파되지 않는다. 반면, 주파수가 낮은 전파(파장이 긺)는 직진성은 약하지만 장애물에 대한 회절성(전파가 장애물의 뒤로 구부러져 후면까지 파급되는 성질)으로 넓은 지역에 전파를 송신할 수 있는 장점이 있으나 전송 정보량이 적다는 단점이 있다. 이와 같이 전파는 주파수 변동에 따라 상이한 특성을 보이므로 비슷한 범위 내의 주파수대를 단위(주파수 대역)별로 구분하여 용도를 결정(주파수 분배)하고 사업자에게 특정한 주파수를 이용할 수 있는 권리를 부여(주파수 할당)하고 있다.[6]

2) 주파수 대역(Frequency Band)

세계 각국의 규제 기관은 전파의 희소성과 한정성을 감안하여 주파수 대역을 효과적으로 사용할 수 있도록 일정 기준을 마련하고 주파수를 할당한다. 주파수 대역은 주파수 범위와 용도에 따라서 분류할 수 있다. 국제무선통신자문위원회(Consultative Committee on International Radio)에서 규정된 주파수 대역은 파장의 고저(高低)와 길이에 따라 초장파(Very Low Frequency), 장파(Low Frequency), 중파(Medium Frequency), 단파(High Frequency), 초단파(Very High Frequency), 극초단파(Ultra-high Frequency), 극고단파(Super High Frequency), 극초고단파(Extremely High Frequency)로 구분된다.[7] 1947년 국제무선통신자문위원회(CCIR)에서 규정한 주파수 대역의 구체적인 주파수 범위와 사용 용도는 〈표 5-1〉과 같다.[8]

전체 주파수 대역에서 방송에 사용하는 주파수 범위는 30GHz 이하이며, 지상파 방송에서 사용하는 주파수 대역은 중파(300~3,000kHz), 단파(3~30MHz), 초단파(30~300MHz), 극초단파(300~3,000MHz)이다. 주파수 대역이 낮은 중파는 AM 라디오 방송으로 사용하며, 단파는 상층 대기권의 전리층을 통해 반사되는 특성으로 국제방송에 적합하다. 초단파는 대역폭이 좁은 반면 근거리 이동 수신의 장점으로 FM 라디오 방송에서 이용되며, 극초단파는 디지털 텔레비전 방송으로 사용한다.[9] 위성방송은 지상파 방송보다 높은 주파수인

〈표 5-1〉 주파수대의 범위, 파장 및 사용 용도

주파수대	주파수 범위	파장	사용 용도
최장파(Very Low Frequency)	30kHz 이하	10 km 이상	제한된 내비게이션 통신
장파(Low Frequency)	30~300kHz	10km~1km	근거리통신, 선박 · 항공기통신
중파(Medium Frequency)	300~3,000kHz	1km~100m	AM 방송, 선박 무선통신
단파(High Frequency)	3~30MHz	100m~10m	국제단파방송, 원거리통신
초단파(Very High Frequency)	30~300MHz	10m~1m	FM 방송, VHF TV, 무선통신
극초단파(Ultra-high Frequency)	300~3,000MHz	1m~10cm	UHF TV, 이동통신, 레이더
초극초단파(SuperHigh Frequency)	3~30GHz	10cm~1cm	위성통신, 위성방송, 레이더
극초극초단파(Extremely High Frequency)	30~300GHz	1cm~1mm	위성통신, 레이더

〈표 5-2〉 지상파 방송 주파수 대역의 범위

주파수 대역	주파수 방송	방송 주파수 범위	방송 미디어
중파(300~3,000kHz)	중파방송(Amplitude Modulation)	526.5kHz~1,605kHz	AM 라디오 방송
단파(3~30MHz)	단파방송(Short Wave)	3.9MHz~26.1MHz	단파 방송(국내 및 국제 방송)
초단파(30~300MHz)	초단파방송(VHF)	88~108MHz(FM) 54~216MHz(TV)	FM 라디오 방송과 텔레비전 방송(54~72MHz, 76~88MHz, 174~216MHz)
극초단파(300~3,000MHz)	극초단파방송(UHF)	470~806MHz	디지털 텔레비전 방송

12GHz대를 이용하여 초극초단파(27MHz)의 광대역 방송을 한다. 지상파 방송에 활용되는 주파수 대역과 범위는 〈표 5-2〉와 같다.[10]

(1) 중파(300~3000kHz)

중파(Low Frequency)를 사용하는 라디오 방송은 526.5kHz~1,605kHz의 주파수 대역을 사용한다. 대역폭(전파 주파수 간격)은 채널당 9kHz로 제한되어 음성 신호를 전달하는 중파방송으로 120개[(1,605kHz − 526.5kHz)÷9kHz = 119.8]의 AM 라디오 채널분배가 가능하다. AM 방송은 주파수 대역이 낮아 장거리에 전파를 전달할 수 있지만 전력 효율이 낮고 잡음에 취약하다. 중파방송의 음질을 개선하는 방법으로 AM 중파방송을 초단파 대역으로 재송신하는 표준방송이 중파방송(진폭 변조 방식)에 해당된다. 중파(파장 1km~100m)는 지상에서 약 100km 지점에 형성되는 전리층 E(Ionosphere E)에서 반사되는 전리층 반사파로 원거리 송신이 가능하며 장애물로 인한 수신장애가 적어 라디오 방송 이외에 선박 및 항공기 무선통신용으로 사용되고 있다. 전리층(Ionosphere)은 지구를 둘러싸고 있는 상층 대기가 태양으로부터 오는 복사 에너지에 의해 공기 분자가 이온화되어 자유 전자가 밀집된 상층대기권역(층)이다. 고도의 이온화된 전리층은 지상으로부터 높이 순서에 따라 D(60~90km), E(90~160km), F1(160~230km), F2(230~400km) 층으로 구성되며, 지상에서 발사한 전파를 흡수·반사하는 특징으로 무선 통신에 중요한 역할을 한다.[11]

〈그림 5-4〉 전리층(Ionosphere D, E, F)[12]

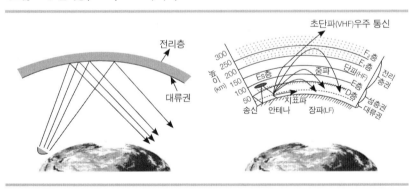

(2) 단파(3~30MHz)

단파(High Frequency)는 상층 대기권의 전리층을 통해 반사되는 특성이 있어 단파대역을 이용하여 전 세계적으로 통신이 가능하므로 국가 간의 아마추어 무선(HAM)과 국제방송(단파방송)에 사용된다. 단파(파장 100m~10m)는 지상 230~400km 지점의 전리층 F(Ionosphere F)와 지표 사이를 반복하는 전리층 반사파를 이용하여 지구 반대편까지 전파가 도달할 수 있으므로 국제방송과 원거리통신에 필요한 원양어선, 국제선 항공기 등에 널리 사용된다. 단파 라디오 방송(진폭 변조 방식)은 5,900~2만 6,100kHz의 주파수 대역 중에서 방송용으로 분배된 주파수를 사용하여 세계 각국에서 수신할 수 있는 국제방송으로 적합하다.

(3) 초단파(30~300MHz)

초단파(Very High Frequency)는 전리층의 반사 없이 상층 대기권을 통과하므로, 직접파만으로 수신되어 수신 범위가 크게 제한된다. 초단파 FM 방송(주파수 변조 방식)은 88~108MHz의 대역을 사용하며 허용되는 대역폭은 200kHz(0.2MHz)로서 스테레오 고음질 방송이 가능한 고감도 매체(High Fidelity Medium)이다. FM 방송의 주파수 대역은 100개[(108MHz−88MHz)÷200kHz(0.2MHz) = 100]의 FM 채널분배가 가능하다. 예를 들어 FM 방송사업자가 할당받은 주파수가 88.1MHz이면 타 방송국과 전파 간섭 없이 사용할 수 있는 대역폭은 200kHz(0.2MHz)이므로, 타 방송국과의 간격을 고려한 주파수 할당은 88.3MHz(88.1MHz+0.2MHz), 88.5MHz(88.3MHz+0.2MHz), 88.7MHz(88.5MHz+0.2MHz)가 된다(〈그림 5-5〉참조). 초단파(파장 10m~1m)는 회절성이 높은 전파로서 많은 정보를 전파에 실을 수가 있으므로, 영상신호와 음성신호를 내보내는 VHF 텔레비전 방송(채널 2~13)으로 사용되었다. 반면, 전리층 반사가 없으므로 원거리 통신이 불가능하여 근거리 이동 무선통신(이동무선, 무선호출기, 항공기 관제 등)에 적합하다.

〈그림 5-5〉 FM 채널 분배(88MHz~108MHz)

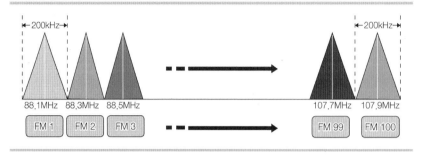

(4) 극초단파(300~3,000MHz)

극초단파((Ultra-high Frequency, 파장 1m~10cm)는 초단파에 비해 직진성과 회절성이 강하고 많은 정보량의 전송이 가능하여 지상파 텔레비전을 비롯하여 소형 안테나로 송수신이 원활한 이동통신, 개인이동통신(Personal Communication Service), 주파수공용통신(Trunked Radio Service), 위성항법시스템(Global Positioning System) 등에 사용된다. 지상파 텔레비전이 사용하는 UHF 대역은 아날로그 텔레비전 방송이 종료됨에 따라 주파수를 재배치하여 디지털 텔레비전(DTV) 방송이 470~698MHz 대역(Ch.14~51)을 사용한다.

아날로그 텔레비전 방송이 종료되면서 정부가 지상파 방송사들로부터 회수한 대역 중에서 700MHz 대역(698~806MHz)에 속하는 총 108MHz의 DTV 여유대역(Digital Dividend)이 확보되었다.

DTV 여유대역(700MHz)은 적은 수의 기지국으로도 장거리의 전파 전달이 용이하고 경제적 활용도가 높아 '황금주파수'로 불린다. DTV 여유대역 폭(108MHz)을 두고 이동통신업계는 롱텀 에볼루션(광대역 LTE) 서비스 등 증가하는 데이터 트래픽 폭증을 감당하기 위한 필요 주파수 대역임을 주장하는 반면, 지상파 방송사는 차세대 방송 서비스인 UHD 방송용으로 사용해야 하는 공적 주파수 대역임을 주장한 바 있다. 정부는 2015년 7월 26일, 지상파 초고화질(UHD) 방송 선도적 도입, 광대역 주파수 공급을 활용한 이동통신 경쟁력 강화, 국가재난안전통신망' 구축을 골자로 하는 '700MHz 대역 주파수 분배안'을 다음과 같이 확정하였다. 700MHz 대역폭(108MHz) 중에서 20MHz(718~728MHz, 773~783MHz)는 정부가 구축하는 '국가재난안전통신망'에 사용하고, 40MHz(728~748MHz, 783~803MHz)는 이동통신에 배정하며, 잔여 대역폭 중에서 보호대역을 감안하여 30MHz(698~710MHz, 753~771MHz)를 UHD-TV 방송용으로 5개 채널(KBS 1TV, KBS 2TV, MBC, SBS, EBS)에 분배하였다(제5장 방송 미디어 기술. 〈그림 5-27〉 참조). [13]

〈표 5-3〉 국내 방송용 주파수 할당 현황[14]

구분	할당 주파수 대역		대역폭
AM 방송	526.5~1,606.5kHz		1,080kHz (채널간격 9kHz)
FM 방송	88~108MHz		20MHz (채널간격 200kHz)
지상파 TV	VHF	54~72MHz(Ch2~4) 76~88MHz(Ch5~6) 174~216MHz(Ch7~13)	498MHz (채널간격 6MHz)
	UHF DTV 신규	470~806MHz(Ch 14~69) 470~698MHz(Ch 14~51) 698~806MHz(Ch 52~69)	
지상파 DMB	174~216MHz(VHF Ch 7~13)		42MHz (채널간격 6MHz)
케이블 방송	54~1,002MHz 552~1,002MHz(디지털유선방송)		948MHz (채널간격 6MHz)
위성방송	11.7~12.2GHz(방송위성중계기) 12.5~12.75GHz(방송위성중계기) 21.4~22.0GHz(HDTV 전송용)		500MHz 250MHz 600MHz
위성 DMB	2.630~2.655GHz		25MHz
MDS	2,596~2,686MHz (Multipoint Distribution Service)		90MHz
DRM	1,452~1,492MHz (Digital Radio Broadcasting)		40MHz

2. 변조(Modulation) 방식

　수용자에게 전송하는 방송프로그램을 전기적 신호로 변환하는 과정으로, 전파에 프로그램 신호를 싣는 것을 변조(Modulation)라고 한다. 방송프로그램 (영상·음성·데이터)의 신호는 주파수 대역이 낮으므로 전송 효율성을 높이기 위하여 고주파수대의 반송파(Carrier Wave)에 실어 송출한다. 협의의 변조는 라디오 방송을 위한 반송파 변조를 의미한다. 예를 들면, 라디오 방송국에서 제작한 음악 프로그램을 음성전류로 전환한 후, 고주파전류를 발생시켜 안테나를 통해서 송출한다. 이 과정에서 음성전류(변조 신호)를 송신기에서 수신기까지 보내는 고주파전류가 반송파이며, 변조는 반송파의 진폭, 주파수, 위상(位相)을 변화시켜 고주파 전류를 발생시키는 과정이다.

　변조의 장점은 고주파수 사용으로 원거리 전송의 효율성 제고, 효과적 무선통신(소형 안테나의 실용화), 주파수분할 다중 전송, 성능향상(전파 잡음과 간섭 최소화) 등이다. 변조 방식으로는 1) 아날로그 반송파의 진폭, 주파수, 위상을 변화시켜 낮은 주파수 신호를 고주파전류로 전환하는 아날로그 변조(AM, FM), 2) 디지털 신호 전송을 위해 디지털 신호를 아날로그 신호로 변조하는 디지털 변조, 3) 아날로그 데이터를 디지털화하는 펄스 변조가 있다.

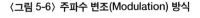

〈그림 5-6〉 주파수 변조(Modulation) 방식

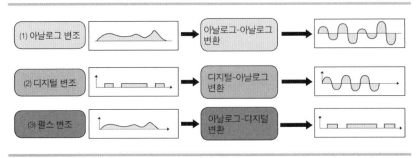

1) 아날로그 변조

일정한 주파수를 갖는 아날로그 신호의 진폭을 변화시켜 정보를 전달하는 방식으로 (1) 반송파의 진폭을 변조시키는 진폭 변조(Amplitude Modulation), (2) 반송파의 주파수를 변조시키는 주파수 변조(Frequency Modulation), (3) 반송파의 위상(位相) 신호를 변조시키는 위상 변조(Phase Modulation) 방식이 있다.

〈그림 5-7〉 아날로그 변조파

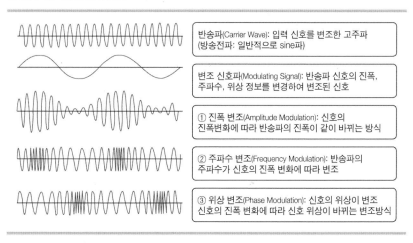

(1) 진폭 변조(Amplitude Modulation)

아날로그 음성 및 영상을 전기신호로 전환해서 전송할 때 고주파전류(반송파)의 크기(진폭)를 음성 및 영상 신호파의 진폭에 따라 변조시키는 방식으로, 장거리 단파방송이나 텔레비전 방송에 이용된다. 진폭 변조는 음성 및 영상신호의 신호파에 비해 고주파수인 반송파(Carrier Waves)와 함께 변조기(Modulator)를 통해서 송출하고 수신기에서는 이를 다시 복조해서(Demodulation) 변조시킨 신호만을 찾아내 본래의 신호를 얻어내는 방식이다. 예를 들어 AM 라디오 방송사는 청취자에게 음악 프로그램을 전파로 송출하지만, 청취자는 라디오 수신기로 전파를 수신하여 실제로 음악을 청취하는 과정이 그것이다.

라디오 방송사는 음반 또는 실연 음악을 음성신호로 증폭하고, 음성신호의 강약에 따라 변조시킨 후, 변조된 음성신호를 청취자에게 반송파로 송출한다. 청취자는 라디오 수신기와 같은 복조기(Demodulator)를 통하여 변조된 반송파를 수신하고 반송파 성분이 제거된 원래의 음성신호(음반 및 실연음악)를 청취하게 된다. 반송파는 신호를 실어서 송신할 때 신호의 주파수가 된다. AM 변조는 장파 153~279kHz, 중파 520~1,610kHz, 단파 2,300~2만 6,100kHz 방송 또는 항공무선에 사용된다. 진폭 변조는 회로가 간단하여 비용이 적게 드는 장점이 있으나 전력효율이 낮고 잡음에 영향을 받는다는 단점이 있다.

〈그림 5-8〉 진폭 변조(Amplitude Modulation)

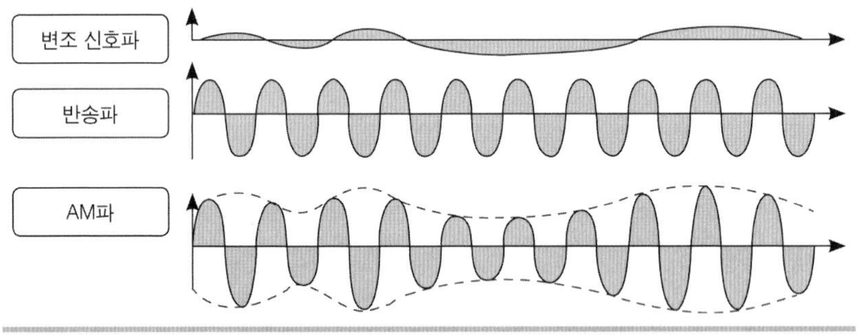

(2) 주파수 변조(Frequency Modulation)

고주파 전류(반송파)의 진폭은 변조시키지 않고 음성 또는 영상신호에 따라서 반송파의 주파수를 음성 및 영상 전파의 강약과 고저에 따라 변조시키는 방식이다. 전파의 진폭은 전파 교란(간섭과 잡음)의 영향을 받지만, 주파수(FM

신호)에는 영향이 없는 점을 활용하여 고음질 음악 방송이나 텔레비전 음성 송신에 사용하는 변조 방식이다. FM 변조 방식의 특징은 변조된 반송파의 진폭이 변조 신호의 크기와 관계없이 항상 일정하므로 송신 중에 전파교란으로 진폭이 변화해도 수신 시에 진폭을 다시 일정하게 조작하여 잡음을 제거할 수 있다는 점이다. 주파수 변조(FM)는 진폭 변조(AM)에 비해 양질의 고음질 방송은 가능하나 광대역 주파수가 필요하여 초단파(30~300MHz) 이상의 높은 주파수를 사용한다. 상업 FM 방송국은 주파수(88~108MHz)를 할당받아 200kHz 간격으로 나누어서 사용한다.

〈그림 5-9〉 주파수 변조(Frequency Modulation)

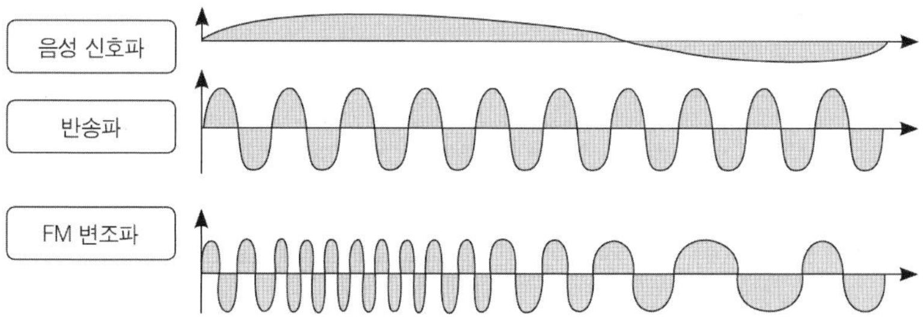

(3) 위상 변조(Phase Modulation)

고주파 전류(반송파)의 진폭이나 주파수는 변조시키지 않고 반송파의 위상(전기신호파가 통하는 시각)을 변조 신호에 따라 변화시키는 방식이다. 위상 변조 방식은 주파수가 일정한 교류신호를 입력신호의 파형(波形)에 따라 위상이 중복되지 않게 하고, 반송파의 위상을 신호파의 세기에 따라 변화시킨다. FM 변조에 비하여 전송 효율은 우월하지만, 주파수 대역당 전송 효율이 낮은 점과 송수신 회로가 복잡하다는 단점이 있어 아날로그 위상 변조에는 사용되지 않고, 디지털 위상 변조(Phase Shift Keying) 방식에 사용된다.

2) 디지털 변조

디지털 변조는 아날로그 전송매체에 디지털 신호를 전송하기 위해서 디지털 신호를 아날로그 신호로 변조하는 방식이다. 주요 방식으로는 (1) 진폭 편이 변조(Amplitude Shift Keying) 방식, (2) 주파수 편이 변조(Frequency Shift Keying) 방식, (3) 위상 편이 변조(Phase Shift Keying) 방식, (4) 진폭위상 편이 변조(Quadrature Amplitude Modulation) 방식이 있다.

(1) 진폭 편이 변조(Amplitude Shift Keying)

디지털 신호의 0과 1의 값에 따라 반송파의 진폭을 변화시켜 데이터를 송신하는 2비트 전송 방식이다. 진폭 편이 변조(ASK) 방식은 디지털 데이터의 두 비트 값에 각기 다른 진폭을 대응시키는 변조 방식으로 0과 1의 2진값을 각각 다른 진폭의 반송파로 표현(Encode)한다. 〈그림 5-10〉과 같이, 디지털 신호가 1이면 변조가 이루어져 데이터를 송신하고 0이면 파형으로 전송한다. ASK 변조는 에너지 효율성이 높은 간단한 변조 방식이나, 오류발생 확률이 높아 저속 디지털 신호 전송(데이터 전송)에 사용되며, 전압 조정 방식을 구현하므로 전파 방해의 영향을 많이 받는다는 단점이 있다.

〈그림 5-10〉 ASK 변조된 신호의 디지털 심볼 파형

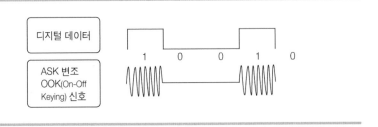

(2) 주파수 편이 변조(Frequency Shift Keying)

주파수 편이 변조(FSK) 방식은 진폭은 항상 일정하게 두고 반송파의 주파수 정보를 이용하는 변조 방식이다. 〈그림 5-11〉과 같이 디지털 신호의 0과 1의 값에 따라 반송파의 주파수를 달리하는데 데이터신호의 0은 높은 주파수(f0), 1은 낮은 주파수(f1)를 할당해 데이터를 전송하고 수신 측에서는 약속된 원래의 0과 1의 상태로 복원시키는 FM(Frequency Modulation) 변조 방식이다. 주파수 편이 변조 방식은 단순한 변조 방식으로 구성이 용이하고 잡음 변동에 영향을 받지 않는 반면, 넓은 대역폭을 차지하는 비효율성으로 인해 저속 데이터 전송에 사용한다.

〈그림 5-11〉 FSK 변조된 신호의 디지털 심볼 파형

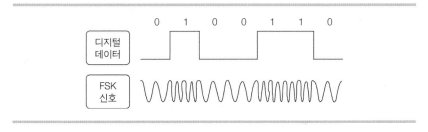

(3) 위상 편이 변조(Phase Shift Keying)

디지털 정보 신호에 따라 반송파의 위상(전기신호파가 통하는 시각)을 변화시켜 전송하는 변조 방식으로, 일정 주파수를 나누어 각각 다른 위상에 0 또는 1을 할당하여 전송한다. 〈그림 5-12〉과 같이, 전송 신호(0 또는 1)에 따라 반송파의 위상각을 0°, 180°로 지정하는 2진 PSK(Binary PSK) 방식, 전송 신호에 따라 반송파의 위상에 대응시켜 위상이 00일 때 45도, 01일 때 135도, 11일 때 225도의 위상을 4전송(90도의 위상차를 갖는 4개의 신호요소를 사용)하는 직교 위상 편이(Quadrature Phase Shift Keying) 방식이 있다. QPSK파는 BPSK파와 같은 주파수 대역에서 두 배의 정보를 전송할 수 있으며, 위성 방송의 음성 신호 전송이나 위성통신 분야에서 널리 사용된다. 위상 편이 변조(PSK) 방식은 일정한 진폭을 갖는 파형으로 전송로 등에 의한 변동(영향)을 적게 받고 잡음에 강하여, 2,400bps 이상의 중고속 데이터 전송에 사용한다. 위상 편이 변조(Phase Shift Keying) 방식은 한 번에 변조시킬 수 있는 비트 수에 따라 2진, 4진, 8진, M진(M = 2n) PSK가 있다.

〈그림 5-12〉 BPSK와 QPSK 성좌도[15]

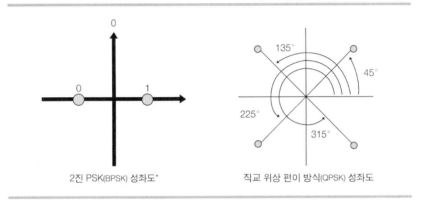

2진 PSK(BPSK) 성좌도*   직교 위상 편이 방식(QPSK) 성좌도

* 성좌도(Constellation Diagram): 변조된 디지털 신호에 대해 각 이웃 신호들 간의 거리관계를 표시한 것.
자료: Nguyen & Shwedyk(2009)(재구성).

(4) 진폭위상 편이 변조(Quadrature Amplitude Modulation)

디지털 신호에 따라서 반송파의 진폭과 위상을 조합하여 동시에 변조시키는 방법으로, 진폭 편이 변조 방식과 위상 편이 변조 방식을 혼합하여 전송속도를 배가시키는 APK(Amplitude Phase Keying)의 한 종류이다. 진폭위상 편이 변조(QAM) 방식은 제한된 전송대역에서 데이터 전송효율을 높이기 위해 2개의 진폭 변조 신호를 하나의 채널로 결합하여 유효 주파수 대역을 2배로 확장시키는 고속 주파수 변조기술이다. 예를 들어 반송파의 1파당 2값의 진폭, 8

값의 위상을 각각 판별할 수 있으면 16가지(2×8)의 정보를 전달할 수 있으며, 이를 16QAM이라 한다. QAM은 PSK·QPSK 변조 방식에 비해 주파수 효율이 높고 정보전송률도 4배(QPSK에 비해서는 2배)이며 수신기 구현 및 복조가 비교적 용이하다는 장점이 있는 반면, 잡음 및 페이딩 등의 오류에 민감하고 취약하다는 단점이 있다.

〈그림 5-13〉 16QAM 성좌도[16]

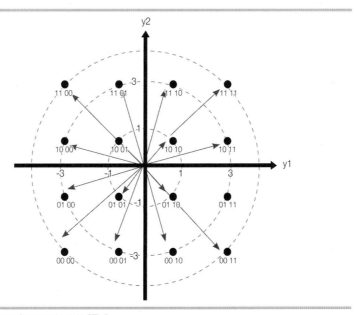

자료: Nguyen & Shwedyk(2009)(재구성).

3) 펄스 변조(Pulse Modulation)

펄스 변조는 입력된 신호파의 진폭에 따라 출력 진동의 폭, 진폭, 주파수, 위상 수(位相數), 펄스 수, 펄스부호를 변조시키는 방식이다. 펄스 변조는 연속적인 파형을 송신하는 대신 일정한 주기로 신호를 표본화하고, 표본화된 신호의 진폭에 따라 펄스 열(列)을 생성하여, 이를 전송한다.[17] 펄스 변조 방식은 아날로그 펄스 변조 방식과 디지털 펄스 변조 방식이 있다. 전자는 디지털 기저대역(baseband) 전송을 위한 펄스의 진폭이나 폭, 위상(위치), 주파수를 연속적인 아날로그 양으로 변화시키는 방식이며, 대표적인 방식으로는 신호파의 펄스 진폭 변조, 펄스 폭 변조, 펄스 위상 변조, 펄스 주파수 변조가 있다. 후자는 디지털 통과대역 전송을 위한 신호파의 진폭을 불연속적으로 양자화(量子化) 및 부호화하여 단위 펄스의 수나 위치를 변화시키는 방식으로서, 대표적인 방식으로는 펄스 부호 변조, 펄스 수 변조, 델타 변조가 있다.[18]

〈표 5-4〉 펄스 변조(Pulse Modulation) 방식의 구분

펄스 변조	(1) 아날로그 펄스 변조 (연속 레벨 변조)	① 펄스 진폭 변조(Pulse Amplitude Modulation) 방식
		② 펄스 폭 변조(Pulse Width Modulation·Pulse Density Modulation) 방식
		③ 펄스 위상 변조(Pulse Position Modulation) 방식
		④ 펄스 주파수 변조(Pulse Frequency Modulation) 방식
	(2) 디지털 펄스 변조 (불연속 레벨 변조)	⑤ 펄스 부호 변조(Pulse Code Modulation) 방식
		⑥ 펄스 수 변조(Pulse Number Modulation) 방식
		⑦ 델타 변조(Delta Modulation) 방식

(1) 아날로그 펄스 변조(연속 레벨 변조)

① 펄스 진폭 변조(Pulse Amplitude Modulation): 아날로그 신호파의 진폭 크기에 따라서 반송파 펄스의 진폭을 변화시켜 변조한 정보 신호파(PAM파)를 전송하는 방식이다. 〈그림 5-14〉와 같이 펄스의 진폭을 변조 신호의 크기에 비례시키는 변조 방식으로 펄스의 폭 및 주기를 일정하게 하고 신호파에 따라서 그 진폭만을 변조시키므로 각 표본 펄스의 높이가 신호파의 진폭과 동일하다. 아날로그 펄스 변조는 다중화(Multiplexing)에 편리하지만 신호 전송 중에 잡음이 혼입되면 그대로 복조 출력으로 나타나는 단점이 있어 직접적인 통신

〈그림 5-14〉 펄스 진폭 변조 회로 및 변조파

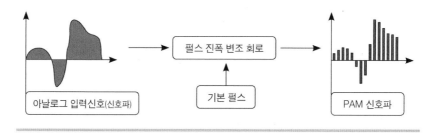

수단으로는 사용하지 않는다.

② 펄스 폭 변조(Pulse Width Modulation·Pulse Density Modulation): 아날로그 신호파의 진폭 크기에 따라서 반송파 펄스의 폭을 변화시켜 변조 신호(PWM)를 전송하는 방식이다. 〈그림 5-15〉와 같이 신호파 진폭의 크기에 따라서 펄스 폭(Pulse Width)이 비례하지만 펄스의 위치나 진폭은 변동되지 않는다. 열에너지로 손실되는 에너지를 펄스 폭으로 변조시켜 효율성을 극대화할 수 있는 것이 장점이다.

〈그림 5-15〉 펄스 폭 변조(Pulse Width Modulation · Pulse Density Modulation)

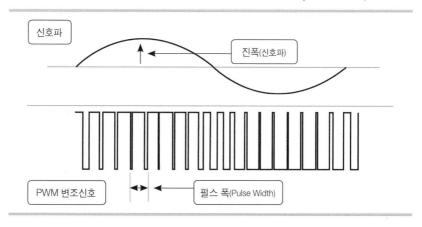

③ 펄스 위상 변조(Pulse-position Modulation): 아날로그 신호파의 진폭 크기에 따라서 반송파 펄스의 위상(위치)을 변화시키는 방법으로, 변조 신호에 비례하도록 펄스의 위치를 변화시킨다. 〈그림 5-16〉과 같이 펄스의 진폭과 폭은 일정하게 두고 펄스의 시간적 위치를 입력 신호의 진폭에 따라 변화시키는 방식이다.

〈그림 5-16〉 펄스 위상 변조(Pulse-position Modulation)

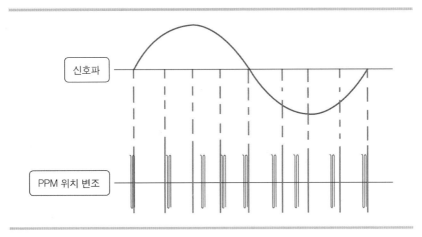

④ 펄스 주파수 변조(Pulse Frequency Modulation): 펄스의 간격을 입력신호의 진폭 크기에 따라 주파수를 변조하는 방식이다. 펄스의 폭이나 진폭은 일정하고 신호파의 크기에 따라 펄스의 반복 주파수를 변조시켜 신호가 크면 주파수는 높아지고, 신호가 작을 때는 반복 주파수는 낮아진다. 펄스 주파수 변조(PFM)는 펄스 폭 변조(PWM), 펄스 위치 변조(PPM)와 마찬가지로 펄스의 시간이 변화되는 펄스 시간 변조(Pulse Time Modulation) 방식이다.

〈그림 5-17〉 펄스 주파수 변조(Pulse Frequency Modulation)

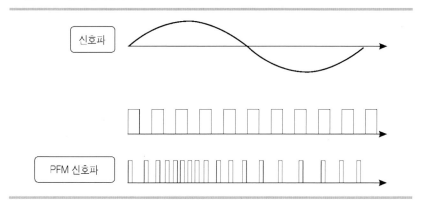

(2) 디지털 펄스 변조(불연속 레벨 변조)

아날로그는 자연계에서 존재하는 현상이 연속적인 시간의 흐름에 따라 변화하는 물리량으로서, 일상생활에서 보고 듣는 음성과 영상의 자연 모습을 연속된 파형과 파장으로 조합된 신호로 표현하여 시시각각으로 변하는 주파수나 진폭 신호 등의 현상을 연속적으로 나타낸다.[19] 그러나 아날로그 현상은 정확한 구분이 어렵고 물리적 감소 현상과 외부 자극에 쉽게 변형된다. 디지털은 변화하는 물리량을 계수화할 수 있는 형태로 바꾸어 구형파 펄스(Pulse)로 대체된 신호이다.[20] 디지털 신호는 아날로그 상태의 것을 불연속성의 개별적으로 독립된 0과 1로 조합된 이진법의 구형파 펄스로 표현(Encode)함으로써 물리적 감소와 변형 현상을 방지할 수 있는 명확한 것으로 만들어준다. 따라서 방송산업에서는 프로그램 제작과정의 촬영·녹음, 편집, 송수신, 저장, 보안성, 부가서비스를 디지털화함으로써 양적 및 질적인 혜택을 얻게 된다.[21]

아날로그가 직감적으로 보고 느낄 수 있는 형태라면, 디지털은 숫자화하기 위해 단지 2가지로 대별되는 관계, 존재[有]와 비존재[無], 작동상태(On)와 비작동상태(Off), 높고[高] 낮음[低] 등을 1과 0이라는 수치로 대치하고 구형파로 대체하여 표현하고 처리(Processing)한다. 디지털 신호로 전송되거나 저장된 데이터는 정보 처리가 명확하고 정보 처리용량의 효율성이 증가되어 데이터 보안성, 통신 품질, 속도, 다중 접속 등이 현저하게 개선되는 장점이 있다. 대표적인 디지털 펄스 변조 방식으로는 펄스 부호 변조(Pulse Code Modulation), 펄스 수 변조(Pulse Number Modulation), 델타 변조(Delta Modulation) 방식이 있다.

① 펄스 부호 변조(Pulse Code Modulation): 음성 및 영상신호의 파형을 미세한 시간 단위로 세분한 후, 부호화하여 진폭이나 속도가 이진(Binary) 값(0과 1)을 가지는 디지털 신호로 변조시키는 전송 방식이다. 펄스 부호 변조(PCM)는 아날로그 신호를 0과 1의 디지털 신호로 변환하는 디지털 표현으로, 신호 등급을 균일한 주기로 표본화(Sampling)한 다음, 디지털 이진 코드(0과 1)로 양자화 처리된다. 부호화 단계에서는 양자화된 펄스의 진폭 크기를 유무로 조합한 2진 또는 다진 부호(디지털 신호)로 부호화하여 아날로그 신호를 디지털 신호로 변조시킨다. 수신 측에서는 수신된 디지털 신호를 아날로그 신호로 복

〈그림 5-18〉 펄스 부호 변조(PCM)

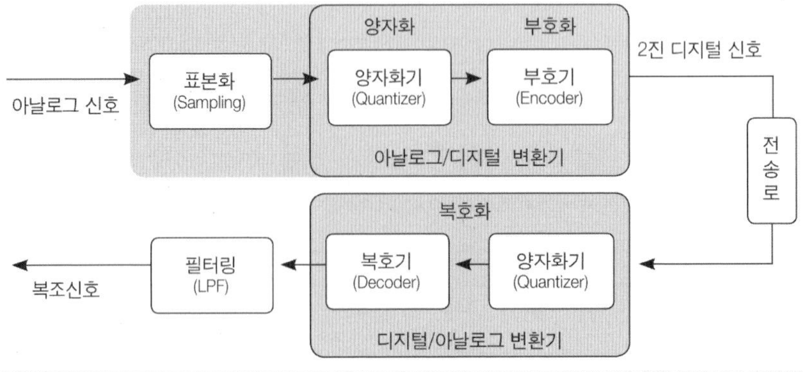

호한 후, 필터(Filter)로 보간(Interpolating)하여 표본화 이전의 아날로그 신호로 복원한다.

표본화(Sampling): 아날로그 신호의 진폭이 정기적으로 표본(Sampling)되는 과정으로서, 시간적인 연속성의 아날로그 신호를 시간적인 이산적 신호로 변환하는 것이다.[22] 일정한 간격(샘플링 주파수)에 따라 8kHz, 11kHz, 16kHz, 22kHz, 32kHz, 44.1kHz, 48kHz, 88.2kHz, 96kHz PCM(Pulse Code Modulation) 등으로 샘플링 주파수가 높아질수록 입력신호에 근접한 복원이 가능하다.[23]

양자화(Quantization): 표본화(Sampling)된 정보신호의 값(진폭)을 디지털화하기 위해 진폭축으로 이산값(서로 떨어져 있는 값)을 갖도록 처리하는 과정이다. 양자화란 표본값을 디지털 신호로 변환하기 위해 더는 수치화할 수 없는 정수의 최소 단위의 값으로 만드는 작업으로, 〈그림 5-19〉와 같이 아날로그 신호의 진폭을 계단 모양으로 양자화시킨다.[24]

〈그림 5-19〉 양자화(Quantization) 과정

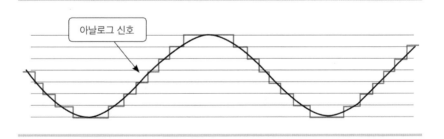

부호화(Coding): 양자화된 신호들은 전송 시에 잡음에 민감하므로 전송 및 처리에 적합하도록 부호화하는 과정이다. 부호화는 이산값으로 양자화된 펄스의 진폭 크기를 유무(有無) 상태로 조합한 2진 또는 다진 부호(디지털 신호)로 표현(변환)되는 과정으로, 펄스 진폭 변조에서 나타난 펄스 진폭의 크기를

디지털 값으로 변환하는 단계이다.[25] 예를 들면 1비트는 2개의 형태(0과 1)로 표현할 수 있으며, 2비트는 3가지 형태(00, 01, 10, 11), 3비트는 8가지 형태 (000, 001, 010, 011, 100, 101, 110,111)로 정보를 전송할 수 있다. 아날로그 음성 신호를 디지털 신호로 변환하는 경우, 1초당 8,000개의 표본을 8비트로 부호 화하여 초당 6만 4,000개의 비트(8,000×8 = 64,000)가 필요하며, 이는 64Kbps (Kilobits per Second)의 디지털 신호에 해당된다.

〈그림 5-20〉 2진 부호화 과정

복호화(Decoder): 디지털 신호로 입력된 신호를 가시화하기 위하여 원래의 아날로그 신호 형태로 복귀시켜주는 과정이다. 디지털 신호인 구형 펄스 신호 를 2진수로 변환하고, 2진수를 10진수로 환원하여 양자화 이전의 단계로 변 환하는 디지털-아날로그(Digital-Analog) 작업이다.[26]

필터링(Filtering): 디지털 신호를 아날로그로 변환하는 과정에서 생성된 불 필요한 고주파 신호를 제거하고 본래의 아날로그 신호에 가장 근접한 신호(아 날로그)로 복호시키는 마지막 단계이다.[27]

펄스 부호 변조(PCM) 과정은 입력 신호를 표본화하여 펄스 진폭 변조 신호 로 변환하고, 그 신호의 각 표본화 펄스를 양자화(펄스 변조)하여 부호(1과 0) 로 변환하여 송신하고, 수신 측은 수신된 신호를 복호하고, 펄스 진폭 변조 신 호로 변환한다. 기존의 아날로그 신호 전송 방식은 전송 도중에 파형이 발생 하지만, 펄스 부호 변조 방식은 파형의 영향을 받지 않으며, 다중화 분리, 보 안성 확보, 입력신호에 근접한 신호 재생과 광통신을 이용한 대량 전송이 가능하다는 장점이 있다. 반면 주파수 대역폭 증가, 양자화 잡음(Quantizing Noise) 발생, 하드웨어 비중 증가 등의 단점이 있다.[28]

펄스 부호 변조 방식은 부호화된 하나의 회선(전송 통신로)을 분할하여 다수의 통신로(채널)를 공유하는 다중화(Multiplexing)가 가능하다. 〈그림 5-21〉과 같이 대표적인 다중화 방식으로는 1개의 회선을 다수의 시차(시간 간격)로 분할하여 디지털 데이터를 전송하는 시분할 다중 방식(Time Division Multiplexing System)과, 1개의 회선을 다수의 주파수 대역으로 나누어 사용하는 아날로그 방식의 주파수분할 다중 방식(Frequency Division Multiplexing System)이 있다.[29]

〈그림 5-21〉 다중화(Multiplexing) 방식

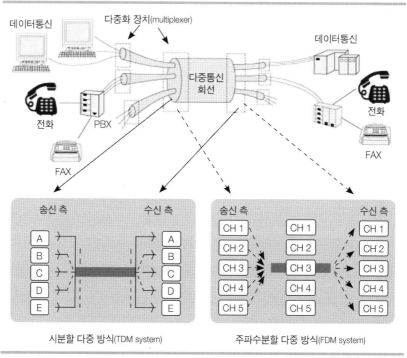

시분할 다중 방식(TDM system)   주파수분할 다중 방식(FDM system)

자료: 류지현(2012). 데이터 통신망[30] (재구성).

② 펄스 수 변조(Pulse Number Modulation): 변조된 신호파 크기에 따라서 단위 펄스의 밀도(일정 시간 내의 펄스 수)를 변화시키는 방식으로, 진폭이나 폭이 일정한 단위 펄스를 일정 시간 내에 그 수(數)를 증감시키는 변조 방식 이다.

〈그림 5-22〉 펄스 수 변조(Pulse Number Modulation)

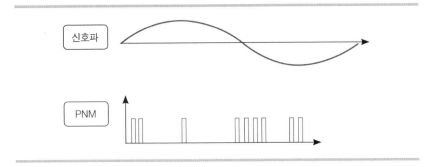

③ 델타 변조(Delta Modulation): 다수의 비트를 필요로 하는 펄스 부호 변조(PCM)의 단점을 개선한 변조 방식으로서 데이터 신호, 음성, 영상신호 등을 2진수로 부호화하여 전송한다. 델타 변조 방식은 아날로그 신호를 구간별로 세분하여 각 구간의 근사치를 선택하여 표본치와 진폭을 비교하여 입력 신호가

〈그림 5-23〉 델타 변조의 파형 과정

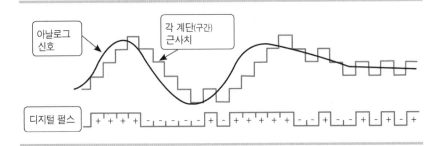

표본치 값보다 크면 1, 작으면 0으로 디지털 부호화 신호를 생성한다. 즉 근사치와 표본치와의 증감 상태의 변화에 따라 전송하는 방식이다. 델타 변조 방식은 간편하다는 장점이 있으나 주파수 대역폭이 50% 정도 넓어진다는 단점이 있다.[31]

4) 아날로그-디지털 신호변환(CODEC)

펄스 부호 변조 방식(PCM) 또는 델타 변조 방식(DM)을 이용하여 아날로그(음성 또는 영상) 신호를 디지털 신호로 변환하거나 다시 아날로그로 환원하는 기술이 아날로그-디지털 신호변환이다. 코덱(CODEC)은 부호기(Coder)와 복호기(Decoder)의 합성어로, 음성 또는 영상 신호를 부호기로 디지털 신호를 아날로그 신호로 변환(Digital-Analog)하고, 복호기로 아날로그 신호를 디지털 신호로 변환(Analog-Digital)해준다. 코덱은 데이터의 원활한 입출력을 위해 압축기술을 사용하여 대용량의 파일을 압축(Encoding)하고, 압축된 파일을 원래 파일로 복원(Decoding)하는 장치 및 소프트웨어를 포함한다. 대표적인 영상 및 음성 압축 기술 표준으로는 MPEG를 들 수 있다.

〈그림 5-24〉 아날로그 - 디지털 신호변환(CODEC) 과정

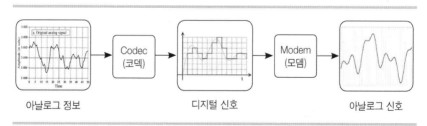

| 아날로그 정보 | 디지털 신호 | 아날로그 신호 |

5) MPEG(Moving Picture Experts Group) 디지털 신호압축

음성 및 영상정보의 전송은 텍스트 문자정보에 비해 방대한 용량을 차지하므로 전송 정보의 내용은 변함없이 파일의 크기만을 압축하는 기술이 필요하게 되었다. 멀티미디어 표준 개발을 담당하는 전문가 그룹인 MPEG(Moving Picture Experts Group)는 국제표준화기구(International Organization for Standardization/International Electrotechnical Commission)의 산하 단체로서 동영상 및 음성의 압축과 복원(재생) 기술에 관한 표준을 규정하고 있다.[32] MPEG 표준은 동영상 및 음성을 부호화하는 방법을 이용하여 연속적으로 변화하는 영상 및 음성 압축과 코드 표현을 통해 정보의 전송과 복원이 이루어질 수 있는 국제 표준화 규정이다.[33] MPEG의 규정은 분야별 필요성과 기술 특성에 따라 단계적으로 진행되고 있으며 지금까지 제정된 규정으로는 MPEG-1, MPEG-2, MPEG-3, MPEG-4, MPEG-7, MPEG-21이 있다.[34]

(1) MPEG-1

1991년 국제표준화기구(ISO/IEC)에서 규정한 최초의 비디오와 오디오(VCD, MP3)의 압축기술에 관한 표준 규정이다. VHS 테이프(74분 수준)의 영상과 음향을 CD-ROM과 같은 디지털 저장매체에 최대 1.5Mbps로 압축(표준 해상도는 352x240, 30프레임/초)할 수 있다.

(2) MPEG-2

1994년 국제표준화기구(ISO/IEC)에서 규정한 영상압축기술의 표준으로 고화질과 고음질 영상 및 음향을 압축하기 위해 MPEG-1을 개선한 규정이다. 디지털 위성방송, 디지털 유선방송, 고화질 텔레비전 방송, 대화형 텔레비전, DVD, 컴퓨터 멀티미디어의 고화질과 고음질 서비스에 사용(표준 해상도는

720×480, 1280×720, 60프레임/초, 음질은 CD와 동일한 퀄리티를 지원)된다. MPEG-2는 디지털 텔레비전 방송의 표준이 되고 있다.

(3) MPEG-3

MPEG-2를 개선하여 고화질 HDTV의 방송을 위해 개발된 기술이었으나 MPEG-2 표준에 흡수되어 규정이 중지되었다.

(4) MPEG-4

1998년 국제표준화기구(ISO/IEC)에서 규정한 멀티미디어 통신환경에서 이용하는 표준으로서 기존 MPEG-2를 확장하여 인터넷과 이동 통신환경에서 사용하도록 기존 기술을 보완한 영상압축기술의 표준이다. MPEG-4는 초고속 통신망뿐만 아니라 저속의 통신환경에서도 다양한 멀티미디어 서비스를 받을 수 있는 기술로서 저속(초당 64Kbps, 192Kbps) 전송으로도 동영상 구현이 가능한 데이터 저화질 압축과 복원기술의 표준이다. 인터넷 유선망, 이동통신망, 무선망의 양방형 멀티미디어 통신, 원격 화상회의, 원격 감시, 방송, 영화, 컴퓨터 그래픽 등의 다양한 분야에 사용되며, 3D 모델을 압축하기 위한 3차원 메시 부호화 콘텐츠(3D Mesh Coding) 기술도 지원한다.

(5) MPEG-7

디지털 멀티미디어 데이터(Meta Data) 검색과 전자상거래 등에 적합하도록 개발된 차세대 동영상 압축 복원 기술 표준이다. 음성, 색상, 사물 형태의 정보를 입력하여 멀티미디어 자료(사진, 그림, 동영상, 음악 등) 검색에 사용한다.

(6) MPEG-21

기존 표준기술(MPEG-1, MPEG-2, MPEG-4)을 통합하여 디지털 콘텐츠의 생성, 분배, 소비에 관한 전 과정의 구조를 규정하는 차세대 멀티미디어 기반 (Multimedia Framework)의 표준 기술이다. MPEG-21은 콘텐츠 제작자, 유통업자, 사용자 간의 국제적 호환성을 제고시켜 콘텐츠 식별, 관리, 보호를 원활하게 하는 멀티미디어 핵심기술이다.

MPEG의 지속적인 표준화 활동은 신기술 발전에 따라서 응용분야가 점차 다양화되어 관련 산업 기술을 포괄적으로 수용하지 못하고, 또한 표준화 작업 과정에 수반되는 시간적 제약으로 관련 산업에서 필요로 하는 기술적 표준을 적기에 제공하지 못하는 문제점이 대두되었다. MPEG는 산업계의 요구에 부응하여 새로운 기술적·산업적 특성에 따른 수평적인 기술 표준화를 다음과 같이 적용하고 있다.[35]

① MPEG-A: 멀티미디어 애플리케이션 포맷(MAF)을 위한 기술표준(2007년).
② MPEG-B: 시스템 표준 분류를 위한 MPEG 기술표준(2006년).
③ MPEG-C: 비디오 표준 분류를 위한 MPEG 기술표준(2006년).
④ MPEG-D: 오디오 표준 분류를 위한 MPEG 기술표준(2007년).
⑤ MPEG-E: 멀티미디어 미들웨어를 위한 MPEG 기술표준(2007년).
⑥ MPEG-V: 가상세계 vs. 가상세계, 가상세계 vs. 현실세계 간의 소통을 위한 인터페이스 기술 표준(2008년).
⑦ MPEG-M: 멀티미디어 서비스 플랫폼(Platform) 기술 MPEG 기술표준(2011년).
⑧ MPEG-U: 기반 향상된 사용자(Advanced User Interaction) 상호작용 인터페이스를 위한 MPEG 기술표준(2010년).
⑨ MPEG-H: 차세대 비디오·오디오 압축 표준인 고효율 비디오 코딩(High Efficiency Video Coding)을 위한 MPEG 기술표준(2010년).
⑩ MPEG-Dash: IP(Internet Protocol) 환경에서 비디오·오디오 데이터를 HTTP로 전달하는 스트리밍 표준(Dynamic Adaptive Streaming over HTTP)을 위한 MPEG 기술표준(2013년).

3. 디지털 방송

1) 아날로그와 디지털 텔레비전 방송

아날로그 신호는 연속된 파형과 파장으로 조합된 신호로서 시시각각으로 변하는 현상(주파수나 진폭 신호 등)을 연속적으로 나타낸다. 아날로그 방송은 전파신호를 시간의 흐름에 따라 연속적으로 처리하여 영상, 음성, 데이터의 정보로 조합된 프로그램을 아날로그 신호 형태로 변환하여 전송하므로 화질과 음질이 선명하지 않으며 채널 수에 제한을 받는다. 아날로그 방송은 전파에 영상과 음성을 각기 다른 변조 방식을 사용하고, 아날로그 신호를 압축하는 과정이 없으므로 전송할 수 있는 용량이 제한적이며, 전송 과정에서 잡음 및 왜곡의 영향을 크게 받으므로 이로 인해 손상된 신호를 완벽하게 복원하기가 어려워 신호품질이 낮아진다.[36] 이러한 현상은 텔레비전 수상기에서 화면의 이중상(Ghost) 및 색 번짐 등으로 나타난다.

디지털 방송은 아날로그 신호를 부호화한 후, 디지털 신호로 전환하여 고품질 및 다양한 서비스를 제공한다. 디지털 신호는 아날로그 상태를 불연속성의 개별적으로 독립된 0과 1로 조합된 이진법의 구형파 펄스로 표현(Encode)하며, 디지털 방송은 영상과 음성을 각각 이진수로 정형화시키는 디지털 데이터 변조 방식을 사용한다. 디지털 텔레비전 방송은 동영상을 디지털 신호로 압축 변조하여 대역폭이 절감되므로 다채널, 양방형 방송, 다양한 부가서비스를 제공할 수 있다. 또한 데이터의 저장성과 보안성, 원래 신호의 재현성, 전송 효율성, 원거리 전달성, 소비전력 극소화의 장점이 있으며, 신호처리 및 전달과정의 잡음과 신호왜곡의 감소로 고품질 방송이 가능하다.[37] 디지털 텔레비전 방송의 주요 장점으로는 다채널(다중), 고품질(고화질·고음질), 내잡음성, 다기능, 양방형, 데이터 방송을 들 수 있다.

세계 최초의 디지털 텔레비전 방송은 1998년 9월 영국의 BBC에서 시작하였고, 미국은 1998년 11월 뉴욕, 로스앤젤레스, 시카고 등 10대 도시에서 디지털 텔레비전 방송을 개시하였다.[38] 우리나라는 1997년 미국식 ATSC (Advanced Television System Committee) 방식을 채택하여 2000년 9월부터 디지털TV 시험방송을 시작하고, 아날로그 방송은 2012년 12월 31일부로 종료되고 2013년 1월 1일부터 디지털 방송으로 전환되었다.[39]

〈표 5-5〉 아날로그 텔레비전 방송과 디지털 방송의 비교

구분	아날로그 텔레비전 방송	디지털 텔레비전(HDTV) 방송
방송 서비스	텔레비전 방송	TV 방송, 홈네트워크, 데이터 방송, 양방향 서비스, T-commerce 등 부가서비스 가능
화면 구성비	4:3	16 : 9
화질	20만 화소	1,920×1,080(Full HD); 3,840×2,160(4K HD)
음질	라디오급	CD급(5.1 채널 또는 6채널)
내잡음성	약함	강함
채널	대역폭 6MHz당 1개 채널	채널당 2~5개 다중 채널 가능
보안성	취약	강함(암호화된 디지털 비디오 데이터)
3D 방송	불가능	가능

2) 디지털 텔레비전 전송 방식

디지털 텔레비전의 전송 방식은 북미의 8레벨 잔류측파대(8-VSB: 8-level Vestigial Sideband) 방식과 유럽의 직교 부호화 주파수분할 다중 방식(COFDM: Coded Orthogonal Frequency Division Multiplexing)으로 국제 표준화가 2분되어 있다. 우리나라의 지상파 디지털 텔레비전 전송 방식은 북미 방송규격 ATSC(Advanced Television System Committee)인 8-VSB 표준을 채택하고 있다.

8-VSB 방식은 데이터 전송률이 높고(19.39Mbps) 고화질 HDTV 방송이나

광대역 방송이 유리한 반면, COFDM은 이동 수신, 다중 경로수신, 단일 주파수망(Single Frequency Network) 구축이 용이하다.

(1) 8-VSB(8레벨 잔류 측파대)

8-VSB 전송 방식은 정보 및 방송신호를 전파로 전송하기 위해 8단계(8-level Vestigial Sideband)의 이산적인 진폭레벨을 이용하여 신호를 표현하는 변조 신호 단계와 잔류 측파대(Vestigial Side Band) 변조기술을 사용하는 고화질 디지털 텔레비전의 전송 방식이다.[40] 8-VSB 전송 방식의 특징은 아날로그 텔레비전과의 호환성을 위하여 채널당 6MHz 대역폭에 19.39Mbps의 속도로 데이터 전송이 가능하며, 비디오 압축 기술은 MPEG-2, 오디오 코딩 기술은 돌비(Dolby) AC-3 디지털 기술을 사용한다.[41] 8-VSB 방식은 1개 채널만을 전송하여 QAM 방식(4개 채널 이상 전송 가능)에 비해 전송 효율이 낮은 단점이 있으나 아날로그 케이블에서도 HD 고화질 방송이 가능한 장점이 있다.[42] 2014년 미래창조과학부는 저소득층의 디지털 방송의 접근성 제고와 정보 격차 해소를 목적으로 종합유선방송사업자(SO)에 8-VSB 전송 방식을 허용하여 케이블 방송 가입자도 별도의 셋톱박스 없이 고화질 디지털 텔레비전을 시청할 수 있다.

〈표 5-6〉 지상파 디지털 텔레비전 방송의 특징

기본 구조	디지털 잔류측파대 방식
전송 방식	8 Level VSB(8-VSB)
비디오 압축기술	MPEG-2 MP@ML(HDTV) 1920x1080@60i/19.39Mbps
오디오 코딩기술	Dolby AC-3(5.1/2.0)
채널 주파수대	Ch.14~Ch.51(470MHz~698MHz)
채널당 대역폭	6MHz
부가 서비스	EPG, 자막, 데이터 방송

(2) QAM(Quadrature Amplitude Modulation)

ASK(Amplitude-Shift Keying) 변조 방식으로 디지털 신호에 따라서 반송파의 진폭과 위상을 조합하여 동시에 변조시키는 디지털 신호 변조 방식이다. QAM은 2개의 진폭 변조 신호를 하나의 채널로 결합하여 유효 주파수 대역을 2배로 확장시키는 주파수 변조 기술로서 동축 케이블망을 통해 데이터를 수신하는 케이블 방송사에서 주로 사용한다. 우리나라 케이블 텔레비전 방송은 북미의 오픈케이블(Open Cable) 방식으로 38Mbps의 전송이 가능한 256-QAM의 고속 변조기를 사용하여 제한된 주파수에서 다채널 전송이 가능하다. 8-VSB는 6MHz 대역폭을 이용해 1개 채널만을 송출하지만, QAM은 동 조건에서 4개 채널을 송출할 수 있으나 노이즈에 취약한 단점이 있다.

QAM은 유선으로 암호화된(Scramble) 신호를 셋톱박스(또는 셋톱박스가 내장된 텔레비전 수상기)로 비암호화하여(Decoding) 수신하지만, 디지털 케이블 방송 환경에서는 별도의 셋톱박스가 필요 없는 클리어쾀(Clear QAM) 방식을 사용한다. 클리어쾀 방식은 시청자의 셋톱박스 비용 절감과 디지털 방송의 소외계층을 보호하는 장점이 있으나, 케이블 가입료의 저가화로 인한 케이블 유료방송 시장의 위축과 VOD 및 데이터 방송 등의 양방향 서비스가 불가능하다는 단점이 있다.

(3) QPSK(Quadrature Phase Shift Keying)

위성방송은 주파수 변조 방식을 이용하여 네 개의 위상(45°, 135°, 225°, 315°)에서 4비트의 정보를 전송할 수 있는 QPSK(Quadrature Phase Shift Keying) 디지털 주파수 변조 방식을 사용한다.[43] QPSK는 고주파 대역의 같은 주파수 대역폭에서 1비트에 1개의 심볼(symbol)을 전송하는 BPSK(Binary Phase Shift Keying)에 비해 2배의 정보를 전송할 수 있는 장점으로 위성방송의 신호 전송과 위성통신에서 널리 사용되고 있다(〈그림 5-25〉 참조). QPSK는 90°씩 위상을 변화시켜 4개의 신호를 구분하여 반송파의 위상에 MPEG-2 비디오, 케이블 모뎀, 비디오 컨퍼런싱(Video Conferencing), 이동전화시스템 등의 디지털 정보 및 방송신호를 전송한다.[44]

〈그림 5-25〉 BPSK vs. QPSK 성좌도(Constellation Diagram)[45]

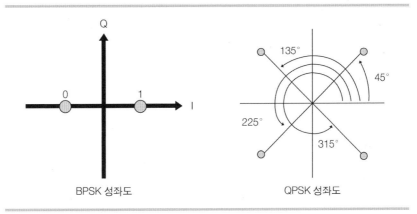

BPSK 성좌도   QPSK 성좌도

자료: Nguyen & Shwedyk(2009)(재구성).

(4) DCS(Dish Convergence Solution)

DCS는 망사업자가 위성방송 신호(QPSK)를 IP(Internet Protocol) 방식으로 변조해 가입자에게 인터넷망으로 방송프로그램을 제공하는 인터넷과 위성방송이 혼합된 전송 방식(Hybrid Transmission)이다. 안테나가 없는 위성방송 서비스로 알려진 DSC(Dish Convergence Solution)는 방송기술 진화에 따른 새로운 개념의 결합 서비스로 볼 수 있으나, 위성방송의 고유 목적에 위배되고 「방송법」, 「전파법」, 「IPTV법」을 위반하여 경쟁 방송산업 간의 이해관계가 상충된다. DSC 서비스는 방송과 통신의 융합, 뉴미디어, 전파관리, 공정거래에 포괄적으로 관련되어 있으므로 이와 관련된 다각적인 관련법 개정이 필요하다.

3) 초고화질 텔레비전(UHD: Ultra-high Definition Television) 방송

초고화질 텔레비전 방송은 슈퍼 하이비전(SHV: Super Hi-Vision)으로 실감 영상(Lifelike Images)의 구현을 목표로 진화하고 있다.[46] 실감 영상이란 디스 플레이 장치가 표현하는 영상의 화질이 매우 입체적이거나 사실적이어서 시청자들이 방송 현장에 있는 듯한 생동감을 주는 영상을 말한다.[47] 실감 영상의 구현을 위해 영상의 입체화 및 초고선명 화질의 해상도를 갖춘 초고화질 텔레비전(UHD: Ultra-high Definition)은 HDTV에 비해 4배(4K UHDTV)에서 16배(8K UHDTV)의 고해상도 영상을 전송한다.

우리나라 지상파 텔레비전 방송 4사(KBS, MBC, SBS, EBS)는 2012년 4월 방송 통신위원회와 공동업무협약(MOU)을 체결하고 지상파 UHD 방송을 추진하였다.[48] 지상파 텔레비전 방송 4사는 실험용 UHD 프로그램을 제작하여 2차례 (2012년 9~12월, 2013년 5~10월)에 걸쳐서 유럽 방식 기술(DVB-T2, CH66)로 차세대 동영상 부호화 기술인 고효율 압축방식(HEVC: High Efficiency Video Coding)과 고화질 UHD 콘텐츠(60p)의 전송 방식을 각각 시험 방송한 바 있다.[49]

70mm 영화보다 좋은 화질과 음질을 제공하는 차세대 방송 규격인 초고화질 텔레비전(UHD) 방송이 당면한 최대 문제는 HDTV 대비 4배 또는 16배로 증가한 실감 정보를 동일 시간 내의 대역폭 사용을 최소화하여 전송 효율을 높이는 것이다.[50] 대역폭의 확장 없이 전송 용량을 확대하는 방법 중 가장 편리한 방법은 단위 심벌당(Per Symbol) 보다 많은 비트(Bits) 정보를 보낼 수 있는 고차원 변조 방식(High Order Modulation)이지만, 이 방식은 전송 용량을 쉽게 확장할 수 있는 반면, 성좌도(Constellation)에서의 심볼 간 거리가 좁아져 잡음에 매우 민감하다는 단점이 있다.[51]

UHD-TV의 초고화질(8K, 33.18 MP), 초고음질(22.2 Ch: 22 멀티 채널 사운드와 2 Low Frequency 채널) 방송의 활성화를 위해서는 700MHz 대역, 기술 표준화,

〈표 5-7〉 고화질 텔레비전(Full HDTV), 4K UHD, 8K UHD 비교[52]

구분	Full HDTV	4K UHD	8K UHD
수직 화소 수(Pixel in Width)	1,920	3,840	7,680
수평 화소 수(Pixel in Height)	1,080	2,160	4,320
해상도	1,920×1,080	3,840×2,160	7,680×4,320
화소당 비트 수(per bits)	24bits	24~36bits	24~36bits
초당 화면 수(Frame per Second)	30fps(Interaced)	60(Progressive)	60(Progressive)
메가 픽셀 수(Mega Pixels)	2.07MP	8.29MP	33.18MP
데이터량	0.75Gbps	3~18Gbps	12~72Gbps
주사율(Frame Rate)	60(Interlaced)	60 Hz(Progressive)	60 Hz(Progressive)
화면비(가로×세로)	16 : 9	16 : 9	16 : 9
컬러샘플링 형식	YUV4:4:0	YUV4:4:0, 4:4:2, 4:4:4	YUV4:4:0, 4:4:2, 4:4:4
수평시야 각도(Viewing Angle)*	30°(수평)	55°(수평)	100°(수평)
주사선(표준) 시청 거리**	3H	1.5H	0.75H
오디오 채널	5.1	10.1~22.2	10.1~22.2
신호압축 방식	MPEG-2	MPEG-4	MPEG-4

 * 수평시야 각도(Viewing Angle-horizontal Degrees): 픽셀이 눈에 보이지 않는 각도.
** 주사선 시청 거리(Standard Viewing Distance): 시력이 1.0인 경우의 주사선이 보이는 거리(〈그림 5-27〉 참조).

대용량 신호 처리를 위한 고성능 플랫폼, 서버, 고속 인터페이스의 기술 개발이 필요하다. 특히 UHD-TV 방송은 주파수 사용에 관한 형평성 문제와 700MHz 대역 주파수를 효율적으로 활용하는 기술 개발이 중시된다. 지상파 텔레비전 방송사(KBS-1, KBS-2, MBC, SBS, EBS)들은 전국 방송을 위해 54MHz(9개 채널용)를 요구하였으나, 통신사들은 국내 시청자의 93.3%가 케이블 또는 IPTV에 가입하여 지상파 방송을 시청하고 있으며, 통신사들이 최소 수조 원 이상을 지불하고 사용하는 주파수 54MHz(9개 채널용)를 지상파 방송사들이 UHD-TV 방송용으로 무상으로 사용할 경우 공공재 주파수의 독점에 관한 형평성에 문제가 있다고 주장한 바 있다.[53] 따라서 기존 주파수를 효율성이 높은 단일주파수망(Single Frequency Network) 또는 분산주파수망(Distributed Frequency Network)을 구성하여 주파수를 분산·송신할 수 있는 기술 확보가 시급하다.

〈그림 5-26〉 700MHz 대역 주파수 분배안 (단위: MHz)

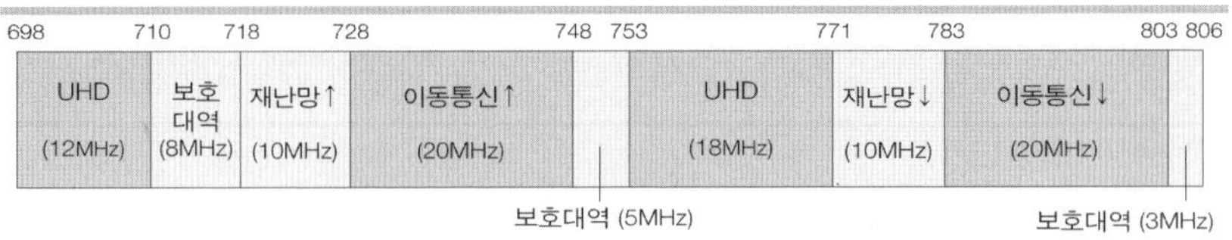

698	710	718	728	748 753	771	783	803 806
UHD (12MHz)	보호 대역 (8MHz)	재난망↑ (10MHz)	이동통신↑ (20MHz)	UHD (18MHz)	재난망↓ (10MHz)	이동통신↓ (20MHz)	

보호대역 (5MHz)　　　　　　　　　　　　　　보호대역 (3MHz)

자료: 미래창조과학부, 조선일보, ZDNet Korea.[54]

〈그림 5-27〉 고화질 텔레비전 주사선 시청거리(Viewing Distance)

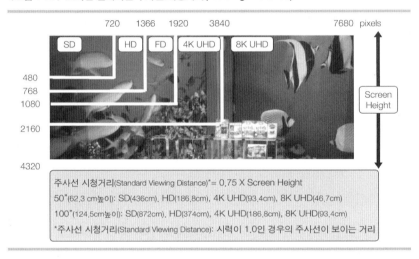

산업적인 측면에서 지상파 텔레비전 방송사들은 UHD-TV 방송을 위한 새로운 제작 시설, 장비와 시스템(송출 및 중계) 구축에 고비용 투자가 필요하다. 지상파 텔레비전 방송사는 투자비용이 시청자에게 전가되지 않도록 새로운 영업이익을 창출하는 방안을 모색해야 한다. 시청자들이 UHD 방송을 시청하기 위해서 고가(高價)의 UHD-TV 수상기를 구입하는 경제적 부담은 지상파 텔레비전 방송의 보편적 서비스 규약에 위배되기 때문이다.[55]

지상파 UHD 방송의 주파수 확보 및 기술 개발 논란 속에 케이블과 IPTV 사업자는 세계 최초의 UHD 셋톱박스를 개발하여 HDTV보다 4배 선명한 초고화질(4K UHD) 방송 서비스를 2014년 10월부터 개시하였다.[56] SK 브로드밴드와 KT는 독자적인 셋톱박스를 개발하여 영화, 애니메이션, 다큐멘터리 등 다양한 UHD 전용 콘텐츠를 주문형 비디오(VOD) 방식으로 제공하며 동시 채널 서비스와 음성 검색 기능을 지원한다.[57] 가입자가 셋톱박스형 UHD 방송 서비스를 이용하려면 UHD 텔레비전을 구입해야 하므로, UHD 수상기 보급률 증가 여부에 따라서 UHD 셋톱박스의 상용화가 좌우될 것으로 보인다.

4) 다채널 방송(Multi-mode Service)

다채널 방송(MMS)은 지상파 디지털 텔레비전 방송사의 1개 채널을 다채널로 분할 방송하는 것으로 방송사에 할당된 주파수 대역을 2~4개로 나눠서 추가 채널을 운영하는 방송이다. 주파수 대역을 다채널로 나누면 방송 해상도와 전송 용량이 떨어져 화질이 낮아지는 단점이 있으나, 다매체·다채널·다플랫폼 환경에서 채널 증가로 인한 지상파 텔레비전 방송사의 경쟁력 및 위상 제고의 효과가 있다. 다채널 방송의 표준화된 주파수 분할 방식은 규정되어 있지 않지만, 〈그림 5-28〉과 같이 (1) HD 방송의 압축 용량(19.4Mbps)을 11Mbps로 축소하여 잔여 용량(8Mbps)으로 SD급(720x480) 화질 3~4개의 채널을 추가하는 방식, (2) 기존 1개의 HD 방송을 두 개의 HD 채널로 분할 방송하는 방식, (3) 1개의 고화질 HD 방송과 1개의 SD급 방송 등이 있다.

(1)의 경우 다채널 방송으로 지상파 채널의 선택권이 크게 증가하지만, 고화질 HD 방송의 취지에 역행하여 공공재 주권자의 시청권이 침해되고 지상파 텔레비전 방송의 광고 편중 현상이 심화된다. (2)의 경우 지상파 공영방송의 취지에 부합하는 다채널 방송 방식으로 적합하지만, 기존 HDTV 시청자는 HD 서브 채널(Sub Channel)을 수신하기 위한 전용 수신기 또는 셋톱박스를 필요로 하여 지상파 방송의 무료 보편적 서비스 규약에 위배된다. (3)은 1개

의 고화질 HD급의 본방송을 실시하면서 1개의 부가 서비스 채널을 활용하여
(1)과 (2)의 장단점을 보완한 방식이다. HD 방송의 압축 용량을 축소한 잔여
용량으로 MMS 방송 서비스로 활용하면 용량의 제한성으로 인하여 3D 방송
서비스는 제공할 수 없게 된다.

〈그림 5-28〉 MMS(Multi-mode Service)의 주파수 대역 분할 방안(예)

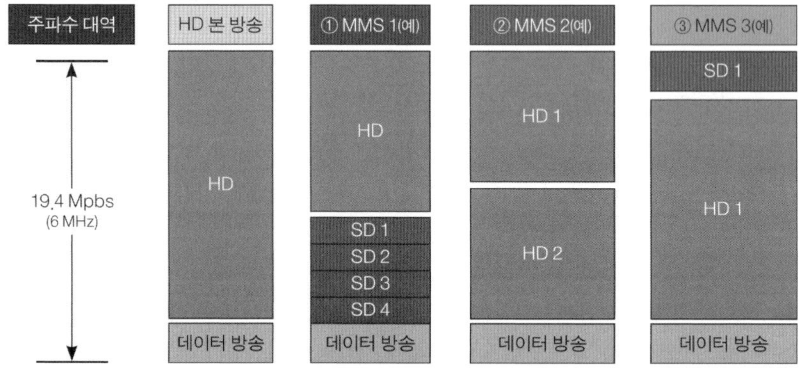

우리나라는 2013년 10월 다채널 방송(MMS)의 실험방송을 목적으로 방송
통신위원회, 미래창조과학부, 지상파 방송 4사(KBS, MBC, SBS, EBS), 가전사
(삼성, LG, 대우 등), 연구기관(ETRI, KCA)으로 구성된 '지상파 다채널 실험방송
추진반'을 발족하고, 2013년 12월 KBS 관악산 송신소의 Ch.19번 주파수를 이
용한 지상파 다채널 실험방송을 실시한 바 있다.[58]

방송통신위원회는 실험방송 결과를 토대로 시청자 수요, 방송시장에 미치
는 영향 등을 고려하여 지상파 다채널 방송 정책방안을 마련하여 다채널 방송
에 대비하고 있다.[59] 방송통신위원회는 다채널 방송의 추가 채널은 무광고 방
송을 기본원칙으로 정하고 있다. 따라서 상업텔레비전 방송사에서 무광고로
추가채널을 운용하는 여부는 방송사의 다채널 방송의 필요성(제2채널, 공익·
정보 채널, 재방송 채널 운용 등) 여부에 따라 논란의 쟁점이 될 것으로 보인다.

〈그림 5-29〉 방송사별 다채널 방송(MMS) 기술방식 비교

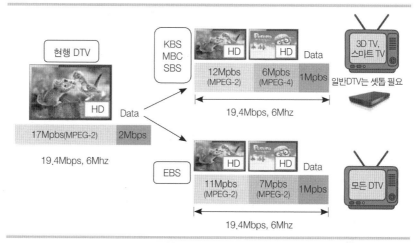

자료: 방송통신위원회 연차보고서(2014). 60

5) 3D 방송

방송통신위원회와 미래창조과학부는 시청자가 눈앞에서 입체감 효과를 느낄 수 있는 3D 방송 실시를 위한 기술기준 개정 및 방송국 허가 등을 위해 긴밀히 협력해왔다.61 미래창조과학부는 2013년 9월 지상파 방송사에서 3D 방송 실시가 가능하도록 기술기준을 개정하고, 방송통신위원회는 2013년 11월 6일 3D 방송 변경허가 신청을 한 SBS에 대해 조건부(방송편성을 확대·노력하고, 허가 후에 구체적인 편성계획을 제출)로 변경 허가를 내주었다.62 SBS와 EBS는 2012년 4월부터 정파시간을 활용하여 세계 최초의 고화질 3D 시범방송을 실시하였고, SBS는 2013년 11월 9일에는 지상파 텔레비전 세계 최초로 〈TV 속 움직이는 세상 the 3D〉, 2013년 11월 16일에는 〈2013 아이러브 인 시즌 4〉 두 개 프로그램을 3D로 방송하였다.63 SBS는 운용 중인 지상파 방송채널에서 HD급 3D 방송과 2D 방송을 동시에 송출하여 2D 시청자와 3D 시청자

가 모두 수신할 수 있도록 새로운 듀얼 스트림 방식(Dual Stream System: 1개 채널의 6MHz 주파수에서 동시에 3D와 2D 방송을 송출)을 개발하여 세계 최초로 본방송 시스템에 적용하였다.[64]

〈그림 5-30〉 SBS 3D 정규프로그램 편성

자료: 방송통신위원회 연차보고서(2014).[65]

6) 디지털 오디오 방송(Digital Audio Broadcasting), DRM(Digital Radio Mondale), DRM+

디지털 오디오 방송(Digital Audio Broadcasting)은 AM과 FM 방송의 부족한 주파수와 전파 간섭으로 인한 잡음 문제를 해소하고 음질 향상과 다중화 방송(Multiplexing)을 목적으로, 1987년 유럽 국가 주도의 공동개발 컨소시엄(Eureka 147 DRM System)에서 개발하였다.[66] 1995년 영국 BBC에서 세계 최초로 FM 라디오의 디지털 방송을 시작한 이래, DAB는 새로운 디지털 라디오 방송 시스템으로서 전 세계 40여 개 나라의 1,000여 개 라디오 방송사에서 운용하고 있다.[67] DAB는 AM과 FM 방송의 아날로그 음향신호를 디지털 신호로 압축하는 변조 기술(OFDM)과 다중화(Multiplexing) 기술을 이용하여 다수의 오디오 스트림(Audio Stream)을 DAB 앙상블(DAB Ensemble)로 불리는 1개의 방송 주파수로 전송하여 같은 주파수 대역을 사용하는 채널 수가 크게 증가한다. 디지털 라디오 방송은 고음질 방송과 부가 데이터(그래픽, 동화상, 문자 정보)를 동시에 전송하여 듣는 라디오에서 보는 라디오로 전환하는 차세대 디지털 라디오로 볼 수 있다.

〈그림 5-31〉 DAB 방송 시스템

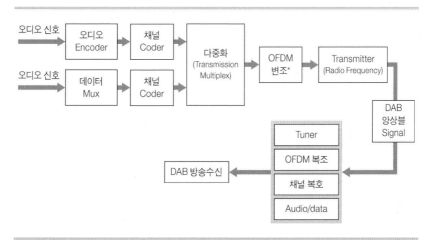

* OFDM(Orthogonal Frequency Division Multiplex): 지상파(VHF/UHF) 디지털 변조 방식으로 직교 주파수를 분할하여 다중 전송하는, DAB 방송의 표준 변조 방식.

디지털 오디오 방송(DAB)의 주요 장점으로는 CD 수준의 고음질 제공, AM 대역에서 FM 수준의 음질 수신, 멀티미디어 데이터 서비스(Dynamic Label Segment를 활용하여 곡명, 방송국명, 음반 정보, 뉴스, 교통 및 기상 정보, 증권 정보 등 실시간 정보 제공), 고정 및 이동수신 음질 향상, 시간과 장소에 구애받지 않고 청취, 공간전송 채널의 다중화로 효율적인 주파수 스펙트럼 활용, 효율적인 송신출력으로 운용비 절감, 간편한 텍스트 메뉴 선택 방식, 방송국 수 증가(Single Frequency Network 사용으로 주파수 효율성을 높임) 등이다.[68]

디지털 오디오 방송(DAB)은 주파수 대역의 배정에 따라 기존 주파수 대역이 아닌 새로운 주파수 대역을 사용하는 유럽식 아웃오브밴드(Out of Band) 방식과 기본 주파수대를 사용하여 아날로그 방송과 동일 채널에서 전송하는 미국식 인밴드 온채널(In-Band On-Channel) 방식이 있다. 2007년에는 기존 DAB에서 사용하는 오디오 코덱(Audio Codec)의 효율성을 개선하여 고음질을 구현하는 DAB+를 개발한 바 있다. 또한 2001년 중파 AM 라디오와 단파 SW 라디오의 디지털 방송을 위한 DRM(Digital Radio Mondale) 규격과 아날로그와 디지털 방송이 동시 가능한 DRM+ 규격들이 개발되어 실험방송과 표준 개발을 완료하였다.[69] DRM 방식은 30MHz 이하 대역을 지원하는 디지털 라디오 방식으로서 1개 채널에서 4개 다채널 서비스, 부가 데이터 정보 서비스, 양방향 서비스가 가능하다.[70] DRM+방식은 30MHz 이하에서 사용할 수 있는 DRM 규격을 FM 방송 대역을 포함한 30~120MHz 대역까지 확장하는 목표로 개발되었으나, 2012년에는 240MHz 대역까지 확장됨으로써 VHF 텔레비전 상·하위 대역 모두에서 사용할 수 있게 되었다.[71]

　우리나라는 1997년 2월 '디지털 방송 추진협의회'를 결성하여 라디오 디지털화를 착수하고, 2001년에는 FM 라디오의 디지털 방식으로 유럽 방식 DAB(Eureka 147)를 선정한 바 있다. 그러나 유럽의 DAB 방식을 활용한 독자적인 표준기술을 개발하여 2005년부터 지상파 방송과 위성방송을 통하여 음성, 영상, 문자, 데이터를 전송하는 디지털 멀티미디어 방송(DMB)을 운영하고 있다.[72]

〈표 5-8〉 디지털 오디오 방송(Digital Audio Broadcasting) 주파수 대역 방식[73]

구분	유럽식Out of Band(Eureka 147) 방식	미국식 In-Band On-Channel 방식
주파수 대역	30MHz~3GHz	AM/FM 대역
대역폭	1,536MHz	약 140kHz
오디오 부호화	MEPG-1, 2 Layer 2	MEPG-2 AAC
변조 방식	DQPSK/COFDM	QPSK/COFDM

7) 디지털 멀티미디어 방송(Digital Multimedia Broadcasting)

DMB 방송은 이동 중 수신을 목적으로 다채널을 이용하여 텔레비전 방송, 라디오 방송 및 데이터 방송을 복합적으로 송신하는 멀티미디어 방송 서비스이다. DMB 방송은 이동성 고음질의 디지털 오디오 서비스를 수신할 수 있는 유럽의 DAB 방식(Eureka 147)을 기반으로 시작되었으나, 전파 효율이 우수한 디지털 신호 변환방식으로 영상 신호를 수신하는 DMB 기술로 발전하게 되었다. 우리나라는 독자적인 DMB 표준기술(Digital Radio Transmission Technology)을 개발하여 방송과 통신이 결합된 이동형 멀티미디어 서비스(텔레비전, 라디오, 데이터 방송)를 제공하고 있다.

DMB 방송의 특징은 멀티미디어 신호를 디지털 방식으로 이동 단말기에 제공하는 서비스로서 이동 중에도 고품질 방송과 통신 서비스를 수신한다. DMB 방송을 수신하기 위해서는 이동성 DMB 신호의 수신 기능이 탑재된 휴대용·차량용 단말기(휴대폰, GPS, PDA, PMP, 태블릿 PC 등)가 필요하며, 비휴대용 기기(노트북 컴퓨터, 포터블 텔레비전 등)의 경우 외장형 수신기를 사용하여 이동 중에도 DMB 방송을 수신할 수 있다. 우리나라는 2005년 세계 최초의 DMB 텔레비전(Mobile Television) 방송을 시작한 것을 필두로 2013년에는 VOD 서비스가 가능한 고품질의 스마트 DMB 서비스 개시 등의 독자적인 기술을 개발하여 세계의 기술 표준이 되고 있다. 디지털 멀티미디어 방송(DMB)은 전송 방식과 네트워크 구성에 따라 지상파 DMB(Terrestrial-DMB)와 위성 DMB(Satellite-DMB)로 구분된다.

지상파 DMB는 지상 송신소에서 송출한 전파를 이동성 단말기로 수신하여 다양한 디지털 멀티미디어방송과 서비스를 제공한다. 지상파 DMB 서비스는 VHF 저주파수(174~216MHz) 대역을 사용하여 전파의 회절성과 도달 거리가 우수하며, 할당된 주파수(VHF TV Channel 7~13, 174~216MHz)를 MPEG-4 방식으로 압축하여 다수의 방송 및 데이터 채널로 사용한다. 지상파 DMB는 주파수 여건상 단일주파수망(Single Frequency Network)을 이용한 전국 방송이 어려우며, 권역별로 구분된 복수 주파수망(Multi Frequency Network)을 이용한다.

〈그림 5-32〉 위성 DMB와 지상파 DMB 개요도

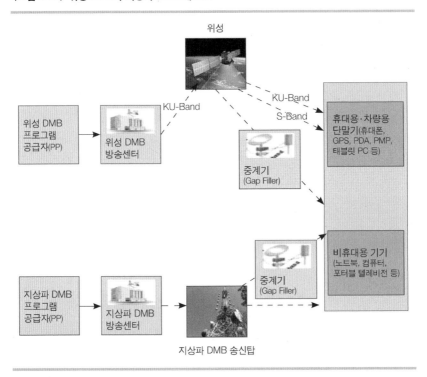

위성 DMB는 방송채널사용사업자(PP)로부터 프로그램을 받은 지상국(방송센터)에서 위성으로 전파를 송출하면 위성은 방송 콘텐츠 신호를 증폭한 후 DMB 수신기로 전송하여, 가입자들이 이동 중에 휴대용 수신기를 통해 다양한 멀티미디어 채널을 시청 또는 청취할 수 있다. 위성 수신율이 낮은 도심 등 음영지역은 중계기(Gap Filler)를 설치하여 DMB 방송을 수신한다. 위성 DMB

의 대역폭(채널당 25MHz)은 지상파 DMB(6MHz)보다 넓으며 비디오 신호는 지상파 DMB와 동일하고 압축기술은 MPEG-4(비디오)와 MPEG-2(오디오)를 사용한다.

〈표 5-9〉 지상파 DMB(Terrestrial-DMB)와 위성 DMB(Satellite-DMB)[74]

구분	지상파 DMB(Terrestrial-DMB)	위성 DMB(Satellite-DMB)
주파수	174~216MHz(Band Ⅲ)	2,605~2,655GHz(S-Band)
대역폭	42MHz(7개 채널, CH 7~13)	50MHz(2개 사업자)
전파 특성	회절성(장거리 전달)	직진성
전송 방식	OFDM(직교 주파수 분할 다중 방식)*	CDM(부호분할 다중 방식)**
압축 방식	MPEG-4 기술	MPEG-4, MPEG-2 기술
수신 비트율	약 500kbps/ch	약 500kbps/ch
서비스	휴대용·비휴대용 기기	휴대용·비휴대용 기기
화면크기	7" 이하	7" 이하

* OFDM(Orthogonal Frequency Division Multiplexing): 고속의 송신 신호를 다수의 직교(Orthogonal)하는 협대역 반송파로 다중화시키는 변조 방식.[75]
** CDM(Code-division Multiplexing): 디지털 통신 신호에 각기 다른 코드 시퀀스를 부여한 후 하나의 채널로 다중화하여 전송하는 방식으로 위성이 사용 가능한 주파수 중 이동수신에 가장 적합하며, 강우감쇠(降雨減衰)에 따른 품질 저하가 없음.[76]

8) 디지털 위성방송(Digital Satellite Broadcasting)

지상 송신국에서 화상, 음성, 데이터 등의 방송프로그램 정보를 디지털 신호로 변환하여 압축 부호를 생성하고 압축된 복수 신호를 다중화하여 중계매체인 위성으로 전파를 송출(Uplink)하여 수신자에게 전달하는 방송이다. 디지털 위성방송과 위성 DMB 방송은 기본적으로 위성을 통한 송수신 과정은 동일하지만, 전자는 고정된 장소에서 소형 접시형 안테나로 방송 신호를 수신하고, 후자는 장소에 구애 없이 단말기를 이용하여 이동 중에도 방송 신호를 수신한다. 디지털 위성방송은 위성으로부터 송신되는 디지털 신호를 펄스 부호 변조(PCM) 방식을 사용하여 1개의 아날로그 대역폭으로 다수의 텔레비전 채널을 전송할 수 있어서 고화질 영상과 고음질 프로그램을 다수 채널에서 수신할 수 있는 장점이 있다.

디지털 위성방송은 지구로부터 약 3만 6,000km 상공의 정지궤도 위성(공전주기가 지구의 자전주기와 동일한 24시간으로 지구를 따라 회전하는 것처럼 보이는 인공위성)에 방송 신호를 전송하고 중계매체인 방송위성(Broadcast Satellite)은 수신한 방송신호를 증폭 변환하여 지상 안테나에 재송신(Downlink)하며, 디지털 위성방송 가입자들은 소형 접시형 안테나로 방송프로그램 신호를 직접 수신한다.[77] 디지털 위성방송의 주요 특징으로는 200여 개의 다채널, 고화질 및 고음질 방송, 양방향 서비스(인터넷, 홈뱅킹, 전자상거래), 수신 지역의 광역화, 난시청 문제 해소, 전국 동시방송, 자연재해의 무영향 등이다.

세계 최초의 디지털 위성방송은 1990년 독일에서 16 스테레오, 20.48Mbps, 직교 위상 편이 변조(QPSK) 방식으로 시작하였으며, 우리나라는 1995년과 1996년에 통신 및 방송중계기를 탑재한 복합위성인 무궁화 1호(KOREASAT 1)와 2호(KOREASAT 2)를 각각 발사하여, 이듬해인 1996년에 KBS에서 시험 방송을 실시하였고, 1997년에는 EBS가 위성방송을 송출하였다.[78] 1999년에는 방송위성 전용인 무궁화 3호 위성을 발사한 후, 2000년부터 상용서비스를 개시하여 2002년 한국디지털위성방송이 디지털 상업 위성방송을 시작하였다.[79]

2006년 발사된 무궁화 위성 5호(무궁화 4호는 숫자 '4'의 부정적인 의미로 존재치 않음)는 1996년 발사된 무궁화 2호기를 대체하는 국내외 위성통신 및 방송 인공위성으로서 한반도를 벗어나 일본·중국·대만·필리핀까지 커버하는 민·군(民·軍)의 공용 위성이다(〈그림 5-32〉 참조).[80] 2010년에 발사한 무궁화 위성 6호(방송·통신)는 무궁화 3호를 대체하고 디지털 HD 방송과 3D 방송을 위해 성능이 개선된 Ku밴드 고정위성서비스(FSS: Fixed Satellite Service) 24기와 Ku밴드 직접위성방송(DBS: Direct Broadcasting Service) 6기를 포함한 총 30기

의 위성 중계기를 장착하여 고품질 위성방송 서비스를 제공하고 있다.[81] 우리
나라는 무궁화 위성 1·2·3·5·6호기를 보유하였으나 1호기는 수명이 다하
여 폐기하였고 2호기와 3호기는 국외 ABS(Asia Broadcasting Satellite)사에 판
매하여, 현재 방송·통신위성으로는 동경 113도의 무궁화 위성 5호기와 동경
116도의 무궁화 6호기(올레 1호)의 정지궤도 위성을 운영하고 있다.[82]

〈그림 5-33〉 무궁화위성 5호와 6호 영역

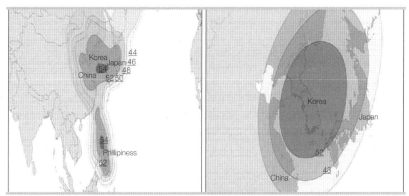

무궁화 5호(동경 113도, 정지궤도)　　　무궁화 6호(동경 116도, 정지궤도)
주파수 대역(Ku Band), 중계기 24기　　주파수 대역(Ku Band), 중계기 30기
자료: Ktsat 커버리지맵, http://14.49.27.70/assets/condoset02.php.[83]

9) 광통신(Optical Communication)

광통신은 태양광선(빛)의 직진성과 전자(電磁) 에너지를 공간에 전파하는
특성을 활용하여 태양광선을 전송매체로 하는 광신호를 송수신하는 통신방법
이다. 태양광선은 전자파보다 10^5 정도 높은 고주파로서 광통신으로 10^5배의
정보량을 동시에 전달하므로 대량의 정보를 필요로 하는 영상, 음성 및 데이
터 통신에 사용된다.[84] 특히 태양광선은 전파를 이용하는 무선통신에 비해 고
주파수로 광대역을 확보하므로 영상 정보와 같은 대량 신호전송에 필요한 방

식이다.

광통신에 사용되는 태양광선은 인간이 볼 수 있는 가시광선(파장 380~780nm)과 인접 근적외선 영역의 파장을 갖는 전자기파를 이용하여 영상, 음성 및 데이터 신호를 반송파로 광신호를 송신한다(〈그림 5-34〉 참조). 전달된 광신호는 다시 전기 신호로 변환하여 정보를 재생하는 방식이다. 광통신은 1960년 미국의 물리학자 시어도어 메이먼(Theodore Harold Maiman, 1927~2007)이 개발한 (1) 레이저 광선(Ruby Laser)을 대기 중에 발사하는 전반사(全反射) 방식과, 1970년 코닝 글래스사(Corning Glass Co.)에서 개발한 (2) 광섬유(Optical Fiber)를 이용한 케이블 통신 방식이 있다.[85]

〈그림 5-34〉 전자기파 스펙트럼(Electromagnetic Spectrum)

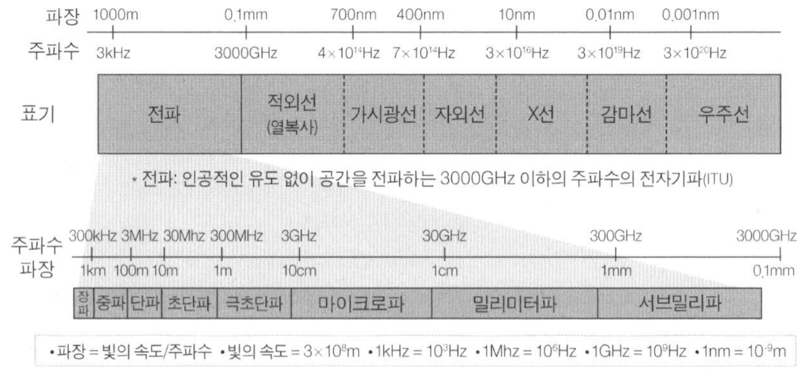

파장	1000m		0.1mm		700nm	400nm		10nm		0.01nm	0.001nm
주파수	3kHz		3000GHz		4×10^{14}Hz	7×10^{14}Hz		3×10^{16}Hz		3×10^{19}Hz	3×10^{20}Hz
표기	전파			적외선 (열복사)	가시광선	자외선		X선		감마선	우주선

• 전파: 인공적인 유도 없이 공간을 전파하는 3000GHz 이하의 주파수의 전자기파(ITU)

주파수	300kHz	3MHz	30Mhz	300MHz	3GHz		30GHz		300GHz		3000GHz
파장	1km	100m	10m	1m	10cm		1cm		1mm		0.1mm
	장파	중파	단파	초단파	극초단파	마이크로파		밀리미터파		서브밀리파	

• 파장 = 빛의 속도/주파수 • 빛의 속도 = 3×10^{8}m • 1kHz = 10^{3}Hz • 1Mhz = 10^{6}Hz • 1GHz = 10^{9}Hz • 1nm = 10^{-9}m

자료: 이주환, 정남호, 엄진우(2007). 전파스펙트럼과 레이다 특성.[86]

(1) 레이저 광선(LASER: Light Amplification by the Stimulated Emission of Radiation)

레이저 광선의 원리는 물체의 원자 및 분자를 자극하여 광에너지를 방출시킨 후에, 양극의 반사경을 통하여 방출된 광선을 강력하게 증폭시켜 한쪽 방향으로 빛을 반사하는 것이다. 레이저 광선은 빛의 전자파 유도 방출 현상으로 발생하는 에너지(빛)를 증폭해서 집속(集束)시키는 일종의 인위적인 적외선 광선이다. 레이저 광선이 통과하는 매질의 종류에 따라 기체 레이저(CO2 레이저 등), 액체 레이저(Dye 레이저 등), 고체 레이저(YAG 레이저 등), 반도체 레이저(GaAs 등)를 광원(光源)으로 하고 있다.[87]

하나의 파장으로 구성된 레이저 광선은 신호의 변형이 적으며, 고밀도 에너지, 높은 간섭성[Coherence: 단일 파장과 동 위상(同位相)으로 파동이 서로 정확하게 겹쳐져서 밝기가 매우 높음], 강한 직진성으로 광선이 분산되지 않으므로 전자파를 이용하는 무선통신보다 강력한 신호를 원거리에 전송할 수 있다. 레이저통신 방식은 음성, 영상 및 데이터의 전기 신호를 레이저 광신호로 광변조시켜 전송한 후, 수신된 광신호는 광검파기로 원래의 전기 신호로 전환하게 된다. 광통신에서 사용되는 레이저는 전자, 영상 및 음반, 재료공학, 기초과학, 의학, 우주, 유전공학, 광학, 공업, 계측, 핵융합, 군사, 천문학 등의 다양한 첨단 산업 분야에서 활용되고 있다.

〈그림 5-35〉 레이저(Laser) 광선의 원리

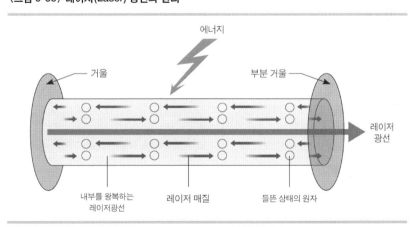

자료: 공홍진(2010). 신도 가지지 못한 빛, 레이저, 사이언스올.[88]

(2) 광섬유 통신(Fiber Optics Communication)

케이블 방송은 방송프로그램 신호(영상, 음성, 데이터 등)를 유선통신망으로 전달하는 과정에서 전기파 신호가 손실됨으로 유선방송사업자는 신호 손실을 방지하기 위하여 케이블 구간마다 증폭 중계기를 설치하여 전송 신호를 보완해왔다. 이와 같은 유선방송의 한계를 극복하기 위한 노력으로 1958년에 찰스 타운스(Charles H. Townes)는 다이오드(Diode)를 이용하여 빛을 내는 레이저 다이오드(Laser Diode)의 고주파수 빛(신호)을 장거리 전송하는 광빔(Optical Beam) 도파로(導波路)를 발명하였다.[89] 1966년 찰스 카오(Charles K. Kao) 팀은 레이저 신호의 전송로를 활용하여 직경이 빛의 파장 100배 정도 되는 원통형 유리 섬유를 만들고, 그 중심축에 빛의 파장 정도 직경을 갖는 범위 안의 굴절률을 1% 정도 높인 광섬유(Fiber Optics) 구조를 개발하여 1Gb/s 정도의 고속 신호를 전송하는 데 성공하였다.[90]

〈그림 5-36〉 동축케이블과 광섬유 케이블

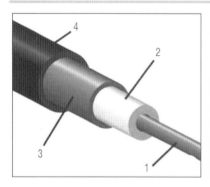 

동축케이블의 구조. ① 도체, ② 부도체, ③ 원통형 도체, ④ 플라스틱 커버.

광섬유를 이용한 광통신 기술의 발달로, 100km를 전송해도 원래 빛의 세기에서 1% 이상이 유지되는 장거리 광통신 시대가 열림.

자료: 동축케이블: Fleshgrinder at Wikipedia.org(2014),   광섬유 케이블: Fearings(2014).

광섬유 통신(Fiber Optics Communication)은 두 겹의 유리로 이루어진 광섬유를 통해 빛 신호를 주고받는 양방형 방법으로서 광섬유에 빛(광파)을 입사(入射)시키면 에너지 손실 없이 빛이 전부 반사되는 전반사(全反射) 현상을 이용한다.[91] 전송 방식은 송신 단말기에서 방송프로그램(영상, 음성, 데이터 등)의 정보를 전기신호(아날로그)로 전환한 후, 변조회로에서 디지털 신호로 변환한 다음, 레이저 광선의 빛으로 전환하여 머리카락 굵기 정도의 섬세한 광(유리섬유) 케이블로 전송한다(〈그림 5-37〉 참조). 빛 신호가 광섬유를 통하여 수신 단말기에 전달되면 광검출기로 검출하여 디지털 신호로 바꾸고 복조 회로에서 다시 음성이나 영상의 아날로그 신호로 변환한다.

광통신(Optical Communication)은 주파수가 높을수록 정보 전송량이 많은

〈그림 5-37〉 광통신의 원리

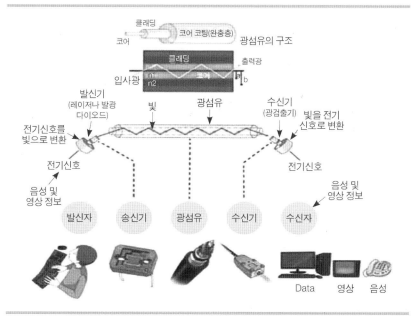

자료: 김광준(2010). 한눈에 보는 광통신의 원리. 사이언스올(2010).[92]

전파의 특징을 활용하여 높은 주파수 대역의 빛을 반송파로 사용하여 대용량의 정보를 장거리에 초고속으로 전송할 수 있으며, 자기(磁氣)나 전기 장애에 강하므로 동축케이블에 비해 적은 중계기로도 전송이 가능하고 전송 손실이 적다. 또한 신호대역 폭이 넓어 광대역 서비스가 가능하여 종합정보통신망(ISDN: Integrated Service Digital Network)의 핵심적인 기술이 되고 있다.

제 6 장

방송 미디어법 제도

1. 방송의 공적 책임

1) 방송 규제의 목적

대한민국 「방송법」 제1조(목적)에는 "방송의 자유와 독립을 보장하고 방송의 공적 책임을 높임으로써 시청자의 권익보호와 민주적 여론형성 및 국민문화의 향상을 도모하고 방송의 발전과 공공복리의 증진에 이바지함을 목적으로 한다"고 명시되어 있다.[1] 「방송법」(제1조)의 '방송의 공적 책임'과 '공공복리의 증진'을 시행하기 위해서 「방송법 시행령」에서는 시청자 권익과 방송사의 소유제한, 허가·승인·등록 및 취소, 심의·평가, 편성 및 채널 구성과 운용, 재송신 및 설비 등의 세부적인 범위 등을 정하고 이에 관한 규제를 하고 있다.[2]

「방송법」에 근거하여 설립된 방송통신위원회는 "방송과 통신에 관한 규제와 이용자 보호, 방송의 독립성 보장을 위하여 필요한 사항의 업무를 총괄하며, 방송의 자유와 공공성 및 공익성을 보장하고, 방송과 통신의 균형 발전 및 국제 경쟁력 강화 등을 목적"으로 하고 있다.[3]

또한 건전한 방송문화를 창달하기 위하여 방송통신심의위원회를 설립하여 「방송법」제33조에서 명시한 하기 사항에 관한 심의 규정을 제정하여 방송 내용을 심의하고 의결·제재한다.[4]

1. 「헌법」의 민주적 기본질서의 유지와 인권존중에 관한 사항
2. 건전한 가정생활 보호에 관한 사항
3. 아동 및 청소년의 보호와 건전한 인격형성에 관한 사항
4. 공중도덕과 사회윤리에 관한 사항
5. 양성평등에 관한 사항
6. 국제적 우의 증진에 관한 사항
7. 장애인 등 방송소외계층의 권익증진에 관한 사항
8. 인종, 민족, 지역, 종교 등을 이유로 한 차별 금지에 관한 사항
9. 민족문화의 창달과 민족의 주체성 함양에 관한 사항
10. 보도·논평의 공정성·공공성에 관한 사항
11. 언어순화에 관한 사항
12. 자연환경 보호에 관한 사항
13. 건전한 소비생활 및 시청자의 권익보호에 관한 사항
14. 법령에 따라 방송광고가 금지되는 품목이나 내용에 관한 사항
15. 방송광고 내용의 공정성·공익성에 관한 사항
16. 기타 이 법의 규정에 의한 방송통신심의위원회의 심의업무에 관한 사항

2) 방송 규제의 당위성

방송 규제의 당위성은 전파의 희소성(Spectrum Scarcity), 방송매체의 침투성(Pervasiveness), 프로그램의 접근성(Accessibility)에 기인한다. 전파 규제의 효시는 1927년 미국 최초의 「방송법」인 「라디오법(Radio Act)」에서 규정한

공익 의무조항(PICON: Public Interest, Convenience, and Necessity) 준수로 볼 수 있다. 방송사의 공익의무조항(PICON) 준수는 「헌법」에 보장된 표현의 자유(First Amendment, Freedom for the Press as an Institution)를 제한함을 시사한다.

전파는 국민이 소유한 희소성의 공공재(Spectrum Scarcity)로서, 정부의 전파 통제는 공익(Public Interest)을 위해서 방송사업자를 규제할 수 있는 보편적 타당성(Universal Validity)에 근거한다.[5]

미국 연방방송통신위원회(FCC: Federal Communications Commission)는 원활한 전파 방송을 위한 전파통제경찰관(Traffic Cop of the Air)으로서, 방송사업자의 허가(Licensing), 주파수 할당(Allocation of Frequencies), 규제(Enforcement of Power)의 권한을 부여받고 있다. 그러나 천문학적인 경제 가치가 있는 전파를 방송사업자에게 무상으로 배분하고 통제하는 정부에 대한 비판적인 의견이 제기되었다. 방송사업자가 규제기관으로부터 무상으로 면허를 취득하고 공공재를 이용해서 사업 이익을 취하는 것은 옳지 않다는 주장이다. 이와 같은 불합리한 제도를 개선하기 위해 연방방송통신위원회(FCC)는 전파 경매제도(Auction)를 시행하고 있다.[6] 1999년 연방방송통신위원회는 디지털 방송 전환으로 지상파 방송사들이 반납한 아날로그 채널 주파수를 PCS(Personal Communication Systems), 무선전화사, 라디오 사업자에게 공개 경매(Public Auction)를 시행하였다. 전파사업자들은 경매제도를 통해서 전파 구매대금을 정부에 지불하고, 정부는 전파 판매대금을 국민의 공공복지 증진을 위해 사회에 환원시킴으로써 전파사업자가 공공재의 소유주인 국민에게 전파 사용료를 간접적으로 지불한 것이다.

방송매체의 침투성(Pervasiveness)은 방송매체로부터 수용자를 보호함을 목적으로 한다.[7] 방송매체는 일상생활의 일부로서, 수용자들은 물밀듯이 밀려오는 방송프로그램에 노출되어 있으므로 원치 않는 침해를 당할 수 있다.[8] 인쇄매체 수용자는 구독을 원할 경우에만 인쇄매체에 접할 수 있지만, 라디오와

〈표 6-1〉 어린이·청소년 수용자 보호 관련법 및 「방송심의에 관한 규정」

관련법	조항
「방송법」 제5조 (방송의 공적 책임)	⑤ 방송은 건전한 가정생활과 아동 및 청소년의 선도에 나쁜 영향을 끼치는 음란·퇴폐 또는 폭력을 조장하여서는 아니 된다.
「방송법」 제33조 (심의규정)	② 방송통신심의위원회는 제1항의 심의규정에는 다음 각 호의 사항이 포함되어야 한다. 아동 및 청소년의 보호와 건전한 인격형성에 관한 사항 ③ 방송사업자는 아동과 청소년을 보호하기 위하여 방송프로그램의 폭력성 및 음란성 등의 유해정도, 시청자의 연령 등을 감안하여 방송프로그램의 등급을 분류하고 이를 방송 중에 표시하여야 한다.
「방송법」 제73조 (방송광고 등)	① 「방송법」 73조 제1항에 따라 방송사업자는 방송광고와 방송프로그램이 혼동되지 아니하도록 명확하게 구분하여야 하며, 어린이를 주 시청대상으로 하는 방송프로그램의 방송광고시간 및 전후 토막광고시간에는 대통령령이 정하는 바에 따라 반드시 광고임을 밝히는 자막을 표기하여 어린이가 방송프로그램과 방송광고를 구분할 수 있도록 하여야 한다.
「방송법 시행령」 제59조(방송광고)	① 제73조 제1항에 따라 방송사업자는 어린이를 주 시청대상으로 하는 방송프로그램의 방송광고시간 및 전후 토막광고 시간에 화면 좌상단 또는 우상단에 화면 크기의 1/64 이상의 크기로 광고화면과 명확하게 구분될 수 있도록 '광고방송'이라는 자막을 계속하여 표기하여야 한다. ①-1 방송분야 중 오락과 교양 분야에 한정하여 간접광고를 할 수 있다. 다만, 어린이를 주 시청대상으로 하는 프로그램과 보도·시사·논평·토론 등 객관성과 공정성이 요구되는 방송프로그램의 경우에는 간접광고를 할 수 없다.
「청소년보호법」 제8조(청소년 유해 매체물의 심의·결정)	① 청소년보호위원회는 제7조의 규정에 의한 매체물의 청소년에 대한 유해여부를 심의하여 청소년에게 유해하다고 인정되는 매체물에 대하여는 청소년 유해 매체물로 결정하여야 한다.
「방송심의에 관한 규정」 제43조 (어린이 및 청소년의 정서함양)	① 방송은 어린이와 청소년들이 좋은 품성을 지니고 건전한 인격을 형성하도록 하여야 한다. ② 방송은 어린이와 청소년의 균형 있는 성장을 해치는 환경으로부터 그들을 보호하고 어린이와 청소년에게 유익한 환경의 조성을 위하여 노력하여야 한다. ③ 방송은 어린이와 청소년에 대한 사회의 관심과 이해의 폭을 넓히는 데 이바지하여야 하며, 특히 경제적·사회적·문화적·정신적·신체적으로 어려운 처지에 있는 어린이와 청소년에 대해 지속적인 관심을 갖도록 노력하여야 한다.
「방송심의에 관한 규정」 제44조 (수용수준)	① 초인적인 행위, 심령술, 위험한 행위 등 어린이와 청소년이 모방할 우려가 있는 내용을 다룰 때에는 신중을 기하여야 하며, 그들의 주의를 환기시킬 수 있는 적절한 조치를 사전에 취해야 한다. ② 청소년 시청보호 시간대의 방송은 시청대상자의 정서 발달과정을 고려하여야 한다. ③ 어린이의 교육적 효과를 위한 방송에서는 진행자의 전문성을 고려하여야 한다. ④ 방송은 어린이와 청소년에게 경품이나 상품을 주게 될 때에는 사행심이 조장되지 않도록 하여야 한다.
「방송심의에 관한 규정」 제45조(출연)	① 방송은 어린이와 청소년을 그 품성과 정서를 해치는 배역에 출연시켜서는 아니 되며, 내용전개상 불가피한 경우에도 그 표현에 신중을 기하여야 한다. ② 방송은 어린이와 청소년을 성인대상 프로그램의 방청인으로 동원하여서는 아니 된다. ③ 방송은 어린이와 청소년이 그들의 신분으로서 부적합한 장소에 출입하는 것을 긍정적으로 묘사하여서는 아니 된다. ④ 방송은 어린이와 청소년이 흡연·음주하는 장면을 묘사하여서는 아니 되며, 내용전개상 불가피한 경우에도 그 표현에 신중을 기하여야 한다. ⑤ 방송은 범죄피해를 당한 어린이와 청소년에게 피해상황에 대한 인터뷰를 할 때는 보호자, 법정대리인 또는 친권자의 동의를 받거나 입회하에 이루어지도록 유의하여야 한다. ⑥ 방송은 신체가 과도하게 노출되는 복장으로 어린이와 청소년을 출연시키거나 어린이와 청소년이 지나치게 선정적인 장면을 연출하도록 하여서는 아니 된다.
「방송심의에 관한 규정」 제45조의 2 (청소년 유해 매체물의 방송)	① 청소년 유해 매체물은 청소년 시청보호 시간대에 방송되어서는 아니 된다. ② 청소년 시청보호 시간대에 방송되는 청소년 유해 매체물의 예고방송은 「청소년보호법」 제9조에 따른 청소년 유해 매체물 심의기준에 해당되는 내용을 포함하여서는 아니 된다. ③ 청소년 유해 매체물을 방송하는 때에는 「방송프로그램의 등급분류 및 표시 등에 관한 규칙」에 따라 청소년 유해 표시를 하여야 한다.

텔레비전 수용자는 프로그램을 피하기 위해서 귀를 막고 눈을 가리고 생활할 수는 없다.[9] 전파매체의 수용을 원칙적으로 거부하는 비수용자는 방송매체의 침투성으로부터 해방될 수 있으나, 이들은 극소수에 지나지 않으므로 방송매체의 침투성은 수용자를 보호하기 위한 규제 대상이 될 수 있다.

프로그램의 접근성(Accessibility)은 어린이·청소년을 보호하기 위한 방송규제의 필요성에서 기인한다.[10] 방송프로그램의 선정성과 폭력성으로부터 어린이·청소년을 보호하기 위해서는 프로그램 접근성에 대한 규제가 필요하다.[11] 방송매체에 노출된 어린이·청소년들이 선정적·폭력적인 프로그램과 상업 광고를 과다하게 수용할 경우 이들은 악영향을 받을 수 있다.

따라서 어린이·청소년 수용자를 보호하기 위해서 우리나라 「방송법」제5조(방송의 공적 책임)와 제33조(심의규정), 「방송법 시행령」제59조(방송광고), 「청소년보호법」제8조(청소년 유해 매체물의 심의·결정) 등에서는 법적 규제를 마련하고 방송통신심의위원회는 「방송심의에 관한 규정」을 마련하고 어린이·청소년 보호를 위한 방송 심의를 하고 있다(〈표 6-1〉 참조).

3) 주파수 할당 방식과 경매제도

전파는 공간에 퍼져나가는 전자파로서 혼신(混信)을 방지하고 효율적인 관리를 위해서 특정한 주파수의 용도를 결정(주파수 분배)하고, 특정한 주파수를 이용할 수 있는 권리를 특정 사업자에게 할당한다.[12] 공공재인 희소성 전파의 효과적인 활용을 위해서 "정부는 한정된 전파 자원을 공공복리의 증진에 최대한 활용하기 위하여 전파 자원의 이용촉진에 필요한 시책을 마련하고 시행"하고 있다."[13] 규제기관은 효율적인 주파수 관리를 위해서 주파수 분배의 변경, 주파수 회수 또는 주파수 재배치, 새로운 기술방식으로 전환, 주파수의 공동 사용을 명시하여 전파 자원의 공평하고 효율적인 이용에 관한 규제를 하고 있다.[14] 우리나라의 주파수 할당 방식은 (1) 대가 할당 방식과 (2) 심사 할당 방식을 병용하고 있다.

(1) 대가 할당 방식

주파수 할당이 기간통신사업 등에 미치는 영향을 고려하여 할당을 신청할 수 있는 자의 범위와 할당하는 주파수의 용도 및 기술방식 등의 사항을 공고하고 주파수를 가격경쟁에 의한 대가를 받고 할당하는 경매제로서, 신규 방송·통신사업을 추진하기 위해서 필요한 주파수를 경매에 붙여 최고가를 제시한 사업자에게 정부가 주파수를 할당하는 방식이다.[15] 다만 해당 주파수에 대한 경쟁적 수요가 존재하지 않는 등 특별한 사정이 있다고 인정되는 경우에는 가격 경쟁 없이 경제적 가치를 산정한 대가를 받고 주파수를 할당할 수 있다.[16]

(2) 심사 할당 방식

정부가 사업자들로부터 주파수 할당 신청을 받고 주파수 이용계획서를 접수·심사하여 주파수를 할당하는 보충적 방식이다. 심사 할당 방식의 경우, 정부는 전파 자원 이용의 효율성, 신청자의 재정적 능력, 신청자의 기술적 능력, 할당하려는 주파수의 특성이나 그 밖에 주파수 이용에 필요한 사항을 심사하여 정부가 적합한 사업자를 선정하는 방식이다.[17]

4) 방송의 공적 책임과 공정성

타 매체에 비해 강력한 영향력을 지배하는 방송사업자는 국민 자산인 전파의 수탁(受託) 사업자로서 방송의 공적 책임, 공익성, 공공성을 유지하는 책무가 있다. 규제기관에서는 "방송의 공적 책임, 공정성, 공익성을 실현"할 수 있는 사업자를 선택하여 허가하고, 방송사는 수탁사업자로서 약속한 공익성을 실현하기 위해서 양질의 프로그램을 국민에게 제공해야 하는 의무가 있다.[18] 규제기관은 방송사가 공익성과 공정성 의무를 준수하도록 방송사업자의 운용에 관한 규제를 시행한다.[19]

「방송법」 제5조(방송의 공적 책임)는 방송의 공적 책임과 공정성 구현을 위하여 인간의 존엄성과 민주적 기본 질서를 존중하고 국가 화합과 민주적 여론 형성을 기여하도록 규정하고 있다. 인간의 기본권 침해를 방지하고 범죄 및 부도덕한 사행심 조장, 아동 및 청소년 선도에 악영향을 끼치는 음란·퇴폐·

〈표 6-2〉 「**방송법**」의 공적 책임, 공정성 및 공익성

관련법	조항
「방송법」 제5조 (방송의 공적 책임)	① 방송은 인간의 존엄과 가치 및 민주적 기본질서를 존중하여야 한다. ② 방송은 국민의 화합과 조화로운 국가의 발전 및 민주적 여론형성에 이바지하여야 하며 지역 간·세대 간·계층 간·성별 간의 갈등을 조장하여서는 아니 된다. ③ 방송은 타인의 명예를 훼손하거나 권리를 침해하여서는 아니 된다. ④ 방송은 범죄 및 부도덕한 행위나 사행심을 조장하여서는 아니 된다. ⑤ 방송은 건전한 가정생활과 아동 및 청소년의 선도에 나쁜 영향을 끼치는 음란·퇴폐 또는 폭력을 조장하여서는 아니 된다.
제6조 (방송의 공정성과 공익성)	① 방송에 의한 보도는 공정하고 객관적이어야 한다. ② 방송은 성별·연령·직업·종교·신념·계층·지역·인종 등을 이유로 방송편성에 차별을 두어서는 아니 된다. 다만, 종교의 선교에 관한 전문편성을 행하는 방송사업자가 그 방송분야의 범위 안에서 방송을 하는 경우에는 그러하지 아니하다. ③ 방송은 국민의 윤리적·정서적 감정을 존중하여야 하며, 국민의 기본권 옹호 및 국제친선의 증진에 이바지하여야 한다. ④ 방송은 국민의 알 권리와 표현의 자유를 보호·신장하여야 한다. ⑤ 방송은 상대적으로 소수이거나 이익추구의 실현에 불리한 집단이나 계층의 이익을 충실하게 반영하도록 노력하여야 한다. ⑥ 방송은 지역사회의 균형 있는 발전과 민족문화의 창달에 이바지하여야 한다. ⑦ 방송은 사회교육기능을 신장하고, 유익한 생활정보를 확산·보급하며, 국민의 문화생활의 질적 향상에 이바지하여야 한다. ⑧ 방송은 표준말의 보급에 이바지하여야 하며 언어순화에 힘써야 한다. ⑨ 방송은 정부 또는 특정 집단의 정책 등을 공표함에 있어 의견이 다른 집단에게 균등한 기회가 제공되도록 노력하여야 하고, 또한 각 정치적 이해 당사자에 관한 방송프로그램을 편성함에서도 균형성이 유지되도록 하여야 한다.

폭력으로부터 보호받을 수 있도록 방송의 책무를 규정하고 있다.[20]

「방송법」 제6조(방송의 공정성과 공익성)는 방송 보도와 편성의 공정성으로 국민의 기본권과 알 권리가 침해되지 않는 보장권 보호, 소수계층 이익 실현, 지역사회 발전, 사회 교육 증진, 방송문화 창달, 언화 순화, 균등 기회 제공 등의 책무를 〈표 6-2〉와 같이 규정하고 있다.[21]

유료방송사업자는 방송의 공적 책무를 이행하기 위해서 공공의 목적으로 이용할 수 있는 공공채널, 종교채널을 각각 3개 이상, 장애인복지채널을 1개 이상 두어야 하며, 당해 방송분야의 공익성 및 사회적 필요성을 고려하여 방송통신위원회가 고시한 방송분야에 속하는 공익채널을 운용해야 한다.[22] 아울러 「방송법」 제78조(재송신)를 준용하여 지상파 방송(KBS와 EBS)을 동시 재송신하도록 의무화함으로써 유료방송사업자의 공익성을 확보하고 있다. 위성·IPTV 사업자와는 달리, 지역별 사업자인 종합유선방송사업자(SO)는 지역정보 및 방송프로그램 안내와 공지사항 등을 제작, 편성 및 송신하는 지역채널을 운용해야 한다.[23]

5) 방송의 공정원칙(Fairness Doctrine)

방송의 공정성은 미국 「커뮤니케이션법(Communication Act)」(1934) 제315조(공정원칙)에서 유래되었다. 공정원칙(Fairness Doctrine)은 방송사가 민감한 쟁점이나 공익에 관련된 입장을 표명할 경우에는 균형의 원칙(Principle of Balance)에 입각해서 공정한 입장을 견지해야 한다는 규제조항이다.[24] 공정원칙은 1939년 보스턴 시의 메이플라워 방송사(Mayflower Broadcasting Co.)와 라디오 방송사인 WAAB사 간의 면허 재허가(License Renewal) 과정의 송사(訟事)에서 기인했으며 재허가 규제법의 효시라고 알려져 있다.[25]

1939년 메이플라워 방송사는 WAAB 라디오 방송사가 선거 기간(1937~

1938) 중에 특정 후보를 지지한 편파방송을 근거로 연방방송통신위원회(FCC)에 WAAB사의 재면허 발급을 불허하도록 제소하고 방송면허를 메이플라워 방송사에게 발급해주도록 요청하였다. 1941년 연방방송통신위원회는 WAAB 라디오사가 특정 후보를 지지하여 공정원칙을 위반한 것은 사실이지만 면허를 취소할 만한 중대한 위반사항은 아니라는 결정을 내리고 WAAB사의 면허를 갱신해주었다. 그러나 연방방송통신위원회는 WAAB사의 면허 재허가 결정과는 상관없이 "방송사는 방송프로그램을 통해서 민감한 쟁점이나 공익에 관련된 방송사의 입장을 표명할 수 없다"라는 방송 공정성 규제에 관한 시금석인 '메이플라워 결정(The Mayflower Decision)'(1941)을 내리게 되었다.[26]

1949년 연방방송통신위원회는 '메이플라워 결정'(1941)이 「헌법」에 보장된 언론의 '표현의 자유(First Amendment, Freedom for the Press as an Institution)'를 명백히 위배한다는 비난을 감당할 수 없게 되자, 기존 결정을 번복하고 '제2의 메이플라워 결정(The Second Mayflower Decision·The Revised Mayflower Decision)'을 공표하게 되었다.[27] '제2의 메이플라워 결정'(1949)은 "방송사가 민감한 쟁점이나 공익에 관련된 입장을 표명할 경우 공정한 입장을 견지해야 한다"는 새로운 규정이다.

1950년 연방방송통신위원회는 '제2의 메이플라워 결정'의 문제점을 보완하기 위해서 '반대의견 의무보도(Seek-out Opposition Rule)' 규정을 발표하게 되었다. '반대의견 의무보도'(1950) 규정이란, 방송사가 뉴스·사설 등의 프로그램을 통해서 방송사의 입장을 표명할 경우 균형의 원칙(Principle of Balance)에 입각하여 방송사의 의견에 대립하는 개인 또는 단체를 찾아내어 반대의견을 의무적으로 방송하는 제도이다.

1959년 연방방송통신위원회는 탈규제(Deregulation) 제도의 일환으로 '반대의견 의무보도' 규정을 폐지하였으며, 1987년에는 공정원칙 조항까지 폐지시킨 바 있다. 따라서 방송사들은 방송을 통해서 방송사의 입장을 자유롭게 표현할 수 있게 되었지만, 대부분의 방송사들은 공정원칙의 폐지에도 불구하고 방송면허의 재허가 심사에 도움이 될 수 있도록 균형의 원칙에 입각한 공정원칙을 고수하고 있다.

2. 사생활 침해(Invasion of Privacy)와 저작권(Copyright) 보호

1) 사생활 침해 보호

우리나라 「헌법」 제10조(모든 국민은 인간으로서 존엄과 가치를 가지며, 행복을 추구할 권리가 있다)는 국민의 기본권과 행복권을 보장하고, 제17조(모든 국민은 사생활의 비밀과 자유를 침해받지 않는다)와 제21조 제4항(언론, 출판이 타인의 명예나 권리를 침해한 때에는 피해자는 이에 대한 피해의 배상을 청구할 수 있다)은 국민의 사생활 비밀과 자유를 보호하고 있다. 「헌법」 제10조(기본권과 행복권)의 명문화된 법조항을 근거로, 「방송법」 제5조 제1항(방송은 인간의 존엄과 가치 및 민주적 기본질서를 존중하여야 한다)과 제3항(방송은 타인의 명예를 훼손하거나 권리를 침해하여서는 아니 된다)은 방송매체가 국민의 기본권 침해와 사생활 보호를 보장하도록 규정하고 있다. 「언론중재법」 제5조 1항은 "언론은 생명, 자유, 신체, 건강, 명예, 사생활의 비밀과 자유, 초상, 성명, 음성, 대화, 저작물 및 사적 문서 그 밖의 인격적 가치 등에 관한 권리를 침해하여서는 아니 된다"라고 규정하여 인격권을 법률상 명문화하였다.

사생활 보장에 관한 법적 권리를 최초로 인정한 워런과 브랜다이스(Samuel D. Warren & Louis D. Brandeis, 1890)의 논문에서는 국민의 사생활 침해(Invasion of Privacy)에 대한 사생활보호권(The Right of Privacy)을 주장하고 있다.[28] 방송의 사생활 침해는 개인의 얼굴, 음성, 신상정보의 노출이 고의적으로 악용되어 명예훼손 또는 인권이 침해, 또는 노출에 따른 신체적·정신적·경제적인 피해를 의미한다. 매체환경 변화에 따른 방송사 간의 시청률·청취율 경쟁은 사생활 침해의 급증을 초래하고 있다. 심층 취재 프로그램의 도찰, 도청, 감청, 유인, 밀착, 잠복 취재와 오락 프로그램 출연자의 신상정보, 신변잡담, 과도한 사생활 노출 등은 실정법을 위반하는 사생활을 침해하고 있다. 최근에는 카메라를 탑재한 비행체를 상공에 띄워 무선주파수로 원격 조종하여 취재하는 드론 저널리즘(Drone Journalism)이 인격권과 생활권 침해의 논란이 되고 있다.

사생활 침해와 관련된 국제적인 판례는 영역 침범(Intrusion upon Seclusion), 사생활 공개(Publicity Given to Private Life), 성명권 및 초상권 침해(Appropriation of Name or Likeness), 부정적 인식을 초래하는 공개(Publicity Placing Person in False Light)로 침해유형을 구분하고 있다.[29] 우리나라 방송프로그램의 사생활 침해는 독자적인 위법성 판단 기준이 제시되고 있다. 그러나 '몰래 카메라'를 사용하여 시청자의 호기심을 자극하는 오락 프로그램의 사생활 침해에 관련된 법적 규정은 부재하고 법원 판결은 일관성이 결여되고 있다. 사생활 영역을 동의 없이 침입하여 촬영하는 행위는 사생활 침해가 된다는 판례는 있지만 '몰래 카메라'를 사용한 영상의 불법성을 입증하기란 용이하지 않다. 따라서 방송의 사생활 침해를 판단하기 위해서는 관련법[① 초상권(肖像權), ② 퍼블리시티권(Right of Publicity), ③ 성명권(姓名權), ④ 명예훼손]을 살펴보기로 한다.

(1) 초상권(肖像權)

자신의 초상에 대한 독점권을 말하며, 자신의 초상이 사전 승낙 없이 전시되거나 게재되었을 경우에는 민사상 손해배상권의 대상이 될 수 있다.[30] 초상권 보장은 「헌법」 제10조(기본권과 행복권), 제17조(사생활의 비밀과 자유), 「언론중재법」 제5조(언론 등에 의한 피해구제의 원칙) 제1항(인격권)에 명문화되어 있다. 법원의 판례를 통한 초상권은 얼굴을 촬영당하지 않을 권리(촬영 거절권), 촬영된 초상사진의 이용을 거절할 권리(이용 거절권), 초상의 이용에 대한 재산적 권리(재산권)를 포함한다.[31] 초상권은 재산권으로 인정되며 ① 인격권의 초상 권과 ② 재산권의 초상권(퍼블리시티권, Right of Publicity)으로 구분된다.

방송의 초상권은 대상 인물의 식별이 가능할 정도의 사진 및 동영상 등을 본인 허락 없이 촬영하거나 공개하는 경우 초상권에 저촉된다. 방송사에서는 촬영 전후에 대상 인물로부터 방영 동의권을 허락받거나, 출연자들의 음성 변조, 화면 변조(모자이크, 자막, 이니셜 처리) 등으로 초상권을 보장하고 있다. 아울러 방송사에서는 초상권에 관한 법적 분쟁을 방지하기 위한 목적으로 출연자로부터 다음과 같은 내용을 포함한 사전 동의서를 받고 있다.[32]

- 목소리·행동·이름·모습·개인 정보를 포함한 기록된 모든 사항을 프로그램에 사용할 수 있는 권리를 허용할 것.
- 초상과 자료를 2차적 저작물의 사용 등으로 사용할 수 있으며, 이에 대해 명예훼손이나 사생활 침해 등을 포함한 이의를 제기하지 않을 것.
- 초상과 모든 자료를 사용·수정·복사·출판·공연·배급·선전할 수 있으며 출연자의 의사와 상관없이 계약하는 것을 허용할 것.
- 프로그램 지원 및 참가, 프로그램의 방영취소, 사생활 침해, 명예훼손, 신체적·정신적 손상에 대해 금전적 보상 의무가 없음 등에 동의할 것.

2006년 대법원은 죽은 자[死者]에 대한 초상권 판결에서 '명예가 심각하게 훼손하지 않았다면, 죽은 자의 초상권은 인정될 수 없다'고 판시하였으며, 유명인의 초상권을 이용하여 경제적인 이익을 취할 경우, 저작권과 동일하게 사후 70년이 초과하는 경우 초상권이 소멸되어 초상권 상속을 제한하고 있다.[33]

(2) 퍼블리시티권(Right of Publicity)

사람의 성명, 초상, 사진, 음성, 역할 모방, 동작 등 그 사람 자체(Identity)를 가리키는 것을 광고나 상품 등에 상업적으로 이용하여 경제적 이득을 얻을 수 있는 권리를 말한다.[34] 우리나라는 국민의 퍼블리시티권(Right of Publicity)을 보호하기 위한 대상, 존속기간, 구제수단 등을 규정한 명확한 실정법이 부재하며, 60여 건의 하급심 판례의 해석은 상이하고, 아직 대법원의 판결은 존재하지 않는다. 따라서 퍼블리시티권은 사람의 성명, 초상, 사진, 음성, 역할 모방, 동작 등이 갖는 경제적 이익 내지 가치를 지적재산권의 객체로 간주하여 상업적으로 사용·통제하거나 배타적으로 지배하는 권리로 해석하고 있다.

퍼블리시티권의 판결에 의하면, "퍼블리시티권은 대중에게 잘 알려진 유명인의 고유 지적재산권으로서 기업 영업에 이용하는 경우 영업활동의 촉진에 효과가 있다는 것은 공지의 사실이고, 이러한 유명인사의 성명과 초상이 가지는 고객흡입력은 당해 유명인사가 획득한 명성, 사회적인 평가, 지명도 등으로부터 생기는 독립한 경제적인 이익 내지 가치로서 파악될 수 있다"라고 판시한 바 있다.[35] 유명인의 경제적 이익 또는 가치는 해당 유명인에게 귀속되는 것이고, 그 유명인사는 이러한 고객흡입력이 갖는 경제적 이익 내지 가치를 배타적으로 지배하는 재산적 권리(퍼블리시티권)를 보유한다고 해석하고 있다.[36]

퍼블리시티권의 침해는 유명인의 지적재산권(성명, 초상, 사진, 음성, 역할 모방, 동작 등)이 유발하는 경제적 이익을 상업적으로 사용할 경우에 인정되지만, 초상권과 저작권을 침해하지 않는 범위 내에서 비상업적인 목적으로 사용하는 경우(경제적 가치가 직접 그 사용자의 영업수익으로 전환되었다고 볼 수 없는 경우)에는 퍼블리시티권의 침해가 인정되지 않는다.[37] 퍼블리시티권의 불침해에 관한 서울중앙지방법원(2010년)의 판결은 다음과 같다.[38]

> 퍼블리시티권은 무제한적으로 인정되는 절대적인 권리가 아니라 공공의 이익 또는 다른 사람들의 이에 상충하는 권리들에 의한 한계가 내재되어 있는 상대적 권리에 지나지 아니하며, 유명인의 성명, 초상 등을 이용한 상품 내지 서비스를 제공하면서 그 내용에 있어서 유명인의 인격적 동일성 범위 내의 요소가 아닌 그 외적 요소만을 사용하고, 그 표현에 있어서도 상품 내지 서비스의 설명을 위한 필요 최소한도에 그쳐 유명인의 성명, 초상 등의 경제적 가치가 직접 그 사용자의 영업수익으로 전환되었다고 볼 수 없는 경우에는 퍼블리시티권의 침해가 인정될 수 없다.

2015년 2월 '수지 모자' 퍼블리시티권 침해 소송으로 알려진 손해배상 청구 소송에서 원고 패소를 판결한 바 있다. 서울중앙지방법원은 "자신의 성명, 초상 등을 상업적으로 이용하고 통제할 수 있는 권리는 성명권, 초상권에 당연히 포함되며 별도로 퍼블리시티권이라는 개념을 인정할 필요가 없다"고 판결함으로써 유명인의 퍼블리시티권(지적재산권)을 부정하였다.[39] 서울중앙지방법원은 인격표지권으로서의 퍼블리시티권을 현행 민법이나 관련 법령만으로도 충분히 보호될 수 있다고 판단하고 있다. 2015년 3월 비슷한 판례에서, 재판부는 "퍼블리시티권을 인정하는 법률이 제정되어 있지 않고, 관습법이 존재한다고 보기도 어렵다"며 퍼블리시티권을 인정하지 않았다.[40] 따라서 퍼블리시티권의 인정 여부는 성립요건, 성명권·초상권 이외의 지적재산권, 양도·상속성, 보호대상과 존속기간, 재산적 손해 등을 구체적으로 규정하는 법률적인 근거가 마련되어야 독립적인 권리로 인정될 것으로 보인다.

외국의 경우 미국, 영국, 독일, 일본 등은 퍼블리시티권을 인정하고 있다. 대표적인 판례로는 1983년 미국 NBC-TV 인기토크쇼(The Tonight Show)의 보조사회자(MC)가 진행자인 조니 카슨(Johnny Carson)을 소개할 때 외치는 유명한 구호 'Here's Johnny!'를 이동식 화장실 제작업체에서 상표로 무단 사용한 판례(JOHN W. CARSON v. HERE'S JOHNNY PORTABLE TOILETS, Inc. 1983)를 들 수 있다.[41] 미 법원 판결은 조니 카슨의 유명한 구호(Here's Johnny!)를 이동식 화장실 상품명(Here's Johnny Portable Toilets)으로 사용하여 경제적 이득을 취한 것은 사생활권(Invasion of the Right of Privacy)과 퍼블리시티권을 침해한 위법으로 판시하였다. 법원은 조니 카슨의 유명한 구호는 저작권에 등록되어 있지 않았지만, 1952년부터 사용해온 구호는 조니 카슨과 동일시되는 유명인의 지적 재산권으로 법의 보호를 받아야 한다고 판결하였다.[42]

(3) 성명권(姓名權)

국민의 인격권을 보호하기 위한 퍼블리시티권의 일종으로, 타인에 의해서 개인의 이름(성명)이 남용된 경우에는 성명권 침해에 해당된다. 성명권에 관한 법적 규제는 없으나, 당사자의 동의 없이 성명을 부당하게 사용하거나 또는 타인의 성명을 무단히 상표에 사용할 경우에는 손해배상 청구권이 발생한다.[43] 방송인 및 예술인의 예명 또는 가명(假名)을 사용하는 경우에도 성명권의 법적 보호를 받는다.

(4) 명예훼손

인간의 명예 주체(인격적 가치와 도덕적 사회적 행위)에 대한 사회적 평가를 저하시키는 일체의 행위를 의미한다. 「방송법」 제5조(방송의 공적 책임)의 제1항(기본권)과 제3항(명예훼손과 권리 침해)에 의거해서 방송은 국민의 명예권을 보호해야 하는 의무가 있다.

방송 보도 프로그램의 비공정성과 오락 프로그램의 개인정보 및 사생활 과다 노출로 인하여 개인의 명예가 훼손되는 경우가 빈번히 발생하고 있다. 방송프로그램으로 인한 명예훼손이 성립되기 위해서는 방송의 면책사유(Legal Defenses), 공정성(Fairness) 훼손, 공익성(Public Interest), 악의성(Malicious Intent), 허위성(False Information), 진실성, 국민의 알 권리, 방송 표현의 자유(Freedom of Expression), 공적인 인물(Public Figure) 여부, 방송동의권, 방송의 책임과 윤리의식 등에 관련된 위법성이 체계적으로 입증되어야 한다.

「형법」 제307조의 명예훼손죄는 '공연히' 사실 또는 허위 사실을 적시(摘示)하여 사람의 명예를 훼손한 경우에 성립한다. 그러나 「형법」 제310조에는 '행위가 진실한 사실로서 오로지 공공의 이익에 관한 때에는 처벌하지 아니한다'는 위법성 조각(阻却) 사유가 명시되어 있다. 방송프로그램으로 인한 명예훼손 문제가 발생하면, 제307조 제2항에서 허위사실 적시에 의한 명예훼손죄는 보장하지만 명예훼손에 대한 입증책임은 명예훼손을 당한 자에게 있으므로 법적소송을 통해서만 보상을 청구할 수 있다. 「형법」과 「정보통신망 이용촉진 및 정보보호 등에 관한 법률」(「정보통신망법」)에 명시된 명예훼손죄의 처벌 조항은 다음과 같다.[44]

「형법」

제307조(명예훼손):
① 공연히 사실을 적시하여 사람의 명예를 훼손한 자는 2년 이하의 징역이나 금고 또는 500만 원 이하의 벌금에 처한다.
② 공연히 허위의 사실을 적시하여 사람의 명예를 훼손한 5년 이하의 징역, 10년 이하의 자격정지 또는 1천만 원 이하의 벌금에 처한다.

제308조(사자의 명예훼손): 공연히 허위의 사실을 적시하여 사자(死者)의 명예를 훼손한 자는 2년 이하의 징역이나 금고 또는 500만 원 이하의 벌금에 처한다.

제309조(출판물 등에 의한 명예훼손):
① 사람을 비방할 목적으로 신문, 잡지 또는 라디오 기타 출판물에 의하여 제307조제1항의 죄를 범한 자는 3년 이하의 징역이나 금고 또는 700만 원 이하의 벌금에 처한다.
② 제1항의 방법으로 제307조제2항의 죄를 범한 자는 7년 이하의 징역, 10년 이하의 자격정지 또는 1천500만 원 이하의 벌금에 처한다.

제310조(위법성의 조각): 제307조제1항의 행위가 진실한 사실로서 오로지 공공의 이익에 관한 때에는 처벌하지 아니한다.

제311조(모욕): 공연히 사람을 모욕한 자는 1년 이하의 징역이나 금고 또는 200만 원 이하의 벌금에 처한다.

제312조(고소와 피해자의 의사):
① 제308조와 제311조의 죄는 고소가 있어야 공소를 제기할 수 있다.
② 제307조와 제309조의 죄는 피해자의 명시한 의사에 반하여 공소를 제기할 수 없다.

「정보통신망법」

제70조(벌칙):
① 사람을 비방할 목적으로 정보통신망을 통하여 공공연하게 사실을 드러내어 다른 사람의 명예를 훼손한 자는 3년 이하의 징역이나 또는 3천만 원 이하의 벌금에 처한다.
② 사람을 비방할 목적으로 정보통신망을 통하여 공공연하게 거짓의 사실을 드러내어 다른 사람의 명예를 훼손한 자는 7년 이하의 징역, 10년 이하의 자격정지 또는 5천만 원 이하의 벌금에 처한다.
③ 제1항과 제2항의 죄는 피해자가 구체적으로 밝힌 의사에 반하여 공소를 제기할 수 없다.

---

2) 저작권(Copyright) 보호

저작물에 대한 보호는 15세기경 출판 인쇄기술의 발명으로 문서의 복제가 가능해지면서 중요성이 인식되었으며, 저작권을 처음으로 인정한 것은 1684 년 독일 황제의 칙령에서 기인한다.[45] 세계 최초의 저작권법으로 알려진 1709 년 성문법(成文法)인 영국 「앤 여왕법(The Statute of Anne·Copyright Act)」은 '출판 규제와 보호'에 관한 국내법이었다. 국제저작권의 필요성을 인식한 국가들은 문학·예술 저작물 보호를 위한 '베른 협약(Berne Convention for the Protection of Literary and Artistic Works)'을 1886년에 체결하였다.[46] 1952년에는 '베른 협약'에 참여하지 않은 국가들을 중심으로 '세계저작권협약(Universal Copyright Convention)'이 체결되었고, 1988년에는 미국과 '세계저작권 협약 (UCC)' 참여국가들이 '베른 협약 이행서(Berne Convention Implementation Act)'에 서명함으로써 베른 협약은 명실 공히 국제 저작권을 대표하는 기본조약으로 인정받게 되었다.

1993년에는 세계무역기구(World Trade Organization)의 출범으로 '무역 관련 지적재산권 협정(Agreement on Trade-Related Aspects of Intellectual Property Rights)'이 체결되어, 지적 재산권을 무역 규범으로 인정한 바 있다. 1996년에는 '베른 협정'에 포함되지 않았던 인터넷과 IT 분야를 보완하는 '세계지적재산권기구 저작권조약(The World Intellectual Property Organization Copyright Treaty)'이 체결되어 현재 164개 국가들이 베른 협약 회원으로서 국제저작권을 상호 인정하고 있다.[47]

우리나라 최초의 「저작권법」은 1957년 1월 제정되었으며, 1986년 전문개정을 거쳐 현재까지 20여 차례 「저작권법」이 개정되었다.[48]

(1) 저작권(著作權, Copyright)

저작권은 창작물을 만든 이(저작자)의 창작물(저작물)을 통제하고 "저작자의 권리와 이에 인접하는 권리를 보호하고 저작물의 공정한 이용을 도모함으로서 문화의 향상발전에 이바지함을 목적"으로 한다.[49] 저작권은 저작자에게 무체재산권(無體財産權)인 저작권을 부여하고, 법이 정한 한도 내에서 저작물을 방송, 전송, 공연, 복제, 전시 등을 허가 또한 금지할 수 있는 권리를 법률로 규정한 것이다. 저작권이 발생하는 저작물은 창작적 표현물 형식이며, 저작물에 담긴 내용(사상, 감정, 아이디어, 사실, 방법, 주제)은 저작권을 보호받지 못한다.[50] 「저작권법」에 보호받는 창작 표현물은 다음과 같다.[51]

- 영상제작물
- 음악저작물
- 소설·시·논문·강연·연설·각본, 그 밖의 어문저작물
- 연극 및 무용·무언극, 그 밖의 연극저작물
- 회화·서예·조각·판화·공예·응용미술저작물 그 밖의 미술저작물
- 건축물·건축을 위한 모형 및 설계도서 그 밖의 건축저작물
- 사진저작물(이와 유사한 방법으로 제작된 것을 포함한다)
- 지도·도표·설계도·약도·모형, 그 밖의 도형저작물
- 컴퓨터프로그램저작물

(2) 인격권(Moral Right)과 재산권(Economic Right)

저작권은 인격권과 재산권으로 구분된다. 인격권은 공표권(저작물을 공표할 권리), 성명 표시권(스스로의 이름을 밝힐 권리), 동일성 유지권(저작물을 바꾸지 못하게 할 권리)을 일컬으며, 통상적 의미의 저작권은 저작물을 이용할 권리의 재산권을 의미한다.[52] 인격권(Moral Right)은 저작자에게만 해당되며 타인에게는 양도·상속은 할 수 없으나, 재산권(Economic Right)은 저작자가 자신의 저작물에 대해 소유한 재산적인 권리로서 일반적인 물권(物權)과 마찬가지로 지배권, 양도와 상속의 대상, 채권적인 효력도 가지고 있다. 재산권은 2013년

한미 FTA 체결 발효로 인해 저작권 보호기간이 저작권자 사후 50년에서 70년으로 연장(공동저작물의 저작재산권은 최후 저작자가 사망한 후 70년간 존속)되었다.「저작권법」에서 규정한 저작재산권의 종류는 다음과 같다.53

> **복제권**: 저작자는 그의 저작물을 복제할 권리를 가진다.
> **공연권**: 저작자는 그의 저작물을 공연할 권리를 가진다.
> **공중송신권**: 저작자는 그의 저작물을 공중송신할 권리를 가진다.
> **전시권**: 저작자는 미술저작물등의 원본이나 그 복제물을 전시할 권리를 가진다.
> **배포권**: 저작자는 저작물의 원본이나 그 복제물을 배포할 권리를 가진다. 다만, 저작 원본이나 그 복제물이 해당 저작재산권자의 허락을 받아 판매 등의 방법으로 거래에 제공된 경우에는 그러하지 아니하다.
> **대여권**: 저작자는 판매용 음반이나 판매용 프로그램을 영리를 목적으로 대여할 권리를 가진다.
> **방송권**: 공중송신 중 공중이 동시에 수신하게 할 목적으로 음·영상 또는 음과 영상 등을 송신할 권리.
> **전송권**: 공중송신 중 공중의 구성원이 개별적으로 선택한 시간 및 장소에서 접근할 수 있도록 저작물을 이용에 제공할 권리.
> **디지털 음성송신권**: 공중송신 중 공중으로 하여금 동시에 수신하게 할 목적으로 공중의 구성원의 요청에 의하여 개시되는 디지털 방식의 음을 송신할 권리(전송 제외).
> **동시중계방송권**: 방송사업자는 그의 방송을 동시 중계방송할 권리를 가진다.
> **2차적 저작물 작성권**: 저작자는 그의 저작물을 원 저작물로 하는 2차적 저작물을 작성하여 이용할 권리를 가진다.

저작재산권은 재판 절차에서의 복제, 학교 교육 목적의 이용, 시사보도를 위한 이용, 공표된 저작물의 인용, 영리를 목적으로 하지 않는 공연·방송, 사적 이용을 위한 복제, 도서관에서의 복제, 시험문제로서의 복제, 점자(點字)에 의한 복제, 방송사업자의 일시적 녹음·녹화, 미술저작물 등의 전시 또는 복제, 번역, 저작물 이용과정에서의 일시적 복제 등에 의한 경우에는 합당한 요건에 따라 저작자의 허락 없이 이용하는 것이 인정된다.54

3) 방송과 디지털 저작권

방송사업자의 방송은 저작인격권(실연· 음반 및 방송)의 보호를 받으며, 방송사업자는 방송을 복제할 권리(복제권), 방송할 권리(방송권), 전송할 권리(전송권), 동시 중계방송할 권리(동시중계방송권), 방송을 공연할 권리(공연권)를 가진다.[55] 다매체·다채널·다플랫폼 시대의 방송 저작권은 디지털 융합미디어 출현으로 방송콘텐츠의 저작권 범위가 확대되고, 또한 생산·유통 과정의 저작권 보호가 점차 복잡다단해지고 있다. 우리나라에서는 이러한 디지털 기술 발달에 따라, 기존 저작권에 포함되지 않은 뉴미디어 저작물에 대한 규범과 기존 저작물의 개념을 확대하여 「저작권법」이 개정 발효되었으며, 주요 특징은 다음과 같다.[56]

① 저작물의 개념 확대(「저작권법」 제2조): 저작물의 정의를 기존의 '문학, 학술 또는 예술의 범위에 속하는 창작물'에서 '인간의 사상 또는 감정을 표현한 창작물'로 확대.
② 공중송신 및 디지털음성송신 신설(「저작권법」 제2조): 방송, 전송뿐 아니라 디지털기술 발달에 따른 새로운 송신 영역을 모두 포괄하는 '공중송신'이라는 새로운 개념을 도입하고 개인 인터넷 방송이나 방송사 웹캐스팅 등을 '디지털음성송신'이라는 새로운 개념으로 포괄적인 저작권 기준을 구분.
③ 저작권 침해 행위 처벌 강화(「저작권법」 제140조): 기존 저작권법에서는 저작권자가 고소를 해야만 저작권 침해 행위에 대해 민·형사처벌을 할 수 있었으나, 개정 「저작권법」은 '영리를 위해 상습적으로' 저작권을 침해하는 행위 등에 대해서는 저작권자의 고소가 없어도 형사 처벌이 가능한 비친고죄 도입.

디지털 저작권은 MP3 음악, DVD 영화·비디오, 디지털화된 문서, 그림, 사진, 컴퓨터로 작성한 도면, 컴퓨터 소프트웨어 등의 음악·영상·문서와 그 외의 다양한 디지털 콘텐츠 저작물의 권리를 말한다.[57] 디지털 저작물의 불법 유통이 급속도로 증가함에 따라 각국에서는 디지털 저작권을 보호하는 법률 강화에 역점을 두고 있다. 미국은 「디지털 밀레니엄 저작권법(Digital Millennium Copyright Act)」(1988)을 제정하여 디지털 콘텐츠 보호장치를 마련하였고, 유럽연합 국가들은 「조건부 접근지침(Conditional Access Directive)」(1988)을 마련하여 보호장치의 기술회피를 금지하는 규정을 마련한 바 있다.[58] 일본 정부는 2007년부터 「디지털 저작권 등록제도」를 시행해왔으며, 우리나라(문화체육관광부)는 2008년에 저작권 인증, 불법 콘텐츠 유통 방지, 저작권 이용·신청·승인 등을 총괄하는 「디지털저작권거래소(Korea Digital Copyright Exchange)」제도를 도입하고 아울러 다양한 디지털 콘텐츠를 안전하게 유통시킬 수 있는 '디지털 저작권 통제(Digital Rights Management)' 기술을 도입하였다.[59]

4) 디지털 저작권 통제(Digital Rights Management)

소비자가 스트리밍 오디오·비디오, 음반, 영상물, e-book, 게임 등의 디지털 저작물을 허가 없이 사용하거나 불법 복제 및 유포를 방지하기 위해서 기술적으로 통제하는 것을 말한다. '디지털 저작권 통제(DRM)'는 허가받은 사용자가 허가 범위 내에서 디지털 저작물을 이용할 수 있도록 저작권자의 이익과 권리를 보호하는 통제 조치로서 규제기관에서 디지털 저작물을 법적으로 보장하는 「디지털 저작권(Digital Copyrights)」과는 다른 개념이다. '디지털 저작권 통제' 방식은 저작물을 식별할 수 있는 고유번호를 부여하고 불법 복제, 변조, 유포를 방지하기 위하여 저작물을 확인할 수 있는 워터마킹(Water-marking), 암호 기술, 키 관리 기술 등의 정보보호 기술이 통용되고 있다.[60] 허가받은 정당한 사용자는 허가 범위 내에서만 저작물을 사용할 수 있으며 지정된 사용 횟수 초과, 복제, 변조, 유포, 타 기기로 이동 등은 불가능하다.

'디지털 저작권 통제'의 효시는 1983년에 개발된 소프트웨어 서비스 시스템(SSS: Software Service System) 기술로 인정되고 있으며, 미국은 2001년 MP3 저작권 보호를 위하여 냅스터사가 DRM 기술을 처음으로 채택하였고, 우리나라는 2008년부터 「디지털저작권거래소」 제도로 '디지털 저작권 통제(Digital Rights Management)' 기술을 도입하고 있다. 1996년 '국제저작권조약(WIPO Copyright Treaty)'으로 미국(Digital Millennium Copyright Act, 1988)과 유럽공동체(Conditional Access Directive, 1988, & EU Copyright Directive 2001, 2007)를 비롯한 세계 주요 국가들은 DRM 통제의 법적 보호장치를 마련하였으나, 국가, 업계, 이해단체 간의 이견으로 국제적으로 통용되는 DRM 기술은 개발되지 않고 국가 및 업계별로 저작물 특성에 부합한 독자적인 기술을 개발하거나 응용하여 사용하고 있다.[61]

대표적인 DRM 기술방식으로는 2010년 미 연방통신위원회(FCC)가 승인한 SOC(Selectable Output Control) 방식이 있다. 미국의 SOC 방식은 케이블 또는 위성 채널을 통해 제공되는 최신 영화의 불법 복제를 차단하기 위해 다채널 프로그램 공급자(MVPDs)에 적용된 저작권보호 기술로서 영상정보를 특수 신호로 부호화하여 특정 채널의 송출을 제어한다.[62] HDMI(High-Definition Multimedia Interface) 입출력 포트(Port)와 HDCP(High-bandwidth Digital Content Protection) 기능을 탑재한 장치에 영상정보를 송출하여 불법 복제를 원격 제어하는 방식이다.

DVD와 Blu-ray 업계에서는 영상물 불법 복제(Ripping)를 방지하기 위하여 AACS(Advanced Access Content System) DRM 방식, 마이크로소프트사를 비롯한 소프트웨어 업계는 DRM을 응용한 E-DRM(Enterprise Digital Rights Management) 방식, 삼성·파나소닉(Panasonic)·필립스(Philips)·소니(Sony) 등의 가전 제품업계에서는 Marlin-DRM 방식으로 통제하고 있다.[63]

5) 저작권 침해

저작권을 소유한 개인, 단체, 기업의 창작 표현물을 사용할 시에는 저작권자에게 허락(License)을 받고 허락 조건에 따라 사용해야 한다. 저작자의 명예를 훼손하거나 저작물 또는 그와 "실질적으로 유사한" 표현물을 허락 없이 이용하면 저작권을 침해하는 것이다.[64] 저작권 침해는 원칙적으로 친고죄이나, 영리를 목적으로 한 상습적 침해는 비친고죄에 해당되어 권리자의 고소가 없어도 민사상 손해 배상 책임을 지며, 형사처벌을 받을 수 있다. 「저작권법」 제136조와 제137조에 규정된 저작권을 침해한 자 또는 저작자(실연자)의 명예를 훼손한 자에 대한 주요 벌칙은 다음과 같다.[65]

① 저작재산권을 복제, 공연, 공중송신, 전시, 배포, 대여, 2차적 저작물 작성의 방법으로 침해한 자(5년 이하 징역, 5,000만 원 이하 벌금).
② 저작인격권 또는 실연자의 인격권을 침해하여 저작자 또는 실연자의 명예를 훼손한 자(3년 이하 징역, 3,000만 원 이하 벌금).
③ 저작자 아닌 자를 저작자로 하여 실명·이명을 표시하여 저작물을 공표한 자 또는 실연자 아닌 자를 실연자로 하여 실명·이명을 표시하여 실연을 공연 또는 공중송신하거나 복제물을 배포한 자(1년 이하의 징역 또는 1,000만 원 이하의 벌금).

6) 저작인접권

저작물의 실연, 녹음 및 방송을 통하여 저작물의 배포, 전파에 기여한 실연자, 음반제작자, 방송사업자들을 보호하기 위한 권리를 말한다.[66] 실연자는 실연을 녹음·녹화 또는 사진으로 촬영할 권리, 음반제작자는 음반을 복제·배포할 권리, 방송사업자는 방송을 녹음·녹화·사진 등의 방법으로 복제하거나 동시중계 방송할 권리가 있으며 이들은 「저작권법」으로 보호를 받는다.[67] 저작인접권은 70년간(방송의 경우에는 50년간) 존속하며, 저작권과 마찬가지로 일정한 경우에는 그 권리 행사가 제한되며, 저작인접권의 제한·양도·등록 등은 대체로 저작재산권의 경우와 동일하게 취급한다.

저작인접권의 보호대상은 「저작권법」 제64조(보호받는 실연·음반·방송)에서 그 구체적인 적용범위를 다음과 같이 정하고 있다.[68]

> ① 실연: 대한민국 국민이 행하는 실연, 대한민국 국민이 가입 또는 체결한 조약에 따라 보호되는 실연, 보호되는 음반에 고정된 실연, 보호되는 방송에 의하여 송신되는 실연(송신 전에 녹음 또는 녹화되어 있는 실연을 제외).
> ② 음반: 대한민국 국민을 음반제작자로 하는 음반, 음이 맨 처음 대한민국 내에서 고정된 음반, 대한민국이 가입 또는 체결한 조약에 따라 보호되는 음반으로서 체약국 최초로 고정된 음반. 대한민국이 가입 또는 체결한 조약에 따라 보호되는 음반으로서 체약국의 국민을 음반제작자로 하는 음반.
> ③ 방송: 대한민국 국민인 방송사업자의 방송, 대한민국 내에 있는 방송설비로부터 행하여지는 방송, 대한민국이 가입 또는 체결한 조약에 따라 보호되는 방송으로서 체약국의 국민인 방송사업자가 당해 체약국 내에 있는 방송설비로부터 행하는 방송

7) 음악 공연·방송권

저작재산권의 일종으로 공연, 방송(텔레비전, 라디오, 인터넷라디오 등), 업소(레스토랑, 노래방 등)들이 영리 목적으로 음악을 사용할 때 저작권자에게 지불하는 저작권 사용료를 말한다.[69] 저작권료의 지불 방법은 저작권 단체에서 방송이나 공연 또는 업소에서 사용된 음악을 파악하여 사용료(복제권 및 공연·방송권)를 징수한 후, 수수료를 제외한 사용료를 저작권자에게 지불한다. 우리나라의 경우, 한국음악저작권협회(Korea Music Copyright Association)에서 저작권자로부터 저작권 징수 권한을 위임받아 사용자로부터 사용료를 징수하고 있다. 해외에서 사용된 공연·방송권은 한국음악저작권협회(KMCA)에서 해외각국의 저작권 단체 또는 저작권자가 속해 있는 뮤직퍼블리싱회사(유니버설

튠즈, 소니 등)들과 상호 관리계약을 체결하고 사용료를 징수해오고 있다. 해외 각국의 주요 음악 저작권 단체들은 〈표 6-3〉과 같다.

〈표 6-3〉 해외 각국의 주요 음악 저작권 단체[70]

국가	음악 저작권 단체
아르헨티나	Sociedad Argentina de Autores y Compositores de Música(SADAIC)
호주	Australasian Performing Right Association(APRA) Phonographic Performance Company of Australia(PPCA)
오스트리아	Autoren, Komponisten und Musikverleger(AKM)
벨기에	Société d'Auteurs Belge – Belgische Auteurs Maatschappij(SABAM)
브라질	Escritório Central de Arrecadação e Distribuição(ECAD)
불가리아	MUSICAUTHOR
캐나다	Society of Composers, Authors and Music Publishers of Canada(SOCAN)
칠레	Sociedad Chilena del Derecho de Autor(SCD)
콜롬비아	Sociedad de Autores y compositores de Colombia(SAYCO-ACINPRO)
크로아티아	Hrvatsko društvo skladatelja(HDS)
체코	Ochranný svaz autorský pro práva k dílům hudebním(OSA)
덴마크	Danish and international copyrights for music creators and publishers(KODA)
에스토니아	Estonian Authors' Society(EAU)
핀란드	Composers' Copyright Society Teosto(Teosto)
프랑스	Société des auteurs, compositeurs et éditeurs de musique(SACEM)
조지아	Georgian Society of Authors and Composers(SAS)
독일	Gesellschaft für musikalische Aufführungs- und mechanische Vervielfältigungsrechte(GEMA)
그리스	Hellenic Society for the Protection of Intellectual Property(AEPI) GRAMMO,ERATO-APOLLON(GEA)
홍콩	Composers and Authors Society of Hong Kong Limited(CASH)
헝가리	Society ARTISJUS Hungarian Bureau for the Protection of Author's Rights (ARTISJUS)
인도	The Indian Performing Right Society Ltd(IPRS)
아일랜드	Irish Music Rights Organisation(PPI)
이스라엘	Association of Composers, Authors and Publishers of Music in Israel(ACUM)
이탈리아	Italian Society of Authors and Publishers(SIAE)

일본	Japanese Society for Rights of Authors, Composers and Publishers (JASRAC)
한국	Korea Music Copyright Association(KOMCA)
리투아니아	Agency of Lithuanian Copyright Protection Association(LATGA-A)
말레이시아	Music Authors' Copyright Protection(MACP)
멕시코	Sociedad de Autores y Compositores de Mexico(SACM)
네팔	Music Royalty Collection Society Nepal(MRCSN)
네덜란드	Vereniging Buma(BUMA)/STEMRA(Stichting Stemra)
누질랜드	Australasian Performing Right Association(APRA)
노르웨이	Norwegian Performing Right Society(TONO)
파나마	Panamanian Society of Authors and Composers(PSAC)
페루	Peruvian Association of Authors and Composers(APDAYC)
필리핀	Filipino Society of Composers, Authors and Publishers(FILSCAP)
폴란드	Związek Autorów i Kompozytorów Scenicznych(ZAIKS)
푸에르토리코	Asociación de Compositores y Editores de Música Latinoamericana (ACEMLA)
루마니아	Uniunea Compozitorilor si Muzicologilor din Romania(UCMR)
러시아	Russian Authors' Society(RAO)
세르비아	Serbian Music Authors' Organization(SOKOJ)
싱가포르	Composers and Authors Society of Singapore(COMPASS)
슬로바키아	Slovak Performing and Mechanical Rights society(SOZA)
남아프리카공화국	Southern African Music Rights Organisation(SAMRO)
스페인	Sociedad General de Autores y Editores(SGAE)
스웨덴	Svenska Tonsättares Internationella Musikbyrå(STIM)
스위스	SUISse Auteurs(SUISA)
대만	Music Copyright Society of Chinese Taipei(MUST)
태국	Music Copyright(Thailand) Limited(MCT)
트리니다드	Copyright Music Organisation of Trinidad and Tobago(COTT)
우크라이나	Ukrainian Agency of Copyright and Related Rights(UACRR)
영국	Performing Right Society for Music(PRS) Phonographic Performance Limited(PPL)
미국	American Society of Composers, Authors and Publishers(ASCAP) Broadcast Music, Inc.(BMI) Society of European Stage Authors and Composers(SESAC) Asociación de Compositores y Editores de Música Latinoamericana (ACEMLA)
우루과이	Asociación General de Autores del Uruguay(AGADU)
베네수엘라	Society of Authors and Composers of Venezuela(SACVEN)

8) 외주제작 텔레비전 콘텐츠의 저작권

외주제작 텔레비전 프로그램은 콘텐츠 제작에 직·간접적으로 참여하는 방송사와 외주제작사 간의 저작권 귀속문제로 갈등이 심화되고 있다. 외주제작 콘텐츠의 저작권 귀속을 주장하는 외주제작사와 제작의뢰자·방영권자·투자자로서의 권리를 강화하려는 방송사 간의 분쟁은 방송산업 발전에 큰 걸림돌이 되고 있다. 외주제작사가 제작한 드라마 프로그램은 수출 등 부가 판매로 발생한 수익은 방송사와 외주제작사가 5:5로 배분(配分)하는 관행은 존재하지만, 교양 프로그램은 일반적으로 방송사가 저작권을 소유하고 있다. 이와 같은 관행은 외주제작사의 창작성과 전문성 역량을 저해시키며, 그로 인하여 오락 프로그램은 간접광고와 협찬 일색의 상업성이 만연된 프로그램을 양산하게 된다.

방송 선진국의 경우, 방송 콘텐츠의 저작권은 방송시장 수급원리에 따라서 균형과 조화를 이뤄나가고 있다. 저작권을 소유한 제작사는 양질의 콘텐츠 제작에만 전념할 수 있으며, 방송사는 저작권에 상응하는 (1) 제작비 이하의 저렴한 가격으로 외주제작 콘텐츠 구입, (2) 시청률 저조에 따른 제작비 위험 부담 해소, (3) 시청률에 따라서 제작 편수와 방영기간 조정 등의 경제적 혜택을 누릴 수 있다.

미국 텔레비전 방송사와 외주제작사 간의 저작권과 관련된 프로그램 수급관계를 살펴보면 〈표 6-4〉에서와 같이, 종합병원 응급실을 소재로 한 인기 드라마 〈ER(Emergency Room)〉의 외주제작사인 워너브라더스(Warner Brothers)사는 100%의 저작권을 소유하고 편당 40만 달러의 손실을 감당하면서 NBC-TV에 프로그램을 판매(공급)한다. 단기적인 측면에서 외주제작사는 제작비를 크게 밑도는 판매가격으로 영업 손실을 보지만, 프로그램이 높은 시청률을 확보하면 방송사에 프로그램 공급가격 인상을 요구할 수 있다. 워너브라더스사의 경우, 〈ER(Emergency Room)〉이 NBC-TV에서 최고점의 시청률을 확보하게 되자, 워너브라더스사는 초기 공급가격보다 무려 8배 인상된 편당 1,300만 달러를 요구하여 연간 22편을 공급하는 조건으로 NBC-TV와 3년간 8억 5,800만 달러(1,300만 달러×22편×3년)의 공급계약을 체결한 바 있다.[71]

장기적인 측면에서 보면, 외주제작사는 지상파 텔레비전 방송사를 통해서 자사 프로그램을 시청자에게 널리 알리는 효과가 있다. 따라서 저작권을 소유한 외주제작사는 지상파 텔레비전 방송사와의 공급계약이 종결되면 자사 프로그램을 방송채널사용사업자(PP)에 2차 방영권 판매, DVD 시리즈 제작 판매 등으로 막대한 수익을 기대할 수 있다. 물론 미국 지상파 텔레비전 방송사에서도 프로그램을 자체 제작하여 저작권을 소유하고 자사에서 방영할 수 있지만, 시청률 확보에 실패했을 경우, 광고주 외면에 따른 경제적 손실과 방송사 이미지 실추 등의 고위험성으로 제작을 회피하고 외주제작사로부터 원가 또는 제작비 이하로 프로그램을 구입하고 있다. 이와 같이 외주제작사와 방송사 간의 균형과 수급의 조화를 이루면서 양자가 모두 혜택을 누리는 윈윈(Win-win) 전략이 통용되고 있다.

〈표 6-4〉 미국 외주제작사의 프로그램 공급 및 판매(예)

프로그램명 (Title)	외주제작사 (Production Company)	구매 방송사 (Television Network)	편당 제작비 (Production Cost)	편당 판매가격 (License Fee)	편당 적자 (Deficit)
ER	Warner Brothers	NBC	$1,600,000	$1,200,000	$400,000
Law & Order	Studio USA	NBC	$1,600,000	$1,180,000	$420,000
NYPD Blue	Steven Bochco	ABC	$1,800,000	$1,800,000	0

3. 방송사업자 소유와 독점에 관한 규제

1) 소유제한과 겸영

「방송법」은 방송사업자 간의 공정한 경쟁으로 방송시장과 지역 여론을 독점할 수 없도록 방송사업자의 소유와 겸영을 규제하고 있다. 「방송법」 제8조에서는 방송사업자의 소유제한을 규정하고, 「방송법 시행령」 제4조에서는 그 구체적인 범위를 다음과 같이 정하고 있다. 3대 방송사업자(지상파·케이블·위성)는 시장점유율 또는 사업자 수 등을 고려하여 대통령령이 정하는 범위를 초과하여 상호 겸영하거나 그 주식 또는 지분을 33% 이상 소유할 수 없도록 규제함으로써 3대 방송사업자 간의 독과점 교차 소유를 금지하고 있다.[72] 「방송법 시행령」 제4조(소유제한의 범위 등)에서 명시한 소유 금지는 다음 사항에 해당된다.[73]

① 특정 방송사업자(방송채널사용사업자 제외)의 매출액과 당해 방송사업자와 특수관계자인 방송사업자의 매출액을 합한 매출액이 전체 방송사업자 매출액 총액의 33%를 초과하는 경우.
② 지상파 방송사업자가 특정 위성방송사업자의 주식 또는 지분을 33%를 초과하여 소유하는 경우.
③ 위성방송사업자가 특정 종합유선방송사업자(SO)의 주식 또는 지분을 33%를 초과하여 소유하는 경우.
④ 지상파 방송사업자가 특정 종합유선방송사업자의 주식 또는 지분을 33%를 초과하여 소유하는 경우.
⑤ 종합유선방송사업자(SO)가 특정 지상파 방송사업자의 주식 또는 지분을 33%를 초과하여 소유하는 경우.

「방송법」 제8조(소유제한 등)와 「방송법 시행령」 제4조(소유제한의 범위 등)는 3대 방송사업자(지상파·케이블·위성)의 이종(異種) 매체에 대한 상호 겸영과 지분 소유를 제한하고 있다. 방송·통신 융합 환경에서 3대 방송사업자의 이종매체 사업 진입과 시장지배력 확대를 제한함으로써 방송산업의 독과점을

금지하고 다매체의 공정한 경쟁을 목적으로 하고 있다. 3대 방송사업자의 수
평적 겸영 및 교차 소유 제한에 관한 규정은 다음과 같다.[74]

> ① 특정 지상파 방송사업자가 텔레비전 방송채널사용사업·라디오 방송채널 사용사업 및 데이터 방
> 송채널 사용사업별로 각각 전체 사업자 수의 3%를 초과하여 방송채널사용사업을 경영(겸영하거
> 나 주식 또는 지분 총수의 5% 이상을 소유하는 경우)하는 경우.
> ② 특정 종합유선방송사업자(SO) 및 위성방송사업자가 텔레비전 방송채널 사용사업·라디오 방송
> 채널 사용사업 및 데이터 방송채널 사용사업별로 각각 전체 사업자 수의 20%를 초과하여 방송
> 채널사용사업을 경영하는 경우.

　방송산업의 균형적인 발전을 목적으로 방송사업자의 시장점유율 또는 사
업자 수 등을 고려하여, 지상파 방송사업자는 다른 지상파 방송사업을 겸영하
거나 그 주식 또는 지분의 소유를 제한하고 있다. 「방송법」 제8조(소유제한
등)는 3대 방송사업자(지상파·케이블·위성)의 수직적 소유 및 겸영을 금지하

〈표 6-5〉 3대방송사업자(지상파·케이블·위성)의 동종(同種) 소유 및 겸영 금지조항[75]

방송사업자	소유 및 겸영 제한
① 지상파 텔레비전 사업자 또는 지상파 라디오 사업자	· 다른 지상파 텔레비전 방송사업자 또는 지상파 라디오 방송사업자의 주식 또는 지분의 7% 이상을 소유하는 경우. · 자신의 주식 또는 지분을 소유하고 있는 다른 지상파 텔레비전 방송사업자 또는 지상파 라디오 방송사업자의 주식 또는 지분의 5% 이상을 소유하는 경우 · 전체 지상파 방송사업자 수의 10%를 초과하여 다른 지상파 방송사업자(지상파 DMB 사업자는 제외)의 주식 또는 지분을 소유하는 경우.
② 지상파 텔레비전 방송사업자 또는 지상파 라디오 방송사업자가 지상파 DMB 방송사업을 겸영하는 경우	· 방송권역별 지상파 DMB 사업자 수가 3 이상 6 미만인 경우에는 방송권역별 전체 지상파 DMB 사업자 수의 1/3을 초과하여 경영하는 경우. · 방송권역별 지상파 DMB 사업자 수가 6 이상인 경우에는 방송권역별 전체 지상파 DMB 사업자 수의 20%를 초과하여 경영하는 경우.
③ 종합유선방송사업자(SO)가 다른 SO를 겸영하는 경우	· 특정 SO의 가입가구 수와 특수관계자인 SO의 가입가구 수의 합이 전체 유료방송사업(케이블+위성+IPTV) 가입 가구 수의 1/3을 초과하는 경우.
④ 위성방송사업자가 다른 위성방송사업을 겸영하는 경우	· 특정 위성방송사업자가 다른 위성방송사업자의 주식 또는 지분을 33%를 초과하여 소유하는 경우, 또는 특정 위성방송사업자가 다른 위성방송사업자의 위성방송사업을 2개 이상 경영하는 경우.

여 특정 방송사업자가 독과점적 지위로 동종(同種) 매체 방송시장을 지배하지 못하도록 규제하고 있다. 종합유선방송사업자(SO)와 위성방송사업자도 동일한 규정으로 제한하며 그 적용 범위는 〈표 6-5〉와 같다.

「방송법」과 「인터넷 멀티미디어 방송사업법」(「IPTV법」)은 방송채널사용사업자(PP)와 IPTV 사업자에 대해서도 동종 사업의 독과점을 금지한다.[76] 방송채널사용사업자의 경우, 방송채널사용사업자의 매출액과 특수관계인 방송채널사용사업자의 매출액을 합한 매출액이 전체 방송채널사용사업자의 매출총액의 33%를 초과할 수 없다(상품소개와 판매에 관한 전문편성을 행하는 홈쇼핑 채널의 매출액은 계산에 포함하지 않음).[77] IPTV 사업자는 텔레비전 방송채널사용사업·라디오 방송채널 사용사업 및 데이터 방송채널 사용사업별로 각각 전체 사업자 수의 20%를 초과하여 방송채널사용사업 경영(겸영하거나 주식 또는 지분 총수의 5% 이상을 소유하는 경우)을 금지하고 있다.[78] 또한 기업집단에 속하는 회사와 그 계열회사 또는 신문이나 뉴스통신을 경영하는 법인은 종합편성 또는 보도에 관한 전문편성을 행하는 IPTV 콘텐츠 사업자의 주식 또는 지분 총수의 49%를 초과하여 소유할 수 없도록 규정하고 있다.[79]

2) 유료 방송시장의 점유율 규제

유료 방송시장은 방송기술 발전으로 인하여 뉴미디어 중심의 다변화 경쟁으로 변환되고 있다. 3대 유료방송사업자(케이블·위성·IPTV)의 공정한 경쟁은 전반적인 방송산업의 균형적인 발전에 기여하게 된다. 규제기관은 특정 매체의 독과점을 방지하고 사업자 간의 무분별한 인수·합병(M&A)을 제약함으로써 매체 간의 자유롭고 공정한 경쟁 환경을 이루어 궁극적으로 소비자에게 편익을 제공할 수 있도록 유료매체의 점유율을 규제하고 있다. 점유율은 방송

시장의 집중도를 나타내 주는 척도로서 각 매체의 경쟁상의 비율과 객관적인 사업적 성과를 판정하는 지표가 된다. 「방송법시행령」 제4조(소유제한의 범위 등)에서 규정한 3대 유료방송사업자 점유율 제한은 〈표 6-6〉과 같다.

〈표 6-6〉 3대 유료방송사업자(케이블·위성·IPTV)의 점유율 규제

구분	종합유선방송사업자(SO)	IPTV 사업자	위성사업자
시장점유율 제한	전체 유료방송시장(케이블+위성+IPTV) 가입가구 수의 1/3 초과금지	전체 유료방송시장(케이블+위성+IPTV) 가입가구 수의 1/3 초과금지	상한 제한 없음
가입 가구 수 제한	있음	있음	없음
사업구역 제한	없음	없음	없음
규제법	「방송법」·「전기통신사업법」	「IPTV법」	「방송법」·「전파법」

(1) 종합유선방송사업자(SO)

2014년 2월에 개정된 「방송법시행령」은 케이블 텔레비전 방송구역의 겸영 제한을 폐지하고 가입가구 점유율 규제 기준도 IPTV와 같이 '전체 유료방송 가입가구(케이블+위성+IPTV) 수의 1/3 초과금지'로 개정되었다. 따라서 특정 종합유선방송사업자(SO)의 시장점유율 상한선이 우리나라 전체 유료방송 가입자(약 2,800만 가입자) 수의 1/3 초과금지로 확대됨에 따라 최대 840만 가입자(2,800만÷0.333) 수준의 대형 MSO의 출현이 가능하게 되었다(부록 1. 국내 방송사업자 사업 현황 참조).[80]

(2) IPTV 사업자

「IPTV법」 제13조(시장점유율 제한 등)에서 규정한 시장점유율 규제 조항은 특정 IPTV 사업자는 해당 사업자와 특수관계자인 IPTV 사업자를 합산하여 가입자 수가 전체 유료방송가입가구(케이블+위성+IPTV) 수의 1/3을 초

과하지 못하도록 '가입자 수'를 제한하고 있으나, '사업구역제한'에 대한 규제는 없다.[81]

(3) 위성방송사업자

「방송법」과 「IPTV법」은 종합유선방송사업자(SO)와 IPTV 사업자의 '가입자 수'를 제한하고 있으나, 위성방송은 '가입자 수'에 대한 규제 조항이 없는 3대 유료방송 사업자 간의 비대칭적인 규제 방식을 적용하고 있다. 따라서 전체 유료방송 시장에서 한 사업자의 점유율이 33%를 넘을 수 없는 합산규제제도를 3년 일몰로 시행하는 「IPTV법」 개정안(일명 '합산규제법')이 2015년 2월 국회 미래창조과학방송통신위원회의 법안심사소위를 통과한 바 있다. 위성 'KT 스카이라이프'와 IPTV '올레(Olleh) TV'의 사업자인 KT는 양 사의 가입자를 합산할 경우 점유율 상한선인 33%에 근접하여, '합산규제법' 법안이 법제화될 경우 위헌소송 방침을 강구하는 등 강하게 반발하고 있다. 또한 위성방송은 '가입자 수'와 '사업 구역'에 대한 상한 규제 조항이 없으므로 위성방송사업자가 망사업자와 결합한 DCS(Dish Convergence Solution)와 같은 신종 서비스가 출현하고 있다. DCS 서비스는 망사업자가 위성방송 신호(QPSK)를 IP(Internet Protocol) 방식으로 변조해 가입자에게 인터넷망으로 방송프로그램을 제공하는 인터넷과 위성방송이 혼합한 전송 방식(Hybrid Transmission)이다.

4. 방송편성권

방송편성권은 프로그램 편성권과 표현·보도 편성권으로 대별할 수 있다. 전자는 방송사가 방송편성의 단위가 되는 방송 내용물(프로그램)을 제작(또는 구입)하여 자율적으로 편성하는 권한이며, 후자는 방송사가 외압이나 부당한 간섭을 받지 않고 방송내용물을 자유롭게 표현하거나 보도하는 권한을 말한다. 프로그램 편성권은 「방송법」에서 규정한 방송의 공적 책임을 준수하면서 방송법령이 정한 범위 내에서 방송프로그램의 종류·내용·분량·시각·배열을 결정하는 독립적 자율권을 말한다.[82]

「방송법」은 방송사업자의 편성 의무와 권리를 보장하고, 「방송법 시행령」에서는 구체적인 편성 기준을 정하고 있다. 방송편성권을 수행하기 위해서, 방송사업자는 편성책임자를 선임하고 그 성명(이름)을 매일 1회 이상 공표해야 하며, 방송편성 책임자의 자율적인 방송편성을 보장해야 한다.[83] 「방송법」제105조(벌칙)는 방송편성에 관하여 규제나 간섭한 자는 2년 이하의 징역 또는 3,000만 원 이하의 벌금이라는 벌칙 규정을 마련함으로써 편성권의 자유와 독립을 보장하고 있다.

1) 의무 편성비율

다양한 프로그램을 편성하는 종합편성방송사업자(텔레비전 및 라디오)는 정치·경제·사회·문화 등 각 분야의 사항이 균형 있게 표현될 수 있도록 보도·교양 및 오락에 관한 방송프로그램이 상호 간에 조화를 이루도록 편성해야 하며, 주시청 시간대에는 특정 방송분야의 프로그램이 편중되어서는 안된다.[84] 종합편성방송사업자의 경우, 오락 프로그램의 비율은 매월 전체 방송시간의 50%를 초과하여 편성할 수 없다.[85] 「방송법」은 특정 프로그램의 편중을 방지하고, 방송프로그램의 전문성과 다양성이 구현될 수 있도록 프로그램을 제작 국가(국내·국외)와 장르(영화·애니메이션·대중음악)로 구분하여, 방송통신위원회가 고시하는 비율 이내에서 편성하도록 규정하고 있다. 편성비율고시는 방송매체와 방송분야별 특성 등을 고려하여 (1) 국내 제작 및 외주 프로그램, (2) 국내 제작 영화·애니메이션·대중음악, (3) 수입 영화·애니메이션·대중음악 프로그램으로 구분하여 편성비율의 차등을 두고 있다(〈표 6-7〉 참조).

국내 제작 프로그램은 방송사업자별로 구분하여 매 반기(每半期) 전체 방송시간의 최소 60% 이상을 의무 편성해야 한다(종합편성방송사업자 80%, 전문편성방송사업자 60%, 지상파 DMB 사업자 60% 이상).[86] 「방송법」 제72조(외주제작 방송프로그램의 편성)는 외주제작의 활성화를 위해 의무편성을 규정하고, 시행령과 고시를 통해 다음과 같이 규제한다. 지상파 방송사는 방송사별로 정해진 매 반기 전체 방송시간의 외주제작 프로그램 고시 비율(KBS-1TV 24%, KBS-2TV 40%, MBC-TV 35%, SBS-TV 35%, EBS 20%) 이상을 편성해야 하며, 종합편성을 하는 지상파 방송사업자는 주시청 시간대의 10% 이상을 외주제작 프로그램으로 편성해야 한다(지상파 DMB 방송은 3%).[87] 아울러 공정한 외주제작시장의 발전을 위해서 지상파 방송사업자 및 지상파 방송채널 사용사업자는 전체 외주제작 방송프로그램의 21%를 초과하여 방송사업자의 특수관계자가 제작한 방송프로그램을 편성할 수 없도록 규제하고 있다.[88]

「방송법」 제73조(방송광고 등) 제4항은 방송사업자가 공공의 이익을 증진시킬 목적으로 제작된 비상업적 공익 광고(PSA)를 일정 비율 이상 편성하도록 의무 편성비율을 규정하고 있다. 지상파 텔레비전 방송사업자는 해당 채널별로 매월 전체 방송시간의 0.2% 이상, 그 밖의 방송사업자는 0.05% 이상 비상업적 공익 광고를 편성해야 한다. 「방송법」에 의거해서 방송통신위원회가 고시한 의무 편성비율은 방송프로그램의 다양성과 프로그램 제작의 균형적인 발전을 위해서 국내제작·외주제작·수입 프로그램으로 구분하여 〈표 6-7〉과 같이 규제하고 있다.

〈표 6-7〉 방송프로그램과 공익 광고의 의무 편성 비율[89]

프로그램	방송사업자	프로그램 의무 편성비율
국내 제작 프로그램	지상파 종합편성 방송사업자*	해당 채널의 매 반기(每半期) 전체 텔레비전 방송프로그램 또는 라디오 방송프로그램 방송 시간의 80% 이상. (매반기: 1월1일~ 6월30일, 7월1일~12월 31일)
	지상파 전문편성 방송사업자(EBS)	해당 채널의 매 반기 전체 텔레비전 방송프로그램 또는 라디오 방송프로그램 방송 시간의 60% 이상.
	지상파 DMB 사업자 및 지상파 방송채널 사용사업자	해당 채널의 매 반기 전체 방송시간의 60% 이상.
	종합유선방송사업자(SO) 및 위성방송사업자	해당 채널의 매 반기 전체 텔레비전 방송프로그램 또는 라디오 방송프로그램 방송 시간의 50% 이상
	방송채널사용사업자(PP)**	해당 채널의 매 반기 전체 텔레비전 방송프로그램이나 라디오 방송프로그램 방송 시간의 40% 이상.
오락 프로그램	종합편성 텔레비전 방송사업자	매월 전체 방송시간의 50% 이하.
	종합편성 라디오 방송사업자	매월 전체 방송시간의 50% 이하.
	데이터방송사업자***	매월 전체 방송시간의 60% 이하.
외주 제작 프로그램	KBS-TV	해당 채널별 매 반기 전체 텔레비전 방송시간의 24% 이상
	KBS-2TV	해당 채널별 매 반기 전체 텔레비전 방송시간의 40% 이상
	KBS 지상파 DMB	해당 채널별 매 반기 전체 텔레비전 방송시간의 20% 이상
	MBC-TV	해당 채널별 매 반기 전체 텔레비전 방송시간의 35% 이상
	MBC 지상파 DMB	해당 채널별 매 반기 전체 텔레비전 방송시간의 28% 이상
	SBS-TV	해당 채널별 매 반기 전체 텔레비전 방송시간의 35% 이상
	SBS 지상파 DMB	해당 채널별 매 반기 전체 텔레비전 방송시간의 28% 이상
	EBS-TV	해당 채널별 매 반기 전체 텔레비전 방송시간의 20% 이상
국내 제작 영화	지상파 방송사업자	해당 채널의 연간 전체 영화방송시간의 25% 이상.
	종합유선방송사업자(SO)·위성방송사업자·방송채널사용사업자(PP)	해당 채널의 연간 전체 영화방송시간의 20% 이상.
	종교전문채널	해당 채널별로 연간 전체 영화방송시간의 4% 이상
국내 제작 애니메이션	지상파 방송사업자	해당 채널의 연간 전체 애니메이션 방송시간의 45% 이상
	지상파 DMB 사업자	해당 채널의 연간 전체 애니메이션 방송시간의 35% 이상
	종합유선방송사업자(SO)·위성방송사업자·방송채널사용사업자(PP)	해당 채널의 연간 전체 애니메이션 방송시간의 30% 이상
	교육 전문 방송 사업자	해당 채널의 연간 전체 애니메이션 방송 시간의 8% 이상.
	종교 전문 방송 사업자	해당 채널의 연간 전체 애니메이션 방송 시간의 4% 이상.
국내 제작 대중음악	방송사업자	해당 채널의 연간 전체 대중음악 방송 시간의 60% 이상.
수입한 영화·애니메이션·대중음악	방송사업자	외국에서 수입한 영화·애니메이션·대중음악 중 1개 국가에서 제작된 영화·애니메이션·대중음악을 분야별로 해당 채널의 매 반기 전체 외국에서 수입한 영화·애니메이션·대중음악 방송시간의 80% 이하
공익 광고	지상파 텔레비전 방송사업자	해당 채널별로 매월 전체 방송시간의 0.2% 이상
	비(非)지상파 텔레비전 방송사업자	해당 채널별로 매월 전체 방송시간의 0.05% 이상

* 종합편성방송사업자: 보도·교양·오락등 다양한 방송분야 상호 간에 조화를 이루도록 방송프로그램을 편성하는 방송사업자.
** 방송채널사용사업자: 지상파 방송사업자·종합유선방송사업자(SO) 또는 위성방송사업자와 특정채널의 전부 또는 일부 시간에 대한 전용사용계약을 체결하여 그 채널을 사용하는 사업자.
*** 데이터방송사업자: 방송사업자의 채널을 이용하여 데이터(문자·숫자·도형·도표·이미지 그 밖의 정보체계를 말함)를 위주로 하여 이에 따르는 영상·음성·음향 및 이들의 조합으로 이루어진 방송프로그램을 송신하는 방송사업자(인터넷 등 통신망을 통하여 제공하거나 매개하는 경우를 제외).

「한국방송공사법」(KBS), 「방송문화진흥회법」(MBC)과 같이 특별법에 의해 설립된 공영 지상파 방송사를 제외한 지상파 텔레비전 방송사가 다른 지상파 방송사업자의 제작을 편성하는 경우에는 해당 지상파 방송사업자의 경영상태 및 방송프로그램 수급 여건 등을 고려하여 「방송법」 제69조(방송프로그램의 편성등)에 따른 방송통신위원회의 편성고시 비율을 준수해야 한다.[90]

〈표 6-8〉에서와 같이, SBS의 제휴사인 9개 지역 민영 지상파 텔레비전 방송사는 전체 방송시간의 50~85% 이내에서 편성고시비율에 따라 다른 1개의 방송사업자(SBS)의 프로그램을 편성할 수 있다.

예를 들어 1995년에 개국한 1차 지역 민영방송사인 케이엔엔(KNN), 대구방송, 광주방송, 대전방송은 채널별로 매월 전체 방송 시간의 69% 이내에서 제휴사인 SBS로부터 프로그램(텔레비전과 라디오)을 제공받을 수 있으며, 잔여 31%의 프로그램은 자체 편성을 실행해야 한다.

방송통신위원회에서 고시한 민영 지상파 방송사업자 및 지역민방 프로그램의 편성비율은 〈표 6-8〉과 같다.

〈표 6-8〉 민영 지상파 방송사업자 및 지상파 DMB 방송사업자의 프로그램 편성비율[91]

방송사업자	프로그램 편성 비율
지상파 텔레비전	지상파 텔레비전 방송사업자가 다른 1개의 지상파 텔레비전 방송사업자의 제작물을 편성할 수 있는 비율은 채널별로 매월 전체 방송시간의 50% 내지 85%(「방송법 시행령」 제50조). - 방송통신위원회 편성비율고시(SBS 제휴 민영 지상파 텔레비전 방송사): 케이엔엔(KNN), 대구방송, 광주방송, 대전방송(매월 전체 방송 시간의 69% 이하). 전주방송, 청주방송, 울산방송(매월 전체 방송 시간의 71% 이하). 강원민방, 제주방송(매월 전체 방송 시간의 77% 이하).
지상파 라디오	지상파 라디오 방송사업자가 다른 1개의 지상파 라디오 방송사업자의 제작물을 편성할 수 있는 비율은 채널별로 매월 전체 방송시간의 40% 내지 80%(「방송법 시행령」 제50조). - 방송통신위원회 편성비율고시(민영 지상파 라디오 방송사): 케이엔엔(KNN), 대구방송, 광주방송, 대전방송(매월 전체 방송 시간의 69% 이하). 전주방송, 청주방송, 울산방송(매월 전체 방송 시간의 71% 이하). 경인방송, 강원민방, 제주방송, 경기방송(매월 전체 방송 시간의 77% 이하).
지상파 DMB	지상파 DMB 방송사업자가 다른 1개의 방송사업자의 제작물을 편성할 수 있는 비율은 채널별로 매월 전체 방송시간의 80% 이하.

특정 방송분야의 프로그램을 전문적으로 편성하는 전문채널방송사업자는 허가 또는 승인을 받거나 등록한 전문 방송분야의 방송프로그램을 고시비율 기준에 따라 편성해야 한다. 〈표 6-9〉의 예를 들면, 과학전문채널(PP)로서 일정한 등록 요건을 갖추고 미래창조과학부 장관에게 등록한 방송채널사용사업자(PP)는 과학과 관련된 전문분야가 충분히 반영될 수 있도록 매월 전체 방송시간의 80% 이상을 전문 방송프로그램으로 의무 편성해야 한다.

〈표 6-9〉 전문채널 방송사업자의 전문 프로그램 의무 편성비율[92]

구 분	방송사업자	의무 편성 비율
텔레비전채널 또는 라디오 방송채널	지상파 방송사업자	해당 채널의 매월 전체 방송시간의 60% 이상
	종합유선방송사업자(SO) 및 위성방송사업자	해당 채널의 매월 전체 방송시간의 70% 이상.
	방송채널사용사업자(PP)	해당 채널의 매월 전체 방송시간의 80% 이상
데이터 방송	데이터방송채널	해당 채널의 매월 전체 방송시간의 60% 이상

2) 편성권 위반 벌칙 사항

방송편성권의 자유와 독립을 침해하거나 방송법령이 정한 편성 규정을 위반한 방송사업자는 위반 정도에 따라 (1) 최고 2년 이하의 징역 또는 3,000만 원 이하의 벌금, (2) 1년 이하의 징역 또는 3,000만 원 이하의 벌금, (3) 3,000만 원 이하의 과태료로 처벌할 수 있다. 〈표 6-10〉에서와 같이, 방송편성권을 규제하거나 간섭한 방송사업자는 「방송법」 제4조(방송편성의 자유와 독립)를 위반하여 '2년 이하의 징역 또는 3,000만 원 이하의 벌금'으로 과중 처벌한다. 방송편성규약을 제정·공표하지 않은 방송사업자는 '1년 이하의 징역 또는 3,000만 원 이하의 벌금'에 해당하며, 편성 비율, 채널 운용, 의무 편성 및 고시에 관련된 규정을 위반한 방송사업자는 '3,000만 원 이하의 과태료'로 처벌할 수 있다. 「방송법」에서 규정한 편성권 위반 및 처벌 조항은 〈표 6-10〉과 같다.[93]

〈표 6-10〉 방송편성권 위반에 대한 벌칙·과태료

벌칙·과태료	사업자	「방송법」 규정
① 최고 2년 이하의 징역 또는 3,000만 원 이하의 벌금	방송사업자	방송편성의 자유와 독립(규제·간섭의 금지) 규정 위반 (제4조 2항).
② 1년 이하의 징역 또는 3,000만 원 이하의 벌금	종합편성 또는 보도 전문편성 방송사업자	방송편성규약의 제정과 공표 규정 위반 (제4조 4항).
③ 과태료 3,000만 원 이하	방송사업자	방송편성책임자 선임과 공표 규정 위반(제4조 3항).
		방송편성책임자 변경신고 규정 위반(제15조 3항).
		방송프로그램의 등급 분류표시 규정위반(제33조 3항)
		국내제작 프로그램 편성비율 규정 위반(제71조 1항).
		외주제작 편성비율 규정 위반(제72조 1항).
		수입 영화·애니메이션·대중음악의 일정 편성비율 초과 금지 규정 위반(제71조 4항).
	지상파 방송사업자·공동체라디오사업자	방송편성책임자 변경신고 규정 위반(제15조 2항).
	민영 지상파 방송사업자	타 방송사업자의 제작물 편성 비율 규정 위반(제69조 6항).
	DMB 방송사업자*	채널의 구성과 운용 규정 위반(제70조 1항).
	종합편성방송사업자	주시청 시간대 특정 방송프로그램 편중금지 규정위반(제69조 3항)
		외주제작 편성비율 규정 위반(제72조 3항).
	종합편성·보도 전문편성 방송사업자	시청자 평가프로그램 편성 규정 위반(제89조 1항).
	종합유선방송사업자(SO)	지역채널 운용 규정 위반(제70조 4항).
	종합유선방송사업자(SO)·위성방송사업자	시청자 자체제작 프로그램 방송 규정 위반(제70조7항).
	중계유선방송사업자	공지채널 운용 규정 위반(제70조 5항).

* DMB 방송을 행하는 지상파·종합유선방송사업자·위성방송사업자.

3) 방송사업자의 편성규약

종합편성 또는 보도에 관한 전문편성을 행하는 방송사업자는 프로그램 제작의 자율성을 보장하기 위하여 취재 및 제작 종사자의 의견을 수렴하여 편성규약을 제정하고 공표해야 한다.[94] 편성규약이란 방송의 공익성과 공정성을 구현하기 위하여 내외(內外)의 부당한 압력이나 간섭을 배제하고 취재 및 제

작 실무자의 권한과 자율성을 보호하기 위하여 방송사에서 자율적으로 제정하는 규칙이다.[95]

편성규약은 방송의 공익성과 국민의 기본권 보호를 위한 편성·보도·제작 과정의 자율성 침해를 방지하는데 목적을 두어야 하며, 편성규약이 방송사의 경영권과 조직의 이해(利害) 관계의 보호막으로 남용되어서는 안 된다. 방송사는 국민으로부터 위임받은 편성권을 수호하기 위해서는 사익(私益)과 조직 이념을 탈피하고 경영과 편성의 분리원칙에 입각하여 공평한 편성위원회를 구성해야 한다. 편성규약을 주관하는 편성위원회는 방송사 종사자와 시청자를 대표하는 10인 내외의 제작책임자, 제작실무자, 편성책임자, 편성실무자, 사원대표, 시청자 대표로 구성되어 편성독립권에 관한 사항을 논의하고 이견을 조정하는 역할을 수행한다.

〈표 6-11〉 SBS-TV 편성규약(목적, 용어의 정의, 독립성, 기본원칙 및 권리 의무)[96]

SBS 방송편성규약
(제정 2002년 10월 30일, 개정 2004년 11월 4일)

방송은 헌법과 방송법의 기본정신에 따라 독립성과 자율성의 권리를 가진다. 또한 방송제작자들은 방송 프로그램의 편성, 취재, 제작에 있어 부당한 간섭과 압력을 배제하고 방송제작자로서의 양식에 따라 자유롭게 표현할 권리를 가진다. 주식회사 SBS와 SBS 노동조합은 방송제작자의 이같은 자유와 권리가 국민의 권익을 실현하기 위해 보장된 것임을 엄숙히 인식하고 이를 지키기 위해 방송편성규약을 제정한다.

제1조(목적): 이 규약은 방송편성, 취재, 제작에 대한 내외의 부당한 압력과 간섭을 배제함으로써 시청자의 권익실현에 기여함을 목적으로 한다.

제2조(용어의 정의): 이 규약에서 사용하는 용어의 정의는 다음과 같다.
1. 편성 및 취재, 제작 책임자라 함은 회사가 임명한 해당 분야 책임자로서 본부장, 국장, 총괄CP, CP, 팀장 등의 책임간부를 말한다.
2. 편성 및 취재, 제작 실무자라 함은 SBS와 정규적인 고용관계를 맺고, 편성 및 취재, 제작의 실무를 담당하는 해당 분야의 실무종사자를 말한다.

제3조(방송편성의 독립성)
1. 방송편성은 내외의 부당한 간섭과 압력으로부터 독립되어야 한다.
2. 방송편성은 특정 집단이나 개인의 직간접적인 이익을 위해 운영되어서는 안 되며 방송발전과 국민의 권익을 위해 운영되어야 한다.

제4조(방송편성의 기본원칙)

1. 인간의 생명과 존엄성을 지키고 높인다.
2. 국민의 기본권과 명예를 존중한다.
3. 진실에 기초한 유익한 정보를 제공해 국민의 이익을 실현한다.
4. 다양한 계층과 집단, 특히 사회적 약자의 기대와 요구를 공정하게 수렴한다.
5. 민족화합과 통일을 지향하며 민족문화를 창조적으로 전승, 발전시킨다.
6. 성, 연령, 지역, 계층, 인종, 민족 간의 차별과 불균형을 해소한다.
7. 불의와 부정을 감시하여 사회의 정의를 실현한다.
8. 국민의 알 권리와 표현의 자유를 보호하고 신장한다.

제5조(방송편성책임자의 권리와 의무)

1. 편성책임자는 기본편성계획을 수립하고 방송프로그램의 종류와 내용, 분량, 시각, 배열을 결정한다.
2. 편성책임자는 취재와 제작내용이 회사의 방송강령, 방송가이드라인 그리고 공익에 위배될 경우 편성위원회의 결정에 따라 편성을 변경하여야 한다.
3. 편성책임자는 프로그램의 방송적합성을 판단하여야 하며 이에 따르는 모든 책임을 진다.
4. 편성책임자는 편성·제작종사자의 자율성을 최대한 존중하여야 하며, 창의적인 제작환경을 조성하여야 한다.
5. 편성책임자는 내외의 부당한 청탁과 간섭, 압력으로부터 방송의 독립성과 편성·제작종사자의 자율성을 보호해야 한다.
6. 편성책임자는 편성·제작종사자가 편성과 관련해 이의나 시정을 요구할 경우 이에 대해 협의함으로써 편성,제작 종사자의 이해를 구하여야 한다.

제6조(방송제작책임자의 권리와 의무)

1. 제작책임자는 취재, 제작의 방향을 제시하고 지휘하며, 이에 대한 포괄적인 법적·도의적 책임을 진다.
2. 제작책임자는 취재, 제작 내용이 회사의 방송강령과 방송가이드라인 그리고 공익에 위배될 경우 제작종사자에게 이에 대한 수정, 변경, 취소를 요구할 수 있다.
3. 제작책임자는 내외의 부당한 청탁과 간섭, 압력으로부터 방송의 독립성과 제작종사자의 자율성을 보호해야 한다.
4. 제작책임자는 제작종사자가 제작한 방송프로그램의 내용이 회사의 방송강령과 방송가이드라인 그리고 공익에 위배되지 않을 경우 임의로 수정, 변경, 취소의 지시를 할 수 없다.
5. 제작책임자는 제작종사자가 취재, 제작과 관련해 이의나 시정을 요구할 경우 이에 대해 협의함으로써 제작 종사자의 이해를 구하여야 한다.
6. 제작책임자는 제작종사자의 양심에 따른 취재, 제작 내용에 대해 자의적 판단으로 정당한 사유 없이 불이익을 주어서는 안 된다.

제7조(방송편성·제작종사자의 권리와 의무)

1. 편성·제작종사자는 편성·제작책임자의 지휘 아래 내외의 부당한 간섭이나 압력을 받지 않고 편성, 취재, 제작 업무를 자율적으로 수행한다.
2. 편성·제작종사자는 편성, 취재, 제작의 업무를 수행할 때 자신의 의사를 자유롭게 표현할 수 있다.
3. 편성·제작종사자는 자신의 양심에 반하는 편성, 취재, 제작을 요구받거나 자신의 양심에 반하여 프로그램이 수정 또는 취소될 경우 편성·제작 책임자에게 이에 대한 설명과 시정을 요구할 수 있다.
4. 편성·제작종사자는 회사의 방송강령, 방송가이드라인 및 공익에 반하는 프로그램을 편성, 취재, 제작할 수 없으며 방송프로그램에 사적인 이익을 반영해서는 안 된다.
5. 편성·제작종사자는 제반법규를 준수하고 자율성에 상응하는 법적·도의적 책임을 진다.

5. 방송프로그램 규제

방송 프로그램의 규제 목적은 방송의 공익성과 국민의 권익을 보호하고 건전한 방송문화를 구축하여 국민문화 향상과 공공복리 증진에 기여하기 위한 것이다.[97] 방송사업자는 공익성을 위한 양질의 프로그램을 제공하는 의무를 준수해야 함에도 다수의 방송사는 시장경제원리에 입각한 프로그램 제작에 치중하고 있다. 따라서 규제기관은 방송의 독립성과 자율성을 보장하고 국민의 주권을 보호하기 위해서 시대가치를 반영한 기준을 법제화하여 방송프로그램을 규제한다.

대표적인 예로, 규제기관은 해악 프로그램으로부터 어린이·청소년을 보호하기 위해 프로그램 접근성(Accessibility)을 통제하는 타율적 규제 방법을 활용한다. 타율적 규제는 규제기관이 주도하는 프로그램 등급, 경고 표시(Warning Labels), 안전도피 시간대(Safe Harbor·Watershed), 프로그램 차단장치(V-chip) 등의 제도가 있다. 규제기관 이외의 단체가 주도하는 비제도적인 방법으로는 시청자 및 시민단체가 자발적으로 참여하여 해악 프로그램의 접근을 저지하는 프로그램 차단기와 시청자 단체 캠페인이 있다.

1) 텔레비전 프로그램 등급제도

프로그램 등급제도는 방송심의 기능을 효율적으로 활용하기 위한 사전 조치로서 규제기관에서 방송 내용물을 폭력성·선정성·언어의 유해(有害) 정도에 따라 분류(등급)하고 텔레비전 화면에 등급표시를 의무화하는 제도이다. 선정적·폭력적·비교육적 프로그램은 어린이·청소년의 건전한 가치 함양에 저해되고 사회의 건전한 생활풍토 조성에 역행하므로 규제기관은 프로그램 등급제도를 도입하여 어린이·청소년의 텔레비전 시청지도에 활용한

〈표 6-12〉 「방송통신심의위원회규칙」의 방송프로그램 등급[98]

연 령 층	시청자 연령을 감안한 유해 정도
모든 연령 시청가 **ALL** (모든 연령의 시청자가 시청하기에 부적절한 내용이 없는 등급)	① 주제 및 내용이 취학 전(7세 미만) 어린이를 포함한 모든 연령의 시청자가 시청하기에 부적절하지 않은 것. ② 폭력적·선정적 표현 또는 부적절한 언어사용이 없는 것. ③ 일반적으로 용인되지 아니하는 특정 사상·종교·풍속 등과 관련하여 모든 연령의 시청자에게 정신적·육체적으로 유해한 표현이 없는 것.
7세 이상 시청가 **7** (7세 미만의 어린이가 시청하기에 부적절한 내용이 포함되어 있어 보호자의 시청지도가 필요한 등급)	① 주제 및 내용에 7세 미만의 어린이에게 정신적·육체적으로 유해한 표현이 있어 보호자의 시청지도가 필요한 것. ② 폭력 묘사가 가상의 세계에서 다루어지더라도 폭력의 방법이 구체적이고 현실적으로 표현되지 아니한 것. ③ 일상적인 애정표현을 넘어서는 신체의 노출이나 성적 행위를 연상시키는 장면이 없는 것. ④ 어린이의 바른 언어습관 형성을 저해할 수 있는 은어, 속어, 저속한 유행어 등이 사용되지 아니한 것.
12세 이상 시청가 **12** (12세 미만의 어린이가 시청하기에 부적절한 내용이 포함되어 있어 보호자의 시청지도가 필요한 등급)	① 주제 및 내용에 12세 미만의 어린이에게 정신적·육체적으로 유해한 표현이 있어 보호자의 시청지도가 필요한 것. ② 폭력을 갈등해결을 위한 긍정적 수단으로 인식하게 할 수 있는 묘사가 없으며, 각각의 폭력 묘사는 청소년을 자극하거나 모방을 유발할 정도로 구체적이지 아니한 것. ③ 입맞춤 또는 착의 상태의 성적 접촉 묘사가 있더라도 청소년의 성적 욕구를 자극할 정도로 구체적이거나 노골적이지 아니한 것. ④ 청소년의 바른 언어습관 형성을 저해할 수 있는 은어, 속어, 저속한 유행어 등이 사용되지 아니한 것.
15세 이상 시청가 **15** (15세 미만의 청소년이 시청하기에 부적절한 내용이 포함되어 있어 보호자의 시청지도가 필요한 등급)	① 주제 및 내용에 15세 미만의 청소년에게 정신적·육체적으로 유해한 표현이 있어 보호자의 시청지도가 필요한 것. ② 폭력 묘사가 현실적이고 구체적이라 하더라도 사회정의에 위배하여 정당화되거나 미화되지 아니한 것. ③ 성적 묘사가 건전한 남녀관계의 애정표현을 벗어나지 아니하고 신체의 부분 노출, 암시적인 성적 접촉 및 대화 내용이 선정성을 띠지 아니한 것. ④ 일상생활에서 사용되는 악의 없는 욕설, 은어, 속어, 유행어 등이 건전한 언어습관을 저해하지 않는 범위 내에서 사용된 것.
19세 이상 시청가 **19** (19세 미만의 청소년이 시청하기에 부적절한 내용이 포함되어 있어 청소년이 시청할 수 없는 등급)*	① 주제 및 내용이 성인을 대상으로 하고 있어 19세 미만의 청소년이 시청하기에 부적절하며, 시청을 제한할 필요가 있는 것. ② 살생묘사 및 유혈 장면 등 강도 높은 폭력장면이 현실적이거나 구체적으로 묘사된 것. ③ 신체의 부분 노출, 직접적·암시적인 성적 접촉, 성행위 등 선정적인 표현이 구체적이거나 노골적으로 묘사된 것. ④ 모욕적인 언어나 욕설, 저주, 저속한 동작 등이 사용된 것.

* '19세 이상 시청가' 등급에 해당하는 방송프로그램은 「청소년보호법」 제2조(정의) 제3호에 의한 청소년 유해 매체물에 해당된다. 다만, 제8조 제2항에 따라 청소년 시청보호 시간대에 안내 또는 예고방송되는 방송프로그램은 해당되지 않는다.[99]

다. 우리나라는 2001년부터 영화, 수입드라마, 뮤직비디오, 애니메이션 등 4개 장르를 대상으로 시작하여, 2002년 5월부터는 국내제작 드라마에 대해서도 등급제를 실시하였다. 2006년 방송위원회는 「방송프로그램의 등급 분류 및 표시 등에 관한 규칙」 개정안을 의결하여 프로그램의 등급 고지 방식을 시행하였다.[100]

2008년 방송통신심의위원회는 방송매체와 방송분야별 특성 등을 고려하여 방송프로그램 등급과 관련된 분류기준을 「방송통신심의위원회규칙」으로 정하고, 시청자의 연령층을 (1) 모든 연령, (2) 7세 이상, (3) 12세 이상, (4) 15세 이상, (5) 19세 이상으로 5분하여 등급을 구별하고 있다.[101] 방송사업자는 프로그램의 폭력성·선정성·언어의 유해 정도, 시청자의 연령 등을 감안한 「방송통신심의위원회규칙」에 따라서 프로그램의 등급을 정하고, 방송 중에 흰색 테두리에 노란색 바탕의 원형에 검정색 숫자로 해당등급(기호)을 화면의 우측이나 좌측 상단에 표시해야 한다(〈표 6-12〉 참조).[102]

세계 각국은 어린이·청소년 시청자를 보호하기 위하여 자국의 시청자 특성, 미디어 제도, 사회·문화·교육·종교·사상 등의 복합적인 특징을 고려하여 선정성, 폭력성, 언어 내용, 비교육적 행위 등을 구분한 경고표시(Warning Labels) 제도를 시행하고 있다(〈표 6-13〉 참조). 각국의 프로그램 등급분류 업무는 제도적인 필요성에 의해서 자율적인 단체(방송사, 제작사, 영화단체) 또는 타율적인 기관(정부 규제기관, 독립기관)에서 담당하고 있다. 정부가 방송프로그램을 통제하는 관제방송 국가(People's Republic of China, North Korea, Vietnam 등)와 이슬람 국가(Afghanistan, Iran, Iraq, Morocco, Pakistan, Saudi Arabia 등)에서는 프로그램 등급제도를 시행하지 않고 있다.

〈표 6-13〉 세계 각국의 프로그램 등급제도(예)

국가	등급		연령별 프로그램 구분
호주		Children(C)	ACMA의 Children's Television Standards 규정의 어린이와 취학 이전의 어린이 대상 프로그램
		Preschool Children(P)	
		General(G)	모든 시청자 시청 가능 프로그램
	PG	Parental Guidance Recommended(PG)	부모 동반 시청 가능 프로그램
	M	Mature(M)	15세 이상 시청 가능 프로그램
	MA+	Mature Audience(MA+)	15세 이상 시청 가능 프로그램
	AV	Adult Violence(AV 15+)	15세 이상 시청 가능 프로그램
	R18+	Restricted	18세 이하 시청 불가 프로그램
브라질	L	Livre para todos os públicos	모든 시청자 시청 가능 프로그램
	10	Não recomendado para menores de 10 anos	10세 이상 시청 가능 프로그램
	12	Não recomendado para menores de 12 anos	12세 이상 시청 가능 프로그램
	14	Não recomendado para menores de 14 anos	14세 이상 시청 가능 프로그램
	16	Não recomendado para menores de 16 anos	16세 이상 시청 가능 프로그램
	18	Não recomendado para menores de 18 anos	18세 이상(성인) 시청 가능 프로그램
캐나다	E	Exempt Programming	무등급 프로그램(뉴스 및 공공)
	C	C (Suitable for children ages 2~7)	2~7세 어린이 시청 가능 프로그램
	C8	C8(Suitable for children ages 8+)	8세 이상 어린이 시청 가능 프로그램
	G	G(Suitable for general audiences)	모든 시청자 시청 가능 프로그램
	PG	PG(Parental guidance)	부모 동반 시청 가능 프로그램
	14+	14+(Intended for viewers ages 14+)	14세 이상 시청 가능 프로그램
	18+	18+(Intended for viewers ages 14+)	18세 이상(성인) 시청 가능 프로그램
칠레	I	Infantil	모든 어린이 가능 프로그램
	I7	Infantil para mayores de 7 años	7세 이상 시청 가능 프로그램
	I10	Infantil para mayores de 10 años	10세 이상 시청 가능 프로그램
	I12	Infantil para mayores de 12 años	12세 이상 시청 가능 프로그램
	F	Familiar	모든 시청자 시청 가능 프로그램
	R	Responsabilidad compartida	부모 동반 시청 가능 프로그램
	A	Adulto	18세 이상(성인) 시청 가능 프로그램
프랑스	-10	Déconseillé aux moins de 10 ans	10세 이하 불시청 권고 프로그램
	-12	Déconseillé aux moins de 12 ans	12세 이하 불시청 권고 프로그램
	-16	Déconseillé aux moins de 16 ans	16세 이하 불시청 권고 프로그램
	-18	Déconseillé aux moins de 18 ans	18세 이하 불시청 권고 프로그램
그리스	◇	Suitable for all ages;	모든 시청자 시청 가능 프로그램
	○	Parental consent suggested	부모 동반 시청 권고 프로그램
	△	Required parental consent	부모 동반 시청 의무 프로그램
	▣	Suitable for minors over the age of 15	15세 이하 불시청 권고 프로그램
	✕	Suitable only for adults	성인 시청 프로그램
인도네시아	P	Pra-sekolah(pre-school)	2~11세 부모 권고 프로그램
	A	Anak(Children)	7~16세 시청 가능 프로그램
	A-BO	Anak-bimbingan orang tua (Children with parental guidance)	5~10세 부모 동반·허락 프로그램
	SU	Semua umur(All ages)	모든 시청자 시청 가능 프로그램

	BO	Bimbingan orang tua(Parental guidance)	5세 이하 부모 권고 프로그램
	R	Remaja(Teenager)	13~17세 시청 가능 프로그램
	R-BO	Remaja-bimbingan orang tua(Teenager with parental guidance)	청소년(부모 동반·허락 권고) 프로그램
	D	Dewasa(mature audience)	18세 이상(성인) 시청 가능 프로그램
이스라엘	G	General audience	모든 시청자 시청 가능 프로그램
	12+	No child under 12 are permitted	12세 이하 시청 금지 프로그램
	15+	No child under 15 are permitted	15세 이하 시청 금지 프로그램
	18+	Suitable for adults only	18세 이상(성인) 시청 프로그램
	E	Exempt from classification	무등급 프로그램(생중계방송)
페루	(아이콘)	apto para todo publico	모든 시청자 시청 가능 프로그램
	14	apto para mayores de catorce años	14세 이상 시청 가능 프로그램
	18	apto para mayores de dieciocho años	18세 이상(성인) 시청 가능 프로그램
네덜란드	AL	Alle ftijden	모든 시청자 시청 가능 프로그램
	6	Let op met kinderen tot 6 jaar	6세 이하 부모 권고 프로그램
	9	Let op met kinderen tot 9 jaar	9세 이하 부모 권고 프로그램
	12	Let op met kinderen tot 12 jaar	12세 이하 부모 권고 프로그램
	16	Let op met kinderen tot 16 jaar	16세 이하 부모 권고 프로그램
슬로베니아	VS	VS(vodstvo staršev)	6세 이하 부모 권고 프로그램
	(아이콘)	Suitable for teens over 12+	12세 이상 시청 가능 프로그램
	(아이콘)	Suitable for teens over +15	15세 이상 시청 가능 프로그램
	AD	AD(odrasli)	18세 이상(성인) 시청 프로그램
폴란드	(아이콘)	No age limit	나이 제한 없는 프로그램
	7	For minors from age 7	7세 이상 시청 가능 프로그램
	12	For minors from age 12	12세 이상 시청 가능 프로그램
	16	For minors from age 16	16세 이상 시청 가능 프로그램
	18	Permitted from age of 18	18세 이상(성인) 시청 가능 프로그램
남아프리카 공화국	Family	Suitable for family viewing	가족 시청 프로그램
	PG	Children under 6 may watch	부모 동반 시청 권고 프로그램
	13	Children under 13 are prohibited	13세 이하 어린이 시청 금지 프로그램
	16	Children under 16 are prohibited	16세 이하 어린이 시청 금지 프로그램
	18	Children under 18 are prohibited	18세 이하 어린이 시청 금지 프로그램
스페인	TP	Todos los públicos	모든 시청자 시청 가능 프로그램
	i	Recomendado especialmente para la infancia	취학전 어린이 시청 프로그램
	7 or +7	Recommended for 7+	7세 이상 시청 가능 프로그램
	12 or +12	Recommended for 12+	12세 이상 시청 가능 프로그램
	16 or +16	Recommended for 16+	16세 이상 시청 가능 프로그램
	18 or +18	Recommended for 18+	18세 이상(성인) 시청 가능 프로그램
미국	Y	Appropriate for all children	모든 어린이시청 프로그램
	Y7	Designed for children age 7 and above	7세 이상 어린이 시청 프로그램
	G	Suitable for all ages	모든 시청자 시청 가능 프로그램
	PG	Unsuitable for younger children	부모 동반 시청 권고 프로그램
	14	Unsuitable for children under 14	14세 이상 시청 가능 프로그램
	MA	Unsuitable for children under 17	17세 이상 시청 가능 프로그램

2) 경고표시(Warning Labels)

어린이·청소년에 유해한 영향을 미칠 수 있는 프로그램에 대한 등급표시를 텔레비전 화면에 기호·자막·음성 등으로 고지하는 경고제도이다. 이는 시청자에게 어떤 프로그램의 시청 여부를 결정하는 자율적인 판단의 근거가 되며, 부모에게는 자녀의 시청을 지도하는 수단으로 활용된다. 경고표시 (Warning Labels)는 선정성·폭력성·언어사용 정도의 강도를 수치와 색깔로 구분된 등급표시를 기호·자막·음성 등으로 고지하는 의무 규정이다. 방송사는 자율적으로 방송프로그램의 사전 심의를 거쳐 등급을 분류한 후, 「방송통신심의위원회규칙」에서 규정한 방법으로 이를 표시해야 한다.[103] 방송사는 사전 심의과정에서 선정성·폭력성·언어사용 정도 등의 내용 기준이 일치하지 않을 경우 가장 유해한 표현의 등급으로 분류함을 원칙으로 한다.

「방송통신심의위원회규칙」은 보도 프로그램, 범죄·사고 등을 다룬 재연물이나 기록물을 제외한 다큐멘터리 프로그램, 생활정보 프로그램, 시사 관련 대담·토론 프로그램, 교육·문화예술 프로그램, 지식이나 재치를 겨루는 순수 퀴즈 프로그램, 이종격투기 등 폭력성이 지나친 종목을 제외한 스포츠 프로그램, 기타 방송통신심의위원회가 인정하는 프로그램은 등급분류 규정의 예외가 적용된다.[104]

---

① 등급기호는 흰색 테두리 노란색 바탕의 원형에 검정색 숫자로 해당 등급을 표시한다.
② 등급기호의 위치 및 크기는 화면 좌상단 또는 우상단에 대각선의 1/20 이상의 크기이어야 한다.
③ 등급기호의 표시는 반투명으로 한다.
④ 모든 연령 시청가 등급에 해당하는 프로그램에는 별도의 기호를 표시하지 아니한다.
　또한 방송사업자는 위에서 말한 등급기호를 본방송프로그램의 시작과 동시에 30초 이상, 방송 중 매 10분마다 30초 이상, 중간광고 직후 본방송프로그램의 시작과 동시에 30초 이상 표시하여야 한다. 다만, 19세 이상 시청가 등급에 해당하는 프로그램은 본방송프로그램의 시작부터 종료 시까지 지속적으로 표시하여야 한다. 방송사업자는 본방송프로그램 시작 전 등급기호와 함께 다음 각 호와 같은 부연설명을 화면의 1/4 크기 이상으로 5초 이상 자막 고지하여야 한다.

1. 모든 연령 시청가: "이 프로그램은 모든 연령의 시청자가 시청할 수 있는 프로그램입니다."
2. 7세 이상 시청가: "이 프로그램은 7세 미만의 어린이가 시청하기에 부적절하므로 보호자의 시청지도가 필요한 프로그램입니다."
3. 12세 이상 시청가: "이 프로그램은 12세 미만의 어린이가 시청하기에 부적절하므로 보호자의 시청지도가 필요한 프로그램입니다."
4. 15세 이상 시청가: "이 프로그램은 15세 미만의 청소년이 시청하기에 부적절하므로 보호자의 시청지도가 필요한 프로그램입니다."
5. 19세 이상 시청가: "이 프로그램은 19세 미만의 청소년이 시청하기에 부적절한 프로그램입니다."

3) 어린이·청소년 보호의 안전도피 시간대(Safe Harbor)

어린이·청소년에게 해악을 끼치는 프로그램은 특정 시간대에만 방송하도록 방송사의 편성권을 제한하는 제도이다. 안전도피 시간대(Safe Harbor)는 선정성, 폭력성, 언어 및 비교육적인 내용의 부적절한 프로그램은 지정된 시간대에만 방송하도록 의무화하여 어린이·청소년을 보호함을 목적으로 한다. 우리나라에서는 「방송심의에 관한 규정」과 「청소년보호법」으로 청소년 시청보호 시간대를 설정하고 있다.[105] 지상파 텔레비전의 청소년 시청보호 시간대는 '19세 이상 시청가' 등급 프로그램이 금지되는 시간대로서 평일은 07:00~09:00, 13:00~22:00, 토요일, 공휴일 및 초·중·고 방학기간은 07:00~22:00이며, 유료 케이블 텔레비전 방송의 청소년 보호 시간대는 18:00~22:00로 지정하였다.[106]

세계 각국은 방송시간 경계선(Watershed), 성인 시간대(Adult Time), 방송시간 폭(Ridge), 구분선(Crest Line) 등의 각기 다른 명칭으로 안전시간대를 설정하여 어린이·청소년을 보호하고 있다. 미국의 경우, 연방방송통신위원회(FCC)는 방송사의 표현의 자유(Freedom of Expression)가 침해되지 않도록 안전도피 시간대(저녁 10시~오전 6시)와 비안전도피 시간대(오전 6시~오후 10시)

로 시간대를 양분하였다. 비음란 성적 자극물(Sexual or excretory material that does not rise to the level of obscenity)과 상스러운 언어(Foul Language)를 포함(사용)하는 프로그램은 안전도피 시간대인 저녁 10시부터 익일 오전 6시까지만 방송하도록 제한함으로써 어린이·청소년의 시청을 차단하고 있다.[107]

미국 연방방송통신위원회(FCC)의 선정성 판단기준은 저속한 내용(Indecent Content), 불경한 언어(Profane Language), 음란한 내용(Obscene Material)으로 구분한다. 저속한 내용과 불경한 언어가 포함된 프로그램은 안전도피 시간대(Safe Harbor)에 방송이 가능하나, 음란한 내용의 프로그램은 「헌법」에 보장된 표현의 자유의 예외로서 지상파 텔레비전과 라디오 방송에서는 방송이 불가하다. 안전도피 시간대 규제는 지상파 방송사에 제한되며, 위반한 방송사는 1회 위반 시 32만 5,000달러(상한액)의 벌금과 지속적인 위반으로 벌점을 초과 시에는 면허취소의 사유가 된다.

영국의 방송통신위원회(Office of Communications)는 연령별로 등급을 표시한 프로그램(12-Rated, 15-Rated, 18-Rated)을 지상파 방송(21:00~05:30)과 케이블 유료채널(20:00~06:30)의 안전시간대에 적용하고 있다. 호주방송통신위원회(The Australian Communications and Media Authority)는 프로그램 등급을 C(Children), P(Preschool Children), G(General Audience), PG-Rated(Parental Guidance Recommended), M-Rated(Mature), MA15＋(Mature Accompanied), AV 15＋(Adult Violence·Mature Accompanied), R18＋(Restricted)로 구분하여 방송시간을 PG-Rated(08:30~19:00), M-Rated(20:30 이후 방송), MA15＋(21:30 이후 방송), AV15＋(21:30 이후 방송), R18＋(방송불가)로 제한하고 있다.

독일의 경우, 12＋ 프로그램의 안전시간대(20:00~06:00), 16세＋ 프로그램의 안전시간대(22:00~06:00), 18＋ 프로그램의 안전시간대(23:00~06:00), Keine Jugendfreigabe(프로그램 등급 기관인 Freiwillige Selbstkontrolle der Filmwirtschaft에서 미성년 시청불가로 분류된 프로그램)의 안전시간대(23:00 이후)로 구분

하며, 프랑스는 12+(20:00~06:00), 16+(22:00~06:00), 18+(22:30~06:00)로 3분하여 규제한다. 이 밖에 세계 각국의 안전시간대는 〈표 6-14〉와 같다.

〈표 6-14〉 세계 각국의 보호시간대(예)[108]

국가	시작시간	18:00	20:00	22:00	00:00	02:00	04:00	06:00	08:00	종료시간
뉴질랜드	20:30									05:00
멕시코	21:00									05:00
아일랜드	21:00 +									05:30
캐나다	21:00									06:00
스페인	21:00									07:00
호주	21:30									05:00
남아프리카공화국	22:00									04:30
영국	21:00 ‡									05:30 +
체코	22:00									06:00
미국	22:00									06:00
아르헨티나	22:00									06:00
프랑스	22:30 ‡									06:00
이탈리아	22:30									07:00
베네수엘라	23:00									05:00
오스트리아	23:00									05:30
독일	23:00									05:30
브라질	23:00									06:00
폴란드	23:00									06:00
포르투갈	23:00									06:00
핀란드	00:00									05:00
그리스	00:00 ‡									06:00
터키	21:30									05:00

　　： 복합 안전시간대 활용 국가.
　　： 비핵심 안전시간대.
　　： 핵심 안전시간대.
　　+ ： 지상파 방송을 포함한 모든 방송(케이블·위성)에 안전시간대 적용.
　　‡ ： 지상파 방송과 케이블·위성을 구분하여 안전시간대 적용.
자료: ⓒ Wikipedia.org(2015), http://en.wikipedia.org/wiki/Watershed_(broadcasting)(재구성).

4) 프로그램 차단장치(Blocking Devices)

어린이·청소년들이 해악 프로그램을 시청할 수 없도록 프로그램 접근을 차단시키는 장치로서 (1) 시청자의 자율적인 참여와 (2) 규제법에 의한 차단으로 구분할 수 있다. 전자는 텔레비전 시청자가 자발적으로 차단기를 구입하여 프로그램을 통제하는 방식이며, 후자의 방식은 텔레비전 수상기에 차단 장치를 의무 장착하여 프로그램을 차단한다. 〈표 6-15〉에서와 같이, 자율적 장치로는 외장형 차단기, 케이블 셋톱박스(Set-top-box), 전원 통제 장비가 있으며, 규제법에 의한 차단 장치로는 전자칩 장착제도(V-chip)가 있다.

〈표 6-15〉 텔레비전 프로그램 차단 방법

시청자 자율적 참여 장치	규제법에 의한 차단장치
- **외장형 차단기**: 전송된 텔레비전 신호의 등급 입력코드를 탐지하여 사용자가 사전에 입력한 PIN(Personal Identification Number)에 의해 프로그램을 통제하는 차단기. - **케이블 셋톱박스 차단기**: 케이블 프로그램 안내 채널에서 제공하는 부가 서비스로서 프로그램별, 채널별, 등급별로 프로그램을 통제하는 장치. - **전원 차단기**: 텔레비전 수상기에 별도의 전원 잠금기를 설치하여 통제하는 장치.	- **전자칩 장착제도**(V-chip): 캐나다 사이먼프레이시 대학의 팀 콜링스(Tim Colings)에 의해 개발된 방식으로 텔레비전 수상기에 특수전자칩(V-chip)을 장착하여 선정적·폭력적인 프로그램을 차단시킴. 규제기관의 제도적 규제, 방송사의 참여, 시청자 책임이 방송기술과 접목되어 선정적·폭력적 프로그램으로부터 어린이·청소년 시청자를 보호하는 삼위일체 시스템(규제기관에서 시청자 보호를 위한 제반 법규를 마련하고, 방송사는 제작된 프로그램을 사전 심의하여 등급을 결정하며, 시청자는 V-chip이 장착된 텔레비전 수상기를 구입하여 선정적·폭력적인 프로그램을 여과시키는 제도).

5) 시청자 단체 캠페인

선정적·폭력적 및 비교육적인 프로그램으로부터 어린이·청소년을 보호하고 건전한 가정생활을 구현하기 위하여 시청자 단체들이 자율적으로 미디어

교육과 캠페인을 주도하는 제도이다. 시청자 단체의 주요 목표는 선정적·폭력적 및 비교육적인 텔레비전 프로그램을 추방하는 것으로, '텔레비전 안 보기 운동', '텔레비전 시청 대신 독서하기', '텔레비전 시청 대신 가족과 대화하기', '텔레비전 프로그램의 선정성·폭력성 조사' 등의 시청자 캠페인을 전개하고 있다. 일부 시청자 단체는 정기적인 행사를 통해서 시청자 보호를 위한 감시자(Watchdog) 역할을 수행하며, 교육·종교 단체, 학부모들과 연계하여 방송사에 영향력 있는 행사를 주관하고 있다. 세계 각국에서 전개되는 시청자단체 캠페인은 다음과 같다.

Media Literacy: 미디어 교육을 통한 올바른 텔레비전 시청법 계몽.
TV Free Week: 특정 기간 동안 텔레비전 불시청 캠페인.
TV Tune-out Week: 특정 기간 동안 텔레비전 거부 캠페인.
Media Literacy: 미디어 교육을 통하여 올바른 텔레비전 시청법 계몽.
TV Free Week: 특정 기간 동안 텔레비전 불시청 캠페인.
TV Tune-out Week: 특정 기간 동안 텔레비전 거부 캠페인.
Pull-the-plug Week-long: 1주일 동안 텔레비전 전원장치 차단 캠페인.
RIOT(Reading Instead of Television): 텔레비전 시청 대신 독서를 장려하는 캠페인.
NVP(Non-viewer Picnic): 비시청자 간의 친목과 정보교환을 위한 주말 피크닉 행사.

6. 재송신(Retransmission)과 의무전송권(Must Carry Rule)

1) 재송신과 의무재송신

재송신(Retransmission)은 유료방송사업자(케이블·위성·IPTV·중계유선)가 지상파 텔레비전 방송사(KBS-1, KBS-2, MBC, SBS, EBS)의 프로그램을 수신하여 변경을 가하지 않고 가입자에게 동시 재송신하는 것을 말한다. 유료방송사업자는 지상파 텔레비전 방송 3사(KBS-2, MBC, SBS)와 협의하여 전송 대가(재송신료)를 지불하며, 「한국방송공사법」과 「한국교육방송공사법」에 의해서 설립된 공영 지상파 방송사(KBS-1과 EBS)의 프로그램은 「방송법」 제78조(재송신) 규정에 의해 무상으로 의무재송신을 해야 한다.[109]

「방송법」에서는 재송신 협상에 대해 명확하게 정의되어 있지 않으므로 지상파 텔레비전 방송사와 유료방송사업자 간의 재송신료에 관한 갈등은 송사(訟事)와 송출중단(Black Out)으로 표출되어왔다.[110] 유료방송사업자는 지상파 텔레비전 3사(KBS-2, MBC, SBS)에게 매월 가입자당(Cost Per Subscriber) 재송신요금을 지불하고 있으나, 지상파 텔레비전 방송사는 주요 스포츠 경기 중계료와 콘텐츠 제작비 인상, 광고시장 악화 등을 이유로 재송신료 인상을 요구하고 있다.[111] 유료방송사업자는 지상파 텔레비전 방송사들이 천문학적인 광고수익을 거두면서도 추가 수익을 유료방송사업자에게 부담시키는 것은 방송산업의 형평성에 위배됨을 주장하고 있다.

양방 간의 재송신료 분쟁에 관하여 재송신 업무의 규제기관인 방송통신위원회와 미래창조과학부는 시청자의 보편적 시청권을 보장하는 측면에서 "지상파는 공공재산인 전파를 이용해 방송하고 있으며 유료방송사업자 또한 가입자에게 일정 수신료를 받고 있는 만큼 차질 없이 방송을 서비스해야 할 의무가 있다"고 권고하고 있다.[112] 규제기관의 권고는 (1) 공공성과 희소성의 전파 자원을 지상파 방송이 국가의 허가를 받아 운영되는 보편적 서비스, (2) 「방송법」에 보장된 국가기간 방송에 대한 국민의 보편적 시청권 보장과 방송의 공공성·공익성, (3) 방송물의 저작권은 「헌법」에 보장하는 사유재산권에 해당함으로 방송사업자의 저작권 보호(저작물 소유권자 또는 사용권자가 저작물을 전송함에 있어서 갖게 되는 권리), (4) 국가 기간 방송을 통한 재난이나 비상사태에 대한 사회 전반의 대응력 강화를 위한 다각적인 필요성에 근거한다.[113]

2) 의무전송권(Must Carry Rule)

의무전송권은 방송사업자(케이블·위성·IPTV·DMB)가 채널 구성 시에 특정 방송채널을 의무적으로 편성하여 가입자에게 전송하도록 규정하는 것을 말한다. 의무재송신과 의무전송권은 방송사업자(케이블·위성·IPTV·DMB)가 특정 방송사(또는 채널)의 프로그램을 가입자에게 의무적으로 재송신(전송)하는 점에서는 차이가 없다. 단지 방송법령으로 방송사업자(케이블·위성·IPTV·DMB)가 특정 방송사(또는 채널)를 의무적으로 재송신, 또는 채널구성 규정에 따라 특정방송사(또는 채널)를 의무 전송하도록 구분할 따름이다.

「방송법 시행령」 제53조(채널의 구성과 운용)는 방송사업자(케이블·위성·IPTV·DMB)의 의무전송권을 다음과 같이 규정하고 있다.[114] 3대 유료방송사업자(케이블·위성·IPTV)는 종합편성 채널 4개사(JTBC, TV조선, 채널A, MBN)와 보도 전문채널 2개 이상의 채널을 의무적으로 전송하도록 〈표 6-16〉과 같이 규정하고 있다.

〈표 6-16〉 「방송법 시행령」 제53조에서 규정한 의무전송채널

방송사업자	의무전송채널(「방송법 시행령」 제53조)
케이블·위성·IPTV	- 전체 운용 텔레비전 방송채널의 수를 70개 이상으로 할 것. - 종합편성 채널(JTBC, TV 조선, 채널 A, MBN)을 포함할 것. - 보도 전문채널을 2개 이상 포함할 것.
지상파 DMB	- 텔레비전 방송채널·라디오 방송채널·데이터 방송채널중 2개 이상의 방송채널을 포함하여 운용하도록 할 것.
위성 DMB	- 텔레비전 방송채널·라디오 방송채널 및 데이터 방송채널을 포함할 것. - 전체 운용채널 수를 15개 이상으로 할 것. - 전체 운용 텔레비전 방송채널의 수가 전체 운용 채널 수의 2/3를 초과하지 아니하도록 할 것. - 종합편성을 행하는 방송채널사용사업자의 방송채널 또는 보도에 관한 전문편성을 행하는 방송채널사용사업자의 방송채널을 1개 이상 포함할 것.

재송신과 의무전송권은 방송기술발전에 따른 채널운용, 규제 환경의 변화, 합리적인 대가 지불, 방송업계의 수익배분 구조, 채널편성권에 관련된 전반적인 측면에서 영향을 받는다. 경제적인 측면에서 살펴보면, 재송신은 유료방송사업자가 방송프로그램 제공자의 프로그램을 재송신할 경우, 재송신료(Retransmission Fee) 지불 여건이 형성되므로 쌍방 간에 재송신료 지불 여부를 협의함을 원칙으로 한다. 반면 의무재송신과 의무전송권은 방송채널사용사업자(PP)가 유료방송사업자로부터 자사 프로그램을 의무재송신(전송)하는 권리를 보장받음으로써 재송신료의 요청권은 소멸된다. 그러나 우리나라 유료방송사업자는 의무전송권 대상인 종편 4사(TV조선 · JTBC · 채널A · MBN)와 보도전문채널(YTN)에 매월 가구당 재송신요금을 지불하고 있다.

3) 외국의 재송신(Retransmission)과 의무전송권(Must Carry Rule) 사례

세계 각국은 자국의 방송규제법, 방송산업, 방송기술, 시청자의 미디어 소비 성향을 고려하여 재송신 또는 의무전송권 제도를 선택하고 재송신료 지불 여부를 결정한다. 주요 국가들의 재송신과 의무전송권 제도는 다음과 같다.

(1) 미국

1992년 「케이블법(Cable Television Consumer Protection and Completion Act)」을 제정하여 케이블 사업자(SO)가 지상파 텔레비전 방송을 의무적으로 편성하는 의무전송권(Must Carry Rule) 제도를 시행하였다.[115] 지상파 방송의 보편적 시청권 보호를 위한 의무전송권 제도는 지상파 텔레비전 방송사에게 3년마다 의무전송권 또는 재송신동의(Retransmission Consent)를 택일할 수 있는 선택권을 부여하고 있다. 재송신동의를 선택한 지상파 텔레비전 방송사는 케이블 사업자와 자율적인 협상을 통하여 재송신 대가를 산정하고 합당한 재송신료를 지불받는 반면, 의무전송권을 선택한 경우에는 의무전송권을 보장받는 동시에 재송신료는 요청할 수 없다. PBS(Public Broadcasting Service)와 같은 국민·시민방송(Public-run Broadcasting)은 케이블 사업자(SO)에게 의무전송권만을 요구할 수 있다.

위성방송사는 「위성방송시청자법(Satellite Home Viewer Act)」(1988)에 의해서 지상파 텔레비전 방송사와 독립지상파 텔레비전 방송사(Superstation)의 프로그램을 의무 전송해야 한다. 1999년에는 「위성방송시청자개선법(Satellite Home Viewer Improvement Act)」을 제정하여 위성방송사업자에게 선택권을 부여하는 'Carry one, carry all' 제도를 도입하였다. 이 제도에 따라서 위성방송사가 특정 지상파 텔레비전 방송사를 의무전송으로 선택하면 해당 지역의 모든 지상파 텔레비전 방송을 의무적으로 전송해야 한다.

지상파 방송사에 재송신료를 지불하지 않고 가입자에 재송신 서비스를 유료로 제공한 에어리오(Aereo)사가 저작권을 침해한다는 대법원 판결(2014년 6월)로 서비스를 중단한 사례가 있다. 2012년 변종 OTT 서비스를 개시한 에어리오사는 초소형 안테나를 가입자에게 임대하고 가입자의 개별 안테나가 수신한 지상파 방송을 자사 수신센터에서 통합 관리하는 유료 인터넷 클라우드 서비스를 제공하였다.

에어리오사는 고비용의 월정 이용료(케이블 평균 월정 이용료 64달러, 위성 107달러)에 부담을 느끼는 가입자를 대상으로 저렴한 월정 이용료(8달러)를 제공하여 단기간에 80만 명의 가입자를 확보하였다.[116] 에어리오사는 대법원 판결 이후 온라인 스트리밍 사업자(Online Video Provider)를 다채널 프로그램 공급자(MVPDs)에 포함시켜줄 것을 요청하는 청원서를 FCC에 제출하였으며, 2014년 12월 FCC는 'MVPDs 정의(Definition) 변경'을 긍정적으로 검토하는 고시안을 공표(Notice of Proposed Rulemaking, December 17, 2014)한 바 있다.[117]

(2) 캐나다

1975년 캐나다 방송통신위원회(Canadian Radio-Television and Telecommunication Commission)는 케이블 및 위성방송사업자가 지상파 방송을 재송신하도록 의무전송권(Must Carry Rule) 법안을 제정하였다.[118] 2008년에는 지상파 텔레비전 방송사(CTV, Global)들이 케이블 사업자(SO)들에게 재송신료를 부과할 수 있는 권한을 방송통신위원회(CRTC)에 청원하였으나, 2010년 케이블 사업자들이 의무전송권이 필요한 특별 사유(Exceptional Importance)를 방송통신위원회에 청원하여 의무전송권을 부여받는 허가제도를 도입하였다. 캐나다 방송통신위원회는 「방송법(Broadcasting Act)」 제9조에 의거해서 의무기본채널(Mandatory Basic Channel)을 지정하고 가입자의 최소 채널이용료를 책정함으로써 시청자의 보편적 시청권을 보호하고 있다.[119] 방송통신위원회가 규정한 케이블 및 위성방송사업자의 의무기본채널과 가입자당 월정 이용료는 다음과 같다.[120]

CBC News Network(in French-language markets): $0.15
Réseau de l'information(RDI)(in English-language markets): $0.10
Avis de recherche(in French-language markets): $0.06
CBC News Network(in French-language markets): $0.15
Réseau de l'information(RDI)(in English-language markets): $0.10
Avis de recherche(in French-language markets): $0.06
Weather Network/Météomedia: $0.23
TVA: offered without a wholesale rate
Aboriginal Peoples Television Network(APTN): $0.25
Cable Public Affairs Channel(CPAC): $0.10
AMI audio, formerly known as VoicePrint: $0.04
Accessible Media: $0.20
Canal M, formerly known as La Magnétothèque: $0.02

(3) 독일

2001년 16개 주정부와의 방송협약(RfStV: The Inter-State Agreement on

Broadcasting Services)으로 지상파 방송의 재송신제도를 아날로그와 디지털케이블 사업자로 구분하였다.[121]

디지털케이블 사업자의 경우, 전체 채널용량의 1/3을 공영방송과 지역방송으로 재송신하도록 규정하고 있다. 독일의 재송신 제도는 북미지역 국가의 의무전송권과는 반대로 볼 수 있다. 독일의 공영 및 민영 지상파 텔레비전 방송사들은 케이블 사업자(SO)에게 프로그램 공급대가 명목으로 전송료를 지불하는 반면, 케이블 사업자는 전송되는 프로그램에 대한 저작권료를 공영 및 민영 지상파 텔레비전 방송사에 지불한다. 2013년 공영 지상파 텔레비전 방송사들은 케이블 사업자들이 가입자로부터 월정 가입료를 징수하면서도 전송료를 요구하는 것은 이중부과임을 이유로 독일 최대 규모의 케이블 사업자(Kabel Deutschland)에게 재송신료 지불을 거절한 분쟁이 발생한 바 있다.

(4) 영국

영국 방송통신위원회(OFCOM)는 1996년에 개정된 「방송법(Section 91 of the Broadcasting Act)」과 2003년에 제정된 「통합 커뮤니케이션법(Communication Act)」에 의해서 지상파 텔레비전 방송의 의무재송신제도를 실시하고 있다.[122] 채널운용사업자는 규제기관(OFCOM)에서 지정한 지상파 텔레비전 방송을 의무재송신해야 하며, 재송신료는 채널운용사업자에 따른 차별이 있다. 케이블 사업자는 지상파 텔레비전 방송사에 재송신료를 지불하지 않지만, "위성방송사업자는 적절하고 합리적인 조건으로 협상할 의무"를 가지고 있다.[123] 이와 같은 "차별적 조건에 대한 케이블 사업자의 반발로 케이블 사업자와 전송사업자의 디지털 전환 비용과 망 투자비용을 고려하여 '경제적 보상이 있는 유연한 의무재전송' 시나리오를 채택하여 경제적 보상을 통해 사회적 비용과 혜택의 균형을 추구"하고 있다.[124]

(5) 프랑스

프랑스 고등시청각위원회(the High Council for Audio-visual)는 지상파 텔레비전 방송의 보편적 서비스를 확대하고 자국 문화정체성 보호와 매체 간의 자유 경쟁을 활성화시키는 목적으로 「방송법」을 개정(2008년)하여 케이블 사업자에게 지상파 방송을 재송신하도록 의무화하고 있다.[125] 케이블 사업자는 모든 지상파 텔레비전 방송을 의무적으로 재송신해야 되지만, 위성방송사는 해당 법에서 규정한 채널(지상파공영방송사와 유럽문화채널인 ARTE)만을 의무재송신하도록 규정하고 있다. 케이블 사업자는 지상파 텔레비전 방송사에게 재송신료를 지불한다.

7. 망중립성(Network Neutrality)

1) 망중립성 규제

망중립성은 인터넷 망사업자의 인터넷 서비스 차별 및 통제를 금지함으로써 인터넷 콘텐츠·애플리케이션·서비스 사업자에게 동등한 상호 접속권과 접근권을 보장하는 개념이다. 망중립성 원칙은 인터넷 통신망으로 전송되는 모든 트래픽은 내용·유형·서비스·수신자·발신자의 차별 없이 동등하게 취급하는 것이다.[126] 인터넷을 통한 고품질·대용량 멀티미디어 소비 및 스마트 기기 이용 등의 고용량 서비스 확산에 따라 네트워크 트래픽이 폭발적으로 증가하여 망사업자와의 마찰이 심화되고 있다. 망중립성은 인터넷 망사업자의 공정한 시장 논리와 연관된 경제적인 측면과 개념적인 측면에서 해석할 수 있다.

경제적인 측면은 인터넷 망사업자와 인터넷 콘텐츠·애플리케이션·서비스

사업자 간의 불공정한 차별 거래를 금지하는 것을 의미한다. 망사업자는 밴드위스 용량(Bandwidth Capacity)의 경제적 희소성 원칙에 입각해서 소비자가 필요로 하는 서비스를 제공하고 합리적인 수익을 취득하는 것을 사업목표로 한다. 망사업자가 경제적 수익을 신기술 개발에 투자하는 것은 인터넷 산업발전으로 연결되어 궁극적으로 소비자들이 최대 수혜자가 된다는 것이다. 반면 콘텐츠·애플리케이션·서비스 사업자는 인터넷망은 공공재인 통신망으로서 통제 및 차별되지 않은 동등한 접속권과 접근권이 보장되어야 공정한 상거래가 형성되고 소비자들이 불이익을 당하지 않는다는 점을 강조한다.

개념적인 측면에서는 공정하고 경쟁적인 인터넷 환경에서 소비자가 모든 정보에 접근할 수 있는 개방적 접속권(Open Internet Access)에 초점을 맞추고 있다. 개방적 접속권의 근간이 되는 '인터넷의 자유(Freedom of the Internet)'는 인터넷의 계량화(Metering)를 반대하고, 정부 간섭, 상업적인 제한, 정치적 또는 윤리적 검열 등으로부터 해방되어 자유로운 인터넷 환경을 유지하는 원칙을 의미한다. 또한 인터넷 설립 기본정신에 입각한 인터넷 자유 원칙(Internet Freedom Principle)과 표현의 자유(Spirit of First Amendment)를 보장하여 모든 인터넷 사용자들이 자유롭게 정보를 향유할 경우, 인터넷망이 확장되어 궁극적으로 인터넷 산업이 성장하는 혜택을 누릴 수 있다는 것이다.[127]

2) 망중립성 가이드라인

2012년 KT(Korea Telecom)가 삼성 스마트 텔레비전의 핵심 기능인 앱(응용 프로그램)이 과도한 데이터 트래픽을 유발한다며 스마트 텔레비전의 인터넷 접속을 차단한 사례는 망사업자와 콘텐츠·애플리케이션·서비스 사업자 간의 대표적인 망중립성 분쟁으로 볼 수 있다.[128] 망사업자는 인터넷 통신망을 구축하고 고도화·수리·보수하는 데 수조 원의 고투자 비용이 필요하므로 인터넷 통신망을 무임승차하여 수익을 거두는 콘텐츠·애플리케이션·서비스 사업자에게 비용분담을 요구한다.[129] 반면 콘텐츠·애플리케이션·서비스 사업자들은 망가입자가 매월 통신망 사용료를 지불함에도 콘텐츠·애플리케이션·서비스 사업자에게 비용분담을 전가하는 것은 이중수입(부과)임을 주장한다. 따라서 규제기관은 트래픽 급증에 수반되는 분쟁을 대비하기 위해서 균형의 원칙(Principle of Balance)에 입각한 제도적인 정책을 수립하게 되었다.

방송통신위원회는 공정한 인터넷 이용 환경을 조성하고 ICT(Information and Communication Technology) 생태계의 건전하고 지속가능한 발전을 도모함을 목적으로 「망중립성 및 인터넷 트래픽 관리에 관한 가이드라인」(2011)을 설정하였다.[130] 방송통신위원회 가이드라인은 인터넷 이용자 및 인터넷업체의 권리 및 사업기회를 보호하고 불합리한 차별을 금지하는 망중립성의 기본 원칙을 강조하고 있다(〈표 6-17〉 참조). 「망중립성 가이드라인」(2011년)은 트래픽 폭증에 대비한 투명하고 합리적인 트래픽 관리의 범위, 조건, 절차 및 합리성 여부의 판단을 결정하며, 최선형 인터넷(Best Effort Internet) 품질이 적정수준 이하로 저하되지 않는 범위 내에서는 전송 품질을 보장하는 관리형 서비스(Managed Service)의 품질과 시장에 미치는 영향 등의 감시를 규정하고 있다.[131] 관리형 서비스(Managed Service)란 인터넷 접속 서비스 제공 사업자가 일반적으로 통용되는 인터넷의 제공 방식과 달리 트래픽 전송 품질을 보장하는 서비스를 말한다.[132]

2013년에 발족한 미래창조과학부는 방송통신위원회의 일부 업무(방송·통신의 융합·진흥 및 전파관리)를 이관받아 망중립성 업무를 담당하고 있다. 미래창조과학부는 방송통신위원회 「망중립성 가이드라인」(2011)의 후속조치로서 「통신망의 합리적 관리·이용과 트래픽 관리의 투명성에 관한 기준」(2013)을 제정하였다. 미래창조과학부의 「망중립성 기준」(2013)은 일반적인 인터넷 접속 서비스에 적용되며 관리형 서비스(Managed Service)는 해당되지 않는다. 「망중립

〈표 6-17〉 통신망의 합리적 관리 및 이용에 관한 기준안(「망중립성 가이드라인」)[133]

기본원칙	가이드라인
이용자의 권리	인터넷 이용자는 합법적인 콘텐츠·애플리케이션·서비스 및 망에 위해(危害)가 되지 않는 기기 또는 장치를 자유롭게 이용할 권리를 가지며, 관련 사업자로부터 인터넷 트래픽 관리에 관한 정보를 제공받을 권리를 갖는다.
인터넷 트래픽 관리의 투명성	인터넷 접속 서비스 제공 사업자는 인터넷 트래픽 관리의 목적, 범위, 조건, 절차 및 방법 등을 명시한 트래픽 관리방침을 공개하고, 트래픽 관리에 필요한 조치를 하는 경우 그 사실과 영향 등을 해당 이용자에게 고지하여야 한다.
차단 금지	인터넷 접속 서비스 제공 사업자는 합법적인 콘텐츠·애플리케이션·서비스 또는 망에 위해가 되지 않는 기기 또는 장치를 차단해서는 안 된다(합리적인 트래픽 관리의 필요성이 인정되는 경우에는 예외).
불합리한 차별	인터넷 접속 서비스 제공 사업자는 콘텐츠·애플리케이션·서비스의 유형 또는 제공자 등에 따라 합법적인 트래픽을 불합리하게 차별해서는 안 된다(합리적인 트래픽 관리의 필요성이 인정되는 경우에는 예외).
합리적인 트래픽 관리	합리적인 트래픽 관리의 필요성이 인정되는 경우는 아래의 경우를 포함하며, 이에 한하지 않는다. 그 밖에 합리적인 트래픽 관리의 범위, 조건, 절차, 방법 및 트래픽 관리의 합리성 여부에 대한 판단 기준 등은 방송통신위원회가 별도로 정한다. 이 경우 해당 망의 유형(유무선 등)과 기술 특성에 따라 다르게 정할 수 있다. - 망의 보안성 및 안정성 확보를 위해 필요한 경우. - 일시적 과부하 등에 따른 망 혼잡으로부터 다수 이용자의 이익을 보호하기 위해 필요한 경우. - 국가기관의 법령에 따른 요청이 있거나 타 법의 집행을 위해 필요한 경우 등.

성 기준」은 트래픽 관리의 기본원칙, 합리적 트래픽 관리(판단기준, 유형), 트래픽 관리정보의 투명한 공개, 이용자 보호 등에 관한 기준을 설정하고 있다.[134]

3) 망중립성 규제의 찬반 양론

망중립성은 시장 지배 구조와 망접속권에 따른 이해관계가 상충되어 망중립성을 찬성하는 콘텐츠·애플리케이션·서비스 사업자와 규제의 불필요성을 주장하는 망사업자로 양분된다. 콘텐츠·애플리케이션·서비스 사업자들은

(1) 모든 인터넷 사용자들이 자유롭게 정보를 공유할 수 있는 선택권을 보호하는 제도가 필요하고, (2) 망사업자의 복점(Duopoly) 체제는 불공정한 차별 행위를 유발시켜 인터넷 산업 발전에 역행(망사업자의 콘텐츠·애플리케이션·서비스 사업자에 대한 횡포 사례가 점진적으로 증가)하며, (3) 차별 부과(Access-tiering)는 인터넷 정신의 비차별성에 위배되고, (4) 합법적인 콘텐츠·애플리케이션·서비스에 대한 차별 행위는 콘텐츠·애플리케이션·서비스 사업자의 국제 경쟁력이 저하되며, (5) 콘텐츠·애플리케이션·서비스 사업자에 대한 망진입 장벽은 콘텐츠·애플리케이션·서비스의 기술 개발과 투자를 위축 등을 근거로 다음과 같은 망중립성의 타당성을 제시하고 있다.[135]

① 전화사와 케이블 사로 양분된 망사업자의 복점체제(Duopoly)에 대한 콘텐츠·애플리케이션·서비스 사업자의 위기감.
② 고용량 IP 비디오 서비스(Multi-player Gaming, Streaming Video, Video Conferencing, Peer-to-peer File Sharing, HDTV & UHD 서비스, 스마트 기기 등), VPN의 차별화(Access Tiering)에 대한 안전장치(Safeguard) 요구.
③ 망사업자가 인터넷 가입자로부터 월정 수수료를 징수함과 동시에 콘텐츠·애플리케이션·서비스 사업자에게도 망사용료를 부과하는 이중수입 행위.
④ 망사업자들의 수직적 통합(Vertical Integration)으로 인한 인터넷 산업 독점화에 대한 우려.
⑤ 사업자 복점체제에 대비한 제3의 인터넷 서비스 망(The 3rd Broadband Pipe) 추진 필요
⑥ 망사업자가 초고속 인터넷망 확장에 투자한 비용을 콘텐츠·애플리케이션·서비스 사업자에게 전가시키는 비즈니스 전략(Cost-shifting)의 모순점.
⑦ 망중립성 결여로 인하여 인터넷이 자칫 케이블 Pay-per-view와 유사한 모델로 전락될 가능성에 대한 소비자들의 우려.
⑧ 일부 망사업자와 콘텐츠·애플리케이션·서비스 사업자 간의 불공정한 거래.
⑨ 인터넷 기술 발전으로 점차 지능화되고 있는 망사업자의 망통제 횡포(Address Blocking, Port or Protocol Blocking, Content Filtering, Prioritization)에 대비한 대책 필요.
⑩ 망사업자의 차별행위는 검열에 해당하는 불법행위로서 「헌법」에 보장된 표현의 자유 요구.

반면 망사업자들은 투자위축, 기술 개발 저해, 다수 망사업자 간의 경쟁 체제 활성화, 소비자 선택권 보장, 반독점법 및 법위반 무관련성 등을 근거로 망중립성의 규제를 다음과 같이 반대한다.[136]

① 망중립성 규제는 인터넷 산업의 기술 개발과 투자를 위축시켜 전반적으로 인터넷 산업 발전을 퇴보시킴.
② 획일적이고 무차별한 망서비스(One-size-fit-all end-to-end Dumb Pipe Service Model)는 사용자의 필요성에 따라 다양한 서비스를 제공하는 망서비스(Smart Pipe)의 기술 개발을 저해.
③ 현 인터넷 시장 체제는 자유경쟁이 보장되어 있으며, 망사업자 간의 경쟁 상황에서 망사업자 규제는 불필요.
④ 전화사와 케이블 사의 복점(Duopoly) 체제에서 무선(Wireless), 위성(Satellite), BPL(Broadband over Power Line) 등의 다사업자 경쟁 체제로 전환되는 과정에서 망중립성 규제는 불필요(특히 무선 및 위성의 제3의 인터넷 서비스 시장이 활성화되어 망사업자 지배구조가 경쟁 체제로 전환되고 있음).
⑤ 현 인터넷 시장 체제는 소비자가 합법적인 콘텐츠를 자유롭게 선택할 수 있는 권리가 보장되어 있으므로 망중립성 규제는 불필요.
⑥ 망사업자가 콘텐츠사업자에게 부과하는 차별은 반독과점법에 위배되지 않음.
⑦ 반독과점법 및 정부 규제법 테두리 안에서 망사업자가 일방적으로 콘텐츠·애플리케이션·서비스 사업자의 진입을 방해할 수 없음.
⑧ 망중립성 규제법으로 망사업자의 합법적인 이윤 추구를 봉쇄하는 것은 「헌법」에 위배.
⑨ 망사업자의 복점체제가 유발하는 영향력은 미진.
⑩ 콘텐츠·애플리케이션·서비스 사업자들이 제3의 파이프 사업 진출, 대중 매체와 합작 사업 등으로 인터넷 산업의 안정적인 균형 유지 가능.

4) 망중립성 규제 방안

미래의 미디어 산업은 인터넷 사업자(망사업자, 콘텐츠·애플리케이션·서비스 사업자)들이 대중 매체 및 하드웨어·소프트웨어 업체와 수직적·수평적 병합 또는 지분 투자 등으로 플랫폼(Platform)을 선점하여 미디어 시장을 최적화하는 추세가 예상된다. 미래의 인터넷 산업의 영향력을 감안할 때, 망중립성 문제와 미디어 산업 발전은 밀접하게 연관되어 있으므로 각국에서는 인터넷 산업의 균형적인 발전을 도모하기 위해서 망중립성 제도를 수용하는 추세를 보인다. 2005년 OECD(Organization for Economic Co-operation and Development)에서 망중립성에 관한 연구를 착수한 이래, 각국에서는 인터넷산업의 특성과 환경을 점검하고 자국 특성에 맞는 망중립성 제도를 수립하기 위해서 다음과 같은 사항을 면밀히 검토하고 있다.[137]

① 소비자 보호가 경제 원칙의 최우선 정책.
② 균형의 원칙에 입각한 정부의 규제.
③ 반독과점법이 미디어 산업 전반에 걸친 최우선 규제 제도.
④ 시장원리에 따른 정부 간섭 최소화.
⑤ 사업자 간의 자유경쟁 보장.
⑥ 공정거래 원칙에 따른 공정한 상거래 보장.
⑦ 규제기관 간의 다중 규제 안전장치 제도.
⑧ 합법적인 입법 제도 및 절차.
⑨ 산업체의 불법행위 감시기구 제도 정착.
⑩ 소비자와 소비자 단체를 위한 불만 및 청원제도 확립.
⑪ 망사업의 독점 체제를 방지하기 위한 반관사업체와 일반사업체 간의 균형 정책.
⑫ 망사업자의 독점 비율 고지(Notice) 제도를 활용한 공정 경쟁 시스템.
⑬ 명확한 망중립성 정책으로 망사업자의 자율적인 망관리 운용 유도.
⑭ 제3의 대체 망서비스(Alternative Service) 활성화 방안.

자가망(주파수)을 통해 지상파를 수신하는 텔레비전 시청자 감소와 케이블 가입자의 이탈현상(Cord Cutting)은 국제적인 추세로 나타난다. 이러한 변화는 미디어 생태계가 All-IP 서비스로의 전환 가능성을 예고해줌으로써 방송산업에 위협적인 요인이 되고 있다. 거대한 인터넷망 사업자가 독점적인 시장 지배구조를 이용하여 망접속권과 관련된 콘텐츠 제작 및 유통 사업자에 통제력을 행사하는 가능성을 배제할 수 없다. 따라서 인터넷 환경하에서 서비스 차별 및 통제에 대한 접근 방식은 차세대 방송환경의 핵심적인 문제로 부각되고 있으므로 망중립성 문제를 인터넷망의 동등한 접속권에 국한해서는 안 되며 인터넷 서비스가 미디어 생태계에 미치는 총체적인 영향을 점검해야 한다.

5) 미국의 인터넷 망중립성 규제

미국의 망중립성 문제는 통신사업자와 케이블 사업자의 인터넷 접속 서비스(이하 인터넷서비스)에 대한 차별적 규제에서 시작되었다. 미국 통신법(Telecommunications Act 1996)의 'Title II'에서는 통신사업자를 공공재 성격의 인프라인 통신서비스(Telecommunication Service) 사업으로 분류함으로써 통신사업자는 공공 대중에게 차별 없는 보편적 서비스를 제공해야 하며, 통신사업자는 연방정부로부터 규제를 받는다. 그러나 2002년 3월 '브랜드 X(Brand X) 판례'로 잘 알려진 케이블협회(NCTA)와 Brand X(ISP, Internet Service Provider) 간의 법정 소송에서, 법원이 케이블 사업자의 인터넷서비스를 정보서비스(Information Service)로 분류하여 탈규제의 혜택을 부여한 판례가 시발점이 되었다. 'Brand X 판례'이후, 2003년 버지니아 법대 팀 우(Tim Wu) 교수는 ISP 사업자와 케이블 사업자 간의 불균형 규제에 관한 논문('Network Neutrality, Broadband Discrimination')에서 망중립성(Network Neutrality)이란 용어를 처음으로 사용하였다.[138]

2003년 HTBC(High Tech Broadband Coalition) 단체에서 인터넷 사용자의 합법적인 콘텐츠에 대한 선택 권리, 사용자가 선택한 플랜 한도 내에서 애플리케이션을 선택해서 사용할 수 있는 권리를 명시한 망중립성 원칙을 연방통신위원회(FCC)에 제출하였다. HTBC의 망중립성 원칙은 연방방송통신위원회의 '망중립성 정책(Policy Statement, FCC 05-151)'(2005)에 반영되어 미 의회에서 7건의 망중립성 규제안이 상정되는 결실을 이루었으나, 망사업자, 콘텐츠·애플리케이션·서비스 사업자, 이익단체, 소비자 단체, 시민 단체의 개입으로 복잡다단한 인터넷 망중립성 문제로 심화되었다.[139]

2005년 FCC는 인터넷전화(VOIP) 서비스를 차단한 ISP 사업자(Madison River Communications)에게 벌금을 부과하고, 같은 해 미 대법원은 'Brand X' 소송을 최종 판결하여 망중립성 문제는 일단락되었다. 그러나 2007년 미 최대규모의 MSO인 컴캐스트(Comcast)사에서 비트토렌트(Bittorrent) 서비스(P2P 방식의 파일 공유 프로토콜)를 차단하자 FCC에서 차단중지 명령(FCC Order)을 발부하여 망중립성 문제가 다시 쟁점으로 떠올랐다. 2008년 컴캐스트사는 FCC를 제소하여 2010년 법원(The D.C. Circuit Court)은 FCC의 차단중지 명령은 부당하다는 승소판결을 이뤄내 망중립성의 정당성이 다시 논란의 대상이 되자, FCC는 인터넷 사업자의 투명성(Transparency), 차단 금지(No Blocking), 차별 금지(No Unreasonable Discrimination)를 촉구하는 인터넷 개방규칙(Open Internet Order)을 제정하였다.

FCC의 인터넷 개방규칙 제정 이후, 전화사(ATT, Verizon 등)들이 FCC를 제소하여 망중립성 정책을 저해하는 미 법원의 판결이 잇따르자, 망사업자의 콘텐츠 사업자에 대한 횡포가 점차적으로 증가하였다. 2014년 법원(The D.C. Circuit Court)은 인터넷 접속 서비스를 정보 서비스로 분류할 수 없다는 판결을 내렸고, FCC는 인터넷망 이용의 평등원칙에 위배되는 망중립성 정책 개정안을 내놓게 되었다. FCC 개정안은 망사업자가 콘텐츠·애플리케이션·서비스 사업자에게 기본 회선과 프리미엄(초고속인터넷) 회선으로 구분하는 차등서비스를 허용하고 있다. FCC 개정안이 콘텐츠·애플리케이션·서비스 사업자 간의 양극화를 초래하여 궁극적으로는 소비자의 부담 증가와 인터넷 접근·선택의 부정적인 영향을 미친다는 소비자의 우려가 증폭되자, 미 행정부의 개입을 초래하게 되었다. 2014년 오바마 대통령은 FCC의 인터넷 개방규칙(Open Internet Order)을 공개적으로 지지하고, 미 의회는 망중립성을 촉구하는 2건의 법안(Online Competition and Consumer Choice Act; Net Neutrality Bill)을 상정하였다.

2015년 2월 26일 FCC는 유무선(Wired·wireless)으로 인터넷서비스를 제공하는 모든 망사업자를 공공재 기반의 통신서비스(Telecommunication Service)로 분류하는 인터넷 개방규정(Open Internet Rules: Title II Net Neutrality Rules)을 가결함으로써 망중립성 원칙을 강화하는 획기적인 전기를 마련하였다. 인터넷 개방규정(Open Internet Rules: Title II Net Neutrality Rules)의 통과로 인터넷 망사업자들이 콘텐츠·애플리케이션·서비스 사업자를 차단, 차별 또는 별

도의 '급행료'를 받고 특정 사업자의 전송 속도를 빠르게 해주는 모든 행위
(Blocking, Throttling, Paid-prioritization Fast Lanes)는 금지되었다.

6) 사물인터넷(Internet of Things) 및 만물인터넷(Internet of Everything) 시대의 망중립성

시공간의 제한 없이 정보통신망에 접속하여 다양한 서비스를 활용하는 유
비쿼터스(Ubiquitous) 시대에서 모든 사물들을 유무선 네트워크로 연결하여
정보를 공유할 수 있는 사물인터넷(IoT: Internet of Things) 시대로 전환되고
있다. 이러한 과정에서 트래픽 용량은 기하급수적으로 증가하므로 인터넷 서
비스망은 과부화 현상을 초래하게 된다.

2020년에는 인터넷망으로 연결할 수 있는 사물의 수(IoTize 가능한 사물)가
500억 개로 예상되는 등 무한의 사물들이 실시간으로 원활하게 교류할 수 있
는 사물지능통신의 기반구축이 실현되고 있다.[140]

사물인터넷보다 넓은 개념으로 자동차, 가전제품 등 다양한 사물은 물론 사
람, 데이터, 프로세서까지 인터넷으로 연결하여 정보를 교환하는 만물인터넷
(IoE: Internet of Everything)은 10년 후 19조 달러(약 1경 9,380조 원)의 경제적
가치를 창출할 것으로 예상되고 있다.[141] 사물인터넷 및 만물인터넷 시대의
정보기술(IT)은 방송산업의 새로운 혁신 시대가 도래함을 의미한다. 방송산업
은 고정·이동성 중심에서 초고속·고용량 데이터 서비스의 만물 멀티미디어
중심으로 바뀌게 된다. 시간, 장소, 사물, 데이터, 프로세서에 구애받지 않고
다양한 기기를 전송망에 연결하여 원하는 방송프로그램을 만물 미디어 곳간
(Cloud-based Space)에 저장하고 타인과 공유를 생활화하는 '방송의 사물·만
물 라이프 곳간' 시대로 진화할 것으로 예상된다. 사물인터넷 및 만물인터넷
시대는 무한 정보량의 효율적인 트래픽 관리가 요구되므로 공정한 인터넷 이

용과 통신망의 합리적 인프라 구축망에 대비한 망중립성 제도의 정립이 요구되고 있다.

8. 허위·과장 광고와 간접광고

1) 허위·과장 방송 광고

방송사업자는 방송광고로 인한 폐해를 방지하기 위하여 방송광고가 방송되기 전에 자체심의 또는 위탁 심의하여 허위·과장 등 소비자가 오인할 수 있는 내용이 담긴 방송광고를 금지해야 한다.[142] 허위광고란 허위 사실을 진실인 것처럼 광고하여 소비자에게 손실을 초래하는 광고를 말하며, 과장광고는 애매모호한 표현을 이용하여 상품의 품질이나 서비스에 관하여 과대·과장 메시지를 전달함으로써 소비자의 구매의사를 오인시킬 수 있는 광고를 말한다.

방송의 허위·과장 광고는 다음과 같은 특징이 있다.

① 상품이나 서비스의 성능·효율성을 왜곡한 진실성 부재.
② 상품이나 서비스의 성능·효율성의 불확실한 표현.
③ 소비자를 기만하거나 오도.
④ 소비자의 현명한 결정과 판단을 흐려놓음.
⑤ 소비자의 이익을 외면하여 소비자 피해 유발.
⑥ 소비자의 사행심을 조장하여 충동 구매 유도.
⑦ 상품이나 서비스의 표기 기준 위반 또는 변조.
⑧ 업체 간의 공정 경쟁 위반.
⑨ 광고수단으로 대중매체 악용.
⑩ 사회규범과 법률을 위반.

방송광고의 내용은 진실해야 하고, 허위 또는 기만적인 표현을 포함해서는 안 되며 소비자를 오인하게 하는 표현을 사용해서 안 된다.[143] 허위·과장 광고의 위법성 여부는 (1) 광고 메시지의 진실성(Truth of the Message), (2) 메시지의 표현과 암시적 주장(Express and Implied Claim of the Message), (3) 불공정거래(Unfair Competition), (4) 소비자 구매결정의 영향(Affecting the Purchasing Decision of the Consumer), (5) 메시지 내용의 주장을 입증하는 충분한 증거(Sufficient Evidence to Support the Claims)에 근거한다.[144] 허위·과장에 대한 「방송광고심의에 관한 규정」은 광고 제품 및 서비스의 진실성, 공정성, 객관성, 충동성, 공신력에 의거해서 다음과 같이 구분한다.[145]

- 성분, 재료, 함량, 규격, 효능 등에 있어 오인하게 하거나 기만하는 내용.
- 부분적으로 사실이지만 전체적으로 소비자가 오인할 우려가 있는 표현.
- 공신력 없는 단체의 자료 또는 발표내용 등을 인용하는 표현.
- 난해한 전문용어 등을 사용하여 소비자를 현혹하는 표현.
- 제조국가 등에 있어서 소비자가 오인할 우려가 있는 표현.
- 구매·이용 등의 편의성·장점만을 지나치게 부각시키고 그 제한사항은 명확하게 알기 어렵게 하는 표현.

법률상의 기관에서 수행하는 방송광고 사전심의 제도는 헌법재판소의 위헌 결정(2008년)으로 폐지되어, 방송광고의 사후심의 체제에 적합하도록 「방송광고 심의에 관한 규정」을 개정하여 시행하고 있다. 심의기관인 방송통신심의위원회에서는 허위·과장 광고에 대한 사후 심의를 통하여 제재조치를 의결하며, 규제기관인 방송통신위원회에서는 허위, 과장 등 시청자가 오인할 수 있는 내용이 담긴 방송광고를 방송한 자는 3,000만 원 이하의 과태료로 행정처분할 수 있다.[146] 「방송광고 심의에 관한 규정」(2014)은 방송광고의 일반기준, 품목별기준, 금지 및 제한기준을 〈표 6-18〉과 같이 마련하고 사후 심의를 하고 있다.[147]

식품, 건강 기능식품, 어린이 기호식품에 관한 허위·과장광고는 「방송법」 이외의 「식품위생법」, 「건강기능식품에 관한 법률」, 「어린이식생활안전관리

〈표 6-18〉「방송광고 심의에 관한 규정」의 광고 관련 주요 내용

일반 기준 (제3조~24조)	법령의 준수, 품위, 공정성, 방송프로그램과의 구별, 음향·화면, 안전성, 국가 등의 존엄성, 환경보호, 개인 또는 단체의 동의, 표절금지, 차별금지, 미끼광고의 제한, 잠재의식광고의 제한, 비교광고의 기준, 실증 책임, 진실성, 실연·실험·조사, 추천·보증, 언어, 음악, 어린이·청소년, 경품류 및 할인특매
품목별 기준 (제25~40조)	식품, 건강기능식품, 의약품, 의약외품, 의료기기, 건강보조기구, 화장품, 농약, 주류, 영화·비디오물·공연물, 부동산, 학교·학원·강습소·학습교재, 여행·관광, 투자자문업·투자일임업, 보험상품, 대부업, 가맹사업, 구인, 음성정보서비스, 통신판매, 기부금품 모집, 상조업
금지 및 제한 기준(제41~44조)	종교, 정치, 방송광고의 금지, 방송광고 시간의 제한, 방송광고 출연제한

특별법」에 의해 다음과 같이 처벌할 수 있다. 어린이 기호식품을 제조·가공·수입·유통·판매하는 자는 방송, 라디오 및 인터넷을 이용하여 식품이 아닌 장난감이나 그 밖에 어린이의 구매를 부추길 수 있는 물건을 무료로 제공한다는 내용이 담긴 광고를 할 수 없으며, 텔레비전 방송을 이용하여 고열량·저영양 식품과 고카페인 함유 식품을 광고하는 경우 식품의약품안전처장은 그 광고시간의 일부를 제한하거나 광고를 금지할 수 있다.[148] 식품, 건강 기능식품, 어린이 기호식품에 관한 관련법 위반 조항과 행정처분은 〈표 6-19〉와 같다.

식품에 대한 허위·과장광고 이외의 규제 대상으로는 가치관이 미형성된 어린이·청소년에게 악영향을 끼칠 수 있는 광고가 해당된다. 대표적인 예로는 텔레비전에서 방송되는 대부업체와 저축은행의 광고를 들 수 있다. 방송통신위원회·케이블TV방송협회에서 발표한 자료(「주요 방송사업자의 대부업 광고 현황」)에 의하면 2013년부터 2014년 9월까지 케이블 채널에서 방송된 대부업체와 저축은행의 광고는 총 75만 7,812건으로서, 일일 평균 1,188건이 난무하여 어린이·청소년에 대한 보호조치가 필요하게 되었다.[149] 이에 대한 입법조치로서, 국회는 2015년 7월 「대부업법」(개정안)을 국회 본회의에서 통과시킴으로써 어린이·청소년의 시청이 가능한 특정 시간대(평일은 오전 7~9시 및

〈표 6-19〉 식품, 건강기능식품, 어린이 기호식품 관련법 위반 조항 및 행정처분

관련법	법조항	행정처분
「식품위생법」	**제94조(벌칙)** 건강기능식품을 질병의 예방 및 치료에 효능·효과가 있거나 의약품 또는 오인·혼동할 우려가 있는 내용의 표시·광고를 한 자.	10년 이하의 징역 또는 1억 원 이하의 벌금에 처하거나 이를 병과할 수 있음.
	제95조(벌칙) 사실과 다르거나 과장된 표시·광고.	5년 이하의 징역 또는 5,000만 원 이하의 벌금에 처하거나 이를 병과할 수 있음.
「건강기능식품에 관한 법률」	**제44조(벌칙)** 건강기능식품의 허위·과대의 표시·광고를 한 자.	5년 이하의 징역 또는 5,000만 원 이하의 벌금(고발 등).
「어린이식생활안전관리 특별법」	**제29조(과태료)** 어린이 기호식품 광고 시간의 제한 또는 금지 사항을 위반한 자.	과태료 1,000만 원.
	제29조(과태료) 어린이 기호식품을 방송, 라디오 및 인터넷을 이용하여 어린이의 구매를 부추길 수 있는 물건을 무료로 제공한다는 내용이 담긴 광고를 한 자	과태료 1,000만 원.

오후 1~10시, 주말·공휴일은 오전 7시~오후 10시)에는 대부업체와 저축은행의 방송광고가 금지되고, 위반 방송사는 2,000만 원의 과태료가 부과된다. 「대부업법」(개정안)은 어린이·청소년들이 대출 광고에 노출될 수 있는 시간대에 '쉽게' '편하게' 등의 문구 사용과 휴대전화 및 인터넷 등의 이미지를 통해 대출의 편리성을 지나치게 강조하는 광고를 규제한다. 또한 짧은 후렴구가 반복되는 '후크송'을 배경음악으로 사용하거나 돈다발을 대출 실행의 뜻으로 표현하는 광고는 금지된다. 이 법은 어린이·청소년의 건전한 금융소비를 유도하고, 대출의 위험성을 모든 소비자에게 전달하도록 경고 문구("과도한 빚, 고통의 시작입니다" 등)를 방송 시간의 1/3 이상 노출하는 의무 규정을 포함한다.[150] 「대부업법」(개정안)의 방송광고 금지와 경고 문구에 관련된 주요 내용은 다음과 같다.

① 어린이와 청소년의 TV 시청이 가능한 특정 시간대(평일은 오전 7~9시 및 오후 1~10시, 주말·공휴일은 오전 7시~오후 10시)의 대부업체와 저축은행의 방송광고 금지.
② '쉽게', '편하게' 등의 문구를 쓰거나 휴대전화나 인터넷 등의 이미지를 통해 대출의 신속, 편리성을 지나치게 강조하는 행위 금지.
③ 짧은 후렴구가 반복되는 '후크송'을 배경음악으로 사용하거나 돈다발을 대출 실행의 뜻으로 표현하는 광고 금지.
④ 저축은행 광고는 '과도한 빚, 고통의 시작입니다' 등의 경고 문구를 방송 시간의 1/3 이상 노출해 대출의 위험성을 소비자에게 전달할 의무.

2) 간접광고(Product Placement)와 전략적 간접광고(Product Integration)의 규제

간접광고는 텔레비전 프로그램 안에서 상품을 소품으로 활용하여 그 상품, 상표 및 서비스 등을 노출시키는 형태의 광고를 지칭한다.[151] 간접광고는 프로그램 제작사들이 제작비를 충당하기 위해 상품, 상표 및 서비스 등을 텔레비전 화면에 의도적으로 노출시켜 광고주로부터 간접광고료를 받는 방법이 대부분이었으나, 근래에는 시청자의 수용형태 변화로 인하여 광고주들이 전략적 간접광고(Product Integration)를 선호하는 경향을 보인다.

전략적 간접광고는 간접광고(Product Placement)를 한 단계 발전시킨 것으로, 프로그램 준비단계(대본)부터 광고 상품이나 서비스를 등장 배우나 출연자처럼 취급하여 노출 빈도수, 효과적인 장면(Scene) 선정, 노출 방법 등을 의도적으로 처리한다. 전략적 간접광고를 선호하는 광고주들은 음료, 자동차, 전화사, 전화 제조업체, 의상, 가전제품, 식당, 패스트푸드 체인 등으로서 출연배우(또는 출연자)가 프로그램 중에 상품, 상표 및 서비스를 직·간접적으로 언급, 사용, 소비, 또는 암시하여 광고 효과를 의도적으로 극대화시킨다.

우리나라는 간접광고의 국제적인 규제완화 현상, 다매체·다채널·다플랫폼 환경의 방송광고 수익 감소, 방송 산업에 새로운 수익 기반을 마련하는 것을 목적으로 2010년 「방송법」과 「방송법 시행령」 개정을 통해 지상파와 케이블 방송에 간접광고를 허용하고 있다.[152] 「방송법 시행령」 제59조의 3(간접광고)에서 규정한 간접광고의 허용범위·시간·횟수 또는 방법 등은 다음과 같다.

제59조의 3(간접광고)

① 법 제73조 제2항 제7호에 따른 간접광고의 허용범위·시간·횟수 또는 방법 등은 다음 각 호의 기준에 따른다.

1. 방송분야 중 오락과 교양 분야에 한정하여 간접광고를 할 수 있다. 다만, 어린이를 주 시청대상으로 하는 프로그램과 보도·시사·논평·토론 등 객관성과 공정성이 요구되는 방송프로그램의 경우에는 간접광고를 할 수 없다.

2. 간접광고는 방송프로그램의 내용이나 구성에 영향을 미치거나 방송사업자의 편성의 독립성을 저해해서는 아니 된다.

3. 간접광고를 포함하고 있는 방송프로그램은 해당 상품을 언급하거나 구매·이용을 권유하는 내용을 방송해서는 아니 된다.

4. 방송광고가 금지되거나 방송광고의 허용시간을 제한받는 상품 등은 간접광고를 할 수 없다.

5. 간접광고로 노출되는 상표, 로고 등 상품을 알 수 있는 표시의 노출시간은 해당 방송프로그램 시간의 5/100를 초과할 수 없다. 다만, 제작상 불가피한 자연스러운 노출의 경우는 그러하지 아니한다.

6. 간접광고로 노출되는 상표, 로고 등 상품을 알 수 있는 표시의 크기는 화면의 1/4를 초과할 수 없다. 다만, 동 멀티미디어 방송의 경우 1/3을 초과할 수 없다.

② 방송사업자는 방송프로그램에 간접광고가 포함되는 경우 해당 프로그램 방송 전에 간접광고가 포함되어 있음을 자막으로 표기하여 시청자가 명확히 알 수 있도록 하여야 한다.

외주제작사들이 제작비 충당 차원에서 시작된 간접광고는 제작비의 10~20%에 이르며, 간접광고 단가는 평균 수천만 원에서 수억 원에 형성되어 제작사의 주요 수입원이 되고 있다.[153] 방송프로그램 속의 과도한 간접광고는 시청권 침해, 제작자의 편집권 훼손, 물질주의가 팽배된 방송문화 조장, 사회계층 간의 위화감 심화, 화면 속의 신상품 판촉시장 형성, 과소비 조장, 어린이·청소년에 불건전한 상업주의 영향, 불공정한 광고시장을 유발한다. 따라서 시청자 권익보호와 프로그램의 신뢰성과 고품질 유지를 위한 다차원의 간접광고 규제 제도가 필요하다. 간접광고 규제는 규제기관의 간섭 심화, 제작여

건 악화, 광고시장의 비활성화, 방송사와 외주제작사 간의 분쟁을 초래할 수 있으므로, (1) 근본적인 문제점을 검토한 신중한 접근, (2) 과학적인 연구를 통한 규제의 당위성 제시, (3) 명확한 규제지침 설정의 3대 원칙을 지켜야 한다.

(1) 근본적인 문제점을 검토한 신중한 접근

간접광고에 대한 규제는 외주제작사와 방송사의 관계를 정립하는 신중한 접근 방식이 필요하다. 외주제작사 - 방송사 관계의 근본적인 문제는 저작권이 방송사에 유리하고, 배급(Syndication) 여건이 미비한 점, 외주비율 정책의 모순점, 불공정한 외주 경쟁, 독립제작사와 방송사의 먹이사슬 관계, 군소 독립제작사의 열악한 제작여건, 방송사의 특수 관계인 외주제작사 편법 활용, 부실 외주제작사 난립(문화체육관광부에 신고된 드라마 외주제작사 156개사 중에서 내실 있는 제작사는 20~25여 개사 정도) 등으로 볼 수 있다. 따라서 저작권 및 순수 외주제작사 보호정책, 비율에만 집중된 외주정책, 불공정한 외주시장 체제 등의 제도적 허점을 보완하여 제작 여건을 활성화시키는 방안으로 간접광고를 규제하는 대책이 필요하다.

(2) 과학적인 연구를 통한 규제의 당위성 제시

방송규제의 당위성은 시청권 보호에 있으므로 만연된 상업주의로부터 시청자를 보호하기 위한 제도적 조치가 필요하다. 선정성과 폭력이 난무하는 저품격 프로그램에서 어린이들을 보호하는 것도 중요하지만, 어린이들이 현실과 광고세계를 구분하여 물질주의에 오염되지 않는 제도적인 보호장치도 필요하다. 현실 배경 프로그램(Reality-based)의 증가는 간접광고의 폐해를 더욱 심화시키고 있다. 현실 배경이라는 미명하에 제작된 오락 프로그램에서 노출되는 간접광고는 어린이들에게 여과 없이 현실 메시지로 수용되기 때문이다. 따라서 간접광고로 인한 시청권 침해와 폐해(물질주의가 팽배된 방송문화 조장,

사회계층 간의 위화감 심화, 화면 속의 신상품 판촉시장 형성, 과소비 조장, 어린이·청소년에게 불건전한 상업주의 영향, 불공정한 광고시장 등)를 과학적인 조사방법으로 규명하여 규제의 당위성을 제시해야 한다.

(3) 명확한 규제 지침 설정

간접광고는 근본적인 문제와 과학적인 조사결과의 뒤받침이 부재하면 명확한 규제 지침을 설정할 수 없다. 단기적인 안목에서 간접광고를 규제하거

〈그림 6-1〉 간접광고(Product Placement) 규제 단계

① 자율적 기준 간접광고의 합리적인 지침을 수립하기 위한 사전 단계로서, 제작사들이 자율적인 기준을 마련하고 준수하여 간접광고로부터 방송 프로그램의 창작성과 독립성을 보호하고 양질의 프로그램을 제작.

② 공고 의무 제도 간접광고 규제 방안중 강도가 낮은 수준으로 제작된 프로그램에서 노출된 간접광고 상품명을 정확히 밝히고 노출 상품이 광고 상품임을 의무적으로 공고하는 제도로서, 프로그램 종료 시에 종료 자막(Ending Credit Scroll)을 통해 노출 상품에 대한 내역을 의무적으로 공시.

③ 규제 지침 제정 간접광고 규제 방안 중 강도가 중간 단계 수준으로 규제 지침을 제정하여 준수하는 제도. 간접광고의 정의, 구분(빈도수, 노출 시간, 노출 각도, 돌출, 명암, 의도, 직접·간접적 암시 등), 폐해, 시청자 권리, 제작자의 간접광고에 대한 사회적 책임 및 윤리 등을 명시하고 간접광고가 가능한 시간과 범위를 규정하여 방송사와 독립 제작사가 준수하도록 규제하는 제도.

④ 제한·의무 신고제 간접광고 규제 방안 중 강도가 높은 수준으로 간접광고가 가능한 시간과 범위를 규정하고 시간당으로 제한하며, 제작된 프로그램에 노출된 간접광고의 명단과 거래 내역을 시청자 단체, 광고 단체, 규제 기관에 의무적으로 신고하고 신고 내용을 프로그램 말미에 공시하는 제도.

⑤ 제한·순간 공시제 간접광고 규제 방안 중 강도가 가장 높은 수준으로 간접광고가 가능한 시간과 범위를 규정하고 시간당으로 제한하며, 간접광고 상품이 화면에 노출 시마다 순간 자막으로 간접광고임을 의무적으로 공시하고, 간접광고의 명단과 거래 내역을 시청자 단체, 광고 단체, 규제 기관에 의무적으로 신고하고 신고내용을 프로그램 말미에 공시하는 제도.

나, 방송사, 외주제작사, 광고주가 절충하는 방식의 규제는 미봉책에 지나지 않는다. 법적 규제는 시청권 보호 우선주의에 입각한 당위성을 바탕으로 명확한 지침을 설정해야 한다. 다매체·다채널·다플랫폼 시대에서 간접광고의 흐름을 피하기가 어렵다는 이유로 미온적인 규제로 일관하면 걷잡을 없는 상업주의에 만연되어 제2의 간접광고로 알려진 매복광고(Ambush Advertising)의 출현을 부추기는 도화선이 될 수 있다. 시청권 침해를 방지하기 위한 간접광고의 규제는 〈그림 6-1〉과 같이 5단계 방안을 거쳐서 실시되어야 한다.

9. 선거방송

1) 공정성과 평등권

「헌법」과 「지방자치법」에 의해서 제정된 「공직선거법」은 국민을 위해 봉사하는 공직자의 선출선거가 국민의 자유로운 의사와 민주적인 절차에 의하여 공정히 진행되고, "선거와 관련한 부정을 방지함으로써 민주정치의 발전에 기틀을 마련"하고 있다.[154] 방송은 대통령, 국회의원, 지방의회의원 및 지방자치단체장을 선출하는 공직선거에서 수용자의 여론 형성과정부터 의사결정까지 지대한 영향력을 행사할 수 있다. 방송통신심의위원회는 「방송법」 제33조(심의규정)에 따라 「선거방송 심의에 관한 특별규정」을 마련하고, 보도자·감시자로서의 방송의 의무와 역할(정치적 중립, 공정성, 형평성, 소수자에 대한 기회 부여, 객관성, 사실 보도, 균등한 기회 부여, 참여와 감시 등)을 〈표 6-20〉과 같이 명시하고 있다.[155]

〈표 6-20〉「선거방송 심의에 관한 특별규정」

선거방송심의 조항	특별규정
제4조 (정치적 중립)	① 방송은 선거의 후보자와 선거에 참여하는 정당에 대하여 정치적 중립을 지켜야 한다. ② 방송은 특정한 후보자나 정당의 주의·주장 또는 이익을 지지·대변하거나 옹호하여서는 아니 된다.
제5조 (공정성)	① 방송은 선거에 관한 사항을 공정하게 다루어야 한다. ② 방송은 방송순서의 배열과 그 내용의 구성에 있어서 특정한 후보자나 정당에게 유리하거나 불리하지 않도록 하여야 한다. ③ 방송은 선거법에 따른 선거일의 0시부터 투표 마감 시각까지 해당 선거결과에 영향을 미칠 수 있는 내용을 다루어서는 아니 된다. 다만 투표율, 투표 참여 독려 또는 선거와 관련된 사건·사고 등을 방송하는 경우에는 그러하지 아니 한다.
제6조 (형평성)	① 방송은 선거방송에서 후보자와 정당에 대하여 실질적 형평의 원칙에 따라 공평한 관심과 처우를 제공하여야 한다. ② 방송은 선거방송에서 선거가 실시되는 방송구역내의 각 지역을 균형 있게 다루어야 하며, 여러 종류의 선거를 다룸에 있어서 적절한 균형을 유지하여야 한다.
제7조 (소수자에 대한 기회 부여)	① 방송은 공정성(제5조) 및 형평성(제6조)을 유지하는 범위 안에서 소수나 소외계층을 대변하는 정당 또는 후보자에게 출연기회를 부여할 수 있다.
제8조 (객관성)	① 방송은 선거에 관련된 사실을 객관적으로 정확히 다루어야 한다. ② 방송은 선거의 쟁점이 된 사안에 대한 여러 종류의 상이한 관점이나 견해를 객관적으로 다루어야 한다.
제12조 (사실보도)	① 방송은 선거방송에서 유권자의 판단에 영향을 미칠 수 있는 중요한 사실을 과장·부각 또는 축소·은폐하는 등으로 왜곡하여 보도하여서는 아니 된다. ② 방송은 선거결과에 대한 예측보도로 유권자를 오도하여서는 아니 되며, 실제 결과와 예측이 다를 경우 지체 없이 이를 정정보도하여야 한다. ③ 방송은 선거와 관련한 보도에서 감정 또는 편견이 개입된 용어를 사용하여서는 아니 된다.
제14조 (균등한 기회 부여)	① 방송은 후보자를 초청하는 대담·토론 프로그램의 경우 공정한 기준을 마련하여 후보자들이 균등한 참여기회를 가질 수 있도록 유의하여야 한다. ② 방송은 편견 없는 뉴스가치 판단에 따른 뉴스의 보도에서도 전체적인 형평을 유지하여야 한다.
제25조 (참여와 감시)	① 방송은 선거의 의의와 중요성을 적극 알림으로써 국민의 선거참여에 기여한다. ② 방송은 선거운동의 불법·탈법 및 타락을 방지하기 위하여 힘쓴다. 다만, 그로 인하여 다른 사람의 권리를 침해하거나 선거에 대한 유권자의 불신감을 조성하거나 또는 주요쟁점이 흐려지지 않도록 유의한다.

2) 보도 및 대담·토론 프로그램

방송사는 공정한 선거방송을 수행하기 위해서 선거 결과 또는 "유권자 판단에 영향을 미칠 수 있는 중요한 사실이나 내용을 과장·부각 또는 축소·은폐 등으로 왜곡 보도"해서는 안 되며, 선거결과에 대한 예측 또는 추측 보도로 유권자를 오도해서는 안 된다.[156] 방송사의 선거결과 예측이 투표 결과와 상이할 경우에는 지체 없이 정정보도해야 되며, "선거방송에 관련된 보도 프로그램은 감정 또는 편견이 개입된 용어를 사용"할 수 없다.[157] 방송사는 선거방송에서 유권자가 사실보도와 해설·논평을 혼동하지 않도록 구별해야 하며, "해설·논평 시에는 사실의 전달과 의견을 명백히 구분"해야 한다.[158] 또한 정규뉴스 프로그램에서 공직선거에 관한 보도 시에는 전체적인 공평성과 형평성을 유지해야 할 의무가 있다.[159] 선거와 관련한 미확인 내용을 보도해서는 안 되며, "특정 개인이나 집단의 의견 또는 다른 매체의 보도내용을 인용할 때에는 그 출처"를 명확히 밝히고, "선거와 관련된 계층, 종교, 지역에 따른 지지 또는 반대를 조장하는 내용"을 방송할 수 없다.[160]

방송사는 공직 선거에 출마한 후보자를 초청하는 대담·토론프로그램의 경우, "공정한 기준을 마련하여 후보자들에게 균등한 참여기회를 보장"해야 하며, 다른 언론기관 또는 단체 등이 개최하는 대담·토론 등을 취급 시에는 전체적인 공평성과 형평성을 유지해야 한다.[161] 방송사는 "선거방송을 제외한 다른 선거 관련 대담·토론, 인터뷰, 다큐멘터리 등 시사정보 프로그램은 선거 쟁점에 관한 논의가 균형을 이루도록 출연자의 선정, 발언횟수, 발언시간 등"에서 전체적인 공평성과 형평성을 유지해야 하며, 시사정보 프로그램의 진행자 또는 출연자는 객관적 근거 없이 "특정 정당·후보자 등을 조롱 또는 희화화"해서는 안 된다.[162]

방송사는 "선거일 전 90일부터 선거일까지 선거법에서 규정한 방송 및 보도·토론방송을 제외한 프로그램에 후보자를 출연시키거나 후보자의 음성·영상 등 실질적인 출연효과를 주는 내용의 방송"을 할 수 없다.[163] 다만, 선거에 특별한 영향을 미칠 우려가 없거나 다른 프로그램으로 변경 또는 대체하는 것이 현저히 곤란한 경우에는 예외로 간주한다.[164] 또한 선거법 규정기간(선거일 전 90일부터 선거일까지)에 (1) 후보자를 보도·토론 프로그램의 진행자로 출연시킬 수 없고, (2) 특정한 후보자나 정당에 대한 지지를 공표한 자 및 정당의 당원도 선거기간 중에 시사정보프로그램의 진행자로 출연시킬 수 없으며, (3) 후보자가 모델이 된 광고 또는 후보자의 성명, 경력, 사진, 음성 또는 상징을 이용하는 등 후보자에게 선거운동효과를 주는 광고를 방송할 수 없다.[165] 방송사는 "선거에 관련된 모든 프로그램은 음향과 음성, 촬영, 화면구성, 조명 등의 기술적 측면에서 후보자나 정당에 대하여 가능한 한 동등한 조건으로 제작"해야 한다.[166]

3) 여론조사 결과 보도

방송사는 선거와 관련된 여론조사 결과를 보도할 경우, "조사기관, 의뢰기관, 조사대상, 조사기간, 조사방법, 오차한계 등을 시청자가 명확하게 인식할 수 있도록 자막 또는 음성"으로 밝혀야 하며, "조사의 공정성이나 정확성에 상당한 의심이 있을 때"에는 이를 방송해서는 안 된다.[167] "영상기술과 도표(그래프, 그림, 표 등)를 이용하여 여론조사의 결과를 보도할 경우에는 경쟁자나 경쟁집단 사이의 차이가 과장 또는 축소"되지 않도록 하고, "여론조사 결과를 해설하는 경우에는 그 조사의 전제여건과 현저히 다른 여건을 가진 상황에 대하여 그 조사결과를 임의로 적용"할 수 없다.[168]

4) 프로그램 유용성 및 반론권

방송사는 유권자의 의사결정에 도움이 되는 다양하고 심도 있는 프로그램 개발을 위하여 노력할 의무가 있으며, "선거에 관련된 프로그램은 생활 시간대를 고려하여 많은 사람들이 시청취할 수 있도록 편성"해야 한다.[169] 방송사는 정당 또는 후보자에 의한 협찬방송을 할 수 없으며, "후보자의 방송연설 및 경력방송과 대담·토론방송 등은 방송사가 주관하여 능동적으로 방송"해야 한다.[170] 선거기간 중에 특집기획 프로그램을 마련할 경우에는 "선거와 직접 관련이 없는 경우에도 특정한 후보자나 정당에 유리하거나 불리하지 않도록" 해야 하며, "연예오락프로그램에서 후보자 또는 선거관련 내용을 소재로 다룰 경우에는 후보자나 정당의 품위를 손상하거나 선거에 대한 부정적인 표현"을 금지해야 한다.[171] 방송사는 "특정한 후보자나 정당이 명백한 인신공격 또는 사실로 확인되지 않은 내용의 방송으로 피해를 입었다고 주장하는 경우, 이를 검토하여 합당한 반론의 기회"(반론권)를 제공해야 한다.[172]

5) 방송사의 선거방송 보도준칙과 제작지침

방송사는 공정하고 객관적인 선거 보도로 공명선거 풍토를 조성하고 성숙한 선거문화를 정착시킬 수 있도록 선거보도의 공정성·중립성·정확성 등에 관한 원칙과 기준을 명확히 하기 위하여 자율적인 보도준칙을 마련하고 있다.[173] 방송사의 보도 준칙은 「방송법」(제33조)에 의해서 제정된 「선거방송심의에 관한 특별규정」을 준수하여 유권자들이 올바른 선택을 하는 데 기여할 수 있도록 선거 방송의 보도 원칙과 방향을 제시한 수칙이다. 방송사의 보도준칙은 공정성, 중립성, 정확성에 입각한 사실만을 보도하는 전달자 의무와 금권선거나 관권선거, 불법 타락 선거 운동은 철저히 단속하는 감시자 역할을

〈표 6-21〉 지상파 텔레비전 방송사 선거방송 보도준칙(KBS-TV)[174]

구분	세부 지침(조항)
1. 총칙	제1조(목적)
	제2조(적용 범위)
	제3조(선거보도의 원칙)
	제4조(후보자와 시청자 등의 권리 보장)
	제5조(취재대상자의 권리 보호)
2. 후보자의 공직 적격성 검증을 위한 보도	제6조(후보자에 관한 사실보도와 소명기회 부여)
	제7조(자료출처와 인터뷰 대상자 등의 공개)
	제8조(폭로성 주장의 처리)
3. 정당의 정책과 후보자의 공약에 관한 보도	제9조(정책과 공약의 타당성 검증을 위한 보도)
	제10조(정당과 후보자에 관한 보도의 순서와 대상)
	제11조(불합리한 정서 자극 금지)
4. 공명선거 추진을 위한 보도	제12조(불법선거 감시 보도)
5. 선거에 관한 여론조사 결과보도	제13조(표본의 크기, 표본오차율 등의 명시)
	제14조(여론조사 결과 보도의 제한)
	제15조(신뢰도가 낮은 여론조사의 보도 제한)
	제16조(유사 여론조사의 보도 제한)
6. 영상취재와 편집	제17조(영상취재의 방법)
	제18조(취재영상의 편집)
	제19조(방송사용의 제한)
7. 보칙	제20조(후보자 인터뷰 및 출연)
	제21조(선거당일 방송의 제한)
	제22조(다른 규정 등의 준용)

수행하기 위한 필수 지침이다.[175] 보도준칙은 방송사에 따라 다소 차이는 있으나 (1) 선거방송의 목적, 적용범위, 선거보도의 원칙, 후보자, 시청자, 취재 대상자의 권리 보장·보호에 관한 사항을 명시한 총칙, (2) 「선거방송심의에 관한 특별규정」의 심의기준을 준수하기 위한 후보자 검증, 정당 정책과 후보자의 공약, 공명선거 추진, 여론조사의 보도 등에 관한 세부 지침, (3) 선거 방송의 제작지침, (4) 보칙 등으로 구성되어 있다.

KBS-TV의 선거방송 제작 준칙은 영상취재와 영상편집으로 구분하여 음향,

〈표 6-22〉 지상파 텔레비전 방송사 선거방송 제작준칙(KBS-TV)

구분	제작 지침
영상 취재	① 각 정당과 후보자에게 동등한 촬영조건을 적용한다. 거리 유세와 선거 운동은 같은 조건에서 촬영하도록 한다. ② 촬영 거리와 촬영 각도, 화면의 크기와 밝기 등은 동등한 조건을 유지하도록 한다. ③ 선거 유세와 인터뷰 녹취 촬영은 정면 바스트샷(Bust Shot)을 기본으로 하되 특정 샷으로 촬영했을 경우 다른 후보도 최대한 균형을 맞춘다. ④ 선거 공약 등에 대한 인터뷰는 생생한 화면 확보를 위해 되도록 실제 유세 녹취를 사용한다. ⑤ 촬영 시 유세를 보는 군중의 규모나 반응은 촬영 당시 최고치를 촬영한다.
영상 편집	① 각 정당과 후보자에 대한 편집은 화면 크기와 화면 각도, 노출 시간 등을 동등하게 편집한다. ② 촬영된 화면의 편집은 인위적 조작을 하지 않는다. 화면의 왜곡 여지가 있는 효과는 넣지 않는 것을 원칙으로 한다. ③ 유세 시 군중 규모나 반응은 촬영된 화면 가운데 최대치를 사용한다. ④ 군중의 환호 등 현장음의 크기를 왜곡하지 않는다. ⑤ 자료화면으로 유세 장면을 사용할 경우 특정 정당이나 후보자를 부각하거나 부정적인 영향을 주지 않도록 한다. ⑥ 불필요한 갈등을 조장하거나 경쟁 후보를 비방하는 표현물을 편집해 방송하지 않는다. ⑦ 후보자와 직접 관련이 없는 각 정당 동정 리포트의 경우 특정 후보자가 부각되지 않도록 편집한다. ⑧ 후보자의 실수나 특정 후보에 대한 군중의 부정적인 반응 등 부정적인 이미지를 줄 수 있는 화면은 사용하지 않는다.

음성, 촬영, 화면구성, 조명, 후보자 인터뷰 및 출연 등에 관한 영상보도 지침을 구체적으로 제시하고 있다. 영상취재의 경우, 후보자들의 촬영조건(거리, 각도, 화면 크기, 밝기), 유세 화면 및 내용, 인터뷰 촬영의 동등한 조건을 유지함으로써 특정후보에 대한 편파적인 취재를 금지하고 있다. 영상편집은 편집 화면(크기, 각도, 노출 시간), 인위적인 편집조작, 공정한 자료화면 사용, 부정적 화면으로 특정후보에 대한 불공정하고 편향적인 보도를 방지하기 위한 지침을 〈표 6-22〉와 같이 마련하고 있다.

10. 방송사의 자체심의와 시청자위원회

    종합편성 또는 보도전문편성 방송사업자는 「방송법」 제87조(시청자위원회)의 규정에 의해서 방송프로그램을 자체적으로 심의할 수 있는 기구를 구성하고 운영해야 한다. 시청자위원회는 시청자의 권익을 보호하는 대표적인 제도로서 시청자를 대변하고 방송을 감시하는 역할을 한다.[176] 시청자위원회의는 보도 프로그램을 제외한 모든 프로그램을 방송되기 전에 심의하고, 시청자의 권익보호를 위하여 시청자가 방송프로그램의 기획·편성 또는 제작에 관한 의사결정에 참여하여 방송의 결과가 시청자의 이익에 합치하는 데 목적을 두고 있다.[177]

    방송사업자는 시민사회단체와 유관단체의 추천을 받아 각계 시청자를 대표하는 10인 이상 15인 이내의 시청자위원회를 구성하고 매월 1회 이상 정기회의를 소집해야 한다. 시청자위원회의 권한과 직무는 (1) 방송편성에 관한 의견제시 또는 시정요구, (2) 방송사업자의 자체심의규정 및 방송프로그램 내용에 관한 의견제시 또는 시정요구, (3) 시청자평가원의 선임, (4) 기타 시청자의 권익보호와 침해구제의 관한 업무 등이다.[178] 「방송법」 제87조(시청자위원회) 제2항의 규정에 의하여 시청자위원을 추천할 수 있는 시민사회단체와 유관단체는 다음과 같다.

- 초, 중등교육법 및 고등교육법에 의한 각급 교육기관의 운영위원회 등 학부모단체
- 소비자보호단체
- 여성단체
- 청소년관련 기관 또는 단체
- 변호사단체
- 방송, 신문 등 언론관련 시민, 학술단체
- 장애인 등 사회소외계층의 권익을 대변하는 단체
- 노동 관련 기관 또는 노동단체
- 연간 1회 이상 정기회의를 개최하는 경제단체 또는 문화단체

방송사업자는 시청자위원회로부터 업무에 관련된 의견제시 또는 시정요구를 받은 경우에는 특별한 사유가 없는 한 이를 수용하고, 시청자위원회의 심의결과 및 그 처리에 관한 사항을 방송통신위원회에 보고할 의무가 있다. 방송통신위원회는 시청자위원회의 방송프로그램 평가 자료를 해당 방송사업자의 재허가 및 재승인의 심사 자료로 활용한다.[179]

제 7 장

방송·통신 규제기관

1. 규제기관

1) 방송통신위원회

　정부는 방송과 통신의 기술적 융합 추세에 따라 「방송통신위원회의 설치 및 운영에 관한 법률」(2008)(이하 「설치법」)을 제정하여 방송 규제업무를 담당하던 '방송위원회'와 통신업무 규제의 '정보통신부'를 통합하여 방송통신위원회를 설립하였다. 방송통신위원회는 방송의 자유, 공공성, 공익성을 보장하고 방송과 통신의 균형 있는 발전 및 국제 경쟁력 강화를 목적으로 설립된 대통령 직속 합의제 행정기구이다.[1] 방송통신위원회가 담당하는 주요 업무로는 방송·통신 이용자의 복지 및 보편적 서비스를 실현하고, 방송·통신사업의 공정한 경쟁환경을 조성하여, 방송통신사업이 공공의 이익에 부합될 수 있도

〈표 7-1〉 방송통신위원회 업무의 심의 · 의결 사항[2]

구분	심의 · 의결 사항
허가 · 재허가	- 지상파 방송사업자 · 공동체라디오 방송사업자의 허가 · 재허가에 관한 사항
승인	- 종합편성이나 보도에 관한 전문편성을 하는 방송채널사용사업자의 승인에 관한 사항
허가 · 재허가 · 변경허가 및 제정 · 개정 · 폐지	- 위성방송사업자 · 종합유선방송사업자(SO) · 중계유선방송사업자의 허가 · 재허가 · 변경허가 및 관련 법령의 제정 · 개정 · 폐지에 대한 동의에 관한 사항 - 소관 법령 및 위원회 규칙의 제정 · 개정 및 폐지에 관한 사항
허가 · 취소 · 승인	- 「방송광고판매대행 등에 관한 법률」에 따른 방송광고판매대행 사업자의 허가 · 취소 · 승인 등에 관한 사항
조사 · 제재	- 방송사업자의 금지행위에 대한 조사 · 제재에 관한 사항 - 방송광고판매대행 사업자의 금지행위에 대한 조사 · 제재에 관한 사항 - 전기통신사업자의 금지행위에 대한 조사 · 제재에 관한 사항 - 방송통신심의위원회의 심의 · 의결에 따른 제재 등에 관한 사항
주파수 관리	- 방송용 주파수 관리에 관한 사항
시청자	- 보편적시청권 보장에 관한 사항 - 시청자 불만사항 처리 및 방송통신 이용자 보호에 관한 사항 - 시청자미디어센터의 운영에 관한 사항
분쟁 조정	- 방송사업자 · 전기통신사업자 상호 간의 분쟁 조정 또는 사업자와 이용자 간의 분쟁 조정 등에 관한 사항 - 방송광고판매대행 사업자 상호 간의 분쟁 조정 등에 관한 사항
소관 공공기관 임명	- 한국방송공사의 이사 추천 및 감사 임명에 관한 사항 - 방송문화진흥회의 이사 및 감사 임명에 관한 사항 - 한국교육방송공사의 사장 · 이사 및 감사의 임명에 관한 사항
규제 관련 계획 · 조사 · 협력	- 방송 기본계획 및 통신규제 기본계획에 관한 사항 - 방송 · 통신 규제 관련 연구 조사 및 지원에 관한 사항 - 방송 · 통신 규제 관련 국제협력에 관한 사항
구성 · 운영	- 지역방송발전위원회의 구성 · 운영에 관한 사항 - 방송평가위원회의 구성 · 운영에 관한 사항
조사 · 산정	- 미디어다양성 조사 · 산정에 관한 사항 - 방송사업자의 시청점유율 제한 등에 관한 사항
기타	- 방송프로그램 및 방송광고의 운용 · 편성 · 판매 등에 관한 사항 - 방송 · 통신 관련 기금의 조성 및 관리 · 운용에 관한 사항 - 위원회의 예산 및 편성에 관한 사항

록 정책을 수립하고 시행하며, 방송과 통신에 관한 규제권, 이용자 보호권, 방송의 독립성 보장권에 관련된 업무를 총괄하고 있다.[3]

(1) 방송통신위원회 업무

방송정책, 조사·수용자보호, 주파수관리로 구분된다.[4] 방송정책 업무는 지상파 방송 및 종편·보도 채널, 편성 및 평가, 방송광고, 방송진흥기획, 미디어 다양성 등에 관한 정책을 수립하고 시행한다. 조사·수용자보호 업무는 방송통신시장, 시청자 권익증진, 방송·통신 이용자와 개인정보 보호 정책을 수립·시행하고, 불법유해정보 유통을 방지하며, 방송통신사업자의 금지행위를 조사·제재한다. 주파수관리는 방송용 주파수 관리, 방송대역 내에서의 방송매체별 주파수 운용, 방송국 채널 재배치 업무 등을 담당한다. 합의제 기구인 방송통신위원회는 「설치법」 제11조(위원회의 소관사무)에서 규정한 사항을 심의·의결한다(〈표 7-1〉 참조).

(2) 방송통신위원회 조직

위원장과 부위원장 1인을 포함한 5인의 상임위원으로 구성되어 있다. 상임위원은 방송 및 정보통신 분야의 전문인으로 대통령이 추천한 2인, 국회 교섭단체에서 추천한 3인을 대통령이 임명하며, 위원장은 국회의 인사 청문을 거쳐야 한다. 상임위원은 정치활동에 관여할 수 없고, 영리를 목적으로 하는 직무를 겸할 수 없으며, 임기는 3년이며 1회 연임이 가능하다. 또한 직무를 수행함에서 외부의 부당한 지시나 간섭을 받지 않으며, 본인의 의사에 반하여 면직되지 않는다.[5]

(3) 하부 운영조직

방송통신위원회의 업무를 수행하는 하부조직은 방송정책국, 이용자정책국,

<그림 7-1> 방송통신위원회의 조직도

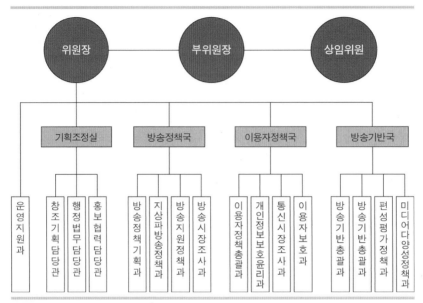

자료: 방송통신위원회 조직도(2015).[6]

방송기반국, 기획조정실, 운영지원과로 구성되어 있다. 방송통신위원회의 업무를 수행하는 직제(3국·1실·1과)의 담당 업무를 살펴보면 〈그림 7-1〉과 같다.[7]

① **방송정책국**: 방송의 공익성과 공정성을 위한 방송 서비스 정책과 중·장기 방송 기본정책을 총괄하며, 방송사업자의 허가·재허가 정책 수립·시행, 종편·보도채널에 대한 승인·재승인 및 케이블 사업자 허가·재허가 등의 인·허가 사전 동의 업무를 담당한다. 또한 방송용 주파수 관리와 방송사업자의 법규 위반행위에 대한 신고·조사 및 시정조치 등의 행정처분 업무를 관장한다.

기타 업무로는 방송시장조사를 통한 질서 확립과 공정경쟁 상황평가, 시청점유율 조사·산정, 소유 및 겸영 규제정책, 매체간 합산 영향력 지수개발 등의 업무를 담당한다.

② 이용자정책국: 방송·통신이용자의 개인정보 보호에 관한 정책과 관련법령의 제·개정 및 금지행위에 대한 신고·조사 업무를 처리한다. 행정조치 업무는 위반사업자에 대한 시정조치·과징금의 부과기준과 위법성판단의 기준을 제·개정한다. 또한 방송통신시장 조사시스템을 구축하여 공정경쟁 환경 조성 및 질서를 확립하여 방송통신이용자의 권익을 증진시키는 업무를 주관한다. 기타 업무로는 방송통신 분쟁 조정·알선·이의신청, 방송통신 분쟁 사전예방, 사이버 권리침해 예방 및 피해자 구제, 불법정보 차단 관련 관계기관 협력, 사이버 윤리 확립대책 수립 등이다.

③ 방송기반국: 보편적 시청권 보호를 위한 정책, 방송광고 및 편성 관련법의 제정·개정, 미디어 다양성 정책 업무를 담당한다. 방송의 공공성 및 공익성 심의를 위한 방송운영평가단을 구성·운영하며, 방송의 공공성·공익성·심의 지원과 판매대행사업자를 관리·감독하고 위반 시에는 제재조치를 취한다. 또한 프로그램 등급제, 의무편성비율 고시, 프로그램 분류기준 및 편성평가, 외주제작, 협찬고지 등의 정책을 수립하고 시행한다.

④ 기획조정실: 각종 정책과 계획, 국정과제를 총괄하며, 방송·통신 정책 환경 및 대내외 환경과 동향을 분석하고 정책 현안과제를 조사한다. 방송·통신 규제 방향과 법률안·고시안·규칙안을 입안·심사하며, 주요정책에 대한 언론 홍보 계획을 수립한다. 주요 업무로는 위원회의 예산 편성 및 조정, 위원회 회의 소집, 안건 취합 및 보존관리, 산하단체 임원의 선임·승인, 정부 간 협력 및 국제협력 정책, 비상·보안 및 재난관리업무 등이다.

⑤ 운영지원과: 각 국·실·과의 업무를 지원하는 인사관리, 행정관리, 재무관리 및 시설물 관리 업무를 전담한다. 이외 업무로는 위원회 감사 계획 및 실

〈표 7-2〉 방송통신위원회 직제(3국 1실 1과)의 부서별 업무분장표

(3국 : 1실 · 1과)	업무 부서	업무 내용
방송 정책국	방송정책 기획과	- 중장기 방송 정책 수립 및 방송매체간 발전 정책 - 방송의 공익성 보장 시책 및 방송서비스 정책 수립 · 시행 - 방송사업 및 서비스 관련 시장 조사 및 분석 - 공영방송 정책 수립 및 시행, KBS · EBS · 방송문화진흥원 관리감독 - 방송사업자와 관련된 법령 제 · 개정 - 방송시장의 공정거래 질서 확립 계획 수립 및 시행
	지상파 방송 정책과	- 지상파방송에 대한 정책 - 지역방송발전 관련 정책 및 지역방송발전위원회 구성 및 운영 - 지역방송발전 성과 평가
	방송지원 정책과	- 방송콘텐츠 동등접근 정책수립 및 시행 - 종합편성채널사용사업, 보도전문채널사용사업, 인터넷 멀티미디어 방송콘텐츠 사업 정책 수립 및 시행 - 공익채널 및 장애인복지채널 정책 수립 및 시행 - 방송용 주수 관리
	방송시장 조사과	- 방송사업자 법규 위반행위에 대한 신고 및 조치결과 처리 - 방송사업자 법규 위반행위에 대한 조사 및 시정조치 - 시청자 권익보호 및 방송 · 인터넷 멀티미디어방송 · 방송광고 시장의 공정경쟁 환경 조성
이용자 정책국	이용자 정책 총괄과	- 방송통신이용자 보호에 관한 법령분석 및 제 · 개정, 종합계획 수립 및 집행 정책 - 방송통신 시장 조사에 관한 종합계획 수립 - 금지행위 제도 개선 및 위반사업자에 대한 형사고발 - 통신 분쟁 관련 법령 규정의 제 · 개정 및 분쟁조정
	개인정보 보호 윤리과	- 정보통신망에서 개인정보보호 정책 및 관련법령 제 · 개정 - 인터넷서비스 개인정보보호에 관한 대책 - 네트워크상에서 불건전정보 유통방지 및 관련법령 제 · 개정 - 불법정보 차단 관련 관계기관 협력 - 사이버 윤리 관련 정책연구 및 교육 · 홍보
	통신시장 조사과	- 전기통신사업의 건전한 시장질서 형성을 위한 조사계획 수립 및 집행 - 전기통신사업자의 금지행위 위반 조사 및 시정조치
	이용자 보호과	- 통신서비스 이용자 권익증진 및 이용 합리화 제도 개선 - 통신서비스 이용자 보호에 관한 업무처리 절차 개선 및 정책평가
방송 기반국	방송기반 총괄과	- 방송의 보편적 서비스에 관한 정책 및 제도의 수립과 성과분석 - 보편적 시청권 보장제도의 수립 및 시행 및 관련 법령의 제 · 개정 - 보편적 시청권 보장위원회 및 시청자권익보호위원회 구성 · 운영 - 방송프로그램의 어린이 · 청소년 등 소외계층 보호정책 및 방송언어 정책 수립 · 시행
	방송광고 정책과	- 방송광고 관련 중장기 정책 수립 · 시행 및 법령 · 제도의 개선 - 방송광고판매대행 시장의 경쟁정책 수립 · 시행

		- 방송통신광고 및 협찬고지 관련 정책 수립·시행
	편성평가 정책과	- 중장기 방송·편성 정책 수립·시행 및 방송프로그램의 운용편성 관련 계획 수립·시행
		- 방송프로그램의 운용·편성 관련 법령 및 고시의 제·개정
		- 방송사업자의 방송실시결과 감독 및 의무편성비율 위반 사항 제재 조치
		- 외주제작 관련 법령 및 표준가이드라인 제·개정, 산정 기준 고시 및 운용
	미디어 다양성 정책과	- 방송의 여론 다양성 관련 중장기 정책 수립 및 법령·고시 제·개정
		- 시청점유율 조사·검증, 시청점유율 산정, 스마트미디어 시청기록 조사
		- 방송사업의 겸영 및 소유 관련 일간신문구독률 조사, 방송사업 일간신문 경영투명성 조사
		- 매체 간 합산 영향력지수, 방송시장 경쟁상황 평가지표 등 조사.
기획 조정실	창조기획 담당관	- 각종 정책과 계획의 총괄, 조직·정원관리, 분장사무의 조정
		- 주요업무 지침수립·종합 및 조정, 각종 지시사항(대통령, 국무총리, 위원장) 종합관리
		- 예산의 편성 종합·조정, 세입·세출 및 결산
		- 국정과제 및 정부 3.0 업무의 총괄 및 대국회 및 대외기관 협력업무
		- 재원계획 종합조정, 재정사업 성과평가, 결산업무 및 회계처리 총괄
		- 위원회의 소집, 안건의 취합 및 보존관리, 회의안건 접수 및 검토
		- 소위원회, 전문위원회, 특별위원회 구성 및 심의결과 통보
		- 비상·보안업무 및 재난관리, 민원 처리 종합계획 수립 및 시행
	행정 법무관	- 방송통신 관련 정책 환경 및 동향 분석, 정책현안과제 조사 및 대응, 정부업무 및 자체평가
		- 민원제도 종합 관리, 행정절차제도, 신규 규제개혁 과제발굴, 산하단체 임원 선임·승인
		- 법률안·대통령령안 심사, 행정심판·헌법재판 및 소송·비소송 총괄, 법률지원 등
	홍보협력 담당관	- 대국민 홍보계획 수립·조정 및 협의·지원, 홍보간행물 제작·배포
		- 정책고객서비스 운영, 산하기관 홍보협의체 운영
		- 언론 취재 지원 및 언론보도에 대한 분석·대응
		- 총리실, 문화체육부 등 관계기관과의 업무협의 및 조정
		- 방송통신 규제 관련 국제협력정책의 수립·추진
		- WTO, FTA, OECD, UN ESCAP, IIC, AIBD, World Bank, APEC, ITU 등의 방송통신 규제 관련 협상, 협력 활동 및 정책 개발
		- 남북 방송통신 교류·협력에 관한 정책의 수립 및 추진
운영 지원과		- 인사, 상훈, 징계, 교육훈련, 기록물 관리, 복무관리, 단체교섭 및 단체협약 업무
		- 의전 및 청사의 관리 및 방호
		- 위원회 및 그 산하기관에 대한 감사
		- 산하단체에 대한 감사 계획 수립 및 실시

자료: 방송통신위원회 연차보고서(2014)[8](재구성).

시, 산하단체 감사 및 감사결과 처리, 행정정보 공개, 진정 및 비위사항의 조사·처리, 공무원직장협의회 및 공무원노동조합 등의 관련 업무를 담당한다.

2) 방송통신심의위원회

방송통신심의위원회는 정부가 제정한 「설치법」(2008)에 근거하여 방송위원회와 정보통신부로 이원화되었던 심의업무를 단일화하는 목적으로 설립되었다. 민간 독립기관인 방송통신심의위원회는 "방송 내용의 공공성 및 공정성을 보장하고, 정보통신에서의 건전한 문화를 창달하며 정보통신의 올바른 이용환경을 조성"하기 위하여 방송, 통신, 스마트 미디어 등 전자매체 전반에 걸친 심의를 담당한다.[9]

방송통신심의위원회의 심의 대상은 방송과 통신으로 양분되어 있다. 방송심의 대상은 방송사업자의 실시간 방송내용(광고 포함)이며, 통신심의 대상은 정보통신망을 이용하는 정보 제공자 또는 정보 제공을 매개하는 사업자의 내용물이다(〈표 7-3〉 참조). 방송통신심의위원회는 「방송법」 및 관련 법령을 근거로 방송 내용의 공정성과 공공성에 관한 판단과 규제를 하며, 통신, 인터넷 등의 불법 정보와 유해정보를 심의하고 의결한다.[10] 방송심의는 방송내용의 공공성, 공정성, 선정성, 폭력성, 어린이·청소년 보호, 권리 침해, 상업성 등을 심의·제재하며, 통신심의는 불법정보(음란, 해킹, 바이러스 유포, 사행행위 등), 유해정보(제작 및 유통, 유해 음성·영상·문자 정보 등), 권리침해정보(개인정보, 인격권, 명예, 지적재산권 등)의 위반 여부를 심의하고 제재한다.

〈표 7-3〉 방송통신심의위원회의 심의 대상과 제재 사항[11]

구분	심의 대상	심의 제재 사항
방송 심의	- 지상파 방송사업자(지상파 DMB 사업자 포함). - 종합유선방송사업자(SO). - 위성방송사업자(위성 DMB 사업자 포함). - 방송채널사용 사업자(PP). - IPTV 콘텐츠사업자. - 중계유선방송사업·음악유선방송사업자·공동체라디오 방송사업자.* - 상품소개와 판매전문 방송내용 및 방송사업자의 간접광고. - 방송광고.	공공성, 공정성 및 권리침해(객관성, 통계 및 여론조사, 오보정정, 사생활 보호, 인권침해의 제한, 윤리성, 품위유지, 건강한 생활기풍, 양성평등, 준법정신 고취, 사회통합, 성표현, 폭력 묘사, 충격·혐오, 범죄·약물묘사, 재연기법 사용, 비과학적 내용, 의료행위, 공개 금지, 명예훼손 금지, 출처명시, 어린이·청소년의 정서 함양, 수용수준, 출연, 시상품, 광고효과의 제한, 정보전달, 상품판매, 방송언어, 유료정보서비스, 등급분류규칙, 협찬고지 규칙위반 등).
통신 심의	정보통신망을 이용하여 일반에게 부호·문자·음성·음향·동영상 등의 형태로 유통되는 정보를 제공하거나 정보제공을 매개하는 사업자(매체). 주요 포털 사업자와 대표 사이트: - NHN(naver.com, me2day.net, blog.me). - 다음커뮤니케이션(daum.net, tistory.com). - SK커뮤니케이션즈(nate.com, cyworld.com, egloos. com). - KTH(paran.com). - 야후코리아(yahoo.com). 비(非)포털 사업자: 블로그, 카페, 게시판·사이트, 미니홈피, 동영상, 웹하드, P2P, SNS, 애플리케이션 등.	불법정보(사이버스토킹, 해킹·바이러스 유포, 도박 등 사행심 조장, 위장결혼, 역사 왜곡, 국가기밀, 사회질서 위반, 범죄관련 정보, 자살교사·방조, 헌정질서 위반, 불법 식·의약품, 국가보안법 위반, 국제평화질서 위반, 불법명의 거래, 문서위조, 불법금융, 장기매매, 차별비하, 문신 시술 등). 유해정보(음란·선정·폭력·잔인·혐오 등의 유해매체물 제작 및 유통, 청소년 유해 매체물 표시의무 위반, 정보통신망을 통해 유통되는 유해 부호·문자·음성·음향·동영상 정보 등). 권리침해정보(개인정보, 인격권, 명예훼손, 지적재산권, 초상권, 타인의 권리 침해 등).

* 음악유선방송사업자: 음악유선방송사업을 하기 위하여 제9조(허가·승인·등록 등) 제5항의 규정에 의하여 등록을 한 자.
  공동체라디오 방송사업자: 공익을 목적으로 특정 소규모 지역의 방송권역에서 공중선전력 10와트 이하의 라디오 방송을 하기 위하여 방송통신위원회의 허가를 받은 소출력 FM 라디오 방송사업자.

(1) 방송심의 절차

방송사업자의 실시간 내용(프로그램)을 시청자 민원 또는 자율 모니터 제도로 심의하고 위반 사업자의 위반 경중(輕重)에 따라 권고·의견제시 또는 제재조치·과징금의 행정조치를 결정한다. 제제조치·과징금에 해당하는 위반 사항은 「설치법」 제25조(제재조치 등) 제3항에 따라 위반일시, 위반사실, 제재조치의 종류 및 기타 필요한 사항을 방송통신위원회에 지체 없이 통보하고 행정처분을 요청해야 한다. 민간 독립기관인 방송통신심의위원회에서는 제재에 관한 조치를 결정하고, 행정기관인 방송통신위원회에서 법적 제재권한을 행사하는 방식이다. 방송심의는 다음과 같이 5단계의 심의·의결 과정을 실행한다.[12]

- 1단계(심의대상 인지): 두 가지 방식(시청자 민원과 모니터제도)으로 심의 규정의 위반 소지가 있는 방송 내용을 인지하고 「방송심의에 관한 규정」 위반 여부를 예비 검토한다.
- 2단계(특별위원회 자문): 심의와 관련된 자문을 위해 구성한 3개의 특별위원회(보도·교양, 연예·오락, 광고)로부터 전문 지식과 다양한 의견을 수렴한다.
- 3단계(소위원회 심의·의결): 효율적인 심의를 위하여 각각 5인으로 구성된 방송심의소위원회와 광고심의소위원회에서 심도 있게 심의한 후, 경미한 위반 방송사업자에 권고 또는 의견제시를 결정한다. 과중한 위반사업자에 대한 제재조치 또는 과징금 결정은 전체회의에 심의를 요청한다.
- 4단계(전체회의 심의·의결): 소위원회의 건의 내용을 토대로 「방송심의에 관한 규정」 위반 여부를 심의하고 위반 정도에 따라 5가지의 제재(문제없음, 권고, 의견제시, 제재조치, 과징금)를 결정한다.
- 5단계(제재조치 후속조치): 제재조치 또는 과징금이 결정된 경우, 방송통신위원회에 처분 명령을 요청한다. 방송통신위원회의 처분 명령에 이의가 있는 위반사업자는 30일 이내에 방송통신위원회에 재심을 청구할 수 있다.

⟨그림 7-2⟩ 방송 · 통신 심의 절차도[13]

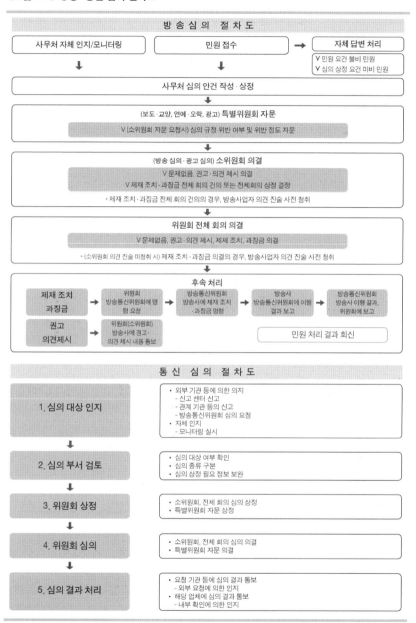

자료: 방송통신심의연감(2012).[14]

(2) 통신심의 절차

정보통신망을 이용하여 유통하는 부호·문자·음성·음향·동영상 등의 정보를 불법정보, 유해정보, 권리침해정보로 구분하여 심의·의결한다.[15] 정보통신서비스사업자 및 정보매개자(포털 사업자 사이트, 블로그, 카페, 게시판, 미니홈피, 동영상, SNS, 애플리케이션 등)의 불법·유해·권리침해 정보를 심의한 후, 「정보통신에 관한 심의규정」에 위반될 경우 시정요구(접속차단, 해당정보의 삭제, 이용자에 대한 시정요구)를 한다. 정보통신서비스제공자 또는 게시판관리·운영자가 시정요구에 불응하는 경우 해당 정보가 불법정보인 때에는 불법정보에 대한 취급 거부·정지 또는 제한의 제재조치를 정하여 방송통신위원회에 제재조치 명령을 요청할 수 있다.[16] 방송통신위원회의 명령을 이행하지 않는 정보통신서비스제공자 또는 게시판관리·운영자는 「정보통신망 이용촉진 및 정보보호 등에 관한 법률」(「정보통신망법」) 제73조(벌칙)에 의거해서 2년 이하의 징역 또는 2,000만 원 이하의 벌금에 처할 수 있다.[17] 통신심의는 다음과 같은 5단계 과정을 거쳐서 심의·의결한다.[18]

- **1단계(심의대상 인지 및 검토)**: 이용자 신고, 관계기관(사행산업감독위원회, 게임물등급위원회, 금융감독원, 경찰청, 식품의약품안전처 등) 신고, 자체 검토 및 조사(사후심의 자율 모니터 제도)를 통해서 심의 규정의 위반 소지가 있는 심의 대상을 인지한다.
- **2단계(심의부서검토)**: 심의 대상 여부 확인 및 심의 종류를 구분하고 심의 상정에 필요한 정보를 보완하여 심의소위원회에 상정한다. 사회적으로 문제가 되고 있는 내용은 중점적인 자체조사를 실시하고 신속하게 심의 대상 정보를 검토하여 통신심의소위원회에 상정한다.
- **3단계(통신소위원회)**: 상정된 안건의 내용을 확인하고 불법유해성 여부를 판단하여 심의하고 의결한다. 과중한 위반사업자에 내리는 제재조치 또는 과징금 결정은 전체회의에 심의를 요청하고, 전문가로 구성된 특별위원회에 자문을 구한다.
- **4단계(위원회 심의)**: 통신소위원회에서 상정된 사안을 토대로 규정 위반 여부를 전체회의에서 심의하고 위반 사업자에 대한 시정요구(접속차단, 해당정보의 삭제, 이용자에 대한 시정요구), 청소년유해매체물(결정 또는 결정취소), 해당 없음, 각하(시정요구

철회, 기각) 등을 의결한다.
- **5단계(심의처리 결과)**: 전체회의 심의 결과를 요청기관과 위반 사업자에 통보한다.

(3) 방송통신심의위원회 조직

9인의 심의위원으로 구성되어 있으며, 대통령, 국회 교섭단체, 국회 소관 상임위원회에서 각각 3인씩 추천한다.[19] 심의위원은 정치활동에 관여할 수 없고, 방송·통신 관련 사업에 종사할 수 없으며, 임기는 3년으로 1회 연임이 가능하다. 심의의원 9인 중 위원장 1인, 부위원장 1인을 포함한 3인은 상임이며 호선(互選)한다. 상임위원은 공무 외의 영리를 목적으로 하는 업무에 종사하지 못하며 다른 직무를 겸할 수 없다.[20] 심의위원은 직무를 수행함에 있어 외부의 부당한 지시나 간섭을 받지 않으며, 심의위원 본인의 의사에 반하여 면직되지 않는다.[21]

방송통신심의위원회는 소관 업무를 분담하여 효율적으로 수행하기 위하여 4개의 소위원회(상임위원회, 방송심의소위원회, 통신심의소위원회, 광고심의소위원회), 5개의 특별위원회, 명예훼손분쟁조정부로 구성되어 있다. 소위원회는 심의위원장이 지명하는 5인 이내의 심의위원회 위원으로 구성하며, 소위원회 위원장은 소위원회의 위원 중에서 호선한다.[22] 특별위원회의 위원은 자문분야에 학식과 경험이 풍부한 전문가 중에서 위원회의 동의를 얻어 분야별로 15명 이내의 위원을 위원장이 위촉한다.[23] 각 위원회의 구성 인원과 담당업무는 다음과 같다.[24]

- **상임위원회(3인)**: 위원장, 부위원장, 상임위원으로 구성되며, 위원회 운영 및 관련 사항을 심의, 위원회가 상임위원회에 위임하기로 의결한 사항, 정보의 건전화, 위원회 사업계획, 예산 및 결산, 위원회 규칙 제정·개정 및 폐지에 관한 사항 등의 업무를 분담수행.
- **방송심의소위원회(5인 이내)**: 방송내용(광고 및 상품소개와 판매에 관한 방송은 제외)의 공정성 및 공공성 심의와 심의 규정 위반자에 대한 제재조치 업무, 방송법 제100조

(제재조치 등) 제1항에 따른 해당 방송프로그램의 책임자나 관계자에 대한 권고 또는 의견제시 결정, 방송내용의 청소년보호법령에 의한 청소년 유해 매체물 확인 및 결정, 결정취소, 그 밖에 위원회가 그 직무를 위임하거나 처리를 요청한 사항.

- **통신심의소위원회(5인 이내):** 정보통신내용의 심의 결과, 「설치법」(2008년) 제21조 제4호에 따른 시정요구 결정, 정보통신내용의 청소년보호법령에 의한 청소년 유해 매체물의 확인 및 결정, 결정취소, 「정보통신망법」 제44조의 7(불법정보의 유통금지 등)에 규정된 정보의 심의 및 전기통신망으로 공개 유통되는 정보 심의 및 시정요구 업무, 그 밖에 위원회가 그 직무를 위임하거나 처리를 요청한 사항.
- **광고심의소위원회(5인 이내):** 방송광고 및 상품소개와 판매에 관한 방송내용의 심의결과, 「방송법」 제100조 제1항에 따른 해당 사업자 또는 해당 방송프로그램의 책임자나 관계자에 대한 권고 또는 의견제시 결정, 그 밖에 위원회가 그 직무를 위임하거나 처리를 요청한 사항.
- **특별위원회(분야별로 15인 이내):** 효율적인 업무 수행을 목적으로 5개 분야(보도·교양특별위원회, 연예오락특별위원회, 광고특별위원회, 방송언어특별위원회, 통신특별위원회)로 구분하여 실무자문단 성격의 특별위원회를 구성·운영.
- **명예훼손 분쟁조정부(5인):** 「정보통신망법」 제44조의 6(이용자 정보의 제공청구)과 제44조의 10(명예훼손 분쟁조정부)에 명시된 이용자 정보의 제공청구에 대한 결정 및 사생활 침해 또는 명예훼손 등 타인의 권리를 침해하는 정보와 관련된 분쟁 업무를 수행.

(4) 사무처 조직

방송통신심의위원회의 심의 업무를 처리하기 위하여 사무처 산하에 4국(방송심의국·통신심의1국·통신심의2국·권익보호국), 2실(기획조정실, 감사실), 1센터(인터넷피해구제 센터), 23팀, 5지역사무소의 하부조직을 두고 있다. 방송심의1·2국은 매체 및 채널로 구분하여 7개 팀에서 심의를 담당한다. 방송심의국의 주요업무는 소관 방송사업자의 방송내용(광고 포함)을 심의하고, 위반 안건을 위원회에 상정하여 의결 및 후속 처리한다. 통신심의국은 정보통신서비스사업자 및 정보매개자가 유통하는 불법정보, 유해정보, 권리침해정보에 관한 심의 업무를 5개 부서에서 전담한다. 권익보호국은 건전한 방송·통신 미디어 이용환경을 조성하기 위한 사업 계획을 수립하고 시행하며, 방송·통신심의 관련 연구 및 조사·분석, 방송·통신 미디어 교육과 이용자의 권리침해 상담 및 민원·청원 업무를 지원한다.

〈그림 7-3〉 방송통신심의위원회 사무처 조직도

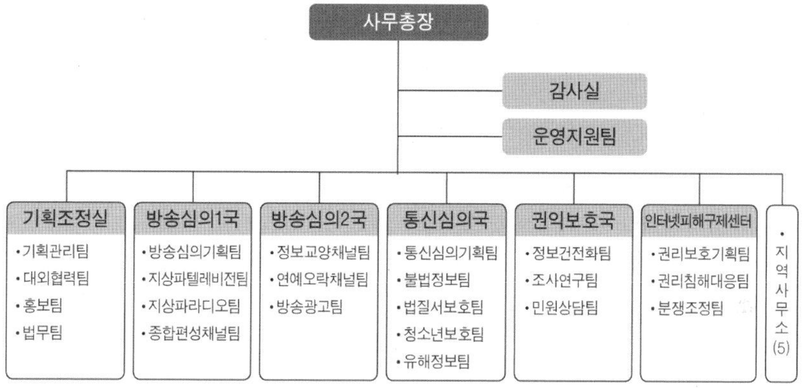

자료: 방송통신심의위원회 사무처 조직도(2015년).[25]

기획조정실은 대내외 환경과 업무를 분석·평가하여 전반적인 방송·통신 심의업무에 관한 전략을 수립·시행하며, 대외협력·홍보 업무와 제반 법률업무를 자문·지원한다. '인터넷피해구제센터'는 이용자의 권리 침해에 대한 신청·접수 업무와 관련 제도를 상담하고 안내한다. 5개 지역(부산·광주·대구·대전·강원)에 개설한 지역사무소는 해당 지역의 사업자 및 매개자의 방송·통신 내용의 심의·이송·후속처리와 민원 업무를 전담한다. 방송통신심의위원회의 총무업무를 담당하는 운영지원팀은 조직을 지원하는 인사·행정·재무·전산시스템 및 제반 업무를 관리하며, 감사실은 공직자 행동강령 준수와 공정한 업무수행을 위해서 회계 및 직무 관련 자체감사와 타 기관의 위원회에 대한 감사결과 처리를 담당한다. 방송통신심의위원회 사무처 직제(4국, 2실, 1센터, 23팀, 5지역사무소)의 분장 업무는 〈표 7-4〉와 같다.

〈표 7-4〉 방송통신심의위원회 사무처 직제 및 분장업무

사무처 부서		담당 업무
방송심의 1국	방송심의기획팀	심의업무 계획, 심의규정 제정·개폐정, 프로그램 등급제 기준 제정, 모니터요원 및 소위원회·특별위원회 운영, 심의 관련법 제도 개선, 심의지원시스템 개발·운영
	지상파 텔레비전 심의팀	지상파 텔레비전 방송사업자 방송내용 심의, 유사방송내용 심의, 등급제 이행·감독, 모니터 요원 및 심의책임자 회의 운영, 심의결과 분석 및 자료, 심의안건 상정·심의·의결·후속처리
	지상파 라디오 심의팀	지상파 라디오·지상파 DMB·공동체라디오 방송사업자 방송내용 심의, 유사방송내용 심의, 등급제 이행감독, 심의회의 및모니터요원 운영, 심의안건 상정·심의·의결·후속처리·사후관리
	종합편성채널팀	종편·보도 채널 (종편 및 보도전문 IPTV콘텐츠사업자 포함) 방송내용 심의, 유사방송내용 심의, 등급제 이행감독, 심의회의 및 모니터요원 운영, 심의안건 상정·심의·의결·후속처리·
방송심의 2국	정보교양채널팀	교양 방송채널사용사업자(승인사업자 제외)·IPTV콘텐츠사업자(승인사업자 제외)·SO·위성방송·IPTV·중계유선방송·전광판방송·음악유선방송·사업자 방송내용 심의, 유사 방송내용 심의, 등급제 이행감독, 모니터요원 운영, 심의안건 상정·심의·의결·후속처리
	연예오락채널팀	오락 방송채널사용사업자(승인사업자 제외)·IPTV 콘텐츠사업자(승인사업자 제외) 방송내용 심의, 유사방송내용 심의, 사업자 등급제 이행감독, 청소년 유해 매체물 결정·통보, 모니터요원 운영, 심의안건 상정·심의·의결·후속처리
	방송광고심의팀	상품소개·판매전문 방송내용 심의, 방송광고 심의, 방송사업자 등급제 이행감독, 모니터 요원 운영, 심의안건 상정·심의·의결·후속처리
통신심의국	통신심의기획팀	통신심의 기본계획 및 규정 제정·개폐, 실무협의회·소위원회 및 통신 모니터요원 운영
	불법정보심의팀	도박·사행성·개인정보침해·상표권 침해 관련 정보 심의, 모니터요원 운영, 심의안건 상정·심의·의결·후속처리
	유해정보심의팀	폭력·잔혹성·차별 비하 정보심의, 모바일 애플리케이션 등 정보통신망 신규서비스 불법·유해 정보심의, 해외 불법·유해정보 차단, 모니터요원 운영, 심의안건 상정·심의·의결·후속처리
	법질서보호팀	식·의약품 관련 불법정보나 국가 법익 침해 정보 심의, 모니터요원 운영, 심의안건 상정·심의·의결·후속처리
	청소년보호팀	성매매, 음란·선정성 정보심의, 청소년 유해 매체물 결정·통보, 인터넷 내용등급 분류, 모니터요원 운영, 심의안건 상정·심의·의결·후속처리
권익보호국	정보건전화지원팀	건전한 방송·통신 미디어 이용환경 사업, 방송·통신 미디어 교육 및 홍보, 이용자·단체 지원
	조사연구실	연구 계획 수립, 방송·통신 심의법제도 개선 연구, 방송·통신융합 관련 심의대책·국내외 동향조사, 방송·통신 통계 및 내용분석, 시청자·이용자 보호방안 연구 및 여론조사
	민원상담팀	방송·통신 내용 민원·청원 처리, 권리침해 상담·안내, 정보 공개, 민원처리 운영
기획조정실	기획관리팀	직무 추진전략·계획 수립, 업무분석·평가·처리·조정, 위원회 구성·소집·지역사무소운영
	대외협력팀	위원회 구성, 타 기관 업무협력, 예산 편성·집행 조정 및 결산, 대외기관·단체 후원
	홍보팀	국내외 홍보, 취재보도활동 지원, 부서별 기획공보 조정, 매체자료 분석, 홍보자료 제작
	법무팀	법제개선, 규제개혁, 법령 제·개정 사항, 심의규정·규칙·내규, 소송총괄 및 법률지원·자문
인터넷 피해구제 센터	권리보호기획팀	명예훼손 등 타인 권리침해 피해 구제업무 및 관련 규정 제정·개폐, 이용자 피해구제 관련 통계·홍보·유관기관 업무협력·개선의견 수립·특별위원회의 운영, 권리침해 법률상담
	권리침해대응팀	명예훼손 등 타인 권리침해 정보 심의, 모니터요원 운영, 심의안건 상정·심의·의결·후속처리
	분쟁조정팀	명예훼손분쟁조정부 구성·운영, 신청 접수·사실조사, 명예훼손분쟁조정 전 합의권고 및 조정안의 작성, 제시 및 종결절차, 이용자 정보제공 청구 신청접수·사실조사·결정·사후관리
운영지원팀		위원회 회계관리, 인사관리, 행정관리, 자재관리, 문서 관리, 시설물 관리, 노무관리, 행사지원, 계약체결 사항, 보안 업무, 해외불법 사이트 차단 안내 서버의 운영 및 관리, 업무 관련 전산시스템 운영 관리, 홈페이지 운영 및 관리
감사실		사무처 회계 및 직무관련 자체감사, 타 기관의 위원회에 대한 감사결과 처리, 사정업무·진정 및 비위사항 조사·처리, 공직자 병역사항·재산등록·선물신고와 퇴직자의 취업제한, 공직자 행동강령 운영
지역사무소 (부산·광주· 대구·대전· 강원)		소관지역 방송사업자·IPTV 사업자·중계유선방송사업자·음악유선방송사업자·전광판방송사업자·공동체라디오 방송사업자의 방송내용 심의 및 심의안 작성 및 업무협의, 주재 모니터요원 운영, 소관지역 명예훼손분쟁조정 지원, 소관지역 민원 접수, 이송 및 후속처리, 회계업무

자료: 방송통신심의위원회 업무소개(2015)[26] (재구성).

3) 미래창조과학부

미래창조과학부는 과거 정부조직의 '과학기술부'와 '정보통신부'를 통합한 신설 행정부처로서 과학기술과 정보통신기술(ICT)을 융합하여 '창조경제'를 실현하는 목적으로 2013년에 발족하였다.

정부는 우리나라가 선진국으로 도약하기 위하여 '창조경제'를 국가 기간산업의 기반으로 일자리를 창출하는 전략을 수립한 바 있다. '창조경제'란 "국민의 상상력과 창의성을 과학기술과 정보통신기술 ICT에 접목하여 새로운 산업과 시장을 창출하고, 기존 산업을 강화함으로써 좋은 일자리를 만드는 새로운 경제전략"이다.[27] 미래창조과학부는 한국형 창조경제전략과 관련된 제반 과학·정보·방송·통신기술 정책을 수립하고 시행하는 기관으로서, 과학기술·ICT 역량을 활용하는 폭넓은 업무를 관장한다.

정부는 방송·통신 간의 융합으로 신성장동력을 창출하고 국제적 경쟁력을 제고하기 위하여 방송통신위원회의 방송·통신의 융합·진흥 및 전파관리 등의 일부 업무를 미래창조과학부로 이관하였다. 정부 정책에 따라, 미래창조과학부는 케이블, 위성, IPTV, 중계유선방송, 음악유선방송, 일반 방송채널사용사업자(PP) 및 통신용 주파수 업무를 담당하며, 방송통신위원회는 지상파, 종합편성·보도 전문채널 및 방송용 주파수 관리를 전담한다. 미래창조과학부와 방송통신위원회는 소관업무에 따라 방송·통신 정책 수립, 이용자 보호, 사업자 규제 업무를 분담하고 협업한다.

(1) 미래창조과학부의 업무

미래창조과학부의 업무 기능은 크게 ① 창조경제 및 과학기술과 ② 정보통신·방송으로 구분된다.[28] 전자는 창조경제의 국가 정책 수립과 기술정책을 총괄하고 산업기술 간의 융합을 통해 신성장동력을 창출하여 새로운 시장과 일자리를 개척하는 임무를 수행한다.[29] 후자는 방송통신의 융합·진흥, 차세대 방송·통신 산업, 전파 관리에 관한 정책을 조사·수립·시행하며, S/W 및 콘텐츠 관련 산업의 육성과 전문인력을 양성하여 방송통신 산업의 경쟁력을 제고시키는 기능이다.[30] 미래창조과학부의 주요 업무로는 과학기술정책의 수립·총괄·조정·평가, 과학기술의 연구개발·협력·진흥, 원자력 연구·개발·생산·이용, 국가정보화 기획·정보보호·정보문화, 방송·통신의 융합·진흥 및 전파관리, 정보통신 첨단산업, 우편·우편환 및 우편대체에 관한 업무 등을 관장한다.[31]

〈표 7-5〉 미래창조과학부의 주요 기능[32]

① 창조경제 및 과학기술 업무	- 창조경제 실현전략 수립·추진 - 과학기술정책 총괄, 연구개발 예산 배분·조정·평가 - 기초·거대과학정책의 추진 - 신성장동력 발굴 기획 및 산업기술 연구개발 - 산·학·연 협력 및 과기 분야 정부출연 연구기관 육성·지원 - 과학벨트 및 연구개발특구 육성
② 정보통신·방송 업무	- 방송통신 융합, 방송진흥, 전파관리 - ICT 연구개발 및 산업진흥 - 소프트웨어 산업·융합 및 디지털 콘텐츠 - 국가정보화 기획, 정보보호 및 정보문화 - 과학기술 및 정보통신 인재양성 - 통신 및 전파 정책 기획

(2) 미래창조과학부 조직

미래창조과학부의 직제는 장관, 2명의 복수차관, 4실·조정관, 21 국·관, 70 과·담당관·팀으로 구성되어 있다.[33] 미래창조과학부 장관은 행정부의 국무위원으로 대통령이 임명하며, 국회는 임명 전에 인사청문회를 실시한다. 미래창조과학부 장관은 행정기관의 장으로서 소관 사무를 통할하고 소속 공무원을 지휘·감독한다.[34] 제1차관은 창조경제 및 과학기술 업무를 주관하는 2실·4국(기획조정실·연구개발정책실·창조경제기획국·과학기술정책국·연구개발

〈그림 7-4〉 미래창조과학부 조직도[35]

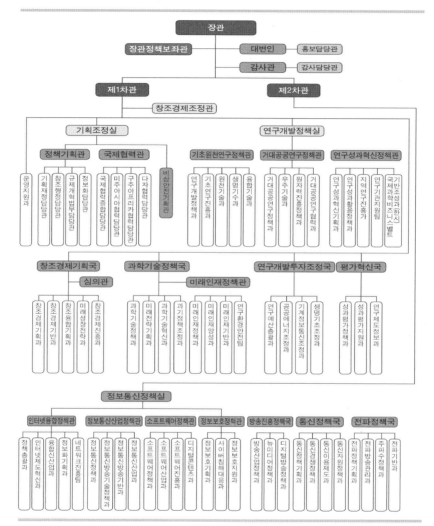

자료: 미래창조과학부 조직도(2015).[36]

조정국 및 성과평가국의), 제2차관은 정보통신·방송 업무를 주관하는 1실·4국 (정보통신방송정책실·정보화전략국·미래인재정책국·통신정책국 및 전파정책국) 의 소관업무를 담당하고 장관을 보조한다.[37]

(3) 미래창조과학부의 방송·통신업무

ICT 생태계를 기반으로 첨단 방송·통신 기술과 관련 산업을 융합하여 성장 잠재력을 확충하고 이를 통해 국민의 편익과 국가 경쟁력을 제고시키는 데 중점을 두고 있다. 방송·통신업무는 복수차관 직제의 제2차관 산하 1실·4국에서 분담하고 있으며, 전담 부서로 정보통신방송정책실과 전파정책국을 두고 있다.

정보통신방송정책실은 정보통신융합, S/W, 방송진흥 정책과 산업육성 업무를 담당하며, 전파정책국은 3개 부서(전파정책기획과, 전파방송관리과, 주파수정책과)에서 방송표준방식, 주파수 분배, 전파·방송 기술에 관련된 업무를 수행한다. 정보통신방송정책실과 전파정책국의 부서별 주요 업무는 〈표 7-6〉과 같다.

〈표 7-6〉 정보통신방송정책실과 전파정책국의 주요 업무

구분		주요 업무
정보통신 방송정책실	정보통신 융합 정책관	정보통신·방송융합 정책, 정보통신·방송 관련 법령 제·개정, 정보통신·방송 관련 일자리 창출 정책, 정보통신·방송기술 진흥 및 육성 정책, 정보통신·방송 분야 기업 육성 및 전문인력 양성 등.
	S/W 정책관	S/W 및 디지털 콘텐츠 정책(진흥, 표준화, 인력양성 및 고용창출, 기술 개발, R&D), 클라우드 서비스, 사물인터넷(M2M/IoT), 센서네트워크 및 인터넷 기반 운용서비스 발굴, 신사업 해외진출 등.
	방송진흥 정책관	방송산업 진흥정책, 「방송법」 제·개정, 스마트 미디어 산업 육성, 뉴미디어 서비스 정책, 유료방송 인·허가 및 인수·합병 승인, 유료방송 운영정책 및 기술기준, 지상파 방송채널 재배치, PP 관리·감독 등.
전파정책국	전파정책 기획과	전파 중장기 계획 및 할당정책, 전파 관련 법령 제·개정, 전파산업 육성 및 지원 정책, 전파·방송기술 연구개발 계획 수립 및 관리, 전파 사용료 관련 정책 등.
	전파방송 관리과	방송표준방식 정책, 지상파 방송국 허가 기술 심사 및 무선국 허가·검사·감시 정책, 방송장비 산업정책, 정보통신·방송기자재 적합성 평가, 전파 정책 및 기술 개발, 전파교란 대응 등.
	주파수 정책과	주파수 분배 및 회수·재배치, 주파수 지정·사용 승인, 위성궤도 주파수 확보 및 위성망 국제조정, 주파수경매 설계 및 운영, 주파수 자원 이용기술 개발 등.

미래창조과학부는 창조경제의 실현을 위한 국정과제를 설정하고 과학기술과 정보통신기술을 활용하여 창의와 혁신을 통한 신산업을 육성하는 국책 업무를 수행한다. 방송·통신 관련 업무는 미래창조과학부 소관 국정과제의 일부로서 차세대 방송산업 및 혁신 미디어 육성, 방송산업 발전 지원, 미래의 주파수 자원 확보 및 활용, 스마트미디어 산업 활성화, 유료방송 규제체계 일원화, 방송·통신 이용에 따른 국민편익 증진 등에 중점을 두고 있다. 미래창조과학부가 추진 또는 시행 중인 방송·통신 관련 주요 업무를 살펴보면 〈표 7-7〉과 같다.[38]

〈표 7-7〉 미래창조과학부의 방송·통신 주요 업무

구분	주요 업무
방송산업	- 창조산업의 플랫폼인 방송산업 발전을 체계적으로 지원. - 차세대 방송산업의 핵심 성장동력으로 부각되고 있는 UHD 생태계 활성화 방안. - 서비스 환경 혁신으로 글로벌 경쟁력 강화.
콘텐츠	- 콘텐츠 해외시장 개척. - 글로벌 콘텐츠 협력 및 유통 확대. - 창의적 방송콘텐츠 육성 및 우수 방송 콘텐츠 해외진출 추진.
뉴미디어	- 방송환경 변화 대비. - 공정경쟁환경 조성을 위한 유료방송사업자(케이블, 위성방송, IPTV) 규제 일원화 추진. - 스마트미디어 등 신규 융합서비스 진입체계 마련으로 개방형 생태계 조성. - 스마트광고 산업 활성화 촉진. - 방송채널사용사업자(PP) 산업 발전전략 수립. - 유망 정보통신방송 기업의 글로벌시장 진출 지원.
통신	- 공공망 주파수 공급방안. - ICT 서비스 인프라 혁신. - 음성·영상·데이터서비스가 가능한 광대역 공공망 구축 추진.
주파수	- 700MHz 대역의 합리적 활용방안. - 미래 주파수 자원 확보 및 활용.
국민편익	- 저소득층 전용 DTV 보급(30% 저렴한 보급가격)과 요금제로 디지털전환 촉진. - 안전한 정보통신 이용환경 조성 및 이용자 보호. - 정보유출 등 사이버 침해 예방체계 강화. - 스마트시대에 부응한 범국민 디지털 시민의식 제고. - 방송·통신 경쟁 활성화로 국민 편익 증진. - 휴대폰 전자파 등급제 시행 및 전자파 인체안전 제도 확대.

2. 규제기관의 행정권

1) 허가, 승인, 등록 및 재허가·재승인

방송을 목적으로 지상파, 케이블, 위성, 인터넷을 사용하는 사업자는 방송통신위원회 또는 미래창조과학부 장관의 허가, 승인, 등록 및 재허가·재승인을 받아서 방송사업을 할 수 있다.[39]

지상파 방송사업자와 종합편성·보도 채널사업자는 방송통신위원회의 허가·승인이 필요하며, 케이블(SO)·위성·IPTV·중계유선방송·음악유선방송·일반 방송채널사용사업자(PP)는 미래창조과학부 장관의 허가, 승인, 또는 등록을 받아야 한다. 방송통신위원회와 미래창조과학부 장관은 소관 업무의 관련성에 따라 방송사업자의 허가, 승인, 등록 등에 관련된 사항의 상호 간 사전 심사 및 동의를 필요로 한다.

(1) 허가

지상파 방송사업자와 공동체라디오 방송사업자는 방송통신위원회로부터 방송국 허가에 필요한 심사를 받아야 한다. 이 경우 방송통신위원회는 미래창조과학부 장관에게 「전파법」에 따른 무선국 개설과 관련된 기술적 심사를 의뢰하고, 미래창조과학부 장관으로부터 송부받은 심사 결과를 허가에 반영하여야 한다.[40] 위성방송사업자는 「전파법」이 정하는 바에 따라 미래창조과학부 장관의 허가를 받아야 하며, 미래창조과학부 장관은 위성방송 신청사업자를 심사하여 허가 여부를 결정하고, 방송통신위원회의 사전 동의를 요청해야 한다.

유선을 사용하는 종합유선방송사업자(SO)와 중계유선방송사업자는 대통령령이 정하는 기준에 적합하게 시설과 기술을 갖추고 미래창조과학부 장관의 허가를 받아야 하며, 미래창조과학부 장관은 방송통신위원회의 사전 동의

〈표 7-8〉 규제기관의 방송사업자 허가 사항

방송사업자	허가 기관	허가사항(「방송법」제9조)
지상파 방송사업자 공동체 라디오 방송 사업자*	방송통신위 원회	방송통신위원회의 허가를 받아야 한다. 이 경우 방송통신 위원회는 미래창조과학부 장관 에게 「전파법」에 따른 무선국 개설과 관련된 기술적 심사를 의뢰 하고, 미래창조과학부 장관으로부터 송부 받은 심사 결과를 허가에 반영해야 한다.
위성방송사업자	미래창조과 학부 장관	「전파법」으로 정하는 바에 따라 미래창조과학부 장관의 방송국 허가를 받아야 한다. 이 경우 미래창조과학부 장관은 방송통신위원회의 사전 동의를 받아야 한다.
종합유선방송사업자 (SO) 중계유선방송사업자	미래창조과 학부 장관	대통령령으로 정하는 기준에 적합하게 시설과 기술을 갖추어 미래창조과학부 장관의 허가를 받아야 한다. 이 경우 미래창조과학부 장관은 방송통신위원회의 사전 동의를 받아야 한다.
IPTV 사업자**	미래창조과 학부 장관	미래창조과학부 장관의 허가를 받아야 한다. 이 경우 미래창조과학부 장관이 고시한 허가에 필요한 구체적인 절차, 방법, 세부심사항목, 심사방법에 따라 심사하여 허가 여부를 결정하고, 허가 시에는 유효기간 5년의 IPTV 사업허가증을 발급해야 한다.[42]

* 공동체라디오 방송사업자: 공중선전력 10와트 이하로 공익목적으로 라디오 방송을 하기 위하여 「방송법」 제9조(허가·승인·등록 등) 제11항의 규정에 의하여 허가를 받은 사업자.
** IPTV 사업자(인터넷 멀티미디어 방송제공사업자): 광대역통합정보통신망 등을 이용하여 양방향성을 가진 인터넷 프로토콜 방식으로 일정한 서비스 품질이 보장되는 가운데 텔레비전 수상기 등을 통하여 이용자에게 실시간 방송프로그램을 포함하여 데이터·영상·음성·음향 및 전자상거래 등의 콘텐츠를 복합적으로 제공하는 사업자.[43]

를 필요로 한다.[41] IPTV 사업자는 허가 신청서와 관련 서류(사업계획서, 재정 및 기술능력 입증 서류, 시설계획서 등)를 미래창조과학부 장관에게 제출하고, 미래창조과학부 장관은 허가에 필요한 구체적인 절차, 방법, 세부심사항목, 심사방법에 따라 심사하여 허가 여부를 결정하고, 허가 시에는 IPTV 사업 허가증을 발급해야 한다.[44]

(2) 승인

방송통신위원회 또는 미래창조과학부 장관의 승인이 필요한 사항은 신규 종합편성·보도 전문채널 및 쇼핑채널, 외국 인공위성을 이용한 위성방송 및 위성채널, 중계유선방송사업 전환, 지상파 방송사업자 출자 및 출연, 방송사업자 변경 및 경영권, 유료방송 및 외국방송 재송신 등에 해당한다. 방송사업자는 규제기관의 소관 업무에 따라서 다음과 같이 승인을 받아야 한다.

〈표 7-9〉 규제기관의 방송사업자 승인 사항

구분	승인 규제기관 · 관련법 조항	승인 사항
종합편성 · 보도 전문편성 사업자	방송통신위원회 (「방송법」 제9조 제5항)	종합편성이나 보도에 관한 전문편성 사업자는 방송통신위원회 승인 필요.
상품소개 · 판매 채널	미래창조과학부 장관 (「방송법」 제9조 제5항)	상품소개와 판매에 관한 전문편성 방송채널사용사업자는 미래창조과학부 장관 승인 필요.
위성방송사업자	미래창조과학부 장관 (「방송법」 제9조 제6항)	외국 인공위성의 무선설비(국내에서 수신될 수 있는 것에 한함)를 이용한 위성방송사업자는 미래창조과학부 장관 승인 필요.
위성방송채널	미래창조과학부 장관 (「방송법」 제9조 제8항)	외국 인공위성의 무선국(국내에서 수신될 수 있는 것에 한함)의 특정 채널의 전부 또는 일부 시간에 대한 전용사용계약을 체결하여 그 채널을 사용하는 사업자는 미래창조과학부 장관 승인 필요.
중계유선방송사업자의 종합유선방송사업(SO)	미래창조과학부 장관 (「방송법」 제9조 제3항)	중계유선방송사업자가 종합유선방송사업(SO)을 하고자 할 경우에는 미래창조과학부 장관 승인 필요.
지상파 방송사업자 · 공동체 라디오 방송사업자 재산상의 출자 · 출연	방송통신위원회 (「방송법」 제14조 제1항)	지상파방송사업자 · 공동체라디오 방송사업자의 재산상의 출자 또는 출연을 교육 · 체육 · 종교 · 자선 기타 국제적 친선을 목적으로 하는 외국 단체로부터 받을 경우, 방송통신위원회 승인 필요.
방송사업자 법인 합병 · 분할 및 변경	방송통신위원회 또는 미래창조과학부 장관 (「방송법」 제15조 제1항)	방송사업자의 법인 합병 및 분할, 개인사업을 법인사업으로 전환, 개인사업 양도, 방송분야 변경, 방송구역 변경, 중요한 시설을 변경하는 경우, 미래창조과학부 장관 또는 방송통신위원회 변경승인 필요.
방송사업자의 경영권	방송통신위원회 또는 미래창조과학부 장관 (「방송법」 제15조의 2 제1항)	방송사업자 또는 중계방송사업자의 최다액출자자가 되고자 하는 자와 경영권을 실질적으로 지배하고자 하는 자는 미래창조과학부 장관 또는 방송통신위원회의 승인 필요.
유료방송 방송사업자의 이용요금	미래창조과학부 장관 (「방송법」 제77조 제1항, 「IPTV법」 제15조 제1항)	유료방송사업자(종합유선방송 · 중계유선방송 · 음악유선방송 · IPTV)의 이용요금은 미래창조과학부 장관 승인 필요(이용요금을 변경 시에도 미래창조과학부 장관 승인).
종합유선방송 · 중계유선방송 · IPTV · 위성방송사업자의 재송신	미래창조과학부 장관 (「방송법」 제78조 제4항, 「IPTV법」 제21조 제4항)	종합유선방송 · 중계유선방송 · IPTV 사업자가 지상파 방송사업자의 지상파 방송을 동시 재송신 시에는 미래창조과학부 장관 승인 필요. 위성방송사업자가 동시재송신하는 지상파 방송 이외의 지상파 방송을 재송신 시에는 미래창조과학부 장관 승인 필요.
외국방송사업자 방송의 국내방송	미래창조과학부 장관 (「방송법」 제78조의 2 제1항)	외국 방송사업자의 방송이 국내 방송사업자를 통하여 재송신하려면 미래창조과학부 장관 승인 필요.

종합편성(종편)이나 보도에 관한 채널사업자는 방송통신위원회의 승인이 필요하며, 상품소개와 판매에 관한 전문편성을 행하는 방송채널사용사업자(쇼핑채널)는 미래창조과학부 장관의 승인을 받아야 한다. 이 밖에 미래창조과학부 장관의 승인이 필요한 방송 사업은 ① 중계유선방송사업자가 종합유선방송사업(SO)을 하는 경우, ② 외국 인공위성의 무선설비를 이용하여 위성방송 사업을 하는 경우, ③ 외국 인공위성의 무선국 특정 채널의 전부 또는 일부 시간에 대한 전용사용계약을 체결하여 그 채널을 사용하는 경우이다.[45] 방송통신위원회 또는 미래창조과학부 장관의 승인이 필요한 사항과 관련법은 〈표 7-9〉와 같다.

미래창조과학부 장관 또는 방송통신위원회는 방송법 제18조(허가·승인·등록의 취소 등)에 따라 방송사업자를 허가 또는 승인할 때에는 ① 공적 책임·공정성·공익성의 실현 가능성, ② 방송프로그램의 기획·편성 및 제작계획의 적절성, ③ 지역적·사회적·문화적 필요성과 타당성, ④ 조직 및 인력운영 등 경영계획의 적정성, ⑤ 재정 및 기술적 능력, ⑥ 방송발전을 위한 지원계획, ⑦ 기타 사업수행에 필요한 사항을 심사하고 접수일로부터 60일 이내에 그 결과를 공표해야 한다.[46]

종편·보도에 관한 방송채널사용사업자(PP)를 승인할 경우, 방송통신위원회는 심사위원회를 구성하고 관계기관(방송통신심의위원회, 신문윤리위원회, 금융위원회, 국세청, 관세청, 고용노동부, 공정거래위원회, 중소기업청, 경찰청 등)에 신청법인의 관련 법령 위반 여부에 관한 의견을 조회하고 '시청자 의견청취 실시공고'를 통해서 국민의 의견을 수렴한다. 심사위원회는 앞에서 말한 심사사항(①~⑦)을 '심사기준 및 배점'(〈그림 7-5〉)에 따라 심사·실사한다. 전체 총점의 80% 이상, 심사사항별 총점의 70% 이상을 승인 최저점수로 설정하고, 이에 미달하는 경우 승인심사에서 탈락하게 된다.[47] 선정된 신청법인은 "승인 신청서에 계획한 자본금을 3개월 이내에 납입 완료한 후, 법인등기부 등본, 승인조건 이행 담보를 위한 이행각서 등 필요한 서류를 방송통신위원회가 정한 기한까지 제출하고 승인장을 교부"받는다.[48] 방송통신위원회는 필요한 경우 승인장 교부 시에 승인 조건을 부과할 수 있다.

〈그림 7-5〉 종편·보도 방송채널사용사업자(PP)의 승인절차 및 요건

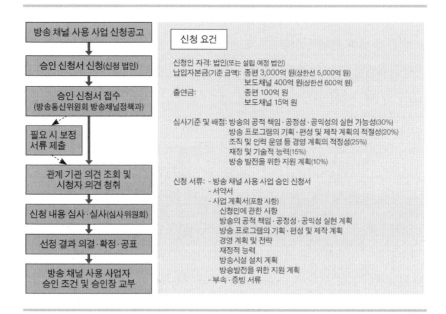

(3) 등록

신청사업자(국가, 지방자치단체 또는 법인)는 일정한 자격 조건을 구비하고 문서로 등록하여 방송사업을 할 수 있다. 등록 요건에 해당하는 사업자는 종편·보도 채널을 제외한 방송채널사용사업자(일반 PP), 전광판방송사업자, 음악유선방송사업자, 전송망사업자이다.[49]

신청사업자는 등록신청서와 관련 서류를 미래창조과학부 장관에게 제출하고, 미래창조과학부 장관은 신청내용이 법령에 위배되는지 여부와 사실관계를 확인(심사·실사)한 후, 신청사업자에게 등록증을 교부해야 한다. 허가·승인 또는 등록이 취소된 후 3년이 경과되지 아니한 신청사업자는 방송사업이 불가하다.[50]

방송채널사용사업(일반 PP)의 경우, 신청사업자는 〈그림 7-6〉의 등록 요건을 구비하고 등록신청서(사업계획서, 편성계획서, 기업진단보고서, 사업계획서의 부속서류 등)를 미래창조과학부 장관에게 제출해야 한다.[51] 미래창조과학부 장관은 등록신청서를 접수한 때에는 신청내용의 법령 위배 여부와 사실관계의 확인을 거쳐 30일 이내에 신청인에게 등록증을 교부해야 한다.[52] 등록사업자가 변경사항(합병 및 분할, 법인사업 전환, 양도, 방송분야 변경, 방송구역 변경, 시설 변경)이 발생한 경우에는 미래창조과학부 장관에게 변경 등록을 해야 한다.

〈그림 7-6〉 방송채널사용사업(일반 PP) 등록절차 및 요건

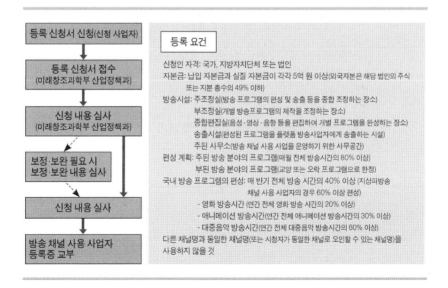

(4) 재허가·재승인

「방송법」 제9조(허가·승인·등록 등)와 「IPTV법」 제4조(인터넷멀티미디어방송 제공사업의 허가 등) 또는 제18조(콘텐츠사업의 승인 절차)에 의해서 허가 또는 승인받은 방송사업자가 유효기간이 만료된 후, 계속 방송사업을 하고자 하는 때에는 소관 업무에 따라 미래창조과학부 장관 또는 방송통신위원회의 재허가 또는 재승인 심사를 받아 사업권을 연장해야 한다.

지상파 방송사업자는 「방송법」 제17조(재허가 등) 규정의 허가유효기간이 만료되기 6개월 전까지 방송통신위원회에 재허가를 신청해야 한다. 이 경우 방송통신위원회는 재허가 대상 사업자로부터 재허가신청서와 제출 서류를 접수하고, 재허가 심사의 공정성, 투명성과 전문성을 확보하기 위해 방송, 법률, 회계, 기술, 시청자 등 각 분야 전문가로 재허가심사위원회를 구성해야 한다.[53]

방송통신위원회는 지상파 방송 대표자, 편성책임자, 최다액출자자를 대상으로 의견청취와 방송사업자에 대한 현장조사를 실시하고, 방송의 공익성·공적 책임, 시청자 권익 증진 등 '재허가 기본계획'에 따라 심사한다.[54]

재허가 심사배점은 총 1,000점으로 하며, 공·민영 사업자에 대한 평가기준 차별화, 방송평가와의 중복 평가요소 개선 등을 고려하여 〈표 7-10〉과 같이 재허가 심사기준을 정하고 있다.[55] 방송통신위원회는 심사결과 650점 이상 사업자에 대해서는 '재허가'를 의결하고, 650점 미만 사업자에 대해서는 '조건부 재허가' 또는 '재허가 거부'를 의결하며, 시청자 권익보호, 공적 책임 실현, 공정성 및 공익성 보장 등을 위하여 필요한 경우 2년 이내의 범위에서 유효기간을 단축할 수 있다.[56]

'조건부 재허가'로 면허를 갱신한 방송사업자는 일정 기간의 면허 기간을 보장받으며, 조건을 지키지 않을 경우에도 방송통신위원회는 시정명령이나 과징금으로만 처벌한다. 이러한 불합리한 조건부 재허가 제도를 바로 잡기 위해서 방송통신위원회는 '임시허가제'를 도입하고 있다.

임시허가제는 지상파 방송사와 종편·보도 채널이 방송면허 갱신 시에 부여된 조건을 이행하지 못하면 즉시 재허가를 취소하는 제재조치이다. '임시허가제'는 콘텐츠 투자 약속 불이행, 시청자 복지 외면 등 자사 이익만을 추구하는 소위 '불량 방송사'의 면허를 취소시킬 수 있는 점에서 '조건부 재허가'보다 강력한 법적 제재조치이다.

〈표 7-10〉 지상파방송사업자 재허가 심사항목, 배점 및 제출 서류[57]

심사항목(「방송법」 관련조항)	배점	제출서류
1. 방송평가위원회의 방송평가 (제17조 제3항)	400점	1. 신청공문
2. 방송의 공적 책임·공정성·공익성 (제10조 제1항)	150점	2. 지상파 방송사업자 재허가 신청서류
3. 방송프로그램의 기획·편성 및 제작의 적절성 (제10조 제1항)	75점	① 방송국 재허가신청서
4. 경영의 적정성 (제10조 제1항)	50점	② 재허가대상 방송국 목록
5. 재정 및 기술적 능력 (제10조 제1항)	65점	③ 서약서
6. 방송발전 지원계획 및 이행 여부 (제10조 제1항, 제17조 제3항)	50점	④ 일반현황 ⑤ 지상파 방송사업 운영실적 및 사업계획
7. 시청자의 권익 보호 (제17조 제3항)	85점	⑥ 방송국 허가증 사본
8. 지역사회 발전 및 지역적·사회적·문화적 기여 (제10조 제1항, 제17조 제3항)	75점	⑦ 주간기본편성표 3. 무선설비의 시설개요서, 무선설비의 공사설계서, 시설설치계획서
9. 허가 시 부과된 조건, 권고 이행여부 등 기타 사업수행에 필요한 사항 (제17조 제3항)	50점	4. 첨부서류
10. 방송통신위원회 시정명령 횟수와 불이행 사례 (제17조 제3항)	감점	5. 별도제출자료(감사보고서) 6. 요약문
계	1,000점	

미래창조과학부 장관의 허가를 받은 유료방송사업자(케이블·위성·IPTV·중계유선방송)가 허가유효기간이 만료된 후, 계속 방송사업을 하고자 하는 때에는 재허가를 받아야 한다.[58] 이 경우, 방송사업자는 만료기간 6개월(IPTV 사업자는 3개월) 전까지 미래창조과학부 장관에 재허가 신청서와 관련 서류를 제출해야 한다. 미래창조과학부 장관은 신청을 접수한 날부터 90일 이내에 재허가 여부를 결정해야 하며, 재허가를 거부하는 경우에는 거부 사유를 구체적

으로 밝혀 신청인에게 서면으로 통보해야 한다.[59] 유료방송사업자(케이블·위성·IPTV·중계유선방송)의 재허가 제출서류는 다음과 같다.

- **종합유선방송사업자(SO)**: 재허가 신청서, 운영실적서, 사업계획서, 시설설치계획서, 서약서, 허가증 사본, 운영실적서 보충자료
- **위성방송사업자**: 재허가 신청서, 운영실적서, 사업계획서, 시설설치계획서, 서약서, 허가증사본, 운영실적서 보충자료
- **IPTV 사업자**: 재허가 신청서, 사업계획서, 시설계획서, 사업실적보고서, 허가증 사본, 재정 및 기술능력 입증 서류
- **중계유선방송사업자**: 재허가 신청서, 서약서, 허가증사본, 사업계획서 보충자료, 시설배치도, 이용약관, 운영실적서 보충자료

방송통신위원회의 승인을 받은 종편·보도 전문채널(PP)과 미래창조과학부 장관의 승인을 받은 상품소개 및 판매 채널사업자의 승인유효기간이 만료된 후, 계속 방송사업을 하고자 하는 때에는 재승인을 받아야 한다.[60] 방송통신위원회 또는 미래창조과학부 장관은 소관업무에 따라 승인유효기간 만료 6개월 전까지 재승인 신청서를 접수하고 심사 절차(시청자 의견청취, 심사위원회 구성·운영, 사업자 현장조사)를 거쳐서 재승인 여부를 의결하고 그 결과를 공표해야 한다.[61] 심사 결과 650점을 상회하는 신청자에 대해서는 재승인을 의결하고 승인장을 갱신·발급해야 하며, 650점 미만 사업자에 대해서는 '조건부 재승인' 또는 '재승인 거부'를 의결한다.

재승인 심사항목 중에서 '방송의 공적 책임·공정성·공익성의 실현가능성 및 시청자 권익보호 등'과 '방송프로그램의 기획·편성 및 제작계획의 적절성'의 평가점수가 배점의 50%에 미달하는 경우 '조건부 재승인' 또는 '재승인 거부'를 할 수 있다.[62] 재승인을 거부하는 경우에는 거부 사유를 구체적으로 밝혀 신청자에게 서면으로 통보해야 한다. 방송통신위원회는 「방송법」 제17조(재승인)에 의거해서 다음의 재승인 규정 사항을 심사하고 그 결과를 공표해야 한다(〈표 7-11〉 참조).[63]

〈표 7-11〉 종편·보도 방송채널사용사업자(PP)의 재승인 심사항목, 배점 및 제출서류[64]

심사사항	종편 배점	보도 배점	제출서류(종편)
1. 방송평가위원회의 방송평가	350	350	1. 신청공문
2. 방송의 공적 책임·공정성·공익성의 실현 가능성 및 시청자 권익보호 등	230	280	2. 종합편성 방송채널사용사업자 재승인 신청서류
3. 방송프로그램의 기획·편성 및 제작계획의 적절성	160	130	① 재승인신청서 ② 서약서
4. 재정 및 기술적 능력	80	50	③ 신청법인 명세 ④ 방송채널사용사업 운영
5. 조직 및 인력운영 등 경영계획의 적정성	60	60	실적 및 사업계획 ⑤ 승인장 사본
6. 방송발전을 위한 지원계획 및 이행 여부	30	20	⑥ 주간기본편성표
7. 지역사회 발전기여, 지역적·사회적·문화적 필요성과 타당성	20	40	3. 부속서류 4. 별도제출자료(감사보고서 등)
8. 승인 당시 방송사업자 준수사항 이행 여부 등 기타 사업수행에 필요한 사항	70	70	5. 요약문
9. 시정명령 횟수와 시정명령에 대한 불이행 사례	감점	감점	
계	1,000	1,000	

2) 기타 행정권(고시, 신고 및 보고·자료제출·출석·출입조사)

(1) 고시(告示)

방송통신위원회 또는 미래창조과학부 장관이 소관 업무에 따라 방송사업자의 준수 규정이나 표준(기준)에 관한 공지 및 제정·개정·변경 사항 등을 방송사업자와 국민에게 널리 알리는 공표(公表)이다. 고시(告示)는 법적 고시와 규제기관의 고시로 구분된다. 전자는 「방송법」 및 관련 법령에서 규정한 법률적 고시이며, 후자는 「방송법」 및 관련 법령에 의해서 규제기관이 제정하는 행정적 고시에 해당한다.

법적 고시와 행정적 고시의 주요 예는 〈표 7-12〉와 같다.

〈표 7-12〉 법적·행정적 고시(예)

구분	관련법·규제기관	고시(관련법 및 고시)
법적 고시	「방송법」	- 편성비율 고시(제11조 방송분야 등의 고시)
		- 지역사업권 고시(제12조 지역사업권)
		- 시청점유율 고시(제69조의 2 시청점유율 제한)
		- 음량기준 고시(제70조의 2 디지털 방송프로그램의 음량기준 등)
		- 보편적 시청권 고시(제76조 방송프로그램의 공급 및 보편적 시청권 등)
		- 재송신 고시(제78조 재송신)
		- 기술기준 고시(제79조 유선방송국설비 등에 관한 기술기준과 준공검사 등)
	「IPTV법」	- IPTV 사업자 허가 심사 절차 및 방법 고시(제4조 IPTV제공사업의 허가 등)
		- 방송구역 서비스 고시(제6조 사업권역)
		- IPTV 사업자의 방송국 설비의 설치 및 유지에 관한 사항과 전송·선로설비 등에 관한 기술기준 고시(제14조의 2 기술기준의 고시)
		- IPTV콘텐츠제공사업자의 주요 프로그램 고시(제18조 콘텐츠의 공급 등)
규제기관 고시	방송통신위원회	- 방송통신발전기금 운용 관리규정 일부개정(고시 제2015-1호)
		- 시정명령을 받은 사실의 공표기준 일부 개정(고시 제2014-14호)
		- 방송광고 결합판매 지원고시 일부개정(고시 제2014-8호)
		- 방송프로그램 등의 편성에 관한 고시 일부개정(고시 제20-14-6호)
		- 재난방송 및 민방위경보방송의 실시에 관한 기준(고시 제2014-1호)
		- 지상파 DMB 방송사업 방송권역 일부개정(고시 제2013--15호)
		- 방송통신위원회 재정 및 알선 등에 관한 규정 제정(고시 제2013-20호)
	미래창조과학부	- 인터넷멀티미디어방송사업의 허가 신고 등록 승인 절차 및 기준(고시 제2014-79호)
		- 유선방송국설비 등에 관한 기술기준 고시 일부 개정(고시 2014-67호)
		- 위반행위 신고 등에 관한 세부사항(고시 제2014-64호)
		- 대한민국주파수분배표 일부개정(고시 제2014-58호)
		- 방송구역전계강도의 기준,작성 요령 및 표시방법(고시 제2014-40호)
		- 주파수할당 대가 수입금 등의 배분비율(고시 제2014-37호)

(2) 신고

방송사업자는 「방송법」 및 관련 법령의 규정에 따라 관련 내용이나 사실을 방송통신위원회 또는 미래창조과학부 장관에게 신고하는 사업자 의무행

〈표 7-13〉 방송사업자 신고사항

구분	신고규제기관·방송법 조항	신고사항
사업 신고	미래창조과학부 제9조 (허가·승인·등록 등)	데이터방송사업자는 등록 또는 승인을 얻은 날부터 7일 이내에 「전기통신사업법」 제22조의 규정에 의한 부가통신사업 신고함.
사업자 변경	방송통신위원회 제15조(변경허가 등)	지상파 방송사업자 또는 공동체라디오 방송사업자가 대표자, 방송편성책임자, 법인명 또는 상호, 주된 사무소 소재지를 변경한 때에는 지체 없이 신고함.
	미래창조과학부 제15조(변경허가 등)	방송사업자(지상파 방송사업자 및 공동체라디오 방송사업자 제외)·중계유선방송사업자·음악유선방송사업자·전광판방송사업자가 대표자, 방송편성책임자, 법인명 또는 상호, 주된 사무소 소재지를 변경한 때에는 지체 없이 신고함.*
경영권 변경	미래창조과학부 제15조의 2(최다액출자자 등 변경승인)	방송채널사용사업자의 최다액출자자가 되고자 하는 자와 경영권을 실질적으로 지배하고자 하는 자는 이를 미래창조과학부 장관에게 신고함.
프로그램 및 중계권 불공정	방송통신위원회 제76조 (방송프로그램의 공급 및 보편적 시청권 등)	방송사업자는 제1항(방송프로그램의 공급 공정성) 및 제3항(국민관심행사 등에 대한 중계방송권)의 규정을 위반하는 행위에 관하여 방송통신위원회에 서면으로 신고함.
약관 변경	미래창조과학부 제77조 (유료방송의 약관 승인)	유료방송사업자(방송사업자·중계유선방송사업자 및 음악유선방송사업자)는 이용요금 및 기타 조건에 관한 약관을 정하여 미래창조과학부 장관에게 신고함(약관 변경 시에도 신고).
	미래창조과학부 제82조 (전송·선로설비의 이용)	전송망사업자는 전송·선로설비이용료 및 기타 이용조건에 관한 약관을 정하여 미래창조과학부 장관에게 신고함(약관 변경 시에도 신고).
폐업 및 휴업	방송통신위원회 제84조 (폐업 및 휴업 등의 신고)	방송사업자가 폐업 또는 휴업하고자 할 때에는 방송통신위원회에 신고함.
	미래창조과학부 제84조 (폐업 및 휴업 등의 신고)	중계유선방송사업자·음악유선방송사업자 및 전광판방송사업자가 폐업 또는 휴업하고자 할 때에는 미래창조과학부 장관에 신고함.
심의 위탁	방송통신위원회 제86조 (자체심의) 제3항	방송사업자가 방송광고 심의를 외부에 위탁하는 경우 관련 위탁 기관 또는 단체를 방송통신위원회에 신고함.

* 음악유선방송사업자: 음악유선방송사업을 하기 위하여 제9조(허가·승인·등록 등) 제5항의 규정에 의하여 등록을 한 사업자.

공동체라디오 방송사업자: 공익을 목적으로 특정 소규모 지역의 방송권역에서 공중선전력 10와트 이하의 라디오 방송을 하기 위하여 방송통신위원회의 허가를 받은 소출력 FM 라디오 방송사업자.

전광판방송사업자: 상시 또는 일정기간 계속하여 전광판에 보도를 포함하는 방송프로그램을 표출하는 사업을 행하기 위해서 제9조(허가·승인·등록 등) 제5항의 규정에 의하여 등록을 한 사업자.

위를 해야 하며, 신고사항을 위반할 시에는 행정 조치의 대상이 된다. 「방송법」에서 규정한 신고사항은 사업 신고, 사업자 변경, 약관, 경영권 변경, 프로그램 및 중계권 불공정, 약관 변경, 폐업 및 휴업, 심의 위탁 등에 해당한다.

「방송법」에서 명시한 방송사업자의 신고 사항은 〈표 7-13〉과 같다.

(3) 보고·자료제출·출석·출입조사

방송통신위원회 또는 미래창조과학부 장관이 소관 업무에 따라 직무수행에 필요한 자료나 정보를 사업자에게 보고·자료제출 또는 출석·답변하도록 요구하는 의무규정으로서, 불이행 시에는 행정조치의 대상이 된다.

보고 사항은 방송심의 결과 및 처리, 제재조치 이행 결과, 재산 취득 등에 해당되며, 출석 사항은 시청자위원회가 방송사업자에 요구하는 출석·답변과 방송통신위원회에 출석하여 의견을 진술하는 사항에 해당한다. 자료제출은 「방송법」(제85조의 2 제4항)에 따라 방송사업자에게 업무 및 경영 상황에 관한 장부·서류, 전산자료·음성녹음자료·화상자료 등의 제출을 요청하는 규정이며, 자료 제출을 요청받은 방송사업자는 제출기한까지 해당 자료를 방송통신위원회에 제출해야 한다.[65] 출입조사는 규제기관 소속 공무원이 방송사업자의 사무소 또는 사업장에 출입하여 조사를 할 수 있는 권한이다.

보고·자료제출·출석·출입조사에 해당되는 사항은 〈표 7-14〉와 같다.

〈표 7-14〉 방송사업자의 보고 · 자료제출 · 출석 · 출입조사 사항

구분	규제기관 · 「방송법」	보고 · 자료제출 · 출석 · 출입조사 사항
보고	방송통신위원회 제90조(방송사업자의 의무) 제4항	종합편성 또는 보도전문편성을 행하는 방송사업자는 시청자위원회의 심의결과 및 그 처리에 관한 사항을 방송통신위원회에 보고함.
	방송통신위원회 제100조(제재조치등) 제4항	방송사업자 · 중계유선방송사업자 및 전광판방송사업자는 과징금처분 또는 제재조치명령을 이행하고 이행결과를 방송통신위원회에 보고함.
	방송통신위원회 제60조(부동산의 취득 등의 보고)	한국방송공사가 부동산을 취득 또는 처분하거나 취득할 당시의 목적을 변경하였을 때에는 지체 없이 방송통신위원회에 보고함.
자료 제출	방송통신위원회 제35조의 5(방송시장경쟁상황평가위원회) 제3항	방송통신위원회는 방송시장(인터넷 멀티미디어 방송을 포함)의 효율적인 경쟁체제 구축과 공정한 경쟁 환경을 조성하기 위하여 방송시장경쟁상황평가위원회를 두고, 방송시장경쟁상황평가위원회는 방송사업자 및 인터넷 멀티미디어 방송사업자에 경쟁상황 평가를 위한 자료 제출을 요청할 수 있음.
	미래창조과학부 장관 제78조의 2(외국방송사업자의 국내 재송신 승인 등) 제4항	미래창조과학부 장관은 직무수행을 위하여 필요하면 외국방송사업자(국내 지사, 국내 사무소 및 국내 대리인 포함)에게 관련 자료의 제출을 요구할 수 있음.
	방송통신위원회 제8조(소유제한 등) 제4항	지상파 방송사업자, 종편 또는 보도채널의 주식 또는 지분을 소유하려 하는 일간신문 법인의 발행부수, 유가 판매부수 등의 자료를 방송통신위원회에 제출함.
	미래창조과학부 장관 제78조의 2 제4항(방송사업자의 국내 재송신 승인 등)	미래창조과학부 장관은 직무수행을 위하여 필요하면 외국방송사업자(국내 지사, 국내 사무소 및 국내 대리인을 포함한다)에게 관련 자료의 제출을 요구할 수 있음.
	방송통신위원회 제98조(자료제출) 제1항	정부 또는 방송통신위원회는 직무수행에 필요한 관련자료 방송사업자 · 중계유선방송사업자 · 전광판방송사업자 · 음악유선방송사업자 또는 전송망사업자에게 제출 요구할 수 있음.
	방송통신위원회 제98조(자료제출) 제2항	방송사업자는 매년말 당해 법인의 재산상황을 방송통신위원회에 제출하여야 하며 방송통신위원회는 이를 공표함.
	방송통신위원회 제98조(자료제출) 제3항	방송통신위원회는 시청률, 시청점유율 등의 조사 및 산정에 필요한 자료를 해당 개인, 법인 · 단체 또는 기관에 요청 할 수 있음.
	방송통신위원회 제85조의 2(금지행위) 제4항	방송통신위원회는 금지행위의 위반 여부에 관한 사실관계의 조사를 위한 자료제출을 방송사업자에게 요청 할 수 있음.
출석	방송통신위원회 제90조(방송사업자의 의무) 제3항	종편 또는 보도 채널사업자는 시청자위원회가 직무를 수행하기 위하여 필요한 자료의 제출 또는 관계자의 출석 · 답변을 요청하는 경우에는 특별한 사유가 없는 한 이에 응하여야 함.
	방송통신위원회 제88조(시청자위원회의 권한과 직무) 제2항	시청자위원회의 대표자는 방송통신위원회에 출석하여 의견을 진술할 수 있음.
출입 조사	방송통신위원회 제76조의 3 제3항(보편적 시청권 보장을 위한 조치 등)	방송통신위원회는 보편적 시청권 보장을 위한 조치로 방송사업자 및 중계방송권자에게 자료제출을 요청할 수 있고, 소속 공무원으로 하여금 방송사업자 및 중계방송권자등의 사무소 또는 사업장에 출입하여 조사할 수 있음.

3. 규제기관의 제재권(制裁權)

방송통신위원회 또는 미래창조과학부 장관은 소관 업무에 따라 방송의 공익성과 공정성을 위배하고 「방송법」 및 관련 법령을 준수하지 않는 방송사업자에게 위반 정도에 따라 의견제시, 권고, 주의·경고, 시정명령, 과태료, 과징금, 허가·승인 및 등록 취소 등의 조치를 취할 수 있다. 방송사업자의 경미한 위반 사실에 대해서는 법적 구속력이 없는 행정지도(의견제시 또는 권고)하며, 과중한 위반 사실에 대해서는 주의·경고, 시정명령, 과태료, 과징금, 허가·승인 및 등록 취소 등의 행정처분을 내릴 수 있다.

1) 의견제시

규제기관은 방송사업자의 경미한 위반 사실에 대하여 의견을 제시할 수 있다. 의견제시는 제안적 행정지도 사항이며, 행정적 처분에는 해당되지 않는다. 민간 독립기관인 방송통신심의위원회는 방송사업자의 심의규정 위반정도가 경미하여 제재조치를 결정할 정도가 아닐 경우에는 해당 사업자에 관련 규정을 유의 및 준수하도록 의견을 제시할 수 있다. 방송통신심의위원회의 심의결정에 따른 '의견제시' 사례는 〈표 7-15〉와 같다.[66]

〈표 7-15〉 방송통신심의위원회의 지상파 방송사 및 방송채널사용사업자(PP)에 대한 심의 의결과 의견제시(예)[67]

방송사·프로그램명(방송일시)	방송통신심의위원회 심의 의결 내용(2014년 9월 23일, 14:15~15:30)	관련법 조항	심의결정
KM 〈KM 쥬크박스 (SMS)〉 (2015. 1. 22 18:00~19:00)	음악프로그램의 방송 도중 시청자가 보낸 'ㅇㅅ 24 죽여버려…(부들부들)'라는 문자 메시지의 내용을 방송한 사안에 대해 논의한 결과, - 방송 도중 저속한 표현을 여과 없이 노출한 것은 관련 심의규정에 위반되는 것으로 판단되나, 그 위반의 정도가 경미하고, 기존 유사 사례 등을 종합적으로 감안하여, - 「방송법」제100조 제1항에 따라 향후 관련 규정을 준수하도록 의견을 제시함.	「방송심의에 관한 규정」(규칙 제109호) 제51조(방송언어) 제1항 위반	의견제시
MBC-TV 〈MBC 이브닝 뉴스〉 (2014. 11. 14. 17:00~18:00)	새정치민주연합이 젊은 층의 주거 복지를 위해 내놓은 '신혼부부에게 집 한 채' 정책은 무상으로 주택을 제공하자는 취지가 전혀 아님에도 이를 무상 프레임으로 엮어 여론을 호도하고 야당 정치인들의 명예를 훼손하는 등 편파적이고 왜곡된 내용을 방송하였다는 민원에 대해 방송내용을 확인하고 논의한 결과, - 새정치민주연합이 내놓은 정책의 주요 내용은 신혼부부에게 임대 주택을 공급하자는 취지임을 감안할 때, "새정치민주연합이 신혼부부에게 집을 한 채씩 주겠다고 밝힌 뒤 파장이 커지고 있습니다"라는 앵커의 발언과 '새정치민주연합 "신혼부부 집 100만 채 무상 공급"'이라는 자막 고지 내용은 불명확한 내용으로 시청자를 혼동케 할 우려가 있어, 관련 심의규정에 위반되는 것으로 판단되나, - 보도 말미에 '신혼부부에게 집 한 채' 정책의 구체적인 내용을 소개하고 있어 그 위반 정도가 경미하고, 정책의 캐치프레이즈로 인해 '무상 공급'의 의미로 오인될 소지가 있었다는 점을 감안하여, - 「방송법」제100조 제1항에 따라, 향후 방송 시 유의하도록 의견 제시함.	「방송심의에 관한 규정」제14조(객관성) 위반	의견제시
TV조선 〈장성민의 시사탱크〉 (2014. 9. 23. 14:15~15:30)	진행자와 출연자가 새정치민주연합에 대해 '썩은 고기를 노리는 당', '참새의 눈을 가진 당' 등으로 비유하거나, 당내 의원들에 대해 '머슴 수준이다', '과거 그룹 회장집에 들어가서 칼로 위협하던 자들이다', '운동권 출신들이다'라고 언급하는 등 해당 정당과 소속 정치인들을 일방적으로 폄훼하는 내용을 방송했다는 민원에 대해 방송 내용을 확인하고 논의한 결과, - 비록 정치인이나 정치상황에 대한 풍자적 표현이라고 하나, 중립적인 입장에서 프로그램을 진행해야 할 진행자가 특정 정당에 대해 과도한 비유를 들어 일방적으로 폄훼하는 발언을 하는 내용 등을 여과없이 방송한 것은 방송의 품위를 저해할 우려가 크다는 점에서 관련 심의규정에 위반되는 것으로 판단되나, 출연자의 답변을 통해 해당 발언이 일부 수정된 점과 동 정당의 향방에 대한 정치 평론가의 건설적 제언이라는 대담의 취지 등을 감안하여, - 「방송법」제100조 제1항에 따라, 향후 관련 규정을 준수하도록 의견을 제시함.	「방송심의에 관한 규정」제27조(품위 유지) 제1항 위반	의견제시
KBS-1AM 〈정용실의 저녁길 매거진〉 (2014. 8. 11. 18:10~19:58)	아프리카 지역의 에볼라 바이러스 사태 관련 뉴스를 소개하는 과정에서, 프로그램 진행자가 최초 감염 사망자로 추정되는 기니의 2세 아이에 대한 추적 조사에 대해 재미있겠다는 등 부적절한 발언을 했다는 민원에 대해 방송 내용을 확인하고 논의한 결과, - 그 위반의 정도가 경미하고, 동 건으로 관련 규정을 위반한 최초 사례인 점, 의도적인 발언이라기보다는 단순 말실수로 보이는 점 등을 감안하여, - 「방송법」제100조 제1항에 따라, 향후 관련 규정을 준수하도록 의견을 제시함.	「방송심의에 관한 규정」제27조(품위 유지) 제1항 위반	의견제시

2) 권고(勸告)

권고는 방송사업자의 경미한 위반 사실에 대하여 규제기관이 시정 및 개선 방안을 정하고 이에 따를 것을 권유하는 행정적 권고사항이다. 권고는 규제기관의 행정지도성 조치로서 법적 구속력이 없으므로 법적 제재에 해당되지 않는다. 따라서 권고는 방송사업자가 시정 및 개선 권고를 받아들여 이행해야 효과가 나타나므로 강제로 관철할 수는 없다. 권고를 받은 방송사업자가 규제기관의 권고를 수락한 때에는 같은 법의 규정에 의한 시정조치가 있는 것으로 간주한다.

방송통신심의위원회의 권고는 방송프로그램의 공익성·공정성, 보편적 시청권, 심의규정에 관한 위반사항이 대부분을 차지한다. 권고 조치의 주요 사례와 방송통신심의위원회의 심의의결(권고) 내용을 살펴보면 다음과 같다.

- MBC·SBS 광고총량제·중간광고 편파보도 권고(2014년 9월 17일).
- KBS-1TV 문창극 교회 강연 왜곡 보도에 권고(2014년 9월 4일).
- MBC 〈뉴스데스크〉 서울시장 선거 여론조사 결과 보도 시에 오차한계 등의 필수고지 항목 미고지에 권고(2014년 4월 2일).
- 케이블TV·위성방송·IPTV 사업자 이용약관 개선 권고(2014년 1월 22일).
- KT 스카이라이브의 시장점율규제 관련 프로그램의 편파방송 권고(2014년 1월 22일).
- 지상파 방송 3사간 올림픽·월드컵 중계권 자율적 협상으로 보편적 시청권 보장 권고 (2010년 3월 17일).

〈표 7-16〉방송통신심의위원회의 지상파 텔레비전에 대한 권고(예)[68]

방송사·프로그램 명(방송일시)	방송통신심의위원회 심의 의결 내용	관련법 조항	심의 결정
KBS-1TV 〈영화가 좋다〉 (2015년 1월 10 일 토요일, 22:10~23:20)	영화 정보 프로그램에서 전직 대통령 비하 등으로 사회적 물의를 빚은 커뮤니티 사이트에서 만들어진 것으로 알려져 있는 고 노무현 전 대통령의 이미지를 방송한 것은 부적절하다는 민원에 대해 방송내용을 확인하고 논의한 결과, - 개봉예정작 〈쎄시봉〉의 출연 배우(김인권)를 소개하는 과정에서 고 노무현 전 대통령의 영정 사진에 음영처리를 한 이미지를 노출한바, - 자료화면 오용 등에 대해서 지적을 해왔음에도 여전히 유사한 문제가 발생하고 있으며, 동 이미지의 당사자가 전직 대통령으로, 어느 정도 식별이 가능하다는 점에서 관련 심의규정에 위반되는 것으로 판단되나, - 노출시간이 짧아 그 위반의 정도가 경미하고, 악의적·부정적인 맥락에서 사용된 것은 아니라는 점 등을 감안하여, - 「방송법」 제100조 제1항에 따라, 향후 관련 규정을 준수하도록 권고함.	「방송심의에 관한 규정」 제27조 (품위 유지) 제5호 위반	권고
KBS-2TV 〈개그콘서트〉 (2014년 1월 5일, 일요일, 21:15~22:55 / 2014년 1월 11 일 토요일, 12:30~14:10)	공영방송의 인기 개그프로그램에서 지나치게 저속한 표현을 사용하여 청소년 등 시청자에게 부정적 영향을 미친다는 민원에 대해 방송내용을 확인하고 논의한 결과, - '시청률의 제왕' 코너에 출연한 출연자가 "아! 뒤질래? 그냥 주는 대로 처먹어라! 확, 창자를 빼갖고 젓갈을 만들어불라니까! 아니, 뭐 생긴 것은 돌하르방같이 생겨 갖고 대가리만 겁나 커 가지고 이씨! 니 한 번만 더 그 주둥아리에서 아메리카노 얘기해라, 확, 청산가리 부어불라니까!"라고 말하는 장면과 다른 출연자들의 목을 조르며 "염병! 꺼져라"라고 말하는 장면 등을 방송한바, - 청소년 시청보호 시간대 등에 방송되는 인기 예능프로그램임을 고려할 때, "창자를 빼갖고 젓갈을 만들어불라니까!", "(주둥아리에) 청산가리 부어불라니까!", "염병!" 등의 표현은 다소 과도하다고 볼 수 있어, 관련 심의규정에 위반되는 것으로 판단되나, - 코미디라는 프로그램의 특성과 특별 출연자의 일회성 발언임을 고려할 때 그 위반 정도가 경미하고, 방송사의 재발방지 약속 등을 감안하여, - 「방송법」 제100조 제1항에 따라, 향후 관련 규정을 준수하도록 권고함.	「방송심의에 관한 규정 〈규칙 제90호〉」제 44조 (수용 수준) 제2항, 제51 조(방송언어) 제3항 위반	권고
MBC-TV 〈리얼스토리 눈〉 (2014년 4월 9일 수요일, 21:30~22:00)	혼인을 빙자한 후 재산을 가로챈 한 남성과 그에게 피해를 입었다고 주장하는 여성들의 사연을 소개하면서, 피해 여성들의 일방적인 입장만을 방송하여 사실을 오도하고, 당사자 동의 없이 무단 촬영한 영상과 결혼사진 등을 방송하여 인권을 침해하고 명예를 훼손하였다는 민원에 대해 방송내용을 확인하고 논의한 결과, - 녹화나 녹음이 금지된 구치소 접견실 등에서 당사자의 동의를 받지 않고 무리하게 촬영한 영상과 친척이나 친구 등 주변 사람들이라면 충분히 알 수 있을 정도로 일부만 화면처리된 모바일 결혼사진 등을 방송하여 당사자의 사생활을 침해하고 명예를 훼손할 소지가 있어, 관련 심의규정에 위반되는 것으로 판단되나, - 혼인빙자간음제 폐지 이후 벌어지고 있는 실태를 고발하고 향후 발생할 수 있는 유사한 피해를 예방하고자 한 공익적 취지와 당사자의 초상권과 사생활을 보호하기 위해 화면처리와 음성변조 조치를 한 점 등을 감안하여, 향후 관련 규정을 준수하도록 '권고'함.	「방송심의에 관한 규정」 제20조(명예 훼손 금지) 제1항, 제19조(사생활보호) 제3항 위반	권고
SBS-TV 〈모닝와이드 3 부〉(2014년 3월 6일, 목요일, 07:30~08:30)	'올봄 운동이 즐거워지는 비결'이라는 제목으로 운동을 쉽고 즐겁게 할 수 있도록 도와주는 기기와 애플리케이션에 대해 소개하는 내용을 방송하면서, 간접광고 상품의 기능과 장점 등에 대하여 소개한 사안에 대하여 논의한 결과, - 간접광고 상품을 소품으로 사용하며 노출하는 수준을 넘어, 내레이션 및 업체 관계자 인터뷰 등을 통해 상품의 세부 기능과 장점을 매우 구체적으로 언급하며 부각시킨바, 관련 심의규정에 위반되는 것으로 판단되나, - 중소기업의 아이디어 상품 소개라는 코너 취지를 고려할 때 그 위반 정도가 경미하고, 기존제품과 차별화된 새로운 기기에 대한 정보 제공이라는 점을 감안하여, - 「방송법」 제100조 제1항에 따라, 향후 관련 규정을 준수하도록 권고함.	「방송심의에 관한 규정」 제46조(광고효과) 제1항 제1호 위반	권고

3) 주의·경고, 정정·수정 또는 중지 및 관계자 징계

방송통신심의위원회는 방송프로그램 및 광고 내용의 공정성·공공성 및 공적 책임 준수 여부를 심의하고 법규 위반 여부 등을 판단(의결)하고, 위반 정도의 경중(輕重)에 따라 제재를 결정하며 위반 정도가 심하면 법정처분에 해당하는 제재조치의 결정권한이 있다. 방송통신심의위원회는 제재를 결정(의결)하면 방송통신위원회에 지체 없이 제재조치 처분을 요청해야 하며, 방송통신위원회는 「방송법」이 정하는 바에 따라 위반사업자에 제재조치 처분을 명령해야 한다. 다시 말하면, 민간 독립기관인 방송통신심의위원회는 제재조치의 결정권이 있고, 행정기관인 방송통신위원회는 방송통신심의위원회의 결정권한에 대한 최종 법적 제재권한(행정처분)이 있는 것이다.

방송통신위원회는 「방송법」 개정 문제를 보도한 MBC-TV의 〈뉴스 후〉 프로그램(2008년 12월과 2009년 1월 방영)이 「방송심의에 관한 규정」 제14조 제2항(공정성과 균형성 유지)을 위배했다는 이유로 「방송법」 제100조(제재조치 등) 제1항에 근거하여 MBC-TV에 '시청자에 대한 사과' 처분을 내린 바 있다. 그러나 2012년 8월 헌법재판소는 방송통신위원회의 '시청자에 대한 사과'는 「헌법」에 위배된다며 MBC가 청구한 위헌법률심판사건에서 재판관 7(위헌) 대 1(합헌) 의견으로 위헌 결정을 내렸다.[69]

헌법재판소는 "방송사업자에게 주의 또는 경고만으로도 공적 책임에 대한 인식을 지울 수 있다"며 "시청자에 대한 사과 명령은 해당 사업자에게 신뢰도 하락 등의 불이익을 가져올 수" 있으며, "이로 인한 사회적 신용이나 명예 하락 등 사업자의 인격권 제한 정도가 공익에 비해 가볍다고 할 수 없어 균형성 원칙에도 위반된다"고 판시하였다.[70]

방송통신위원회가 「방송법」 및 관련 법령 규정을 위반한 사업자에 대해 처분하는 현행 제재조치는 (1) 주의·경고, (2) 방송편성책임자·해당 방송프로

<표 7-17> 방송채널사용사업자(PP)에 대한 주의·경고, 관계자 징계, 해당 프로그램 중지(예)[71]

방송사·프로그램명(방송일시)	방송통신심의위원회 심의 의결 내용	관련법 조항	심의 의결
TV조선 〈강적들〉 (2014년 10월 8일 수요일, 23:00~00:30)	출연자들이 골프장 내 성추행을 지극히 일반적인 것으로 단정 짓는 발언을 하여 시청자들에게 특정 직업군 및 골퍼들 사이에서 성추행이 매우 빈번하다고 오인케 할 수 있고, 성추행 행위가 매우 심각한 범죄 사안임에도 불구하고 당시 성추행 상황을 자극적이고 구체적인 언어와 몸짓으로 수차례 묘사함으로써, 사건의 심각성을 알리는 정도에 그치지 않고 결과적으로 성추행을 희화화한 것은 관련 심의규정 위반의 정도가 결코 가볍지 않다고 판단되는바, 법 제100조 제1항 각 호의 제재조치 중 '주의'를 정한다.	「방송심의에 관한 규정」 제27조(품위 유지) 제1항 위반	주의
tvN 〈극한직업 콜렉션〉 (2014년 10월 11일 토요일, 13:00~14:55)	피심 프로그램 중 한 코너에서 아역배우로 하여금 악플을 달거나 타인의 차량에 낙서를 하는 역할로 출연시키고, 어른에게 반말로 대들며 '바보 똥개', '시아버지 똥꼬나 닦아요' 등 어린이에게 부적절한 대사를 하도록 하는 장면 등을 방송한 사실이 있다(중략). 아역배우를 악플을 달거나 타인의 차량에 낙서를 하는 역할로 출연시키고, 어른에게 반말로 대들며 어린이에게 부적절한 대사를 하도록 하는 장면 등을 방송한 것은 그 위반의 정도가 중하다고 판단되는바, 법 제100조 제1항 각 호의 제재조치 중 '경고'를 정한다.	「방송심의에 관한 규정」 제45조(출연) 제1항 위반	경고
채널A 〈이언경의 직언직설〉 (2013년 5월 2일 목요일, 15:40~16:50)	출연자가 객관적인 근거 없이 故 김대중 전 대통령에 대해 '김일성이 고용한 간첩'이라고 발언하는 내용 등을 방송한 사실이 있다(중략). 사회적 파급력이 큰 방송매체에서 단순히 출연자가 타인으로부터 들은 전언에만 의존하여 일방적으로 발언하였으며, 비록 일련의 주장들이 출연자의 돌출 발언이었다고 하더라도 진행자가 제지나 반문을 통해 사실관계를 바로잡지 않고 이 같은 내용을 여과 없이 방송하였다(중략). 또한 명확한 근거가 없는 내용으로 고인과 유족의 명예를 심각하게 훼손한 것은 물론, 이를 시청하는 시청자들에 대해 불편함을 주는 내용을 방송한 것으로 그 위반의 정도가 중하다고 판단되는바, 법 제100조 제1항 각 호의 제재조치 중 '해당 방송프로그램의 관계자에 대한 징계 및 경고'를 정한다.	「방송심의에 관한 규정」 제9조(공정성) 제2항, 제14조(객관성), 제20조(명예훼손 금지) 제2항 및 제27조(품위 유지) 제1항 위반	관계자 징계 및 경고
ETN 〈라이브콜쇼 러브코치〉 (2014년10월 28일 화요일, 00:00~01:00)	연애나 결혼 등에 대한 대화를 나누고 유료전화(1,000원/30초, 060-***-*000)를 통해 시청자 고민상담을 진행하는 생방송 프로그램에서, 진행자가 의사와 결혼하기 위해 혼전임신을 한 친구의 사례를 말하며, "제 친구는요, 진짜 온갖 방법을 다 썼어요. 의사 신랑 만나려고. …무용과 나온 친구라서 외모는 이뻤거든요. 그런데 머리가 좀 안 되었단 말이지, 내 친구가. 하지만 몸은 되니까 몸으로 대시해서 임신에 성공한거지. 의사 신랑 딱 잡았잖아. 게다가 아들 낳았어요. 그런데 중요한 게, 남자네 집안이 전부 다 의사거든요? 항상 개 꼬리표 앞에 붙는 게 '무식한 년'이래요. 아유 저 무식한 년, 무식해가지고 저렇게 행동하지. 몸으로 벌어먹고 사니까. 무용하는 친구인데, 자기네 집안 식구들 다 박사라 이거야. 의사고"라고 말하는 장면을 방송한 것에 대해 '해당 방송프로그램의 중지'로 의결함.	「방송심의에 관한 규정」 제27조(품위 유지) 제1항 위반	해당 방송프로그램 중지

그램 관계자에 대한 징계, (3) 해당 프로그램 정정·수정 또는 중지, (4) 과징 금으로 제한되어 있으며, 주의·경고는 가장 낮은 수위의 법정 제재이며, 관계자 징계, 정정·수정 또는 중지, 과징금은 과중한 법정 제재에 해당한다. 방송 통신심의위원회에서 심의·의결한 주의, 경고, 관계자 징계, 중지의 사례는 〈표 7-17〉과 같다.

법정 제재조치를 받은 사업자는 의견을 진술할 기회를 부여받으며, 제재조치에 이의가 있으면 제재조치 명령을 받은 날부터 30일 이내에 방송통신위원회에 재심을 청구할 수 있다.[72] 제재조치를 받은 사업자는 방송통신위원회의 제재조치 명령을 준수해야 하며, 위반사실에 대한 합당한 조치를 취한 후 방송해야 한다. 또한 '주의' 이상의 법정 제재를 받게 되면 사업자의 재허가·재승인 심사에 반영되는 '방송심의 관련 제규정 준수 여부' 평가 시에 수위에 따라 감점 요인이 된다. 재허가·재승인 규정의 심사 기준에서 감점되는 점수는 최하 1점(주의)부터 최고 15점(과징금 부과)에 해당되며, 제재조치의 감점 기준표는 다음과 같다.[73]

방송된 프로그램 및 광고에 대한 제재조치 감점 기준표

(총점: 지상파 100점, 종편 85점, SO·위성방송·보도채널·홈쇼핑 채널·위성 DMB 70점)

- '주의' 1건당 1점 감점
- '경고' 1건당 2점 감점
- '해당방송프로그램의 정정·수정 또는 중지', '방송편성책임자·해당 방송프로그램관계자'에 대한 징계 1건당 각 4점 감점, 병과(併科)는 5점 또는 6점 감점
- '과태료' 1건당 4점 감점
- '시정명령' 1건당 8점 감점
- '과징금' 부과 시: 방송법 제100조 위반으로 5,000만 원 이하의 과징금 부과 시: 1건당 10점 감점
  방송법 제100조 위반으로 5,000만 원 초과의 과징금 부과 시: 1건당 15점 감점

---

4) 시정명령

　방송통신위원회 또는 미래창조과학부 장관은 소관 업무에 따라「방송법」 및 관련 법령을 위반한 사업자에 대해 일정 기간 내에 위반사실을 시정 조치 하도록 명할 수 있다. 시정명령은 금지행위의 중지, 특정 기간 내에 시정 또는 개선하도록 명하여 잘못을 바로잡을 수 있도록 처분하는 행정 처벌에 해당한 다. 시정명령의 종류는 위반사실의 시정명령, 중지명령, 금지명령, 공표명령 등이 있다. 시정명령의 대표적인 예로서, 방송사업자가 보편적 시청권의 금지 사항을 위반한 경우, 방송통신위원회는 6개월 내의 기간을 정하여 금지행위 중지를 시정명령할 수 있으며, 금지행위로 인하여 시정명령을 받은 사실을 공 표하도록 시정조치할 수 있다.[74]

　시정명령을 위반한 방송사업자에 대한 처벌은 (1) 업무정지, (2) 허가·승인 단축, (3) 과징금 부과로 처분한다. 예를 들면 방송사업자가 허가·승인조건을 위반했을 경우, 방송통신위원회는「방송법」 제99조(시정명령등)에 의거해서 시정명령을 내릴 수 있고, 시정명령을 이행하지 않으면 제18조(허가·승인·등 록의 취소등) 및「방송법 시행령」 제17조(허가·승인·등록의 취소 등)에 따라 업 무정지 3개월, 허가·승인 기간 3개월 단축, 기준 과징금 3000만 원(기준 과징 금에 최대 50%까지 가중)으로 처벌할 수 있다. 시정명령은 보편적 시청권, 편 성, 허가·승인·등록, 지분 및 주식 소유, 재송신, 기술 등에 관련된「방송법」 위반 사항에 해당된다. 시정명령 처분의 주요 사례는 다음과 같다.

- OBS 경인TV㈜의 재허가조건 위반에 대한 시정명령(2015년 2월 9일).
- 지역민방 3개사 제작비 투자 관련 재허가조건 위반 시정명령(2014년 8월 7일).
- 외국자본 출자제한 규정 위반(지분초과) YTN에 시정명령(2013년 10월 24일).
- 4개 종편과 보도전문채널 사업계획 이행실적 미흡에 시정명령(2013년 7월 9일).
- 지상파 방송 3사의 보편적 시청권 관련 금지행위 위반에 대해 시정명령(2013년 4월 23일).

- OBS경인 TV의 재허가 조건 위반 시정명령(2012년 10월 30일).
- 케이블 TV 방송사 KBS-2TV의 재송신 재개 시정명령(2012년 1월 16일).
- 방송운용 허용시간 초과 KBS 등 시정명령(2011년 3월 21일).
- IPTV 3사 자사 전용회선 강요 등 PP 대상 불공정행위에 시정명령(2009년 4월 8일).

〈표 7-18〉「방송법」의 시정명령 관련 조항

구분	시정명령 관련 조항(방송법 관련 조항)
보편적 시청권	① 미래창조과학부 장관 또는 방송통신위원회는 방송사업자·중계유선방송사업자·전광판방송사업자 또는 음악유선방송사업자가 정당한 사유 없이 방송을 중단하는 등 시청자의 이익을 현저히 저해하고 있다고 인정될 때에는 시정을 명할 수 있다(제99조 제1항). ② 방송사업자 및 중계방송권자 등은 일반국민의 보편적 시청권을 보장하기 위하여 대통령령에서 정하는 금지행위 등 준수사항을 이행하여야 한다(제76조 3 제1항). 방송통신위원회는 금지사항을 위반한 방송사업자 및 중계방송권자 등에 대하여 금지행위의 중지 등 필요한 시정조치를 명할 수 있다(제76조 3 제2항).
허가·승인·등록 요건	① 미래창조과학부 장관 또는 방송통신위원회는 소관 업무에 따라 방송사업자·중계유선방송사업자·전광판방송사업자 또는 음악유선방송사업자가 설치한 시설이 「방송법」 또는 허가조건·승인조건·등록요건을 위반하고 있다고 인정될 때에는 시정을 명할 수 있다(제99조 1항). ② 미래창조과학부 장관은 방송사업자(방송채널사용사업자 제외)·전송망사업자·중계유선방송사업자 또는 음악유선방송사업자가 설치한 시설이 이 법 또는 허가조건·등록요건을 위반하고 있다고 인정될 때에는 그 시설의 개선을 명할 수 있다(제99조 2항).
지분 및 주식	미래창조과학부 장관 또는 방송통신위원회는 소관 업무에 따라 '지분 및 주식' 소유 규정을 위반한 방송사업자에게 6개월 이내의 기간을 정하여 해당 사항을 시정할 것을 명할 수 있다. ① 누구든지 지상파 방송사업자 및 종합편성 또는 보도에 관한 전문편성을 행하는 방송채널사용사업자의 주식 또는 지분 총수의 40/100을 초과하여 사업을 겸영하거나 주식 또는 지분을 소유할 수 없다. 단, 국가 또는 지방자치단체가 방송사업자의 주식 또는 지분을 소유하는 경우, 방송문화진흥회가 방송사업자의 주식 또는 지분을 소유하는 경우, 종교의 선교를 목적으로 하는 방송사업자에 출자하는 경우는 예외로 한다(제8조 제2항). ② 대기업, 일간신문, 뉴스통신을 경영하는 법인이 지상파 방송사업자의 주식 또는 지분 총수의 10/100을 초과하여 소유할 수 없으며, 종합편성 또는 보도에 관한 전문편성을 행하는 방송채널사용사업자의 주식 또는 지분 총수의 30/100을 초과하여 소유할 수 없다(제8조 제3항). ③ 일간신문, 뉴스통신을 경영하는 법인은 종합유선방송사업자(SO) 및 위성방송사업자의 주식 또는 지분 총수의 49/100을 초과하여 소유할 수 없다(제8조 제5항). ④ 지상파 방송사업자·종합유선방송사업자·위성방송사업자·방송채널사용사업자 및 전송망사업자가 시장점유율 또는 사업자 수 등을 고려하여 대통령령이 정하는 범위를 초과하여 상호 겸영하거나 그 주식 또는 지분을 소유할 수 없다(제8조 제7항). ⑤ 지상파 방송사업자·종합유선방송사업자 또는 위성방송사업자는 시장점유율 또는 사업자 수 등을 고려하여 대통령령이 정하는 범위를 초과하여 지상파 방송사업자는 다른 지상파 방송사업, 종합유선방송사업자는 다른 종합유선방송사업, 위성방송사업자는 다른 위성방송사업을 겸영하거나 그 주식 또는 지분을 소유할 수 없다(제8조 제8항). ⑥ 방송채널사용사업자는 시장점유율 또는 사업자 수 등을 고려하여 대통령령이 정하는 범위를 초과하여 다른 방송채널사용사업을 겸영하거나 그 주식 또는 지분을 소유할 수 없다(제8조 제9항). ⑦ 정당은 방송사업자의 주식 또는 지분을 소유할 수 없다(제8조 제10항). ⑧ 지상파 방송사업자 또는 공동라디오 방송사업자는 외국의 정부나 단체, 외국인, 외국인이 소유하고 있는 법인으로부터 출자 또는 출연을 받을 수 없다(제14조 제1항). ⑨ 종합편성을 행하는 방송채널사용사업자 또는 중계유선방송사업자는 해당 법인의 주식 또는 지분 총수의 20/100을, 보도에 관한 전문편성을 행하는 방송채널사용사업자는 해당 법인의 주식 또는 지분 총수의 10/100을 초과하여 외국의 정부나 단체, 외국인, 외국인이 소유하고 있는 법인으로부터 재산상의 출자 또는 출연을 받을 수 없다(제14조 제2항). ⑩ 종합유선방송사업자(SO)·위성방송사업자·방송채널사용사업자(종합편성 채널은 제외) 또는 전송망사업자는 외국의 정부나 단체, 외국인, 외국인이 소유하고 있는 법인으로부터 49/100을 초과하는 재산상의 출자 또는 출연을 받을 수 없다(제14조 제3항).
디지털 방송 프로그램의 음량기준	미래창조과학부 장관은 방송사업자가 디지털 방송프로그램(방송광고 포함)의 음량을 일정하게 유지하여 채널을 운용하도록 표준 음량기준을 정하여 고시하여야 한다. 미래창조과학부 장관은 디지털 방송프로그램의 음량이 제1항에 따른 표준 음량기준에 적합하지 아니한 경우에는 이의 시정이나 그 밖에 필요한 조치를 명할 수 있다(제70조의 2 제1~2항).

5) 과태료(過怠料)

「방송법」 및 관련 법령상의 의무 태만에 대한 제재로서 금전벌(金錢罰)에 해당하며, 행정기관에서 부과하고 징수한다. 방송통신위원회는 소관 행정기관으로서 「방송법」 및 관련 법령을 위반하거나, 의무규정 또는 시정명령 등의 행정처분을 이행치 않은 사업자에 대하여 3,000만 원 이하의 과태료에 처할 수 있다.[75] 과태료 처분에 불복하는 사업자는 처분 고지를 받은 날부터 30일 이내에 방송통신위원회에 이의를 제기할 수 있으며, 사업자가 이의를 제기한 때에는 지체 없이 관할법원에 이를 통보하고, 관할법원은 비송사건절차법에 의한 과태료의 재판을 진행해야 한다. 사업자가 규정된 기간 내에 이의를 제기하지 않고 과태료를 납부하지 않으면 국세체납처분 규정에 의해서 과태료를 징수한다.

과태료 부과에 해당되는 위반 사항은 편성, 허가·승인, 심의, 채널운용, 재송신, 광고·협찬, 기술·설비, 기록·보존, 사업자 의무와 관련된 규정 및 의무 위반 등에 해당된다. 과태료 행정처분의 주요 사례와 「방송법」 제108조(과태료)에서 규정한 관련 조항을 살펴보면 다음과 같다.

- 허용시간 이상의 방송광고를 편성한 방송채널사용사업자(PP) 8곳에 과태료 처분 (2014년 2월 28일).
- 막말 출연자에게 적절한 조치를 취하지 않은 채널A에 과태료 1,500만 원 부과(2013년 9월 23일).
- 방송편성책임자 변경 신고 의무를 위반한 채널A에 250만 원의 과태료 부과(2013년 8월 22일).
- 병원 상표를 협찬 고지한 5개사에 1회당 500만 원의 과태료(KBS 10회, MBC 5회, SBS 5회, 극동방송 1회, 원음방송 1회) 부과(2013년 2월 22일).
- 편성책임자공표 및 신고 위반 부산MBC, 충주MBC, KBS 등 500만 원, CBS 250만 원, 불교방송 250만 원 과태료(2011년 3월 21일).

〈표 7-19〉 「방송법」의 과태료 조항(3,000만 원 이하)

구분	과태료(3,000만 원 이하) 규정 및 의무 위반 조항
방송편성	① 방송편성의 자유와 독립(제4조 제3항)의 규정에 위반하여 방송편성 책임자의 성명을 방송 시간 내에 매일 1회 이상 공표하지 아니한 자. ② 방송프로그램의 편성(제69조 제3항 내지 제6항)의 규정을 위반하여 방송프로그램을 편성한 자. ③ 국내 방송프로그램의 편성(제71조 제1항 내지 제4항)의 규정에 위반하여 방송프로그램을 편성한 자. ④ 외주제작 방송프로그램의 편성(제72조 제1항 내지 제3항)의 규정에 의한 편성비율을 위반하여 방송프로그램을 편성한 자. ⑤ 시청자 평가프로그램(제89조 제1항)의 규정에 위반하여 시청자 평가프로그램을 편성하지 아니한 자
허가·승인	① 변경허가(제15조 제2항 및 제3항)의 규정에 의한 법인명 또는 상호를 신고를 하지 아니한 자. ② 변경허가(제15조 2의 제1항) 단서의 규정에 의한 신고를 하지 아니한 자. ③ 유료방송의 약관 승인(제77조 제1항)의 규정에 위반하여 약관의 신고 또는 변경신고를 하지 아니하거나 승인 또는 변경승인을 얻지 아니하고 유료방송을 한 자.
심의규정	① 심의규정(제33조 제3항)의 규정에 위반하여 방송프로그램의 등급을 표시하지 아니한 자. ② 자체심의(제86조 제1항)의 규정에 위반하여 자체심의기구를 두지 아니하거나 방송프로그램을 심의하지 아니하거나 같은 조 제2항을 위반하여 허위, 과장 등 시청자가 오인할 수 있는 내용이 담긴 방송광고를 방송한 자.
채널운용	① 채널의 구성과 운용(제70조 제1항 내지 제4항)의 규정에 위반하여 채널을 구성·운용한 자. ② 채널의 구성과 운용(제70조 제5항) 단서의 규정에 위반하여 채널을 운용하거나, 제6항의 규정에 의한 대통령령을 위반하여 채널을 운용한 자. ③ 채널의 구성과 운용(제70조 제7항)의 규정에 위반하여 특별한 이유없이 시청자가 자체제작한 방송프로그램을 방송하지 아니한 자.

재송신	① 재송신(제78조 제1항)의 규정에 위반하여 동시재송신을 하지 아니한 자.
	②-1 재송신(제78조 제4항)에 위반하여 재송신을 한 자 및 방송사업자로부터 업무를 위탁받아 방송을 위한 설비를 설치·운용하는 자로서 재송신(제78조 제4항)에 위반한 재송신을 가능하게 한 자.
	②-2 외국방송사업자의 국내 재송신 승인(제78조의 2) 외국방송사업자로서 다음 각 목의 어느 하나에 해당하는 자.
	  ㉮ 외국방송사업자의 국내 재송신 승인(제78조의 2 제1항)을 위반하여 승인받지 아니하고 재송신을 한 자.
	  ㉯ 외국방송사업자의 국내 재송신 승인(제78조의 2 제3항)을 위반하여 재송신을 한 자.
	  ㉰ 외국방송사업자의 국내 재송신 승인(제78조의 2 제4항)에 따른 자료제출 요구에 응하지 아니하거나 거짓으로 자료를 제출한 자.
	②-3 외국방송사업자의 국내 재송신 승인(제78조의 2 제6항)을 위반하여 재송신을 하거나 같은 조 제7항에 따른 재송신의 범위와 기준을 초과하여 재송신을 한 자.

광고·협찬	① 방송광고(제73조 제1항·제2항·제4항 또는 제5항)의 규정에 위반하여 방송광고를 한 자. ② 협찬고지(제74조 제1항 및 제2항)의 규정에 위반하여 협찬고지를 한 자.
기술·설비	① 유선방송국설비 등에 관한 기술기준과 준공검사(제79조 제2항) 또는 전송·선로설비 설치의 확인(제80조)의 규정에 위반하여 준공검사 또는 확인을 받지 아니한 자. ② 전송·선로설비의 이용(제82조)의 규정에 위반하여 약관의 신고 또는 변경신고를 하지 아니하고 전송망사업을 행한 자.
기록·보존	① 방송내용의 기록·보존(제83조 제1항)의 규정에 의한 방송일지를 기록하지 아니하거나 허위로 기록한 자 또는 방송실시결과를 제출하지 아니한 자. ② 방송내용의 기록·보존(제83조 제2항)의 규정에 위반하여 방송프로그램 및 방송광고의 원본 또는 사본을 보존하지 아니한 자.
사업자 의무	① 방송사업자의 의무(제90조 제3항)의 규정에 위반하여 필요한 자료의 제출 또는 관계자의 출석·답변을 거부한 자. ② 방송사업자의 의무(제90조 제4항)의 규정에 위반하여 시청자위원회의 심의결과 및 그 처리에 관한사항을 방송통신위원회에 보고하지 아니한 자. ③ 자료제출(제98조 제1항)의 규정을 위반하여 자료제출을 하지 아니하거나 거짓으로 자료를 제출한 자. ④ 자료제출(제98조 제3항)에 따른 자료제출을 하지 아니하거나 거짓으로 자료를 제출한 자. ⑤ 자료제출(제98조 제2항)의 규정에 위반하여 재산상황을 제출하지 아니하거나 거짓 재산 상황을 제출한 자. ⑥ 제재조치(제100조 제2항)의 규정을 위반한 방송출연자에 대한 경고, 출연제한 등의 조치를 취하지 아니한 자. ⑦ 시청자권익보호위원회(제35조 제3항)에 따른 자료를 제출하지 아니한 자. ⑧ 제재조치(제100조 제4항)의 규정에 위반하여 방송통신위원회의 결정사항전문을 방송하지 아니하거나 그 결과를 방송통신위원회에 보고하지 아니한 자. ⑨ 폐업 및 휴업 등의 신고(제84조 제1항)의 규정에 의한 신고를 하지 아니하고 폐업하거나 휴업한 자. ⑩ 시청자위원회(제87조 제1항)의 규정에 위반하여 시청자위원회를 두지 아니한 자. ⑪ 금지행위(제85조의 2 제4항)을 위반하여 자료제출을 거부하거나 거짓 자료를 제출한 자. ⑫ 유료방송의 약관 승인(제77조 제2항)의 규정에 위반하여 이용자에게 약관 변경을 통지하지 아니한 자.

6) 과징금(過徵金)

「방송법」 및 관련 법령상의 의무를 위반한 사업자에게 경제적 이익이 발생되는 경우, 그 불법적인 경제적 이익을 환수하거나 의무위반에 대한 행정처분(업무정지처분)을 갈음하여 행정기관이 부과하는 금전적 제재이다. 사업자의 의무위반행위로 인한 불법이득이 없다면 부당이득 환수를 위한 과징금은 부과되지 않는다.

방송통신위원회 또는 미래창조과학부 장관은 소관 사업자가 허가·승인·등록의 취소, 합병, 보편적 시청권, 심의 등에 관한 규정을 위반 시에는 위반행위의 내용 및 정도, 위반행위의 기간 및 횟수, 위반행위로 인하여 취득한 이익의 규모 등을 참작해서 과징금을 부과하고 징수할 의무가 있다. 사업자의 위반 정도가 업무정지처분에 해당하는 경우, 그 업무정지처분이 시청자에게 심한 불편을 주거나 기타 공익을 해할 우려가 있는 때에는 그 업무정지처분에 갈음하여 1억 원 이하의 과징금을 부과할 수 있다.[76]

과징금은 해당 위반행위의 정도 및 횟수 등을 고려하여 부과 상한액을 결정하며, 과징금 산정은 위반에 따른 고려 사항과 이에 영향을 미치는 위반행위의 주도 여부, 관련 시장이 미치는 영향 등을 고려하여 기준금액에 필수적 가중, 추가적 가중, 감경을 거쳐 결정한다. 제100조(제재조치 등) 제1항과 제3항을 위반하여 과징금처분 또는 제재조치명령을 받은 방송사업자는 지체 없이 이에 관한 방송통신위원회의 결정사항전문을 방송하고, 제재조치명령은 이를 받은 날부터 7일 이내에 이행하여야 하며, 그 이행결과를 방송통신위원회에 보고해야 한다.[77] 과징금 처분 또는 제재조치명령에 이의가 있는 사업자는 당해 제재조치명령을 받은 날부터 30일 이내에 방송통신위원회에 재심을 청구할 수 있다.[78] 과징금 제재의 주요 사례와 「방송법」 제19조(과징금)에서 규정한 관련 조항은 다음과 같다.

〈표 7-20〉 「방송법」의 과징금 조항

구 분	과징금 규정 및 의무 위반 조항
허가 · 승인 · 등록의 취소	「방송법」제18조(허가 · 승인 · 등록의 취소, 제1항)를 위반하여 업무정지처분을 당한 사업자가 시청자에게 심한 불편을 주거나 기타 공익을 해할 우려가 있는 경우, 그 업무정지처분에 갈음하여 1억 원 이하의 과징금을 부과한다.
합병	방송사업자의 합병이 있는 경우에는 당해 법인이 행한 위반행위는 합병 후 존속하거나 합병에 의해 설립된 법인이 행한 행위로 보아 과징금을 부과 · 징수한다(제109조 제2항, 부과 및 징수).
보편적 시청권*	방송통신위원회는 방송사업자 및 중계방송권자 등이 정당한 사유 없이 제76조의 3 제2항(보편적 시청권 보장을 위한 조치 등)의 규정에 따른 시정조치를 이행하지 아니하는 때에는 당해 중계방송권의 총계약금액에 5%를 곱한 금액을 초과하지 아니하는 범위 안에서 과징금을 부과한다(제76조의 3 제4항).
협찬고지	방송통신위원회는 방송사업자 · 중계유선방송사업자 또는 전광판방송사업자가 제33조의 심의규정 및 협찬고지(제74조 제2항)에 의한 협찬고지 규칙을 위반한 경우에는 5,000만 원 이하의 과징금을 부과 하거나 제재조치를 명할 수 있다(제100조 제1항 제재조치 등).
금지행위	방송통신위원회는 공정거래위원회와 협의하여 방송사업자등이 금지행위를 한 경우 해당 사업자에게 대통령령으로 정하는 매출액에 2/100을 곱한 금액을 초과하지 아니하는 범위에서 과징금을 부과할 수 있다. 다만, 사업의 미개시나 사업 중단 등으로 인하여 매출액이 없거나 매출액 산정이 어려운 경우로서 대통령령으로 정하는 경우에는 5억 원 이하의 금액을 과징금으로 부과할 수 있다(제85조의 2 제3항).
제재조치	「방송법」제100조(제1항 제재조치 등)를 위반한 제재조치가 해당 방송프로그램의 출연자로 인하여 이루어진 경우 해당방송사업자는 방송출연자에 대하여 경고, 출연제한 등의 적절한 조치를 취해야 하며, 위반의 정도가 중대하다고 인정되는 하기 사항에 한하여 1억 원 이하의 과징금을 부과할 수 있다. - 음란, 퇴폐 및 폭력 등에 관한 심의규정을 위반하는 경우. - 마약류 관리에 관한 법률(제2조 제1호)의 규정에 의한 마약류 복용 · 투약 · 흡입 및 음주 후 방송출연 등으로 인한 심의규정을 위반하는 경우. - 제100조 1항 제3호(방송편성책임자 · 해당방송프로그램 또는 해당 방송광고의 관계자에 대한 징계)의 제재조치를 받았음에도 불구하고 대통령령으로 정하는 바에 따라 동일한 사유로 반복적으로 심의규정을 위반하는 경우(제100조 제3항).

* 국민적 관심이 매우 큰 체육경기대회나 그 밖의 주요행사 등에 관한 방송을 일반 국민이 시청할 수 있는 권리.

- 충북방송 등 7개 종합유선방송사업자(SO)가 방송채널사용사업자(PP)에 프로그램 사용료를 미지급 · 지연지급하여 「방송법」을 위반한 행위에 대해 시정명령과 과징금 2억 44만 원을 부과(방송통신위원회, 2014년 7월 9일).

- 종합편성채널(TV조선, JTBC, 채널A, MBN)의 '콘텐츠 투자계획 · 재방송 비율 준수'의 승인조건 이행 시정명령을 위반한 종편 4사에 각각 과징금 3천750만 원 부과(방송통신위원회, 2014년 1월 28일).
- 자극적인 내용을 방송한 서울신문STV〈블랙박스〉프로그램에 과징금 2,000만 원 부과(방송통신심의위원회, 2014년 1월 9일).
- 남인천방송(SO)이 정당한 사유 없이 자사와 채널계약을 체결한 OCN 등 147개 방송채널사용사업자(PP)에게 2012년 11월과 12월분 프로그램 사용료를 각각 50%, 75%를 삭감 · 지급하여 방송법을 위반한 행위에 대해 시정명령과 1,448만 원 과징금 부과(방송통신위원회, 2013년 2월 20일).
- 경기방송이 최다수 주식보유자와 소유지분 관련한 허위 사실로 변경허가와 재허가를 받은 위반 사항에 1억 원 과징금 부과(방송통신위원회, 2010년 12월 23일).
- SBS가 월드컵 단독중계로 보편적 시청권 관련 시정명령을 위반하여 과징금 19억 7,000만 원 부과(방송통신위원회, 2010년 7월 23일).

위와 같은 과징금 제재의 주요 사례 중에서 종편채널(PP)과 SBS-TV는 방송통신위원회를 상대로 시정명령 및 과징금부과처분 취소소송을 제기하여 승소한 바 있다. 방송통신위원회는 종편 4사(TV조선 · JTBC · 채널A · MBN)가 2010년 11월 사업승인 신청 시에 제출한 사업계획서에 약속한 콘텐츠 개발 투자비(2012년 1,575억~2,196억 원, 2013년 1,609억~2,322억 원 투자)와 재방송 비율(5.6~32.9%)을 준수하라는 시정명령을 내렸고, 이를 이행하지 않는 종편 4사에 2013년 8월 각각 3,750만 원씩(3,000만 원 기준 과징금에 25% 가중)의 과징금을 부과했다.[79]

종편 4사는 방송통신위원회의 과징금 부과에 불복해 과징금부과처분 취소청구소송을 냈으며, 2014년 8월 법원은 "콘텐츠 투자금액에 대한 시정명령은 이행가능성이 있으나, 재방송 비율 준수에 대한 시정명령은 이행가능성이 없다"며 "콘텐츠 투자금액 부분의 불이행을 이유로 과징 금액을 산정할 수 없으므로 과징금 부과처분은 전부 취소돼야 한다"고 판시하였다.[80]

2010년 7월 방송통신위원회는 SBS에 보편적 시청권을 보장하기 위해 KBS,

MBC와 월드컵 공동중계를 협상하라는 시정명령과 19억 7,000만 원의 과징금 부과하였다. SBS는 이에 불복해 시정명령 취소청구소송과 과징금부과처분 취소청구소송을 제기하였고, 재판부는 2011년 7월 "남아공 월드컵을 제외한 남은 5개 대회 중계방송권에 대해서는 SBS가 정당한 이유 없이 판매를 거부하거나 지연했다고 보기 어렵다"며 "이에 대한 시정명령은 위법하므로 취소해야 한다"고 판시하였다.[81] 다만 "남아공 월드컵 중계권에 대해서는 KBS, MBC가 구체적인 구매 희망 가격까지 제시했는데도 응하지 않은 채 단독 중계할 것임을 일방적으로 광고하는 등 지상파 방송 3사 간 판매 협상이 결렬된 데 SBS의 책임이 있다"며 "이에 대한 시정명령은 정당하다"고 SBS의 일부 승소를 판결한 바 있다.[82]

7) 허가·승인·등록 취소, 업무정지 및 유효기간 단축

방송통신위원회 또는 미래창조과학부 장관은 방송사업자가 「방송법」 제18조(허가·승인·등록의 취소 등) 규정을 위반한 경우에는 위반 경중(輕重) 정도에 따라 (1) 사업자의 허가·승인·등록 취소, (2) 6개월 이내의 업무정지, (3) 허가·승인의 유효기간 단축을 명할 수 있다. 방송사업자가 부정한 방법으로 허가·승인·등록을 받거나, 소유제한 규정을 위반하거나 또는 규제기관의 시정명령이나 제재조치명령을 불이행하는 경우에는 사업자의 허가·승인·등록 취소, 6개월 이내 업무 전부·일부 정지(또는 광고 중단), 방송법 제16조(허가 및 승인 유효기간)에 따른 허가·승인의 유효기간 단축을 명할 수 있다. 다만, 「방송법」 제13조 제3항에서 규정한 결격사유자가 법인의 대표자 또는 방송편성책임자가 된 경우로서 3개월 이내에 그 임원을 변경하는 때에는 예외로 하고 있다.

방송사업자의 재허가 및 재승인 거부와 허가·승인 및 등록을 취소하는 경

〈표 7-21〉「방송법」의 허가 · 승인 · 등록 취소, 업무정지 및 유효기간 단축 조항

「방송법」	허가 · 승인 · 등록 취소, 업무정지 및 유효기간 단축 조항
제18조(허가 · 승인 · 등록의 취소 등)	① 방송사업자 · 중계유선방송사업자 · 음악유선방송사업자 · 전광판방송사업자 또는 전송망사업자가 다음 각 호에 해당하는 경우: 1. 허위 기타 부정한 방법으로 허가 · 변경허가 · 재허가를 받거나 승인 · 변경승인 · 재승인을 얻거나 등록 · 변경등록을 한 때. 2. 소유제한 등(제8조)의 규정에 위반하여 주식 또는 지분을 소유한 때. 3. 결격사유(제13조)에 해당하게 된 때. 4. 외국자본의 출자 및 출연(제14조)의 규정에 위반하여 재산상의 출자 또는 출연을 받은 때. 5. 허가를 받거나 승인을 얻거나 등록한 날부터 2년 이내에 방송 또는 사업을 개시하지 아니한 때. 6. 변경허가 등(제15조 제1항)을 위반하여 변경허가 또는 변경승인을 받지 아니하거나 변경등록을 하지 아니한 때. 7. 유료방송의 약관 승인(제77조 제2항)에 따른 약관변경명령을 이행하지 아니한 때. 8. 설비개선명령 등(제81조)에 따른 시설의 보수 · 개수 · 이전 명령 등을 이행하지 아니한 때. 9. 시정명령 등(제99조 제1항)에 따른 시정명령을 이행하지 아니하거나 같은 조 제2항에 따른 시설개선 명령을 이행하지 아니한 때. 10. 제재조치등(제100조 제1항)에 따른 제재조치 명령을 이행하지 아니한 때. 11. 시청점유율 제한(제69조의 2 제5항)에 따른 명령을 이행하지 아니한 때. 12. 방송사업자가 내부 · 외부의 부당한 간섭으로 불공정하게 채널을 구성한 때. 13. 미래창조과학부 장관이 제85조의 2(금지행위) 제2항 후단에 따라 방송통신위원회로부터 통보받은 때.

우에는 청문을 실시하여 위반 사업자에게 소명의 기회를 부여한 후 '거부' 또는 '취소'를 결정해야 한다.[83] 「방송법」 제18조의 허가 · 승인 · 등록의 취소, 업무정지 및 유효기간 단축 규정은 〈표 7-21〉과 같다.

제 8 장

방송 미디어 윤리

1. 방송의 사회적 책임

1) 방송윤리

윤리(Ethics)의 어원은 윤리적 덕성(Moral Virtue)을 의미하는 그리스어 에티케(Ethike)에서 유래하였으며, 인간이 개인과 사회를 위하여 지켜야 하는 도덕규범을 뜻한다.[1] 방송윤리란 방송사에서 지켜야 할 윤리적 도리(道理)로서 인간의 존엄과 가치를 존중하고 사회적 도덕(Morality)과 규범(Norm)을 존속시키는 책임을 말한다. 방송사는 사회의 공기(公器)로서 방송의 독립성과 공정성을 바탕으로 공적 책임을 높임으로써 국민 권익을 보호하고 건전한 방송문화를 창달해야 하는 사회적 책임이 있다. 방송사가 방송의 사회적 책임을 이행하지 못할 경우에는 국민과의 약속을 불이행하는 위약(違約) 행위에 해당된다.

　방송사는 사회적·윤리적 책임을 수행하기 위해서는 인간의 존엄과 가치를 저해하는 행위, 선정·퇴폐·폭력·범죄·부도덕한 행위, 사행심 및 소비 조장 행위, 지역·세대·계층·성별 간의 불신과 위화감을 조성해서는 안 된다.[2] 그러나 다매체·다채널·다플랫폼 시대의 치열한 수용자 점유 경쟁으로 방송의 공익성과 사회적 책무가 점차 퇴색되어 건전한 방송문화 창달은 요원해지고 있다. 방송매체는 타 매체에 비해 강력한 침투력으로 이미 수용자의 일상생활의 일부가 되어 방송프로그램이 국민생활에 미치는 파급력은 막대하다. 따라서 민간 규제기관인 방송통신심의위원회에서는 수용자를 보호하기 위하여 방송프로그램 심의에 관한 규정을 마련하고 의결하며, 행정기관인 방송통신원회에서는 위반 방송사를 처벌하고 있다.

　방송사는 인간의 존엄과 가치를 존중할 의무가 있다. 외모 지상주의를 추구하는 오락 프로그램의 양산은 어린이·청소년의 건전한 가치관 형성에 역행하는 사회적 부작용을 낳는다. 외모지상주의를 조장하는 프로그램은 말초적 호기심을 자극하는 선정성으로 연결되어 궁극적으로 사회 규범을 와해시키기도 한다. 드라마에서 표출되는 외모 중시, 불건전한 생활, 통속적 주제 등은 수용자의 윤리와 도덕성을 혼탁하게 하여 사회적 통념의 척도를 이완시킬 수 있다. 또한 청소년 프로그램의 과도한 우상주의는 연예인 문화를 조성하여 특정 연예인에 몰입하는 팬덤(Fandom) 현상을 일으키게 된다. 이와 같은 현상은 청소년들이 특정 인물을 학습하고 동일시하는 모방현상을 낳으면서 국제사회에서 한국은 성형국, 명품 선호국이라는 오명과 조소의 대상이 되고 있다.

　방송사는 민감한 감성적 변화와 자아정체성의 '질풍노도의 시기(A Period of Heighten 'Storm and Stress)'를 겪는 청소년들을 선도할 수 있도록 건전한 미디어문화를 창출해야 된다.[3] 방송사는 청소년의 창의성 제고와 청소년 문화의 다양성을 충족시킬 수 있는 새로운 프로그램을 개발해야 한다. 또한 청소

년이 범람하는 오락 프로그램 속의 텔레비전 사회와 현실 사회를 혼동하지 않
도록 청소년의 정서적 안정과 인격 형성을 도모하고, 사회적 도덕과 규범을
존속시키는 데 선도자의 임무를 수행해야 한다.

2) 공인(Public Figure)과 모범인(Role Model)

우리 사회는 전대미문의 초고속 경제성장으로 말미암아 급속도로 유입된
서구문화와 전통문화가 상충되는 현상이 나타나고 있다. 양 문화 간의 충돌은
신세대와 구세대로 양분되는 사회적 분단을 초래하였으며, 이러한 현상은 방
송프로그램에 그대로 반영되고 있다. 신세대 수용자를 대상으로 하는 노이즈
마케팅, 사생활 폭로, 추문, '몰래 카메라', 신변잡담 등의 오락성이 강조된 프
로그램이 방송되면 이튿날 인쇄매체에서는 방송 내용을 기사화하여 지면 중
계한다. 방송매체의 파급효과가 인쇄매체로 연결되어 그 영향력이 증폭되는
기현상을 보이는 것이다.

방송사는 프로그램의 내용, 출연인물, 대상인물이 사회에 끼치는 영향과 책
임을 통감하고 공익을 위한 선도(先導)매체로서의 역할을 수행해야 된다. 방
송 책임론의 중심에는 방송을 통하여 사회에 영향력을 행사하는 모범인(Role
Model)과 공인(Public Figure)의 사회적 역할이다. 독일의 법학자 루돌프 예링
(Rudolf von Jhering, 1818~1892)은 공인을 "다수에 의해 선출되어 그 대표성을
갖는 사람"으로 정의하였고, 미 대법원은 명예훼손 판결에서 공인은 사회에
영향력을 끼치는 사람으로서 공직자, 정치인, 기업인 등으로 규정하고 있다.[4]
미국 대법원의 정의는 명예훼손 판결에 필요한 법률적인 범주 내에 제한되어
있으며, 미국 사회에서 통용되는 공인이란 국민에 의해서 선출되고 국민을 위
해서 일하는 공복(公僕)을 지칭한다.

공인의 광의 개념은 대중에게 영향력을 줄 수 있는 사람을 의미하며, 엄격

연예인도 공인이다

연예계가 바람 잘 날이 없다. '장자연 자살 사건' 파문이 채 가라앉기도 전에 마약 스캔들이 터졌다. TV 드라마 〈궁〉의 주연으로 스타덤에 오른 탤런트 주지훈 씨가 마약 성분 환각제를 투약한 혐의로 경찰에 입건됐다. 환각제는 동료 여자 영화배우가 일본에서 몰래 들여온 것이라고 한다. 연예인이 직접 마약 공급책으로 나섰다가 적발되기는 이번이 처음이라니 부끄러운 기록이 화나 더 추가됐다. 더구나 주지훈 씨는 국내를 넘어 한류 붐의 일원으로 일본 현지에서 대규모 팬 미팅과 영화 개봉을 앞두고 있었다. 자신의 역할과 영향력에 대한 자부심과 자기 절제, 최소한의 '공인' 의식이 있었다면 마약 따위는 꿈조차 꾸지 말았어야 했다.

연예인이 낀 마약·도박 스캔들은 한두 번이 아니어서 손으로 꼽기 민망할 정도다. 황수정·신해철·싸이 등이 마약과 관련해 물의를 일으킨 기억이 아직 생생하다. 해외 원정 도박, 인터넷 도박으로 지탄 받은 연예인들도 있었다. 그러나 얼마쯤 지나면 아무 일 없었다는 듯이 슬그머니 연예계에 복귀하는 일이 관행처럼 되풀이돼 왔다. 차라리 뒷골목 폭력 조직에서 벌어진 마약 사건이었다면 엄벌에 처하라고 촉구하면 그뿐일 것이다. 그러나 수많은 청소년이 우상으로 여기는 연예인 사이에서 일탈이 반복된다면 보통 심각한 문제가 아니다. 어떤 연예인은 대마초 사건으로 물의를 일으킨 것으로도 모자라 북한의 로켓 발사를 "경축한다"고 칭송하고, 청소년을 가르친다는 대형 사설학원은 그를 광고 모델로 모시기도 했다. 무언가 단단히 잘못됐다. '기부 천사'로 칭송받는 가수 김장훈, 영화배우 문근영 등 대다수 연예인이 애써 쌓아 올린 긍정적인 이미지를 몇몇 미꾸라지들이 먹칠해서야 되겠는가.

며칠 전 일본의 톱스타 구사나기 쓰요시가 도쿄의 한 공원에서 알몸 소동을 벌이다 체포된 일의 뒤처리 과정은 우리에게 시사하는 바가 크다. 일본 경찰은 경범죄에 불과한 그의 행위에 대해 마약 흡입 여부를 별도로 조사한다며 소변검사·가택수사까지 했다. 도요타 자동차 등 구사나기를 광고 모델로 기용했던 기업들은 즉시 광고를 중단했다. 공인의 무게에 상응하는 '책임'을 단단히 물은 것이다.

연예인들은 극소수 스타급을 제외하고는 대부분 열악한 상황에서 허덕이고 있다. 그래서 연예산업 진흥을 법률로 뒷받침하자는 움직임이 활발하다. 그러나 아무리 여건이 나아진다 해도 자기 절제와 책임감 없이는 불미스러운 소동이 되풀이될 것이다. 연예계는 사회적 영향력에 걸맞은 공인 의식을 다시 한 번 되새겨보기 바란다.

자료: 《중앙일보》(2009년 4월 28일).

한 의미의 공인은 공적인 업무에 종사하는 사람을 말한다. 위 일간지의 사설에서는 연예인을 '공인'이라는 축에 가두어놓고 심판하고 있다.[5] 이 사설에서 거론되는 공인은 사회에 귀감이 될 수 있는 모범인을 뜻한다. 따라서 불미스러운 행동으로 사회의 지탄을 받는 연예인이 '공인으로서 잘못을 뉘우친다'라는 것은 어불성설(語不成說)이며, '타인에게 모범(Role Model)이 되어야 하는 연예인(Entertainer)으로서 잘못을 뉘우친다'가 올바른 표현이다.

대중을 즐겁게 하는 연예인과 엄격한 덕목이 요구되는 공인을 동일시하는 것은 모순이다. 대중의 사랑을 받는 연예인은 철저한 사생활 관리로 모범을 보여 대중의 사랑을 사회에 환원하는 모범인이 되어야 한다.

3) 방송인의 공직 참여

민주주의 국민은 공복으로서 국민을 위해 봉사할 수 있는 피선거권이 보장되어 있다. 공복(公僕)이란 '공중의 종'을 일컫는 공무원으로서 국민을 위해 봉사하는 사명자이다. 그러나 공복으로서 전문성과 자질이 부족한 방송인이 시청자·청취자를 볼모로 공직에 선출되는 것은 방송인의 기회주의적 행동으로 판단될 수 있다. 일례로 월남전을 종식시키는 결정적인 역할을 해낸 미국 CBS-TV 월터 크론카이트(Walter L. Cronkite, Jr., 1916~2009)는 미국 방송 역사상 가장 존경받는 방송뉴스 앵커이며 기자이다. 미국 국민들은 언론인으로서 오랜 경륜과 정직함을 겸비한 그가 대통령직에 출마하기를 간구하였으나, 월터 크론카이트는 국민의 여론을 보도하는 언론인으로서 공직에 출마하는 것은 방송윤리에 어긋난다는 의지를 굽히지 않은 바 있다. 미국 사회에서 방송을 통해 시청자·청취자에게 이름과 얼굴을 알리고 난 후, 공직 선거에 출마하는 것은 방송인의 자세를 망각하는 불문율로 금기시되어 있다. 방송인 출신으로 미 의회에 입성하거나 공직에 진출한 사례는 찾아보기가 힘들지만, 우리나라에서는 같은 공영방송사의 방송인 출신 두 명의 사장이 각각 다른 정당 후보로 같은 도지사 선거에 동시 출마해서 한 명이 당선된 사례는 방송인의 공직 참여에 대한 규제의 필요성을 잘 보여준다.

공직자의 전관예우를 근절시키기 위한 「공직자윤리법」은 방송인의 공직윤리 참여에 중요한 이정표가 되어주고 있다. 방송인도 공복으로서 국민에게 봉사할 참정권은 보장되어 있으나 정치적 중립성과 국민의 여론을 취급하는 방송인으로서 공직에 출마하는 것은 정당하지 않으며, 특히 비방송인 출신 후보와의 경쟁은 선거 형평성에 위배된다. 따라서 방송인이 공직에 출마할 경우, 퇴사후 일정한 유예 기간(5~7년)을 거쳐 공직자 후보로 참여할 수 있는 「방송인 공직참여법」을 제정하여 방송인의 책무와 선거 공평성의 기틀을 마련해야 한다. 이는 방송인의 공직 참여를 원칙적으로 봉쇄하는 법안이 아니라, 방송인의 기회주의적이고 비윤리적인 관습을 타파하고 공복으로서의 인격과 전문성을 갖춘 사명인을 정치에 참여시키는 제도로서 방송 선진화의 초석이 될 수 있다.

2. 방송의 진실 보도와 취재 윤리

1) 방송의 취재·보도

방송사의 치열한 특종 경쟁은 국민의 알 권리를 충족시키기 위한 취재·보도 자유권과 방송의 공정성·진실성이 이율배반적으로 상충된다. '황우석 사태' 등 일련의 특종 보도 사례에서 나타난 바와 같이, 방송사의 진실 왜곡 보도는 국민을 선동하는 파급 현상으로 점화될 수 있다. 방송사는 방송 보도의 폐해를 방지하기 위해서 (1) 진실 보도와 (2) 확인된 자료에 입각한 보도를 해야하며, (3) 사회적 정의와 (4) 국민의 사생활침해를 방지하기 위해서 (5) 자율적으로 취재 윤리 강령을 제정하여 보도자의 책무를 준수해야 한다.[6]

(1) 진실 보도(Truth Telling)

방송사는 사실(Fact)과 진실(Truth)에 입각한 보도 의무를 최우선 목표로 설정해야 한다. 진실 보도는 왜곡된 사실의 진위 여부, 취재 기자가 진실을 왜곡 또는 은폐하려는 의도 여부, 왜곡된 사실이 국민에게 미치는 파급효과 여부를 판단해야 한다.

(2) 확인된 자료에 입각한 보도(Confirmed Resources)

취재 자료나 취재원으로부터 공급받은 정보의 확인과 검증 절차는 방송취재의 기본의무이다. 과학자들이 실험 결과에 의해서만 과학적 이론을 입증하는 것과 마찬가지로, 취재 기자는 확인된 내용을 2중, 3중의 검증 절차를 거치는 안전장치가 필요하다.

(3) 사회적 정의(Social Justice)

방송 보도는 소외 계층의 이익을 대변하고 사회 부조리를 고발하여 평등한 인격권과 공정한 사회적 정의를 구현하기 위해 방송의 사회적 책무를 다해야 한다는 책임론에 기반을 둔다.

(4) 사생활 침해 보호(Invasion of Privacy)

「헌법」에 보장된 인간의 존엄성과 행복권이 침해받지 않도록 모든 국민은 방송 보도로부터 노출되는 사생활의 비밀과 자유를 보호받을 권리가 있다. 방송 보도가 국민의 사생활·명예·권리를 침해할 시에는 피해자는 이에 대한 피해 배상을 청구할 수 있다. 방송 보도로 인한 사생활 침해는 개인의 얼굴, 음성, 신상정보가 방송에 노출되어 고의적인 악용, 명예훼손, 인권 침해, 또는 노출에 따른 신체적·정신적·경제적인 피해를 의미한다.

(5) 취재윤리강령 준수(Ethics of Gathering News)

방송사는 사회 정의를 실현하고 올바른 문화 창달과 여론 형성을 선도하기 위한 막중한 책임을 다하여 정확하고 공정한 보도에 임할 것을 공표하는 취재 윤리강령을 제정하고 준수해야 한다.[7]

2) 방송의 취재윤리와 「공정성 가이드라인」

방송사의 윤리강령은 방송인이 준수해야 하는 취재윤리의 기본으로서 실천 강령, 세부지침, 윤리위원회 규약으로 구분되어 있다. 취재 윤리의 세부적인 실천 강령으로 (1) 권력과 금력(金力) 등 내·외부의 개인 또는 집단의 부당한 간섭이나 압력을 배제하기 위한 방송의 독립성과 정치적 중립성, (2) 진실을 존중하여 정확한 정보와 공정보도의 책임성, (3) 방송 보도의 권리행사로 지위나 신분을 오용하거나 남용하는 것을 금지, (4) 부당이득을 취하지 않으며 취재원으로부터 금품이나 향응, 특혜를 받지 않는 품위 유지, (5) 사회질서나 미풍양속을 파괴하는 보도를 긍정적으로 다루지 않으며 가정생활과 가정의 가치를 존중하는 건전한 사회보존 의무권, (6) 인명을 경시하거나 자살을 긍정적으로 다루지 않고 폭력이나 테러 등 반인륜적 행위를 미화하지 않고 어린이 및 청소년의 풍부한 정서와 건전한 정신 그리고 올바른 품성을 함양할 수 있는 방송문화 창달, (7) 보도 기사의 출처를 밝히는 것을 원칙으로 하며, 취재원의 안전이 위협받을 경우 공개하지 않는 것을 원칙으로 하는 취재원 보호권, (8) 공공의 이익을 위해 필요한 경우가 아니면 개인의 명예를 훼손하지 않고 개인의 사생활을 침해하지 않는 사생활 보호권, (9) 방송 내용이 사실과 명백히 다를 경우에는 이를 취소 또는 정정하고 명예훼손과 권리침해 등 정당한 이유로 이의를 제기하는 사람에게는 충분하고 신속한 반론의 기회 제공권, (10) 방송제작자는 사명감을 갖고 방송 윤리 강령을 준수하는 의무권을 규정하고 있다.[8]

2008년 MBC-TV 〈PD수첩〉의 광우병 보도(「미국산 쇠고기, 과연 안전한가?」)는 진실 보도를 생명으로 하는 방송사의 취재윤리를 통감하는 사례이다. 대법원은 "〈PD수첩〉이 한미 쇠고기 협상 절차를 점검하고 문제점을 지적하려 한 것은 정당한 취재 행위"로 볼 수 있으나, "기획 의도가 정당하다 해도 프로그

MBC 〈PD수첩〉「미국산 쇠고기, 과연 안전한가」편을 만든 제작진이 대법원에서 무죄 판결을 받았는데도 MBC가 사고(社告)와 〈뉴스데스크〉, 신문광고 등을 통해 대국민 사과문을 발표했다. MBC는 6일 조선·중앙·동아일보와 한겨레 등 4개 종합일간지에 "PD수첩 보도 사과드립니다"라는 제목의 광고를 내고 "대법원은 최종 판결에서 다우너 소를 광우병 소로 지칭한 부분, 미국 여성 아레사 빈슨이 인간광우병으로 사망한 것처럼 언급한 부분, 한국인이 인간광우병에 걸릴 확률이 94%에 이른다고 지적한 부분 등 세 가지 주요 내용을 허위로 결론 내렸다"며 "2008년 미국산 쇠고기 수입 협상 논란과 광우병이 전 국민의 주요 관심사였던 시점에 문화방송이 잘못된 정보를 제공한 것은 어떤 이유로도 합리화될 수 없다"고 밝혔다.

MBC는 이에 앞서 5일 같은 내용의 사고를 발표하고 〈뉴스데스크〉 시작 직전 똑같은 사과문을 자막으로 내보냈다. 전국언론노조 MBC본부는 성명을 내고 "회사가 제작진의 등에 다시 한 번 칼을 꽂았다"며 "MBC를 정권에 헌납하려 한다면 더는 사측과 공정방송을 논의할 수 없다"고 말했다.

자료: 《경향신문》(2011년 9월 6일).

램을 지탱하는 핵심 쟁점들이 허위 사실이었다면 그 프로그램은 공정성과 객관성은 물론 정당성도 상실하게 된다"고 판결하였다.[9] MBC-TV는 사과문을 통해 "잘못된 정보가 국민의 정확한 판단을 흐리게 한 점은 언론사의 사회적 책무를 왜곡했다는 비난을 받아도 마땅"하며 이를 계기로 "취재 과정에서 드러난 문제점을 점검하고 취재 제작 가이드라인을 철저히 준수하고 시사 프로그램에 대한 심의 절차 등 내부 시스템을 재점검하겠다"고 밝힌 바 있다.[10]

방송 취재윤리의 핵심은 「방송법」 제5조(공적 책임)와 제6조(공정성과 공익성)에 의거하여 민주적 기본질서를 존중하고 민주적 여론형성에 이바지함으로써 지역 간·세대 간·계층 간·성별 간의 갈등을 방지하고 방송보도의 공정성과 객관적 책임성을 실현하는 것이다. 방송사는 공정성과 책임성 확보를 위한 제도적 장치로서 윤리강령, 방송강령, 심의규정, 공정보도 일반기준, 실천요강, 선거방송 준칙, 편성규약, 방송제작 가이드라인, 공정방송위원회, 뉴스옴부즈맨, 고충처리인 제도 등을 마련하고 있다. 그러나 대부분의 제도적 장치는 내용이 추상적이어서 보도 및 시사 프로그램의 제작 현장에서 실제로 활용할 수 있는 실천 방안들이 미비한 점이 지적되어왔다.[11]

〈표 8-1〉「KBS 공정성 가이드라인」

1. 공직자 및 공직후보자 검증 보도
1) 일반 원칙
2) 제작 세칙
  (1) 공직 후보자에 대한 공정한 대우와 사실 확인 보도
  (2) 자료출처와 인터뷰 대상자 등의 공개
  (3) 폭로성 주장의 처리

2. 선거 보도
1) 일반 원칙
2) 제작 세칙
  (1) 취재원의 권리 보호
  (2) 후보자에 대한 공정한 대우와 사실 확인
  (3) 자료출처와 인터뷰 대상자 등의 공개
  (4) 폭로성 주장의 처리
  (5) 정책과 공약의 타당성 검증을 위한 보도
  (6) 정당과 후보자에 관한 보도의 순서와 대상
  (7) 비합리적 정서 자극 금지
  (8) 불법선거 감시 보도
  (9) 여론조사 결과 보도
  (10) 영상취재와 편집
  (11) 인터뷰 및 출연
  (12) 투표 전날 방송
  (13) 선거 당일 방송의 제한
  (14) 인터넷 및 뉴미디어를 이용한 선거 보도
    ① 인터넷을 통한 선거 보도
    ② 인터넷 게시판 및 이용자 제작내용(UCC) 운용

3. 여론조사 보도
1) 일반 원칙
2) 제작 세칙
  (1) 여론조사의 기획
  (2) 여론조사의 의뢰 및 감리
    ① 여론조사의 의뢰
    ② 여론조사의 감리
  (3) 선거방송에 이용되는 여론조사
  (4) 출구조사
  (5) 여론조사 보도
    ① 일반 여론조사의 보도
    ② 선거 여론조사의 보도
    ③ 여론조사를 인용할 경우 검토사항
    ④ 여론조사 결과 해석 및 보도 시 유의할 점)
  (6) 유사 여론조사
  (7) 전화, 문자 및 온라인을 이용한 모의 투표

4. 공공정책에 관한 보도
1) 일반 원칙
2) 제작 세칙
  (1) 공공정책에 관한 정보
  (2) 발표자료 검증

  (3) 진행자
  (4) 출연자 섭외
  (5) 국무위원의 방송 출연
  (6) 공공정책에 관한 여론조사

5. 사회갈등 보도
1) 일반 원칙
2) 제작 세칙
  (1) 정확한 보도
  (2) 공정한 보도
  (3) 합리적 합의 지향
  (4) 논조의 일관성
  (5) 세부 준칙들
    ① 피해 보도
    ② 인터뷰
    ③ 당국의 공식 발표
    ④ 인용보도
    ⑤ 자료 영상
    ⑥ 인터뷰 거부, 토론 참가 거부
    ⑦ 용어 선택

6. 역사적 사건, 인물에 대한 보도
1) 일반 원칙
2) 제작 세칙
  (1) 해당 사건이나 인물이 제대로 조명되고 있는지 여부 판단
  (2) 기획, 제작 시 유의점
  (3) 인터뷰 대상자 섭외
    ① 다양성의 고려
    ② 인터뷰 취지에 대한 설명
  (4) 편집 시 유의할 점
    ① 편집의 공정성
    ② 인터뷰 편집
  (5) 사건이나 인물에 대한 재연

7. 재난재해 보도
1) 일반 원칙
2) 제작 세칙
  (1) 적용 범위
  (2) 세부 준칙
    ① 피해 최소화
    ② 정확한 보도
    ③ 선정적 보도 지양
    ④ 재난관리 당국과의 협조체제 구축
    ⑤ 취재원에 대한 검증
    ⑥ 피해자 입장 반영과 인권 보호
    ⑦ 과거 자료 사용 시 주의사항
    ⑧ 객관적 전망 지향
    ⑨ 오류 정정

2015년 3월 KBS에서는 현장에서 직접 활용할 수 있는 보도 및 시사, 교양 프로그램의 공정성과 관련된 기존 준칙을 통합하여 실무자를 위한 「KBS 공정성 가이드라인」을 공표하였다.[12] 「KBS 공정성 가이드라인」은 방송의 공정성, 정확성, 다양성을 3대 준칙으로 설정하고 제작종사자들이 직면하는 7개 분야(① 공직자 및 공직후보자 검증 보도, ② 선거 보도, ③ 여론조사 보도, ④ 공공정책에 관한 보도, ⑤ 사회갈등 보도, ⑥ 역사적 사건·인물에 대한 보도, ⑦ 재난재해 보도)를 세부준칙으로 구분하여 〈표 8-1〉과 같이 일반 원칙과 제작 세칙을 규정하고 있다.[13]

3) 「재난보도준칙」(Guidelines of Gathering Disaster News)

재난이 발생했을 때 정확하고 신속하게 재난 정보를 제공하여 국민의 생명과 재산을 지키는 것은 언론의 기본 사명 중 하나이다.[14] 재난 보도는 사회적 혼란이나 불안을 야기하지 않도록 노력해야 하며, 재난 수습에 지장을 주거나 피해자의 명예나 사생활 등 개인의 인권을 침해하는 일이 없도록 각별히 유의해야 한다.[15] 「재난보도준칙」은 재난이 발생했을 때 언론의 취재와 보도에 관한 세부 기준을 제시함으로써 취재 현장의 혼란을 방지하고 언론의 원활한 공적 기능 수행에 기여함을 목적으로 언론단체에서 제정한 규칙이다.[16]

세월호 침몰 참사를 계기로 5개 언론단체(한국방송협회, 한국신문방송편집인협회, 한국기자협회, 한국신문협회, 한국신문윤리위원회)에서 「재난보도준칙」을 공동 제정하여 2014년 9월에 공포하였다. 「재난보도준칙」은 목적, 일반 준칙, 언론사 의무, 피해자 인권 보호, 취재진 안전 확보, 현장 취재협의체 구성 등 44개 조문으로 구성되었으며, 재난 시 언론이 취재와 보도 의무를 성실하게 실천하고 준칙을 준수하겠다는 의지를 나타내고 있다.[17] 취재와 보도에 관련된 재난 보도의 일반준칙은 다음과 같다.[18]

정확한 보도: 언론은 재난 발생 사실과 피해 및 구조상황 등 재난 관련 정보를 국민에게 최대한 정확하고 신속하게 보도해야 한다.

인명구조와 수습 우선: 재난현장 취재는 긴급한 인명구조와 보호, 사후수습 등의 활동에 지장을 주지 않는 범위 안에서 이루어져야 한다.

피해의 최소화: 언론의 역할 중에는 방재와 복구기능도 있음을 유념해 재난 피해를 최소화하는 데 기여해야 한다.

예방 정보 제공: 언론은 사실 전달뿐만 아니라 새로 발생할지도 모르는 피해를 예방하기 위해 안내와 사전 정보를 제공하고, 피해자 및 지역주민에게 필요한 생활정보나 행동요령 등을 전달하는 데에도 노력해야 한다.

비윤리적 취재 금지: 취재를 할 때는 신분을 밝혀야 한다. 신분 사칭이나 비밀 촬영 및 녹음 등 비윤리적인 수단과 방법을 통한 취재는 하지 않는다.

통제지역 취재: 병원, 피난처, 수사기관 등 출입을 통제하는 곳에서의 취재는 특별한 사유가 없는 한 관계기관의 동의를 얻어야 한다.

현장 데스크 운영: 언론사는 충실한 재난 보도를 위해 가급적 현장 데스크를 두며, 본사 데스크는 현장 상황이 왜곡돼 보도되지 않도록 현장 데스크와 취재기자의 의견을 최대한 존중한다.

무리한 보도 경쟁 자제: 언론사와 제작책임자는 속보 경쟁에 치우쳐 현장기자에게 무리한 취재나 제작을 요구함으로써 정확성을 소홀히 하도록 해서는 안 된다.

공적 정보의 취급: 피해 규모나 피해자 명단, 사고 원인과 수사 상황 등 중요한 정보에 관한 보도는 책임 있는 재난관리 당국이나 관련기관의 공식 발표에 따르되 공식발표의 진위와 정확성에 대해서도 최대한 검증해야 한다.

취재원에 대한 검증: 재난과 관련해 인터뷰나 코멘트를 하는 인물에 대해서는 사전에 신뢰성과 전문성을 충분히 검증해야 한다.

유언비어 방지: 모든 정보는 출처를 공개하고 실명으로 보도하는 것을 원칙으로 한다. 확인되지 않거나 불확실한 정보는 보도를 자제함으로써 유언비어의 발생이나 확산을 막아야 한다.

단편적인 정보의 보도: 사건 사고의 전체상이 파악되지 않은 상황에서 불가피하게 단편적이고 단락적인 정보를 보도할 때는 부족하거나 더 확인돼야 할 사실이 무엇인지를 함께 언급함으로써 독자나 시청자가 정보의 한계를 인식할 수 있도록 노력한다.

선정적 보도 지양: 피해자 가족의 오열 등 과도한 감정 표현, 부적절한 신체 노출, 재난 상황의 본질과 관련이 없는 흥미위주의 보도 등은 하지 않는다.

감정적 표현 자제: 개인적인 감정이 들어간 즉흥적인 보도나 논평은 하지 않으며 냉정하고 침착한 보도 태도를 유지한다. 자극적이거나 선정적인 용어, 공포심이나 불쾌감을 줄 수 있는 용어는 사용하지 않는다.

정정과 반론 보도: 보도한 내용이 사실과 다를 경우에는 독자나 시청자가 납득할 수 있는 적절한 방법으로 신속하고 분명하게 바로잡아야 한다. 반론 보도 요구가 타당하다고 판단될 때는 전향적으로 수용해야 한다.

4) 개발도상국 「아동보호 미디어 지침서(Guidelines of Gathering News for Children in Developing Countries)」

사회단체에서 제정한 취재 지침서로서, 대중매체가 개발도상국의 아동과 관련된 내용을 취재·보도할 경우, 아동 권리가 침해되지 않도록 언론사에 준수를 요구하는 준칙이다.

「아동보호 미디어 지침서」는 개발 NGO(Non-governmental Organization)들의 협의체인 국제개발협력민간협의회(KOCO)에서 6개 단체(아동복지기관, 국제구호개발 NGO, UN 산하단체 등)의 개별적인 지침서를 통합하여 2014년 9월에 제정하였다.[19] 대중매체는 개발도상국의 아동이 처한 열악한 현실을 알리고 그들의 권리를 증진하는 데 기여해왔으나, 취재·보도 과정에서 의도하지 않게 아동의 권리를 침해하는 상황이 발생한다.[20] 「아동보호 미디어 지침서」는 기자, 프로듀서, 촬영감독, 사진작가, NGO 및 미디어 종사자들이 취재·보도 과정에서 개발도상국 아동이 처한 상황을 개선하고 권리 침해를 예방하는 데 중요한 역할을 한다.

「아동보호 미디어 지침서」는 개발도상국 아동의 취재·보도 과정에서 대중매체와 NGO 단체 등이 지켜야 할 10가지 원칙으로 (1) 아동의 존엄성과 권리 존중, (2) 미디어 관계자의 사명과 책무 준수, (3) 아동 및 보호자의 의사 존중, (4) 사생활 보호, (5) 적절한 촬영 환경 보장, (6) 사후 피해 예방, (7) 사실에 기반을 둔 촬영, (8) 아동 및 보호자의 능동적 묘사, (9) 현지 문화 존중, (10) 국내외 협력기관 및 직원 존중을 제시하고 있다. 방송 취재·보도와 관련된 구체적인 원칙은 다음과 같다.[21]

- 아동의 사진 촬영은 사전에 당사자와 보호자에게 사진 촬영의 목적과 활용 방안에 대해 동의를 구할 것.
- 당사자와 보호자가 촬영 거부 의사를 밝혔을 때는 즉시 촬영을 중단할 것.

- 의도적으로 위험한 상황을 연출하는 등의 왜곡을 삼갈 것.
- 가급적 촬영 대상의 눈높이에 맞출 것
- 동영상을 촬영할 경우에는 간단한 현지어를 숙지하고 촬영 대상의 이름을 불러줄 것.
- 촬영 전 시간을 할애해 촬영 대상과 유대감을 형성할 것.
- 평소 하지 않는 일을 연출하지 않을 것.
- 숨진 가족의 이야기를 아동이 직접 말하는 상황을 연출할 때 신중하게 결정할 것.
- 촬영된 아동의 이미지를 조작하거나 의도적으로 편집하지 않을 것
- 대중들이 죄의식을 느끼게 하는 보도는 지양할 것.
- 아동 사례를 왜곡, 은폐, 과장, 축소하지 않을 것.
- 신원 보호가 필요할 경우 모자이크와 음성변조를 반드시 실시할 것.
- 아동의 이름은 가명 처리를 원칙으로 할 것.
- 해당 촬영 및 보도가 아동과 그 가족 그리고 지역사회의 이익에 부합하는지 항상 고려할 것.
- 인도적 위기 상황의 아동에게 충격이나 정신적 피해를 줄 수 있는 인터뷰는 삼가할 것.
- 아동의 동의를 구하지 않은 채, 아동의 사생활에 관련된 자료(일기, 편지 등)를 보도하지 않을 것.
- 정확한 내용과 사진(영상)을 사용하며 확인되지 않은 사실을 보도하여 아동에게 신체적·정신적 피해를 주지 않을 것.
- 무력분쟁을 겪은 아동을 인터뷰할 때, 작성된 정보는 보안이 보장되는 장소에 보관하거나 해당 국가를 제외한 다른 곳에 보관하여, 신원노출로 인해 아동이 피해를 입지 않도록 할 것.
- 2차 피해가 예상되는 현·전역 소년병, 신체적·성적 학대 피해 아동, 가해 아동, HIV/AIDS 감염 아동의 신원은 절대 공개하지 않을 것.
- 아동에게 부정적인 낙인을 찍거나 상황을 과장하고 해당 아동을 무기력한 존재로 묘사하여 아동이 추가적인 위험에 노출되는 일이 없도록 할 것.

5) 대한의사협회의 「의사 방송 출연 가이드라인」

방송채널 증가로 인한 의학·건강 관련 프로그램의 범람으로 소비자의 건강과 경제적 피해가 점증(漸增)하고 있다. 시·청취자들은 방송매체에 대한 공신력을 바탕으로 방송프로그램을 통해서 전달되는 의학정보, 관련 시술 및 건강기능식품을 의심 없이 수용 또는 신뢰하게 된다. 2015년 '백수오 파문'에서 파악된 가짜 백수오 전체 판매량의 75%가 홈쇼핑 채널을 통해 판매된 점과 '가짜 백수오' 의혹으로 코스닥 시가 총액 6조 원이 증발한 사실은 방송이 국민 건강의 안정성과 국가 경제에 미치는 폐해를 입증해주고 있다.[22] 근래에는

의사 신분으로 의학·건강 관련 방송프로그램에 출연하여 의학적으로 검증되지 않은 시술을 소개하거나 건강 관련 기능식품을 직·간접적으로 소개, 홍보, 과장, 허위 광고하는 소위 '쇼닥터(Show Doctor)'가 출현하여 방송의 공신력을 저하시키고 있다. 지상파 방송사는 자율적으로 수립한 의학·건강 관련 프로그램의 심의 가이드라인과 의료 전문인의 출연 섭외 원칙을 준수하고 있으나, 시청률 및 수익 지상주의에 편승한 일부 종편 및 홈쇼핑 채널의 비과학적 검증 체제로 인하여 왜곡된 의학·건강 정보가 만연하면서 해당 건강 관련 기능 제품의 판매가 급증하고 있다.

2015년 2월 보건복지부는 방송 등에서 허위·과장된 의학정보를 제공하거나 소비자를 기만하거나 오인·혼동시킬 우려가 있는 표현을 사용할 경우 1년 이하의 의사 면허 자격을 정지시킬 수 있도록 하는 「의료법 시행령」 개정안을 입법예고한 바 있다. 2015년 3월 11만 명의 의사 자격증을 취득한 회원이 가입된 대한의사협회(Korean Medial Association)는 법적 규제에 대비한 자율적인 제도를 확립하기 위해 「의사 방송 출연 가이드라인」을 공표하였다. 대한의사협회는 의사 신분으로 빈번하게 방송에 출연하여 의학적 근거가 부족한 치료법이나 특정 건강기능식품을 추천하고 시청자를 현혹시키는 행위를 차단하고 정확하고 객관적인 의학정보를 전달하려는 목적으로 가이드라인을 마련하였다. 「의사 방송 출연 가이드라인」은 방송에 출연하는 의사는 방송을 의료인, 의료기관, 건강기능식품에 대한 광고 수단으로 악용할 수 없으며, 방송 출연의 대가로 금품 등 경제적 이익을 주고받는 것을 금지하고, 의료인으로서 품위를 손상하는 행위를 금지하고 있다. 대한의사협회는 가이드라인을 위반한 의사에 대해서 '쇼닥터 대응 태스크포스 팀(TFT)'을 구성하여 심의한 후, 해당 의사를 방송통신심의위원회에 제소하고, 그 결과에 따라 중앙윤리위원회에 회부하여 처벌하도록 규정하고 있다. 의사협회의 가이드라인은 다음과 같은 5가지 기본원칙과 이에 관련된 세부지침으로 구성되어 있다.

1. 의사는 의학적 지식을 정확하고 객관적으로 전달하여야 한다.
   1) 의사는 객관적 또는 과학적 근거가 있는 내용을 다루어야 한다.
   2) 의사는 의학적으로 검증되지 아니한 의료행위를 안내하여서는 아니 된다.
   3) 의사는 의학적 지식이 왜곡되지 않도록 정확하게 전달하고 이해하기 쉽게 설명하고 기술하도록 해야 한다.

2. 의사는 시청자를 현혹시키지 않도록 신중을 기하여야 한다.
   1) 의사가 의학 상담을 할 때에는 상담만으로 정확한 진단에 한계가 있음을 알게 하고 시청자가 증상에 따른 상담 결과를 확진으로 오해하지 않도록 신중하게 임해야 한다.
   2) 의사가 사진·영상 자료 등과 함께 의학적인 설명을 할 때에는 출처를 면밀하게 파악하여 조작이나 가공이 없는 객관적인 자료를 사용하여야 한다.
   3) 의사가 특정인의 체험 사례를 다룰 때에는 불특정 다수에게 일반화시키지 않도록 신중을 기하여야 한다.
   4) 의사는 의료행위, 치료법 등을 설명하면서 부작용 등 중요한 의학 관련 정보를 누락하여서는 아니 된다.
   5) 의사가 특정 식품·건강기능식품을 언급할 때에는 질병의 치료에 효능이 있다는 내용 또는 의약품으로 혼동할 우려가 있는 내용의 표현·설명을 하여서는 아니 된다.
   6) 의사가 의료행위나 특정 식품·건강기능식품·의약품·의약외품·의료기기·화장품(이하, 제품) 등과 관련된 사항을 다룰 때에는 공신력 있는 참고자료(reference) 없이 시청자를 불안하게 하거나 과신하게 하는 단정적인 표현을 하여서는 아니 된다.
   7) 의사는 특정 제품의 기능성이나 의학적 효능·효과를 보증하거나 특정 제품을 지정·공인·추천·지도·사용하고 있다는 내용 또는 이를 암시하는 표현을 하여서는 아니 된다.

3. 의사는 방송매체를 의료인, 의료기관 또는 식품·건강기능식품에 대한 광고 수단으로 악용하지 않는다.
   1) 의사는 방송에서 자신 또는 근무처의 연락처나 약도 등의 정보를 노출하여서는 아니 된다.
   2) 의사는 특정 식품·건강기능식품의 명칭·상표 등을 구체적으로 소개하거나 의도적으로 부각시켜 특정 식품·건강기능식품의 구매를 권유·조장하여서는 아니 된다.
   3) 의사가 특정 식품·건강기능식품과 관련하여 홈쇼핑 방송 등 광고 관련 방송매체에 직접 출연하는 것에 신중을 기하여야 한다.
   4) 의사는 인터넷 홈페이지, 카페, 블로그 등을 통해 방송 출연 사실을 공개함으로써 방송을 해당 병의원의 마케팅 수단으로 악용하여서는 아니 된다.

4. 의사는 방송 출연의 대가로 금품 등 경제적 이익을 주고받아서는 아니 된다.
   1) 의사는 소정의 출연료 이상의 금품, 간접광고 등 경제적 이익을 요구하거나 제공받아서는 아니 된다.
   2) 의사는 방송 출연을 위하여 방송관계자에게 금품 등 경제적 이익을 제공하여서는 아니 된다.

5. 의사는 의료인으로서 품위를 손상하는 행위를 하여서는 아니 된다.
   1) 의사는 학력, 경력, 전문 과목, 전문의 취득 여부 등 자격사항에 관하여 허위 또는 과장된 사실을 소개하여서는 아니 된다.
   2) 의사는 방송 출연 과정에서 방송의 목적, 내용 등을 신중하게 고려하여 전문가의 품위를 유지할 수 있도록 하여야 한다.

3. 취재권

1) 취재권(取材權)과 취재원(取材源) 보호권

「헌법」제21조 제1항은 '언론·출판의 자유와 집회·결사의 자유'를 규정하고 있으며, 언론기관은 「헌법」(제21조)과 국민의 알 권리 충족을 근거로 취재의 자유를 인정받고 있다.

취재권(取材權)은 언론기관이 공공의 이익을 위한 목적으로 뉴스 대상을 취재할 수 있는 권리를 의미한다. 취재권을 보호하기 위한 국제적인 조치로서 유네스코(UNESCO)의 「맥브라이드 위원회 보고서(MacBride Commission Report)」(1980)는 '기자들에게 취재권을 부여하는 어떠한 국제 협약이나 윤리기준을 채택하는 것을 반대하고, 모든 기자들은 자유롭게 취재원(取材源)에게 접근할 수 있고 방해 없이 취재할 수 있어야 한다'고 천명하고 있다.[23]

방송사는 진실을 보도하기 위해서는 취재원을 정확히 밝히는 것을 원칙으로 하지만, 취재원의 안전이 위협받을 경우 공개하지 않는 취재원 보호권도 있다. 미국의 경우, 취재 기자가 법정에서 정보(또는 정보원)의 출처를 밝히는 것을 거부할 수 있는 권리인 「취재원 보호법(Shield Law)」을 제정하여 와이오밍주를 제외한 모든 주에서 시행하고 있다. 우리나라는 취재원 보호와 관련된 법 규정은 존재하지 않으며 법원도 취재원 보호와 관련해 구체적인 판결을 내리고 있지 않다.[24]

법적인 규제 부재로 인하여, 언론단체(한국기자협회, 한국신문방송편집위원회, 한국신문협회)에서는 「신문윤리실천요강의 준칙」을 채택하여 취재원을 보호하고 있다. 「신문윤리실천요강의 준칙」제5조(취재원의 명시와 보호)에서는 취재원을 보호하는 조항을 마련하고 있다(〈표 8-2〉).

제5조 취재원의 명시와 보호·보도기사는 취재원을 원칙으로 익명이나 가명으로 표현해서는 안 되며 추상적이거나 일반적인 취재원을 빙자하여 보도해서는 안 된다. 그러나 기자가 취재원의 비보도 요청에 동의한 경우 이를 보도해서는 안 된다.

① (취재원의 명시와 익명 조건) 기자는 취재원이나 출처를 가능한 한 밝혀야 한다. 다만 공익을 위해 부득이 필요한 경우나 보도 가치가 우선하는 경우 취재원이 요청하는 익명을 받아들일 수 있다. 이 경우 그 취재원이 익명을 요청하는 이유, 그의 소속 기관, 일반적 지위 등을 밝히도록 노력해야 한다.

② (제3자 비방과 익명 보도 금지) 기자는 취재원이 익명의 출처에 의존하거나 자기의 일방적 주장에 근거해 제3자를 비판, 비방, 공격하는 경우 그의 익명 요청은 원칙적으로 받아들여서는 안 된다.

③ (배경 설명과 익명 조건) 기자는 취재원이 심층 배경 설명을 할 때 공익을 위해 필요한 경우 그의 익명 요청을 받아들일 수 있되, 취재원의 소속 기관과 일반적 지위를 밝혀야 한다.

④ (취재원과의 비보도 약속) 기자가 취재원의 신원이나 내용의 비보도 요청에 동의한 경우 취재원이 비윤리적 행위 또는 불법 행위의 당사자인 경우를 제외하고는 보도해서는 안 된다.

⑤ (취재원 보호) 기자는 취재원의 안전이 위태롭거나 부당하게 불이익을 받을 위험이 있는 경우 그 신원을 밝혀서는 안 된다.

2) 비보도(Off-the-record)와 보도금지(Embargo)

비보도(Off-the-record)는 중대한 사항에 대한 언론사의 추측 또는 오보로 인한 피해를 사전에 방지하기 위한 목적으로 취재 기자에게 '보도하지 않는다'는 전제로 정보를 제공하는 저널리즘의 관행이다. 취재 대상이 취재 내용에 관한 출처를 공표하지 않는 조건이나 기사화하지 않는 비보도를 전제로 정보를 제공할 경우, 취재기자는 취재 대상자(또는 정보 제공자)와의 약속을 이행하거나 또는 취재권을 유보하기 위하여 이를 거부할 수 있다. 취재기자는 뉴스 대상자(또는 정보 제공자)를 보호하기 위하여 비보도 약속을 지키는 것이 기본적인 언론윤리이지만, 제공된 정보 내용이 허위 사실이거나 사적인 이익을 위해서 조작된 경우에는 약속을 지켜야 할 의무는 없다. 취재 대상자(또는 정보 제공자)가 정보의 배경이나 상황의 이해를 돕기 위해서 비보도를 전제로 정보를 제공하는 경우가 대분이지만, 비보도가 남용될 경우는 정보 조작, 또는 사적인 목적으로 언론을 이용하는 언론 플레이에 오용(誤用)되는 문제점이 있다. 반면, 취재 대상자(또는 정보 제공자)로부터 제공받은 정보나 사실을 보도시에 출처를 인용해도 무방하다는 승낙 또는 양해를 얻고 보도하는 것을 온더 레코드(On-the-record)라고 한다.

보도금지(Embargo)는 취재 대상자(또는 정보 제공자)가 취재 기자에게 시한부 보도 중지를 요청하거나 기자들 간의 합의에 따라 한시적으로 보도 시점을 조정하는 행위로, 뉴스 엠바고(News Embargo) 또는 프레스 엠바고(Press Embargo)로 불린다. 예를 들어 정부기관에서 국가의 중요한 정책에 관한 보도 자료를 언론기관에 제공하면서 일정 기간 뉴스 보도를 미루도록 요청하거나, 단체에서 중대한 사안을 발표 예정인 기자회견의 보도 자료를 사전에 제공하면서 뉴스 보도는 기자회견 후로 제한하는 것, 기업체에서 신제품의 보도 자료를 제공하면서 뉴스 보도는 해금시간 이후로 제한하는 관행 등이 보도금지에 해당한다.

보도금지는 취재기자 간의 신사협정(Gentlemen's Agreements)으로서 보도 금지를 위반한 언론사는 취재 대상자(또는 정보 제공자)로부터 비우호적 관계 형성으로 특정기간 동안 보도 자료와 기자실 이용 제한 등의 혜택을 받지 못하고, 타 언론사로부터는 비난과 중요 정보를 공유하지 못하는 불이익을 감수해야 한다. 보도금지는 기사의 정확성과 심층성 향상, 특종경쟁이 유발하는 오보를 감소시켜주는 장점이 있으나, 획일적인 보도자료 제공으로 인한 기사 통제, 언론기관으로 제한되는 취재 특혜, 취재 편의주의 등의 단점이 있다. 보도금지의 유형으로는 취재 보충용 엠바고, 조건부 엠바고, 국가 안보와 공익 엠바고, 관례적 엠바고, 발표 자료 엠바고가 있다.[26] 보도금지의 어원은 Eembargar로서 위법행위 국가에게 특정국과의 수출입·자본거래 등을 금지하는 일방적 통상금지 조치를 의미한다.

3) 취재원접근권(取材源接近權)과 정보공개청구권

취재원접근권은 언론기관이 취재원(대상)에 자유롭게 접근해서 취재·보도할 수 있는 권리로서 취재권의 자유에 해당한다. 우리나라 「헌법」은 취재원접근권에 관련된 직접적인 조항은 존재하지 않지만, 「헌법」(제21조 제1항)에서 규정한 '언론·출판의 자유'에서 취재원접근권에 대한 해석이 가능하다. 「헌법」(언론·출판의 자유)의 범주 내에 편집·보도의 자유가 포함되어 있으며, 편집·보도의 자유에는 취재의 자유가 포함되었다는 논리를 적용할 수 있기 때문이다.[27]

취재원접근권의 침해는 국민의 알 권리가 제한됨을 의미하므로 「헌법」에서 규정한 언론의 자유는 보장되어야 한다. 예를 들어 정부기관에서 언론의 취재를 제한함으로써 특정 취재원(대상)의 접근이 차단되면, 그 결과 국민이 알아야 할 뉴스 가치가 있는 정보를 획득하지 못함으로써 이를 보도하지 못했을 경우 국민의 알 권리가 침해된다고 볼 수 있다.[28] 취재원접근권의 취재원은 "정보 자체와 정보를 소유하는 인물이나 그것이 존재하는 기관, 장소와 또한 매스미디어의 취재의 대상이 될 수 있는 각종 회의와 행사, 재판 등을 광범위하게 포함"된다.[29]

정보공개청구권은 국민의 알 권리를 보장하기 위해서 공공기관이 보유한 정보의 공개를 청구할 수 있는 개인적인 공권(公權)을 말하며, (1) 국민의 정보공개청구권과 (2) 언론기관의 정보공개청구권으로 구분할 수 있다. 전자는 「공공기관의 정보공개에 관한 법률」(제1조)에 의하여 "공공기관이 보유·관리하는 정보에 대한 국민의 공개청구 및 공공기관의 공개의무"를 말하며, 후자는 법적인 관련조항은 없으나 「헌법」(제21조 제1항)에서 규정한 '언론·출판의 자유'에서 해석이 가능하다.[30] 언론기관은 국민의 알 권리를 대행하는 기능을 수행하고 있다는 기능론의 입장에서, 국민의 알 권리를 현실적으로 보장하기 위해서는 언론기관에 특권을 인정하여 자유롭게 취재원에 접근해서 정보를 수집할 자유를 보장하고 필요에 따라서는 공공기관이 보유한 정보의 공개를 청구할 수 있는 것이다.[31] 그러나 취재원에 대한 접근권과 정보공개청구권을 헌법상 권리로 인정할 수 있을지 여부에 대한 논의는 이루어지지 않고 있다.[32] 언론기관의 정보공개청구권을 취재권 자유의 맥락에서 도식화하면 〈그림 8-1〉과 같이 요약할 수 있다.[33]

〈그림 8-1〉 언론기관의 정보공개청구권[34]

4) 반론권, 청구권과 「언론중재법」

반론권은 「헌법」에 보장된 국민의 기본권(언론·출판의 자유, 인간의 존엄과 가치, 인간다운 생활을 할 권리)으로서, 대한민국 국민은 누구든지 언론매체에 접근하여 이용할 수 있는 보도매체접근이용권(Right of Access to Mass Media)을 말한다.[35] 광의의 반론권은 국민이 대중매체에 접근·이용하여 자신의 의사를 표명할 수 있는 권리를 말하며, 협의의 반론권은 언론매체의 보도에 의하여 인격권이 침해(명예훼손, 비판, 공격 등)당한 경우, 이에 대한 반론 내지 해명의 기회를 요구할 수 있는 정정보도권(정정보도청구권), 반론권(반론보도청구권), 해명권(추후보도청구권)을 말한다. 언론매체의 보도에 의해서 인격권이 침해된 경우에는 「언론중재 및 피해구제 등에 관한 법률」(「언론중재법」)으로 보호를 받으며 청구권을 행사할 권리가 있다.

「언론중재법」은 언론보도로 인하여 침해되는 명예 또는 권리나 그 밖의 법

<표 8-3> 「언론중재 및 피해구제 등에 관한 법률」(「언론중재법」)의 청구권

조항	내용
제14조 (정정보도 청구권)	① 사실적 주장에 관한 언론보도 등이 진실하지 아니함으로 인하여 피해를 입은 자는 해당 언론보도 등이 있음을 안 날부터 3개월 이내에 언론사, 인터넷뉴스서비스사업자 및 인터넷 멀티미디어 방송사업자에게 그 언론보도 등의 내용에 관한 정정 보도를 청구할 수 있다. 다만, 해당 언론보도 등이 있은 후 6개월이 지났을 때에는 그러하지 아니하다. ② 제1항의 청구에는 언론사 등의 고의·과실이나 위법성을 필요로 하지 아니한다.
제16조 (반론보도 청구권)	① 사실적 주장에 관한 언론보도 등으로 인하여 피해를 입은 자는 그 보도 내용에 관한 반론보도를 언론사 등에 청구할 수 있다. ② 제1항의 청구에는 언론사 등의 고의·과실이나 위법성을 필요로 하지 아니하며, 보도 내용의 진실 여부와 상관없이 그 청구를 할 수 있다.
제17조 (추후보도 청구권)	① 언론 등에 의하여 범죄혐의가 있거나 형사상의 조치를 받았다고 보도 또는 공표된 자는 그에 대한 형사절차가 무죄판결 또는 이와 동등한 형태로 종결되었을 때에는 그 사실을 안 날부터 3개월 이내에 언론사 등에 이 사실에 관한 추후보도의 게재를 청구할 수 있다. ② 제1항에 따른 추후보도에는 청구인의 명예나 권리 회복에 필요한 설명 또는 해명이 포함되어야 한다.

익(法益)에 관한 다툼이 있는 경우 이를 조정하고 중재하는 등의 실효성 있는 구제제도를 확립함으로써 언론의 자유와 공적(公的) 책임을 조화함을 목적으로 제정되었다.[36] 「언론중재법」에 의해서 설립된 언론중재위원회는 법률과 양심에 따라 독립하여 직무를 수행하며, 직무상 어떠한 지시나 간섭도 받지 않는 중재위원(40명 이상 90명 이내)으로 구성되어 있다. 언론중재위원회의 주요 업무는 언론보도로 인한 분쟁(국가적 법익, 사회적 법익 또는 타인의 법익 침해 사항)의 조정·중재 및 침해사항을 심의하고 필요한 경우 해당 언론사에 서면으로 그 시정을 권고할 수 있다.[37] 시정권고는 언론사에 대하여 권고적 효력이 있으며 시정권고에 불복하는 언론사는 시정권고 통보를 받은 날부터 7일 이내에 중재위원회에 재심을 청구할 수 있다.[38] 「언론중재법」은 종합편성 또는 보도전문편성을 행하는 방송사업자, 일반 일간신문을 발행하는 정기간행물사업자 및 뉴스통신사업자는 사내(社內)에 언론피해의 자율적 예방 및 구제를 위한 '고충처리인 제도'의 시행을 규정하고 있다.[39]

4. 오락 프로그램 제작 지침

방송사 간의 시청률 경쟁으로 인한 선정성, 폭력성, 자극적인 표현, 막말·비속어 사용 등이 과도한 오락 프로그램이 양산되고 있다. 〈표 8-4〉에서 나타난 바와 같이, 지난 5년간(2010~2014년) 방송통신위원회로부터 법정제제를 받은 1,759건 중에서 선정성·폭력성·방송언어의 위반 건수는 270건(15.4%)에 이른다. 과도한 재미를 추구하는 저품격 오락 프로그램이 시청자에게 미치는 정서적 영향을 감안하여, 규제기관은 심의·제재를 강화함으로써 다매체·다채널·다플랫폼 시대에 대비해야 한다. 방송사는 규제기관의 통제보다는 자체심의를 통하여 자구적으로 정화하려는 목적으로 오락 프로그램의 제작 지침을 마련하여 자율적으로 준수하고 있다. 방송사의 오락 프로그램 제작 지침은 심의 규정의 기본으로서 프로그램 소재의 선택 및 표현, 방송언어 및 자막 사용 시에 신중을 기하며 위반 시에는 출연자 규제와 담당자 처벌 등을 명시하고 있다.[40]

〈표 8-4〉 막말, 선정·폭력적 드라마 등의 심의제재 현황(2010~2014년)

구분	2010년	2011년	2012년	2013년	2014년
법정제재 전체(A)	218건	404건	370건	477건	290건
막말 등 방송언어 위반(B)	30건	59건	27건	32건	21건
선정성 및 폭력성 위반(C)	13건	20건	25건	24건	19건
(B+C)/A	19.8%	19.5%	15.9%	11.7%	13.8%

자료: 방송통신위원회(2015).[41]

1) 소재의 선택 및 표현

방송사는 방송통신심의위원회 및 자체 심의 규정에서 제한하는 "반(反)사회적 가치를 조장하는 표현, 특정 집단이나 개인을 비하하거나 편견을 갖게

하는 표현을 하지 않으며 시청자들에게 품위 있는 방송 환경을 제공하기 위해 소재 선택 및 표현 시 신중"을 기하도록 내부적으로 자율 규제하고 있다.[42] SBS-TV 예능 프로그램의 경우, "건전한 방송문화 창달과 시청자 정서에 미치는 사회적 영향을 고려"하여 소재의 선택 및 표현과 관련한 「SBS 예능 프로그램 제작 가이드라인」(지침)을 제정하여 시청자들에게 양질의 프로그램을 제공할 수 있도록 특정 신체 부위에 대한 세밀한 묘사, 비과학적 사실, 명예 침

〈표 8-5〉「SBS 예능 프로그램 제작 가이드라인」(지침)[43]

SBS의 예능 프로그램은 건전한 방송문화 창달과 시청자 정서에 미치는 사회적 영향을 고려하여 프로그램 소재의 선택 및 표현, 방송 언어 및 자막 사용에서 다음의 사항을 준수하여 제작되어야 한다.

1. 소재의 선택 및 표현
SBS 예능 프로그램은 방송통신심의위원회 및 SBS 자체 심의규정을 기본으로 시청자들에게 건강하고 행복한 프로그램을 제공하기 위해 다음 소재 및 표현, 출연자 선택에 신중을 기한다.
　가. 특정 신체 부위에 대해 지나치게 세밀한 묘사.
　나. 미신, 소문, 비과학적 사실 등 사실 관계가 모호하거나 타인의 명예에 영향을 미치는 소재.
　다. 배설물, 욕설 등 민망한 소재.
　라. 출연자들 간의 과도한 사적 방담.
　마. 청소년 출연자의 지나친 선정적 퍼포먼스.
　바. 과도한 노출과 행동 등으로 방송의 품위를 현저히 떨어뜨리는 출연자.

2. 방송의 언어 및 자막
SBS 예능 프로그램은 방송통신심의위원회 및 SBS 자체 방송 언어 사용에 관한 심의 규정에 따라 표준말 사용을 원칙으로 하며 특히 다음의 사항을 준수한다.
　가. 출연자간 지나친 인신공격적 표현 및 타인을 비하하는 발언을 하지 않는다.
　나. 방송자막은 정보의 제공을 위한 경우를 제외하고 막말, 비속어, 은어, 인터넷조어, 혐오어 등을 자막으로 표기해 강조하는 표현을 자제한다.

3. 규제
SBS 예능 프로그램은 방송통신심의위원회, SBS 심의팀, 예능제작국 자체 심의결정에 의하여 상습적인 막말, 비속어 사용자에 대해 다음과 같이 내부적으로 규제한다.
　가. 1회 위반 — 주의 처분.
　나. 2회 위반 — 경고 처분.
　다. 3회 위반 — 예능국 특별심의위원회 회부.

자료: SBS 예능 프로그램 제작 가이드라인(2010년 8월 17일 제정).

해, 혐오 및 부적절한 소재 및 표현을 금지하고 있다.[44] 또한 출연자들의 과도한 사적 방담, 무개념적 발언, 사생활 노출, 선정적 행위, 과도한 노출 등으로 시청권이 훼손되지 않도록 〈표 8-5〉와 같이 자율 규제하고 있다.[45]

2) 방송의 언어 및 자막

방송언어의 제작 지침은 방송통신심의위원회 및 방송사 자체 언어 사용에 관한 심의 규정에 따라 표준말 사용을 원칙으로 하며, 출연자 간의 지나친 인신공격적 표현 및 타인을 비하하는 발언을 금지한다.[46] 방송자막은 "정보의 제공을 위한 경우를 제외하고 막말, 비속어, 은어, 인터넷조어, 혐오어 등을 자막으로 표기해 강조하는 표현을 자제"하고 있다.[47] 방송의 언어 및 자막에 관한 세부 내용은 다음(5. 방송언어)에서 살펴보기로 한다.

3) 예능 프로그램의 자율 규제 제도

방송 소재의 선택·표현과 방송 언어·자막 지침을 1회 위반한 예능 프로그램(SBS-TV)은 주의를 받으며, 2회 위반 시는 경고, 3회 위반 시에는 특별심의위원회로 회부 또는 프로그램을 퇴출시키는 3단계의 처벌제도를 시행하고 있다.[48] 방송사의 자율적 처벌제도는 특정 장르에 국한되는 편향적 기준으로 일부 오락 프로그램만을 정화하려는 소극적인 시도에 지나지 않는다. 특정 오락 프로그램만을 감시하고, 위반 회수에 따라서 가중 처벌하는 자율적 제도는 범람하는 오락 프로그램에 대비한 창의적인 규제 방식으로 볼 수 없으므로, 상업적인 오락 프로그램과 문화적인 오락 프로그램을 구분하는 다원적인 기준설정이 필요하다. 출연자들의 사생활 방담으로 시청자의 여흥과 재미를 부추기는 말초적 토크쇼와 온가족이 함께 즐길 수 있는 오락프로그램을 구분하여 평가할 수 있는 척도가 마련되어야 한다. 실효성 있는 자율적 지침을 운용하기 위해서는 우수 오락 프로그램에 대한 포상제도와 전문성 함양을 위한 방송인의 정기적인 소양교육이 병행되어야 한다.

5. 방송언어

방송프로그램의 품격을 저하시키는 언어사용은 일상생활의 언어문화를 크게 오염시킨다. 방송언어의 오염원은 크게 두 가지로 분류할 수 있다. 첫째는 자질 부족의 진행자·출연자들이 책임의식을 느끼지 않고 구사하는 언어로서, 시청자·청취자에게 불쾌감을 유발시킨다. 둘째는 시청률·청취율 경쟁에 편승한 프로그램 속의 부적절한 방송언어로서, 시청자·청취자의 언어습관에 심각한 영향을 미친다. 특히 어린이·청소년에게 소구력이 높은 인기 프로그램의 방송인·연예인이 사용하는 은어, 비속어, 외국어 등의 남용은 어린이·청소년의 언어습관과 행동, 인격 형성, 정서 함양에 부정적인 영향을 끼치게 된다.

방송언어의 오염은 궁극적으로 언어문화를 훼손함으로써 방송사가 언어오염의 근원지가 되는 셈이다. 방송사는 방송 언어가 일상생활과 언어생활에 미치는 막대한 파급력을 감안하여 부적절한 언어의 사용·표현을 방지하도록 자체 심의규정과 프로그램 관리·감독에 각별한 주의를 기울여야 한다. 방송 프로그램에서 지적되는 부적절한 언어의 유형은 선정적 언어, 폭력적 언어, 저속한 언어, 차별적 언어, 표준언어 파괴, 외래어 남발, 자막글 남용으로 구분할 수 있다.[49]

> **선정적 언어**: 성적 농담, 성적 수치심, 성행위 암시, 성(性)을 희화화하는 언어.
> **폭력적 언어**: 위협적인 말투, 상스러운 욕설, 상대방을 비하·모독·멸시하는 말투.
> **저속한 언어**: 은어, 비속어, 고성, 막말, 반말로 품위를 저해하는 언어.

> **차별적 언어**: 성별, 나이, 외모, 직업·신분, 인종, 신체, 성격, 학력, 지역, 종교, 성적 정향성에 관련된 차별적 언어.
> **표준언어 파괴**: 맞춤법에 어긋난 표기, 유행어 남발, 줄임말, 신조어 등으로 방송 규범어 사용에 역행하는 행위.
> **외래어 남발**: 한글 이외의 외국어를 남용하여 한글 순화에 역행하는 행위.
> **자막글 남용**: 시선 집중용으로 사용하는 난잡한 자막글과 부호(기호, 그림, 캐릭터, 그래픽, 도표)를 남용하는 행위.

1) 오락 프로그램의 언어 순화

우리 고유언어로 순화가 가능함에도 어린이·청소년이 시청하는 프로그램에서 빈번하게 사용되는 비속어와 차별적·폭력적인 표현은 어린이·청소년의 바른 언어생활과 정서함양을 해치는 해악으로 볼 수 있다. 〈표 8-6〉의 사례와 같이, 부적절한 방송언어는 인터넷과 스마트 미디어 등으로 빠르게 확산되어 일상생활의 언어문화를 더욱 심각하게 오염시킨다. 어린이·청소년 시청 시간대와 온가족이 시청하는 주시청 시간대는 품격 있는 방송언어를 의무적으로 사용하도록 규제하여 우리 고유언어를 보호하고 건전한 언어문화를 창달해야 한다.

문화체육관광부는 방송언어 오염을 막기 위해 프로그램별로 오류와 훼손의 정도를 파악할 수 있는 '방송언어 청정지수'를 2014년에 개발하였다. '방송언어청정지수'는 방송프로그램에서 표현 또는 드러난 인격 모독, 차별적 표현, 폭력적·선정적인 언어, 비속어나 은어, 통신어, 불필요한 외국어 및 외래어, 비표준어, 비문법적 표현, 자막 표기 오류 등의 10개 항목을 조사한 뒤 항목별로 가중치를 부여해 합산하는 방식으로 산정한다.[50] '방송언어청정지수'의 결과는 A등급(700점 이상), B등급(650~699점), C등급(600~649점), D등급(550~599점), E등급(549점 이하)으로 분류하여 주기적으로 발표한다.[51]

〈표 8-6〉 지상파 예능 프로그램의 언어남용 사례[51]

구분	사례(→ 순화 언어)
비속어	- 네 이년! 어디라고 주둥아리를 함부로 놀리느냐(→ 어디라고 입을 함부로 여느냐). - 네 이년! 여기가 어디라고 감히 씨부리냐!(→ 여기가 어디라고 감히 떠드느냐!). - 필 받은 지은 씨(→ 느낌 온 지은 씨). - 여자친구 눈빛이 야리꾸리한 거예요(→ 여자친구 눈빛이 이상한 거예요). - 오늘도 잘 보고 제대로 빨아가려고요(→ 오늘도 잘 보고 제대로 배워가려고요). - 아주 아작을 냈어요(→ 아주 가만두지 않았어요). - 한마디로 찜 당하신 거예요(→ 한마디로 마음에 쏙 드신 거예요). - 강력하게 꽂혔다고 표현을 하시네요(→ 강력하게 반했다고 표현을 하시네요). - 삥 뜯긴 거예요?(→ 돈 뺏긴 거예요?). - 여자가 봐도 진상이네요(→ 여자가 봐도 아니네요). - 정말, 당신은 짱입니다(→ 정말, 당신은 굉장합니다). - 사물놀이를 봐가지고 뿅 갔어요.(→ 사물놀이를 봐가지고 반했어요). - 어제 번호 땄는데(→ 어제 번호 알아냈는데). - OK 콜(→ 찬성). - 언니는 혀를 짤라요(→ 언니는 혀가 짧아져요). - 오늘 게스트 분들이 골 때리시네요.(→ 오늘 게스트 분들이 황당하시네요). - 빠마리 한 대 촉촉하게 맞고 하이파이브(→ 뺨 한 대 촉촉하게 맞고). - 내 전화 씹지 말아라(→ 내 전화 일부러 안 받지 말아라). - 우와 형 쥑이네요(→ 우와 형 멋있네요). - 가서 뿅 가져와!(→ 가서 패드 가져와!) - 라디오에서 빵빵 터져요(→ 라디오에서 너무 재미있어요).
인격 모독 (외모)	- 얼굴이 처음에 눈도 별로 없었고. 코도 그때 별로 없었던 것 같고. - 저 실례지만 보면 볼수록 자꾸 이렇게 몸이 네모가 됐어요?. - 지금도 가진 거에 비해서 입이 고급이에요(재력) - 자도 배우여? 끝에 있는 아도? 얼굴 크기 봐! - 정면으로 보니까 되게 웃기게 생겨서. - 목 없는 사람 접어!　　　　　　- 국가대표 눈 주름 - 얘 몸냄새도 나.　　　　　　- 못생긴 친구와 함께, 본인이 돋보이기 위해. - 얼굴값도 못 하고 성격도 털털하고 남자 같고 여자처럼 여우같은 행동.
차별적 표현 (성별)	- 국보급 8등신 S라인.　　　　　- 귀신이라도 마다 않는 외로운 골드 미스. - 딱 보기에도 되게 도도해 보이고 콧대 높아 보이고 인물값 할 것 같고 여우같고. - 역시 개그계의 팜므파탈.　　　- 여자가 서른 넘으은 요괴가 된다고.
폭력적 표현	- 오늘 마 확!　　　　　　　　- 니 마 죽고 싶나? - 그 거울 깨버리고 싶네요　　　- 제가 만약에 여자친구였잖아요? 오면 죽었어요. - 이게 죽고 싶나. 어디서 외박을 하고.

자료: 국립국어원 공공언어지원단(2010).

2) 외래어 남용

방송사는 표준어를 사용하여 시청자·청취자들에게 표준어를 보급하는 의무가 있음에도 일부 오락 프로그램에서는 외래어를 남용함으로써 우리 언어생활에 악영향을 끼치고 있다. 방송언어는 표준적인 음성언어(말)와 문자언어(글)로 실현되어야 하며, 쉽게 전달될 수 있어야 함으로 외래어 사용은 신중히 고려해야 한다. 외래어 남용은 시청자·청취자들이 일상생활에서 외래어 사용을 자유롭게 수용하게 하여 우리 언어를 심각하게 오염시킨다.

영어교육의 보편화로 일생생활에서 대중화된 방송영어(예를 들면, 뉴스, 스포츠, 채널 등)는 접어두더라도, 한글 순화가 가능한 언어까지 무분별하게 영어를 사용하는 것은 방송매체가 외국어 사용을 장려하고 고유 언어를 파괴하는 행위로 볼 수 있다. 방송사는 외국어 사용에 대한 각별한 주의가 필요하고 외래어를 남용하기 보다는 가급적 아름다운 우리말로 순화시키는 계몽 활동으로 언어문화를 선도하는 책임의식이 필요하다. 방송에서 빈번히 남용되는 외래어 중에서 우리 순수 언어로 순화가 가능한 대상용어의 예를 살펴보면 〈표 8-7〉과 같다.

방송프로그램 제목에서 사용되는 외국어 남용은 더욱 심각하다. 프로그램 제목은 시청·청취의 길잡이가 되는 이정표로서 프로그램 내용을 집약적으로 표현하여 수용자에게 프로그램의 성격과 내용을 함축적으로 전달하고 관심을 유발시키는 역할을 한다. 방송사들은 독특하고 감각적인 제목으로 수용자들을 선점하기 위한 다양한 발상으로 프로그램 제목을 선정하고 있다. 그러나 일부 방송사에서는 국제적·현대적 감각에 부합된다는 이유만으로 프로그램 제목에 영어(영문자) 사용을 남용하고 있다. 〈표 8-8〉에서 보여주듯, 지상파 텔레비전과 종편채널(PP) 방송사의 뉴스 프로그램에서 25개의 영어 제목이 사용되는 현실은 방송의 참된 정체성과 사명감을 회복해야 되는 시점으로 판

〈표 8-7〉 순화 대상의 외래어 방송 용어(예)

가이드(Guide)	안내(인)	메디컬(Medical)정보	의학 정보	엠시(MC)	진행자
가이드라인(Guideline)	지침	뮤직(Music)	음악	엘리베이터(Elevator)	승강기
가이드북(Guidebook)	안내 책자	미팅(Meeting)	회의	오피니언 리더(Opinion Leader)	
개런티(Guarantee)	보장, 출연료	바이어(Buyer)	구매자		여론주도층
글로벌(Global)	세계	버블(Bubble) 효과	풍선효과	오프더레코드(Off the Record) 비보도	
노마진(No Margin)	원가 판매	번들링(Bundling)	묶음	온디맨드(On-demand)	주문형
노우하우(Knowhow)	전문 지식	블록버스터(Block Buster)	흥행대작	와일드카드(Wild Card)	예외규정
뉴스레터(Newslettter)	소식지	비즈니스(Business)	사업	원스톱(One-stop)	1회처리
뉴타운(New Town)	신도시	보디가드(Body Guard)	경호원	웨어러블(Wearable)	착용형
니즈(Needs)	필요	블랙마켓(Black Market)	암시장	찬스(Chance)	기회
다운로딩(Downloading)	내려받기	브로슈어(Brochure)	안내서	카운터파트(Counterpart) 상대방	
다운사이징Downsizing	감축	사이버(Cyber)	인터넷	카운트다운(Count down)	초읽기
다운타운(Downtown)	중심가	시츄웨이션(Situation)	상황	캐스팅(Casting)	배역 선정
다이나믹(Dynamic)	역동적	서포터스(Supporters)	응원단(후원단)	캠프(Camp)	야영지,
다크호스(Dark Horse)	복병	세일(Sale)	할인판매		진영(陣營)
더블딥(Double Dip)	이중 침체	셰프(Chef)	요리사	캠페인(Campaign)	계몽운동(홍보)
덤핑(Dumping)	헐값 판매	쇼윈도(Show Window)	진열장	컨벤션센터(Convention Center)	
데드라인(Deadline)	마감	쇼핑호스트(Shopping Host)			전시장
데이터뱅크(Data Bank)	정보은행	방송판매자(상품안내자)		캐쉬백(Cash Back)	적립금
데이터베이스(Data Base)	기초자료	스타(Star)	인기 연예인	콘티(Conti)	촬영용 대본
데코레이션(Decoration)	장식	스태프(Staff)	직원	콜라보레이션(Collaboration)	협력, 공동작업
디스카운트(Discount)	할인	시너지(Synergy)	동반 상승효과	테크닉(Technic)	기술
디스플레이(Display)	진열	시스루(See-through)	투시	투데이(Today)	오늘
디테일(Detail)	세부		(속이 비치는)	트라우마(Trauma)	정신적 외상
드라마(Drama)	연속극	아이쇼핑(Eye shopping)	눈요기	파트너(Partner)	동반자(동업자)
드레스룸(Dress Room)	옷방	아이템(Item)	품목	패닉(Panic)	공황
라이프 스타일(Life Style)	생활양식	액세서리(Accessories)	장신구	페스티벌(Festival)	축제
랜드마크(Land Mark)	표시물	앵글(Angle)	각도	패스트푸드(Fast Food)	즉석음식
리뉴얼(Renewal)	갱신	어젠다(Agenda)	안건	팩트(Fact)	사실
리얼 스토리(Real Story)	실제 이야기	업그레이드(Upgrade)	개선, 향상	포스(Force)	힘
리필(Refill)	다시 채움	이슈(Issue)	주제	피디(PD)	연출자
리포터(Reporter)	기자	에러(Error)	실수	피알(PR)	홍보
르포(Reportage)	현지보도	에이전시(Agency)	대행사	프라이드(Pride)	자존심
마켓(Market)	시장	앨범(Album)	음반	홈그라운드(Home Ground) 근거지	
매뉴얼(Manual)	설명서	엔지(No Good)	촬영 실패	힐링(Healing)	치료, 치유

〈표 8-8〉 지상파 텔레비전, 종편 및 방송채널사용사업자(PP) 프로그램 제목의 영어 사용(예)

방송사	구분	프로그램 제목
지상파 텔레비전 · 종편*	뉴스	뉴스 데스크(Desk), 뉴스 라인(Line), 뉴스 타임(Time), 뉴스 투데이(Today), 이브닝(Evening) 뉴스, 뉴스 퍼레이드(Parade), 뉴스 하이라이트(Highlight), 월드(World) 뉴스, 뉴스 센터(Center), 뉴스 플러스(Plus), 뉴스 쇼(Show), 뉴스 리포트(Report), 뉴스 스테이션(Station), 프라임(Prime) 뉴스, 뉴스 큐브(Cube), 뉴스 와이드(Wide), 뉴스 파노라마(Panorama), 뉴스 인사이드(Inside), 뉴스 포커스(Focus), 모닝(Morning) 뉴스, 뉴스 빅(Big) 5, 내트워크(Network) 뉴스, 뉴스 룸(Room), 뉴스 파이터(Fighter), 데스크(Desk) 360.
	시사·교양	시사 마이크(Mike), 뉴스 토크 이슈(Talk Issue), 뉴스 옴부즈맨(Ombudsman), 모닝와이드(Morning Wide), 현장 르포(Reportage), 다큐 스페셜(Docu Special), 시사 매거진(Magazine), 파워 매거진(Power Magazine), 네트워크 지오그래피(Geography), 모닝 와이드(Morning Wide), 취재파일(File), 글로벌(Global), 프로젝트(Project), 앨범(Album), 저널(Journal), 피디수첩(PD), 네트워크(Network), 이슈(Issue), 컬럼(Column), 굿모닝(Good Morning), 휴먼(Human) 다큐, 리얼(Real) 다큐, 플러스(Plus), X 파일(X File), 팩트(Fact), 황금 펀치(Punch), 시사 탱크 베스트(Tank Best), 경제 골든 타임(Golden Time), 정치 옥타곤(Octagon) 등.
	오락	콘서트(Concert), 서바이벌(Survival), 오디션(Audition), 리퀘스트(Request), 팝(Pop), 스타(Star), 해피타임(Happy Time), 서프라이즈(Surprise), 스타킹(StarKing), 토크쇼(Talk Show), 라이브(Live), 쟈키(Jockey), 리얼(Real), 리얼리티(Reality), 선데이(Sunday), 캠프(Camp), 넘버원(Number One), 비타민(Vitamin), 닥터(Doctor), 스캔들(Scandal), 패밀리(Family), 펀치(Punch), 카톡쇼(Car Talk Show), 웰컴(Welcome), 드라마(Drama), 미니시리즈(Mini-series), 미스테리(Mystery), 테마(Theme), 러브(Love), 매거진(Magazine), 헌터 플러스(Hunter Plus), 사인(Sign), 에브리바디(Everybody), 쌀롱(Salon), TV 로펌(Law Firm), 서바이벌 오디션(Survival Audition), 룸메이트(Roommate), 해피투게더(Happy Together), 런닝맨(Running Man), 에코빌리지(Eco Village), 마리텔(My Little Television) 등.
일반 방송 채널사용사업자 (PP)	오락	Action, All, Best, Begins, Big League, Camp, Collection, Concert, Countdown, Code, Daily, Dance, eNEWS, Entertainment, Express, Exorcist, Extreme, Fashion, Free Month, Fresh, Fun, Game, Healing, Heart to Heart, Hero, Hits, Hot Clip, Idol, Juke Box, Legend, Life, Live on Love, Magazine, Music Daily Show, Morning, Music Box, Must, Now, O'clock, Oh My Baby, Olive, Plus, Pop, Rainbow, Rank Show, Real, Rising, Road, Shot, Show Me the Money, Siren, Song Train, Sound Plex, Star File, Station, Style, Special, Star News, Super Kids, Talent, Top Gear, Tour, Trend, Tournament, True, Twit, Top, Sponge, Up, Vocalist, Welcome, Wide, World, Wake, Wild, Zero 등.

* 지상파 텔레비전(KBS, MBC, SBS)과 종편채널(TV조선 · JTBC · 채널A · MBN)의 프로그램 제목(2014~2015).

단된다.

　오락 프로그램의 제목은 영어 섞어 쓰기 정도가 심각한 수위에 도달하고
있다. 특히 방송채널사용사업자(PP)의 오락 프로그램은 극심한 채널 간의 생
존 경쟁으로 시청자들의 주목을 끌만한 지나친 영어 제목으로 우리말 제목은
찾아보기가 어려운 실정이다.[53] 방송통신심의위원회에서 방송채널사용사업
자(PP) 5개사의 56개 프로그램을 대상으로 조사한 결과에 의하면, 82.1%에
달하는 46개 프로그램이 외래어 제목을 사용하고 있어 방송사(방송관계자)의
인식 전환이 시급한 것으로 판단된다.[54] 방송사는 외래어가 고유 우리 언어보
다 세련되고 현대적 감각이 독특하다는 잘못된 고정관념을 버리고, 참신한 우
리말 제목을 발굴하여 우리말을 보호하고 언어 순화를 주도하는 책임을 수행
하려는 노력이 필요하다.[55]

　국가 간의 교류 증가로 국제 통용어인 영어사용이 급증되고 있어 각 국가
는 세계화 물결 속에서 자국의 고유 전통언어를 보호하려는 노력을 기울이고
있다. 이러한 국제적인 추세 속에서 방송 매체는 고유 전통언어를 보호하고
계승시키는 문화적 창달을 주도해야 되는 사명이 있다. 고유한 우리 언어 사
용을 기피하고 무분별하게 영어 사용을 남용하는 것은 방송의 사명을 위배하
고 고유의 우리 언어를 파괴시키는 행위로 볼 수 있다.

3) 텔레비전 자막글

　텔레비전 자막글은 시청자의 상황 이해를 돕기위해 보조적인 수단으로 사
용되는 표시문자 언어이다. 자막글이 흥미유발 기제로 이용되면서 본래의 역
할과 기능에서 벗어난 불필요한 자막이 과도하게 사용되고 있다. 텔레비전 자
막글은 연출자 의도의 자막글이 시청자의 자율적인 시청 행위를 방해하고, 시
청자의 수동적인 입장을 더욱 고취시킨다.[56]

시선 집중용으로 남용되는 난잡한 자막글과 부호(기호, 그림, 캐릭터, 그래픽, 도표)가 긴장감이 도는 효과음과 함께 사용되어 시청자에게 필요 이상의 긴장을 유발할 뿐만 아니라 프로그램 중간에 다른 코너의 예고를 위해 사용함으로써 시청 흐름을 끊어놓을 수 있다.[57] 근래에는 자막글이 보조적 수단의 의미를 뛰어넘어 텔레비전이 영상매체인지 활자매체인지 착각을 불러일으킬 만큼 그 남용이 심각하다.[58] 특히 부적절하거나 맞춤법에 어긋난 출연자들의 언어가 화면상에 문자 그대로 표현됨으로써 국민의 바른 언어생활을 방해하는 국어 순화적 차원의 부작용도 일으키고 있다.[59]

〈표 8-9〉 텔레비전 자막의 기능

프로그램	기능	목적
뉴스	뉴스 요약	뉴스 헤드라인, 주요 뉴스 및 뉴스 내용을 자막글로 요약하여 전달.
	뉴스 정보	주요 뉴스의 내용을 자막글로 요약하여 뉴스 보도와 동시 전달.
	공지사항	뉴스 내용중 중요한 공지 사항을 자막으로 요약하여 전달.
	편이	난해한 내용(인명, 회사·단체명, 용어, 외래어, 지명, 숫자 등)을 자막으로 전달.
오락	설명	게임쇼(질문/답), 스포츠(규칙, 점수, 팀 실적 및 소개), 역사 인물, 고사성어 등을 자막으로 설명.
	정보	프로그램 코너명, 출연자 이름, 장소, 게임 규칙, 음악 곡명 및 순위 등의 정보를 자막으로 표시.
	묘사·추측	희화화 목적으로 연출자가 의도적으로 상황을 심리 묘사 및 추측하여 자막으로 표현.
	상황설명	프로그램의 현재 및 연속 상황을 자막으로 설명하여 시청자의 이해를 돕는 자막 설명(내레이션).
	요약·인용	프로그램의 상황이나 출연자의 행위, 대사, 노래가사 등을 자막으로 요약·인용하여 표현.
	편이	잡음, 감시카메라, 외국어 등으로 시청·청취가 어려운 상황을 자막으로 표시.
	기호·그림	난감한 상황이나 어처구니없는 행위를 기호·그림 자막으로 표시(의성어 및 의태어 역할).
	시선집중	화살표, 동그라미, 강조 밑줄 등을 이용하여 화면의 특정부분에 시선을 집중시키는 의도.
방송사 (주조정실) 전달 자막	긴급상황	방송프로그램을 중단하지 않고 긴급상황 및 특보 뉴스를 시청자에게 자막으로 전달.
	예고	프로그램 예고, 금일 시청 프로그램 순서, 예정된 방송 뉴스 내용을 자막으로 요약 예고.
	정보	프로그램 내용과 관계없는 주요 정보(기상, 교통, 생활, 시간 등)를 실시간 자막으로 전달.
	공지	주요 행사, 홍보, 정부 및 방송사 공지 사항 등을 방송 중에 자막으로 시청자에게 공지.

방송에서 사용하는 무분별한 자막글은 건전한 방송문화 창출에 역행하고 시청자의 고유 시청권을 침해하는 점을 간과해서는 안 된다. 저품격 오락프로그램에서 남용하는 자막글은 재미있고 자극적인 표현으로 시청자를 선점하려는 '시청률 지상주의'에서 파생되는 공해이다. 방송사는 양질의 프로그램을 제작하기 위한 (1) 문자 언어(자막글)에 대한 자체 심의 기준 강화, (2) 문자 언어(자막글)의 전문적·실질적 교육 확대, (3) 문자 언어(자막글)의 지침 강화를 통해서 자막 공해로부터 공익성을 지켜나가야 한다.

6. 방송 윤리강령과 직업윤리

방송사는 공익 의무와 사회환경에 대한 감시 의무를 충실히 수행하기 위해서 윤리적 품격과 도덕적 소양을 갖춘 방송인을 필요로 하고 있다. 보도 프로그램을 통한 공정한 여론 형성을 위해서는 방송인의 엄격한 직업윤리와 도덕적 청렴이 요구되며, 오락 프로그램을 통한 수용자의 정서 함양을 위해서는 방송인의 사회적 책임과 사명감이 요구된다.[60] 따라서 방송사는 윤리강령(Code of Ethics)을 제정하여 방송인이 사회윤리적 책무를 충실하게 수행하도록 구체적인 행동지침을 마련하고 있다.

1) 방송 윤리강령(Code of Ethics)

방송 윤리강령은 방송사가 사회적 책무를 수행하기 위한 사명과 윤리적 덕목을 표명하고 직업윤리에 관한 구체적인 규범을 공표한 행동강령이다. 방송 윤리강령은 강제력이 없는 방송사의 자율적인 통제인 만큼 종사자의 양심과 상식에 따라 윤리적 선택과 실천이 요구된다. 특히 방송은 공정한 여론 형성

과 정서함양에 중요한 영향을 미치는 만큼, 다른 직종의 종사자보다 높은 수
준의 직업윤리 의식을 공표함으로써 방송의 사회적 책임을 실천해야 한다. 방
송사는 윤리강령의 올바른 실천과 준수를 목적으로 업무 수행에 따른 세부규
정을 마련하고 있다. 지상파 방송사의 윤리강령은 다음과 같이 목적, 직업윤
리, 윤리위원회로 구성되어 있다.

〈표 8-10〉 지상파 텔레비전 방송사 윤리강령(요약)[61]

구분	KBS	MBC	SBS
목적	방송인의 윤리적 품격과 도덕적 소양 엄격한 직업윤리와 도덕적 청렴 윤리 행동지침은 국민과의 약속 사회적 책무 수행 다짐	공공재 사용자의 사회적 공익 의무 인권 존중과 공정 방송 민족 화합과 사회약자 보호 편성·보도·제작의 독립과 자율	공공재 사용자의 공적 의무 국민에 대한 봉사 의무 언론문화 창달 의무 감시자의 사명인의 윤리의식
직업 윤리	부탁 청탁 및 요구 거절 사적인 취재·제작 금지 정치적 중립 및 정치 활동 금지 접대와 특혜 수수 및 청탁 금지 공적 비용으로 사적 출장 및 여행 금지 마일리지·부수 혜택의 사적 사용 금지 프로그램 제작·구입 시 부당 이득 금지 업무 수행 중의 특혜 및 편의 거절 제작에 필요한 자료 무상제공 요구금지 관련 기업·단체의 영리사업 관여 금지 직무 관련 정보로 주식·부동산 투자 금지 직무관련자로부터 식사·향응 접대 금지 직무관련자로부터 선물·금품 수수 금지 직무관련자에게 경조사 관련 통보 금지업 무추진비의 목적 외의 사용 금지	공정한 직무수행 정보유출 금지 이해관계 직무의 회피 특혜의 배제 예산의 목적 외 사용금지 인사청탁 등의 금지 이권개입 등의 금지 금품 등을 받는 행위의 제한 금품 등 제공 금지 경조금품의 수수제한 등 외부단체·기관 금품지원·수수금지 회사 자산 사적 사용 금지 위반 여부에 대한 상담·신고 위반행위의 신고와 처리 금지된 금품 등의 처리 교육, 포상 및 징계	진실추구·정확성의 방송 가치 방송 보도의 독립성 방송 보도의 공정성과 다원성 방송 보도의 객관성 인권보호 지침 프라이버시 존중 정당한 취재활동 오보 정정과 반론권 인정 직무 수행 윤리 직무 정보 윤리 대외 관계 윤리
윤리 위원회	윤리위원회 구성 윤리규정 제정 윤리강령 준수 여부 심의·판단 및 조치 부칙	윤리위원회 구성 소집 및 활동 운영 및 기능 심의 및 의결 위반 행위의 조사 및 의결 비밀엄수 의무 부칙	윤리 강령 준수 홍보 및 교육 윤리 준수 서명과 서명 위반 시 진 상 조사위원회 구성 인사위원회 징계 여부 결정 부칙

2) 직업윤리(Professional Ethics)와 윤리위원회

직업윤리는 공정한 직무 수행에 필요한 요구 및 청탁 거부, 사익과 특혜 금지, 보도의 공정성과 객관성, 정치적 중립과 인권보호를 강조하고 있다. 직업윤리의 가장 핵심이라고 볼 수 있는 직무수행 윤리는 보도의 공정성·객관성과 인권 보호를 원칙으로 한다. 공정한 보도를 위해서 진실추구와 정확성을 우선 가치로 두는 점, 정당한 방법으로 취재하며 신분을 위장하거나 사칭해서는 안 되는 점, 외부의 간섭으로부터 영향을 받지 않는 점, 명확한 근거가 없는 주관적 생각을 특정 다수의 익명을 이용하여 보도하지 않는 점, 인권과 사생활 보호를 강조하고 있다.[62] 방송사는 윤리강령의 준수 및 시행을 위하여 윤리위원회를 구성하고 종사자들에게 소집, 홍보, 교육을 통해서 위원회의 운영·기능과 심의·의결 내용을 전달하고 있으며, 윤리강령을 위반 시에는 윤리위원회의 심의·판단을 거쳐서 징계 여부를 결정하고 처벌한다.

〈표 8-11〉 KBS 윤리강령[63]

KBS는 한국을 대표하는 공영방송으로서 사회환경에 대한 비판과 감시 기능을 충실히 수행해야 한다. 이 기능을 올곧게 수행하기 위해서 KBS인은 무엇보다 방송인으로서의 윤리적 품격과 도덕적 소양을 갖추어야 한다. 또한 KBS인은 공영방송에 종사하는 사람으로서 취재·보도·제작의 전 과정에서 여타 언론인보다 더욱 엄격한 직업윤리와 도덕적 청렴이 요구된다. 이에 KBS 윤리강령을 제정하여 이를 KBS인의 행동지침으로 삼고 국민에 대한 공개적인 선언과 약속으로 세우고자 한다. KBS인은 KBS 윤리강령을 준수함으로써 국민이 맡긴 사회적 책무를 더욱 충실히 수행할 것을 다짐한다.

제1조 윤리강령

제2조 윤리위원회
① KBS인은 편성·보도·제작 등 방송의 자율성을 확보하기 위해 최선을 다하며 업무 수행 시 내·외부로부터의 부당한 요구나 청탁을 거절한다.
② KBS인은 본인 또는 취재원·출연자의 개인적인 목적에 영합하는 취재·제작 활동을 하지 않으며, 취재·제작 … 중에 취득한 정보는 프로그램을 위해서만 사용한다.
③ KBS인 중 TV 및 라디오의 시사프로그램 진행자, 그리고 정치관련 취재 및 제작담당자는 공영방송 KBS … 이미지의 사적 활용을 막기 위해 해당 직무가 끝난 후 6개월 이내에는 정치활동을 하지 않

는다.

④ KBS인은 직무관련자로부터 제공되는 일체의 금전, 골프 접대, 특혜 등 을 받지 않으며 부당한 청탁을 하지 않는다.

⑤ KBS인은 회사의 공식 절차를 거친 경우를 제외하고는 직무관련자와 외 부 기관 및 단체의 비용으로 출장·여행·연수를 가지 않는다.

⑥ KBS인은 회사 경비로 공적 업무를 수행하면서 발생한 항공 마일리지 등 부수적인 혜택을 사적으로 사용하지 않는다.

⑦ KBS인은 프로그램 제작과 구매 과정에서 이루어지는 각종 선정 절차 에서 우월적 지위를 이용해 부당이득을 취하지 않는다.

⑧ KBS인은 섭외와 구매 등의 업무처리는 가능한 한 회사 사무실이나 공개 된 장소에서 행하며, 이 과정에서 제공되는 일체의 특혜나 편의를 거절한다.

⑨ KBS인은 프로그램 제작에 필요한 서적이나 음반 및 테이프 등의 자료를 출판사나 제작사에 무상 제공을 요구하지 않는다.

⑩ KBS인은 회사 업무와 관련 있는 기업이나 단체의 영리사업에 일절 관여하지 않는다.

⑪ KBS인은 직무와 관련해서 취득한 미공개 정보를 이용하여 주식이나 부동산 투자를 하지 않는다.

⑫ KBS인은 직무관련자로부터 3만 원 이상의 식사와 향응 등의 대접을 받지 않는다.

⑬ KBS인은 직무관련자로부터 선물이나 금품 등을 받지 않으며, 불가피하게 받은 경우 되돌려 보내기 어려울 때에는 회사에 (…) 보고한 후 윤리위원 회의 결정에 따른다. 다만, 3만 원 이하의 선의의 선물은 예외로 할 수 있다.

⑭ KBS인은 업무에 영향을 줄 수 있는 직무관련자에게는 경조사와 관련된 사항을 별도로 알리지 않는다. 또한 일반 경조금은 … 사회관례상 통념적인 수준인 5만 원을 초과하지 않도록 한다.

⑮ KBS인은 업무추진비 등을 예산목적 외의 용도로 사용하지 않는다. 예산 목적 외 사용의 판단 기준은 예산 집행 지침 등에 의거하여 판단한다.

본 윤리강령을 준수하기 위해 윤리위원회를 두며, 윤리위원회에 관한 규정은 따로 마련한다. 윤리위원 회는 윤리강령이 잘 준수되고 있는지를 심의·판단하여 필요한 조처를 취한다.

제3조 시행

이 강령은 2003년 9월 3일부터 시행한다.

부칙(KBS 윤리강령 세부시행 기준) 〈2004.11.25〉
본 윤리 강령의 구체적인 내용을 규정하고 세부 시행을 위하여 'KBS 윤리강령 세부시행 기준'을 제정, 운영한다.

부칙 〈2004.11.25〉
… ① (시행일) 이 강령은 공포한 날부터 시행한다.
… ② (윤리강령 개정) 윤리강령 중 다음과 같이 개정한다.
…… 제1조 윤리강령 ①항 내지 ⑮항에 각각 "KBS인"을 주어로 한다.

자료: KBS 윤리강령(2003년 9월 3일 시행).

제 9 장

방송 미디어의 역사와 미래

1. 라디오 방송의 역사와 미래

인류 역사상 가장 중대한 전기(Electricity)의 발명으로 새뮤얼 모르스 (Samuel F. B. Morse, 1842)는 전기를 이용하여 메시지를 텔레그래프 시스템으로 전달하게 하였으며, 모르스의 발명은 알렉산더 벨(Alexander G. Bell, 1876) 이 전기적인 신호에 음성을 실어서 보내는 전화기를 발명하는 데 기여하게 되었다.[1] 또한 빛의 속도로 공간을 통과하는 전파를 발견한 제임스 맥스웰(James Maxwell, 1864)의 연구는 하인리히 헤르츠(Heinrich R. Hertz, 1887)에 의해 입증되었다.[2] 헤르츠는 2개의 코일과 원형선로, 그리고 발진기(Oscillator)의 코일이 전류를 자극해서 전자기파를 만들어낼 수 있다는 것을 증명했다. 오늘날 주파수에 쓰이고 있는 헤르츠(Hertz) 단위는 하인리히 헤르츠의 이름에서 유래한 것이다.

굴리엘모 마르코니(Guglielmo Marconi, 1898)가 헤르츠의 모델을 응용하여 창안한 안테나는 전기 스파크를 발생하여 높은 전압을 생성하였을 때, 그 스파크가 공간을 뛰어넘을 수 있다는 원리를 이용하여 메시지를 무선통신으로

2km를 송출하는 데 성공하였다.[3] 또한 마르코니(Marconi, 1904)는 파장조정기를 발명하여 수신자들이 원하는 주파수를 조정하는 것이 가능해졌으며, 마르코니의 전파 연구 성공 이후 인류의 관심은 음성 메시지를 전파에 송출할 수 있는 방법에 도전하게 되었다.

토머스 에디슨 연구소의 레지널드 페센덴(Reginald Fessenden, 1906)은 전파를 발생시키는 교류발전기의 필요성을 인지하고 높은 주파수의 전파를 만들어낼 수 있는 교류 발전기(Alternator)를 디자인한 후, GM사(General Electric Company)에 발전기 제작을 의뢰했다.[4] 페센덴은 1906년 크리스마스이브에 GM사에서 제작한 교류 발전기를 이용하여 전파에 음성 메시지를 진폭 변조 방식으로 송출하는 데 성공하여 최초의 라디오 방송을 진행하였다.[5] 페센덴은 진폭 변조를 이용하여 매사추세츠 주 플리머스 군의 브렌트락으로부터 수 마일 떨어진 대서양을 운항하는 선박에 자신의 목소리와 녹음된 음악을 전송하였다.[6]

리 디 포리스트(Lee De Forest, 1907)는 에디슨이 발명한 전구안의 필라멘트(Filament)와 판금(Plate) 사이에 그리드(Grid)를 삽입하여 그리드가 약한 전류를 운반하는 진공관 검파기(Audion)를 발명하여 약한 전류를 증폭할 수 있는 3극 진공관을 발명하였다.[7] 디 포리스트의 진공관 검파기 발명은 라디오 발전의 획기적인 계기가 되었다. 디 포리스트는 라디오 텔레그래피의 4가지 기초요소를 구성하였는데, 이 네 가지 요소가 발전(Generation), 변조(Modulation), 검파(Detection), 증폭(Amplification)이다.[8] 전파 증폭을 위한 중계기(Repeater)의 필요성을 인식한 어빙 랭그뮤(Irving Langmuir, 1912)는 진공관 검파기의 보완 장치인 진공관 튜브(Vacuum Tube)를 발명하고, 1917년 디 포리스트는 자신의 진공관 검파기를 이용하여 음반 음악과 음성을 송출하는 실험 방송을 시작하여 라디오 방송의 출현을 촉진하게 되었다.[9]

프랭크 콘래드(Frank Conrad, 1920)는 미국 피츠버그(Pittsburg, Pennsylvania)

시에 있는 자신의 집 차고에서 아마추어 햄(Amateur Ham) 무선교신 허가권으로 음반음악, 스포츠 결과, 지역 정보 등을 송출하자 아마추어 교신자로부터 음반음악 요청이 쇄도하여, 그는 송출 시간을 주 2회(수요일과 토요일 저녁 7시 30분부터 2시간)로 연장하였다.[10] 피츠버그 시민들이 콘래드의 무선 방송을 청취할 수 있는 수신기를 구매하기 시작하자, 웨스팅하우스사는 무선 라디오 방송시장의 잠재력을 간파하고 콘래드의 아마추어 교신 수신기를 라디오 수신기로 제작하였다. 또한 웨스팅하우스사는 수신기를 대량으로 판매하려는 목적으로 콘래드가 정규 라디오 방송을 시작할 수 있도록 기업적인 지원을 개시하였다.[11]

콘래드는 1920년 11월 2일 무선 라디오 방송 허가를 취득하고 미국 최초의 라디오 방송사인 KDKA(833.3kHz)를 개국하게 되었다.[12] KDKA의 개국으로 미국 전역에는 라디오 방송사가 우후죽순으로 등장하였으며, 라디오 방송시간도 정규화되는 계획적인 규모의 라디오 방송으로 변모하게 되어 1922년 뉴욕에서 최초의 상업 방송인 WEAF가 개국하였다.[13] 유럽의 경우, 영국에서는 1920년 마르코니 무선회사에서 실험방송을 실시하고 1922년에는 BBC의 첫 뉴스 프로그램 방송을 필두로, 1921년에 프랑스 국영방송이 개국되었고, 1923년에는 독일에서 라디오 방송이 시작되었다.[15]

1930년대 초반에는 주파수 변조(Frequency Modulation) 방식의 FM 라디오 방송이 시작되었다. 1933년 에드윈 암스트롱(Edwin Armstrong)은 새로운 방송기술로서 FM 방송의 특허를 받고, 최초의 FM 라디오 방송국(W2XMN, 1937)을 설립하여 FM 라디오 방송을 시작하였다. 초기의 FM 방송은 고가의 FM

〈그림 9-1〉 1920년대의 라디오 수신기

자료: TRF radio manufactured by Signal Electric MFG. CO.[14]

라디오 수신기의 구입 부담과 음질 면에서 AM 방송과 큰 차이를 느낄 수 없었으므로 청취자들로부터 큰 각광을 받지 못하였다.[16] 1940년 FM 방송이 본격적으로 개시되자, 1945년 미국 연방방송통신위원회(FCC)는 전국 각지의 1,000여 개 방송사에 FM 주파수 대역(88~108MHz)의 방송 허가 면허증(1945~1948년)을 발급하였다.

1) 한국 최초의 경성방송국(JODK) 개국

미국 최초의 라디오 방송사인 KDKA가 개국한 지 4년 후인 1924년에는 조선 총독부 체신국에서 주파수 750kHz, 출력 50W로 무선 시험전파를 발사하여 성공을 거두었다. 조선 총독부 체신국은 성공적인 시험방송 다음 해인, 1925년 8월부터는 매주 4회씩 시험 방송을 실시한 후, 1927년 2월 16일에 한국 최초의 방송사인 사단법인 경성방송국이 호출부호 JODK(출력 1kW, 주파수 870kHz)로 개국하게 되었다.[17] 일제강점기의 1927년 2월 16일 오후 1시, "제이오디케이(JODK), 여기는 경성방송국입니다. 지금부터 방송을 시작하겠습니다"라는 개시 안내방송으로 정규방송을 시작하였다.[18]

초창기의 경성방송국(JODK)은 ① 청취자로부터 2원씩 수신료를 징수했고,

〈그림 9-2〉 경성방송국(JODK) 건물과 스튜디오 연주모습

사진제공: 정보통신역사관, 정보통신산업진흥원(NIPA).[19]

② 진공관 라디오가 100원에서 500원에 달하는 고가 제품이었으며, ③ 국내에 보급된 라디오 수신기 총 1,440대 중에서 한국인 소유의 라디오는 275대밖에 되지 않았고, ④ 방송장비가 제한적(영국 마프코니사사의 6Q형 송신기, 15kW급 변압기 4개, 14kW급 충전용 전동발전기 3대, 6kW급 송신기용 전동 교류발전기 2대 등)이었던 점을 감안할 때, 경성방송국은 일부 특수층을 대상으로 하는 시험방송에 지나지 않았다.[20] 그러나 사단법인 조선방송협회가 1933년 4월부터 900kHz의 경성 제1방송(일본어)과 610kHz의 경성 제2방송(우리말)으로 분리한 2중 방송을 시작하여 라디오 수신기 보급대수가 증가하기 시작하였다. 경성방송국의 프로그램은 "낮에는 '경파'라 불리는 보도교양 방송 중심이었고, 저녁에는 '연파'라 불리는 드라마, 고담(古談), 음악 등 오락방송을 중심"으로 편성되었다.[21]

1935년 경성방송국 호출 명칭이 경성중앙방송국으로 변경되고, 부산방송국(1935년)을 필두로 청진·평양(1936년), 이리(1937년), 함흥(1938년) 등 지방방송국이 잇달아 개국하면서 라디오 청취가 점차 증가하기 시작하였다. 당시 보급된 대부분의 라디오는 경성방송국이 일본에서 수입하여 판매한 저감도의 광석수신기로서 도시 인근 지역에서만 청취할 수 있는 제한적인 방송용에 지나지 않았다.[22] 조선총독부는 중일전쟁(1937년)과 제2차 세계대전(1941년) 발발 이후 라디오 방송을 식민지 통제수단으로 활용하였으며, 1942년에는 경성

〈그림 9-3〉 **국내 최초로 수입·판매한 보급형 광석 라디오 수신기**[23]

조선방송협회 보급형 1호(1927년).　조선방송협회 보급형 2호(1933년).　보급형 2호.
자료: KBS.　　　　　　　　　　　자료: 금호라디오박물관.　　　　자료: 금호라디오박물관.

제2방송(우리말)을 폐지시키기에 이르렀다.[24]

1945년 8월 15일 "포츠담 선언을 무조건 수락한다"는 일본 천황의 항복선언 방송과 조선총독부의 항복 조인식의 라디오 중계는 전파매체의 동시성과 속보성 위력이 발휘되어 라디오 방송에 대한 관심이 고조되었다.[25] 일본의 항복으로 미 군정은 경성방송국(JODK)을 접수하고, 명칭을 서울중앙방송국(현 KBS-1라디오)으로 변경함으로써 일제강점기의 방송은 막을 내리게 되었다.[26] 1947년 국제무선통신회의(ITU)로부터 HL의 호출부호를 할당받으면서 서울 중앙방송국은 호출부호 'HLKA'를 사용하게 되었다. 1947년 4월 서울중앙방송은 프로그램 사전 심의제를 시행하였으며, 전화선을 이용한 실황 중계도 크게 증가하였다.[27] 당시의 라디오 수신기는 일본 회사(와세다, 마스시타 등)에 주문 생산과 기술제휴 및 부품수입으로 조립 제작하였으며, 라디오 수신기 보급은 조선방송협회가 담당하여 1947년 8월까지 우리나라 국민의 라디오 보급 대수는 18만 5,000대에 이르렀다.[28] 이듬해인 1948년 대한민국 정부수립과 더불어 "정부는 조선방송협회를 대한방송협회(KBS)로 변경하고, 이를 공보처 산하로 편입시킴으로써 서울중앙방송국은 국영방송으로 거듭"났다.[29]

6·25 전쟁으로 "국내 전기·통신 시설의 80%와 상당수의 라디오 방송사가 파괴되었으나 서울중앙방송(HLKA)은 대구·부산 등을 옮겨 다니며 전시(戰時)방송을 계속하여 대국민 선무(宣撫) 활동"에 지대한 역할을 수행하였다.[30] 1954년 12월에는 우리나라 최초의 민영 방송인 기독교방송국(CBS, 호출부호 HLKY)이 개국하였으며, 1955년 8월에는 우리나라 최대 출력(100KW)의 연희 송신소가 완공되었다. 1957년에는 6·25 전쟁으로 폐허가 되었던 정동 소재의 서울방송국 연주소를 남산 중턱에 건립하여 공영방송의 남산시대가 시작되었다. 환도(還都) 이후, 서울방송국은 일일 3차례(아침·점심·저녁)에 걸쳐 14시간을 방송하였으나 점차 방송시간을 증가시켰다.[31] 서울방송국은 공개방송과 연속극으로 전후(戰後) 국민들의 고단한 삶을 달래주었다. 당시 대표적

기독교방송국(1954년).
사진 제공: 기독교방송.

서울중앙방송국 남산연주소(1957년).
자료: 국가기록원.

인 프로그램으로는 청취자 사연을 극화한 〈인생역마차〉(1954), 공개방송 〈노래자랑〉(1955), 주말연속극 〈청실홍실〉(1955~1956), 일일연속극 〈산 넘어 바다 건너〉(1957) 등이었다.[32]

1959년 4월에는 한국 최초의 상업 라디오 방송사인 부산문화방송국(MBC)이 개국하였다. 같은 해 금성사는 부품 60% 이상을 국산화하여 국내 최초로 진공관라디오(금성 A-501)를 개발하는 비약적인 발전을 이루었다. 금성라디오는 AC(Alternating Current: 전기용), 진공관 5구 라디오, 제01호를 의미하는 모델(A-501) 수신기로서, 당시 전력 공급사정이 좋지 않은 점을 감안하여 50V로도 청취할 수 있는 2밴드(중파·단파) 겸용수신기로 생산되었다. 금성 A-501은 고가인 대당 2만 환(당시 쌀 한 가마 가격은 400여 환) 정도에 판매되어 라디오 수신기의 대중화에 큰 걸림돌이 되었다.[33] 1959년의 라디오 수신기 보급은 대부분 도시에 집중된 30만 대에 지나지 않았고, 1960년에는 40여만 대에 그칠 정도로 보급이 부진했다.[34]

우리나라의 라디오 방송은 일제강점기와 광복, 건국, 6·25 전쟁을 거쳐 1962년에는 KBS에서 500kW 대출력 방송을 개시하여 라디오 전성시대를 맞이하였다. 1960년대 초반에는 다양한 민영 라디오 방송국(문화방송, 동아방송, 동양방송)이 개국하면서, 라디오 보급률을 높이려는 정부의 노력과 청취자를 선점하려는 민영 라디오 방송사 간의 치열한 경쟁이 시작되었다.[35] 민영 라디오 방송 간의 경쟁은 연속극의 홍수시대를 초래하여, 라디오 방송사들은 정시마다 연속극으로 벨트 편성(Strip: 허리띠 편성)한 후, 다른 프로그램을 배치했으며, 밤 시간대에는 6개의 드라마를 편성하는 연속극 전성시대를 이루었다.[38]

〈그림 9-5〉 최초 국내 개발 라디오(금성 A-501)

자료: 금호라디오박물관.[36]

방식: 2밴드, 5구 슈퍼 헤테로다인
주파수 범위: MW 535-1605KC/SW 45-6.5MC
중간 주파수: 445KC
출력: 무왜 1.5W/최대 2W
전원: AC 100V
스피커: 5인치
크기: 178(H)×429(W)×163(D)mm

자료: 금성라디오 A-501의 규격.[37]

1961년 5·16 군사정변으로 정권을 장악한 군부는 라디오를 통제와 대국민 홍보를 위한 매체로 이용하였으며, 1970년대 초에는 농촌지역에 라디오를 무상 보급하여 국가발전('새마을운동')의 핵심적인 홍보 수단으로 활용한 바 있다.[39] 라디오 방송은 텔레비전의 등장으로 급격한 변화를 겪게 되었다. 청취자들이 듣는 방송에서 보는 방송으로 관심이 전환되면서 많은 청취자들이 텔레비전으로 이탈하게 되었다. 특히 컬러텔레비전 수상기 등장으로 인해 라디오 방송이 급격히 쇠락하면서 라디오 방송은 새로운 변화를 모색하게 되었다.

라디오 방송은 생존 전략으로 프로그램의 특성화와 고음질화에 주력하여, 1960년대에는 주파수 변조(Frequency Modulation) 방식의 고음질 FM 라디오 방송을 개시하여 음악방송으로서 정착하게 되었다. 1965년 6월 26일 한국 최초의 FM 방송국인 서울FM방송(FM 89.1MHz, 현 KBS-2FM)의 개국을 선두로 MBC 부산FM(88.9MHz, 1970년)이 개국하였다. 1970년 2월에는 우리나라 FM

〈그림 9-6〉 HLKA 이동녹음 자동차와 HLKA 주조정실

HLKA 이동녹음 자동차(1957년).
자료: 국가기록원.

HLKA 주조정실(1962년).
자료: 국가기록원.

방송 최초로 동양FM(1966년 서울FM 방송을 인수하여 동양FM으로 개명)이 FM 스테레오 방송을 시작하였으며, 1971년 MBC-FM(91.9MHz), 1979년 KBS-1FM 방송(93.1MHz)이 개국하여 고음질 음악 방송으로 애청자들을 확보하게 되었다.[40] 1980년대에는 기존 중파의 음질 손실을 보완하기 위한 고음질의 지역 표준FM 방송이 개국하여 라디오 오락·정보 프로그램의 대중화에 기여하게 되었다.

1990년대에는 민영 및 특수 라디오 방송국(교통방송, 평화방송, 불교방송 등)이 개국하여, 한국 라디오 방송산업은 양적 발전 면에서 성공을 거두었으나, 다매체시대에서 생존하기 위한 프로그램의 질적 성장과 혁신적인 기술 개발이 요구되었다. 2000년대에는 인터넷의 보급으로 라디오 방송의 인터넷 청취가 가능하게 되었고, 2005년에는 디지털멀티미디어 방송(DMB)을 실시하여 라디오 방송의 디지털화가 시작되었다. 2015년에는 총 218개의 지상파 라디오 방송사(AM 53, 표준FM 58, FM 105, 단파 2)가 대한민국 전역에서 방송을 실시하고 있다.[41]

〈표 9-1〉 라디오 방송 발전사(1927년~현재)

1927	경성방송국(JODK) 개국(출력 1kw, 주파수 870kHz).
1935	경성방송국 호출 명칭 경성중앙방송국으로 변경.
	(1938년까지 부산, 평양, 청진, 함흥, 이리 등 5개 지방 라디오 방송국 개국).
1945	미 군정은 경성방송국을 접수하고 서울중앙방송국으로 변경.
1947	국제통신연맹으로부터 HL 고유 호출부호 배정. 경성방송국은 서울중앙방송(HLKA)으로 변경.
1948	정부는 조선방송협회를 대한방송협회(KBS)로 변경함으로써 국영방송(서울중앙방송국) 탄생.
1954	최초의 민영 라디오 방송인 기독교방송(CBS) 개국.
1955	100kw 연희송신소 완공.
1957	서울방송국 남산 연주소 건립.
1959	최초의 상업 라디오 방송사인 부산문화방송(HLKC) 개국.
1961	서울문화방송 개국.
1962	KBS 500kW 대출력 방송 시작.
1963	동아방송, 라디오서울(HLKC) 개국(1966년 동양방송으로 개명).
1965	최초의 FM 방송국인 서울FM방송 개국.
1966	동양FM 개국(1966년 서울FM방송을 인수하여 동양FM으로 개명).
1970	FM 스테레오 방송 시작.
1980	언론통폐합으로 관영 KBS와 준관영MBC로 라디오 방송 이원화.
1987	언론기본법이 폐지되고 방송법 제정.
1996	SBS 파워FM 개국.
1995	장애인을 위한 사랑의 소리 방송 개국.
1997	기존 중파의 음질 손실을 보완하기 위한 고음질의 지역 표준FM 개국.
2005	디지털멀티미디어방송(DMB) 실시(라디오의 디지털화).
2015	총 218개의 지상파 라디오 방송사(AM, 표준FM, FM, 단파).

2) 라디오 방송의 미래

이동성, 신속성, 수용성이 용이한 라디오 방송은 타 매체에 비해 고정 청취자 확보가 수월하지만 케이블·위성·IPTV에 비해 매체 경쟁력이 낮아 수용자 이탈현상이 심화되고 있다. 수용자 이탈현상은 광고주들이 라디오 광고를 감소 또는 외면하게 되어 전반적인 라디오 산업의 규모는 위축되고 궁극적으로 라디오는 경쟁력이 낮은 매체로 전락하게 된다. 방송산업 전문가들은 뉴미디어의 증가 추세가 지속될 경우, 라디오 방송산업은 침체할 수밖에 없다고 주장하고 있다. 반면 지난 1세기 동안 라디오 방송은 다양한 경쟁매체와 다각적인 위협적인 요소(오디오 테이프, 8-트랙 테이프, CD 음반, MP3, iTunes, Podcasting, Audio Streaming 등)에도 불구하고 양적으로 성장해왔던 점을 고려해볼 때, 라디오 매체의 쇠퇴는 불가하다는 전망도 있다.

디지털 기술의 발전으로 라디오 방송은 음성매체에서 멀티미디어 방송매체로 진화하고 있으며, 이러한 진행 과정에서 라디오는 기술적·질적인 변화를 추구하고 있다. 다매체·다채널·다플랫폼 시대의 경쟁력 있는 매체로 생존할 수 있는 차세대 라디오 방식으로서는 (1) HD 라디오, (2) 인터넷 라디오, (3) 위성 라디오를 대표적인 예로 들 수 있다.

(1) HD 라디오(High Definition Radio)

이비퀴티 디지털 코퍼레이션(iBiquity Digital Corporation)에서 개발한 HD 라디오는 유럽 DAB(Digital Audio Broadcasting) 방식을 기반으로 기존 AM, FM 방송의 아날로그 음성 데이터를 디지털로 압축하여 전송하는 디지털 라디오 방송이다. HD 라디오는 기존 라디오에 할당된 주파수에서 사용하는 아날로그 대역에 디지털 방송신호를 전송함으로써, 아날로그 라디오 방송의 전파 잡음이 소거된 스테레오 고음질 서비스로 다양한 장르의 음악과 데이터 방송 서비스를 제공한다.[42]

AM, FM에 이은 3세대의 HD 라디오는 고음질 음향, 데이터 방송, 다채널 방송, 이동 중 고음질 수신, 무료 서비스, 보는 라디오 등의 장점이 있다. 보는 라디오란 LCD 디스플레이에 곡명이나 프로그램 데이터, 교통정보, 일기예보, 음악 신청 편지 등 다양한 정보가 표시하는 수신기를 말한다. 반면, HD 라디오 방송의 전환비용(신규투자), 기술표준 합의, HD 라디오 수신기 구입 등이 대중화의 장애물이 되고 있다. 그러나 라디오 방송의 주청취자인 운전자를 대상으로 자동차 산업계가 HD 라디오를 경쟁적으로 장착하는 것은 HD 라디오

<그림 9-7> HD 라디오(High Definition Radio)[43]

Sensia Digital Radio with Hi-Fi and touch screen.　　Boston Acoustics HD Radio.

발전에 기여할 것으로 전망하고 있다. HD 라디오는 CD 수준의 음질을 제공하는 디지털 FM 라디오와 아날로그 FM 수준의 음질을 제공하는 디지털 AM 라디오로 구분된다. 세계 각국에서 통용 및 개발 중인 디지털 라디오 규격(Terrestrial Digital Radio Standard)은 ① 유럽 중심의 DAB(Digital Audio Broadcasting, Eureka 147) 방식, ② 위성 디지털 방식(Satellite Digital Radio), ③ 미국 주도의 IBOC(In-band, On-channel, Known as HD Radio) 방식, ④ 일본의 ISDB-T 방식이 있다.[44]

(2) 보고 듣는 인터넷 라디오

'차세대 라디오', '라디오 대체 미디어', '온라인 라디오'로 일컬어지는 인터넷 라디오는 '보고 듣는 라디오'로서 다양한 프로그램과 부가 서비스를 수용자에게 동시에 제공한다. 방송과 통신이 융합된 인터넷 라디오는 프로그램과 인터넷이 결합하는 SAN방송(Social Audio Network)이 가능하여 AM, FM 라디오 방송을 위협하는 대체미디어로 볼 수 있다. 인터넷 라디오의 주요 장점은 ① 주파수 자원 불필요, ② 보는 라디오, ③ 전 세계 어느 곳에서도 접속 가능, ④ 양방형 방송, ⑤ 지상파 라디오 방송사 대비 저렴한 투자비용, ⑥ 무한 환경(무한의 청취자와 인터넷 라디오 방송사), ⑦ 선택의 다양성과 수용자 통제성, ⑧

〈그림 9-8〉 보고 듣는 소셜 미디어인 네덜란드 3FM 방송사와 인터넷 라디오 청취자 추이[45]

자료: http://www.nederland.fm/.
　　http://www.emarketer.com/Article/Internet-Radios-Audience-Turns-Marketer-Heads/1009652.

이동통신 기기(스마트폰, 태블릿 PC, 노트북, 데스크톱 PC, MP3 등)와 결합, ⑨ 프로그램 스트리밍, ⑩ 규제 미비 등이다. 반면, 인터넷 라디오의 단점으로는 ① 인터넷망이 연결된 컴퓨터 필요, ② 이동수신 제한성, ③ 기존 지상파 라디오 방송과 경쟁, ④ 무한의 인터넷 방송사 확산, ⑤ 음원 저작권 남용, ⑥ 방송사별 각기 다른 전용 플레이어 설치 및 회원 가입 등을 들 수 있다.

　인터넷 라디오는 1993년 미국에서 인터넷 토크라디오(Internet Talk Radio)로 시작되어 그동안 기술적인 발전과 다양한 프로그램 제공으로 2000년에는 세계 최대 인터넷 라디오인 판도라(Pandora) 방송국이 개국하였으며 미국에서만 2억 명이 넘는 가입자를 보유하고 있다.[46] 인터넷 라디오 방송사의 운영 주체는 ① 방송사 운영(KBS 콩, MBC 미니, SBS 고릴라, EBS 반디, CBS 레인보우, TBS TOY 등), ② 전문 인터넷 방송사 운영(Pandora, Spotify, TuneIn, Soma.fm, Slacker 등), ③ 개인 운영[운영자가 IP주소를 공개하여 IP에 연결된 사용자들이 방송을 청취하는 개인방송으로서 사이버자키(Cyber Jockey)가 프로그램 진행]으로 구분할 수 있다.

(3) 위성 라디오(Satellite Radio)

위성 라디오 방송은 지상 지구국에서 오디오 프로그램을 위성으로 송출(Uplink)하고 위성중계기(Transponder)는 이 신호의 주파수를 변조시켜 지상으로 송신(Downlink)하는 방식이다. 디지털 오디오 방송(Digital Audio Broadcasting)의 상용화로 고음질의 오디오 프로그램과 다양한 데이터 부가서비스를 동시에 제공하는 위성라디오는 AM, FM의 대체 라디오 방송으로 부각되었으나, 전용 수신기 구입, 월정 이용료, 인터넷 라디오와의 경쟁으로 입지가 점차 좁아지고 있다. 위성 라디오 방송의 주요 장점으로는 ① 광대역 수신, ② 고음질 방송, ③ 이동성, ④ 무광고 방송, ⑤ 다채널화 및 전문화, ⑥ 데이터 부가 서비스 등이다.

위성라디오의 가입자는 수신기를 자동차에 장착하거나, 가정 또는 직장에서 위성라디오 수신기로 전파를 수신한다. 미국의 대표적인 위성방송사인 시리어스XM 라디오(SiriusXM Radio)는 세계 주요 자동차 생산업체(General Motors, Ford, BMW, Volkswagen, Hyundai, Kia, Bentley, Toyota, Nissan, Mitsubishi)와 장기계약을 맺고 위성 수신기를 장착한 신차에 월정 가입료를 보조해주는 방식으로 2,400만 명의 가입자(2014년)에게 위성라디오 서비스를 제공하고 있다.[47] 현대자동차의 경우, 1억 명의 가입자를 보유한 미국 최대 이동통신사인 버라이즌 와이어리스(Verizon Wireless)사와 제휴를 맺고 미국 시장에서 차세대 LTE(Long Term Evolution) 기반 텔레매틱스 서비스를 제공하고 있다.[48] 텔레매틱스 서비스

〈그림 9-9〉 SiriusXM Radio 가정용 수신기와 청취 채널 수(175+Channels)

72	Commercial-Free Music
22	Talk & Entertainment
18	Latin
15	News & Issues
11+	Sports Talk/Play-by-Play
9	Traffic & Weather
9	Comedy
14 & more	

자료: http://www.siriusxm.com/whatissiriusxm.

는 기존 3G 서비스에 비해 5배 이상 빠르며 빅데이터·클라우드와 연계된 차량 IT 서비스도 가능한 차세대 무선통신 서비스로 알려져 있다.[49] 우리나라는 KT 스카이라이프가 가입자에게 제공하는 DTR(Digital Television Radio) 방식의 전용 오디오 채널 서비스와 DMB를 이용한 디지털 방송을 활용하고 있다.

3) 라디오의 변화

라디오는 대중 청취자에게 정보와 오락 프로그램을 전달해주는 대중매체이지만, 청취자의 수용형태는 개인적인 미디어에 근접하는 특성이 있다. 텔레비전은 시청형태가 가족, 친지, 친구 중심의 집단형 수용 미디어인 반면, 라디오는 주로 개인적으로 청취하는 점을 활용하여 미래의 라디오 방송은 청취자 참여를 제고시키는 양방형 라디오가 활성화될 것으로 예상된다. 일부 라디오 방송사에서는 청취자의 능동적인 참여를 유도하기 위하여 무료 애플리케이션을 제공하여 청취자들이 제작한 음반 및 영상을 방송프로그램에 활용하고 또한 모든 청취자들이 공유하는 점이 라디오 방송의 새로운 변화로 볼 수 있다. 또한 청취자들의 적극적인 참여를 유도하기 위해서 양방형의 소셜 네트워크 지향적인 프로그램이 증가될 것으로 보인다.

인터넷과 결합된 라디오 방송의 환경은 무제한의 방송 서비스가 가능하다. 전문화된 장르와 프로그램으로 특정 수용자군만을 공략하는 세분화된 서비스(Specialized Radio Service), 수용자 개인의 취향에 맞는 맞춤형 음악을 제공하는 개인화된 라디오 서비스(My Radio Service), 수용자가 선곡하는 주문형 라디오 서비스(On-demand-radio·Play-on-demand Service)의 대중화도 예상된다. 미래의 라디오 방송은 단일 플랫폼이 아닌 아날로그, 디지털, 온라인, 위성, 케이블, 와이파이 와이브로, 이동통신, 무선케이블(Wireless Cable) 등이 참여하는 다중 플랫폼(Multi-Platform)의 혼성 라디오(Hybrid Radio) 시대가 출현하게 된다. 라디오 방송은 플랫폼 여부에 따라 라디오 수신기, 디지털 라디오 수신기(Digital Radio Receiver), 스마트 라디오, 스마트폰, 위성 라디오 수신기, PCs(Tablet, Notebook, Desktop, iPod), 디지털 텔레비전 등의 선택이 가능하게 되어 다사업자의 참여가 예상된다.

2. 텔레비전 방송의 역사와 미래

1) 텔레비전 수상기 발명

인류 문명의 위대한 발명품인 텔레비전은 반세기(1873~1936) 동안 다국적 과학자들의 협력으로 이루어진 노력의 산물이다. 텔레비전 발명의 기초적인 기술은 영국의 윌로비 스미스(Willoughby Smith, 1873)가 셀레늄(Selenium) 금속에 광선을 보내 전기를 발생시키는 광전 효과(Photoconductivity)를 이용한 광전지(Photoelectric Cells)를 발명한 것에 기인한다.[50] 프랑스의 르 플랭(Le Plean, 1880)은 광전효과를 이용하여 텔레비전의 주사선(走査線) 원리를 발명하였고, 미국의 조지 캐리(George Carey, 1875)는 광전효과를 이용하여 물체의 영상을 전기 신호로 전환하는 실험을 성공하여 텔레비전 수상기 발명에 기술적인 기틀을 마련해주었다.[51]

독일 태생의 폴란드인 파울 닙코브(Paul Gottlieb Nipkow, 1884)는 24개의 구멍이 뚫린 셀레늄 판(Selenium Disk)을 회전시켜 빛을 순차적으로 전달할 수 있는 닙코브 디스크(Nipkow Disk)를 개발하였다.[52] 닙코브 디스크는 광전지의 전기 신호를 하나의 전선으로 전달하고, 신호를 전달받은 수상기는 동일한 역의 방법으로 전구를 켜서 움직이는 이미지를 재생할 수 있었다.[53] 닙코브는 영화의 기술과 같이 빛이 순차적으로 이미지를 재현하더라도 잔상(殘像) 효과

〈그림 9-10〉 닙코브 디스크(Nipkow Disk)의 원리[54]

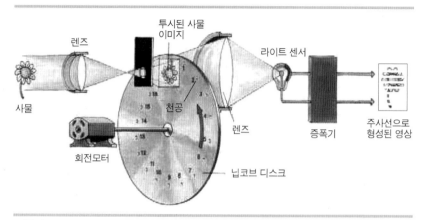

렌즈
투시된 사물 이미지
라이트 센서
사물
천공
렌즈
증폭기
주사선으로 형성된 영상
회전모터
닙코브 디스크

제공: Courtesy of Philippe Jadin(재구성).

로 인하여 사람들은 전체 이미지로 파악한다는 점을 이용한 주사(走査) 방식으로 텔레비전의 화상 표현 방법에 큰 영향을 주었다.

〈그림 9-10〉에서와 같이, 닙코브 디스크(Nipkow Disk)의 원리는 전기 신호를 영상으로 전환할 수 있도록 나선형으로 천공(穿孔)된 금속 주사판(Disk)에 전기 신호에 따라 명암이 달라지는 빛을 발사하여 주사판을 회전시키면, 이 빛이 작은 천공을 통과하여 움직이는 영상이 반대쪽에 표시된다. 주사판(Nipkow Disk)의 천공 1개가 1개의 주사선이 되는 원리로서, 16개의 천공이 주사판의 높이에 따라 나선형으로 뚫려 있으면, 회전하는 닙코브 디스크를 통해 투시되는 사물 이미지가 16개의 주사선을 형성하여 전체 사물의 움직이는 영상을 표현하게 된다. 닙코브(Nipkow, 1885)는 조명된 사물을 전기로 재생시키는 전기 망원경(Electric Telescope)의 특허를 출원하였으며, 이러한 망원경(Telescope)을 통해 영상(Vision)이 형성된다는 뜻을 어원으로 텔레비전(Television)이 유래되었다.

독일의 카를 브라운(Karl F. Braun, 1897)은 진공관과 같은 원리에 의해 전자

총에서 발사된 전자가 형광물질을 입힌 화면에 부딪쳐 발생하는 빛을 이용하여 화상을 재현하는 음극선관(Cathode Ray Tube, 陰極線管)을 발명하여 자신의 이름을 딴 브라운관(Braun Tube)으로 명명하였다.[56] 스코틀랜드의 존 베어드(John Baird, 1925)는 닙코브 디스크를 사용하여 동화상 이미지(Silhouette)를 전달하는 텔레비전 실험을 성공하였고, 1926년에는 세계 최초로 텔레비전 화상 시스템을 공개한 후에 텔레바이저(Televisor)로 불리는 기계식 텔레비전을 상품화하였다.[57]

베어드(Baird, 1927)는 런던에서 영국 북부 도시인 글라스고(Glasgow)까지 유선 전화선(705km)으로 텔레비전 신호를 전송하고, 1928년에는 런던에서 뉴욕으로 무선 전송하는 실험을 성공하자, 1929년 BBC 방송사는 베어드의 기계식 텔레비전을 이용한 실험 방송을 시작하였으며, 1936년에는 세계 최초의 정규 공영 텔레비전 방송을 개국하였다.[59] 미국의 필로 판스워스(Philo T. Farnsworth)는 1928년에 자신이 발명한 전기식 텔레비전 수상기(Electronic Television Set)를 공개 시연하고, 1934년에 대중 시청을 위한 실험용 텔레비전 수상기를 필라델피아에 소재한 프랭클린 연구소(Franklin Institute)에 설치하였다. 비슷한 시기인 1930년대에 독일, 프랑스, 러시아, 미국 등도 자체 기술을 개발 또는 특허권을 구입하여 텔레비전 방송을 시작하

〈그림 9-11〉 베어드의 기계식 텔레바이저 (Televisor)[55]

자료: ⓒ TVhistory.TV Library.

〈그림 9-12〉 베어드 모델 C텔레바이저 (1928년)와 CRT(Cathode Ray Tube) 브라운 튜브[58]

자료: 베어드 모델 C텔레바이저: ⓒ TVhistory. TV Library.
　　CRT 브라운 튜브: ⓒ info@crtsite.com.

였다.[60] 독일은 1936년 베를린 올림픽을 텔레비전으로 생중계하는 성과를 거두었다.[61]

베어드의 기계식 텔레비전은 시청 중에 개량된 닙코브 디스크 주사판을 지속적으로 회전시켜야 하는 점과 제한된 주사선으로 영상을 재현함으로써 텔레비전 화질이 낮아 텔레비전 수상기의 대중화는 성공하지 못했다. 그러나 주사판을 사용하지 않고 브라운관(CRT)을 이용하는 전자식 텔레비전의 개발은 높은 화질을 구현함으로써 텔레비전 방송산업에 크게 기여하게 되었다. 판스워스(Farnsworth, 1927)는 최초의 전자식 텔레비전 시제품을 발명하였으며, 1928년에는 미 연방라디오위원회(Federal Radio Commission, FCC의 전신)로부터 텔레비전 시험방송 허가권을 취득한 워싱턴 D.C.와 뉴욕에 소재한 방송국들은 GE사와 공동으로 최초의 텔레비전 시험방송을 실시하였다.[62]

초기의 시험방송은 라디오 주파수를 변조하여 무성 이미지를 송수신하는 수준에 지나지 않았으나, GE사에서는 단파를 이용한 48 주사선의 프로그램을 방송하는 데 성공을 거두었다. 1928년 9월 11일 WRGB 방송국에서 세계 최초로 텔레비전 프로그램(1인극, The Queen's Messenger)을 생중계하였고, 1931년 미국 최초의 텔레비전 방송국인 W2XCR(New York)은 정규 방송을 시작하였다.[63] 그러나 수상기 개발에 따른 규제기관, 제조사, 특허 소유 엔지니어 간의 표준규격 설정에 따른 이해 상충으로 혼란을 겪게 되자, 1930년 기업연구소(RCA, GE, Westinghouse)들이 텔레비전 수상기 개발을 본격적으로 착수하였다.[65] 기업 연구소들의 적극적인 노력으로 1939년 RCA 연구소에서는 441 주사선의 수상기를 개발하여 보다 선명한 화질의 텔레비전 수상기를 보급하는 데 기여하였다.

1941년 연방방송통신위원회(FCC)는 흑백 수상기의

〈그림 9-13〉 RCA TT-5 텔레비전 수상기(1939년)[63]

자료: ⓒ TVhistory.TV Library.

기술표준규격(National Television System Committee)을 공표하고 5개 도시(뉴욕, 로스앤젤레스, 시카고, 필라델피아, 스케넥터디)에서 본격적인 텔레비전 방송을 개시하도록 상업방송 허가권(Broadcasting License)을 발급하였다.[67] 미국의 방송산업은 제2차 세계대전 참전 기간 동안 침체기를 맞았으나, 전후(戰後)에는 최초의 텔레비전네트워크인 NBC-TV(1944)를 필두로 CBS-TV(1946), ABC-TV(1946)에서 각각 정규 상업방송국을 개국하였다. 컬러텔레비전의 등장으로 텔레비전 산업의 발전은 가속화되어 미국 경제의 중요한 몫을 점유하게 되었

〈그림 9-14〉 최초의 컬러텔레비전 수상기(1951년)[65]

자료: ⓒ TVhistory.TV Library.

다. 1951년 CBS-TV에서 컬러 시험방송을 개시하자 연방방송통신위원회(FCC)에서는 컬러텔레비전 규격(1953)을 채택하였고, 1965년부터는 미국 전역에서 정규 컬러텔레비전 방송이 시작되었다.[68]

2) 한국 텔레비전 방송사

우리나라 텔레비전 방송은 1956년 5월 12일 HLKZ-TV(출력 0.1kW, 채널 9, 영상주파수 186~192MHz) 방송사가 격일제로 보도·교양·오락 등의 프로그램을 방송하여 세계에서 15번째, 아시아에서 4번째로 텔레비전 방송을 시작하였다.[69] 우리나라의 텔레비전 방송의 발전사는 (1) 초기(1956~1959년), (2) 국영 방송기(1960~1963년), (3) 국·민영 방송기(1964~1972년), (4) 공·민영방송기(1973~1994년), (5) 다채널 다매체 방송기(1995~2011년), (6) 디지털 방송기(2012년~현재)로 구분할 수 있다.

〈표 9-2〉 우리나라 텔레비전 발전사(1956년~현재)

1. 초기 방송기(1956~1959년)

1956년 6월   최초의 HLKZ-TV(출력 0.1kW, 채널 9, 영상주파수186~192MHz) 텔레비전 방송국 개국.
1957년 5월   한국일보 소유의 대한방송주식회사(DBC)에서HLKZ-TV 인수.
1957년 9월   주한미군방송(AFKN-TV) 개국.

2. 국영 방송기(1960~1963년)

1961년 12월   중앙방송국(KBS)이 출력 2kW의 RCA텔레비전 송신기로 서울 남산에서 전파를 발사.
1961년 12월   KBS-TV 호출부호 HLCK, 국명 서울텔레비전 방송국(KBS-TV). 채널 9, 영상출력 2kW, 음향출력 0.5kW로 개국. 1962년12월 「국영텔레
           비전 방송사업운영에 관한 임시조치법」과 「특별회사법」 제정.
1963년 1월   KBS 광고방송 실시와 시청료 징수.

3. 국·민영 방송기(1964~1972년)

1964년 12월   동양텔레비전방송주식회사(DTV) 서울(호출부호 HLCE, 영상출력 2kW)과 부산(HLKE, 출력 500W)에서 최초의 민영 텔레비전 방송국 개국.
1966년   KBS-TV 전국적인 방송망 수립.
1968년 10월   KBS-TV에서 한국 최초의 위성중계로 멕시코 올림픽 중계.
1969년 8월   한국문화방송주식회사(MBC-TV) 텔레비전 방송국 개국(호출부호 HLAC, 채널 11, 영상출력 2kW, 음향출력 500W)
1970년 1월   비상국무회의에서 「한국방송공사법」을 확정.
1970년 6월   금산위성통신지구국 준공으로 텔레비전 방송의 우주중계시대로 돌입.

4. 공·민영방송기(1973~1994년)

1973년 3월   방송공사 발족으로 KBS는 공영방송으로 전환.
1980년 11월   언론통폐합조치로 신문과 방송의 전면적 통폐합. 텔레비전 방송은 국영 KBS텔레비전과 민영 문화방송 텔레비전으로 이원화(동양텔레
           비전은 KBS로 흡수, 통합되어 KBS 제2텔레비전으로 개편과 문화방송 전체 주식의 70%를 KBS가 인수)
1980년 12월   KBS-TV, MBC-TV 컬러텔레비전 정규 방송 시작.
1987년 11월   「언론기본법」 폐지와 새로운 「방송법」 개정.
1990년 12월   교육방송 EBS 개국.
1991년 12월   민영방송 서울방송(SBS), 교통방송(TBS) 개국.
1994년 4월   텔레비전 수신료 전기요금에 합산 징수(한전 위탁징수로 전환).

5. 다채널 다매체 방송기(1995~2011년)

1995년 3월   27개의 채널로 아날로그 케이블 텔레비전방송 시작.
1995년 5월   광주방송(KBC), 대구방송(TBC), 대전방송(TJB), 부산방송(PSB)의 4개 지역 민영방송 개국.
1995년 8월   무궁화 1기 발사(세계 22번째 상용위성 보유국).
1996년 1월   무궁화 2호기 발사.
1997년 7월   KBS-1, KBS-2, EBS 등 5개 채널의 위성 시험방송.
1997년 10월   인천방송 개국.
1999년 9월   무궁화 3호(최첨단 통신 방송위성) 발사.
1999년 12월   통합방송법 제정.
2000년 9월   지상파 방송 3사(KBS·MBC·SBS)에서 디지털텔레비전 시험방송.
2002년 3월   한국디지털위성방송(KDB) 스카이라이프 위성방송사 개국.
2003년 11월   고화질 위성 HD(High Definition) 방송 개시.
2005년 4월   지상파 디지털 텔레비전 전국방송 시작 및 디지털 케이블TV 방송 도입.
2009년 7월   「인터넷멀티미디어방송사업법」(IPTV법) 제정 및 IPTV 서비스 개시.
2011년 12월   케이블 종합편성 채널 JTBC, TV조선, 채널A, MBN개국.

6. 디지털 방송기(2012년~현재)

2012년 9월   방송통신위원회 「지상파 텔레비전 방송 운용시간 규제 완화안」 의결(지상파 텔레비전 방송의 일일 방송 허용시간을 19시간에서 24시간으
           로 변경).
2013년 1월   지상파 텔레비전 디지털 방송 개시(아날로그 방송 종료와 공식적 디지털 방송 전환).
2014년 10월   케이블과 IPTV 사업자 세계 최초의 UHD 초고화질(4K UHD) 방송 서비스 개시.
2015년   대도시 지역 케이블 텔레비전 가입자의 디지털 전환을 완료하기 위한 '100% 디지털 전환' 시범사업 실시.
          총 424 텔레비전 방송사업자(지상파, SO, PP, 위성, IPTV, DMB, 중계유선).

(1) 초기 방송기(1956~1959년)

미국 RCA의 한국 배급회사인 KORCAD(Korea Office of RCA Distributor)는 1956년 5월 12일 호출부호 HLKZ(채널 9)로 한국 최초의 텔레비전 방송을 시작하여 6월 1일부터는 격일로 일일 2시간씩 저녁 정규방송을 시작하였다. 개국 초기의 HLKZ는 수상기 보급 미비로 극소수의 시청자를 대상으로 실시한 실험방송에 지나지 않았다. 당시의 전국 텔레비전 보유 수상기가 300대 미만이었던 점, 격일 2시간의 제한된 방송시간, 가시청 지역이 서울을 중심으로 반경 16~24km 정도, 소형 수상기 1대 가격이 쌀 21가마 상당의 고가 제품, 열악한 방송시설 등이 개국 초기의 텔레비전 방송산업을 설명해주고 있다.[70] 한국 최초의 텔레비전 방송사인 HLKZ-TV(채널 9)는 상업 텔레비전 방송사의 매체 가치가 부재한 시기에 적자운영으로 개국 1년을 넘기지 못하고 1957년 5월 한국일보에 인수되어 대한방송주식회사(DBC-TV)로 재개국하였다.[71]

DBC-TV는 1957년 9월에 개국한 주한미군 텔레비전 방송(AFKN-TV)의 영향을 받아 종합편성(보도10%, 연예 30%, 교양 50%, 기타 10%), 생방송 및 영화방송을 시도함으로써 상업텔레비전의 기반을 구축한 방송사로 평가받고 있다.[72] 개국 이듬해인 1958년에는 텔레비전 수상기 보급이 7,000대 정도로 증

〈그림 9-15〉 1956년 한국 최초로 개국한 HLKZ-TV의 서울 종로 건물과 공개 프로그램(1956년)

사진 제공: 정보통신산업진흥원(NIPA).[73]　　　　자료: 국가기록원(KORCAD '시민의 밤' 중앙청 공연방송).

가하였으나, DBC-TV는 1959년 불의의 화재로 방송국 건물이 전소되어 주한 미군방송(AFKN-TV)의 지원으로 오후 7시부터 30분간씩 AFKN-TV의 방송시간을 할당받아 방송을 계속하였다.[74]

(2) 국영 방송기(1960~1963년)

1961년 정부는 체신부가 HLKZ-TV에 허가했던 채널 9를 회수하여 국영 서울텔레비전방송국(KBS-TV)에 할당함으로써 DBC-TV는 자동 소멸되었다.[75] 1961년 KBS-TV는 출력 2kW의 RCA 텔레비전 송신기로 서울 남산에서 전파를 발사하고, 동년 12월 31일 역사적인 전파(호출부호 HLCK, 채널 9, 영상출력 2kW, 음성출력 1kW, 주사선 525)를 발사하여 국영 텔레비전 방송기(1960~1963)가 시작되었다.[76] KBS-TV는 개국 초기 2주간은 영화를 주축으로 일일 4시간 임시 편성을 하였고, 1962년 1월 15일부터는 일일 4시간 정규방송을 시작하였다.[77] KBS-TV는 제1스튜디오, 제2스튜디오, 조정실, 영사실, 조명실, 변전실, 냉방장치실, 아나운서 부스, 방청실, 연기자 대기실, 암실, 세트 창고, 중계차를 구비하여 한국 최초의 국영방송사의 면모를 보였다.[78] KBS-TV 개국과 더불어 텔레비전 방송에 대한 시청자의 관심 증가로 개국 직후에만 2만 5,000여 대의 수상기가 보급된 것으로 추산된다.[79] 정부는 1962년 「국영텔레

〈그림 9-16〉 KBS-TV 녹화현장(1962년)과 KBS-TV 중계차(1962년)

자료: 국가기록원.　　　　자료: 국가기록원.　　　　자료: http://aeroexpress.wo.to/noname2.htm.

비전방송사업운영에 관한 임시조치법」과 「특별회사법」을 제정하여 1963년부터 KBS에서 광고방송을 실시하고 시청료를 징수함으로써 KBS-TV의 방송재원을 위한 발판을 마련해주었다.[80]

(3) 국·민영 방송기(1964~1972년)

정부는 1964년 민영 동양텔레비전방송(DTV)의 설립을 허가함으로써 DTV는 서울(호출부호 HLCE, 영상출력 2kW, 주파수 채널 7)과 부산(호출부호 HLKE, 영상출력 500W, 음향출력 250W, 주파수 채널 9)에서 개국하였다.[81] DTV(1966년 TBC-TV로 개명) 개국은 국영 텔레비전 독점체제에서 국·민영 경쟁 체제로 전환되는 계기를 마련해주었다. 1969년 민영 한국문화방송(MBC-TV, 호출부호 HLAC, 채널 11, 영상출력 2kW, 음향출력 500W)과 1970년 부산문화방송(부산 MBC-TV, 호출부호 HLAD, 채널 12, 영상출력 2kW, 음향출력 500W)이 개국하여 우리나라 텔레비전 방송은 3대(KBS, MBC, TBC) 국·민영 경쟁 체제를 구축하고 양적 및 질적으로 성장하는 계기가 되었다.[82]

1966년 금성사는 한국 최초의 흑백텔레비전을 생산하기 시작하여 텔레비전 수상기의 국산화에 기여하게 되었다. 금성사는 진공관식(Vacuum), 책상형(Desk Type), 19인치, 첫 번째 모델이라는 의미에서 제품 모델명을 '금성 VD-191'로 명명(命名)하고 수상기 양산(量産)에 돌입하였다(〈그림 9-17〉 참조). 당시 금성 VD-191 수상기 1대 가격은 6만 8,000원으로서 "근로자 1년 연봉에 해당하는 고가 제품이었지만, 그 수요가 높아 공개 추첨으로 판매할 정도로 인기"가 높았다.[83] 같은 해 KBS-TV는 민영 텔레비전(TBC-TV와 MBC-TV)과의 경쟁력을 강화하기 위하여 전국적인 방송네트워크 망을 구축하고, 1968년에는 한국 최초로 멕시코 올림픽과 1969년에는 아폴로 11호 달 착륙을 위성으로 중계하여 국영방송으로서의 위상을 갖추게 되었다.[84]

1969년 11월부터 아침방송이 허가되자 3대 텔레비전 방송사는 각각 일일

〈그림 9-17〉 국산 최초의 흑백텔레비전(1966년)

자료: 금호라디오박물관(금성 VD-191).[85]   자료: 국가기록원. 금성사(텔레비전 VD-191 작업광경).

연속극을 동시에 방영하였고, 저녁 주시청자 시간대에는 인기 드라마, 쇼 등의 오락 프로그램을 과도하게 편성하였다.[86] 텔레비전 수상기 보급은 1965년 전국 5만 대에서 1969년에 30만 대로 급증하면서 텔레비전 매체를 통한 방송 문화가 확장되는 계기가 되었다.[87] 국·민영 방송기(1964~1972)의 경쟁 체제는 시청자들에게 다양한 프로그램 선택권을 제공해준 반면, 시청자를 선점하기 위한 방송사 간의 치열한 경쟁으로 인기 오락 프로그램에 편중하는 양상을 보였다.

(4) 공·민영 방송기(1973~1994년)

1970~1980년대 군사정부의 언론 통제와 유신시대의 규제 전횡에도 불구하고, 텔레비전 수상기의 보급률 급증과 100억 달러 수출(1977년)을 달성하는 고도 경제발전을 이루어갔고, 그에 따른 높은 광고수익으로 3대 텔레비전 방송사는 양적으로 팽창하는 공·민영 방송기(1973~1994)를 맞이하게 되었다. 1970년 군사정부는 비상국무회의에서 「한국방송공사법」을 확정하여 KBS는 1973년에 국영 한국방송공사로 전환되었고, MBC-TV는 1970년부터 3년 동안 8개의 지방 방송사(부산, 대구, 광주, 제주, 울산, 대전, 전주, 마산)를 개국하여 전

국을 망라하는 명실 공히 전국 네트워크로 성장하였다.[88] 그러나 1979년 한국 방송산업은 언론통폐합이라는 수난기를 맞이하게 된다. 12·12 군사반란으로 실권을 잡은 신군부는 '5·17 비상계엄확대조치'로 국가권력을 장악하고 계엄해제 이후 예상되는 반발을 무마하기 위해서 1980년 11월 11일 언론통폐합을 강압적으로 실행하였다.

신군부는 한국방송공사와 민영방송인 동양방송(TBC), 동아방송, 전일방송, 서해방송, 한국FM을 강제 합병하고, 민영 문화방송과 문화방송의 19개 제휴 민영방송사의 주식 70%를 강제로 인수함으로써 문화방송을 법적인 공영방송사로 전환시켰다.[89] 신군부는 우리나라의 텔레비전 방송을 ① 관영 KBS와 ② KBS가 주식의 70%를 소유한 준관영 MBC로 2원화함으로써 방송매체를 완전히 장악하게 되었다.[90]

신군부의 언론통폐합 와중에 KBS-TV(1980년 12월 2일)와 MBC-TV(1980년 12월 22일)는 오랜 준비기간을 거쳐 컬러텔레비전 방송을 개시하였다. 미국식 표준 규격인 NTSC(National Television Standard Committee) 방식을 채택한 컬러텔레비전 방송은 화면의 고정밀도 방송을 위해서 1982년 전파관리국으로부터 50kW송출 출력증가 허가를 받아 새로운 텔레비전 시대를 맞이하게 되었다.[91] 신군부의 도움으로 집권한 제6공화국 정부는 1990년 8월 민간 상업방송의 허용을 골자로 하는 「방송법」을 국회에서 통과시켜 1991년 민영방송인 서울방송(SBS) 텔레비전과 라디오 방송국이 개국하게 되었다. 개국 초기 SBS-TV의 가시청권은 서울과 수도권 지역의 약 1,900만 명 정도였으나, 1995년에 타 지역 민영방송과의 제휴로 전국 방송망을 커버하는 네트워크로 전환되었다.[92] SBS-TV는 1980년 언론통폐합으로 폐사되었던 TBC-TV가 부활한 제2의 민영방송으로 한국 텔레비전 방송시장이 3대 네트워크 경쟁 구도로 회귀하게 되었다. SBS-TV는 개국 초기부터 오락방송을 지향한 편성으로 프로그램의 질적 저하와 일부 드라마 및 스포츠 중계에 과도한 투자로 텔레비전 방송 시장에서 무리한 시청률 경쟁을 주도했다는 비난을 받아왔다.[93]

(5) 다채널 다매체 방송기(1995~2011년)

군사독재 문화를 청산하고 민주문화 정착을 표방한 문민정부의 방송정책은 평준화와 경쟁력 강화에 주력한 다채널·다매체 방송기(1995~2011)로 평가할 수 있다. 1995년 3월에는 27개의 아날로그 케이블 텔레비전(PP)이 방송을 개시하여 방송의 다채널·다매체시대가 도래하였다. 케이블 방송은 정보사회에서 필요한 다양한 부가 서비스(전화, 인터넷, VOD, 원격교육, 홈뱅킹, 전자 상거래, 원격 방범·방재) 제공, 지상파 주파수 대역의 제한된 채널의 단점을 보완하는 대체 매체, 무한한 채널을 가용하여 전문화된 프로그램으로 시청자를 세분화시키는 점에서 지상파 텔레비전 시장을 잠식할 수 있는 경쟁매체로 등장하였다.

1995년에는 4개의 지역 민방(광주방송, 대구방송, 대전방송, 부산방송)과 1997년에는 인천방송 개국으로 지역방송 육성이 실현된 기간으로 볼 수 있다.[94] 1997년 KBS의 위성 시험방송을 거쳐 2002년 3월에는 무궁화 3호를 이용하여 디지털위성방송인 스카이라이프(SkyLife)가 본격적인 위성방송을 개시함으로써 우리나라도 상업 위성방송 시대에 진입하였다.[95] 디지털 위성방송은 200여 개의 다채널 서비스, 양방향 서비스(인터넷, 홈뱅킹, 전자 상거래 등), 지형·장애물·방해 전파(Jamming)로 인한 난시청 해소, 전국을 커버하는 광역화, 동시 방송 서비스, 고화질 방송, 고음질 오디오 서비스 제공, 지상 재해의 영향 전무 등의 장점으로 지상파, 케이블과 더불어 3대 방송산업을 구축하여 본격적인 다채널·다매체 경쟁시대가 시작되었다.

2009년에 제정된 「인터넷멀티미디어방송사업법」(「IPTV법」)은 신문사의
방송 진출을 허용하여 2011년 주요 신문사들이 주축이된 4개의 케이블종합편
성(종편) 채널이 개국하였다.[96] 종편은 케이블, 위성, IPTV 등을 통하여 다양
한 장르의 프로그램(뉴스·공공·오락)을 종합 편성하여 송출하는 채널(PP)이
다. 종편은 24시간 방송, 중간광고 허용, 광고 직접 영업, SO 의무전송, 낮은
채널번호(10~19번) 배정 등의 혜택을 받았지만, 유료 텔레비전(케이블·위성·
IPTV) 가입자만을 대상으로 방송하는 단점이 있다. 종편채널의 출범은 디지
털 방송 개시와 더불어 디지털 방송시장의 무한 경쟁시대를 예고한다.

「IPTV법」(2009)은 신문사와 대기업이 종편과 보도 채널(PP)의 지분을 30%,
IPTV는 49%까지 소유할 수 있게 함으로써 인쇄매체의 방송사업 겸영을 허용
하여 방송산업의 균형을 도모하자는 취지로 추진되었다.[97] 그러나 제한된 시
청자군, 포화된 방송 광고시장, 프로그램 투자 부실, 보도 프로그램 과중 편성,
높은 재방, 저품격 시사 토크 및 무검증 의학정보('쇼닥터') 프로그램 양산, 종
편 미디어렙 광고영업과 언론 유착, 종편 소유주(인쇄매체)의 영향력 증대 및
독과점 폐해 등을 감안하면 종편채널 개국은 '다양한 방송으로 시청자 편익을
향상'시킨다는 출범 취지에 역행하는 것으로 판단된다.

(6) 디지털 방송기(2012년~현재)

2012년 9월 방송통신위원회는 「지상파 텔레비전 방송 운용시간 규제 완화
안」을 의결하여 지상파 텔레비전 방송의 일일 방송 허용시간을 19시간에서
24시간 종일방송으로 변경하였다. 2013년 1월 1일부터는 디지털 형태로 텔레
비전 신호를 압축하는 신기술의 디지털 텔레비전 방송시대를 개막하게 되었
다. 디지털 방송은 디지털 형식의 데이터 방송으로 방송과 통신이 융합되는
다매체·다채널·다플랫폼 시대의 핵심적 기술로서, 양방향 데이터 방송을 포
함한 다양한 부가 서비스를 제공한다.

우리나라는 1997년 방송사와 제조업체 간의 논란 끝에 미국식인 ATSC (Advanced Television System Committee) 방식을 채택하여 2000년 9월 디지털 텔레비전 시험방송을 시작하여, 2001년 11월에는 서울과 수도권 일부에서 본 방송을 실시하고, 2005년부터 전국방송을 시작하였으며, 기존의 아날로그 방송은 2008년에 제정된 「디지털전환법」에 따라 2012년 12월 31일부로 종료되고, 2013년 1월 1일부터는 공식적인 디지털방식 방송으로 전환되었다.[98] 2014년 대표적인 뉴미디어인 케이블과 IPTV 사업자는 세계 최초의 UHD 초고화질(4K UHD) 방송 서비스를 개시하였으며, 2015년에는 대도시 지역의 케이블 텔레비전 가입자의 디지털 전환을 완료하기 위한 '100% 디지털 전환' 시범 사업을 실시하였다. 2015년 대한민국 전역에서 424개의 방송사업자(지상파 53, 종합유선방송 91, 방송채널사용 188, 위성방송 1, IPTV 3, DMB 19, 중계유선방송 69)가 텔레비전 방송사업을 운영하고 있다(부록 1. 국내 방송사업자 사업 현황 참조).

3) 텔레비전 방송의 미래

방송기술 발전에 따른 뉴미디어의 출현은 수용자에게 선택의 다양성을 제공한다. 태블릿 PC와 스마트폰에 익숙한 디지털 방송시대의 수용자에게는 텔레비전 방송의 영역은 불분명하며 매체 간의 장벽은 존재하지 않는다. 방송과 통신의 융합이 초래한 무제한의 가용채널과 새로운 방송기술의 결합은 방송 시장의 무한 경쟁시대를 예고하고 있다. 뉴미디어 시대의 차세대 시청자들은 리모트 컨트롤이 아닌 음성과 동작 인식으로 텔레비전을 제어(Control)하고, 실감 영상(Lifelike Images) 텔레비전으로 실제 사물감과 흡사한 초고화질 프로그램을 시청하며, 화면속의 생동감을 3D 입체감으로 감지한다. 스마트 기기(Device)와 N-스크린 환경에서 성장한 디지털 세대(Net Generation 또는 Digital Native)는 텔레비전으로 3차원 홀로그램(Hologram) 게임을 즐기면서 가상현

〈그림 9-19〉 초고화질 4K Curved UHD-TV & SUHD-TV

사진 제공: 삼성전자(UHD-TV UN65HU9000).[99]   삼성전자(SUHD-TV JS9500).

실 속의 캐릭터와 대화를 나눈다. 디지털 세대들은 텔레비전을 시청하면서 태블릿 PC와 스마트 기기로 영상과 통신을 공용하며 관심 있는 프로그램은 자유롭게 편집하여 개인 또는 가정의 데이터 클라우드 공간(Home's Cloud-based Content Library)에 저장하고 N-스크린으로 다수가 공유한다.

　무한의 콘텐츠 제공자(User-created-content)는 수용자 중심의 개인 텔레비전 방송 시대를 확대시키고, 1인 방송(Broadcasting Jockey) 제작을 지원하는 멀티채널 네트워크(MCN: Multi Channel Network) 사업은 새로운 형태의 방송산업으로 정착하며, 주문형(Video-on Demand) 텔레비전 시청은 주시청자 시간대를 초월한 시청자 중심시대를 출현시킨다. 인터넷 및 스마트 기기(Device) 이용으로 전통적인 방송 서비스를 이용하지 않는 'Zero TV 가구'를 대상으로 새로운 형태의 대체 서비스가 등장하며, 양방형 프로그램은 디지털 방송산업의 새로운 중심축을 형성하게 된다. 굴지의 IT 회사(애플, 유튜브, 구글, 마이크로소프트, 아마존 등)들의 텔레비전 산업 진출은 전통 방송 미디어(Legacy Broadcasting Media)와의 피할 수 없는 경쟁과 차세대의 방송 생태계를 변화시킨다.

4) 차세대 텔레비전 방송의 특징

미래의 텔레비전 방송은 경쟁과 융합(Convergence)의 구조하에서 (1) 양방형 미디어(Interactive Media), (2) 교류 미디어·클라우드 서비스(Social Media·Cloud Service), (3) 복합 이동 미디어(Multiple Mobile Media), (4) 개인 미디어(Personal Media), (5) 웹 미디어(Web Media), (6) 주문 미디어(On-demand Media), (7) 융합·만물 미디어(Convergence·IoE Media)로 전환되는 특징을 보인다.

(1) 양방형 미디어(Interactive Media)

텔레비전 수상기에 인터넷과 인공지능 기능을 탑재한 스마트 텔레비전은 프로그램 시청 이외에 다양한 응용 프로그램(Application)으로 웹서핑과 부가 서비스(VOD Over the Internet, SNS, e-Commerce, Interactive On-line Game 등)를 활용하는 양방형 기기로 진화한다. 방송사, IT 사업자(Google TV, iTunes, Apple TV, Microsoft Vbox, Intel OnCue, Amazon 등)와 콘텐츠 제공자(User-created-content)들은 수용자가 참여하는 양방형 프로그램을 개발하고, SNS (Social Networking Service)와 온라인으로 전달되는 프로그램에 대한 반응 (Feedback)을 감지하여 프로그램에 직·간접적으로 반영하게 된다. 전통 방송 미디어(Legacy Broadcasting Media)가 시청자에게 프로그램을 전달해주던 기존의 일반통행 방송(One-way Broadcasting) 방식은 시청자들이 시청 행위를 주도하고 시청자가 참여하는 양방형 iTV(Interactive Television) 방식으로 방송 생태계가 전환하게 된다.

(2) 교류 미디어·클라우드 서비스(Social Media·Cloud Service)

공동 네트워킹 시청(Social Networking Viewing)으로 시청자 간의 실시간 교류(Socializing Real-time Chat)가 가능하여 텔레비전의 기능이 교류 미디어

(Social Media)로 전환되는 특징이 있다. 시청자들이 공동 네트워킹 시청을 하면서 실시간 교류가 가능한 프로그램이 증가할수록 데이터 공간(Cloud-based Content Library)을 이용한 프로그램 공유도 증가하여 시청자 간의 교류는 더욱 강화된다. 개인이 제작한 프로그램을 대중과 교류(공유)하고 궁극적으로 유튜브 또는 파워 블로거(Power Blogger) 형식의 개인 텔레비전·비디오 방송국 무한 개설이 실현된다. 교류 미디어 환경하에서는 탁월한 재능을 보유한 개인(Prosumer, Professional Consumer)이 오락, 시사·교양·교육·문화, 뮤직 비디오, 라이프(취미·레저·여행·라이프스타일) 등의 프로그램(User-generated Content)을 제작하여 대중에게 유·무료로 전달하는 개인 텔레비전·비디오 방송국이 무한 출현한다.

클라우드 서비스(Cloud Service)는 외장형 셋톱박스에 비해 전환 방식, 무제한 용량 및 속도, 사업자의 경제성, 수용자의 편리성이 우월하여 차세대의 상용(常用) 주문형 비디오(Video-on-demand) 서비스로 예상된다. 클라우드 서비스는 인터넷을 이용한 컴퓨팅 방식으로 방송사업자가 가상의 공간(사업자의 중앙컴퓨터 서버)에 방송프로그램, 영화, 게임, 소프트웨어, 데이터 등을 저장하고 수용자는 인터넷 접속으로 시공간 제한 없이 다양한 서비스를 편리하게 유·무료로 이용할 수 있다. 우리나라는 2009년 정부가 발표한 '클라우드 컴퓨팅 활성화 종합계획'으로 법제도 개선, 보안 및 인증체계 구축, 표준화 추진, 협의 체제 구성·운영 등의 기반이 마련되었으며, 2013년 공식적인 디지털방송 전환으로 국내 방송시장의 '클라우드 방송'이 활성화될 것으로 전망되고 있다.

(3) 복합 이동 미디어(Multiple Mobile Media)

이동통신기술, 무선통신기술, 방송기술의 지속적인 발전으로 이동성(Mobility)과 휴대성(Portability)이 용이한 기기(휴대폰, 태블릿 PC, 노트북 PC, 손

자료: 이동성 미디어(Mobile Media).[100]

목시계, PMP 등)를 사용하여 시공간의 구분 없이 프로그램을 시청, 저장, 교환, 편집, 공유할 수 있는 실시간(RT) 또는 NRT(Non-Real Time) 서비스가 통용된다. 이동성 미디어는 콘텐츠 제공자, 플랫폼, 네트워크, 기기 사업자가 협력하는 구조적 특징으로 방송과 통신의 기술 융합이 급속도로 가속화되는 특징이 있다. 휴대폰과 같은 모바일 기기의 대중화로 모바일 플랫폼 기반의 스마트 미디어는 개인 또는 특정 수용자군을 대상으로 프로그램을 제공하여 방송의 개인화를 선도할 것으로 전망된다.

(4) 개인 미디어(Personal Media)

시청자가 개별적 취향 정보를 입력하여 개인화된 텔레비전 프로그램과 부가 서비스를 제공받는 미디어로서 대중매체가 개인 미디어로 전용되는 특징이 있다. 플랫폼 사업자는 시청자의 취향을 간파하고 필요한 프로그램을 검색, 추천, 저장해줌으로써 시청자는 시간과 장소 구분 없이 편리한 시간에 개인화된 프로그램을 시청한다. 방송사는 개인화된 프로그램을 시청자에게 개별적으로 제공하는 서비스를 확장하고 시청자는 통신 매체와 데이터 저장 공간(Cloud-based Content Library)을 활용하여 프로그램을 시간과 장소에 구애받지 않고 시청하게 된다. 시청자가 텔레비전 방송사의 프로그램을 추종하지 않고 역으로 방송사가 시청자를 찾아 나서는 시대가 도래함을 의미한다. 지능화

된 미래의 개인 미디어는 시청자의 인구학
적 특성, 감정(Mood) 기복, 실내외 기후 등
의 정보를 감지하여 시청자가 필요한 프로
그램을 제공해주는 시청자의 인공지능 비
서와 같은 역할을 하게 된다.

(5) 웹 미디어(Web Media)

온라인을 사용하는 웹 미디어는 텔레비
전 채널(PP)이 웹 미디어의 앱(Apps)으로
전환되어 수용자에게 온라인으로 프로그
램을 제공하는 서비스를 말한다. 셋톱박스
또는 기기(Device)에 의한 서비스 방식이 인터넷 네트워크로 재편 또는 대체
됨을 의미한다. 방송 선진국의 경우, 유료방송사업의 경쟁 체제가 OTT(Over-
the Top) 중심으로 가파르게 진행되어 차세대의 미디어 생태계에 지대한 영향
을 미치고 있다. 미국의 경우, 2014년 3대 지상파 텔레비전 네트워크인 CBS-
TV, 케이블 영화채널인 HBO 등이 인터넷 스트리밍 서비스를 개시하였고,
2015년 애플사는 '애플TV(Apple TV)'와 애플 단말기를 기반으로 새로운 온라
인 텔레비전 네트워크 서비스를 시작하여 미국 방송업계의 판도가 변하고 있
음을 보여주고 있다.

미래의 웹 미디어는 프로그램 공급자가 인터넷망에 기반(URL, HTTP,
HTML)을 구축하고 저제작비로 영상 웹프로그램(Webisodes, Web Episodes)을
공급하고 시청자들이 기존 텔레비전 시청과는 다른 방식으로 웹 텔레비전
(Web Television) 프로그램을 재생(Streaming), 비디오 팟캐스트(Video Podcasts),
피어캐스팅(Peercasting) 또는 영상 파일로 시청 또는 공유하는 멀티미디어 웹
텔레비전 서비스가 활성화된다. 또한 웹 기반의 멀티미디어 서비스, 모바일

OTT(Mobile OTT), SNS 서비스, T 커머스(상품 판매형 데이터방송) 등이 결합되어 웹 미디어 영역이 크게 확장되며, 휴대폰과 같은 모바일 기기로 수용자들이 이동 중의 짧은 자투리 시간을 활용하여 웹 드라마나 웹툰 같은 영상 웹 프로그램(Webisodes)을 시청하고 공유하는 '스낵 컬처(Snack Culture)'가 대중 수용자층으로 확산된다.

(6) 주문 미디어(On-demand Media)

텔레비전 시청 시간에 구애받지 않고 편리한 시간에 원하는 프로그램을 주문하여 유·무료로 시청하는 '시청자 중심시대'로 전환되는 특징이 있다. 주문 미디어의 증가는 주시청 시간대(Prime-time)가 소멸되는 시간대 이동(Time Shifting) 현상을 초래한다. 방송프로그램 편성의 중심축이 방송사에서 시청자로 이동하게 되어 방송사는 시청자 이탈을 방지하기 위한 주문형 프로그램을 활용하여 시청자의 지속적인 시청을 유도하게 된다.

OTT(Over-the Top) 사업자의 출현은 주문미디어(On-demand Media) 활성화에 기여하게 된다. OTT 사업자는 케이블·위성·IPTV와 같은 다채널 프로그램 공급자(MVPDs) 이외의 제3사업자로서 전송로를 소유하지 않고 인터넷 스트리밍 서비스(VOD 서비스)로 프로그램을 제공한다.[102] OTT 사업자인 미국의 넷플릭스(Netflix), 훌루(Hulu), 아마존 프라임(Amazon Prime) 등은 최선형 인터넷망(Best-effort Internet)을 통해 방송·영화 등의 동영상을 저렴한 월정(月定) 유료 서비스(1개월당 넷플릭스 9달러, 훌루 8달러, 아마존 프라임 8.25달러)를 제공하여 케이블가입자의 이탈현상(Cord-cutting)을 주도하고 있다. 대표적인 OTT 사업자인 넷플릭스가 5,700만 명의 가입자(2015년 기준 미국 내 3,900만 명, 미국 외 1,800만 명)를 확보하여 미국 최대 복수 케이블 사업자(MSO)인 컴캐스트(Comcast, 2,240만 명)를 압도하면서 OTT 서비스가 다채널 프로그램 공급자(MVPDs)의 대체재로 부상하고 있다.

OTT 기기를 이용하여 텔레비전 프로그램을 시청하는 텔레비전 컴패니언 서비스(Television Companion Service)도 활성화가 예상된다. OTT 기기를 텔레비전 HDMI 단자에 장착하고 집안의 무선공유기를 이용하여 스마트폰·태블릿 PC 등에서 보는 VOD 콘텐츠를 텔레비전에서 시청할 수 있는 일종의 소형 셋톱박스이다.[103] 대표적인 예로 구글의 '크롬캐스트(Google Chrome Cast)', LG 유플러스의 '유플러스 TV 링크', 에브리온TV의 '에브리온 TV 캐스트', SK 텔레콤의 '스마트 미러링', 가온미디어의 '스마트 HDMI 동글' 등이 OTT 기기의 서비스에 해당한다.[104] 외국의 경우 구글의 '크롬캐스트', 로쿠(Roku)사의 '스트리밍 스틱', 애플의 '애플TV', 아마존의 '파이어 TV', 소니 플레이스테이션 4의 'TV 스틱' 등이 OTT 서비스를 제공하고 있다.

〈그림 9-22〉 차세대 방송 영역의 스마트미디어 생태계

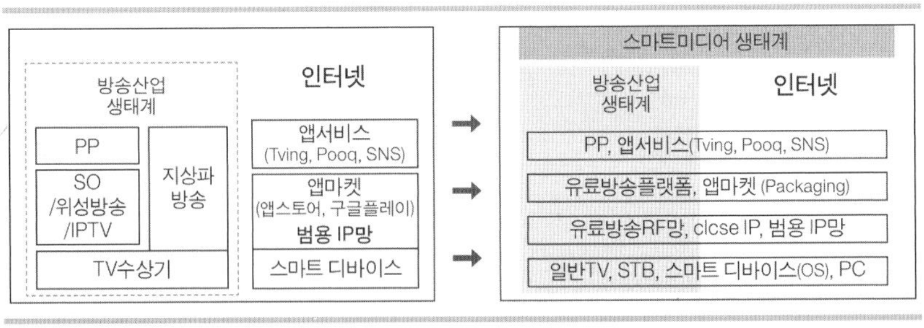

자료: 방송통신위원회(2015).[105]

(7) 융합·만물 미디어(Convergence·IoE Media)

프로그램을 시청자에게 전달하는 방송매체가 타 매체와 융합되어 매체 간의 장벽이 구분되지 않는 특징이 있다. 융합 미디어는 다중 플랫폼(Multi-platform)을 통하여 광범위한 수용자에게 텔레비전 프로그램과 통신, 게임, 네트워킹, 온라인, 스마트 미디어 커머스(Smart Media Commerce) 등의 부가 서비스를 제공하게 된다. 또한 텔레비전의 기능이 시청각 미디어 기기에서 가정

용 사물인터넷(Home IoE Media)의 만물 미디어로 전환되어 텔레비전이 가정
자동화 시스템(Home Automation System)을 주도할 것으로 보인다. 텔레비전
은 고정·이동성 중심에서 초고속·고용량 데이터 서비스의 융합·만물 멀티
미디어 중심으로 전환되어 방송수용자는 시간, 장소, 사물, 데이터, 프로세서
에 구애받지 않고 다양한 기기를 전송망에 연결하여 원하는 프로그램을 만물
미디어 곳간(Cloud-based Space)에 저장하고 타인과의 공유를 생활화하는 '사
물·만물 라이프 곳간(庫間)' 시대로 진화할 것으로 예상된다.

〈그림 9-23〉 미래의 텔레비전 방송의 구조

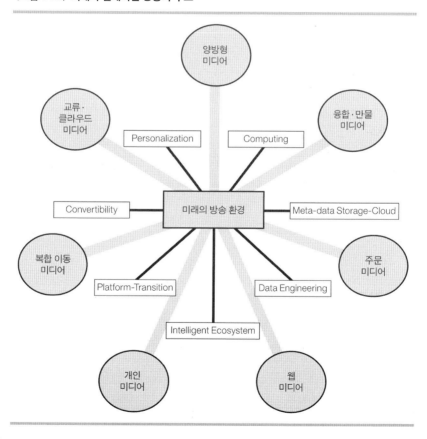

미래의 텔레비전은 매체의 호환(Interactivity), 이동(Mobility), 융합(Conver-gence), 저장(Data Storage), 전산(Computing), 전환(Convertibility), 개인화(Per-sonalization) 등의 실행 능력과 다매체·다채널·다플랫폼의 산업 구조에 크게 좌우된다. 3대 텔레비전 방송사업자(지상파·케이블·위성방송)는 프로그램 공급자로서의 위치는 유지할 것으로 보이지만, 다매체·다채널·다플랫폼 경쟁 하에서 기존 방송산업의 위축은 불가피하다. 차세대 시청자들의 뉴미디어 (Web Media, Mobile Media, OTT 등)와 스마트 기기의 몰입 현상으로 All-IP 기반의 IT-플랫폼 사업자(Apple, Google, Amazon 등)의 진입이 앞당겨져 기존 방송사업자와의 경쟁이 심화된다. 미래의 방송산업은 서비스를 최적화한 거대한 플랫폼 사업자가 콘텐츠·서비스 사업자와 수직적 또는 수평적으로 병합하여 방송산업을 이끌어나갈 것으로 예상되며, CPND(Contents·Platform·Network·Device)의 생태계 중심으로 확산되어 혁신적인 조정이 이루어질 것으로 보인다.

플랫폼 사업자를 통한 프로그램 공급은 지상파 텔레비전 방송과 케이블·위성방송·IPTV 간의 채널 평준화에 기여하여 매체·채널 간의 장벽은 희석된다. 반면, 프로그램·서비스 공급자와 웹 미디어의 증가는 트래픽 폭증을 유발하여 공급망(Pipeline)의 경제적 희소성 원칙에 기반을 둔 망중립성(Network Neutrality) 분쟁은 심화되어갈 것으로 판단되며, 망사업자는 서비스를 고도화하여 가입자에게 다차원적인 서비스를 제공할 것으로 보인다.

개인(Prosumer, Professional Consumer) 중심의 텔레비전 방송시대가 실현되고, 다매체·다채널·다플랫폼 환경의 주문형(On-demand) 프로그램은 시청자 중심의 새로운 시청 행위를 주도하게 된다. IT 사업자의 방송산업 진출은 수용자에게 다양한 채널·프로그램을 합리적인 비용으로 수용하게 함으로써 방송산업 발전에 기여할 것으로 예상된다. 그러나 수용자를 선점하기 위한 콘텐츠·서비스 사업자 간의 경쟁으로 인한 오락 지향적 프로그램의 양산은 건전한 방송문화 창달에 위협이 될 것으로 보인다. 끝으로 방송 콘텐츠·서비스 사업자의 증가는 공정성, 저작권 침해, 수직·수평적 합병, 영역 침범 등의 심각한 문제를 야기하므로 수용자 및 공급자 보호와 독과점 방지에 관련된 규제 법 강화로 공정한 경쟁 환경 조성에 대비해야 할 것이다.

5) 다매체·다채널·다플랫폼(MMVPDs) 환경의 차세대 유료 방송산업

(1) TVE(TV Everywhere)

다매체·다채널·다플랫폼 환경의 기술적 발전은 방송 산업의 구조적 변화를 초래한다. 전통 방송 미디어(Legacy Broadcasting Media)에서 디지털 플랫폼 미디어(Digital Platforms Media)로의 전환은 방송사업자에 새로운 수익을 창출하는 기회가 수반된다. 차세대 유료 방송산업의 새로운 수익을 창출하는 비즈니스 모델로는 TVE(TV Everywhere) 서비스의 활성화를 들 수 있다. TVE 서비스는 텔레비전 방송사가 인터넷과 모바일 디바이스(Mobile Devices)로 시청자에게 프로그램을 제공하는 다플랫폼 유료 서비스(Multiple Platforms Authenticated Streaming)를 말한다. 기존 케이블·위성·IPTV 사업자(System Operator)가 가입자를 대상으로 제공하는 유료 서비스가 프로그램 공급자인 텔레비전 방송사로 확장되는 비즈니스 모델이다.

TVE 서비스 개념은 2009년 미국 타임 워너 케이블(Time Warner Cable)(SO)사에 의해 도입되었으며, 2010년부터 ABC-TV, NBC-TV, Fox-TV, ESPN, HBO, TNT, TBS, Disney 등의 지상파 및 케이블 텔레비전 방송사에서 방송 프로그램의 유료 TVE 서비스를 제공하고 있다. NBC-TV는 동계 및 하계 올림픽(2010, 2012, 2014년) 경기, Fox-TV는 NCAA(미 대학스포츠협회) 스포츠 경기, ESPN은 FIFA 월드컵과 NFL(프로미식축구리그) 경기를 TVE 서비스로 유료화한 바 있다. 우리나라에서는 지상파 방송사들이 공동출자하여 설립한 콘텐츠 판매법인 단체인 콘텐츠연합플랫폼(CAP)에서 모바일 IPTV의 푹(Pooq) 서비스를 PIP(Platform In Platform) 방식으로 소비자에게 직접 유료 프로그램 서비스를 제공하고 있다. TVE 서비스는 텔레비전 방송사가 방송프로그램의 수익을 극대화하여 양질의 프로그램 제작에 재투자할 수 있다는 장점이 있으나, 케이블·위성·IPTV 가입자 이탈, VOD 서비스 폭증으로 인한 망중립성 문제, 소비자에 시청비용 전가, 텔레비전 광고주 이탈 현상, TVE 시청률 조사 문제 등의 개연성을 내포한다.

〈그림 9-24〉 CTAM의 TVE 서비스 홍보 로고*

* 미국 CTAM(Cable & Telecommunications Association for Marketing)에서 제작한 TVE 홍보 로고는 텔레비전 프로그램을 상징하는 사각형 다플랫폼•화면(Multiple Platforms• Screens)이 교합되어 있음.
자료: https://www.ctam.com/strategic-collaboration/pages/tv-everywhere.aspx.

(2) 텔레비전과 홈 자동화 시스템(Home Automation System)·주택 보안 (Home Security)

차세대 유료 방송산업의 새로운 수익을 창출하는 비즈니스 모델로서 텔레비전과 홈 자동화 시스템(Home Automation System)이 접목되는 주택 보안(Home Security) 서비스가 각광을 받고 있다. 텔레비전 수상기가 스마트 홈 자동화(Smart-home Automation Hub)의 제어판(Control Panel)으로 활용되어 ADT사와 같은 보안 전문업체가 제공하는 서비스를 제공해준다. 유료방송사업자(케이블·위성·IPTV 사업자)들이 텔레비전 시청자 가구를 대상으로 주택 출입문·창문 개폐 및 잠금, 보안·감시 카메라, 경찰·구급차·소방서 긴급전화, 휴대폰·모바일·태블릿 기기(Devices) 및 앱(Apps)과 보안서비스 연동, 화재·가스·도난 경보기(Alarm) 등의 주택 보안 장치를 텔레비전 수상기에 연결시키는 서비스를 제공하여 새로운 이익을 창출하는 주요 수입원으로 예상된다.

(3) 셋톱박스 내비게이션(Set-top Box Navigation)

지능화된 셋톱박스 내비게이션(Set-top Box Navigation)은 유료방송산업의 새로운 홈 오락 운영시스템(Home Entertainment Operating System)으로 정착할 것으로 예상된다. 유료방송사업자(케이블·위성·IPTV 사업자)가 제공하는 개인화된 셋톱박스 서비스는 음성인식(Voice Command Control), SNS 및 타 서비스(Cell Phone, OTT, VOD 등) 연계, 콘텐츠 검색 엔진(Search Engine for Your TV), 프로그램 안내(Onscreen Program Guide), 홈네트워크(Home Network)와

〈그림 9-25〉 다매체·다채널·다플랫폼(MMVPDs) 환경의 차세대 유료 방송산업

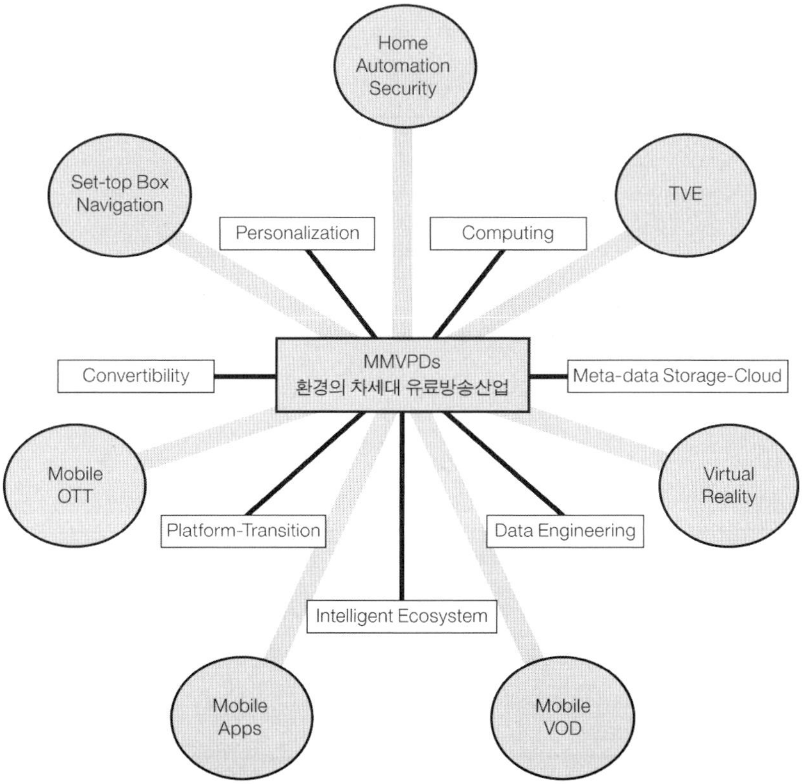

모바일 디바이스 연동(In-home Program Streaming), 클라우드 DVR(Cloud DVR Storage) 등을 제공하여 매체 경쟁력을 제고시키는 핵심적인 역할을 하게 된다. 시청자가 필요한 콘텐츠를 채널, 장르, 제목, 출연 배우 등으로 구분하여 음성으로 명령하고, 시청자의 기호 프로그램을 추천·저장해주는 지능화된 서비스는 차세대 유료방송의 보편적 서비스로 통용되며, 유료방송 가입자의 OTT 서비스 이탈을 최소화할 것으로 예상된다.

(4) 가상현실(VR: Virtual Reality)

차세대 유료방송산업의 장기적인 비즈니스 모델로는 가상현실(VR: Virtual Reality) 프로그램을 제공하는 서비스가 예상된다. 가상현실은 1966년 군사 훈련의 모의시험(Flight Simulator)을 목적으로 시작되었으나, 1980년대의 컴퓨터(S/W 및 H/W)의 기술적 발전으로 인한 PC(Personal Computer)의 대중화로 1990년대에는 오감(五感, Five Senses)을 체험할 수 있는 VR 비디오 게임과 영화가 제작되었다. 근래에는 페이스북, 구글, 마이크로소프트 등의 굴지의 IT 회사들이 3D 가상현실을 실현하는 헤드셋(Headset) 개발에 천문학적인 금액을 투자하여 고차원의 3D 실감 영상(Lifelike) 구현이 가속화되고 있다. 일례로, 2014년 페이스북사는 리프트(Rift) 헤드셋 개발업체인 오큘러스 VR(Oculus VR)사를 20억 달러에 인수하였으며, 구글사를 비롯한 IT 업체들은 VR 개발업체인 매직리프(Magic Leap)사에 5억 달러를 투자하여 유료방송사업자(케이블·위성·IPTV 사업자)의 VR 서비스 가능성이 구체화되고 있다. 따라서 유료방송사업자들은 IT업체가 개발한 VR 프로그램·게임과 방송사에서 제작한 VR 콘텐츠(콘서트, 뮤직비디오, 스포츠, 드라마 등)를 VR 티어(Tier)로 제공하거나, 기존 서비스에 VR 번들(Bundle) 서비스를 추가하는 비즈니스 모델을 개발할 것으로 예상된다.

2014년 방송산업
실태조사 보고서

1. 국내 방송사업자 사업 현황

사업구분		사업자 수 (개)	종사자 현황(명)	유료가입 자 현황	매출액1)(원)	방송사업 매출2)(원)
지상파 방송사업자		53	14,430	–	4조 4,738억	3조 8963억
지상파 이동 멀티미디어 방송사업자3)		19	112	–	146억	95억
종합유선방송사업자		92	4,943	1,474만	3조 4,266억	2조 3,792억
중계유선방송사업자4)		69	166	10만	88억	33억
일반위성방송사업자		1	307	418만	6,003억	5,457억
방 송 채 널 사용사업자	PP 전체5)	188	14,167	–	13조 9690억	6조 756억
	홈쇼핑PP	6	4,248	–	4조 5,608억	3조 4,063억
	일반PP(TV/라디오)	162	9,304	–	5조 6,971억	2조 4,645억
	데이터PP(DP)6)	20	615	–	3조 7,111억	2,049억
IPTV 사업자7)		3	589	874만	1조 1,251억	1조 1,251억
계8)		425	34,714	2,776만	23조 6,183억	14조 347억

1) 매출액에는 수신료, 광고, 기타 방송매출(협찬, 프로그램 판매매출 등), 방송 이외의 기타사업매출(인터넷 접속 사업매출, 부동산 임대 등)이 포함. 단 인터넷멀티미디어 방송제공사업자인 IPTV 3사의 매출액에는 방송사업매출만 제시함.

2) 방송사업매출은 매출액 중 방송 이외의 기타사업매출을 제외한 수신료 매출, 광고 매출, 협찬 매출, 프로그램 판매매출, 홈쇼핑 방송매출 등이 포함.

3) 지상파 DMB사업자의 자료는 지상파 3사(KBS, MBC, SBS)와 지역지상파 13개사를 제외한 와이티엔디엠비, 우원미디어, 한국디엠비의 종사자와 매출임.

4) 2013년 말 기준 중계유선발송사업자는 미래창조과학부에 등록된 사업자 중에서 조사가능대상자를 확인하여 69개사로 확정함.

5) 2013년 말 기준 중계유선방송사업자는 미래창조과학부에 등록된 사업자 중에서 조사가능대상자를 확인하여 69개사로 확정함.

6) 데이터PP 종사자는 방송 관련 인력만 포함. 데이터PP 매출액 3조 7,111억 원에는 통신사(SK브로드밴드)의 매출 2조 5,394억 원이 포함되어 있으며, 방송사업매출 2,049억 원에는 SBS콘텐츠허브의 방송사업매출 1,814억 원이 포함되어 있음.

7) IPTV 사업자 종사자 현황은 IPTV 사업부문의 운영인력임. 기타인력은 IPTV 서비스 기획, 개발, 콘텐츠 운영과 수금, T-Commerce사업 등을 담당하는 인력.

8) 사업자 수 합계는 전광판 방송사업자(17개) 제외.

2. 방송매체별 종사자 수, 방송매출액, 방송매출액 점유율의 연도별 추이(2011~2013년)

방송매체별 종사자 수의 연도별 추이(2011~2013년) (단위: 명)

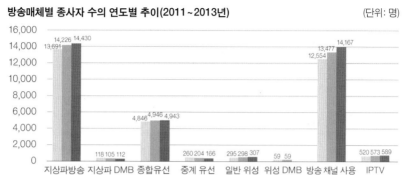

* 위성 DMB의 2012년 수치는 2012년 8월 사업종료 시점까지의 종사자로 기입.

방송매체별 방송매출액의 연도별 추이(2001~2013년) (단위: 명)

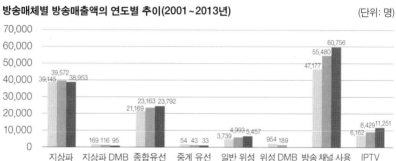

* 2012년 위성 DMB 수치의 경우 2012년 8월 사업종료 시점까지의 매출액을 산출.

방송매체별 방송매출액 점유율의 연도별 추이(2011~2013년) (단위: 명)

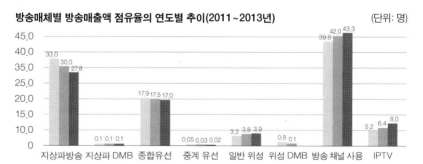

* 2012년 위성 DMB 수치의 경우 2012년 8월 사업종료 시점까지의 매출액으로 점유율 산출.

3. MSO별 번들상품 가입자 현황(단자 기준)

MSO	2013년 12월 말 기준									
	아날로그 방송				디지털 방송				기타 (인터 넷+ VoIP)	계
	초고속 인터넷	VoIP	초고속 인터넷 +VoIP	소계	초고속 인터넷	VoIP	초고속 인터넷 +VoIP	소계		
계	307,821	8,114	33,804	349,739	1,137,857	291,722	942,842	2,372,421	53,350	2,775,510
씨제이 헬로비전	65,835	1,707	10,002	77,544	267,013	204,433	392,828	864,274	32,293	974,111
티브로드	25,801	0	321	26,122	364,213	0	269,663	633,876	0	659,998
씨앤앰	42,139	4,122	6,043	52,304	231,826	50,575	127,611	410,012	8,582	470,898
현대에이 치씨엔	43,846	348	3,254	47,448	99,385	29,284	86,532	215,201	6,683	269,332
씨엠비	81,978	110	1,739	83,827	14,648	274	2,611	17,583	437	101,847
개별 SO	48,222	1,827	12,445	62,494	160,772	7,156	63,547	231,475	5,355	299,324

MSO	2014년 3월 말 기준									
	아날로그 방송				디지털 방송				기타 (인터 넷+ VoIP)	계
	초고속 인터넷	VoIP	초고속 인터넷 +VoIP	소계	초고속 인터넷	VoIP	초고속 인터넷 +VoIP	소계		
계	289,701	6,962	30,671	327,334	1,218,579	294,625	920,616	2,433,820	48,906	2,810,060
씨제이 헬로비전	59,888	1,396	8,937	70,221	281,815	206,268	413,056	901,139	28,251	999,611
티브로드	21,816	0	245	22,121	410,265	0	225,797	636,062	0	658,183
씨앤앰	37,843	3,312	5,341	46,496	237,259	50,985	128,467	416,711	8,469	471,676
현대에이 치씨엔	37,687	328	3,017	41,032	106,217	29,673	87,207	223,097	6,550	270,679
씨엠비	85,588	107	1,746	87,441	16,178	264	2,897	19,339	464	107,244
개별 SO	46,819	1,819	11,385	60,023	166,845	7,435	63,192	237,472	5,172	302,667

4. 일반위성 상품 가입자 및 운용 채널 현황[1]

(단위: 단자)

구분	가입자 수[2]	
	2013.12 기준	2014.3 기준
❖가정용		
보급형	1,346,660	1,369,116
경제형	12,664	12,272
기본형	437,865	417,245
결합형(스카이라이프+올레 TV)	2,232,784	2,273,757
가정용 가입자 계	4,029,973	4,072,390
❖사업자용		
사업장형	151,049	145,372
사업자용 가입자 계	151,049	145,372
가입자 수(가정용+사업자용) 총계	4,181,022	4,217,762

1) 서비스 상품은 수신료와 HD/SD 기준에 따라 보급형, 경제형, 기본형으로 구분되며, 유료채널을 제외한 모든 채널을 수신할 수 있는 서비스 상품은 기본형임.
2) 위성방송 가입자에는 OTS(위성·IPTV의 결합상품으로 올레 TV 스카이라이프의 줄임말) 가입자 포함

구분	채널 수[3]	방송운영채널[1]								
		지상파 채널	직사지역 채널[2]	종편 채널	PP 채널	해외 위성	PPV 채널	가이드 채널	음악(Au-dio) 채널	데이터 방송
전체채널	309	66	15	8	167	19	0	2	31	1
HD 방송	133	34	5	4	81	8	0	1	0	0

1) 지상파채널: 지역지상파 포함/ PP채널: 국내PP/ 직사 채널: 직접사용 채널/ 해외위성채널: 해외 재전송 PP.
2) 직사지역채널 수에는 SD 채널이 포함.
3) 여유채널, 기타채널, 장애채널은 해당사항 없음.

• 미주

제1장

1   S. Douglas, Inventing *American Broadcasting, 1899-1922*, Baltimore(MD∶Johns Hopkins University Press, 1987).

2   「방송법」[시행 2015. 3. 15.] 제2조(용어의 정의) 제3항; 「방송법 시행령」[시행 2015. 1. 1.] 제1조(목적) 제2항; 「방송법」[시행 2015. 3. 15.] 제9조(허가·승인·등록 등) 제3항.

3   사진 출처: 지상파 방송사(MBC 여의도 사옥 전경).

4   서울시사편찬위원회, 『사진으로 보는 서울 제3권』(서울: 서울특별시, 2004), 328쪽.

5   같은 책.

6   체신부. 『한국전기통신 100년사』(서울: 체신부, 1985).

7   「국영텔레비전방송사업특별회계법」[시행 1963. 1. 1]; 「국영텔레비전방송사업에관한임시조치법」[시행 1963. 1. 1].

8   KBS. 2015. "KBS 미디어", http://www.kbsmedia.co.kr/#menu=company1 (검색일: 2015. 3. 31).

9   http://kbsworld.kbs.co.kr/about/about_kbs_ceo_kr.html.

10   정보통신정책연구원, 『2014년 방송산업실태조사보고서』(서울: 미래창조과학부·방송통신위원회, 2014), 68쪽; KBS, "KBS 인력현황", http://www.kbs.co.kr/openkbs/ (검색일: 2015. 3. 31).

11   김종화, 동아·중앙, 언론통폐합 성토." 《미디어 오늘》(2010. 1. 8).

12   MBC. "MBC회사소개." 2015. 3. 31. http://aboutmbc.imbc.com/korean/corporateinfo/ brief/.

13   같은 글; 정보통신정책연구원, 『2014년 방송산업실태조사보고서』, 68~69쪽.

14   같은 책, 69쪽.

15 강문정. 2014. "케이블TV". http://snowwiki.fuzewire.com/wiki/social_sciences/media/paper_media/read.html?psno=*48C2259A2F063EEC018C33A20E80230A509595A6 (검색일: 2015. 3. 31).

16 한국케이블TV방송협회, "SO 소유권역 및 가입자 현황(2015년 1월 31일 기준)", http://www.kcta.or.kr/bbs/2013board_view.asp?pNum=10272&page= &bbsID=pds (검색일: 2015. 3. 31).

17 정보통신정책연구원, 『2014년 방송산업실태조사보고서』, 378쪽.

18 「방송법」[시행 2015. 3. 15.] 제70조(채널의 구성과 운용) 제6항.

19 「방송법」[시행 2015. 3. 15.] 제70조(채널의 구성과 운용) 제5항.

20 정보통신정책연구원, 『2014년 방송산업실태조사보고서』, 232쪽.

21 「방송법」[시행 2015. 3. 15.] 제9조(허가·승인·등록 등)

22 정보통신정책연구원, 『2014년 방송산업실태조사보고서』, 32쪽.

23 「방송법 시행령」[시행 2015. 1. 1.] 제12조(전송망사업의 등록). 제1항.

24 KT SkyLife, "상품안내"(2015), http://www.skylife.co.kr/service/goods/goodsOn.do (검색일: 2015. 3. 31).

25 정재민, "DMB도 스마트 옷 입으면 사랑받을 수 있을까?"《신문과 방송》(2013), 1월호, 69쪽.

26 같은 글, 70~71쪽.

27 박원준, 『국내 유료방송시장의 공정경쟁 기반 조성을 위한 관련법 이슈와 개선방향』(서울: 한국방송통신전파진흥원, 2013).

28 방송통신위원회, 『IPTV법 및 시행령 해설서』(서울: 방송통신위원회, 2009), 6쪽.

29 같은 글, 9~10쪽.

30 신효정, 『Backbone Network for IPTV』(서울: KT 플랫폼 연구소, 2009).
사진 출처: MBC 여의도 사옥 전경.

31 Olleh TV, "Olleh TV 서비스"(2015), http://tvmobile.olleh.com/jsp/view/enjoyOlleh TvNow.jsp?code=SBAA0 (검색일: 2015. 3. 31).

32 정보통신정책연구원, 『2014년 방송산업실태조사보고서』, 240쪽.

33 윤종호·이현우, 『정보통신일반』(서울: 교학사, 2007).

34 같은 책.

35 같은 책.

36 정보통신부 보도자료, 「WiBro기술 국제표준 채택 국내토종기술 WiBro 세계 3G기술에 등극」(서울: 정보통신부, 2007. 10. 19).

37 같은 글.

38 같은 글.

39 정보통신정책연구원, 『2014년 방송산업실태조사보고서』, 43쪽.

40 정상혁, "종편·케이블 잡겠다", 《조선일보》(2014. 12. 18).

41 이시샘, "콩트에 슬랩스틱, 뜨는 예능형 드라마 원조는?" 《동아일보》(2014. 9. 11).

42 같은 글.

43 같은 글.

44 『표준국어대사전』(서울: 국립국어연구원, 2014).

제2장

1 2013년 국내 방송사업자의 매출 총액은 23조 6,182억 원으로 전년대비 약 5.6% 증가하였다. 정보통신정책연구원, 『2014년 방송산업실태조사보고서』, 17쪽.

2 L. Jeffres. *Mass Media Effects*. Prospect Heights(IL: Waveland Press, 1997).

3 E. Katz, J. Blumler & M. Gurevitch, "Uses and Gratifications Research," *The Public Opinion Quarterly*(1973), 37(4), 509~523.

4 K. sengren, *The Uses of Mass Communications. Current Perspectives on Gratifications Research*(Beverly Hills, CA: Sage, 1974).

5 B. Greenberg, Gratifications of television viewing and their correlates for British children. In Blumler, J. & Katz, E. (Eds.), *The uses of mass communications: Current perspectives on gratifications*(Beverly Hills, CA: Sage, 1974); A. Rubin, "An Examination of Television Viewing Motivations," *Communication Research*(1981), 8(2), 141~165.

6 U. S. Government Printing Office, "U. S. Department OF Health, Education and Welfare Health Services and Mental Health Administration National Institute of Mental Health" (120-717/633 DHEW Publication No. HSM 72-9090)(Washington, DC: U.S. Government Printing Office, 1972).

7 G. Gerbner & L. Gross, "Living with television: The violence profile," *Journal of Communication*(1976), 26(2), 173~199.

8 A. Bandura, D. Ross & S. Ross, "Transmission of aggression through imitation of aggressive models," *Journal of Abnormal and Social Psychology*(1961), 63, 575~582; A. Bandura, D. Ross & S. Ross, "Imitation of film-mediated aggressive models," *Journal of Abnormal and Social Psychology*(1963), 66(1), 3~11.

9 A. Bandura, *Social learning theory*(Englewood Cliffs, NJ: Prentice Hall, 1977).

10 A. Bandura, D. Ross & S. Ross, "Imitation of film-mediated aggressive models," 3~11.
사진 출처: Courtesy of Dr. Albert Bandura(Stanford University. 2014).

11 Commission on Freedom of the Press, *A Free and Responsible Press: A General Report on Mass Communications-Newspapers, Radio, Motion Pictures, Magazines, and Books*(Chicago, IL: University of Chicago Press, 1947).

[12] F. Siebert, T. Peterson & W. Schramm, 1963. *Four Theories of the Press*(Urbana-Champaign, IL: University of Illinois Press.

[13] L. Berkowitz, "Some Aspects of Observed Aggression," *Journal of Personality and Social Psychology*(1965), 2, 359~369.

[14] S. Feshbach & R. Singer, *Television and aggression: An experimental field study*(San Francisco, CA: Jossey-Bass, 1971).

[15] A. Bandura, *Social learning theory*(Englewood Cliffs, NJ: Prentice Hall, 1977).

[16] J. Klapper, *The effects of mass communication*(New York: Free Press, 1960).

[17] J. Bryant & D. Zillmann, *Perspectives on media effects*(Hillsdale, NJ: Lawrence Erlbaum, 1986).

[18] S. Ball-Rokeach & M. DeFleur, "A dependency model of mass-media effects," *Communication Research*(1976), 3(1), 3~21.

[19] ibid.

[20] M. McCombs & D. Shaw, "The agenda-setting function of mass media." *Public Opinion Quarterly*(1972), 36(2), 176~187.

[21] ibid.

[22] P. Lazarsfeld, B. Berelson & H. Gaudet, *The people's choice: how the voter makes up his mind in a presidential campaign*(New York: Columbia University Press, 1944).

[23] ibid.

[24] Rogers, E. 1983. *Diffusion of Innovations.* New York: Free Press.

[25] ibid.

[26] ibid.

[27] E. Noelle-Neumann, "The spiral of silence: A theory of public opinion," *Journal of Communication*(1974), 24, 43~51.

[28] ibid.

[29] ibid.

[30] ibid.

[31] L. Festinger, *Theory of Cognitive Dissonance*(Palo Alto, CA: Stanford University Press, 1957).

[32] J. Kang & M. Morgan, "Culture Clash: U. S. Television Programs in Korea," In Martin, L. & Hiebert, R.(eds.), *Current Issues in International Communication*(New York: Longman, 1990).

[33] H. Schiller, *Communication and Cultural Domination*(Armonk, NY: M.E. Sharpe, 1976).

1   「방송통신위원회의 설치 및 운영에 관한 법률」[시행 2015. 2. 3.] 제1조(목적).

2   방송통신심의위원회. "위원회소개"(2015), http://www.kocsc.or.kr/05_introduction/
    introduction_01.php(검색일: 2015. 3. 31).

3   미래창조과학부, "미래부소개"(2015), http://www.msip.go.kr/www/wpge/m_223/www
    050102.do(검색일: 2015. 3. 31).

4   「전파법」[시행 2015. 1. 20.] 제6조(전파자원 이용효율의 개선).

5   M. Scott, The mediation of distant suffering: an empirical contribution beyond television
    news texts. Media, *Culture & Society*(2014), 36, 3~19.

6   사진 제공: MBC 홍보실(〈해를 품은 달〉, 〈최고의 사랑〉, 〈기황후〉), SBS 홍보실(〈별에서
    온 그대〉, 〈시크릿 가든〉), 스튜디오 카메라, 부조정실.
    사진 출처: "Crane Shooting," Retrieved March 31, 2015 from http://pro.jvc.com/pro/
    pr/2008/images/dp_crane.jpg; "Post Production Studio," Retrieved March 31, 2015 from
    http://bestcamera.biz/videopostproductionstudio/.

7   S. Eastman & D. Ferguson, *Media Programming*(Boston, MA: Wadsworth, 2013).

8   ibid.

9   ibid.

10 ibid.

11 ibid.

12 ibid.

13 Podcasting News, "Prime Time Rewind Sets Web Design Back Ten Years"(2015),
    Retrieved March 31, 2015, from http://www.podcastingnews.com/content/2008/03/
    prime-time-rewind-tv/.

14 Wikipedia, "Got TalentIdol"(2015), Retrieved March 31, 2015, from http://en.wikipedia.
    org/wiki/Got_TalentIdol.
    FremantleMedia, "Idols"(2015), Retrieved March 31, 2015, from http://www.
    fremantlemedia.com/Production/Our_brands/Idols.aspx.

15 S. Eastman & D. Ferguson, *Media Programming*.

16 ibid.

17 ibid.

18 ibid.

19 Wikipedia, "TBS(TV channel)"(2015), Retrieved March 31, 2015, from http://en.
    wikipedia.org/wiki/TBS_(TV_channel).

20 S. Eastman & D. Ferguson, *Media Programming*.

21 ibid.

22 D. MacFarland, *Future Radio Programming Strategies: Cultivating Listenership in the Digital Age*(New York: Routledge, 2011).

제4장

1 P. Shockley-Zalabak, *Fundamentals of Organizational Communication*(White Plains, NY: Longman, 1988).

2 G. Kreps, *Organizational Communication*(White Plains, NY: Longman, 1986).

3 ibid.

4 T. Daniels & B. Spiker, *Perspectives on Organizational Communication*(Dubuque, IA: Wm. C. Brown, 1991).

5 ibid.

6 ibid.

7 G. Goldhaber, *Organizational Communication*(Dubuque, IA: Wm. C. Brown, 1990).

8 ibid.

9 G. Kreps, *Organizational Communication*.

10 ibid.

11 H. Cummings L. Long & M. Lewis, *Managing Communication in Organizations: An Introduction*(Scottsdale, AZ: Gorsuch & Scarisbricj, 1988).

12 ibid.

13 J. Koehler, K. Anatol & R. Applbaum, *Organizational Communication*(New York, NY: Holt, Rinehart and Winston, 1981).

14 ibid.

15 K. Boulding, "General System Theory: Skeleton of Science," *Management Science*(1956), 2, 197~208.

16 ibid.

17 G. Kreps, *Organizational Communication*.

18 ibid.

19 ibid.

20 방송통신위원회 보도자료, 「2015년도 주요 업무계획」(서울: 방송통신위원회, 2015. 1).

21 같은 글.

22 KBS, "KBS 조직도"(2015), http://www.kbs.co.kr/openkbs/(검색일: 2015. 3. 31).
    MBC, "MBC 조직도"(2015), http://www.imbc.com/withmbc/mbcintro/form/index.html (검색일: 2015. 3. 31).
    SBS, "SBS 조직도"(2015), http://sbsir.sbs.co.kr/ir_company3.jsp(검색일: 2015. 3. 31).

23 「상법」[시행 2014.5.20.]. 제411조(감사의 직무와 보고요구, 조사의 권한).

24 기업회계기준원, "제78조"(재고자산 등의 평가차손). http://www.kasb.or.kr/ web/services/ page/viewPage.action?page=standards/s_financial.html(검색일: 2015.3.31).

25 기업회계기준원, "제81조"(현금흐름표의 구분표시), http://www.kasb.or.kr/web/services/ page/viewPage.action?page=standards/s_financial.html(검색일: 2015.3.31).

26 금융감독원, "전자공시 자료"(2015), http://dart.fss.or.kr/dsaf001/main.do?rcpNo=2014 0331000287)(검색일: 2015.3.31).

27 같은 글.

28 금융감독원, "전자공시 자료"(2015), http://dart.fss.or.kr/dsaf001/main.do?rcpNo=2014 0530001315)(검색일: 2015.3.31).

29 R. Kroon, *A/V A to Z: An Encyclopedic Dictionary of Media, Entertainment and Other Audiovisual Terms.* Jefferson(NC: McFarland, 2010).

30 J. Fritz, "Radio Ratings Part 3: Nielsen"(2015), Retrieved March 31, 2015, from http ://tenwatts.blogspot.com/2008/01/radio-ratings-part-3-nielsen.html.

31 Nielsen, "Celebrating 90 Years of Innovation"(2015) Retrieved March 31, 2015, from http:// sites.nielsen.com/90years/ .

32 ibid.

33 사진 출처: A. C. 닐슨사의 오디미터(1936): J. Fritz, "Radio Ratings Part 3: Nielsen." Retrieved March 31(2015), from http://tenwatts.blogspot.com/2008/01/radio-ratings-part-3-nielsen.html.
A.C. 닐슨사의 피플미터: G. Garvin, "WSVN sues Nielsen over people meters"(2009), Retrieved March 31, 2015, from http://miamiherald.typepad.com/changing_channels/ 2009/04/wsvn-sues-nielsen-over-people-meters.html.

34 TNmS, "조사방법"(2015), Retrieved March 31, 2015, from http://www.tnms.tv/search/ search_03.asp; 닐슨코리아, "조사방법"(2015), Retrieved March 31, 2015, from http:// www.agbnielsen.co.kr/.

35 TNmS, "조사방법".

36 닐슨코리아, "조사방법".

37 같은 글.

38 사진 출처: R. Noe, "Nielsen's rating box is ugly, and difficult to use(or we're just idiots)" (2009), Retrieved March 31, 2015, from http://www.core77.com/blog/object_culture/ nielsens_rating_box_is_ugly_and_difficult_to_use_or_were_just_idiots_13337.asp.

39 최양수, 『미디어렙 시대의 새로운 시청률 측정 방법 개발에 관한 연구』(서울: 한국방송공 사, 2010).

40 최양수, 『미디어렙 시대의 새로운 시청률 측정 방법 개발에 관한 연구』.

41 같은 책.

42 봉지욱, "못믿을 시청률 선진국형 검증기구 만들어야", 《중앙일보》(2014.3.27); 봉지욱. "시청률 조사의 모든 것", 《중앙일보》(2015.4.16).

43 방송통신위원회. 『통합시청률조사(TSR) 방법』(서울: 방송통신위원회. 2014) 재구성. 그림 출처: 봉지욱, "시청률 조사의 모든 것"; 봉지욱, "TV 시청률에 다시보기 합산… 이르면 연말 도입", 《중앙일보》(2015.6.11).

44 Radio Research Consortium, "Ratings Terms You Need to Know"(2015), Retrieved March 31(2015), from www.RRConline.org.

45 정보통신정책연구원. 『2014년 방송산업실태조사보고서』(서울: 미래창조과학부·방송통신 위원회, 2014), 17쪽.

46 조성호, 『시청률 조사 검증기관 설립 및 운영에 관한 연구』(서울: 한국방송광고공사, 2011).

47 같은 책.

48 사진 출처: Courtesy of CBS Television City Research Center(2014).

49 S. Eastman & D. Ferguson, *Media Programming*(Boston, MA: Wadsworth, 2013).

50 B. Gunter, *Media Research Methods: Measuring Audiences, Reactions and Impact* (Los Angeles, CA: SAGE, 2000).

51 ibid.

52 C. Clift & A. Greer, *Broadcast Programming: The Current Perspective*(Lanham, MD: University Press of America, 1981).

53 I. Ang, *Desperately Seeking the Audience*(New York: Routledge, 2006).

54 D. Shaun, "Measuring and Monitoring Public Value"(2008), Retrieved March 31(2015), from http://www.medientage.de/db_media/mediathek/vortrag/500629/Day_Shaun.pdf.

55 이관열, 「세계공영방송의 공영성 평가현황과 KBS의 공영성 평가지수(PSI: Public Service Index)의 연구과제」, 『방송문화연구』(서울: KBS, 1995).

56 같은 책.

57 같은 책.

58 B. Gunter, *Media Research Methods: Measuring Audiences, Reactions and Impact* (Los Angeles, CA: SAGE, 2000).

59 Mirforce, "프로그램 몰입도 측정방법"(2015), http://www.mirforce.co.kr(검색일: 2015.3. 31).

60 인사이드 줌, "줌TV 인터넷 관심도"(2015), http://inside.zum.com/insideZum/zum/ tvtrend(검색일: 2015.3.31).

61 「방송법」[시행 2015.3.15.] 제73조(방송광고 등).

62 「방송법」[시행 2015.3.15.] 제2조(용어의 정의) 제21항. 「방송법」[시행 2015.3.15.] 제73조(방송광고 등).

63 「방송법」[시행 2015.3.15.] 제2조(용어의 정의). 「방송법 시행령」[시행 2015.1.1.] 제2조(중계유선방송의 중계대상이 되는 방송).

「방송법」[시행 2015. 3. 15.] 제73조(방송광고 등).

「방송법 시행령」[시행 2015. 1. 1.] 제4조(소유제한의 범위 등).

64 「방송법」[시행 2015. 3. 15.] 제73조(방송광고 등) 제3항.

65 「방송법」[시행 2015. 3. 15.] 제73조(방송광고 등) 제3항.

66 「방송법 시행령」[시행 2015. 1. 1.] 제59조(방송광고).

67 대구 MBC, "광고요금표"(2016), 재구성. https://www.dgmbc.com/ad/ad_price_tv.do (검색일: 2015. 3. 31).

68 J. Watkins, *The Mass Media and the Law*(Englewood Cliffs, NJ: Prentice Hall, 1990).

69 KOBACO, "사업소개"(2015), https://www.kobaco.co.kr/businessintro/publish/business.asp(검색일: 2015. 3. 31).

70 「방송법」[시행 2015. 3. 15.] 제73조(방송광고 등) 제5항.

「방송광고 판매대행 등에 관한 법률」[시행 2012. 5. 23.] 제5조(방송광고의 판매대행).

71 이시훈, 「국내 미디어렙 제도 논의의 쟁점과 바람직한 방안에 관한 연구」, 《언론과학연구》(2010), 제10권 3호.

72 같은 글.

73 2008년 11월 27일 헌법재판소는 한국방송광고공사(KOBACO)와 이로부터 출자를 받은 회사에 대해서만 지상파 방송광고의 독점 판매대행을 허용하는 것은 과잉금지 원칙을 위반임을 판결.

74 「방송광고 판매대행 등에 관한 법률」(「미디어렙법」[시행 2012. 5. 23].

75 홍문기, 「방송광고 시장경쟁 체제 도입에 따른 바람직한 미디어렙 제도 구축 방안에 대한 연구: 미디어렙 제도 변화에 따른 법적, 제도적 쟁점들을 중심으로」, 《정치커뮤니케이션연구》(2012), 제27호, 409~464쪽.

조맹기, "한시가 급한 미디어렙법". 《세계일보》(2011. 11. 2).

76 KOBACO, "사업소개".

77 같은 글.

78 한국콘텐츠진흥원, 『방송영상산업 법제도 동향』(서울: 한국콘텐츠진흥원, 2012).

79 미디어 크리에이트, "방송광고 영업대행 약관(매체사)"(2015), http://www.mediacreate.co.kr/upload/data/02.broadcast.pdf(검색일: 2015. 3. 31).

80 같은 글.

81 미디어 크리에이트. "대행매체". http://www.mediacreate.co.kr/(검색일: 2015. 3. 31).

82 미디어 크리에이트. "광고 판매방식". http://www.mediacreate.co.kr/(검색일: 2015. 3. 31).

83 R. Petit & F. Zazza, *A theoretical and empirical study of product placement quality* (Amsterdam, The Netherlands: ESOMAR, 2005).

84 ibid.

85 ibid.

86 ibid.

87 「방송법 시행령」[시행 2015. 1. 1.] 제59조의 3(간접광고).

88 양성희, "논란 커지는 PPL(간접광고)", 《중앙일보》(2013. 8. 14).

89 고정미. "역시 〈무한도전〉… 간접광고 매출 1위 유재석이 마신 '비타민워터'는 얼마?" 《오마이뉴스》(2013. 10. 20).
   자료: KOBACO, 최민희 의원실 제공(2013).

90 이기현, 「드라마 간접광고(PPL)와 스토리텔링: 〈시크릿가든〉 사례 분석」. 《KOCCA 포커스》(2011), 제32호, 1~23쪽.

91 「협찬고지에 관한 규칙」[개정 2012. 2. 23.].
   「방송통신위원회규칙」 제24호 제1조(목적) 제3항.

92 「협찬고지에 관한 규칙」[개정 2012. 2. 23.].
   「방송통신위원회규칙」 제24호 제3조(방송프로그램과의 구별), 제5조(광고효과의 제한), 6조(협찬주명의 프로그램 제목 사용 금지).

93 「협찬고지에 관한 규칙」[개정 2012. 2. 23.].
   「방송통신위원회규칙」 제24호 제7조(방송의 공정성 및 공공성 유지).

94 「방송법 시행령」[시행 2015. 1. 1.] 제59조(방송광고).

95 「방송법 시행령」[시행 2015. 1. 1.] 제59조의 2(가상광고).

96 「방송법 시행령」[시행 2015. 1. 1.] 제59조의 2(가상광고).

97 방송통신위원회 보도자료. 2015. 1. 30. 「2015년도 주요 업무계획」. 서울: 방송통신위원회.

제5장

1 「전파법」[시행 2015. 1. 20.] 제1장(목적) 제2조.

2 L. Smith, *Perspectives on Radio and Television*(New York, NY: Harper & Row, 1990).

3 ibid.

4 ibid.

5 이주환·정남호·엄진우, 『전파스펙트럼과 레이다 특성』(서울: ETRI, 2007).

6 「전파법」[시행 2015. 1. 20.] 제6조(전파자원 이용효율의 개선), 제6조의 2(주파수회수 또는 주파수재배치) 및 제6조의 3(방송용 주파수의 관리).

7 D. Withers, *Radio Spectrum Management: Management of the Spectrum and Regulation of Radio Services*(London, UK: The Institute of Electrical Engineers, 1999).

8 ibid.

9 박덕규·오세준·구자훈, 『주파수 이용현황 및 활용방안 연구』(서울: 국립전파원, 2011).

10 D. Withers, *Radio Spectrum Management: Management of the Spectrum and Regulation of Radio Services*.

11 K. Davies, 1990. *Ionospheric Radio*(London, UK: Peter Peregrinus).

12 그림 출처: 전리층: "무선설비, 전리층이란?". http://juke.tistory.com/archive/201407?page =3(검색일: 2015. 3. 31).

13 방송통신위원회 보도자료, 「700MHz 대역 중 20MHz 폭을 재난망으로 우선 분배해야 한다」 (서울: 방송통신위원회, 2014. 8. 18).

14 대한민국 주파수 분배표. 「미래부 고시」 제2014-58호.
    「유선방송국설비 등에 관한 기술기준」[시행 2012. 11. 29.].
    「무선설비규칙」[시행 2014. 9. 30.].

15 H. Nguyen, & E. Shwedyk, *A First Course in Digital Communications*(Cambridge, UK: Cambridge University Press, 2009).

16 ibid.

17 김성국·김태용·정광욱, 『디지털통신 이론 및 실습』(서울: 홍릉과학출판사, 2014).
    김명진, 『아날로그 및 디지털 통신이론』(서울: 생능출판사, 2007).

18 김성국·김태용·정광욱, 『디지털통신 이론 및 실습』.

19 정구언, 『TV방송 시스템 운용과 제작』(서울: 청문각, 2012).

20 같은 책.

21 같은 책.

22 같은 책.

23 B. Oliver, J. Pierce & C. Shannon, "The Philosophy of PCM," *Proceeding of the IRE* (2006), 36(11), 1324~1331; Pulse Modulation. *McGraw-Hill Science & Technology Dictionary*(New York, NY: McGraw-Hill, 2014); D. Smith, *Digital Transmission Systems* (Norwell, MA: Kluwer Academic, 2004); A. Yadav *Digital Communication*(Boston, MA: University Science Press, 2009).

24 ibid.

25 ibid.

26 B. Oliver, J. Pierce & C. Shannon, "The Philosophy of PCM," *Proceeding of the IRE*; D. Smith, *Digital Transmission Systems*; A. Yadav *Digital Communication*.

27 B. Oliver, J. Pierce & C. Shannon, "The Philosophy of PCM," *Proceeding of the IRE*; Pulse Modulation. *McGraw-Hill Science & Technology Dictionary*; D. Smith, *Digital Transmission Systems*; A. Yadav *Digital Communication*.

28 ibid.

29 B. Oliver, J. Pierce & C. Shannon, "The Philosophy of PCM," *Proceeding of the IRE*; Pulse Modulation. *McGraw-Hill Science & Technology Dictionary*; D. Smith, *Digital Transmission Systems*; A. Yadav *Digital Communication*.

30 류지현, "데이터 통신망"(2012), http://m.blog.daum.net/_blog/_m/articleView.do?blogid= 0aREW&articleno=161#(검색일: 2015. 3. 31).

31 ibid.

32 S. Stein-Erik Bjorck, *Delta Modulation in Pulse Code Modulation Systems*(Moscow, ID: University of Idaho, 1974).

33 MPEG, "Standards"(2015), http://mpeg.chiariglione.org/standards(검색일: 2015. 3. 31).

34 ibid.

35 ibid.; M. Jan Van der,*Fundamentals and Evolution of MPEG-2 Systems: Paving the MPEG Road*(West Sussex, UK: John Wiley & Sons. 2014); M. Angelides, & H. Agius, *The Handbook of MPEG Applications: Standards in Practice*(West Sussex, UK: John Wiley & Sons, 2010).

36 정구언, 『TV방송 시스템 운용과 제작』.

37 같은 책.

38 BBC News, "BBC unveils digital TV"(1998), Retrieved March 31, 2015, from http://news.bbc.co.uk/2/hi/entertainment/174535.stm.

39 방송통신위원회, 『2013년 방송매체 이용행태 조사』(서울: 방송통신위원회, 2014).

40 FCC, "DTV REPORT ON COFDM AND 8-VSB PERFORMANCE"(Office of Engineering and Technology)(2007), Retrieved March 31, 2015, from http://transition.fcc.gov/dtv/dtvreprt.txt.

41 ibid.

42 ibid.

43 H. K. Wesolowski, *Introduction to Digital Communication Systems*(West Sussex, UK: John Wiley & Sons, 2008).

44 H. K. Wesolowski, *Introduction to Digital Communication Systems*.

45 H. Nguyen, & E. Shwedyk, *A First Course in Digital Communications*(Cambridge, UK: Cambridge University Press, 2009).

46 M. Maeda, *Steps Toward the Practical Use of Super Hi-Vision*(2006), Proceedings of 2006 NAB BEC, 450~455.

47 P. Bos, T. Haven & L. Virgin, "High-performance 3D viewing systems using passive glasses. SID"(88 Digest of Technical Paper, 1988). 450~453.

48 방송통신위원회, 『2013년 방송통신위원회 연차보고서』(서울: 방송통신위원회, 2014).

49 같은 책.

50 조창연·허준·김준태, 「초고화질 텔레비전 방송을 위한 차세대 오픈 케이블 방식에 대한 연구」, 《한국방송공학회논문지》(2009), 제14권 2호, 228~237쪽.

51 같은 글.

52 함상진, 『지상파 HDTV 실험방송 현황』(서울: KBS 기술연구소, 2012).

53 강태화·봉지욱, "지상파 요구대로 다채널 도입 땐 국민 90%는 TV 새로 사야 할 판". 《중앙일보》(2013. 12. 5); 김기용, "700MHz 주파수 통신에 분배하면 스마트폰 다운로드 40% 저하", 《동아일보》(2015. 5. 19).

54 성호철, "700MHz 황금 주파수 대역 '누더기' 될 판", 《조선일보》(2015. 7. 7); 김태진 · 안희정, "700MHz 분배안 확정… 통신 40MHz폭 – 방송 30MHz폭", 《ZDNet Korea》(2015. 7. 27)

55 방송통신위원회, 『2013년 방송통신위원회 연차보고서』(서울: 방송통신위원회, 2014).

56 황태호. "세계 최초 UHD 셋톱박스 개발 10월엔 케이블TV 기업도 가세." 《동아일보》(2014. 8. 26).

57 같은 글.

58 방송통신위원회, 『2013년 방송통신위원회 연차보고서』

59 같은 책.

60 방송통신위원회, 『2013년 방송통신위원회 연차보고서』.

61 같은 책.

62 같은 책.

63 같은 책.

64 이상진. 2012. 4. 『세계최초 지상파 3D 시범방송』. 《방송과 기술》, 제204호.

65 방송통신위원회, 『2013년 방송통신위원회 연차보고서』.

66 Teheektive, "Why DAB is the future of radios"(2012), Retrieved March 31, 2015, from http://tehgeektive.com/2012/12/07/why-dab-is-the-future-of-radios/.

67 WORLDMB, "World DMB forums list of benefits"(2014), Retrieved March 31, 2015, from http://www.worlddab.org.

68 P. Ratliff, "Proving DAB to Planning a Single Frequency Network," UK 10th Conference: The Future of Radio(DAB)(1995).

69 박덕규 · 오세준 · 구자훈, 『주파수 이용현황 및 활용방안 연구』(서울: 국립전파원, 2011).

70 같은 책.

71 박성규 · 박구만, 「DRM과 DRM+ 기반의 AM/FM 디지털라디오 활용 연구」, 《한국방송공학회논문지》(2012), 제17권 제6호, 990~1003쪽.

72 이상호 · 김선진, 『디지털 미디어 스마트 혁명』(서울: 미래를 소유한 사람들, 2006).

73 최진욱 · 이영진 · 서종수, 「디지털 오디오 방송의 기술 동향, 전자파기술」, 《정보와통신》(2000), 제15권 제9호, 20~34쪽.

74 정보통신연구회, 『디지털통신이론』(서울: 백티닷컴, 2010).

75 H. Rohling, "OFDM: Concepts for Future Communication Systems. Hamburg,"(Germany: Springer, 2010).

76 정보통신연구회, 『디지털통신이론』.

77 M. Kolawole, *Satellite Communication Engineering*(Boca Raton, FL: CRC Press, 2013).

78 S. Mosteshar, *Research and Invention in Outer Space: Liability and Intellectual Property Rights*(Norwell, MA: Martinus Nijhoff Publishers, 1995).

79 진한엠앤비, 『기록으로 본 한국의 정보통신 역사 2』(서울: 진한엠앤비, 2012).

80 "첨단 과학 위성이지만 4호는 발사안해," 《연합뉴스》(2005. 4. 4).

81 김현수, "KT통신방송위성 '올레2. 27 1호' 발사 성공," 《동아일보》(2010. 12. 31).

82 박지성, "KT 4500억 들인 위성 45억에 헐값매각." 《디지털타임스》(2013. 10. 31).

83 Ktsat, "Ktsat 커버리지맵"(2015), http://14.49.27.70/assets/condoset02.php (검색일: 2015. 3. 31).

84 M. Bertolotti, *The History of the Laser*(London, England: Institute of Physics Publishing, 2005).

85 ibid.

86 이주환·정남호·엄진우, 『전파스팩트럼과 레이다 특성』(서울: ETRI, 2005).

87 M. Bertolotti, *The History of the Laser*.

88 공홍진, "신도 가지지 못한 빛, 레이저"(2010), 사이언스올, http://www.scienceall.com/?post_type=infomation&p=2653 (검색일: 2015. 3. 31).

89 J. Hayes, *Fiber Optics Technician's Manual*. (Independence, KY: Delmar, 2011).

90 ibid.

91 ibid.

92 김광준, "한눈에 보는 광통신의 원리"(2010), 사이언스올, http://www. scienceall.com/ (검색일: 2015. 3. 31).

제6장

1 「방송법」[시행 2015. 3. 15.] 제1조(목적).

2 「방송법 시행령」[시행 2015. 1. 1.] 제4조(소유제한), 제5, 7, 10, 11, 13, 15, 16조(방송사업 허가 및 승인), 제8, 9, 12, 17조(사업자등록 및 취소), 제21조(심의), 제33조(경영 평가), 제50, 52, 57, 58조(프로그램 편성), 제53~56조(채널구성과 운용), 제59~60조(광고 및 협찬), 제61~63조(재송신 및 설비), 제64조(시청자권익).

3 「방송통신위원회의 설치 및 운영에 관한 법률」[시행 2015. 2. 3.] 제1~3조, 제18조.

4 「방송법」[시행 2015. 3. 15.] 제33조(심의규정).

5 D. Pember & C. Calver, *Mass Media Law*(New York, NY: McGraw-Hill, 2014).

6 FCC, "About Auctions"(2014), Retrieved March 31, 2015, from http://wireless.fcc.gov/auctions/default.htm?job=about_auctions.

7 J. Watkins, *The Mass Media and the Law*(Englewood Cliffs, NJ: Prentice Hall, 1990).

8 ibid.

9 ibid.

10 ibid.

11 ibid.

12 「전파법」[시행 2015. 1. 20.] 제2조(정의).

13 「전파법」[시행 2015. 1. 20.] 제3조(전파자원의 이용촉진).

14 「전파법」[시행 2015. 1. 20.] 제3조(전파자원의 이용촉진)와 제6조(전파자원 이용효율의 개선).

15 「전파법」[시행 2015. 1. 20.] 제10조(주파수할당)와 제11조(대가에 의한 주파수할당).

16 「전파법」[시행 2015. 1. 20.] 제10조(주파수할당)와 제11조(대가에 의한 주파수할당).

17 「전파법」[시행 2015. 1. 20.] 제10조(주파수할당)와 제11조(대가에 의한 주파수할당).

18 「방송법」[시행 2015. 3. 15.] 제9조(허가 · 승인 · 등록 등)와 제10조(심사 · 기준 · 절차).

19 「방송법 시행령」[시행 2015. 1. 1.] 제1조(목적).

20 「방송법」[시행 2015. 3. 15.] 제5조(방송의 공적 책임).

21 「방송법」[시행 2015. 3. 15.] 제6조(방송의 공정성과 공익성).

22 「방송법」[시행 2015. 3. 15.] 제70조(채널의 구성과 운용) 제8항.
「방송법 시행령」[시행 2015. 1. 1.] 제54조(공공채널, 종교채널 및 장애인복지채널의 운용).

23 「방송법」[시행 2015. 3. 15.] 제70조(채널의 구성과 운용) 제4항.
「방송법 시행령」[시행 2015. 1. 1.] 제55조(지역채널의 운용).

24 J. Ritter, *Broadcast Law and Regulation*(Englewood Cliffs, NJ: Prentice Hall, 1982).

25 ibid.

26 R. Holsinger & J. Dilts, *Media Law*(New York, NY: Random House, 1996).

27 ibid.

28 S. Warren, & L. Brandeis, "The Right to Privacy," *Harvard Law Review*(1890), 4(5), 193 ~ 220.

29 W. Prosser, Privacy. *California Law review*(1960), 48(3), 383~423.

30 「민법형사법」[시행 2007. 12. 21.] 제750조(불법행위의 내용), 제751조(재산 이외의 손해의 배상).

31 「헌법」[시행 1988. 2. 25.] 제10조(기본권과 행복권)와 제17조(사생활의 비밀과 자유)
「언론중재 및 피해구제 등에 관한 법률」[시행 2011. 4. 14.] 제5조 1항(언론 등에 의한 피해구제의 원칙).

32 MBC 공개채용 오디션 프로그램 〈신입사원〉의 사전 동의서에 포함된 내용(2010).

33 서울동부지방법원. 2006. 12. 21. 선고(2006가합6780 판결).
「저작권법」[시행 2014. 7. 1.] 제14조(저작인격권의 일신전속성) 제2항.

34 오승종, 『저작권법』(서울: 박영사, 2012).

35 서울중앙지방법원. 2012. 10. 9. 선고 2012가단64664 판결.

36 서울중앙지방법원. 2012. 10. 9. 선고 2012가단64664 판결.

37 서울중앙지방법원. 2012. 10. 9. 선고 2012가단64664 판결.

38 서울중앙지방법원. 2010. 9. 3. 선고 2009가합137637 판결.

39 변성현, "수지, 쇼핑몰 상대 손배소 패소… 퍼블리시티권 판결 '오락가락'". 《한국경제》

532　방송학

(2015. 2. 15).

40 박상기, "유이, '꿀벅지 사진' 올린 한의원 상대 소송 패소". 《조선일보》(2015. 3. 16).

41 United States Court of Appeals Sixth Circuit. February 1, 1983. Decided.

42 United States Court of Appeals Sixth Circuit. February 1, 1983.

43 「상표법」[시행 2014. 6. 11.] 제7조(상표등록을 받을 수 없는 상표) 제1항 6호.

44 「형법」[시행 2014. 12. 30.]. 제307조(명예훼손), 제308조(사자의 명예훼손), 제309조(출판물 등에 의한 명예훼손), 제310조(위법성의 조각), 제311조(모욕), 제312조(고소와 피해자의 의사).
「정보통신망 이용촉진 및 정보보호 등에 관한 법률」[시행 2014. 11. 29.]. 제70조(벌칙).

45 K. Tallmo, *The History of Copyright*(Stockholm, Sweden: Nisus Publishing, Forthcoming).

46 H. MacQueen, W. Charlotte & T. Graeme, *Contemporary Intellectual Property: Law and Policy*(New York, NY: Oxford University Press, 2007).

47 ibid.

48 문화체육관광부·한국저작권협회, 『개정저작권법해설서』(서울: 문화체육관광부·한국저작권협회, 2012).

49 「저작권법」[시행 2014. 7. 1.] 제1조(목적).

50 대법원. 1993. 6. 8. 선고 93다3073 판결.
대법원. 1996. 8. 23. 선고 96다273판결.

51 「저작권법」[시행 2014. 7. 1.] 제4조(저작물의 예시 등).

52 「저작권법」[시행 2014. 7. 1.] 제3절 저작인격권(제11조~제15조).
「저작권법」[시행 2014. 7. 1.] 제4절 저작재산권(제16조~제22조).

53 「저작권법」[시행 2014. 7. 1.] 제4절 저작재산권(제16조~제22조)과 제39조(보호기간의 원칙).

54 「저작권법」[시행 2014. 7. 1.] 제2관 저작재산권의 제한(제23조~제38조).

55 「저작권법」[시행 2014. 7. 1.] 제84조(복제권), 제85조(동시중계방송권), 제85조의 2(공연권).

56 「저작권법」[시행 2014. 7. 1.]

57 J. Litman, *Digital Copyright*(Amherst, NY: Prometheus Books, 2006).

58 「Digital Millennium Copyright Act」. 112 Stat. 2863. 17 U.S. Code 1201~1205.

59 「저작권법」[시행 2014. 7. 1.] 제104조의 2(기술적 보호조치의 무력화 금지), 제104조의 3(권리관리정보의 제거·변경 등의 금지).
한국저작권위원회, "디지털저작권거래소 소개"(2015), http://www.kdce.or.kr/user/main.do(검색일: 2015. 3. 31).

60 같은 글.

61 Z. Efroni, 2011. *Access-right: The Future of Digital Copyright Law*(New York, NY: Oxford University Press).

62 Rob Pegoraro, "FCC accepts MPAA's 'Selectable Output Control'"(2010.5.10), *The Washington Post*.

63 Networkworld. 2008. "DRM vs. ERM: Battle to Control Data." Retrieved March 31, 2015 from http://www.networkworld.com/article/2301891/tech-primers/drm-vs--erm--battle-to-control-data.html.

64 「저작권법」[시행 2014.7.1.] 제124조(침해로 보는 행위) 제2항, 제125조(손해배상의 청구) 제1항.

65 「저작권법」[시행 2014.7.1.] 제136, 제137조(벌칙).

66 「저작권법」[시행 2014.7.1.] 제64조(보호받는 실연·음반·방송)

67 「저작권법」[시행 2014.7.1.] 제64조의 2(실연자 등의 추정)

68 「저작권법」[시행 2014.7.1.] 제64조(보호받는 실연·음반·방송)

69 「저작권법」[시행 2014.7.1.] 제17조(공연권), 제18조(공중송신권)

70 Wikipedia, "Performance rights organisation"(2015). Retrieved March 31, 2015, from http://en.wikipedia.org/wiki/Performance_rights_organisation.

71 B. Carter, "NBC to Seek Affiliates' Aid To Help Pay Costs of 'E.R.'"(1998.2.9). *New York Times*.

72 「방송법」[시행 2015.3.15.] 제8조(소유제한 등) 제6항.

73 「방송법 시행령」[시행 2015.1.1.] 제4조(소유제한의 범위 등) 제5항.

74 「방송법 시행령」[시행 2015.1.1.] 제4조(소유제한의 범위 등) 제6항.

75 「방송법 시행령」[시행 2015.1.1.] 제4조(소유제한의 범위 등) 제7항.

76 「방송법」[시행 2015.3.15.] 제8조(소유제한 등).
    「방송법 시행령」[시행 2015.1.1.] 제4조(소유제한의 범위 등) 제7항.

77 「방송법 시행령」[시행 2015.1.1.] 제4조(소유제한의 범위 등) 제8항.

78 「인터넷멀티미디어방송사업법」[시행 2015.6.28.] 제8조(겸영금지 등) 제4항.

79 「인터넷멀티미디어방송사업법」[시행 2015.6.28.] 제8조(겸영금지 등) 제3항.

80 「방송법 시행령」[시행 2015.1.1.] 제4조(소유제한의 범위 등) 제7항.
    정보통신정책연구원, 『2014년 방송산업실태조사보고서』(서울: 미래창조과학부·방송통신위원회, 2014), 378쪽.

81 「인터넷멀티미디어방송사업법」[시행 2015.6.28.] 제13조(시장점유율 제한 등).

82 「방송법」[시행 2015.3.15.] 제2조(용어의 정의).

83 「방송법」[시행 2015.3.15.] 제4조(방송편성의 자유와 독립) 제3항.

84 「방송법」[시행 2015.3.15.] 제69조(방송프로그램의 편성등).

85 「방송법 시행령」[시행 2015.1.1.] 제50조(방송프로그램의 편성 등).

86 방송통신위원회, 「방송프로그램 등의 편성에 관한 고시」(제20142-6호)(서울: 방송통신위원회, 2014.6.5).

87 방송통신위원회. 「방송프로그램 등의 편성에 관한 고시」(제20142-6호). 제9조(외주제작 방송프로그램의 편성) 제2항, 제3항.

88 방송통신위원회. 「방송프로그램 등의 편성에 관한 고시」(제20142-6호).

89 방송통신위원회. 「방송프로그램 등의 편성에 관한 고시」(제2014-6호).
「방송법 시행령」[시행 2015. 1. 1.] 제50조(방송프로그램의 편성 등).
「방송법 시행령」[시행 2015. 1. 1.] 제57조(국내제작 방송프로그램의 편성).
「방송법 시행령」[시행 2015. 1. 1.] 제58조(외주제작 방송프로그램의 편성).

90 「방송법」[시행 2015. 3. 15.] 제69조(방송프로그램의 편성등).
방송통신위원회. 2014. 6. 5. 「방송프로그램 등의 편성에 관한 고시」(제20142-6호)(서울: 방송통신위원회).

91 「방송법 시행령」[시행 2015. 1. 1.] 제50조(방송프로그램의 편성 등) 제6항.

92 「방송법 시행령」[시행 2015. 1. 1.] 제50조(방송프로그램의 편성 등) 제4항.

93 「방송법」[시행 2015. 3. 15.] 제4조(방송편성의 자유와 독립), 제71조(국내 프로그램의 편성), 제72조(외주 제작 방송프로그램의 편성), 제105조(벌칙), 제106조(벌칙), 제108조(과태료).

94 「방송법」[시행 2015. 3. 15.] 제4조(방송편성의 자유와 독립) 제4항.

95 SBS. 「SBS편성규약」[시행 2004. 10. 31.](2015). http://w3.sbs.co.kr/cs/end Page.do?contNo=8&bbsCd=com_cs0001&backUrl=http%3A%2F%2Fw3.sbs.co.kr%2Fcs%2FcustomerNotice.do(검색일: 2015. 3. 31).

96 같은 글.

97 「방송법」[시행 2015. 3. 15.] 제5조(방송의 공적 책임), 제6조(방송의 공정성과 공익성).

98 방송통신심의위원회, 「방송프로그램의 등급분류 및 표시 등에 관한 규칙」(방송통신심의위원회 규칙 제105호)(2014. 1. 9).

99 같은 글; 「청소년 보호법」[시행 2015. 5. 29.] 제7조(청소년유해매체물의 심의·결정).

100 방송통신심의위원회, 「방송프로그램의 등급분류 및 표시 등에 관한 규칙」(2006. 12. 18).

101 같은 글.

102 같은 글.

103 같은 글.

104 같은 글.

105 「방송심의에 관한 규정」[시행 2014. 12. 30.] 제1장(목적) 제2조.
「청소년보호법시행령」[시행 2015. 1. 1.] 제19조(청소년 시청보호 시간대) 제1항.

106 「방송심의에 관한 규정」[시행 2014. 12. 30.] 제2장(정의) 제6조.

107 J. Blevins, "Applying the US Safe Harbor Policy to Television Violence," *Journal of Children & Media*(2011), 5(1), 37~52.

108 Wikipedia, "Watershed"(2015), Retrieved March 31, 2015, from http://en.wikipedia.org/wiki/Watershed_(broadcasting).

109 「방송법」[시행 2015. 3. 15.] 제78조(재송신) 1항 및 3항.

종합유선방송사업자(SO) · 위성방송사업자 · 중계유선방송사업자는 한국방송공사(KBS-1, KBS-2)와 교육방송공사(EBS)가 행하는 지상파 방송에 변경을 가하지 않고 그대로 동시에 재송신('동시재송신')을 하여야 한다(「방송법」 제78조 제1항). 지상파 방송사업자가 수개의 지상파 방송채널을 운영하는 경우에는 미래창조과학부 장관이 지정 · 고시하는 1개의 지상파 방송채널에 한다(「방송법」 제78조 제1항). 방송통신위원회는 한국방송공사의 2개 채널 중에서 KBS-1 채널을 지정함으로써 KBS-1과 EBS만이 의무재전송 채널이 되었다.

110 이은주, 「지상파재송신제도 주요 쟁점 및 개선 방향」. 《한국방송통신전파진흥원》(2012), 제51호, 4~27쪽.

111 윤희석, "정부, 월드컵 재송신료 심판으로 나서라," 《전자신문》(2014. 6. 10).

112 미래창조과학부 · 방송통신위원회, 「브라질 월드컵 재송신 분쟁 관련 정부의 입장」(공문 2014. 6. 12).

113 한병영, 「방송법 제78조, 제70조에 대한 비판적 고찰」. 《한국정보법학회》(2011), 제14권 3호, 185~229쪽.

114 「방송법 시행령」[시행 2015. 1. 1.] 제53조(채널의 구성과 운용) 1항.

115 FCC. "The Cable Act of 1992(The Cable Television Consumer Protection and Competition Act of 1992). PUBLIC LAW 102-385-CT. 5"(1992), Retrieved March 31, 2015, from http://transition.fcc.gov/Bureaus/OSEC/library/legislative_histories/1439.pdf.

116 케이블 사업자(SO)의 평균 월정 이용료(Basic $22.63, Expanded $64.41, Expanded+ $77.05); 위성(DBS) $107.

자료: FCC. "Report On Average Rates for Cable Programming Service and Equipment" (2014. 5. 16). Retrieved March 31, 2015 from http://www.fcc.gov/document/report-average-rates-cable-programming-service-and-equipment-2.

117 FCC, "Commission Adopts MVPD Definition NPRM"(2015. 12. 17), Retrieved March 31, 2015, from http://www.fcc.gov/document/commission-adopts-mvpd-definition-nprm.

118 G. Heller, "Regulatory Versus Property Rights Solutions for the Cable Television Problem," *California Law Review*(1981), 69(2), 527~554.

119 Canadian Radio-Television and Telecommunication Commission. "Broadcasting Notice of Consultation CRTC 2013-19"(2014), Retrieved March 31, 2015 from http://www.crtc.gc.ca/eng/archive/2013/2013-19.htm#TC1.

120 ibid.

121 European Audiovisual Observatory, *To Have Or Not to Have: Must-carry Rules*. (Amsterdam, Netherland: Council of Europe, 2005).

122 ibid.

123 전소라, 「지상파 재전송 규제에 관한 고찰」. *Sogang Law Review*(2013), 제5호, 229~252쪽.

124 같은 글.

125 European Audiovisual Observatory, *To Have Or Not to Have: Must-carry Rules*.

126 목정민, "이동통신 30년의 명암 여전히 계속되는 망중립성 논쟁". 《경향신문》(2014. 3. 25).

127 J. Sommer, "Defending the Open Internet," *New York Times*(2014. 5. 10).

128 목정민, "이동통신 30년의 명암 여전히 계속되는 망중립성 논쟁".

129 같은 글.

130 방송통신위원회, 「망중립성 및 인터넷 트래픽 관리에 관한 가이드라인」(서울: 방송통신위원회, 2011).
미래창조과학부, 「통신망의 합리적 관리·이용과 트래픽 관리의 투명성에 관한 기준」(서울: 미래창조과학부, 2013).

131 같은 글.

132 같은 글.

133 방송통신위원회, 「망중립성 및 인터넷 트래픽 관리에 관한 가이드라인」.

134 미래창조과학부, 「통신망의 합리적 관리·이용과 트래픽 관리의 투명성에 관한 기준」.

135 C. Marsden, *Net Neutrality Towards a Co-regulatory Solution*(New York, NY: Bloomsbury Academic, 2010).

136 ibid.

137 S. Wallsten & S. Hausladen, "Net Neutrality, Unbundling, and their Effects on International Investment in Next-Generation Networks." *Review of Network Economics*(2009), 8(1), 90~112.

138 T. Wu, "Network Neutrality, Broadband Discrimination," *Journal of Telecommunications and High Technology Law*(2003), 2(1), 141~175.

139 Z. Stiegler, *Regulating the Web: Network Neutrality and the Fate of the Open Internet*(Lanham, MD: Lexington Books, 2013).

140 D. Clock, "Internet of Things in Reach". *The Wall Street Journal*(2014. 1. 5).

141 김호경, "만물인터넷이 모든 걸 바꾸고 있다," 《동아일보》(2014. 5. 21).

142 「방송법」[시행 2015. 3. 15.] 제86조(자체심의) 제2항, 제3항.

143 「방송광고 심의에 관한 규정」[시행 2014. 12. 30.] 제18조(진실성) 제1항.

144 Federal Trade Commission. "FTC Policy Statement on Deception. Appended to Cliffdale Associates, Inc., 103 F.T.C. 110, 174"(1984), Retrieved March 31, 2015, from http://www.ftc.gov/ftc-policy-statement-on-deception.

145 「방송광고심의에 관한 규정」[시행 2014. 12. 30.] 제18조(진실성) 제2항.

146 「방송법」[시행 2015. 3. 15.] 제108조(과태료).
「방송광고심의에 관한 규정」[시행 2014. 12. 30] 제3조(법령의 준수).

147 「방송광고심의에 관한 규정」[시행 2014. 12. 30.].

148 「식품위생법」[시행 2015. 1. 29.] 제13조(허위표시 등의 금지), 제94-95조(벌칙).
「건강기능식품에 관한 법률」[시행 2014. 7. 31] 제16조(기능성 표시·광고의 심의), 제44조

(벌칙).

「어린이식생활안전관리특별법」[시행 2015.1.29.] 제10조(광고의 제한·금지 등), 제29조 (과태료).

149 이민형, "대부업 광고시간 제한… 이르면 하반기부터", 《데일리한국》(2015.6.17).

150 「대부업 등의 등록 및 금융이용자 보호에 관한 법률」(「대부업법」 개정안). 국회 본회의 (2015.7.6).

151 「방송법」[시행 2015.3.15.] 제73조(방송광고등) 제2항 제7호.

152 「방송법 시행령」[시행 2015.1.1.] 제59조의 3(간접광고).

153 양성희, "논란 커지는 PPL(간접광고)", 《중앙일보》(2013.8.14).

154 「공직선거법」[시행 2014.11.19.] 제1조(목적).

155 「선거방송심의에 관한 특별규정」[시행 2014.1.15.].

156 「공직선거법」[시행 2014.11.19.] 제1조(목적).
「선거방송심의에 관한 특별규정」[시행 2014.1.15.] 제 12조(사실보도).

157 「선거방송심의에 관한 특별규정」[시행 2014.1.15.] 제12조(사실보도) 제3항.

158 「선거방송심의에 관한 특별규정」[시행 2014.1.15.] 제16조(사실과 의견의 구별) 제1항.

159 「선거방송심의에 관한 특별규정」[시행 2014.1.15.] 제14조(균등한 기회 부여) 제 2항.

160 「선거방송심의에 관한 특별규정」[시행 2014.1.15.] 제17조(출처명시).
「선거방송심의에 관한 특별규정」[시행 2014.1.15.] 제15조(계층, 종교, 지역에 따른 보도).

161 「선거방송심의에 관한 특별규정」[시행 2014.1.15.] 제14조(균등한 기회부여) 제1항, 제13조 (대담·토론의 중계).

162 「공직선거법」[시행 2014.11.19.] 제1조(목적).

163 「선거방송심의에 관한 특별규정」[시행 2014.1.15.] 제21조(후보자 출연 방송제한 등) 제1항.

164 「선거방송심의에 관한 특별규정」[시행 2014.1.15.] 제21조(후보자 출연 방송제한 등) 제1항.

165 「선거방송심의에 관한 특별규정」[시행 2014.1.15.] 제21조(후보자 출연 방송제한 등) 제2~ 제3항, 제22조(광고방송의 제한).

166 「선거방송심의에 관한 특별규정」[시행 2014.1.15.] 제11조(제작기술상의 균형).

167 「선거방송심의에 관한 특별규정」[시행 2014.1.15.] 제18조(여론조사의 보도) 제1~제2항.

168 「선거방송심의에 관한 특별규정」[시행 2014.1.15.] 제18조(여론조사의 보도) 제3~제4항.

169 「선거방송심의에 관한 특별규정」[시행 2014.1.15.] 제24조(유용성·다양성) 제1~제2항.

170 「선거방송심의에 관한 특별규정」[시행 2014.1.15.] 제20조(정당 등에 의한 협찬 방송의 금지), 제24조(유용성·다양성) 제3항.

171 「선거방송심의에 관한 특별규정」[시행 2014.1.15.] 제9조(특집기획프로그램), 제19조(연예 오락프로그램).

172 「선거방송심의에 관한 특별규정」[시행 2014.1.15.] 제26조(반론권).

173 KBS, "제18대 대통령 선거 보도 준칙"(2012), http://news.kbs.co.kr/special/special_

guide_election2.html(검색일: 2015.3.31).

174 같은 글.

175 같은 글.

176 SBS, "SBS 시청자위원회"(2015), http://tv.sbs.co.kr/committee/(검색일: 2015.3.31).

177 「방송법」[시행 2015.3.15.] 제86조(자체심의) 제1항, 제3조(시청자의 권익보호).

178 「방송법」[시행 2015.3.15.] 제87조(시청자위원회) 제1~제2항, 제88조(시청자위원회의 권한과 직무) 제1항.

179 「방송법」[시행 2015.3.15.] 제90조(방송사업자의 의무) 제1항, 제17조(재허가).

제7장

1 방송통신위원회, "설립목적"(2015). http://www.kcc.go.kr/user.do?page=A04010100&dc=K04010100(검색일: 2015.3.31).

2 「방송통신위원회의 설치 및 운영에 관한 법률」[시행 2015.2.3.].

3 「방송통신위원회의 설치 및 운영에 관한 법률」[시행 2015.2.3.] 제1조(목적), 제2조(운영원칙).

4 「방송통신위원회의 설치 및 운영에 관한 법률」[시행 2015.2.3.] 제11조(위원회의 소관사무).

5 「방송통신위원회의 설치 및 운영에 관한 법률」[시행 2015.2.3.] 제8조(신분보장 등) 제1항, 제20조(심의위원의 신분보장 등) 제1항.

6 방송통신위원회, "조직도"(2015), http://www.kcc.go.kr/user/organoHR.do?page=A0406 0100&dc=K06050100(검색일: 2015.3.31).

7 「방송통신위원회 사무분장 세칙 개정」(방송통신위원회훈령 제195호)[2015.5.26.].

8 방송통신위원회, 『2013년 방송통신위원회 연차보고서』(서울: 방송통신위원회, 2014); 「방송통신위원회 사무분장 세칙 개정」(방송통신위원회훈령 제195호)[2015.5.26.].

9 「방송통신위원회의 설치 및 운영에 관한 법률」[시행 2015.2.3.].

10 「방송통신위원회의 설치 및 운영에 관한 법률」[시행 2015.2.3.]. 「방송통신위원회의 설치 및 운영에 관한 법률」[시행 2015.2.3.] 제21조(심의위원회 직무). 이향선·김성천·황찬근·최경진·정혜옥, 『건전한 미디어환경 조성을 위한 방송통신심의위원회 역할 제고 방안 연구』(서울: 방송통신심의위원회, 2011).

11 『방송통신심의연감』(서울: 방송통신심의위원회, 2012). 「정보통신망 이용촉진 및 정보보호 등에 관한 법률」[시행 2014.5.28.].

12 『방송통신심의연감』.

13 같은 책.

14 같은 책.

15 같은 책.

16 같은 책.

17 「정보통신망 이용촉진 및 정보보호 등에 관한 법률」[시행 2014.11.29.] 제73조(벌칙) 제5호.
「정보통신망 이용촉진 및 정보보호 등에 관한 법률」[시행 2014.11.29.] 제44조의 7(불법정
보의 유통금지 등) 제2~제3항.

18 『방송통신심의연감』(서울: 방송통신심의위원회, 2012).

19 「방송통신위원회의 설치 및 운영에 관한 법률」[시행 2015.2.3.] 제18조(방송통신심의위원
회의 설치 등).

20 「방송통신위원회의 설치 및 운영에 관한 법률」[시행 2015.2.3.] 제19조(심의위원의 결격사
유).

21 「방송통신위원회의 설치 및 운영에 관한 법률」[시행 2015.2.3.] 제8조(신분보장 등) 제1항,
제20조(심의위원의 신분보장 등) 제1항.

22 「방송통신위원회의 설치 및 운영에 관한 법률 시행령」[시행 2015.2.3.] 제10조(소위원회)

23 「방송통신위원회의 설치 및 운영에 관한 법률 시행령」[시행 2015.2.3.] 제11조(특별위원회)

24 『방송통신심의연감』(서울: 방송통신심의위원회, 2012).

25 방송통신심의위원회, "조직도"(2015), http://www.kocsc.or.kr/ 05_introduction/ogani.php
(검색일: 2015.3.31).

26 방송통신심의위원회, "업무소개"(2015), http://www.kocsc.or.kr/05_introduction/work
Flow.php(검색일: 2015.3.31).

27 미래창조과학부, "창조실현계획"(2015), http://www.msip.go.kr/popup/www/popup03
0101.html(검색일: 2015.3.31).

28 미래창조과학부, 「미래창조과학부업무보고」(서울: 미래창조과학부, 2014.2.17).

29 같은 글.

30 같은 글.

31 「정부조직법」[시행 2013.12.24.] 제28조(미래창조과학부).

32 미래창조과학부, 「미래창조과학부업무보고」.

33 같은 글.

34 「정부조직법」[시행 2013.12.24.] 제7조(행정기관의 장의 무권한) 제1항.

35 미래창조과학부, 「미래창조과학부업무보고」.

36 미래창조과학부 조직도, 2015.3.1, http://news.naver.com/main/read.nhn?mode=LSD&
mid=sec&sid1=105&oid=138&aid=0002026758.

37 「미래창조과학부와 그 소속기관 직제」[시행 2014.8.27.] 제5조(복수차관의 운영).

38 미래창조과학부, 「미래창조과학부업무보고」.

39 「방송법」[시행 2015.3.15.] 제9조(허가·승인·등록 등).

40 「방송법」[시행 2015.3.15.] 제9조(허가·승인·등록 등) 제1항.

41 「방송법」[시행 2015.3.15.] 제9조(허가·승인·등록 등) 제2항.

42 「인터넷멀티미디어방송사업법시행령」[시행 2014. 12. 3.] 제3조(허가의 유효기간).

43 「인터넷멀티미디어방송사업법」[시행 2015. 3. 15.] 제2조(정의).

44 「인터넷멀티미디어방송사업법」[시행 2015. 3. 15.] 제4조(인터넷 멀티미디어 방송 제공사업 의 허가 등).

45 「방송법」[시행 2015. 3. 15.] 제9조(허가 · 승인 · 등록 등).

46 「방송법」[시행 2015. 3. 15.] 제10조(심사기준 · 절차).

47 방송통신위원회, 『종합편성 및 보도전문 방송채널사용사업 승인 세부심사기준』(서울: 방송 통신위원회, 2010. 11. 10).

48 같은 책.

49 「방송법」[시행 2015. 3. 15.] 제3조(허가 · 승인 · 등록 등)

50 「방송법」[시행 2015. 3. 15.] 제13조(결격사유) 제1항.

51 「방송법」[시행 2015. 3. 15.] 제9조의 2(방송채널사용사업의 등록요건).

52 「방송법 시행령」[시행 2015. 1. 1.] 제8조(방송채널사업의 등록) 제2항.

53 방송통신위원회, 『2013년 방송통신위원회 연차보고서』(서울: 방송통신위원회, 2014).

54 같은 책.

55 같은 책.

56 방송통신위원회, 「지상파방송사업자 재허가 신청안내」(서울: 방송통신위원회, 2013. 6). 「방송법 시행령」[시행 2015. 1. 1.] 제16조(허가 및 승인의 유효기간) 제3항.

57 방송통신위원회, 『2013년 방송통신위원회 연차보고서』

58 「방송법」[시행 2015. 3. 15.] 제17조(재허가) 제1항. 「방송법 시행령」[시행 2015. 1. 1.] 제16조(허가 및 승인의 유효기간).

59 「방송법 시행규칙」[시행 2014. 6. 24.][미래창조과학부령 제21호, 2014. 6. 24., 제정] 제10조 (재허가 등)제2항.

60 「방송법」[시행 2015. 3. 15.] 제9조(허가 · 승인 · 등록 등) 제5항.

61 「방송법」[시행 2015. 3. 15.] 제17조(재허가 등).

62 방송통신위원회, 「2014년도 종편 · 보도PP 재승인 신청 안내」.

63 「방송법」[시행 2015. 3. 15.] 제17조(재허가 등) 제2항.

64 방송통신위원회, 「2014년도 종편 · 보도PP 재승인 기본계획」(서울: 방송통신위원회, 2013. 9. 5); 방송통신위원회. 「2014년도 종편 · 보도PP 재승인 신청 안내」(서울: 방송통신위원회, 2014. 3. 19).

65 「방송법 시행령」[시행 2015. 1. 1.] 제63조의 4(자료제출) 제1항, 제3항.

66 「방송법」[시행 2015. 3. 15.] 제100조(제재조치 등) 제1항.

67 방송통신심의위원회, "방송심의의결 현황"(2014), http://www.kocsc.or.kr/02_infoCenter/ info_Opinion_List.php (검색일: 2015. 3. 31).

68 방송통신심의위원회, "방송심의의결 현황".

69 헌법재판소. 2012. 8. 23. 선고 2009헌가27.

70 헌법재판소. 2012. 8. 23. 선고 2009헌가27.

71 방송통신심의위원회, "방송심의의결 현황"(2013~2014), http://www.kocsc.or.kr/02_info Center/info_Opinion_List.php (검색일: 2015. 3. 31).

72 「방송법」[시행 2015. 3. 15.] 제100조(제재조치) 제6항.

73 방송통신위원회. 『2014년 방송평가 세부기준 내용/편성/운영 영역』(서울: 방송통신위원회, 2014).

74 「방송법」[시행 2015. 3. 15.] 제76조의 3(보편적 시청권 보장을 위한 조치 등) 제2항.
「방송법」[시행 2015. 3. 15.] 제85조의 2(금지행위).

75 「방송법」[시행 2015. 3. 15.] 제108조(과태료).

76 「방송법」[시행 2015. 3. 15.] 제19조(과징금 처분), 제109조(과징금 부과 및 징수).

77 「방송법」[시행 2015. 3. 15.] 제100조(제재조치) 제5항.

78 「방송법」[시행 2015. 3. 15.] 제100조(제재조치) 제6항.

79 방송통신위원회 보도자료, 「시정명령을 위반한 종편PP 4개 사에 과징금 처분」(서울: 방송통신위원회, 2014. 1. 28).

80 곽희양·이효상. "방통위의 '종편 시정명령' 법원 이행 능력 없어 취소." 《경향신문》(2014. 8. 24).

81 서울고법. 2012. 2. 17. 선고 2011누24639.

82 서울고법. 2012. 2. 17. 선고 2011누24639.

83 「방송법」[시행 2015. 3. 15.] 제101조(청문).

제8장

1 P. Patterson & L. Wilkins, *Media Ethics*(Boston, MA: McGraw Hill, 2005).

2 「방송법」[시행 2015. 3. 15.] 제5조(방송의 공적 책임).

3 G. Hall, *Adolescence: Its Psychology and Its Relation to Physiology, Anthropology, Sociology, Sex, Crime, Religion and Education*(Englewood, NJ: Prentice-Hall, 1904).

4 R. Jhering, *The Struggle for Law*(Chicago, IL: Callaghan, 1915).

5 사설, "연예인도 공인이다," 《중앙일보》(2009. 4. 28).

6 M. Stephens, *Broadcast News*(Belmont, CA: Wadsworth Publishing, 2004).

7 KBS, "KBS 윤리강령"(2015)[시행 2003. 9. 3.], http://www.kbs.co.kr/openkbs/organization/sub10.html (검색일: 2015. 3. 31).
MBC, "MBC 윤리강령 및 시행기준"(2015)[시행 2005. 9. 23.]. http://withmbc.imbc.com/clean/fulltext/index.html (검색일: 2015. 3. 31).

8 KBS, "KBS 윤리강령".

MBC, "MBC 윤리강령 및 시행기준".

9 대법원. 2011. 9. 2. 선고 2010도17237.

10 사과문, "MBC PD수첩 광우병 허위보도 사과문." 《경향신문》(2011. 9. 6).

11 김수정, "KBS 공정성 가이드라인, 어떤 내용 담겼나," 《미디어오늘》(2015. 3. 9).

12 KBS, 「실무자를 위한 KBS 공정성 가이드라인」(2015. 3).

13 같은 글.

14 한국신문협회, 「재난보도준칙」(2014), http://www.presskorea.or.kr/ (검색일: 2015. 3. 31).

15 같은 글.

16 같은 글.

17 같은 글.

18 같은 글.

19 국제개발협력민간협의회(KOCO), 「아동 권리 보호를 위한 미디어 가이드라인」(2014), https://www.sc.or.kr/archives/report-detail.do?pageDetail=67505(검색일: 2015. 3. 31).

20 이정국, "'인권침해 그만' 아동 취재 가이드라인 첫 발표". 《한겨레》(2014. 9. 15).

21 국제개발협력민간협의회(KOCO), 「아동 권리 보호를 위한 미디어 가이드라인」.

22 장하나, "'가짜 백수오' 직격탄… 코스닥 시가총액 6조 증발", 《연합뉴스》(2015. 4. 26).

23 UNESCO, "Many Voices One World"(1980), Retrieved March 31, 2015, from http://unesdoc.unesco.org/images/0004/000400/040066eb.pdf . 유네스코는 전 세계 커뮤니케이션 문제를 연구하기 위해 1977년 제1세계, 제2세계, 제3세계 국가 전문가 16명을 위원으로 하는 맥브라이드위원회(MacBride Commission)를 설치했고, 위원회는 1980년 3년여간의 연구 결과를 담은 「다양한 목소리 하나의 세계(Many Voices One World)」라는 보고서를 발표했다.

24 J. Zelezny, *Communications Law: Liberties, Restraints, and the Modern Media*(Belmont, CA: Wadsworth, 2010).

25 한국신문협회 · 한국신문방송편집인협회 · 한국기자협회, [개정 2009. 3. 4.], 「신문윤리실천요강」, http://www.presskorea.or.kr/(검색일: 2015. 3. 31).

26 김창남, "엠바고란?"(2004), http://www.journalist.or.kr/news/article.html?no =7513(검색일: 2015. 3. 31).

27 노동일, 「취재의 자유와 언론의 取材源接近權 논의」, 《경희법학》(2007), 제42권 2호, 247~274쪽.

28 같은 글.

29 팽원순, 「정보원에 대한 접근권」. 《관훈저널》(1982), 제35권 2호, 60~73쪽.

30 「공공기관의 정보공개에 관한 법률」[시행 2014. 3. 1.] 제1조(목적).
「헌법」[시행 1988. 2. 25.] 제21조 제1항(모든 국민은 언론 · 출판의 자유와 집회 · 결사의 자유를 가진다).

31 팽원순, 「정보원에 대한 접근권」.

32 노동일. 2007. 「취재의 자유와 언론의 取材源接近權 논의」.

33 같은 글; 윤명선, 『인터넷 시대의 헌법학』(서울: 대명, 2004); 이준일, 『헌법학 강의』(서울: 홍문사, 2007); 장영수, 『헌법학』(서울: 홍문사, 2007); 허영. 2006. 『헌법이론과 헌법』. 서울: 박영사; 홍성방, 『헌법학』(서울: 현암사, 2006).

34 한국신문협회·한국신문방송편집인협회·한국기자협회, [개정 2009.3.4.], 「신문윤리실천요강」, http://www.presskorea.or.kr/(검색일: 2015.3.31).

35 「헌법」[시행 1988.2.25.] 제21조 제1항(모든 국민은 언론·출판의 자유와 집회·결사의 자유를 가진다).
   「헌법」[시행 1988.2.25.] 제10조(모든 국민은 인간으로서의 존엄과 가치를 가지며, 행복을 추구할 권리를 가진다. 국가는 개인이 가지는 불가침의 기본적 인권을 확인하고 이를 보장할 의무를 진다).
   「헌법」[시행 1988.2.25.] 제34조 제1항(모든 국민은 인간다운 생활을 할 권리를 가진다).

36 「언론중재및피해구제등에관한법」[시행 2011.4.14.] 제1조(목적).

37 「언론중재및피해구제등에관한법」[시행 2011.4.14.] 제7조(언론중재위원회의 설치), 제32조(시정권고).

38 「언론중재및피해구제등에관한법」[시행 2011.4.14.] 제32조(시정권고).

39 「언론중재및피해구제등에관한법」[시행 2011.4.14.] 제6조(고충처리인), 제7조(언론중재위원회의 설치).

40 SBS, 「SBS 예능 프로그램 제작 가이드라인」(2010)[제정 2010.8.17.].

41 방송통신위원회 보도자료. 「2015년도 주요 업무계획」(서울: 방송통신위원회, 2015.1.30).

42 KBS. 「KBS 예능 프로그램 제작 가이드라인」(2009)[제정 2009.12.2.].

43 같은 글.

44 SBS, 「SBS 예능 프로그램 제작 가이드라인」.

45 같은 글.

46 같은 글.

47 같은 글.

48 KBS. 「KBS 예능 프로그램 제작 가이드라인」; SBS, 「SBS 예능 프로그램 제작 가이드라인」.

49 박은희·심미선·김경희, 『연예오락프로그램의 방송언어 건전성 실태 및 심의 개선 방안 연구』(서울: 방송통신심의위원회, 2013) 재구성.

50 김윤종, "언어 청정지수로 TV속 한글 오염 씻어낸다," 《동아일보》(2014.1.9).

51 같은 글.

52 국립국어원 공공언어지원단. 『방송 언어 프로그램의 저품격 언어 사용 실태 조사』(서울: 국립국어원, 2010).

53 방송통신심의위원회, 『케이블 텔레비전 오락 프로그램의 언어사용 실태조사』(서울: 방송통신심의위원회, 2011).

54 같은 글.

55 같은 글.

56 정수영, 「TV 영상자막의 특징 및 기능에 관한 연구: 지상파TV 3사의 리얼 버라이어티쇼를 중심으로」, 《한국언론학보》(2009), 제53권 6호, 153~176쪽.

57 같은 글.

58 같은 글.

59 같은 글.

60 KBS, 「KBS 윤리강령」(2015)[시행 2003. 9. 3.], http://www.kbs.co.kr/openkbs/organization/sub10.html(검색일: 2015. 3. 31).

61 지상파 텔레비전 방송사 윤리강령: 같은 글; MBC, 「MBC 윤리강령」(2015)[시행 2005. 9. 23.], http://withmbc.imbc.com/ clean/criteria/index.html (검색일: 2015. 3. 31); SBS, 「SBS 윤리강령」(2015)[시행 2006. 4. 1.], http://ethics.sbs.co.kr/moral. html (검색일: 2015. 3. 31)

62 SBS, 「SBS 윤리강령」; KBS, 「KBS 방송강령」(2015)[시행 1990. 1. 1.], http://www.kbs.co.kr/openkbs/organization/sub09.html(검색일: 2015. 3. 31).

63 KBS, 「KBS 윤리강령」(2015)[시행 2003. 9. 3.], http://www.kbs.co.kr/openkbs/organization/sub10.html(검색일: 2015. 3. 31).

제9장

1 P. Orlik, *The Electronic Media*(Boston. MA: Ally and Bacon, 1992).

2 L. Smith, *Perspectives on Radio and Television*(New York, NY: Harper & Row, 1990).

3 S. Head, C. Sterling & L. Schofield, *Broadcasting in America*(Boston, MA: Houghton Mifflin, 1996).

4 C. Sterling & J. Kittross, *Stay Tuned: A Concise History of American Broadcasting* (Belmont, CA: Wadsworth Publishing, 1990).

5 ibid.

6 ibid.

7 L. Smith, *Perspectives on Radio and Television*.

8 ibid.

9 ibid.

10 R. Hilliard & M. Keith, *Broadcast Century: A Biography of American Broadcasting*. (Boston, MA: Focal Press, 1992).

11 ibid.

12 ibid.

13 ibid.

14 Wikipedia, "1920s TRF radio manufactured by Signal Electric MFG. CO"(2015). Retrieved March 31, 2015, from http://en.wikipedia.org/wiki/File:1920s_TRF_radio_manufactured_by_Signal.jpg.

15 Wikipedia, "History of broadcasting"(2015). Retrieved March 31, 2015, from http://en.wikipedia.org/wiki/History_of_broadcasting.

16 C. Sterling & J. Kittross, *Stay Tuned: A Concise History of American Broadcasting*.

17 한국방송70년사편찬위원회, 『韓國放送 70年史』(서울: 한국방송협회, 1997).

18 전자산업 50년사 편찬위원회, 『대한민국 전자산업 50년사』(서울: 한국전자정보통신산업진흥회, 2009).

19 정보통신산업진흥원(NIPA), "정보통신역사관, 흑색 TV 방송 시작"(2015), http://www.nipa.kr/cyber/historySub.it?value=history_1945_6(검색일: 2015.3.31)

20 같은 책.

21 대한민국역사박물관, 『소리(音), 영상(色), 세상을 바꾸다』(서울: 대한민국역사박물관, 2014), 11~12쪽.

22 전자산업 50년사 편찬위원회, 『대한민국 전자산업 50년사』.

23 대한민국역사박물관, 『소리(音), 영상(色), 세상을 바꾸다』, 4~5쪽.

24 대한민국역사박물관, 『소리(音), 영상(色), 세상을 바꾸다』, 25쪽.

25 정보통신산업진흥원(NIPA), "정보통신역사관, 흑색 TV 방송 시작"(2015); 서울시사편찬위원회, 『사진으로 보는 서울 제3권』(서울: 서울특별시, 2004), 328쪽.

26 서울시사편찬위원회, 『사진으로 보는 서울 제3권』.

27 정보통신산업진흥원(NIPA), "정보통신역사관, 흑색 TV 방송 시작".

28 같은 글.

29 서울시사편찬위원회, 『사진으로 보는 서울 제3권』, 328쪽.

30 정보통신산업진흥원(NIPA), "정보통신역사관, 흑색 TV 방송 시작".

31 서울시사편찬위원회, 『사진으로 보는 서울 제3권』, 328쪽.

32 같은 책.

33 전자산업 50년사 편찬위원회, 『대한민국 전자산업 50년사』.

34 같은 책.

35 대한민국역사박물관, 『소리(音), 영상(色), 세상을 바꾸다』, 66~67쪽.

36 사진 출처: 금호라디오박물관. http://www.gumho.net/shop/shopbrand.html?xcode=001&type=O.

37 전자산업 50년사 편찬위원회, 『대한민국 전자산업 50년사』.

38 대한민국역사박물관, 『소리(音), 영상(色), 세상을 바꾸다』, 119쪽.

39 같은 책, 75~76쪽.

40 한국방송70년사편찬위원회, 『韓國放送 70年史』.

41 정보통신정책연구원, 『2014년 방송산업실태조사보고서』(서울: 미래창조과학부·방송통신위원회, 2014), 108쪽; 방송통신위원회, 「지상파방송사업자 현황」, http://www.kcc.go.kr/user.do?mode=view&page=A02060100&dc=K02060100&boardId=1027&cp=1&boardSeq=41011(검색일: 2015.3.31).

42 P. Ratliff, *Proving DAB to Planning a Single Frequency Network*. UK 10th Conference: The Future of Radio(DAB)(1995).

43 사진 출처: Sensia Digital Radio with Hi-Fi and touch screen. Retrieved March 31, 2015, from http://www.pure.com/product/sensia-vl-61294/.
Boston Acoustics HD Radio. Retrieved March 31, 2015, from http://www.crutchfield.com/S-fzeIMoHn6sd/p_065HDRADIO/Boston-Acoustics-Recepter-Radio-HD.html.

44 W. Hoeg, & T. Lauterbach, *Digital Audio Broadcasting: Principles and Applications of DAB, DAB+ and DMB*(West Sussex, UK: John Wiley & Sons, 2009).

45 Emarketer, "Internet Radio's Audience Turns Marketer Heads"(2013). Retrieved March 31, 2015, from http://www.emarketer.com/Article/Internet-Radios-Audience-Turns-Marketer-Heads/1009652.

46 R. Wauters, "Pandora hits 200 million registered users in the US, 1.5 billion monthly listener Hours"(2013), Retrieved March 31, 2015 from http://thenextweb.com/insider/2013/04/09/pandora-hits-200-million-registered-users-in-the-us-nearly-1-5-billion-monthly-listener-hours.

47 Trefis Team. "Can Sirius XM Tune In Big Subscriber Growth This Year?" *Forbes*(2013.4.12).

48 채수환, "현대차 버라이즌과 제휴, 美공략." 《매일경제》(2014.1.22).

49 같은 글.

50 P. Orlik, *The Electronic Media*(Boston. MA: Ally and Bacon, 1992).

51 C. Sterling, & J. Kittross, *Stay Tuned: A Concise History of American Broadcasting*(Belmont, CA: Wadsworth Publishing, 1990).

52 ibid.

53 ibid.

54 사진 출처(인용자 허용 Jading, P.) 2014. 자료: http://users.swing.be/philippe.jadin/nipkowdisk.htm.

55 사진 출처: ⓒ TVhistory.TV All Rights Reserved.

56 L. Smith, *Perspectives on Radio and Television*(New York, NY: Harper & Row, 1990).

57 ibid.

58 사진 출처: Baird Model C 'Noah's Ark' Televisor(1929). TVhistory.TV, ⓒ All Rights Reserved; Cathode Ray Tube(Braun Tube). info@crtsite.com, ⓒ All Rights Reserved.

59 L. Smith, *Perspectives on Radio and Television*.

60 A. Abramson, *The History of Television, 1880 to 1941*(McFarland, NC: McFarland, 1987).

61 ibid.

62 L. Smith, *Perspectives on Radio and Television*(New York, NY: Harper & Row, 1990).

63 ibid.

64 사진 출처: TVhistory.TV.

65 ibid.

66 사진 출처: TVhistory.TV.

67 L. Smith, *Perspectives on Radio and Television*(New York, NY: Harper & Row, 1990).

68 A. Abramson, *The History of Television, 1880 to 1941*.

69 한국방송70년사편찬위원회, 『韓國放送 70年史』.

70 같은 책.

71 서울시사편찬위원회, 『사진으로 보는 서울 제3권』.

72 한국방송70년사편찬위원회, 『韓國放送 70年史』.

73 정보통신산업진흥원(NIPA), "정보통신역사관, 흑색 TV 방송 시작"(2015).

74 서울시사편찬위원회, 『사진으로 보는 서울 제3권』, 334쪽.

75 서울시사편찬위원회, 『사진으로 보는 서울 제4권』(서울: 서울특별시, 2004), 310쪽.

76 체신부, 『한국전기통신 100년사』(서울: 체신부, 1985).

77 한국방송70년사편찬위원회, 『韓國放送 70年史』.

78 체신부, 『한국전기통신 100년사』.

79 한국방송70년사편찬위원회, 『韓國放送 70年史』.

80 「국영텔레비전방송사업특별회계법」[시행 1963. 1. 1].
    「국영텔레비전방송사업에관한임시조치법」[시행 1963. 1. 1].

81 한국방송70년사편찬위원회, 『韓國放送 70年史』.

82 같은 책.

83 대한민국역사박물관, 『소리(音), 영상(色), 세상을 바꾸다』.

84 이일노, 「TV 생중계 어제와 오늘」. 《신문과 방송》(1987), 제195호 3월, 16~18쪽.

85 사진 출처: 금호라디오박물관. http://www.gumho.net/shop/shopbrand.html?xcode=003
    &type=O.

86 유선영·박용규·이상길, 『한국의 미디어 사회문화사』(서울: 한국언론재단, 2007).

87 서울시사편찬위원회, 『사진으로 보는 서울 제4권』, 310쪽.

88 한국방송70년사편찬위원회, 『韓國放送 70年史』.

89 김종화. 2010. 1. 8. "동아·중앙, 언론통폐합 성토." 《미디어 오늘》.

90 같은 글.

91 진한엠앤비, 『기록으로 본 한국의 정보통신 역사 2』(서울: 진한엠앤비, 2012).

92 황정태, 『TV방송을 변화시킨다』(서울: 중앙M&B, 2001).

93 최성민, "방송계 활력 평가속 상업방송 폐해 드러내", 《한겨레》(1992. 12. 16), 23면.

94 한국방송70년사편찬위원회, 『韓國放送 70年史』.

95 행정안전부, 『국가정보화백서』(서울: 행정안전부, 2011).

96 방송통신위원회, 『IPTV법 및 시행령 해설서』(서울: 방송통신위원회, 2009).

97 같은 책.

98 김지훈, 「지상파텔레비전방송의 디지털전환과 디지털방송의 활성화에 관한 특별법개선」 (서울: 한국법제연구원, 2010).

99 사진 제공: 삼성전자. UHD-TV 모델명 UN65HU9000, SUHD-TV 모델명 JS9500.

100 사진 출처: Cell Phone TV: Retrieved March 31, 2015, from http://www.skymetweather. com/content/2012/07/blog/how-to-save-electronic-gadgets-when-it-rains/.
Wrist Watch: Retrieved March 31, 2015, from http://www.micronica.com.au/catalog/ watch/w15/.
Sam Sung Galaxy Tabloid: Retrieved March 31, 2015, from http://www.samsung.com/ us/mobile/galaxy-tab/SM-P607TZKETMB.
Flexible Smartphone: Retrieved March 31, 2015, from http://techotv.com/samsung-galaxy-s5/.
Sam Sung Galaxy 5: Retrieved March 31, 2015, from http://heavy.com/tech/2014/ 08/watch-samsung-galaxy-s5-hidden-features-secret-tips/.

101 Web Social Media, Retrieved March 31, 2015, from http://ucreate.nl/het-sociale-netwerk-van-spirituele-tv-in-kaart/.

102 손해용, "5만원짜리 요것 VOD가 5만 편," 《중앙일보》(2014. 8. 26).

103 같은 글.

104 같은 글.

105 방송통신위원회, 『2015년도 주요 업무계획』(서울: 방송통신위원회, 2015).

KBS. 2012. "제18대 대통령 선거 보도 준칙." http://news.kbs.co.kr/special/special_guide_election2.html (검색일: 2015.3.31).

_____. 2015. "KBS 미디어". http://www.kbsmedia.co.kr/#menu=company1 (검색일: 2015.3.31).

_____. 2015. "KBS 인력현황." http://www.kbs.co.kr/openkbs/ (검색일: 2015.3.31).

_____. 2015. "KBS 조직도". http://www.kbs.co.kr/openkbs/ (검색일: 2015.3.31).

_____. 2015. "KBS 윤리강령"[시행 2003.9.3.]. http://www.kbs.co.kr/openkbs/ organization/sub10.html (검색일: 2015.3.31).

_____. 2015.3. 「실무자를 위한 KBS 공정성 가이드라인」.

MBC. 2015. "MBC 조직도". http://www.imbc.com/withmbc/mbcintro/form/ index. html (검색일: 2015.3.31).

_____. 2015. "MBC 회사소개." http://aboutmbc.imbc.com/korean/corporateinfo/ brief/ (검색일: 2015.3.31).

_____. 2015. "MBC 윤리강령 및 시행기준"[시행 2005.9.23.]. http://withmbc.imbc.com/clean/fulltext/index.html (검색일: 2015.3.31).

Mirforce. 2015. "프로그램 몰입도 측정방법". http://www.mirforce.co.kr (검색일: 2015.3.31).

SBS. 2015. "SBS 시청자위원회". http://tv.sbs.co.kr/committee/ (검색일: 2015.3.31).

_____. 2015. "SBS 조직도". http://sbsir.sbs.co.kr/ir_company3.jsp (검색일: 2015.3.31).

Olleh TV. 2015. "Olleh TV 서비스".http://tvmobile.olleh.com/jsp/view/enjoyOllehTvNow. jsp?code=SBAA0 (검색일: 2015.3.31).

강문정. 2014. "케이블TV". http://snowwiki.fuzewire.com/wiki/social_sciences/ media/paper_
media/read.html?psno=*48C2259A2F063EEC018C33A20E80230A509595A6 (검색일: 2015.
3.31).

강태화·봉지욱. 2013.12.5. "지상파 요구대로 다채널 도입 땐 국민 90%는 TV 새로 사야 할 판".
《중앙일보》.

고정미. 2013.10.20. "역시 〈무한도전〉… 간접광고 매출 1위 유재석이 마신 '비타민워터'는 얼
마?"《오마이뉴스》.

공홍진. 2010. "신도 가지지 못한 빛, 레이저". 사이언스올. http://www.scienceall.com/?post_
type=infomation&p=2653 (검색일: 2015.3.31).

곽희양·이효상. 2014.8.24. "방통위의 '종편 시정명령' 법원 이행 능력 없어 취소."《경향신문》.

국립국어원 공공언어지원단. 2010.『방송 언어 프로그램의 저품격 언어 사용 실태 조사』. 서울:
국립국어원.

국제개발협력민간협의회(KOCO). 2014.「아동 권리 보호를 위한 미디어 가이드라인」. https://
www.sc.or.kr/archives/report-detail.do?pageDetail=67505 (검색일: 2015.3.31).

금융감독원. 2015. "전자공시 자료". http://dart.fss.or.kr/dsaf001/main.do?rcpNo=20140331
000287) (검색일: 2015.3.31).

_____. 2015. "전자공시 자료". http://dart.fss.or.kr/dsaf001/main.do?rcpNo=20140530
001315) (검색일: 2015.3.31).

기업회계기준원. 2015. "제78조"(재고자산 등의 평가차손). http://www.kasb.or.kr/web/
services/page/viewPage.action?page=standards/s_financial.html (검색일: 2015.3.31).

_____. 2015. "제81조"(현금흐름표의 구분표시). http://www.kasb.or.kr/web/services/page/
viewPage.action?page=standards/s_financial.html (검색일: 2015.3.31).

김광준. 2010. "한눈에 보는 광통신의 원리". 사이언스올. http://www. scienceall.com/ (검색일:
2015.3.31).

김명진. 2007.『아날로그 및 디지털 통신이론』. 서울: 생능출판사.

김성국·김태용·정광욱. 2014.『디지털통신 이론 및 실습』. 서울: 홍릉과학출판사.

김수정. 2015.3.9. "KBS 공정성 가이드라인, 어떤 내용 담겼나."《미디어스》.

김윤종. 2014.1.9. "언어 청정지수로 TV속 한글 오염 씻어낸다."《동아일보》.

김종화. 2010.1.8. "동아·중앙, 언론통폐합 성토."《미디어 오늘》.

김지훈. 2010.「지상파텔레비전방송의 디지털전환과 디지털방송의 활성화에 관한 특별법개
선」. 서울: 한국법제연구원.

김창남. 2004. "엠바고란?" http://www.journalist.or.kr/news/article.html?no=7513 (검색일:
2015.3.31).

김현수. 2010.12.31. "KT통신방송위성 '올레2.27 1호' 발사 성공."《동아일보》.

노동일. 2007.「취재의 자유와 언론의 取材源接近權 논의」,《경희법학》, 제42권 2호,

닐슨코리아. 2015. "조사방법". http://www.agbnielsen.co.kr/ (검색일: 2015.3.31).

대구 MBC. 2015. "광고요금표". 재구성. https://www.dgmbc.com/ad/ad_price_tv.do(검색일:

2015. 3. 31).

대한민국역사박물관. 2014. 『소리(音), 영상(色), 세상을 바꾸다』. 서울: 대한민국역사박물관.

류지현. 2012. "데이터 통신망". http://m.blog.daum.net/_blog/_m/articleView.do?blogid= 0aREW& articleno=161#(검색일: 2015. 3. 31).

목정민. 2014. 3. 25. "이동통신 30년의 명암 여전히 계속되는 망중립성 논쟁". 《경향신문》.

문화체육관광부·한국저작권협회. 2012. 『개정저작권법해설서』. 서울: 문화체육관광부·한국 저작권협회.

미디어 크리에이트. "광고 판매방식". http://www.mediacreate.co.kr/(검색일: 2015. 3. 31).

_____. "대행매체". http://www.mediacreate.co.kr/(검색일: 2015. 3. 31).

_____. 2015. "방송광고 영업대행 약관(매체사)." http://www.mediacreate.co.kr/upload/data/ 02.broadcast.pdf(검색일: 2015. 3. 31).

미래창조과학부·방송통신위원회. 2014. 「브라질 월드컵 재송신 분쟁 관련 정부의 입장」(공문 2014. 6. 12).

미래창조과학부. 2013. 「통신망의 합리적 관리·이용과 트래픽 관리의 투명성에 관한 기준」. 서 울: 미래창조과학부.

_____. 2014. 2. 17. 『미래창조과학부업무보고』. 서울: 미래창조과학부.

_____. 2015. "창조실현계획". http://www.msip.go.kr/popup/www/popup030101.html (검색일: 2015. 3. 31).

박덕규·오세준·구자훈. 2011. 『주파수 이용현황 및 활용방안 연구』. 서울: 국립전파원.

박상기. 2015. 3. 16. "유이, '꿀벅지 사진' 올린 한의원 상대 소송 패소". 《조선일보》.

박성규·박구만. 2012. 「DRM과 DRM+ 기반의 AM/FM 디지털라디오 활용 연구」, 《한국방송공 학회논문지》, 제17권 제6호, 990~1003쪽.

박원준. 2013. 『국내 유료방송시장의 공정경쟁 기반 조성을 위한 관련법 이슈와 개선방향』. 서 울: 한국방송통신전파진흥원.

박은희·심미선·김경희. 2013. 『연예오락프로그램의 방송언어 건전성 실태 및 심의 개선 방안 연구』. 서울: 방송통신심의위원회.

박지성. 2013. 10. 31. "KT 4500억 들인 위성 45호에 헐값매각. 《디지털타임스》.

방송통신심의위원회. 2011. 『케이블 텔레비전 오락 프로그램의 언어사용 실태조사』. 서울: 방 송통신심의위원회.

_____. 2015. "업무소개". http://www.kocsc.or.kr/05_introduction/workFlow.php(검색일: 2015. 3. 31).

_____. 2015. "위원회소개". http://www.kocsc.or.kr/05_introduction/introduction_01.php (검색일: 2015. 3. 31).

_____. 2015. "조직도". http://www.kocsc.or.kr/05_introduction/ogani.php(검색일: 2015. 3. 31).

방송통신위원회. 2013. 6. 「지상파방송사업자 재허가 신청안내」. 서울: 방송통신위원회.

_____. 「지상파방송사업자 현황」, http://www.kcc.go.kr/user.do?mode=view&page=

A02060100&dc=K02060100&boardId=1027&cp=1&boardSeq=41011 (검색일: 2015.3.31).

_____. 2009. 『IPTV법 및 시행령 해설서』. 서울: 방송통신위원회.

_____. 2010.11.10. 『종합편성 및 보도전문 방송채널사용사업 승인 세부심사기준』. 서울: 방송통신위원회.

_____. 2011. 「망중립성 및 인터넷 트래픽 관리에 관한 가이드라인」. 서울: 방송통신위원회.

_____. 2013.9.5. 「2014년도 종편·보도PP 재승인 기본계획」. 서울: 방송통신위원회.

_____. 2014. 『2013년 방송매체 이용행태 조사』. 서울: 방송통신위원회.

_____. 2014. 『2013년 방송통신위원회 연차보고서』. 서울: 방송통신위원회.

_____. 2014.8.18. 「700MHz 대역 중 20MHz 폭을 재난망으로 우선 분배해야 한다」. 보도자료. 서울: 방송통신위원회.

_____. 2014.1.28. 「시정명령을 위반한 종편PP 4개 사에 과징금 처분」. 보도자료. 서울: 방송통신위원회.

_____. 2014. 『통합시청률조사(TSR) 방법』. 서울: 방송통신위원회.

_____. 2015.1. 「2015년도 주요 업무계획」. 보도자료. 서울: 방송통신위원회.

_____. 2015.1.30. 「2015년도 주요 업무계획」. 보도자료. 서울: 방송통신위원회.

_____. 2015. "설립목적". http://www.kcc.go.kr/user.do?page=A04010100&dc=K04010100 (검색일: 2015.3.31).

_____. 2015. 『2015년도 주요 업무계획』. 서울: 방송통신위원회

변성현. 2015.2.15. "수지, 쇼핑몰 상대 손배소 패소… 퍼블리시티권 판결 '오락가락'". 《한국경제》.

봉지욱. 2014.3.27. "못믿을 시청률 선진국형 검증기구 만들어야". 《중앙일보》.

_____. 2015.4.16. "시청률 조사의 모든 것". 《중앙일보》.

서울시사편찬위원회. 2004. 『사진으로 보는 서울 제3권』. 서울: 서울특별시. 328쪽.

_____. 2004. 『사진으로 보는 서울 제4권』. 서울: 서울특별시.

성호철. 2015.7.7. "700MHz 황금 주파수 대역 '누더기' 될 판". 《조선일보》.

손해용. 2014.8.26. "5만원짜리 요것 VOD가 5만 편." 《중앙일보》.

신효정. 2009. 『Backbone Network for IPTV』. 서울: KT 플랫폼 연구소.

양성희. 2013.8.14. "논란 커지는 PPL(간접광고)". 《중앙일보》.

연합뉴스. 2005.4.4. "첨단 과학 위성이지만 4호는 발사안해." 《연합뉴스》.

오승종. 2012. 『저작권법』. 서울: 박영사.

유선영·박용규·이상길. 2007. 『한국의 미디어 사회문화사』. 서울: 한국언론재단.

윤명선. 2004. 『인터넷 시대의 헌법학』. 서울: 대명.

윤종호·이현우. 2007. 『정보통신일반』. 서울: 교학사.

이관열. 1995. 「세계공영방송의 공영성 평가현황과 KBS의 공영성 평가지수(PSI: Public Service Index)의 연구과제」. 『방송문화연구』. 서울: KBS.

이기현. 2011. 「드라마 간접광고(PPL)와 스토리텔링: 〈시크릿가든〉 사례 분석」. 《KOCCA 포커스》, 제32호, 1~23쪽.

이민형. 2015.6.17. "대부업 광고시간 제한… 이르면 하반기부터", 《데일리한국》.

이상진. 2012. 4. 「세계최초 지상파 3D 시범방송」.《방송과 기술》, 제204호(12월).

이상호·김선진. 2006.『디지털 미디어 스마트 혁명』. 서울: 미래를 소유한 사람들.

이시샘. 2014. 9. 11. "콩트에 슬랩스틱, 뜨는 예능형 드라마 원조는?".《동아일보》.

이시훈. 2010. 「국내 미디어렙 제도 논의의 쟁점과 바람직한 방안에 관한 연구」.《언론과학연구》, 제10권 3호.

이은주. 2012. 「지상파재송신제도 주요 쟁점 및 개선 방향」.《한국방송통신전파진흥원》, 제51호, 4~27쪽.

이일노. 1987. 「TV 생중계 어제와 오늘」.《신문과 방송》, 제195호 3월, 16~18쪽.

이정국. 2014. 9. 15. "인권침해 그만' 아동 취재 가이드라인 첫 발표".《한겨레》.

이주환·정남호·엄진우. 2005.『전파스펙트럼과 레이다 특성』. 서울: ETRI.

이준일. 2007.『헌법학 강의』. 서울: 홍문사.

이향선·김성천·황찬근·최경진·정혜옥. 2011.『건전한 미디어환경 조성을 위한 방송통신심의위원회 역할 제고 방안 연구』. 서울: 방송통신심의위원회.

인사이드 줌. 2015. "줌TV 인터넷 관심도." http://inside.zum.com/insideZum/zum/tvtrend(검색일: 2015. 3. 31).

장영수. 2007.『헌법학』. 서울: 홍문사.

장하나. 2015. 4. 26. "'가짜 백수오' 직격탄… 코스닥 시가총액 6조 증발",《연합뉴스》.

전소라. 2013. 「지상파 재전송 규제에 관한 고찰」.《Sogang Law Review》, 제5호.

전자산업 50년사 편찬위원회. 2009.『대한민국 전자산업 50년사』. 서울: 한국전자정보통신산업진흥회.

정구언. 2012.『TV방송 시스템 운용과 제작』. 서울: 청문각.

정보통신부. 2007. 10. 19. 「WiBro기술 국제표준 채택 국내토종기술 WiBro 세계 3G기술에 등극」. 보도자료. 서울: 정보통신부.

정보통신산업진흥원(NIPA). 2015. "정보통신역사관, 흑색 TV 방송 시작". http://www.nipa.kr/cyber/ historySub.it?value=history_1945_6(검색일: 2015. 3. 31).

정보통신연구회. 2010.『디지털통신이론』. 서울: 백티닷컴.

정보통신정책연구원. 2014.『2014년 방송산업실태조사보고서』. 서울: 미래창조과학부·방송통신위원회.

정상혁. 2014. 12. 18. "종편·케이블 잡겠다".《조선일보》.

정수영. 2009. 「TV 영상자막의 특징 및 기능에 관한 연구: 지상파TV 3사의 리얼 버라이어티쇼를 중심으로」.《한국언론학보》, 제53권 6호, 153~176쪽.

정재민. 2013. 1. "DMB도 스마트 옷 입으면 사랑받을 수 있을까?".《신문과 방송》 1월호, 69쪽.

조맹기. 2011. 11. 2. "한시가 급한 미디어렙법".《세계일보》.

조성호. 2011.『시청률 조사 검증기관 설립 및 운영에 관한 연구』. 서울: 한국방송광고공사.

조창연·허준·김준태. 2009. 「초고화질 텔레비전 방송을 위한 차세대 오픈 케이블 방식에 대한 연구」,《한국방송공학회논문지》, 제14권 2호, 228~237쪽.

진한엠앤비. 2012.『기록으로 본 한국의 정보통신 역사 2』. 서울: 진한엠앤비.

채수환. 2014. 1. 22. "현대차 버라이즌과 제휴, 美공략."《매일경제》.

체신부. 1985.『한국전기통신 100년사』. 서울: 체신부.

최성민. 1992. 12. 16. "방송계 활력 평가속 상업방송 폐해 드러내".《한겨레》, 23면.

최양수. 2010.『미디어렙 시대의 새로운 시청률 측정 방법 개발에 관한 연구』. 서울: 한국방송공사.

최진욱·이영진·서종수. 2000.「디지털 오디오 방송의 기술 동향, 전자파기술」.《정보와통신》, 제15권 제9호, 20~34쪽.

팽원순. 1982.「정보원에 대한 접근권」.《관훈저널》, 제35권 2호, 60~73쪽.

한국방송70년사 편찬위원회. 1997.『韓國放送 70年史』. 서울: 한국방송협회.

한국신문협회. 2014.「재난보도준칙」. 2015. 3. 31. http://www.presskorea.or.kr/.

한국저작권위원회. 2015. "디지털저작권거래소 소개". http://www.kdce.or.kr/user/main.do (검색일: 2015. 3. 31).

한국케이블TV방송협회, "SO 소유권역 및 가입자 현황(2015년 1월 31일 기준)". http://www.kcta.or.kr/bbs/2013board_view.asp?pNum=10272&page=&bbsID=pds (검색일: 2015. 3. 31).

한국콘텐츠진흥원. 2012.『방송영상산업 법제도 동향』. 서울: 한국콘텐츠진흥원.

한병영. 2011.「방송법 제78조, 제70조에 대한 비판적 고찰」.《한국정보법학회》, 제14권 3호, 185~229쪽.

함상진. 2012.『지상파 HDTV 실험방송 현황』. 서울: KBS 기술연구소.

행정안전부. 2011.『국가정보화백서』. 서울: 행정안전부.

허영. 2006.『헌법이론과 헌법』. 서울: 박영사.

홍문기. 2012.「방송광고 시장경쟁 체제 도입에 따른 바람직한 미디어렙 제도 구축 방안에 대한 연구: 미디어렙 제도 변화에 따른 법적, 제도적 쟁점들을 중심으로」.《정치커뮤니케이션 연구》, 제27호, 409~464쪽.

홍성방. 2006.『헌법학』. 서울: 현암사.

황정태. 2001.『TV방송을 변화시킨다』. 서울: 중앙M&B.

황태호. 2014. 8. 26. "세계 최초 UHD 셋톱박스 개발10월엔 케이블TV 기업도 가세."《동아일보》.

"MBC PD수첩 광우병 허위보도 사과문."《경향신문》, 2011. 9. 6.

"연예인도 공인이다."《중앙일보》, 2009. 4. 28.

Abramson, A. 1987. The History of Television, 1880 to 1941. McFarland, NC: McFarland.

Ang, I. 2006. *Desperately Seeking the Audience*. New York: Routledge.

Angelides, M. & Agius, H. 2010. T*he Handbook of MPEG Applications: Standards in Practice*. West Sussex, UK: John Wiley & Sons.

Ball-Rokeach, S. & DeFleur, M. 1976. "A dependency model of mass-media effects." *Communication Research*, 3(1), 3~21.

Bandura, A. 1977. *Social learning theory*. Englewood Cliffs, NJ: Prentice Hall.

Bandura, A., Ross, D., & Ross, S. 1961. "Transmission of aggression through imitation of aggressive models." *Journal of Abnormal and Social Psychology*, 63, 575~582.

_____. 1963. Imitation of film-mediated aggressive models. *Journal of Abnormal and Social Psychology*, 66, 3~11.

BBC News. 1998. "BBC unveils digital TV." 2015.3.31. http://news.bbc.co.uk/2/hi/ entertainment/174535.stm.

Berkowitz, L. 1965. Some Aspects of Observed Aggression. *Journal of Personality and Social Psychology*, 2, 359~369.

Bertolotti, M. 2005. The History of the Laser. London, England: Institute of Physics Publishing.

Blevins, J. 2011. Applying the US Safe Harbor Policy to Television Violence. *Journal of Children & Media*. 5(1), 37–52.

Bos P., Haven, T. & Virgin, L. 1988. High-performance 3D viewing systems using passive glasses. *SID' 88 Digest of Technical Paper*, 450~453.

Boston Acoustics HD Radio. Retrieved March 31, 2015 from http://www.crutchfield.com/ S-fzeIMoHn6sd/p_065HDRADIO/Boston-Acoustics-Recepter-Radio-HD.html.

Boulding, K. 1956. General System Theory: Skeleton of Science. *Management Science*, 2, 197~208.

Bryant, J. & Zillmann, D. 1986. *Perspectives on media effects*. Hillsdale, NJ: Lawrence Erlbaum.

Canadian Radio-Television and Telecommunication Commission. 2014. "Broadcasting Notice of Consultation CRTC 2013-19". Retrieved March 31, 2015 from http://www.crtc.gc. ca/eng/archive/2013/2013-19.htm#TC1.

Carter, B. 1998.2.9. "NBC to Seek Affiliates' Aid To Help Pay Costs of 'E.R.'". *New York Times*.

Clift, C. & Greer, A. 1981. *Broadcast Programming: The Current Perspective*. Lanham, MD: University Press of America.

Clock, D. 2014.1.5. "Internet of Things in Reach". *The Wall Street Journal*.

Commission on Freedom of the Press. 1947. *A Free and Responsible Press: A General Report on Mass Communications-Newspapers, Radio, Motion Pictures, Magazines, and Books*. Chicago, IL: University of Chicago Press.

Cummings, H., Long, L. & Lewis, M. 1988. *Managing Communication in Organizations: An Introduction*. Scottsdale, AZ: Gorsuch & Scarisbricj.

Daniels, T. & Spiker, B. 1991. P*erspectives on Organizational Communication*. Dubuque, IA: Wm. C. Brown.

Davies, K. 1990. Ionospheric Radio. London, UK: Peter Peregrinus.

Douglas, S. 1987. Inventing *American Broadcasting, 1899-1922*. Baltimore, MD: Johns Hopkins University Press.

Eastman, S. & Ferguson, D. 2013. *Media Programming.* Boston, MA: Wadsworth.

Efroni, Z. 2011. Access-right: *The Future of Digital Copyright Law.* New York, NY: Oxford University Press.

Emarketer. 2013. "Internet Radio's Audience Turns Marketer Heads(2013)". Retrieved March 31, 2015 from http://www.emarketer.com/Article/Internet-Radios-Audience-Turns-Marketer-Heads/1009652.

European Audiovisual Observatory. 2005. *To Have Or Not to Have: Must-carry Rules.* Amsterdam, Netherland: Council of Europe.

FCC. 1992. "The Cable Act of 1992(The Cable Television Consumer Protection and Competition Act of 1992). PUBLIC LAW 102-385--CT. 5". Retrieved March 31, 2015 from http://transition.fcc.gov/Bureaus/OSEC/library/legislative_histories/1439.pdf.

_____. 2007. "DTV REPORT ON COFDM AND 8-VSB PERFORMANCE"(Office of Engineering and Technology). Retrieved 2015.3.31. from http://transition.fcc.gov/dtv/dtvreprt.txt.

_____. 2014. "About Auctions". Retrieved March 31, 2015 from http://wireless.fcc.gov/auctions/default.htm?job=about_auctions.

_____. 2014.5.16. "Report On Average Rates for Cable Programming Service and Equipment". Retrieved March 31, 2015 from http://www.fcc.gov/document/report-average-rates-cable-programming-service-and-equipment-2.

_____. 2015.12.17. "Commission Adopts MVPD Definition NPRM". Retrieved March 31, 2015 from http://www.fcc.gov/document/commission-adopts-mvpd-definition-nprm.

Federal Trade Commission. 1984. "FTC Policy Statement on Deception. Appended to Cliffdale Associates, Inc., 103 F.T.C. 110, 174". Retrieved March 31, 2015 from http://www.ftc.gov/ftc-policy-statement-on-deception.

Feshbach, S. & Singer, R. 1971. *Television and aggression: An experimental field study.* San Francisco, CA: Jossey-Bass.

Festinger, L. 1957. *Theory of Cognitive Dissonance.* Palo Alto, CA: Stanford University Press.

FremantleMedia. 2015. "Idols". Retrieved March 31, 2015 from http://www.fremantlemedia.com/Production/Our_brands/Idols.aspx.

Fritz. J. 2015. "Radio Ratings Part 3: Nielsen." Retrieved March 31, 2015 from http://tenwatts.blogspot.com/2008/01/radio-ratings-part-3-nielsen.html

Garvin, G. 2009. "WSVN sues Nielsen over people meters". Retrieved March 31, 2015 from http://miamiherald.typepad.com/changing_channels/2009/04/wsvn-sues-nielsen-over-people-meters.html.

Gerbner, G., & Gross, L. 1976. Living with television: The violence profile. *Journal of Communication,* 26(2), 173~199.

Goldhaber, G. 1990. *Organizational Communication*. Dubuque, IA: Wm. C. Brown.

Greenberg, B. 1974. Gratifications of television viewing and their correlates for British children. In Blumler, J. & Katz, E. (Eds.), T*he uses of mass communications: Current perspectives on gratifications*. Beverly Hills, CA: Sage.

Gunter, B. 2000. *Media Research Methods: Measuring Audiences, Reactions and Impact*. Los Angeles, CA: SAGE.

H. Wesolowski, K. 2008. *Introduction to Digital Communication Systems*. West Sussex, UK: John Wiley & Sons.

Hall, G. 1904. *Adolescence: Its Psychology and Its Relation to Physiology, Anthropology, Sociology, Sex, Crime, Religion and Education*. Englewood, NJ: Prentice-Hall.

Hayes, J. 2011. *Fiber Optics Technician's Manual*. Independence, KY: Delmar.

Head, S., Sterling, C. & Schofield, L. 1996. *Broadcasting in America*. Boston, MA: Houghton Mifflin.

Heller, G. 1981. Regulatory Versus Property Rights Solutions for the Cable Television Problem. *California Law Review*. 69(2), 527~554.

Hilliard, R. & Keith, M 1992. *Broadcast Century: A Biography of American Broadcasting*. Boston, MA: Focal Press.

Hoeg, W. & Lauterbach, T. 2009. *Digital Audio Broadcasting: Principles and Applications of DAB, DAB+ and DMB*. West Sussex, UK: John Wiley & Sons.

Holsinger, R. & Dilts, J. 1996. *Media Law*. New York, NY: Random House.

Jan Van der, M. 2014. *Fundamentals and Evolution of MPEG-2 Systems: Paving the MPEG Road*. West Sussex, UK: John Wiley & Sons.

Jeffres, L. 1997. *Mass Media Effects*. Prospect Heights, IL: Waveland Press.

Jhering, R. 1915. *The Struggle for Law*. Chicago, IL: Callaghan.

Kang, J. & Morgan, M. 1990. Culture Clash: U.S. Television Programs in Korea. In Martin, L. & Hiebert, R. (eds.), C*urrent Issues in International Communication*. New York: Longman.

Katz, E., Blumler, J. , & Gurevitch, M. 1973. Uses and Gratifications Research. *The Public Opinion Quarterly*, 37(4), 509~523.

Klapper, J. 1960. *The effects of mass communication*. New York: Free Press.

KOBACO. 2015. "사업소개". 2015.3.31. https://www.kobaco.co.kr/businessintro/publish/business.asp.

Koehler, J., Anatol, K. & Applbaum, R. 1981. *Organizational Communication*. New York, NY: Holt, Rinehart and Winston.

Kolawole, M. 2013. S*atellite Communication Engineering*. Boca Raton, FL: CRC Press.

Kreps, G. 1986. *Organizational Communication*. White Plains, NY: Longman.

Kroon, R. 2010. A/V A to Z: An Encyclopedic Dictionary of Media, Entertainment and Other

Audiovisual Terms. Jefferson, NC: McFarland.

KT SkyLife. 2015. "상품안내". 2015.3.31. http://www.skylife.co.kr/service/goods/goods On.do.

Ktsat. 2015. "Ktsat 커버리지맵". 2015.3.31. http://14.49.27.70/assets/condoset02.php.

Lazarsfeld, P. , Berelson, B. & Gaudet, H. 1944. *The people's choice: how the voter makes up his mind in a presidential campaign*. New York: Columbia University Press.

Litman, J. 2006. *Digital Copyright*. Amherst, NY: Prometheus Books.

MacFarland, D. 2011. *Future Radio Programming Strategies: Cultivating Listenership in the Digital Age*. New York: Routledge.

MacQueen, H. , Charlotte, W. & Graeme, T. 2007. Contemporary Intellectual Property: Law and Policy. New York, NY: Oxford University Press.

Maeda, M. 2006. S*teps Toward the Practical Use of Super Hi-Vision*. Proceedings of 2006 NAB BEC, 450~455.

Marsden, C. 2010. *Net Neutrality Towards a Co-regulatory Solution*. New York, NY: Bloomsbury Academic.

McCombs, M. & Shaw, D. 1972. The agenda-setting function of mass media. *Public Opinion Quarterly*, 36(2), 176~187.

Mith, L. 1990. *Perspectives on Radio and Television*. New York, NY: Harper & Row.

Mosteshar, S. 1995. *Research and Invention in Outer Space: Liability and Intellectual Property Rights*. Norwell, MA: Martinus Nijhoff Publishers.

MPEG. 2015. "Standards". 2015.3.31. http://mpeg.chiariglione.org/standards.

Networkworld. 2008. "DRM vs. ERM: Battle to Control Data." Retrieved March 31, 2015 from http://www.networkworld.com/article/2301891/tech-primers/drm-vs--erm--battle-to-control-data.html.

Nguyen, H. & Shwedyk, E. 2009. *A First Course in Digital Communications*. Cambridge, UK: Cambridge University Press.

Nielsen. 2015. "Celebrating 90 Years of Innovation". Retrieved March 31, 2015 from http://sites.nielsen.com/90years/.

Noe, R. 2009. "Nielsen's rating box is ugly, and difficult to use(or we're just idiots)". Retrieved March 31, 2015 from http://www.core77.com/blog/object_culture/nielsens_rating_box_is_ugly_and_difficult_ to_use_or_were_just_idiots_13337.asp.

Noelle-Neumann, E. 1974. The spiral of silence: A theory of public opinion. *Journal of Communication*, 24, 43‒51.

Oliver, B. , Pierce, J. & Shannon, C. 2006. The Philosophy of PCM. *Proceeding of the IRE*, 36(11), 1324‒1331.

Orlik, P. 1992. *The Electronic Media*. Boston. MA: Ally and Bacon.

Patterson, P. & Wilkins, L. 2005. Media Ethics. Boston, MA: McGraw Hill.

Pegoraro, Rob, 2010.5.10. "FCC accepts MPAA's 'Selectable Output Control'". *The Washington Post.*

Pember, D. & Calver, C. 2014. *Mass Media Law.* New York, NY: McGraw-Hill.

Petit, R. & Zazza, F. 2005. *A theoretical and empirical study of product placement quality.* Amsterdam, The Netherlands: ESOMAR.

Podcasting News. 2015. "Prime Time Rewind Sets Web Design Back Ten Years." Retrieved March 31, 2015 from http://www.podcastingnews.com/content/2008/03/prime-time-rewind-tv/.

Prosser, W. 1960. Privacy. *California Law review*, 48(3), 383-423.

Pulse modulation. 2014. *McGraw-Hill Science & Technology Dictionary.* New York, NY: McGraw-Hill.

Radio Research Consortium. 2015. "Ratings Terms You Need to Know". Retrieved March 31, 2015 from www.RRConline.org.

Ratliff, P. 1995. *Proving DAB to Planning a Single Frequency Network.* UK 10th Conference: The Future of Radio(DAB).

Ritter, J. 1982. *Broadcast Law and Regulation.* Englewood Cliffs, NJ: Prentice Hall.

Rogers, E. 1983. *Diffusion of Innovations.* New York: Free Press.

Rohling, H. 2010. OFDM: Concepts for Future Communication Systems. Hamburg, Germany: Springer.

Rosengren, K. 1974. *The Uses of Mass Communications. Current Perspectives on Gratifications Research.* Beverly Hills, CA: SAGE.

Rubin, A. 1981. An Examination of Television Viewing Motivations. *Communication Research*, 8(2), 141-65.

Schiller, H. 1976. *Communication and Cultural Domination.* Armonk, NY: M. E. Sharpe.

Scott, M. 2014. The mediation of distant suffering: an empirical contribution beyond television news texts. Media, *Culture & Society*, 36, 3~19.

Shaun, D. 2008. "Measuring and Monitoring Public Value". Retrieved March 31, 2015 from http://www.medientage.de/db_media/mediathek/vortrag/500629/Day_Shaun.pdf.

Shockley-Zalabak, P. 1988. *Fundamentals of Organizational Communication.* White Plains, NY: Longman.

Siebert, F., Peterson, T & Schramm, W. 1963. *Four Theories of the Press.* Urbana-Champaign, IL: University of Illinois Press.

Smith, D. 2004. *Digital Transmission Systems.* Norwell, MA: Kluwer Academic.

Smith, L. 1990. *Perspectives on Radio and Television.* New York, NY: Harper & Row.

Sommer, J. 2014.5.10. "Defending the Open Internet". *New York Times.*

Stein-Erik Bjorck, S. 1974. *Delta Modulation in Pulse Code Modulation Systems.* Moscow,

ID: University of Idaho.

Stephens, M. 2004. Broadcast News. Belmont, CA: Wadsworth Publishing.

Sterling, C. & Kittross, J. 1990. *Stay Tuned: A Concise History of American Broadcasting.* Belmont, CA: Wadsworth Publishing.

Stiegler, Z. 2013. *Regulating the Web: Network Neutrality and the Fate of the Open Internet.* Lanham, MD: Lexington Books.

Tallmo, K. (Forthcoming). *The History of Copyright.* Stockholm, Sweden: Nisus Publishing.

Teheektive. 2012. "Why DAB is the future of radios". Retrieved 2015.3.31. from http://tehgeektive.com/2012/12/07/why-dab-is-the-future-of-radios/.

TNmS. 2015. "조사방법". Retrieved March 31, 2015 from http://www.tnms.tv/search/search_03.asp.

Trefis Team. 2013.4.12. "Can Sirius XM Tune In Big Subscriber Growth This Year?" *Forbes.*

U. S. Government Printing Office. 1972. U. S. Department OF Health, Education. and Welfare Health Services and Mental Health Administration National Institute of Mental Health(120-717/633 DHEW Publication No. HSM 72-9090). Washington, DC: U.S. Government Printing Office.

UNESCO. 1980. 「Many Voices One World」. Retrieved March 31, 2015 from http://unesdoc.unesco.org/images/0004/000400/040066eb.pdf

United States Court of Appeals Sixth Circuit. February 1, 1983. Decided.

uropean Audiovisual Observatory. 2005. *To Have Or Not to Have: Must-carry Rules.* Amsterdam, Netherland: Council of Europe.

Wallsten, S. & Hausladen, S. 2009. "Net Neutrality, Unbundling, and their Effects on International Investment in Next-Generation Networks." *Review of Network Economics.* 8(1), 90~112.

Warren, S. & Brandeis, L. 1890. The Right to Privacy. *Harvard Law Review,* 4(5), 193~220.

Watkins, J. 1990. *The Mass Media and the Law.* Englewood Cliffs, NJ: Prentice Hall.

Wauters, R. 2013. "Pandora hits 200 million registered users in the US, 1.5 billion monthly listener Hours". Retrieved March 31, 2015 from http://thenextweb.com/insider/2013/04/09/pandora-hits-200-million-registered-users-in-the-us-nearly-1-5-billion-monthly-listener-hours.

Wikipedia. 2015. "1920s TRF radio manufactured by Signal Electric MFG. CO". Retrieved March 31, 2015 from http://en.wikipedia.org/wiki/File:1920s_TRF_radio_manufactured_by_Signal.jpg.

————. 2015. "Got TalentIdol". Retrieved March 31, 2015 from http://en.wikipedia.org/wiki/Got_ TalentIdol.

————. 2015. "History of broadcasting". Retrieved March 31, 2015 from http://en.wikipedia.org/wiki/History_of_broadcasting.

_____. 2015. "Performance rights organisation". Retrieved March 31, 2015 from http://en.wikipedia.org/ wiki/Performance_rights_organisation.

_____. 2015. "TBS(TV channel)". Retrieved March 31, 2015 from http://en.wikipedia.org/wiki/TBS_(TV_channel).

_____. 2015. "Watershed". Retrieved March 31, 2015 from http://en.wikipedia.org/wiki/Watershed_ (broadcasting).

Withers, D. 1999. _Radio Spectrum Management: Management of the Spectrum and Regulation of Radio Services_. London, UK: The Institute of Electrical Engineers.

WORLDMB. 2014. "World DMB forums list of benefits". Retrieved 2015.3.31. from http://www.worlddab.org.

Wu, T. 2003. "Network Neutrality, Broadband Discrimination". _Journal of Telecommunications and High Technology Law_. 2(1), 141~175.

Yadav, A. 2009. _Digital Communication_, Boston, MA: University Science Press.

Zelezny, J. 2010. _Communications Law: Liberties, Restraints, and the Modern Media_. Belmont, CA: Wadsworth.

지은이_

강종근

매사추세츠 대학교(University of Massachusetts, Amherst) 방송학 박사

일리노이 주립대학교(Illinois State University, Normal) 신문방송학과(School of Communication) 방송학 교수

'방송경영론', '방송편성론', '방송법', '미디어조사방법론', 'Broadcasting in America', 'Seminar in New Media Technology' 과목 강의

국내외 방송학 교재, 학술지, 전문지, 학회에 관련 논문 150여 편 게재 및 발표

미국 방송학회(Broadcast Education Association) 최우수 및 우수 교수 논문상 11회 수상
미국 방송인연합회(National Broadcasting Society) 최우수 교수 논문상
미국 저널리즘학회(AEJMC) 최우수 교수 논문상
세계언론학회(ICA) 최우수 교수 논문상
일리노이 주립대학교 '올해의 연구상' 수상

한울아카데미 1811
방송학

ⓒ 강종근, 2015

지 은 이 ┃ 강종근
펴 낸 이 ┃ 김종수
펴 낸 곳 ┃ 도서출판 한울
편집책임 ┃ 조수임

초판 1쇄 인쇄 ┃ 2015년 8월 20일
초판 1쇄 발행 ┃ 2015년 9월 10일

주소 ┃ 413-120 경기도 파주시 광인사길 153 한울시소빌딩 3층
전화 ┃ 031-955-0655
팩스 ┃ 031-955-0656
홈페이지 ┃ www.hanulbooks.co.kr
등록번호 ┃ 제406-2003-000051호

ISBN 978-89-460-5811-8 93320
     978-89-460-6029-6 93320(학생판)

* 책값은 겉표지에 있습니다.
* 이 책은 강의를 위한 학생판 교재를 따로 준비했습니다.
  강의 교재로 사용하실 때는 본사로 연락해주십시오.